OS REIS
TAUMATURGOS

Dados Internacionais de Catalogação na Publicação (CIP)
(Câmara Brasileira do Livro, SP, Brasil)

Bloch, Marc, 1886-1944
    Os reis taumaturgos : estudo sobre o caráter sobrenatural atribuído ao poder régio particularmente na França e na Inglaterra / Marc Bloch ; tradução de Marcelo Santiago Berriel. – Petrópolis, RJ : Vozes, 2020.

    Título original: Les rois thaumaturges : étude sur le caractère surnaturel attribué à la puissance royale particulièrement en France et en Angleterre
    Bibliografia.
    ISBN 978-85-326-6276-7

    1. Anéis medicinais – Uso terapêutico – História 2. Cura – História
    3. França – Reis 4. Idade Média – História 5. Inglaterra – Reis
    6. Moedas – Uso terapêutico – História 7. Toque por reis – História
    I. Título.

19-29066   CDD-909.07

Índices para catálogo sistemático:
  1. Idade Média : Reis : Poder curativo   909.07
  2. Reis : Poder curativo : Idade Média : História   909.07

Cibele Maria Dias – Bibliotecária – CRB-8/9427

MARC BLOCH

OS REIS TAUMATURGOS

Estudo sobre o caráter sobrenatural atribuído ao poder
régio particularmente na França e na Inglaterra

Tradução de Marcelo Berriel

EDITORA
VOZES

Petrópolis

Título do original em francês: *Les rois thaumaturges. Étude sur le caractère surnaturel attribué à la puissance royale particulièrement en France et en Angleterre*, by Marc Bloch.

Tradução realizada a partir da edição eletrônica disponível no site: http://classiques.uqac.ca

© desta tradução:
2020, Editora Vozes Ltda.
Rua Frei Luís, 100
25689-900 Petrópolis, RJ
www.vozes.com.br
Brasil

Todos os direitos reservados. Nenhuma parte desta obra poderá ser reproduzida ou transmitida por qualquer forma e/ou quaisquer meios (eletrônico ou mecânico, incluindo fotocópia e gravação) ou arquivada em qualquer sistema ou banco de dados sem permissão escrita da editora.

CONSELHO EDITORIAL

Diretor
Gilberto Gonçalves Garcia

Editores
Aline dos Santos Carneiro
Edrian Josué Pasini
Marilac Loraine Oleniki
Welder Lancieri Marchini

Conselheiros
Francisco Morás
Ludovico Garmus
Teobaldo Heidemann
Volney J. Berkenbrock

Secretário executivo
João Batista Kreuch

Editoração: Maria da Conceição B. de Sousa
Diagramação: Sheilandre Desenv. Gráfico
Revisão gráfica: Nilton Braz da Rocha / Nivaldo S. Menezes
Capa: Ygor Moretti
Ilustração de capa: Henrique carregando a Relíquia do Sangue Sagrado até Westminster, em 1247. Por Mateus de Paris.

ISBN 978-85-326-6276-7

Editado conforme o novo acordo ortográfico.

Este livro foi composto e impresso pela Editora Vozes Ltda.

MARC BLOCH

LES ROIS THAUMATURGES

ÉTUDE SUR LE CARACTÈRE SURNATUREL
ATTRIBUÉ A LA PUISSANCE ROYALE
PARTICULIÈREMENT EN FRANCE ET EN ANGLETERRE

« Ce roi est un grand magicien. »
MONTESQUIEU, *Lettres Persanes*, I, 24.

« Le seul miracle qui est demeuré
« perpétuel en la religion des Chres-
« tiens et en la maison de France... ».
Pierre MATHIEU, *Histoire de Louis XI,
roi de France*, 1610, p. 472.

1961
ARMAND COLIN
103, Boulevard Saint-Michel, Paris

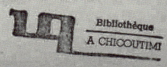

Quadro I – Um rei da França comunga sob as duas espécies e se prepara para tocar as escrófulas [conteúdo do volume]

Turim: Pinacoteca Real

Este rei é um grande mágico.
Montesquieu. *Cartas Persas*, 1, 24.

O único milagre que se manteve perpétuo na religião dos cristãos e na casa de França...
Pierre Mathieu. *História de Luís XI, rei da França*, 1610, p. 472.

Sumário

Índice das ilustrações, 9
Prefácio, 11
Bibliografia, 15
Introdução, 27

Livro primeiro
As origens

Capítulo I – Os primórdios do toque das escrófulas, 39

Capítulo II – As origens do poder curativo dos reis: a realeza sagrada nos primeiros séculos da Idade Média, 61

Livro segundo
Grandeza e vicissitudes das realezas taumatúrgicas

Capítulo I – O toque das escrófulas e sua popularidade até o fim do século XV, 95

Capítulo II – O segundo milagre da realeza inglesa: os anéis medicinais, 158

Capítulo III – A realeza maravilhosa e sagrada: das origens do toque das escrófulas à Renascença, 181

Capítulo IV – Algumas confusões de crenças: São Marcoul, os reis da França e os sétimos filhos, 250

Capítulo V – O milagre real no tempo das lutas religiosas e do absolutismo, 295

Capítulo VI – O declínio e a morte do toque, 360

Livro terceiro
A interpretação crítica do milagre régio

Capítulo único, 385

Apêndices, 405
Adições e retificações, 463
Índice alfabético dos nomes próprios e dos principais termos, 471
Índice geral, 509

Índice das ilustrações

Quadro I – Um rei da França comunga sob as duas espécies e se prepara para tocar as escrófulas [conteúdo do volume], 5

Quadro II – Um rei da França e São Marcoul curam as escrófulas, 280

Quadro III – Henrique IV, rei da França, toca as escrófulas, 328

Cartaz anunciando que Luís XIV tocará as escrófulas na Páscoa de 1657, 344

Quadro IV – Carlos II, rei da Inglaterra, toca as escrófulas, 358

Prefácio

Poucos livros tanto quanto este terão tido o mérito de serem considerados obra de amizade – de fato, não tenho eu o direito de dar o nome de amigos a todos os colaboradores benévolos que aceitaram me ajudar, alguns dentre estes com uma gentileza ainda mais admirável, posto que ela não se dirigia à minha pessoa, já que nunca me haviam visto? A extrema dispersão das fontes, a complexidade dos problemas os quais eu era obrigado a enfrentar teriam tornado minha tarefa realmente impossível, se eu não tivesse encontrado um tão considerável número de auxílios preciosos. Eu ruborizo ao pensar em todos os mestres ou colegas de Estrasburgo, de Paris, de Londres, de Tournai, de Bolonha, de Washington ou de outros lugares, que eu importunei para lhes solicitar uma informação ou uma sugestão e que sempre me responderam com a mais delicada diligência. Eu não saberia aqui agradecer a todos, um por um, sob risco de infligir à paciência do leitor uma lista infinitamente longa. Além disso, sua gentileza foi verdadeiramente desinteressada para que me consintam, ao menos neste Prefácio, silenciar os seus nomes. Eu acreditaria, contudo, estar faltando a um verdadeiro dever se, desde já, não exprimisse muito especialmente meu reconhecimento aos bibliotecários e arquivistas que gentilmente me guiaram em seus acervos: Sr. Hilary Jenkinson no Record Office, Sr. Henri Girard, Sr. André Martin e Sr. Henri Moncel na Biblioteca Nacional, Sr. Gaston Robert nos Arquivos de Reims; se não indicasse desde logo quantas informações úteis eu devo à incansável gentileza da Srta. Helen Farquhar e do Rev. E.W. Williamson; se eu, enfim, não lembrasse que os incontáveis passos em falso, sobre um terreno que eu sentia escorregadio, me foram poupados graças à ajuda quase cotidiana a mim concedida por um historiador da medicina particularmente competente, o Dr. Ernest Wickersheimer. Que me seja também permitido falar da minha respeitosa gratidão ao Institut de France que, abrindo-me sua *Maison* de Londres, facilitou-me o acesso aos arquivos e bibliotecas ingleses.

Mas foi sobretudo em nossa Faculdade de Letras, cuja constituição e os hábitos de vida são tão favoráveis ao trabalho coletivo, que eu me senti rodeado de simpatias empolgantes. Particularmente, os meus colegas Lucien Febvre e Charles Blondel encontrarão muito deles próprios em certas páginas que se seguirão, para que eu possa agradecer-lhes de outro modo a não ser assinalando esses empréstimos feitos, amigavelmente, de suas ideias[1].

Quando se publica uma obra como esta, seria presunçoso falar de segunda edição. Pelo menos é legítimo entrever a possibilidade de complementos. A principal vantagem que espero de minhas pesquisas é chamar atenção para uma ordem de questões até agora bastante negligenciadas. Entre as pessoas que me lerão, muitos sem dúvida se estarrecerão com os erros e, principalmente, com as omissões – existem trabalhos que se guardariam eternamente nas estantes, caso se desejasse evitar, não apenas as lacunas imprevistas, mas sobretudo aquelas que pressentimos sem podermos preenchê-las; o que eu apresento hoje ao público está neste número. Serei para sempre profundamente agradecido a meus leitores se me assinalarem erros e esquecimentos, da maneira que lhes parecer melhor. Nada me pareceria mais agradável que ver prosseguir assim uma colaboração à qual este livro, sob a forma atual, já deve tanto.

Marlotte, 4 de outubro de 1923.

Relendo, durante a correção das provas, algumas destas linhas de agradecimento, eu não pude me resignar em deixá-las deste jeito. Faltam aqui dois nomes que um tipo de pudor sentimental, talvez muito receoso, me impedira de escrever; hoje, eu não posso mais suportar vê-los passar em silêncio. Sem dúvida, eu jamais teria tido a ideia destas pesquisas sem o restrito ambiente intelectual onde, de longa data, eu vivi com meu irmão; médico e apaixonado pela sua arte, ele me ajudou a refletir sobre o caso dos reis-médicos; atraído pela etnografia comparada e pela psicologia religiosa por um gosto singularmente intenso – no imenso domínio que percorria, como por diversão, sua incansável curiosidade, eram estes, para ele, os terrenos prediletos –, ele me ajudou a compreender o interesse dos grandes problemas que eu abordo aqui. Devo a meu pai o melhor de minha formação de historiador; suas lições, iniciadas desde a infância e que, depois, nunca mais cessaram, deixaram-me

---

1. Devo igualmente um reconhecimento todo especial a meus colegas P. Alfaric e E. Hoepffner, que, entre outros serviços, dispuseram-se, com Lucien Febvre, a prestar seu concurso para a correção das provas.

uma impressão que eu desejaria indelével. O livro que apresento foi conhecido por meu irmão apenas no estado de esboço e praticamente ainda um projeto. Meu pai o leu em manuscrito; ele não o verá impresso. Eu acreditaria estar faltando com a piedade filial e fraternal se não lembrasse aqui a memória destes dois seres queridos, dos quais, doravante, somente a lembrança e o exemplo poderão servir-me de guias.

28 de dezembro de 1923.

Bibliografia

Encontrar-se-á abaixo duas categorias de indicações bibliográficas.

Umas, as menos numerosas, que formam a seção I, concernem a um certo número de obras relativas à realeza em geral ou às realezas francesa e inglesa em particular, destinadas a serem citadas diversas vezes ao longo de minha exposição; elas possuem como objetivo tão somente facilitar as notas. Definitivamente, não intentei dar sobre este aspecto uma bibliografia – nem uma bibliografia *selecionada* – de caráter exaustivo. Indiquei entre parênteses, para cada livro ou memória, quando possível, as páginas que concernem particularmente à realeza taumatúrgica.

As indicações da segunda categoria – seções IIss. – relacionam-se mais precisamente ao poder curador e – na seção VII – a esta forma da crença no caráter milagroso dos reis que foi a superstição do "sinal" régio. Eu as deixei tão completas quanto possível – contudo, não absolutamente completas. Por esta restrição, eu não entendo somente resguardar as omissões involuntárias que, sem dúvida, eu cometi. Deixei de lado, com conhecimento de causa, alguns raros artigos de periódico que me pareceram muito insignificantes para valerem a pena ser nomeados. Em um tema que sempre ofereceu muitos atrativos aos amantes de "curiosidades" históricas – a ponto de ter tentado, às vezes, sobretudo na Inglaterra, escritores mais audaciosos ou mais ingênuos do que competentes – um corte destes era indispensável. Eu a isto procedi com muita discrição. Recordei-me que, ao longo de minhas pesquisas, frequentemente uma nota curta, cujo fundo era sem importância, me havia dado uma referência preciosa. Quando as fontes são muito dispersas, o trabalhador menos experiente, ao incluir no dossiê um texto inédito, deve ser bem-vindo[2].

---

2. Eu acrescento que os excelentes artigos publicados pela Srta. H. Farquhar sob o título de *Royal Charities* tornaram inútil tudo o que já se havia escrito antes deles acerca da numismática do toque inglês. Eles me permitiram eliminar vários trabalhos mais antigos que teriam acumulado inutilmente minhas listas.

Incluí nesta bibliografia, ao lado dos trabalhos consagrados especialmente ao poder taumatúrgico, ou então ao sinal régio, um grande número de livros ou artigos que, tratando de temas mais gerais, forneceram, ocasionalmente, indicações úteis sobre uma ou outra destas duas manifestações de uma mesma ideia; neste caso, mencionando a cada vez as páginas a consultar. As obras deste tipo não são sempre as menos preciosas. É claro, deixei de lado tudo o que era somente simples alusão aos fatos já bem conhecidos por outros caminhos, sem pontos de vista originais.

Marquei com um asterisco alguns trabalhos dos quais apenas os títulos me são conhecidos, era importante assinalá-los aos pesquisadores, que talvez poderão descobri-los nas coleções as quais não tive acesso.

A ordem seguida no interior de cada subdivisão está, a princípio, em ordem alfabética de nomes de autores (ou, para os anônimos, de títulos). Apenas fiz exceção para a seção III, onde são listadas as obras sobre o toque das escrófulas publicadas antes do início do século XIX. Neste caso, adotei a classificação cronológica; eu planejei fornecer assim um quadro mais fiel do desenvolvimento de uma literatura cuja evolução interessa, em primeiro plano, à história da crença no milagre régio.

Suprimi, para ser breve, toda indicação de formato, quando se tratava de volumes in-8°; toda indicação de lugar quando se tratava de volumes publicados em Paris. A mesma regra será seguida para as referências, ao longo do livro.

I – Obras gerais sobre a realeza

FIGGIS, J.N. *The divine right of the kings*. 2. ed. Cambridge, 1914.

FRASER, J.G. *The Golden Bought*. 12 vols. 3. ed. Londres, 1922 – Part I: The magic art and the evolution of Kings, p. 368-371. • Part II, Taboo and the perils of the soul, p. 134.

_____. *Lectures on the Early History of Kingship*. Londres, 1905 (esp. p. 126).

FUNCK-BRETANO, F. *L'Ancienne France. Le Roi*, 1912 (esp. p. 176-181).

HITIER, J. La doctrine de l'absolutisme. In: *Annales de l'Université de Grenoble*, XV, 1903.

KERN, F. *Gottesgnadentum und Widerstandsrecht im früheren Mittelalter: Zur Entwicklungsgeschichte der Monarchie*. Leipzig, 1914 [cf. minha resenha em *Revue Historique*, CXXXVIII, 1921, p. 247].

LACOUR-GAYET, G. *L'Education politique de Louis XIV*, 1898.

SCHREUR, H. *Die rechtlichen Grundgedanken der französischen Königskrönung*. Weimar, 1911.

II – O poder curativo dos reis: bibliografias

CHEVALIER, U. *Topobibliographie*, I, in-4°, 1894-1899, no verbete "Écrouelles" [cf. tb. o verbete "Corbeny", e na *Bibliographie*, II, 2. ed., 1907, o verbete "Marcoul(st.)"].

Index Catalogue of the Surgeon General's Office U.S. Army, XII in-4°. Washington, 1891, no verbete "Scrofula", p. 793ss., e, mais particularmente, p. 805ss. *Second Series, XV*, 1910, p. 347.

PAULY, A. *Bibliographie des Scienses Médicales*, 1874, col. 1.092-1.094.

ROSENBAUM, J. *Addimenta ad Lud* – Choulant Bibliothecam medico-historicam. Halle, 1842-1847, I, p. 43, II, p. 63-64.

III – O toque das escrófulas: obras anteriores ao século XIX

1 Obras francesas

VINCENTIUS [CIGAULD]. *Allegationes super bello ytalico*, 1512, último cap., p. XXXIX, 5° [reed., CIGAULD, V. *Opus laudabile et aureum*, 1516].

FERRALDUS, J. [J. FERRAULT]. *Insignia peculiaria christianissimi francorum regni, numero viginti, seu totidem illustrissimae francorum coronae prerogativae ac preeminentiae*, 1520. "Ius quartum", p. 45-47.

SAUSET, J.B. "Panegyricus ad Franciam Franciaeque regem". In: Apêndice de TERRA RUBEA, J. *Contra rebelles suorum regum* [três tratados editados pelo próprio Bonaud]. Lyon, 1526, p. CX, 5°.

DEGRASSALIUS, C. [C. DE GRASSAILLE]. *Regalium Franciae jura omnia*. Lyon, 1538, lib. I, p. 62-65.

FAIUS, B. [B. FAYE d'ESPEISSE]. *Energumenicus*, 1571, p. 154-156.

FORCATULUS, S. [& FORCATEL]. *De Gallorum imperio et philosophia libri VII*. Lyon, 1595, p. 128-132.

MORUS, H. [MEURIER]. *De sacris unctionibus libri tres*, 1593, p. 260-262.

LAURENTIUS, A. [A. DU LAURENS], *De mirabili strumas sanandi vi solis Galliae regibus christianissimis divinitus concessa*. 1609[3].

FAVYN, A. *Histoire de Navarre*, fol. 1.612, p. 1.055-1.063.

BARBIER, I. *Les miraculeux effects de la sacrée main des Roys de France Tres-Chrestiens: pour la guarison des malades et conversion des herétiques*, 1618.

DE L'ANCRE, P. *L'incrédulité et mescreance du sortilège plainement convaincue*, in-4o, 1622, p. 156-173.

MAUCLERUS, M. [M. MAUCLERC]. *De monarchia divina, ecclesiastica et seculari christiana, deque sancta inter ecclesiasticam et secularem iliam coniuratione, amico respectu, honoreque reciproco, in ordine ad aeternam non omissa temporali felicitatem*, fol. 1622, lib. VII, cap. X, col. 1.565-1.569.

---

3. Para edições subsequentes desta obra e suas traduções, tanto quanto para a biografia de seu autor, cf. TURNER, E. Bibliographie d'André du Laurens [...] avec Quelque remarques sur sa biographie. In: *Gazette Hebdomadaire de Médécine et de Chirurgie*, XVIII, 1880, p. 329, 381, 413.

RAULIN, H. *Panegyre orthodoxe, mystérieux et prophétique sur l'antiquité, dignité, noblesse et splendeur des fleurs de lys*, 1625, p. 116-180.

DE CERIZIERS, R. *Les heureux commencements de la France chrestienne sous l'apostre de nos roys S. Remy*, in-4°. Reims, 1633, p. 190-206.

ARROY, B. *Questions décidées, sur la Justice des Armes des Rois de France, sur les Alliances avec les hérétiques ou infidelles et sur la conduite de la Conscience des gens de guerre*, 1634, p. 39-46.

[DANIEL DE PRIEZAC]. *Vindiciae gallicae adversus Alexandrum Patricium Armacanum, theologum*, 1638, p. 60-65.

MAIMBOURG, L. *De Galliae regum excellentia, ad illud D. Gregorii Magni: quanto caeteros homines Regia dignitas antecedit; tanto caeterarum gentium Regna Regni Francici culmen excedit, Panegyricus in solemnibus Rhotomag. gymnasii comitiis... dic tus XIII Kal. Decemb. anno 1640*, in-4°. Rouen, 1641, p. 26-34.

MARLOT, G. *Le theatre d'honneur et de magnificence préparé au sacre des roys*, in-4°. Reims, 1643, p. 710-724 e 757-760 [2. ed., 1654].

DU PEYRAT, G. *L'histoire ecclésiastique de la cour ou les antiquitez et recherches de la chapelle et oratoire du roy de France*, in-4°, 1645, p. 793-819.

GODEFROY, T. & GODEFROY, D. *Le cérémonial françois*. 2 vols., in-folio, 1649.

THIERS, J.B. *Traité des superstitions*, in-12, 1679, p. 424-441, cap. XXXVI [4. ed. sob o título *Traité des superstitions qui regardent les sacremens*, I, in-12, 1777, p. 431-462, livro VI, cap. IV].

REGNAULT [cônego de Saint-Symphorien de Reims]. Dissertation historique touchant le pouvoir accordé aux rois de France de guérir des Ecroüelles, accompagné [sic] de preuves touchant la vérité de la sainte Ampoule. In: REGNAULT. *L'histoire des sacres de nos rois*, Reims, 1722.

MENIN. *Traité historique et chronologique du sacre et couronnement des rois et reines de France*, in-12. 2. ed. Amsterdã, 1724, p. 323-329 [1. ed., 1723].

LE BRUN, P. *Histoire critique des pratiques superstitieuses*. Nova ed. II, in-12, 1750, p. 112-135.

OROUX. *Histoire ecclésiastique de la cour de France*, in-4°, 1776, p. 180-184[4].

2 Obras inglesas

TOOKER, W. *Charisma sive donum sanationis seu explicatio totius quaestionis de mirabilium sanitatum gratia, in qua praecipue agitur de solenni et sacra curatione strumae, cui Reges Angliae rite inaugurati divinitus medicati sunt et quan serenissima Elizabetha, Angliae, Franciae et Hiberniae Regina, ex coelesti gratia sibi concessa, Applicatione manuum*

---

4. A obra de René Moreau, *De manu Regia, oratio panegyrica et inauguralis habita in collegio Cameracensi régio* (Paris, 1623, citada por Rosenbaum, I, p. 43 e Pauly, col. 1092) acerca do toque, é, de fato, um panegírico de Luís XIII, no qual apenas se menciona o toque casualmente (p. 5; esp. p. 18-19).

suarum, et contactu morbidarum partium, non sine Religiosis ceremoniis et precibus, cum admirabili et faelici successu in dies sanat. Pequeno, in-4°. Londres, 1597.

CLOWES, W. *A right frutefull and approved treatise for the artificiall cure of that malady called in Latin, Struma, and in English, the Evill, cured by Kynges and Queenes of England.* Pequeno, in-4°. Londres, 1602.

To the Kings most Excellent Majesty The Humble Petition Of divers hundreds Of the Kings poore Subjects, Afflicted with that grievous Infirmitie Called the Kings Evill. Of which by his Majesties absence they have no possibility of being cured, wanting all meanes to gain accesse to his Majesty, by reason of His abode at Oxford. Londres: Impresso por John Wilkinson, *Fev.* 20, *Anno Dom.* 1643, plaqueta (8 p.). British Museum Thomason Tracts E 90 (6)[5].

BIRD, J. *Ostenta Carolina, or the late Calamities of England with the Authors of them. The great happiness and happy govemment of K. Charles II ensuing, miraculously foreshewn by the Finger of God in two wonderful diseases, the Rekets and Kings-evil – Wherein is also proved, I that the rekets after a while shall seize in no more children but vanish by means of K. Charles II, II that K. Charles II is the last of Kings which shall so heal the Kings-evil.* Pequeno in-4°. Londres, 1661.

Χειρεξοχη. *The Excellency or Handywork of the Royal Hand.* Pequeno in-4°. Londres, 1665.

WISEMAN, R. *Severall Chirurgical Treatises* – Book IV: A treatise of the King's Evil, cap. I – Of the Cure of the Evil by the King's touch. 1a. edição. Londres, 1676 [6. ed., 1734, I, p. 392-397].

BROWNE, J. *Adenochoiradelogia; or an anatomick-chirurgical treatise of gandules and strumaes, or king's evil swellings; together with the royal gift of healing, or cure thereof by contact or imposition of hands, performed for above 640 years by our kings of England, continued with their admirable effects and miraculous events; and concluded with many wonderful examples of cures by their sacred touch.* Londres, 1684 [A terceira parte intitulada *Charisma Basilikon or the Royal Gift of Healing Strumaes or Kings-Evil* é especialmente consagrada ao milagre régio; ela está paginada separadamente; salvo indicação contrária, minhas citações se reportam a ela].

CARR, R. *Epistolae medicinales variis occasionibus conscriptae.* Londres, 1691, ep. XIV, p. 152-158.

A Letter from a gentleman at Rome to his friend in London, giving an account of some very surprizing Cures in the King's Evil by the Touch, lately effected in the Neighbourhood of that City [...] Translated of the Italian. Pequeno in-4°. Londres, 1721.

BECKETT, W. *A free and impartial inquiry into the antiquity and efficacy of touching for the cure of the King's evil [...] Now first published in order to a compleat confutation of that supposed supernatural power lately fustified in a pamphlet, intituled A letter from a gentleman at Rome to his friend in London [...].* Pequeno in-4°. Londres, 1722.

BLACKMOR, R. *Discourses on the Gout, a Rheumatism and the King's Evil,* in-12. Londres, 1726.

---

5. A página de rosto foi reproduzida em COX, C. *The Parish register of England* (*The Antiquary's Books*). Londres, 1910, p. 181.

[WERENFELS, S.]. *Occasional thoughts on the power of curing for the king's-evil ascribed to the kings of England*. Pequeno, in-4°. Londres, 1748 [forma a segunda parte, com título e paginação separados, da brochura intitulada *A Dissertation upon superstition in natural things*. Pequeno, in-4°. Londres, 1748].

*BADGER, J. *Cases of Cures of the King's Evil perfected by the royal touch*. Londres, 1748 [indicado em *Notes and Queries*, 3th séries I (1862), p. 258, parece não constar no Museu Britânico].

[DOUGLAS, J.]. *The Criterion or Miracles examined with a view to expose the pretensions of Pagans and Papists to compare the Miraculous Powers recorded in the New Testament with those said to subsist in Later Times, and to shew the great and material Difference between them in Point of Evidence*: from whence it will appear that the former must be True, and the latter may be False, in-12. Londres, 1754, p. 191-205.

3 Obras compostas por autores que não sejam ingleses nem franceses

DELRIO, M. *Disquisitionum magicarum libri sex*. Lib. I, cap. III, Qu. IV. Mayence, 1606, I, p. 57-65 [A ser completado em alguns aspectos pela edição de 1624, in-4°. Mayence, p. 24-27].

WIESELGREEN, O. *"The Kings Evil", Zwei gleichzeitige Berichte*. In: Archiv für Kulturgeschichte, XII, 1916, p. 410-411 [relatos dos viajantes suecos Rosenhane – em Londres, 1629 – e Gyldenstolpe – em Versailles, 1699].

ARMACANUS, A.P. [JANSENIUS]. *Mars Gallicus seu de iustitia armorum et foederum regis Galliae libri duo*: editio novissima. 2. ed., 1636, lib. I, c. 13, p. 65-72 [1. ed., in-folio, de 1635].

MARTI Y VILADAMOR, F. *Cataluna en Francia, Castilla sin Cataluna y Francia contra Castilla* – Panegyrico glorioso al christianissimo monarca Luís XIII el Iusto. Barcelona, 1641, cap. XI, p. 81-84.

CAMERIUS, P. *Operae horarum subcisivarum sive meditationes historicæ* – Centuria tertia, cap. XLII, De peculiaribus donis Regum et Principum nonnullorum sanandi aegrotos et peculiaribus eorum notis. In 4°. Frankfurt, 1644, p. 143-146 [cf. a tradução francesa por Simon Goulard: *Le troisiesme volume des méditations historiques de M. Philippe Camerarius*. Lyon, 1610, p. 171-175 (com adições)].

CHIFLETIUS, J.J. [J.J. CHIFLET]. *De ampulla Remensi nova et accurata disquisitio*. In-folio. Anvers, 1651 (esp. p. 57-58).

GUTIERRII, J.L. [J.L. GUTIERREZ]. *Opusculum de Fascino*, in-4°. Lyon, 1653, p. 153-156.

*TRINKHUSIUS. G.E. *De curatione regum per contactum*. Jena, 1667 [apud ROSENBAUM. *Addimenta* II, p. 64].

REIES, G. *Elysius jucundarum quaestionum campus*, in-4°. Frankfurt am Main, 1670, qu. XXIV e XXVIII.

MORHOVIUS, D.G. [MORHOF]. *Princeps medicus*. Plaqueta, pequeno, in-4°. Rostock, 1665, p. 48 [reprodução: MORHOFI, D.G. *Dissertationes academicae*, in-4°. Hamburgo, 1699.

ZENTGRAFF, J.J. *Disputatio prior de tactu Regis Franciae, quo strumis laborantes restituuntur.* Plaqueta, pequeno, in-4°. Wittenberg, 1667, (16 p.). • *Disputatio posterior de tactu Regis Franciae.* Plaqueta, pequeno, in-4°. Wittenberg, 1667, (16 p.).

LUENIG, J.C. *Theatrum ceremoniale historico-politicum*, II, in-4°. Leipzig, 1720, p. 1.015 e 1.043-1.047.

*HILSCHER, S.P. *De cura strumarum contactu regio facta*, in-4°. Jena, 1730[6].

IV – O toque das escrófulas: obras posteriores a 1800

1 Generalidades

BARFOED, C. *Haands Paalaeggelse* (Medicinsk-Historiske Smaaskriften ved Vilhelm Maar, 8), in-12. Copenhagen, 1914.

BATISTA Y ROSA, J.M. *Touching for the King's Evil*: Notes and Queries, 12th series III, 1917, p. 480-482.

*BILLINGS, J.R. *The King's Touch for Scrofula*: Proceedings of Charaka Club New York, II.

CASSEL, P. *Le roi te touche*. Berlim, 1864 [2. ed., Berlim, 1878].

CHÉREAU, A. & DELAMBRE, A. *Dictionnaire Encyclopédique des Sciences Médicales*, t. 32, 1885, verbete "Ecrouelles", p. 481-486.

CHOULANT, L. "Die Heilung der Skrofeln durch Königshand". In: *Denkschrift zur Feier der fünfzigjährigen Amtsführung [...] J.A.W. Hedenus [...] hgg. von der Gesellschaft fur Naturund Heilkunde in Dresden*. Dresden, 1833.

CRAWFURD, R. *The king's evil*. Oxford, 1911.

EBSTEIN. "Zur Geschichte der Krankenbehandlung durch Handauflegung und verwandte Manipulation". In: *Janus*, 1910, p. 220-228; 1911, p. 99-101.

_____. "Die Heilkraft der Könige". In: *Deutsche mediz. Wochenschrift*, 1908, I, p. 1.104-1.107.

GURLT, E. *Geschichte der Chirurgie und ihrer Ausübung*. 3 vols. Berlim, 1898, I, p. 104, 108; II, p. 139 e 871; III, p. 570.

LANDOUZY, L. *Le toucher des ecrouelles – L'Hôpital Saint-Marcoul : Le Mal du Roi*, in-4°, 1907 [impresso pela sessão de Reims da Assoc. Franc para o Progresso das Ciências; desenvolvimento de um artigo mais curto, publicado na *Presse Medicale*, 10/05/1905].

STARR, M.A. *The king's evil and ils relation to psychotherapy* – Medical Record New York, 1917 e 1918.

---

6. ROSENBAUM. *Addimenta*, II, p. 64 cita como relativa ao toque ou, pelo menos, ao poder curativo dos reis a seguinte obra: VALENTIN, M.B. *De herniis arcano regis Galliarum absque sectione curandis*. Giessen, 1697. Provavelmente, é necessário identificá-lo com a *Disputatio VI*: De nova herniarum cura, inclusa na Polychresta exótica, de Michael Bernhardius Valentinus, in-4°. Frankfurt, 1700. Trata-se de um remédio pra hérnia chamado "o segredo do rei", simples receita farmacêutica com um nome destinado a mexer com a imaginação do povo, mas sem nenhuma relação com o milagre régio.

2 Obras relativas ao rito francês

BRISSAUD, E. Le mal du roi. In: *Gazette Hebdomadaire de Médecine et de Chirurgie*, XXII, 1885, p. 481-92.

CABANÈS. *Remèdes d'autrefois*. 2ª serie, in-12, 1913, p. 5-74.

CERF. Du toucher des écrouelles par les rois de France. In: *Travaux Acad. Reims*, XLIII, 1865-1866, p. 224-288.

FRANKLIN, A. Les rois de France et les écrouelles. In: *Nouvelle Iconographie de la Salpêtrière*, IV, 1891, p. 161-166 [art. reproduzido in: FRANKLIN, A. *La vie privée d'autrefois* – Les médecins, in-12, 1892, p. 254-268.

JAL, A. *Dictionnaire Critique de Biographie et d'Histoire*, verbete "Ecrouelles". 2. ed., 1872, p. 522-523.

LEBER, C. *Des cérémonies du sucre*, 1825, p. 447-461 e 523-524.

LECOCQ. *Empiriques, somnambules et rebouteurs beaucerons*. Chartres, 1862, p. 11-19.

MARQUIGNY, E. *L'attouchement du roi de France guérissait-il des écrouelles?* – Études religieuses, historiques et littéraires, 4ª série, I, 1868, p. 374-90.

MARTINOTTI, G. "Re taumaturghi: Francesco I a Bologna nel 1515". In: *L'Illustrazione Medica Italiana*, IV, 1922, p. 134-137.

MAULDE-LA-CLAVIÈRE, R. *La diplomatie au temps de Machiavel*. 1892, I, p. 52 e 60 [publicado tb. em 1893 sob o título *Histoire de Louis XII* – Deuxième partie : La diplomatie, I].

_____. *Les origines de la Révolution Française au commencement du XVIᵉ siècle*, 1889, p. 26-28.

WENCK, K. *Philipp der Schöne ven Frankreich, seine Persönlichkeit und das Urteil der Zeitgenossen*, in-4°. Marburgo, 1905, p. 54-57.

3 Obras relativas ao rito inglês

ANDREWS, W. *The doctor in history*: literature, folklore etc. Hull/Londres, 1896, p. 8-23.

FARQUHAR, H. "Royal Charities". In: *The British Numismatic Journal*, XII, 1916), p. 39-135; XIII, 1917, p. 95-163; XIV, 1918, p. 89-120; XV, 1919, p. 141-184.

FEYERABEND, K. *Bilder aus der englischen Kulturgeschichte*: I. Die königliche Gabe – Die Grenzboten, 1904, I, p. 703-714 e 763-773.

FRANÇOIS-DELABORDE, H. "Du toucher des écrouelles par les rois d'Angleterre". In: *Mélanges d'histoire offerts à M. Ch. Bémont*, 1913[7].

GARRISON, F.H. "A Relic of the King's Evil in the Surgeon General's Library (Washington D.C)". In: *Proceedings of the Royal Society of Medicine*, VII, 1914, p. 227-234[8].

---

7. O artigo do mesmo autor, publicado sob o título "Le toucher des écrouelles par les rois d'Angleterre" (In: *Bulletin Soc. Antiquaires de France*, 191-193, p. 86-88) é uma espécie de resumo daquele de *Mélanges Bémont*.

8. Um resumo deste artigo aparecera em alemão sob o título de "Medizinisch-Historische Denkmäler des Königsübels in der Medizinischen Bibliothek des Kriegsministeriums zu Washington". In: *Archiv für die Geschichte der Naturwissenschaften und der Technik*, VI, 1913, p. 113-116.

GREEN, E. "On the Cure by Touch, with Notes on some Cases in Somerset". In: *Proceedings of the Bath Natural History and Antiquarian Field Club*, V, n. 2, 1883, p. 79-98.

HUSSEY, E.L. "On the cure of scrofulous diseases attributed to the royal touch". In: *The Archaeological Journal*, X, 1853, p. 187-211; cf. tb. p. 337.

LATHBURY, T. *A history of the convocation of the Church of England*. 2. ed., Londres, 1853, p. 428-439.

LECKY, W.E.H. *History of England in the Eighteenth Century*. Londres, 1892, I, p. 84-90.

NICHOLLS, C. "On the obsolete custom of touching for the King's Evil". In: *The Home Counties Magazine*, XIV, 1912, p. 112-122.

PETTIGREW, T.J. "The royal cure for the King's Evil". In: *British Medical Journal*, 1899, II, p. 1.182-1.184; cf. tb. p. 1.234.

_____. *On superstitions connected with the history and practice of medicine and surgery*. Londres, 1844, p. 117-154.

SIMPSON, W.S. "On the forms of prayer recited 'at the healing' or touching for the King's Evil". In: *The Journal of the British Archaeological Association*, 1871, p. 282-307.

STEPHENS, A.J. *The book of common prayer with notes legal and historical (Ecclesiastical history Society)*, in-4°. Londres, 1850, II, p. 990-1005.

V – Os anéis curadores[9]

CRAWFURD, R. "The blessing of cramp-rings – A chapter in the history of the treatment of epilepsy". In: *Studies in the history and method of science*. Edited by Charles Singer, I. Oxford, 1917, p. 165-187.

HERMENTRUDE. "Cramp rings". In: *Notes and Queries*, 5th series, IX, 1878, p. 514.

JONES, W. *Finger-ring lore*. 2. ed. Londres, 1890, p. 522-526 [repr. praticamente textual do artigo de Waterton abaixo indicado].

KUNZ, G.F. *Rings for the finger, from the earliest known times to the present*. Filadélfia/Londres, 1917, p. 336ss.

STEVENSON, J. "On cramp-rings". In: *The Gentleman's Magazine*, 1834, I, p. 48-50 [repr. em *The Gentleman's Magazine Library*. Ed. G.L. Gomme (t. III): Popular Superstitions. Londres, 1884, p. 39-42].

THOMPSON, C.J.S. *Royal cramp and other medycinable rings*. Plaqueta, pequeno, in-4°. Londres, 1921, 10 p.

WATERTON, E. "On a remarkable incident in the life of St Edward the Confessor, with Notices of Royal Cramp-Rings". In: *The Archaeological Journal*, XXI, 1864, p. 103-113.

VI – São Marcoul e a peregrinação de Corbeny

BAEDORF, B. *Untersuchungen über Heiligenleben der westlichen Normandie*. Bonn, 1913, p. 24-42.

---

9. Convém notar que várias das obras listadas mais acima – nas seções III e IV – incluem ocasionalmente algumas indicações sobre os anéis curadores.

BARTHÉLEMY, E. "Notice historique sur le prieuré Saint Marcoul de Corbeny". In: *Soc. Académique des Sciences, arts [...] de Saint-Quentin,* série terceira, XIII, 1874-75, p. 198-299.

BENOIT, M.A. "Un diplôme de Pierre Beschebien, évêque de Chartres: les reliques de Saint Marcoul". In: *Procès-verbaux* – Soc. Archéolog. Eure-et-Loir, V, 1876, p. 44-55.

BLAT. *Histoire du pèlerinage de Saint Marcoul à Corbeny.* 2. ed., in-12. Corbeny, 1853.

BOURGEOIS, O. *Apologie pour le pèlerinage de nos roys à Corbeny au tombeau de S. Marcoul, abbé de Nanteuil, contre la nouvelle opinion de Monsieur Faroul, licencié aux droits, doyen et official de Mantes.* Pequeno, in-4°. Reims, 1638[10].

DUPLUS, H.M. *Histoire et pèlerinage de Saint Marcoul,* in-18. Dijon, 1856.

FAROUL, S. *De la dignité des roys de France et du privilège que Dieu leur a donné de guarir les escroüelles*: ensemble la vie de Saint Marcoul abbé de Nanteuil, 1633.

GAUTIER, C. *Saint Marcoul ou Marculphe abbé de Nanteuil, sa vie, ses reliques, son culte [...]* in-16. Angers, 1899.

HEURCK, E.H. *Les drapelets de pèlerinage en Belgique et dans les pays voisins* – Contribution à l'iconographie et à l'histoire des pèlerinages, in-4°. Anvers, 1922.

LEDOUBLE. *Notice sur Corbeny, son prieuré et le pèlerinage à Saint Marcoul.* Soissons, 1883.

LE POULLE. *Notice sur Corbeny, son prieuré et le pèlerinage de Saint-Marcoul.* Soissons, 1883.

————. *Notice sur la vie de Saint Marcoul et sur son pèlerinage à Archelange,* in-16. Cîteaux, 1879.

SCHÉPERS, C.J. "Le pèlerinage de Saint-Marcoul à Grez-Doiceau (canton de Wavre)". In: *Wallonia,* t. VII, 1899, p. 177-183.

TEXIER, L. *Extrait et abrégé de la vie de S. Marcoul Abbé.* Plaqueta. Saumur, 1648, 8 p. [na sequência do *Discours touchant la fondation de la chapelle Nostre-Dame de Guarison à Russé*].

VII – O "sinal régio"[11]

GEISSLER, O. *Religion und Aberglaube in den mittelenglischen Versromanzen.* Halle, 1908, p. 73-74.

GRAUERT, H. "Zur deutschen Kaisersage". In: *Histor. Jahrbuch,* XIII, 1892, p. 122 e 135-136.

---

10. E. de Barthélemy, em sua *Notice historique sur le prieuré Saint-Marcoul,* escreve na p. 210: "Oudard Bourgeois publicou uma segunda obra no mesmo ano: *Traité des droits, privilèges et immunités de l'église et monastère de Corbeny* (in-12, 1638)". Não pude ter acesso a esse livro, o qual a Biblioteca Nacional não possui. Não se terá produzido alguma confusão no espírito de E. de Barthélemy? Assim como eu, o Abade Ledouble (*Notice sur Corbeny,* p. 131) procurou o *Traité* e não o encontrou.

11. Soma-se a esta lista, como obra antiga, o livro de Camerarius: *Operae horarum subcisivarum,* recenseado acima, III, § 3.

LOT, F. "La croix des royaux de France". In: *Romania,* XX, 1891, p. 278-281 [incluindo uma nota de Gaston Paris].

RAJNA, P. *Le origini dell'epopea francese,* cap. XII. Florença, 1884, p. 294-299.

THOMAS, A. "Le 'signe royal' et le secret de Jeanne d'Arc". In: *Revue Historique,* CIII, 1910, p. 278-282.

VIII – Nota relativa às citações de documentos manuscritos e à cronologia

Indiquei, através das abreviações seguintes, os principais arquivos aos quais se referem as referências:
- Arch. Nat. – Archives Nationales.
- Bibl. Nat. – Bibliothèque Nationale.
- Brit. Mus. – British Museum.
- E.A. – fundos chamados *Exchequer Accounts,* Public Record Office de Londres.
- R. O. – Record Office, em Londres (outros fundos além dos *Exchequer Accounts*).

Salvo menção contrária, todas as datas estão convertidas para o novo estilo (começo do ano em 1º de janeiro). As datas inglesas anteriores a 14 de setembro de 1752 (assim como as datas francesas anteriores a 20 de dezembro de 1582) são dadas segundo o calendário juliano.

Introdução

Este rei é um grande mágico.
Montesquieu. *Cartas Persas*, 1, 24.

O único milagre que se manteve perpétuo na religião
dos cristãos e na casa de França..."
Pierre Mathieu. *História de Luís XI, rei da França*,
1610, p. 472.

27 de abril de 1340, Frei Francisco, da Ordem dos Pregadores, bispo de Bisaccia na Província de Nápoles, capelão do Rei Roberto d'Anjou e, na ocasião, embaixador do rei da Inglaterra Eduardo III, apresentou-se diante do doge de Veneza[12]. Entre a França e a Inglaterra abria-se a luta dinástica que se tornaria a Guerra dos Cem Anos; as hostilidades já haviam começado, mas a campanha diplomática ainda se prolongava. Por todas as partes da Europa os dois reis rivais buscavam alianças. Frei Francisco era encarregado por seu senhor de solicitar o apoio dos venezianos, e sua intervenção amigável junto aos genoveses. Foi conservado um resumo de seu discurso[13]. Nele são exaltadas, como esperado, as disposições pacíficas do soberano inglês. O "mui sereníssimo Príncipe

---

12. Coloca-se uma pequena dificuldade a respeito desse personagem. O documento veneziano, citado abaixo, n. 2, chama-o Ricardo: "fratri Ricardo Dei gratia Bisaciensis episcopus, incliti principis domini regis Roberti capellano et familiar domestico". Mas, em 1340, o bispo de Bisaccia, que era um dominicano e, consequentemente, um frade, denominava-se Francisco. Cf. EUBEL. *Hierarchia catholica*. 2. ed., 1913. • UGHELLI. *Italia sacra*, t. VI, in-4º. Veneza, 1720, col. 841. Não se pode duvidar que tenha sido Frei Francisco quem tomou a palavra diante do doge. O escriba veneziano cometera de alguma forma um erro de escrita ou de leitura (interpretação equivocada de uma inicial?); eu me considerei no dever de repará-lo.

13. VENEZA. *Archivio di Stato* – Commemoriali, vol. III, p. 171. Cf. *Calendar of State Papers*, Venice, I, n. 25. Devo uma cópia desse documento curioso à extrema gentileza do Sr. Cantarelli, professor na Universidade de Roma. Não há menção da embaixada do bispo de Bisaccia em DEPREZ, E. *Les préliminaires de la Guerre de Cent Ans*, 1902 (Bibl. Athènes et Rome). A análise do *Calendar* não está isenta de erros; ela traduz *comitatum de Pontyus in Picardiam* (o Ponthieu) como "the counties [...] of Pontoise".

Eduardo", ardentemente desejoso de evitar o massacre de uma multidão de cristãos inocentes, havia – se acreditarmos no discurso – escrito a "Felipe de Valois, que se diz rei da França", para lhe propor três maneiras, a sua escolha, de decidir a grande querela sem guerra: primeiramente, o combate em campo fechado, verdadeiro julgamento de Deus, seja na forma de um duelo entre os dois pretendentes em pessoa, seja com um combate mais amplo entre dois grupos de seis a oito fiéis; ou ainda uma ou outra das duas provas seguintes (aqui, cito textualmente): "Se Felipe de Valois fosse, como ele afirmava, verdadeiro rei da França, que ele o demonstrasse expondo-se a dois leões famintos, pois os leões jamais ferem um verdadeiro rei; ou ainda que ele realizasse o milagre da cura das doenças, como costumam realizar os outros verdadeiros reis" (entenda-se, sem dúvida, os outros verdadeiros reis da França). "Em caso de insucesso, ele se reconheceria indigno do reino". Felipe – sempre segundo o testemunho de Frei Francisco – rejeitara, "em sua soberba", essas sugestões[14].

Podemos questionar se, na verdade, Eduardo III as teria realizado. O dossiê das negociações anglo-francesas chegou-nos em muito bom estado; não há nele vestígio da carta resumida pelo bispo de Bisaccia. Este, que intentava seduzir os venezianos, talvez a tenha inventado em todos os trechos. Suponhamos que ela realmente tenha sido enviada. Não seria necessário levar a prova dos leões ou do milagre mais a sério que o convite ao duelo – desafio clássico que trocavam a este tempo, no momento de entrar em guerra, os soberanos que sabiam viver, sem que jamais, na memória humana, se tenha visto entrarem de fato na liça. Simples fórmulas diplomáticas, ou melhor, no caso que nos ocupa, palavras ao vento de um diplomata muito falastrão.

Estas vãs propostas, todavia, merecem a reflexão dos historiadores. Apesar de sua aparente insignificância, lançam uma luz viva sobre aspectos profundos. Comparemo-las, pelo pensamento, às que atualmente teriam um plenipotenciário, colocado em circunstâncias semelhantes. A diferença revela o abismo

---

14. "[...] ne tanta strages Christianorum, que ex dicto belo orta et oritur et oriri in posterum creditur, ipsi serenissimo principi Eudoardo imputaretur aliquatenus, in principio dicte guerre suas literas supradicto destinavit Philipo, continentes quod ad evitandum mala super inocentes ventura eligeret alterum trium: silicet quod de pari ipsi duo soli duelum intrarent, vel eligeret sibi sex vel octo aut quot velet, et ipse totidem, et si[c] questio terminaretur inter paucos, Altissimo de celo j ustitiam querenti victoriam tribuente; aut si verus rex Francie esse[t], ut asserit, faceret probam ofiferendo se leonibus famelicis qui verum regem nullactenus lesunt; aut miraculum de curandis infirmis, sicut solent facere ceteri reges veri, faceret (ms: facerent); alias indignum se regni Francie reputaret. Que omnia supradicta, ac plures et diversos (ms: diversi) pacis tractatus contempsit, se in superbiam elevando."

que separa as duas mentalidades, pois tais declarações, destinados às massas, correspondem forçosamente às tendências da consciência coletiva. Frei Francisco não persuadiu os venezianos; nem as provas, apresentadas a eles, do espírito pacífico do qual Eduardo III – segundo lhes diziam – demonstrara até o último momento os sinais, nem as promessas mais positivas contidas no restante do discurso, influenciaram sua decisão de sair da neutralidade que eles consideravam proveitosa a seu comércio. Mas as pretensas ofertas, supostamente feitas pelo rei da Inglaterra a seu rival da França, talvez não fossem consideradas tão incrédulas quanto se poderia imaginar. Sem dúvida, eles não esperavam ver Felipe de Valois descer no fosso dos leões, mas a ideia de que "filho de reis os leões não podem comer" lhes era familiar devido a toda literatura de aventura desse tempo. Sabiam muito bem que Eduardo III não estava disposto a ceder a seu rival o reino da França, mesmo se este realizasse as curas milagrosas. Mas que todo verdadeiro rei da França – como, aliás, todo verdadeiro rei da Inglaterra – foi capaz de prodígios parecidos, era, de alguma maneira, um fato que nem os mais céticos, no século XIV, pensavam em duvidar. Em Veneza, como em toda a Itália, acreditava-se na realidade desse poder singular e, caso necessário, a ele se recorria: um documento, salvo por acaso da destruição, conservou-nos a lembrança de quatro bravos venezianos que, em 1307 – 33 anos antes da missão de Frei Francisco –, renderam-se na França para poderem ser curados por Felipe o Belo[15].

Assim, o discurso de um diplomata um tanto tagarela vem oportunamente lembrar-nos que nossos ancestrais, na Idade Média e até no coração da Idade Moderna, fizeram da realeza uma imagem muito diferente da nossa. Em todos os países, os reis foram considerados personagens sagrados; pelo menos em certos países, eles foram considerados como taumaturgos. Durante longos séculos, os reis da França e os reis da Inglaterra – para empregar uma expressão já clássica – "tocaram as escrófulas"; percebamos: eles pretendiam curar, somente com o contato de suas mãos, os doentes atacados por esta afecção; em torno deles, acreditava-se normalmente em sua virtude medicinal. Durante um período apenas um pouco menos extenso, viu-se os reis da Inglaterra distribuírem a seus súditos, e mesmo para além dos limites de seus estados, anéis (os *cramp-rings*) que, por terem sido consagrados por eles, receberam, pensava-se, o poder de restabelecer a saúde dos epiléticos e de acalmar as dores musculares.

---

15. Para a crença relativa aos leões, cf. abaixo, p. 246. Para a viagem dos quatro venezianos, cf. abaixo, p. 113.

Esses fatos, ao menos em suas linhas gerais, são bem conhecidos dos eruditos e dos curiosos. Todavia, devemos admitir que eles repugnam particularmente nosso espírito: pois frequentemente passaram em silêncio. Os historiadores escreveram enormes livros sobre as ideias monárquicas sem nunca os mencionar. As páginas que se lerão a seguir possuem como principal objetivo preencher esta lacuna.

A ideia de estudar os ritos curadores e, de forma mais geral, a concepção de realeza que neles se exprime me veio há alguns anos, quando eu lia no *Ceremonial* dos Godefroy os documentos relativos à sagração dos reis da França. Nesse momento, eu estava distante de compreender o alcance real da tarefa à qual eu me atrelava; a amplitude e a complexidade das pesquisas que eu conduzia ultrapassaram bastante minhas expectativas. Apesar disso, tive razão em perseverar? Receio que as pessoas às quais eu confiava minhas intenções consideraram-me, em mais de uma ocasião, como vítima de uma curiosidade bizarra e, no fim das contas, bastante fútil. Em que tipo de vereda eu estaria me lançando? "This curious by-path of yours", dizia-me em termos adequados um amável inglês. Pensei, entretanto, que esta senda afastada merecia ser seguida e acreditei, com a experiência, que ela levava bastante longe. Com o que, até o presente, era apenas anedota, eu avaliei que se poderia fazer história. Seria fora de propósito, nesta *Introdução*, justificar em detalhe minha intenção. Um livro deve carregar em si mesmo sua apologia. Gostaria simplesmente de indicar aqui muito brevemente como eu concebi meu trabalho e quais são as diretrizes que me guiaram.

* * *

Não se poderia vislumbrar os ritos de cura isoladamente, fora de todo esse grupo de superstições e lendas que formam o "maravilhoso" monárquico: teria me condenado antecipadamente se só visse neles uma anomalia ridícula, sem ligação com as tendências gerais da consciência coletiva. Servi-me deles como um fio condutor para estudar, particularmente na França e na Inglaterra, o caráter sobrenatural há muito tempo atribuído ao poder régio, o que poderíamos chamar – usando um termo que os sociólogos desviaram ligeiramente de seu significado primordial – a realeza "mística". A realeza! Sua história domina toda a evolução das instituições europeias. Até nossos dias, quase todos os povos da Europa Ocidental foram governados por reis. O desenvolvimento político das sociedades humanas, em nossos países, resumiu-se quase unicamente, durante um longo período, às vicissitudes do poder das grandes dinastias. Ora, para compreender o que foram as monarquias de outrora, para dar conta sobretudo de sua longa empresa sobre o espírito dos homens, não basta esclarecer, no mínimo detalhe, o mecanismo da organização administrativa, judiciária, financeira, que elas impuseram aos seus súditos; já não é mais suficiente analisar abstratamente ou buscar evidenciar, nos grandes teóricos, os conceitos de absolutismo ou de direito divino. Também é necessário penetrar as crenças e as fábulas que floresceram em torno das casas principescas. Sobre diversos pontos, todo este folclore nos diz mais do que qualquer tratado doutrinal. Como justamente escrevia, em 1575, Claude d'Albon, "jurisconsulto e poeta delfinês", em seu tratado *De la Maiesté Royalle*, "o que pôs os reis em tal veneração, foram principalmente as virtudes e poderes divinos que somente a eles foram conferidos, e não a outros homens"[16].

Naturalmente, Claude d'Albon não acreditava que essas "virtudes e poderes divinos" fossem a única razão de ser do poder régio. É preciso esclarecer que eu também não acredito? Sob pretexto que os reis do passado – compreendendo os maiores entre eles: um São Luís, um Eduardo I, um Luís XIV – pretenderam, assim como os curandeiros de nossos campos, curar as doenças por simples toque, nada seria mais ridículo do que ver neles apenas feiticeiros. Eles foram chefes de Estado, juízes, chefes da guerra. Através da instituição monárquica, as sociedades antigas satisfaziam a um certo número de necessidades eternas, perfeitamente concretas e de essência perfeitamente humana, necessidades que as sociedades atuais experimentam com o inconveniente de, normalmente, fazê-lo de uma outra maneira. Mas um rei, antes de tudo, era, aos olhos da população de fiéis, outra coisa muito maior do que um alto funcionário. Uma "veneração" o cercava, algo que não vinha unicamente dos serviços prestados. Como poderíamos compreender este sentimento de lealdade que, em certas épocas da história, teve uma força tão particular, se, decididamente, nos negamos a ver a auréola sobrenatural em volta das cabeças coroadas?

Esta concepção da realeza "mística" não será aqui examinada em seu germe e em sua causa primária. Suas origens escapam ao historiador da Europa medieval e moderna; elas escapam, na verdade, à história como um todo; somente a etnografia comparada parece capaz de jogar sobre ela alguma luz. As

---

16. D'ALBON, C. *De la maieste royalle, institution et prééminence et des faveurs divines particulières envers icelle.* Lion, 1575, p. 29.

civilizações das quais a nossa imediatamente saiu receberam esta herança de civilizações ainda mais antigas, perdidas na sombra da pré-história. Portanto, somente encontraríamos aqui, como objeto de nosso estudo, o que às vezes chamamos um pouco desdenhosamente de "sobrevivência"?

Mais adiante teremos oportunidade de observar que esta palavra, de qualquer maneira, não poderia ser corretamente aplicada aos ritos curadores aqui considerados. O toque das escrófulas nos apareceu como uma criação da França dos primeiros capetíngios e da Inglaterra normanda. Quanto à bênção dos anéis pelos soberanos ingleses, nós somente a vemos tomar lugar no ciclo da realeza miraculosa ainda mais tarde. Resta a questão do caráter sagrado e maravilhoso dos reis, dado psicológico essencial do qual os ritos analisados foram apenas uma manifestação entre várias. Mais remota do que as mais antigas dinastias históricas da França ou da Inglaterra, podemos afirmar, se quisermos, que a realeza sagrada por longo tempo sobreviveu ao meio social – por nós quase ignorado – que primeiramente condicionara seu nascimento. Mas se entendermos (como ordinariamente fazemos) por "sobrevivência" uma instituição ou uma crença na qual toda vida real deixou de existir, algo que só possui como razão de ser ter um dia correspondido a alguma coisa, um tipo de fóssil, testemunho tardio de eras ultrapassadas, neste sentido, a ideia com a qual nos ocupamos – da Idade Média até, ao menos, o século XVII – não conheceu nada que autorizasse caracterizá-la por este termo; sua longevidade não constitui uma degeneração. Ela conservou uma vitalidade profunda; permaneceu dotada de uma força afetiva sempre ativa; adaptou-se às condições políticas e, sobretudo, religiosas; revestiu-se de formas até então desconhecidas, entre as quais, precisamente, os próprios ritos curadores. Não a explicaremos em suas origens, visto que deveríamos, para fazê-lo, sair do campo próprio de nosso estudo; mas a explicaremos em sua duração e sua evolução – o que também constitui uma parte muito importante da explicação total. Em biologia, considerar a existência de um organismo não se trata somente de pesquisar seus antepassados, também é determinar os caracteres do meio que, ao mesmo tempo, lhe permite viver e lhe obriga a se modificar. O mesmo ocorre – *mutatis mutandis* – com os fatos sociais.

Em suma, o que quis oferecer aqui é essencialmente uma contribuição à história política da Europa, em sentido amplo (no verdadeiro sentido da palavra).

Pela própria força das circunstâncias, este ensaio de história política teve que tomar a forma de um ensaio de história comparada; pois a França e a Inglaterra possuíram ambas reis médicos, e, quanto à ideia da realeza maravilhosa e sagrada, foi comum a toda a Europa Ocidental – feliz necessidade, se for verdadeiro, como eu creio, que a evolução das civilizações das quais somos os herdeiros somente se tornará um pouco mais clara quando soubermos considerá-la fora do quadro extremamente estreito das tradições nacionais[17].

Mais ainda. Se não tivesse receado adicionar ainda mais a um título já demasiado longo, eu teria dado a este livro um segundo subtítulo: *História de um milagre*. A cura das escrófulas ou da epilepsia pelas mãos régias foi, de fato, como lembrava aos venezianos o bispo de Bisaccia, um "milagre": na verdade, um grande milagre, que deve sem dúvida ser contado entre os mais ilustres, em todo caso entre os mais contínuos que o passado apresenta; inumeráveis testemunhas o atestaram; seu brilho apenas se apagou ao fim de aproximadamente sete séculos de uma popularidade constante e de uma glória quase sem perturbações. A história crítica de uma tal manifestação sobrenatural poderia ser indiferente à psicologia religiosa, ou, melhor dizendo, ao nosso conhecimento do espírito humano?

* * *

A maior dificuldade que encontrei ao longo de minhas pesquisas veio das condições das fontes. Não que os testemunhos relativos ao poder taumatúrgico dos reis não sejam, no conjunto – com todas as reservas feitas acerca das origens –, bastante abundantes; mas eles são dispersos ao extremo e, principalmente, de naturezas prodigiosamente diversas. Julguemos isto através deste único exemplo: nossa mais antiga informação sobre o toque das escrófulas pe-

---

17. Aliás, não finjo, de modo algum, que em minha pesquisa eu tenha sempre conseguido pesar igualmente a balança entre os dois países dos quais segui paralelamente os destinos. Talvez, encontrar-se-á por vezes a Inglaterra um pouco sacrificada. Pude estudar com algum detalhe sua história dos ritos curadores, tão completamente, creio eu, quanto a da França; mas, em geral, não pude fazê-lo para a história da realeza sagrada. O atual estado da Europa, pouco favorável às viagens e à compra de livros estrangeiros pelas bibliotecas públicas ou privadas, tornam as pesquisas de história comparada mais difíceis do que nunca. A solução estaria, sem dúvida, em uma boa organização de empréstimo internacional, para os livros impressos e para os manuscritos – sabe-se que especialmente a Grã-Bretanha ainda não entrou neste caminho. Aliás, meu trabalho, como já indiquei, somente foi possível devido à generosidade do doador (o Sr. De Rothschild) a quem o Instituto da França deve sua *Maison* de Londres. Infelizmente, só pude realizar uma única estadia na Inglaterra, no começo – ou quase – de minhas pesquisas, ou seja, em um momento no qual os problemas nunca apareciam com toda amplitude e complexidade que se descobre mais tarde – daí certas lacunas que, apesar da gentileza dos meus amigos londrinos, nem sempre cheguei a preencher.

los reis da França encontra-se em um opúsculo de polêmica religiosa intitulado *Traité sur les Reliques*; o mesmo rito na Inglaterra é, de certa maneira, atestado pela primeira vez por uma carta privada, nada além de um exercício de estilo. A primeira menção que possuímos dos anéis curadores consagrados pelos reis ingleses deve ser pesquisada em uma ordenação régia. Para prosseguir com a narrativa, foi necessário buscar a contribuição de uma variedade de documentos de tipos diferentes: livros contábeis, escritos administrativos de todo tipo, literatura narrativa, escritos políticos ou teológicos, tratados médicos, textos litúrgicos, monumentos adornados – e paro por aqui. O leitor verá desfilar sob seus olhos até um jogo de cartas. As contas régias, tanto francesas quanto inglesas, não podiam ser exploradas sem um exame crítico; eu lhes consagrei um estudo específico, mas ele teria desordenado inutilmente a *Introdução*, então o coloquei no fim do volume. O dossiê iconográfico, bastante pobre, era relativamente fácil de inventariar; procurei organizá-lo em um estado adequado que igualmente encontrar-se-á no apêndice. As outras fontes me pareceram muito numerosas e muito díspares para que fosse tentado um recenseamento – eu me contentarei em citá-las e comentá-las na medida em que forem utilizadas. De resto, o que seria uma nomenclatura de fontes em semelhante matéria? De fato, alguma coisa como uma série de manobras de uma sonda. Há poucos documentos dos quais seja possível dizer antecipadamente com alguma certeza: ele fornecerá ou não fornecerá uma indicação útil sobre a história do milagre régio. É preciso seguir tateando, fiar-se na sorte ou no instinto e perder muito tempo para uma parca coleta. Ainda se todas as coletâneas de textos fossem dotadas de índice (compreendo aqui índice por matérias)! É necessário lembrar quantas delas são disto desprovidas? Esses instrumentos de trabalho indispensáveis parecem tornar-se mais raros na medida em que lidamos com documentos de data mais recente. Sua ausência muito frequente constitui um dos defeitos mais desagradáveis de nossos atuais métodos de publicação. Talvez eu esteja falando com algum rancor, pois esta malfadada lacuna me incomodou com frequência. Aliás, mesmo quando o índice existe, ocorre que o organizador negligencia sistematicamente de incluir as menções relativas aos ritos curadores, sem dúvida porque essas práticas vãs são avaliadas abaixo da dignidade da história. Muitas vezes, eu me senti como um homem colocado entre numerosos cofres fechados, alguns contendo ouro e outros cascalho, sem que nenhuma inscrição ajudasse a distinguir entre tesouros e pedras. Em outras palavras, estou muito longe de considerar-me completo. Que possa o presente livro incitar os pesquisadores a novas descobertas!

Felizmente, eu não me embrenhava em um terreno inteiramente novo, longe disso. Não era do meu conhecimento, acerca do tema que eu resolvi tratar, que existisse alguma obra histórica apresentando a amplitude e o caráter crítico que eu me esforcei em oferecer ao máximo. Contudo, a "literatura" das curas régias é bastante rica. De fato, ela é dupla: existem duas literaturas de origens diferentes que se ladeiam e, mais frequentemente, se ignoram mutuamente. Uma compreende os trabalhos realizados por eruditos de profissão, a outra – mais abundante – constitui as obras dos médicos. Esforcei-me em conhecer e utilizar ambas. Encontrar-se-á acima uma lista bibliográfica que, sem dúvida, parecerá razoavelmente longa. Não gostaria que algumas obras particularmente distintas, as quais consultei sem cessar, ficassem perdidas nesse amontoado. Desejo citar aqui meus principais guias. Os estudos já antigos de Law Hussey e de Waterton foram-me muito úteis. Entre os ainda vivos, eu devo mais do que poderia dizer ao Sr. François Delaborde, ao Dr. Crawfurd e à Srta. Helen Farquhar.

Também adquiri uma grande dívida de reconhecimento para com os predecessores de outra época. Do século XVI ao XVIII, há muitos escritos sobre os ritos curadores. Nesta literatura do Antigo Regime até a miscelânea é interessante, pois se pode daí extrair informações curiosas sobre o estado de espírito da época – mas se trata apenas de miscelânea. O século XVII, em particular, viu nascer, ao lado de obras ou de panfletos de uma inépcia rara, alguns trabalhos marcantes, como as páginas consagradas às escrófulas de Peyrat em sua *Histoire Ecclésiastique de la Cour*. Sobretudo devo comparar duas teses acadêmicas: as de Daniel Georges Morhof e de Jean Joachim Zentgraff; não encontrei em nenhum lugar uma abundância parecida de referências úteis. Experimento um prazer muito particular em lembrar aqui tudo o que devo à segunda dessas duas dissertações, pois posso saudar seu autor como um colega. Jean Joachim Zentgraff era de Estrasburgo; nascido na cidade livre, ele se tornou súdito de Luís XIV, pronunciou o panegírico de Henrique o Grande[18] e fez, em

---

18. Em maio de 1691 o discurso foi impresso: *Speculum boni principis in Henrico Magno Franciae et Navarras rege exhibitum exercitatione politica Deo annuente, in inclyta Argentoratensium Academia [...]* Argentorati, Literis Joh. Friderici Spoor, plaqueta in-4°, 54 p. Esse opúsculo deve ser muitíssimo raro; não conheço outros exemplos além daqueles da Biblioteca Nacional e da Biblioteca Wilhelmitana em Estrasburgo. Na p. 12 lê-se um elogio ao Edito de Nantes que, apesar de sua brevidade, pode, em seu tempo, parecer significativo. Sobre a carreira de Zentgraff (além dos artigos da *Allgemeine deutsche Biographie* e da *France protestante*), pode-se cf. BERGER-LEVRAULT. O. *Annales des Professeurs des Académies et Universités Alsaciennes*. Nancy, 1892, p. 262.

sua cidade natal – que passara para o domínio da França –, uma brilhante carreira universitária. O livro que aqui está aparece entre as *Publications* de nossa Faculdade de Letras ressuscitada; de certa maneira, apraz-me continuar, em um espírito que se ressente da diferença dos tempos, a obra outrora iniciada por um reitor da antiga Universidade de Estrasburgo.

LIVRO PRIMEIRO

AS ORIGENS

Capítulo I
Os primórdios do toque das escrófulas

1 As escrófulas

Pela palavra *écrouelles* – ou, mais frequentemente, *scrofule*, que nada mais é que uma forma erudita da primeira (os dois termos, tanto o popular quanto o erudito, provêm do latim *scrofula*) – os médicos atualmente designam a adenite tuberculosa, ou seja, as inflamações dos gânglios linfáticos causadas pelos bacilos da tuberculose. Não é preciso dizer que, antes do nascimento da bacteriologia, uma semelhante especialização destes dois nomes, que remontam à medicina antiga, não era possível. Mal se distinguiam as diferentes afecções ganglionares; ou, pelo menos, os esforços – antecipadamente condenados a um fracasso certo – de classificação possível a uma ciência ainda incerta, não deixaram traços na linguagem médica vigente. Todas essas afecções são chamadas uniformemente de escrófulas*, *scrofula* ou *strumae*, em latim; as duas últimas palavras, normalmente, eram tidas como sinônimas. Vale acrescentar que a maioria de muitas das inflamações ganglionares é de origem tuberculosa – a maioria dos casos qualificados como escrofulosos pelos médicos da Idade Média também o seria pelos médicos de hoje. Mas a linguagem popular era ainda mais imprecisa do que o vocabulário técnico. Os gânglios mais facilmente atacados pela tuberculose são os do pescoço e, quando o mal se desenvolve sem cuidados e se produzem supurações, o rosto parece ser facilmente alcançado – daí uma confusão, bem evidente nos textos, entre as escrófulas e as diversas afecções da face ou mesmo dos olhos[19]. As adenites tuberculosas são,

---

* *Écrouelles* no original em francês [N.T.].

19. A confusão referente às afecções da face ainda hoje figura entre aquelas que os tratados médicos previnem os praticantes. Cf. GENNES, apud BROUARDEL; GILBERT & GIRODE. *Traité de Médecine et de Thérapeutique*, III, p. 596ss. Acerca da confusão com as doenças dos olhos, cf., p. ex., BROWNE. *Adenochairedologia*, p. 140-149, 168. • CRAWFURD. *King's Evil*, p. 99.

ainda nos dias atuais, muito difundidas; o que ocorria outrora, em condições de higiene indiscutivelmente inferiores às nossas? Imaginemos as outras adenites e todo este grupo vago de doenças de todo o tipo que o equívoco coletivo confundia: teremos uma ideia dos prejuízos que, na antiga Europa, podiam provocar isto que se nomeava de "escrófulas". De fato, pelo testemunho de alguns médicos da Idade Média ou dos Tempos Modernos, elas eram realmente endêmicas em certas regiões[20]. A doença raramente é mortal, mas, sobretudo quando não há cuidados apropriados, ela atormenta e desfigura; as supurações frequentes tinham algo de repugnante; o horror que elas inspiravam se exprime naturalmente em mais de uma velha narrativa: a face "corrompia-se"; as chagas espalhavam "um odor fétido". Inumeráveis doentes, aspirando ardentemente à cura, prontos a se lançarem aos remédios que lhes indicavam a autoridade pública, eis o pano de fundo que deve considerar diante de seus olhos o historiador do milagre régio.

O que foi este milagre, já o disse. Na antiga França chamava-se normalmente as escrófulas de *mal le roi*; na Inglaterra, dizia-se: *King's Evil*. Os reis de ambos os reinos, pelo simples toque de suas mãos – realizado segundo os ritos tradicionais – pretendiam curar os escrofulosos. Quando começaram a exercer este poder milagroso? Como foram levados a reivindicá-lo? Como seus súditos foram conduzidos a reconhecê-lo neles? Problemas delicados que tentarei resolver. A continuação de nosso estudo apoiar-se-á em testemunhos seguros; mas aqui, neste primeiro livro consagrado às origens, tocamos em um passado muito obscuro. Resignemo-nos antecipadamente em deixar campo aberto às hipóteses – elas são permitidas ao historiador, sob a condição de não as tomar como algo certo. E, antes de tudo, procuremos reunir os mais antigos textos relativos – como se dizia outrora – aos "príncipes médicos". Comecemos pela França.

2 Os primórdios do rito francês

Nós devemos ao acaso de uma controvérsia bastante singular o primeiro documento no qual, sem equívoco possível, aparece o "toque" francês[21]. Por volta do início do século XII, o Mosteiro de Saint-Médard de Soissons reivin-

---

20. Para a Itália (região de Lucca), cf. o testemunho de Arnaud de Villeneuve citado em FINKE, H. *Aus den Tagen Bonifaz VIII* (*Vorreformations-geschichtliche Forschungen* 2). Munster, 1902, p. 105, n. 2. Para a Espanha, cf. abaixo p. 311, n. 2.
21. O que segue está segundo o *De Pignoribus Sanctorum*, de Guibert de Nogent, cuja edição mais acessível é a de MIGNE. *P.L.*, t. 156.

dicava possuir uma relíquia, insigne entre as outras: um dente do Salvador (um dente de leite, diziam[22]). Para melhor difundir a glória de seu tesouro, os religiosos haviam composto um opúsculo, que não possuímos, mas do qual se pode, devido a tantos outros exemplos, imaginar a natureza: coletânea de milagres, livreto para o uso dos peregrinos, sem dúvida uma produção bem grosseira[23]. Ora, não muito longe de Soissons vivia então um dos melhores escritores desse tempo, Guibert, abade de Nogent-sous-Coucy. A natureza dotara-o de um espírito justo e refinado. Talvez alguma obscura querela, hoje caída no esquecimento, uma dessas duras rivalidades da Igreja cuja história dessa época é repleta, instigando-o contra seus "vizinhos" de Soissons[24], tenha contribuído em tornar mais exigente, neste caso, seu amor pela verdade. Ele não acreditava na autenticidade do ilustre dente; quando surgiu o escrito no qual ele tomou conhecimento da questão, tomou a pena para, por sua vez, esclarecer os fiéis, iludidos pelos "falsários"[25] de Saint-Médard. Assim nasceu esse curioso tratado *des Reliques des Saints* que a Idade Média parece ter aproveitado muito pouco (dele só nos resta um manuscrito, possivelmente produzido sob os olhos do próprio Guibert[26]), mas no qual atualmente é possível perceber, entre muita miscelânea, as provas de um senso crítico bastante perspicaz, bem raro no século XII. Trata-se de uma obra razoavelmente desconexa que contém, ao lado de anedotas divertidas, um amontoado de considerações um pouco disparatadas sobre as relíquias, as visões e as manifestações milagrosas em geral[27]. Vejamos o primeiro livro. Guibert, em perfeita conformidade com a doutrina mais ortodoxa, desenvolve aí a ideia de que os milagres não são, por si sós, indícios de santidade. Eles possuem somente Deus como autor – e a Divina Sabedoria escolheu como instrumentos, "como canais", os homens que convinham a seus desígnios, mesmo que fossem ímpios. Seguem alguns exemplos

---

22. P.L., t. 156, col. 651ss.

23. Col. 664 no início do 1. III § IV: "in eorum libello qui super dente hoc et sanctorum loci miraculis actitat".

24. Col. 607: "nobis contigui". Col. 651: "finitimi nostri".

25. Col. 652: "Attendite, falsarii [...]".

26. Trata-se do ms. Latim 2.900 da Bibl. Nat., que provém do próprio Mosteiro de Nogent.

27. Cf. em particular a interessantíssima memória do Sr. Abel Lefranc: *Le traité des reliques de Guibert de Nogent et les commencements de la critique historique au moyen âge* – Etudes d'histoire du moyen âge dédiées à Gabriel Monod, 1896, p. 285. Lefranc parece-me exagerar um pouco o senso crítico de Guibert que é, aliás, incontestável. Cf. MONOD, B. *Le moine Guibert et son temps*, 1905.

tomados da Bíblia – até dos historiadores antigos – que para um letrado desse tempo eram objeto de uma fé quase tão cega quanto aquela relacionada ao Livro Sagrado em si: a profecia de Balaão, a de Caifás, Vespasiano curando um aleijado, o mar de Panfúlia abrindo-se diante de Alexandre o Grande e, enfim, os sinais que tantas vezes anunciaram o nascimento ou a morte dos príncipes[28]. Ao que Guibert acrescenta:

> Que digo? Não temos visto nosso senhor, o Rei Luís, usar de um prodígio costumeiro? Eu vi com meus próprios olhos doentes sofrendo com escrófulas no pescoço ou em outras partes do corpo acorrerem em multidões para serem tocados por ele – toque ao qual ele acrescentava um sinal da cruz. Eu estava lá, muito perto dele, e eu mesmo o protegia contra a importunação. O rei, todavia, demonstrava diante deles sua generosidade inata; atraindo-os com sua mão serena, fazia humildemente sobre eles o sinal da cruz. Seu pai Filipe também exercera, com ardor, este mesmo poder milagroso e glorioso; não sei quais falhas, cometidas por ele, fizeram perdê-lo[29].

Assim são algumas linhas citadas ininterruptamente, desde o século XVII, pelos historiadores das "escrófulas". Os dois príncipes aqui mencionados são, evidentemente, Luís VI e Filipe I, seu pai. O que se pode apreender disto?

Em primeiro lugar, isto: Luís VI – cujo reinado se estende de 1108 a 1137 – passava a possuir o poder de curar os escrofulosos; os doentes chegavam em multidões até ele e o rei, convencido sem margem para dúvidas da força milagrosa que o céu lhe concedera, rendia-se a suas súplicas. Não uma única vez, por acaso, em um momento de entusiasmo popular excepcional. Estamos diante de uma prática já "costumeira", de um rito regular revestido de formas que lhe serão próprias durante todo o curso da monarquia francesa: o rei toca

---

28. Col. 615 e 616. A passagem relativa às escrófulas intercala-se (ademais, de maneira bem bizarra em meio ao desenvolvimento) com os exemplos antigos e a lembrança das profecias de Balaão e Caifás. O tratado por inteiro é muito malcomposto. A maioria dos exemplos evocados por Guibert de Nogent era clássico em seu tempo. Cf., p. ex., o partido que tira da profecia de Caifás (dado como o tipo do simoníaco): DAMIEN, P. *Liber gratissimus,* c. X: Monumenta Germaniae, Libelli de lite, I, p. 31.

29. Cito aqui segundo o manuscrito, fol. 14: "Quid quod dominum nostrum Ludovicum regem consuetudinario uti videmus prodigio? Hos plane, qui scrophas circa jugulum, aut uspiam in corpore patiuntur, ad tactum eius, superadito crucis signo, vidi catervatim, me ei coherente et etiam pro hibente, concurrere. Quos tamen ille ingenita liberalitate, serena ad se manus obuncans, humillime consignabat. Cuius gloriam miraculi cum Philippus pater ejus alacriter exerceret, nescio quibus incidentibus culpis amisit". O texto de *P.L.*, t. 156, col. 616, está, à parte os erros de grafia, correto.

os doentes e faz sobre eles o sinal da cruz – esses dois gestos sucessivos permanecerão tradicionais. Guibert é uma testemunha ocular que não poderíamos recusar; ele encontra Luís VI em Laon – e talvez em outras circunstâncias. Sua dignidade de abade lhe garantia um lugar próximo de seu soberano[30].

E tem mais: esse maravilhoso poder não era considerado como algo particular do Rei Luís. Havia a lembrança que seu pai e predecessor Filipe I, cujo longo reinado (1060-1108) remonta quase aos meados do século XI, exercera-o antes do filho; contava-se que ele perdera depois de "não sei quais falhas", disse honestamente Guibert, muito ligado à família capetíngia e disposto a encobrir seus erros. Ninguém duvida que se trata da união duplamente adúltera de Filipe com Bertrade de Montfort. Excomungado após este crime, o rei, acreditava-se, havia sido atingido pela cólera divina com diversas doenças "ignominiosas"[31]; não era espantoso crer que ele tenha perdido seu poder milagroso no mesmo golpe. Esta lenda eclesiástica nos importa muito pouco aqui. Mas é preciso saber que Filipe I foi o primeiro soberano francês que nós podemos afirmar com segurança que tocou os escrofulosos.

Convém observar também que esse texto, tão precioso, permanece absolutamente único em seu tempo. Se, retrocedendo no curso das eras, buscarmos passo a passo as curas operadas pelos reis da França, será preciso, para encontrar um texto novo, chegar até o reinado de São Luís (1226-1270), cujas informações são, de resto, bastante abundantes[32]. Se os monges de Saint-Médard não houvessem reivindicado a posse de um dente do Cristo, se Guibert não estivesse no cerne da polêmica contra eles, ou ainda se seu tratado – como tantas obras do mesmo gênero – estivesse perdido, estaríamos sem dúvida tentados a ver em São Luís o primeiro monarca curador. De fato, não há como pensar que entre 1137 e 1226 não se produziu nenhuma interrupção no exercício do dom milagroso. Os textos referentes a São Luís apresentam claramente seu poder como tradicional e hereditário. Simplesmente, o silêncio dos documentos, contínuo durante quase um século, precisa ser explicado. Iremos tentá-lo mais tarde. Por ora, preocupados em determinar a origem do rito, assinalemos

---

30. Cf. BOURGIN, G. Introduction. In: NOGENT, G. *Histoire de sa vie* (Collect. de textes pour l'étude et l'ens. de l'hist.), p. XIII. O Sr. G. Bourgin parece não ter dado atenção à passagem do *Traité des Reliques* relativa à cura das escrófulas, sem o que não teria apresentado como simplesmente "prováveis" os encontros de Guibert com o rei.

31. VITAL, O. 1. VIII, c. XX. Ed. LEPRÉVOST, III, p. 390.

32. Poder-se-á encontrá-los reunidos abaixo, p. 130.

somente uma observação que surge como um conselho de prudência: por uma feliz sorte, nos foram conservadas algumas frases nas quais um escritor do século XII lembrou, de passagem, que seu rei curava os escrofulosos; outros acasos, menos favoráveis, podem nos ter ocultado indicações análogas relativas aos soberanos mais antigos. Afirmando categoricamente que Filipe I foi o primeiro a "tocar as escrófulas", nos arriscaríamos a cometer um erro comparável àquele no qual cairíamos se, na ausência do único manuscrito do *Traité sur les Reliques*, concluíssemos devido a falta de toda menção anterior a São Luís que este rei foi o iniciador do rito.

Podemos almejar avançar antes de Filipe I?

A questão de saber se os reis das duas primeiras dinastias já possuíam a virtude medicinal reivindicada pelos capetíngios não é nova. Ela foi repetidamente abordada pelos eruditos dos séculos XVI e XVII. Essas controvérsias ecoaram até na távola real. Em um dia de Páscoa em Fontainebleau, Henrique IV, depois de ter tocado as escrófulas, pôs-se a divertir seu jantar com o espetáculo de uma disputa deste tipo: desafiou os doutos combatentes, André Du Laurens, seu primeiro médico, Pierre Mathieu, seu cronista, e o Capelão Guillaume Du Peyrat. O historiógrafo e o médico sustentavam que o poder do qual seu senhor havia dado novas provas remontava a Clóvis. O capelão negava dizendo que nunca um merovíngio ou carolíngio exercera-o[33]. Entremos nesta liça e busquemos formular uma opinião. O problema, bastante complexo, pode ser decomposto em várias questões, mais simples, que se faz mister examinar sucessivamente.

Em primeiro lugar, podemos encontrar, nos textos, vestígios de que um rei qualquer pertencente às duas primeiras dinastias pretendera, porventura, curar os escrofulosos? Sobre este ponto, não teremos dificuldade em engrossar as fileiras da opinião negativa, frequentemente expressa categoricamente por Du Peyrat, por Scipion Dupleix, por todos os bons espíritos eruditos do século XVII. Nenhum texto desta natureza foi jamais produzido. Devemos ir mais longe. A Alta Idade Média nos é conhecida pelas fontes pouco abundantes e, portanto, fáceis de explorar; desde vários séculos os eruditos de todas as nações as desnudaram conscienciosamente; se um texto como o que expus nunca tivesse sido encontrado, podemos concluir, sem receio de errar, que ele não

---

33. DU PEYRAT. *Histoire ecclésiastique de la cour*, p. 817. Observa-se que, em nossos dias, Sir James Fraser retomou, sem levar em conta as dificuldades históricas que lhe são próprias, a velha teoria de Du Laurens e de Pierre Mathieu. In: *Golden Bough*, I, p. 370.

existe. Adiante, teremos a ocasião de ver como nasceu no século XVI a narrativa da cura por Clóvis de seu escudeiro Lanicet. Esta tradição nos aparecerá então como algo desprovido de qualquer fundamento; irmã caçula das lendas da Santa Âmbula ou da origem celeste das flores-de-lis, é preciso – como, aliás, fazemos há muito tempo – relegá-la com suas irmãs mais velhas ao armazém dos acessórios históricos ultrapassados.

Convém agora pôr o problema que nos interessa de maneira mais compreensiva. Nem os merovíngios nem os carolíngios, segundo o testemunho dos textos, possuíram esta forma especial do poder curador que se aplica em uma doença determinada (as escrófulas). Mas teriam sido considerados capazes de curar uma outra doença em particular ou mesmo todas as doenças em geral? Consultemos Gregório de Tours. Lê-se no livro IX, a propósito do Rei Gontrão, filho de Clotário I, a seguinte passagem:

> Narra-se comumente entre os súditos que uma mulher, cujo filho sofria de uma febre quartã deitado em seu leito de dor, atravessou a multidão até o rei e, aproximando-se por trás, arrancara-lhe algumas franjas de seu manto real sem que ele percebesse. Ela as colocou n'água e fez seu filho beber desta água; imediatamente a febre cessou, o doente curou-se. Eu não coloco, de minha parte, a coisa em dúvida. De fato, eu mesmo vi, frequentemente, demônios que possuíam corpos gritarem o nome deste rei e, descobertos pela virtude que dele emanava, confessavam seus crimes[34].

Portanto, Gontrão possuía, entre seus súditos e seus admiradores – Gregório de Tours, sabemos, se incluía entre estes últimos –, a reputação de um curador. Uma força milagrosa se associava às vestimentas que ele havia tocado. Apenas sua presença ou, talvez (o texto não é muito claro), mais simplesmente ainda, a invocação de seu nome, libertava os possuídos. Toda a questão constitui-se em saber se ele compartilhava esta maravilhosa capacidade com outros reis de sua dinastia ou se, ao contrário, ele a detinha exclusivamente. Sua memória parece nunca ter sido objeto de um culto oficialmente reconhecido, ainda que no século XIV o hagiógrafo italiano Pedro de Natalibus tenha lhe

---

34. *Historia Francorum,* IX, c. 21: "Nam caelebre tunc a fidelibus ferebatur, quod mulier quaedam, cuius filius quartano tibo gravabatur et in strato anxius decubabat, accessit inter turbas populi usque ad tergum regis, abruptisque clam regalis indumenti fimbriis, in aqua posuit filioque bibendum dedit; statimque, restincta febre, sanatus est. Quod non habetur a me dubium, cum ego ipse saepius larvas inergia famulante nomen eius invocantes audierim ac criminum propriorum gesta, virtute ipsius discernente, fateri".

reservado um lugar em seu *Catalogus Sanctorum*[35]; mas não se poderia duvidar que muitos de seus contemporâneos – o bispo de Tours em primeiro lugar – o consideravam como um santo; não que fosse de costumes particularmente puros ou moderados, mas porque era muito piedoso! "Diríamos não um rei, mas um bispo", escreve Gregório em algumas linhas antes da passagem que citei mais acima. Por outro lado, o próprio Gregório nos fornece vários detalhes sobre os ancestrais, os tios, os irmãos de Gontrão. Fortunato entoou o elogio de vários reis merovíngios, em nenhuma parte vemos qualquer um desses príncipes, louvados como mais ou menos piedosos, generosos ou bravos, curando alguém. A mesma constatação no que concerne aos carolíngios. O renascimento carolíngio nos deixou uma literatura relativamente rica que compreende especialmente tratados político-morais sobre a realeza e biografias ou coletâneas de anedotas sobre certos soberanos. Seria impossível descobrir aí alguma alusão ao poder curador. Se, pondo fé em uma única passagem de Gregório de Tours, decidíssemos que os primeiros merovíngios possuíram a virtude medicinal, seria preciso também supor que ela sofreu um eclipse sob os carolíngios. Em consequência: nenhuma possibilidade de estabelecer uma continuidade entre Gontrão e Filipe I, entre o rei do século VI e o do século XI. É mais simples admitir que esses milagres foram atribuídos a Gontrão pela opinião comum não como um atributo régio, mas porque eles pareciam resultar necessariamente deste caráter de santidade que os súditos reconheciam no monarca – pois, aos olhos dos homens de seu tempo o que era um santo, senão, antes de tudo, um benfeitor taumatúrgico? Permanece ainda o fato, como veremos mais tarde, que Gontrão parecia mais facilmente um santo do que rei; ele pertencia a uma dinastia a qual os francos estavam de longa data acostumados a considerar sagrada. Mas, apesar de dever ao menos uma parte de sua santidade e, em consequência, seus poderes milagrosos a sua origem real, este dom constituiu, contudo, uma graça pessoal que seus avós, seus ancestrais e seus sucessores não possuíram. A série ininterrupta de reis médicos que conheceu a França medieval não começa com este piedoso soberano, tão caro aos olhos de Gregório de Tours.

Talvez queiram interromper-me neste ponto. Sem dúvida que os textos merovíngios ou carolíngios – pelo menos da maneira que chegaram até nós – não nos mostram em nenhum ponto o rei curando as escrófulas e, à exceção da passagem de Gregório de Tours que aqui vimos, não nos falam nunca de curas

---

35. *Bibliotheca Hagiographica Latina*, I, p. 555.

régias, de qualquer tipo que se possa imaginar. Isso é incontestável. Mas estas fontes – eu o lembrei mais acima – são muito pobres; de seu silêncio devemos tirar algo além de uma confissão de ignorância? Poderiam, sem que nós o saibamos, os soberanos das duas primeiras dinastias terem tocado os doentes? É certo que em todo tipo de ciência as provas negativas são perigosas; mais particularmente na crítica histórica o argumento *ex silentio* é sempre cheio de perigos. Entretanto, não nos deixemos enganar por esta palavra tão temível: *negativo*. A propósito do problema que aqui nos ocupamos, Du Peyrat escreve excelentemente:

> Alguém me dirá, talvez, que argumentar *ab authoritate negativa* não conclui nada, mas eu lhe farei a mesma réplica que fez Coeffeteau a Plessis Mornay, que afirma tratar-se de uma impertinente lógica em História; ao contrário, é argumentar afirmativamente: pois todos esses autores, São Remy, Gregório de Tours, Hincmar e outros que seguiram sob a segunda dinastia, estariam obrigados como historiadores fiéis a deixar por escrito uma coisa tão memorável, se ela tivesse sido praticada em seu tempo e, por conseguinte, não ter escrito este milagre é afirmar que ele foi desconhecido em seu século[36].

Em outros termos, toda a questão se resume em saber se os documentos contemporâneos das dinastias merovíngias e carolíngias são de uma tal natureza a ponto de fazer com que a prática das curas régias – se ela, de fato, existiu – nunca tenha sido por eles mencionada. O que parecerá bem pouco verossímil, sobretudo no que se refere, de um lado, ao século VI (a época de Fortunato e de Gregório de Tours) e, mais ainda, ao belo período da dinastia seguinte. Se Carlos Magno ou Luís o Piedoso tocaram os doentes, é possível que o monge de Saint-Gall ou o Astrônomo omitissem esta característica maravilhosa? Que nenhum destes escritores, próximos da corte régia, que formam a brilhante plêiade do "renascimento carolíngio", não tenham deixado escapar – mesmo de passagem – a mais fugitiva alusão a este grande fato? Sem dúvida, como eu recordei mais acima, de Luís VI a São Luís os documentos são igualmente mudos, mas interpretarei em breve este silêncio que, ademais, durou somente três reinados. Demonstrarei então como ele se origina de um movimento de pensamento político surgido da reforma gregoriana, cujas ideias fundamentais são tão distintas quanto possível daquelas que animavam os autores dos quais eu estou a tratar. O silêncio – incomparavelmente mais longo – das literaturas

---

36. *Histoire ecclesiastique de la Cour*, p. 806.

merovíngias e carolíngias seria justamente inexplicável – caso não se explicasse simplesmente pela ausência do rito do qual investigamos, em vão, as pistas. Não há nenhuma razão para crer que os descendentes de Clóvis ou de Pepino tenham pretendido, como reis, curar alguém.

Vejamos agora os primeiros capetíngios. A vida do segundo príncipe desta dinastia, Roberto o Piedoso, foi escrita, como se dizia, por um dos seus protegidos: o Monge Helgaud. Trata-se de um panegírico. Roberto surge adornado de todas as virtudes, sobretudo aquelas que deviam agradar aos monges. Helgaud glorifica particularmente sua bondade pelos leprosos; e acrescenta:

> A virtude divina concedeu a este homem perfeito uma enorme graça: a de curar os corpos. De sua mui piedosa mão tocando as chagas dos enfermos e os marcando com o sinal da santa cruz, livrava-os da dor e da doença[37].

Muito se discutiu sobre essas palavras. Excelentes eruditos recusaram-se em ver aí o primeiro testemunho do poder curador dos reis franceses. Examinemos suas razões.

O que diz exatamente a *Vida* do Rei Roberto? Que este príncipe curava os doentes. Mas devido a uma graça especial ou em virtude de uma vocação hereditária que foi comum a todos os de sua linhagem? O texto não responde. Podemos legitimamente perguntar se Helgaud – cheio de admiração pelo rei do qual escrevia os grandes feitos e possivelmente desejoso de preparar as vias para uma canonização futura – não considerava o poder milagroso que atribuía a seu herói como uma manifestação de santidade estritamente individual. Lembremos da passagem de Gregório de Tours que citei a pouco; concluímos que o Rei Gontrão pessoalmente passava-se como santo, mas não porque os merovíngios se apresentassem como uma linhagem de taumatúrgicos. Não daremos um sentido semelhante ao testemunho de Helgaud? Entretanto, olhando de perto, a analogia se mostra completamente superficial. O texto de Gregório de Tours emergia completamente isolado no silêncio universal e prolongado de todos os documentos. Para estabelecer um laço de filiação entre as virtudes medicinais do filho de Clotário e o início autêntico do toque das

---

37. *Histor. de France*, X, p. 115ᵃ. • MIGNE. *P.L.*, t. 141, col. 931: "Tantam quippe gratiam in medendis corporibus perfecto viro contulit divina virtus ut, sua piissima manu infirmis locum tangens vulneris et illis imprimens ignum sanctae crucis, omnem auferret ab eis dolorem infirmitatis". Eu preciso mencionar que a interpretação desta passagem, que, abaixo, será desenvolvida, já havia sido indicada, em suas linhas principais, pelo Dr. Crawfurd : *King's Evil*, p. 12-13.

escrófulas com Filipe I, foi preciso dar um salto de cinco séculos, passando por três dinastias; foi preciso supor o silêncio de uma multidão de autores que não tinham nenhum motivo para se calarem. Aqui especificamente, não há nenhuma dificuldade deste tipo. Entre Roberto II e Filipe I, seu neto, há somente um curto intervalo: 29 anos; uma única geração, um único reinado, o de Henrique I, que, precisamente, é o menos conhecido de todos desse tempo. Não sabemos quase nada acerca deste príncipe; é bem possível que ele tenha tocado os doentes sem que a lembrança deste gesto tenha chegado até nós – e sem motivo para nos espantarmos com nossa ignorância. Admitamos por um momento que Roberto II tenha sido o iniciador do rito ilustre cuja história procuramos escrever e vejamos o que pode ocorrer. Seus súditos o acreditavam capaz de curar; é este o testemunho que, pelas palavras de seu biógrafo, foi a ele associado. Talvez, ao fim das contas, eles considerassem este dom como pessoal de seu senhor. Mas, depois dele, seus descendentes e sucessores reivindicariam, a título de herança, o privilégio paternal. Sua pretensão, Helgaud – do qual não sabemos se sobreviveu muito tempo após seu herói – ignorou ou, não a ignorando, preferiu, por uma ou outra razão, deixar em silêncio. No que nos toca, não pode haver dúvida, porque sabemos, por um texto irrecusável, que o próprio neto de Roberto, poucos anos depois dele, exercia o mesmo poder. De fato, nada mais natural do que imaginar, entre duas gerações tão próximas, a continuidade de uma mesma tradição milagrosa, melhor dizendo, de um mesmo rito: o toque seguido do sinal da cruz; tanto no caso de Roberto quanto no de Luís VI (os textos nada dizem sobre Filipe I em relação a este tema), os gestos curadores se apresentam iguais. Helgaud não parece ter visto um legado ancestral na "grande graça" que Deus – segundo ele – atribuíra a seu rei. Pode-se daí concluir, com alguma chance de acerto, que Roberto II foi o primeiro dos reis taumaturgos, o elo original da corrente gloriosa, mas não – o que seria desmentido pelos fatos – que nenhum rei pudesse curar depois dele.

Outra dificuldade: Filipe I tocava os escrofulosos. Ora, na frase de Helgaud não há nenhuma menção às escrófulas. Ela se coloca na sequência de uma exposição relativa à conduta do rei em relação aos leprosos; mas nela os leprosos não são, ao que parece, referidos de modo específico – não se trata desta ou daquela afecção particular, lepra ou escrófula, trata-se indistintamente de todas as doenças que Roberto, no dizer de seus admiradores, sabia curar. "Deve-se notar", escreve o Sr. Delaborde, "que as escrófulas não são nomeadas no trecho desta biografia na qual acreditou-se ver um primeiro exemplo do dom particular de nossos reis, e que aí se trata somente do poder geral de curar as doenças, comum a todos os santos"[38]. Estamos de acordo. Porém, é certo que o dom reconhecido no rei foi, desde as origens, concebido como algo tão "particular"? Neste ponto, estamos tão habituados a ver a virtude milagrosa dos príncipes franceses fazer das escrófulas seu objeto exclusivo que não nos espantamos que ela tenha tomado esta forma estritamente limitada. Contudo, afirmar que, desde o início, tal foi o caso, seria um postulado injustificável. Vejamos um parâmetro de comparação. A maioria dos santos verdadeiramente populares possui, também, seus talentos específicos: recorre-se a um para os males dos olhos, a outro para os males da barriga, e assim por diante. Mas, até onde é possível perceber, estas especializações raramente se encontram nas origens; a melhor prova disto é que elas às vezes variam. Todo santo é visto, junto ao povo, como um médico; pouco a pouco, em virtude das associações de ideias frequentemente obscuras (e às vezes de um simples trocadilho), os fiéis acostumam-se a lhe atribuir o dom de aliviar preferencialmente uma ou outra enfermidade designada. O tempo faz sua obra. Ao fim de um certo número de anos, a crença neste poder bem determinado transforma-se, no pobre mundo dos sofredores, em um verdadeiro artigo de fé. Encontraremos mais adiante um destes grandes santos de peregrinação: São Marcoul de Corbeny. Tal como os reis da França, ele foi um curador das escrófulas; devido a este título, ele adquiriu uma apreciável notoriedade, mas só muito tardiamente. Antes, durante longos séculos, ele havia sido somente um santo como os outros, evocado indiferentemente para toda a espécie de mal. Sua história, que conhecemos bem, verdadeiramente fez apenas repetir – com algumas centenas de anos de distância – a dos reis da França, que surgem para nós com menos clareza: como o santo de Corbeny, esses, sem dúvida, começariam por curar muitas doenças para apenas se especializarem secundariamente. As representações coletivas das quais surge a ideia de poder medicinal dos reis são difíceis de serem seguidas em todos os seus meandros; todavia, elas não são ininteligíveis. Esforçar-me-ei agora em reconstituí-las. Elas se ligam a todo um ciclo de crenças relativas ao caráter sagrado da realeza que nós começamos a penetrar. Faz-se necessário considerar como inconcebível que, repentinamente, os franceses tenham posto na cabeça que seus soberanos eram capazes não de curar os doentes em geral, mas de curar os escrofulosos – e somente os escrofulosos.

Suponhamos, ao contrário, que as coisas tenham se passado como para São Marcoul. Os primeiros capetíngios, a partir de Roberto o Piedoso, por exemplo,

---

38. *Du toucher des écrouelles*, n. I, p. 175.

"tocam" e "marcam com o sinal da cruz" todas as infelizes vítimas de doenças diversas que, atraídas pela reputação taumatúrgica, recorrem a eles; nesta multidão, incluem-se certamente os escrofulosos, pois as escrófulas são na Europa desse tempo uma afecção extremamente frequente e temida. Mas é, na realidade, uma afecção razoavelmente benigna, mais repugnante na aparência do que verdadeiramente perigosa e, sobretudo, facilmente suscetível ao restabelecimento, pelo menos aparentemente ou temporariamente[39]. Entre os escrofulosos tocados pela mão sagrada do rei, alguns se curariam, muitos outros pareceriam curar-se – efeito da natureza, diríamos hoje, efeito da virtude régia, diriam no século XI. Que alguns casos deste tipo viessem a ser produzidos, por qualquer razão, em condições particularmente próprias a impressionar as imaginações – os doentes assim aliviados colocados em contraste com outras pessoas, atingidas por outros males, que o rei tocara sem sucesso –, eis o suficiente para inclinar os espíritos a reconhecer no príncipe capetíngio um especialista em escrófulas. Não há dúvidas de que, na reconstituição de um encadeamento deste tipo, entra forçosamente muitas hipóteses. O *processus* que de um curador em geral cria-se um curador especializado será sempre difícil de seguir detalhadamente, porque ele se apresenta como resultado de um acúmulo de pequenos fatos de natureza diversa e que só fazem sentido cumulativamente. Cada um deles tomado isoladamente é muito insignificante para que os documentos o relatem; é isto que os historiadores denominam o "acaso". Mas que este *processus* é possível, isto a história do culto dos santos o demonstra abundantemente. Ora, nesta questão nós temos um apoio sólido para nossas induções, visto que possuímos um texto. Não há nenhuma razão para rejeitar o testemunho fornecido por Helgaud; nada, na evolução que nos é permitido restituir, contradiz a verossimilhança. É preciso, portanto, considerá-lo.

Permaneceremos em um terreno seguro concluindo da seguinte maneira: Roberto o Piedoso, o segundo dos capetíngios passava aos olhos de seus súditos como possuidor do dom de curar os doentes; seus sucessores herdaram seu poder; mas, ao ser transmitida de geração em geração, esta virtude dinástica modifica-se – ou, melhor, especifica-se – pouco a pouco. Concebe-se a ideia que o toque régio era soberano, não contra todas as doenças indistintamente, mas particularmente contra uma delas, aliás, muito difundida: as escrófulas. Desde o reinado de Filipe I – o neto de Roberto – esta transformação estava consumada.

---

39. Sobre este ponto, como sobre tudo o que concerne à explicação crítica do milagre régio, cf. abaixo o Livro terceiro.

Assim, podemos determinar, com alguma probabilidade, os primórdios do toque das escrófulas na França. Resta investigar, no sentido exato da palavra, as origens, ou seja, compreender como se chegou a enxergar os reis como médicos prodigiosos. Mas esta investigação, por ora, não pode ser empreendida com proveito. De fato, o milagre régio é tanto inglês quanto francês. Em um estudo explicativo de suas origens, não se deve abordar os dois países separadamente. Trata-se de estabelecer porque o rito curador fez sua aparição na França em um momento antes de um outro? Não podemos nos empenhar nisto sem antes fixar a época na qual o mesmo rito surgiu na Inglaterra. Sem esta precaução indispensável, como saber se os reis da França não teriam simplesmente imitado seus rivais de além-Mancha? Trata-se de analisar a concepção de realeza que o rito apenas traduziu? As mesmas ideias coletivas encontram-se, em suas origens, nos dois países vizinhos. Agora, portanto, é necessário, antes de tudo, que procedamos, para o caso da Inglaterra, à uma discussão crítica tal como a que empreendemos tendo os textos franceses como objeto.

3 Os primórdios do rito inglês

Em torno do final do século XII, vivia na corte do Rei Henrique II da Inglaterra um clérigo de origem francesa, Pierre de Blois. Era um desses eclesiásticos letrados que a brilhante corte Plantageneta reunia, infinitamente mais espirituais, no dizer de Hauréau[40], do que aqueles que se agrupavam em torno do rei da França. Nós temos dele, entre outras obras, uma preciosa compilação epistolar. Folheemo-la. Encontraremos duas cartas semelhantes, ambas foram endereçadas aos clérigos do círculo real; em uma, Pierre difama, com veemência, a corte e os cortesãos, na segunda, retrata-se[41]. Esta retratação foi-lhe imposta pelo descontentamento do seu rei, como acreditam alguns historiadores?[42] Admito que, da minha parte, repugno a ideia de levá-las a sério, não vejo outra coisa senão dois exercícios de retórica e de sofística, um *Sic et*

---

40. *Journ. des Savants*, 1881, p. 744.
41. MIGNE. *P.L.*, t. 207, ep. XIV, col. 42; ep. CL, col. 439.
42. Como, p. ex., A. Luchaire em seu agradável artigo sobre Pierre de Blois: *Mém. Acad. Sc. Morales*, t. 171, 1909, p. 375. Para julgar a correspondência de Pierre de Blois e a sinceridade de suas cartas seria importante, talvez, lembrar que ele compôs um manual de arte epistolar, o *Libellus de arte dictandi rhetorice*. Cf. LANGLOIS, C.-V. *Notices et extraits*, XXXIV, 2, p. 23. Sobre a carreira de Pierre, cf., ROBINSON, J.A. *Peter of Blois dans ses Somerset Historical Essays (Published for the British Academy)*. Londres, 1921.

Non muito apreciado à época. Pouco importa o resto. A segunda carta encerra a passagem seguinte:

> Eu admito: assistir o rei, é [para um clérigo] realizar uma coisa santa; porque o rei é santo; Ele é o Cristo do Senhor, não foi ao acaso que recebeu o sacramento da unção, cuja eficácia, se por acaso alguém a ignorava ou colocava-a em dúvida, seria amplamente demonstrada pela desaparição desta peste que ataca a virilha e pela cura das escrófulas[43].

Assim, Henrique II curava os escrofulosos. Atribuiu-se, igualmente, à sua virtude régia a desaparição (*defectus*) de uma peste que acometida a virilha (*inguinariae fiestis*). Não sabemos, com precisão, a que estas últimas palavras fazem alusão; talvez, a uma epidemia de peste bubônica que teria, acreditamos, sucumbido à maravilhosa influência do rei. A confusão entre certas formas de bubões pestosos e a adenite da virilha não era, afirma um excelente historiador da medicina (o Dr. Crawfurd), impossível para um homem daquela época[44]. Pierre de Blois não era um médico; partilhava os erros populares. Esta peste bubônica que, segundo ele, e, sem dúvida, segundo a opinião corrente em seu meio, Henrique II havia, miraculosamente, banido, ele a considerava possivelmente como um caso particular deste vasto grupo de afecções ganglionares que a Idade Média agrupava sob o nome escrófula. Em suma, as escrófulas eram a especialidade de Henrique II. O seu poder de cura não era pessoal, tinha-o por causa da sua função, era como rei que ele era taumaturgo. Ele morreu em 1189. Para o século seguinte, uma série de textos, mais numerosos à medida que se aproximava o ano de 1300, mostram-nos os seus sucessores como herdeiros do mesmo dom[45]. Na história do milagre régio, ele ocupa, para a Inglaterra, o mesmo lugar que Filipe I na França, ou seja, a do primeiro soberano que se pode, com certeza, afirmar que tenha tocado os escrofulosos. Mas nada pode proibir de procurar, com ajuda de algumas conjecturas, em épocas anteriores a Henrique II.

---

43. P.L., t. 207, col. 440 D: "Fateor quidem, quod sanctum est domino regi assistere; sanctus enim et Christus Domini est; nec in vacuum accepit unctionis regiae sacramentum, cujus efficacia, si nescitur, aut in dubium venit, fidem ejus plenissimam faciet defectus inguinariae pestis, et curatio scrophularum". O texto do manuscrito nouv. acqu. lat. 785 da Bibl. Nat., fol. 59 está conforme às editadas, à exceção insignificante da inversão: "unctionis regie accepit sacramentum".
44. *King's Evil*, p. 25 e 26. Eu devo muito a este excelente comentário.
45. Esses textos serão indicados abaixo, p. 119ss., 134ss.

Vimos que, segundo alguns eruditos franceses do Antigo Regime, o iniciador, deste lado da Mancha, foi Clóvis. Uma honra semelhante foi concedida por um pastor inglês do século XVI, Guillaume Tooker, ao Rei Lucius – considerado o primeiro cristão a reinar na Grã-Bretanha[46]. Esta narrativa encontrou pouco crédito e não tem mérito nenhum. Clóvis, ao menos, é um personagem real, já o bom Lucius nunca existiu, somente na imaginação dos eruditos. Passemos à história. Durante a maior parte do período anglo-saxão, não se encontra nenhuma menção a uma virtude medical atribuída aos reis[47]. É necessário chegar ao período imediatamente anterior à conquista normanda para encontrar um príncipe, corretamente ou indevidamente, que pode ser considerado como o primeiro da linhagem dos curadores. Ainda hoje, Eduardo o Confessor, é quase universalmente considerado como o fundador do rito inglês. Esta tradição tem mais força porque Shakespeare – apoiando-se como de hábito em Holinshed –, colocou-o em cena em uma de suas peças mais célebres e mais lidas, *Macbeth*. Malcon e Macduff, fugindo ao ódio da Escócia, refugiaram-se na corte de Eduardo, ali, Malcon testemunhou admirado o milagre, relatando ao seu companheiro:

> [...] doentes acometidos por estranhos males, todos inchados, todos cobertos de úlceras, lamentáveis de se ver, desesperançados da medicina, ele os curou, pendurando aos seus pescoços uma peça de ouro, com santas preces; diz-se que aos reis, seus sucessores, transmitirá esta graça curativa[48].

Devemos nos submeter à opinião de Shakespeare?

A vida e, mais particularmente, as virtudes sobrenaturais de Eduardo o Confessor, são conhecidas, sobretudo, através de quatro documentos: algumas

---

46. *Charisma*, p. 84. Tooker propõe também, apesar de que com menos certeza, como instaurador do rito inglês, José de Arimateia. Lucius (cuja fama Beda, *Historia ecclesiastica*, I, 4, contribuiu para difundir na Inglaterra), deve, como sabemos, a sua origem a uma menção do *Liber Pontificalis*, relativo a uma carta que, na verdade, "Lucius rei bretão" teria endereçado ao Papa Eleutério. Harnack provou que o redator involuntariamente transformou um rei de Edessa em príncipe bretão. Cf. *Sitzungsberichte der kg. preussischen Akademie*, 1904, I, p. 909-916.

47. Cf. PAYNE, J.F. *English medicine in the Anglo-Saxon times* (Fitzpatrick Lectures). Oxford, 1904, p. 158.

48. IV, sc. III: "[...] strangely-visited people, / All sworn and ulcerous, pitiful to the eye, / The mere despair of surgery, lie cures, / Hanging a golden stamp about their necks, / Put on with holy prayers: and 'tis spoken, / To the succeeding royalty he leaves / The healing benediction". Cf. HOLINSHED. *Chronicles of England, Scotland and Ireland*, 1. VIII, chap. 7a. ed. de 1807, I. in-4°. Londres, p. 754.

passagens de Guillaume de Malmesbury em sua *Historia Regum* e três biografias – destas, a primeira é anônima; as outras duas escritas, respectivamente, por Osbert de Clare e Ailred de Rievaulx. Ailred escrevia, em 1163, no reinado de Henrique II; Osbert, em 1138, no tempo de Etienne de Blois. Guillaume é um pouco mais antigo, a primeira redação de sua *Historia* deu-se na segunda metade do reinado de Henrique I, em 1124 ou 1125. Enfim, a *Vie Anonyme* é tida, em geral, como quase contemporânea aos seus heróis. Ela teria sido redigida depois da morte de Eduardo, por volta de 1067, ou um pouco mais tarde, mas antes de 1076. Esse era o senso comum. Alhures, procurei demonstrar que não se trata de um dado inquestionável e que esta *Vie*, data também do reinado de Henrique I, mas de sua primeira fase, entre 1103 e 1120. Aqui, considerarei a minha datação como um pressuposto[49].

Eduardo o Confessor foi rapidamente considerado como santo. O seu culto, desprovido de confirmação oficial, já era vivaz sob Henrique I. Osbert fez-se o advogado de sua canonização, que – quando Ailred colocou-se a trabalhar – viria a ser realizada. Nada de surpreendente o fato das quatro obras enumeradas lhe atribuírem um bom número de curas milagrosas; como santo, deveria ser taumaturgo. Em meio a essas historietas, somente uma foi tradicionalmente mantida pelos historiadores do "toque". Ela se mantém quase idêntica entre os quatro autores. Ailred, neste caso como nos demais, somente colocou em um bom estilo as exposições verbosas e confusas de Osbert; este último conhecia a *Vie Anonyme*. Quanto aos dois autores mais antigos – Guillaume e o autor desconhecido da *Vie*, designado pelo nome *Biógrafo* –, parece que eles tiveram como fonte em comum uma coletânea de milagres, composta, sem dúvida, em Westminster e que Osbert, por sua vez, citou. Resumamos brevemente este episódio célebre[50].

Havia, na Inglaterra, uma jovem mulher acometida por um mal terrível: uma inchação das glândulas do pescoço da qual exalava um odor fétido. Instruída por um sonho, ela foi pedir a sua cura ao rei. Eduardo, ordenando que lhe trouxessem um vaso cheio de água, umedeceu seus dedos, tocando, em seguida, as partes adoecidas, fazendo sobre elas diversos sinais da cruz.

---

49. A tudo o que diz respeito às vidas de Eduardo o Confessor, remeto, de uma vez por todas, à *Introduction* da minha edição de Osbert de Clare: *Analecta Bollandiana*, XLI, 1923, p. 5ss.

50. *Vita Aeduuardi regis qui apud Westmonasterium requiescit* em *Lives of Edward the Confessor*. Ed. Luard (*Rolls Series*), p. 428. • MALMESBURY, G. *Historia Regum*, II. I, § 222. Ed. Stubbs (*Rolls Series*), I, p. 272. • CLARE, O. cap. XIII. • AILRED. Ed. R. Twysden. *Historiae anglicanae scriptores X*. In-folio. Londres, 1652, col. 390. • MIGNE. *P.L.*, t. 195, col. 761.

Rapidamente, sob a pressão da régia mão, o pus e o sangue saíram; a enfermidade pareceu ceder. A paciente ficou retida na corte, mas o tratamento, ao que tudo indica, não foi repetido. Não obstante, passada uma semana, a feliz mulher estava completamente curada. O que digo? Não somente livre do seu mal, mas ainda de uma esterilidade obstinada que a desconsolava e, naquele mesmo ano da cura, deu ao seu marido um filho.

Tal é a trama geral da narrativa. Nossos autores acrescentam alguns comentários, os quais merecem tanta ou mais atenção do que o próprio texto. Eis então uma observação do próprio Guillaume de Malmesbury:

> Em nosso tempo, alguns se servem destes milagres [o da jovem mulher e de outros análogos que se atribuíam, como veremos em breve, ao Eduardo ainda adolescente] para uma obra de falsidade, sustentam que o rei possuía o poder de curar esta doença, não em virtude de sua santidade, mas a título hereditário como um privilégio da estirpe real[51].

Observação duplamente preciosa, naquilo que diz respeito às ideias de Guillaume e os seus contemporâneos, e às visões de muitos outros contemporâneos que não concordavam com ele. Para o monge de Malmesbury somente os santos faziam milagres, os reis podiam fazê-los se fossem santos, mas não poderiam apenas como reis; não há dinastia taumatúrgica. Reencontraremos, mais tarde, esta concepção que podemos, com base em Gregório VII, justificadamente qualificar de gregoriana. Agora, interessa-nos, sobretudo, a opinião contrária; combatendo-a, Guillaume forneceu sobre ela um testemunho irrefutável.

Estamos na Inglaterra, em 1124 ou 1125. Eduardo o Confessor, morto há uns 60 anos, é tido como alguém que curou muitos doentes. Todas essas curas são da mesma natureza? Nem todo mundo pensava dessa forma. Alguns sustentam que os milagres das escrófulas devem ser colocados à parte: Eduardo devia o seu poder de operá-los à sua origem real e não às suas virtudes religiosas. Os homens que imaginavam isso tinham, evidentemente, razões para acreditar que os reis curavam as escrófulas; donde lhes vinham esta ideia? Sem dúvida, dos fatos que tinham diante dos seus olhos. Seu rei era Henrique I; portanto, será que Henrique I já pretendia possuir o dom maravilho que, como sabemos, deveria reivindicar seu neto Henrique II? É difícil fugir desta conclusão. Ora, outro texto quase contemporâneo da *Historia Regum* deve, aqui, ser levado em conta. Citei,

---

51. Ibid., p. 273: "unde nostro tempore quidam falsam insumunt operam, qui asseverant istius morbi curationem non ex sanctitate, sed ex regalis prosapiae hereditate fluxisse".

anteriormente, a famosa passagem de Guibert de Nogent que forma o nosso mais antigo testemunho sobre o rito francês, porém, tinha deliberadamente omitido as suas últimas palavras. Restabelecemo-las agora.

> Que fazem [escreve Guibert] sobre a cura das escrófulas os outros reis. Eu manterei silêncio sobre este aspecto. Todavia, pelo que eu saiba, o rei da Inglaterra jamais teve a audácia de tentá-la[52].

Há muito tempo, os historiadores franceses tiraram partido dessa pequena frase para provar que, à época na qual foi escrito o *Traité des Reliques* (ou seja, durante o reinado de Henrique I), os reis ingleses não partilhavam ainda do belo privilégio já detido pelos capetíngios[53]. Essa interpretação teria feito a alegria de Guibert; era aquela que ele gostaria de impor à posteridade. Talvez, seja um pouco simplista. O ardor com o qual o abade de Nogent, cujo patriotismo bajulador é muito conhecido, defende a prerrogativa da dinastia francesa tem algo de suspeito. Qual seria a sua necessidade de escolher, entre todos os soberanos da Europa, o príncipe normando para negar-lhe expressamente o dom medicinal? Tudo se passa como se lhe tivesse vindo aos seus ouvidos, do lado da Inglaterra, isso que o Dr. Crawfurd chama belamente "um vago barulho de usurpação"[54]. Seu testemunho – próximo do de Guillaume de Malmesbury – que, colocado à parte, talvez, não tivesse provado nada, nem em um sentido, nem em noutro, confirma indiretamente e involuntariamente nossa indução anterior. Segundo toda a probabilidade, Henrique I tocou as escrófulas.

A passagem de Guillaume de Malmesbury, que acabei de discutir, não é o único comentário, em nossas diversas fontes, à narrativa da cura da mulher escrofulosa. Agora, é necessário citar uma frase que é encontrada quase idêntica em três autores diferentes: o *Biógrafo*, Guillaume e Osbert; deve-se supor que ela já se encontrava na compilação de milagres primitiva, da qual os dois autores retiraram-na. Eu a cito, segundo o texto do *Biógrafo*, o mais antigo. Para compreendê-la, é importante lembrar que Eduardo, expulso de sua pátria pela

---

52. "Super aliis regibus qualiter se gerant in hac re, supersedeo; regem tamen Anglicum neutiquam in talibus audere scio." Ao menos, esse era o texto primitivo adotado pelos editores; cf. MIGNE, P.L., t. 156, col. 616. Alguém, com uma escrita que parece ser do século XII, procurou corrigir *scio* para *comperio* (substituindo o grupo *se* por um *p* barrado, e escrevendo acima da linha o grupo *c o* em cima por um sinal de abreviação).

53. P. ex., MABILLON. *AA. SS. ord. S. Bened*, IV 2, p. 523. Esta é, ainda hoje, a interpretação do Sr. Delaborde.

54. *King's Evil*, p. 18. O Dr. Crawfurd, que não considera que Henrique I tenha tocado as escrófulas, vê, então, na frase de Guibert, uma alusão aos milagres de Santo Eduardo.

invasão dinamarquesa, teria passado toda a sua juventude na corte dos duques normandos, seus parentes.

> Este milagre era novo para nós, mas o rei realizava-o frequentemente durante a sua adolescência, quando vivia na Nêustria, região atualmente chamada de Normandia. Sabemos disso por causa do testemunho dos franceses[55].

Eis uma observação bem surpreendente! Sem dúvida, "santo de casa não faz milagre"; mesmo assim, não se compreende bem por que Eduardo, jovem e exilado, teria exercido para o proveito de estrangeiros um poder taumatúrgico que, em seguida, lhe faltaria em seu próprio reino – ou, ainda, compreende-se mal como a ideia de que as coisas passaram-se desta forma pôde germinar no espírito dos seus hagiógrafos. Além disso, qual o significado do apelo aos povos do além-Mancha, os franceses, a propósito de um santo especificamente inglês? Examinemos mais detalhadamente a história do reinado de Henrique I, ela nos fornecerá a chave do mistério[56].

Soberano muito pouco legítimo, Henrique I foi um político extremamente engenhoso. Dedicou-se a bajular os sentimentos dos seus súditos anglo-saxões; enfrentando as injúrias difundidas pela nobreza normanda, casou-se com uma dama que pertencia à velha estirpe real da ilha; desse matrimônio, nasceu-lhe um filho. Então, fez correr uma profecia, na qual o jovem príncipe figurava como o representante das aspirações nacionais, como descendente rejuvenescido do velho tronco dinástico, outrora cortado pela usurpação de Haroldo e pela conquista. Para essa visão, seria necessário um profeta. Henrique ou os seus conselheiros escolheram Eduardo o Confessor: o último dos reis anglo-saxões foi encarregado de anunciar, em seu leito de morte, a vinda de uma criança predestinada. Esse episódio tornou-se um marco nas vidas dos santos. Nós o reencontramos nas obras que foram enumeradas mais acima, em todas com a mesma – ou quase a mesma – forma. O seu fundo comum – constituído, como sabemos, segundo toda a probabilidade, por uma compilação de milagres, atualmente perdida – havia, então, sofrido a influência de um pensamento político: o de Henrique I.

À luz destes fatos, agora, procuraremos interpretar a historieta da mulher escrofulosa. Todas as vidas de Santo Eduardo a mencionam. Certamente, este

---

55. P. 429: "Quod, licet nobis novum videatur, hoc eum in adolescentia, cum esset in Neustria quae nunc Normannia nuncupatur, saepius egisse Franci testantur".
56. Para o que se segue, cf. minha *Introduction* à *Vida*, por Osbert de Clare, esp. p. 20ss. e p. 35.

testemunho não nos permite concluir que o Confessor tenha realmente curado ou acreditado curar uma adenite de pescoço. Simplesmente, prova que, à época em que as mais antigas dessas vidas foram redigidas, narrava-se este prodígio; trata-se do tempo do reinado de Henrique I. Temos sérias razões para acreditar que esse rei tocava as escrófulas. Ele reivindicava retirar seu poder de onde? Guillaume de Malmesbury não nos deixou ignorar o argumento segundo o qual certas pessoas zelosas, preocupadas em encontrar um precedente para o gesto benfazejo do seu príncipe, extraíram do milagre aquilo que a opinião pública atribuía a Santo Eduardo: essa, sem dúvida, era a interpretação oficial. Que mais bela origem foi encontrada para a prerrogativa régia do que vinculá-lo à lembrança do monarca muito piedoso, cara ao coração dos ingleses, e do qual o próprio Guilherme o Conquistador, era sempre dado como herdeiro? A biografia do santo, tal como se constituiu ao longo do século XII, traz – claramente, como já vimos – o selo governamental. Nela, foi introduzida uma profecia; não se teria também colocado uma cura? No entanto, não é provável que a aventura da jovem inglesa tenha sido completamente inventada por conspiradores inescrupulosos: livrar um escrofuloso de sua doença era, para um santo, uma ação natural e, se podemos assim dizer, tão clássica como restituir a visão a um cego ou os movimentos das pernas para um paralítico, como tantos outros feitos que os hagiógrafos não deixaram de atribuir a Santo Eduardo. Mas, encontrando na legenda em via de formação este milagre, em meio a tantas outras manifestações análogas, os conselheiros de Henrique I foram naturalmente levados a colocá-lo à parte para justificar através dele as virtudes taumatúrgicas do seu rei. Havia somente uma dificuldade: esse milagre era único. Eduardo, durante o seu reinado, tinha "tocado" as escrófulas apenas uma vez; base muito frágil para a especificidade medicinal reivindicada, a título de herança, pelo Rei Henrique. Sobre esse aspecto, a legenda já estava fortemente estabelecida; pareceu incômodo e talvez sacrilégio mudar alguma coisa. Mas, antes de reinar, Eduardo tinha vivido na Normandia – em relação a esta estadia no continente, a tradição inglesa não se ocupava. Imaginou-se dizer que, pelo menos lá, na própria corte dos ancestrais diretos de Henrique I, tinha multiplicado as curas de escrófulas. Essa retificação introduziu-se na versão hagiográfica primitiva. Nós a encontramos em todas as vidas antigas. Guillaume de Malmesbury recusava as conclusões que se tiravam dos milagres normandos, mas não teve a audácia de recusar um ensinamento que lhe fora fornecido por suas fontes. Acreditou, como todo mundo, nos prodígios acontecidos no exterior. Temos o direito, atualmente, de sermos mais céticos, ou melhor, mais críticos do que ele; nós consideramos estes prodígios como uma "uma obra de falsidade"[57].

Assim, não há nenhuma razão para acreditar que os reis anglo-saxões – Eduardo o Confessor, bem como os seus predecessores – tenham jamais pretendido, na condição de reis, curar os escrofulosos. É certo que Henrique II exerceu este poder. É provável que Henrique I tenha se apropriado dele e, querendo justificá-lo, tenha-o colocado sob a proteção de um grande nome: o de Santo Eduardo[58]. Esses foram, tanto quanto podemos conhecer, os primórdios do rito inglês[59].

---

57. A alusão aos milagres normandos não está presente em Ailred. No seu tempo, no reinado de Henrique II, a crença no poder taumatúrgico dos reis era fortemente estabelecida. Não havia mais o interesse de se insistir sobre o grande número de curas de escrofulosos operados por Santo Eduardo. Por outro lado, este apelo a fatos mal conhecidos, supostamente acontecidos no exterior, deveria parecer bizarro; sem dúvida por isso, Ailred, oficialmente incumbido de cortar o texto de Osbert, suprimiu a frase em questão.

58. O *Ashmolean Museum*, em Oxford, possuiu uma medalha, de origem escandinava ou anglo-saxã, encontrada no século XVII próxima à cidade de Oxford. Ela é perfurada em sua parte superior, onde se vê uma inscrição difícil de reconstituir. Na época da descoberta, acreditou-se ler duas letras E.C; por uma abreviação singular, alguns eruditos interpretaram como *Eduardus Confessor*, como se Eduardo, durante a sua vida, tivesse portado o seu título hagiológico. Ora, as moedas distribuídas pelos reis ingleses, nos tempos modernos, aos escrofulosos que eles tocavam – tecnicamente conhecidas como *touch-pieces* – eram, elas também, perfuradas para que pudessem ser presas aos pescoços dos pacientes. Esses eruditos, muito ingenuamente, imaginaram que tinham colocado as mãos em uma *touch-pieces* de Santo Eduardo. Não é necessário refutar a opinião deles. Cf. FARQUHAR. *Royal Charities*, I, p. 47ss.

59. Entre Henrique I e Henrique II, intercala-se o reinado de Estevão de Blois. Estevão era apenas o sobrinho do primeiro desses dois reis e, somente, do lado materno. Ele reinou à revelia das últimas vontades do seu tio. No entanto, teria reivindicado o poder de cura, cujo iniciador teria sido Henrique I? Ou, ao contrário, Henrique II, chegando ao trono, teria reiniciado uma tradição que foi interrompida em algum momento? Para esse pequeno problema faltam documentos; por isso, permanece insolúvel.

Capítulo II

As origens do poder curativo dos reis: a realeza sagrada nos primeiros séculos da Idade Média

1 A evolução da realeza sagrada: a sagração

O problema que se impõe agora à nossa atenção é duplo. O milagre régio apresenta-se, antes de tudo, como uma expressão de certa concepção de poder político supremo. Desse ponto de vista, explicá-lo será ligá-lo ao conjunto de ideias e de crenças, do qual ele foi uma das manifestações mais características; incluir um caso particular em um fenômeno mais geral, não é o próprio princípio de qualquer "explicação" científica? Mas tendo conduzido nossa pesquisa até este ponto, não teremos ainda concluído nosso trabalho; parando aí, deixaríamos escapar precisamente o particular, faltará dar conta das razões pelas quais o rito de cura, saído de um movimento de pensamento e de sentimentos comuns a toda uma parte da Europa, apareceu em um determinado momento e não em outro, na França e na Inglaterra e não em outro lugar. Em suma, de uma parte as causas profundas, de outra, o acaso, o pequeno empurrão que vivifica uma instituição que, há muito tempo, estava latente nos espíritos.

Porém, talvez perguntem: é verdadeiramente necessária uma longa pesquisa para descobrir as representações coletivas que são a fonte do toque das escrófulas? Não é óbvio que, à primeira vista, esse rito, aparentemente tão singular, foi, nas sociedades medievais e modernas, apenas o último eco destas crenças "primitivas" que a ciência atualmente, graças aos estudos dos povos selvagens, foi capaz de reconstituir? Para compreendê-lo não seria suficiente percorrer os grandes catálogos organizados, com tanto cuidado e ingenuidade, por Sir James

Frazer, folhear *O ramo de ouro* ou *As origens mágicas da realeza*? "O que teria dito Luís XIV", escreve o Sr. Salomon Reinach, "se alguém lhe provasse que, tocando as escrófulas, ele seguia o exemplo de um chefe polinésio?"[60] E já Montesquieu – sob a máscara do persa Usbeck – falando do mesmo príncipe: "Esse rei é um grande mágico; exerce seu domínio sobre o próprio espírito dos seus súditos [...]. Ele chega a ser capaz de fazê-los acreditar que cura-os de todo mal, tocando-os, tamanha é a força e o poder que ele tem sobre os espíritos"[61]. No pensamento de Montesquieu, a palavra mágico era somente uma brincadeira. Hoje, damos-lhe, facilmente, o seu sentido pleno. Tomei como epígrafe essa pequena frase; ela poderia ter sido inscrita, mais corretamente, à frente das belas obras de Sir James Frazer, que nos ensinaram a escolher – entre certas concepções antigas sobre a natureza das coisas e as primeiras instituições políticas da humanidade – vínculos há muito tempo ignorados. Sim, o milagre das escrófulas aparenta-se incontestavelmente a todo um sistema psicológico que pode, por uma dupla razão, ser qualificado de "primitivo". Inicialmente, porque traz a marca de um pensamento ainda pouco evoluído e totalmente imerso no irracional, e também porque o encontramos em um estado particularmente puro nas sociedades que chamamos de "primitivas". Mas, após termos dito isso, que teremos feito além de indicar, de maneira aproximada, o gênero de representações mentais para as quais convém dirigir nossa pesquisa? A realidade histórica é menos simples e mais rica que semelhantes fórmulas.

Sir James Frazer escreve: "certos reis, nas ilhas do Pacífico e em alhures, supostamente vivem em uma atmosfera carregada de uma espécie de eletricidade espiritual que, mesmo fulminando os indiscretos que penetram em seu círculo mágico, goza igualmente, por uma feliz correspondência, o privilégio de restaurar a saúde por um simples contato. Podemos conjecturar que os predecessores dos monarcas ingleses foram outrora o objeto de ideias análogas: *a escrófula recebeu provavelmente o nome de mal do rei, porque se acreditava que o toque de um rei fosse suscetível tanto de provocá-la como também de curá-la*"[62].

---

60. *Cultes, mythes et religions*, II, p. 21.
61. *Lettres Persanes*, I. 24.
62. *Golden Bough*, I, p. 371: "[...] royal personages; in the Pacific and elsewhere have been supposed to live in a sort of atmosphere highly charged with what we may call spiritual electricity, which, if it blasts all who intrude into its charmed circle, has happily also the gift of making whole again by a touch. We may conjecture that similar views prevailed in ancient times as to the predecessors of our English monarchs, and *that accordingly scrofula received its name of the King's Evil from the belief that it was caused as well as cured by contact with a king*" Grifos meus. Cf. ibid. III, p. 134.

Entendamos bem. Sir James Frazer não pretende que, nos séculos XI ou XII, os soberanos ingleses ou franceses tenham sido capazes de espalhar em torno de si mesmos as escrófulas e, ao mesmo tempo, curá-las; mas ele imagina que, outrora, na noite dos tempos, os antepassados desses reis tenham manejado essa faca de dois gumes – pouco a pouco, ter-se-ia esquecido o aspecto perigoso do dom régio para reter apenas o lado caritativo. De fato, como já sabemos, os reis taumaturgos dos séculos XI ou XII não tiveram que rejeitar uma parte de sua herança ancestral, visto que nada, em suas milagrosas virtudes, provinha de um passado tão distante. Esse argumento, ao que tudo indica, poderia ser suficiente. Afastamo-lo por um instante, imaginemos, se quisermos, que o poder de cura dos príncipes normandos ou capetíngios tenha origem em um passado remoto. A hipótese de Sir James Frazer seria mais convincente? Penso que não. Ela se baseia no caso das Ilhas Tonga, na Polinésia, onde, certos chefes, segundo dizem, exercem uma homeopatia desta espécie. Mas, qual é a validade desse raciocínio por analogia? O método comparativo é extremamente fecundo, mas sob a condição de não sair do geral; ele não pode ser utilizado para reconstituir os detalhes. Certas representações coletivas que afetam toda a vida social sempre se encontram semelhantes, ao menos em suas grandes linhas gerais, em um grande número de sociedades; elas parecem reveladoras de determinados estágios de civilização, variam com eles. No seio de outras sociedades, conhecidas somente por documentos relativamente recentes ou incompletos, elas não são atestadas historicamente – e seriam ainda, nestas sociedades, realmente inexistentes? Provavelmente não. A sociologia comparada permite reconstituí-las com muita verossimilhança. Mas estas grandes ideias, comuns a toda humanidade (ou a quase toda), evidentemente receberam, segundo os lugares e as circunstâncias, aplicações diferentes. O estudo das tribos da Oceania esclarece a noção de realeza sagrada, tal como floresce sob outros céus, na Europa antiga ou mesmo medieval, mas não poderíamos encontrar na Europa todas as instituições da Oceania. Em um arquipélago polinésio – trata-se do único exemplo invocado –, os chefes são, às vezes, promotores e médicos das doenças, assim se traduz a força sobrenatural da qual são detentores. Essa mesma força pôde alhures manifestar-se de outra maneira: pelas graças, por exemplo, sem a contrapartida incômoda. Em meio aos primeiros missionários, muitos acreditavam reencontrar entre os "selvagens" todos os tipos de concepções cristãs, mais ou menos apagadas. Precavemo-nos de cometer o erro inverso, e não transporemos para Paris ou para Londres os antípodas por inteiro.

Procuremos, portanto, descrever em toda a sua complexidade o movimento de crenças e sentimentos que tornou possível, em dois países da Europa Ocidental, a instauração do rito do toque.

Os reis da França e da Inglaterra puderam transformar-se em médicos milagrosos, porque eram, há muito tempo, personagens sagradas: "*sanctus enim et Christus Domini est*" dizia Pierre de Blois acerca do seu soberano Henrique II a fim de justificar as suas virtudes taumatúrgicas. Inicialmente, portanto, seria conveniente indicar como a característica sagrada da realeza conseguiu ser reconhecida antes de explicar a associação de ideias que muito naturalmente depreendeu daí, como uma espécie de conclusão evidente, o poder de cura daqueles eram revestidos pela sacralidade[63].

Os capetíngios são sempre dados como os herdeiros autênticos da dinastia carolíngia; já os carolíngios, por herdeiros de Clóvis e dos seus descendentes. Os reis normandos da Inglaterra reivindicaram, como um bem patrimonial, a sucessão dos príncipes anglo-saxões. Dos chefes das antigas tribos de francos, anglos ou saxões aos soberanos franceses ou ingleses do século XII, a filiação é direta e contínua. Antes de tudo, é na direção das velhas realezas germânicas que é necessário observar, e, através delas, tocaremos em um fundo de ideias e de instituições extremamente arcaicas.

Infelizmente, conhecemo-las muito mal. Toda a Germânia de antes do cristianismo permanecerá sempre, na falta de uma literatura escrita, irremediavelmente obscura. Não se podem entrever mais do que alguns conhecimentos superficiais. Eles são suficientes para nos assegurar que a concepção da realeza era, junto aos germânicos, como todos os povos no mesmo estágio de civilização, totalmente marcada pelo religioso[64]. Tácito já sublinhara que, diferen-

---

63. Eu devo muito, para todo o desenvolvimento a seguir, ao belo livro de Kern: *Gottesgnadentum*. Encontrar-se-á, nessa obra, uma abundante bibliografia (infelizmente, desprovida de classificação). Aqui, ela me permitirá resumir muito as indicações bibliográficas, sobretudo, no que diz respeito à sagração. Talvez seja um favor aos pesquisadores adverti-los que não se encontrará nada útil no artigo de Von Held: *Königtum und Göttlichkeit* – Am Ur-Quell, Monatschrift für Volkskunde, III (1892). Sobre a sagração, surgiu, depois do volume de Kern, a obra útil de Reginald Maxwell Woolley: *Coronation rites* (*The Cambridge Handbooks of Liturgical Study*) in-12°. Cambridge 1915, e uma tese da Faculdade de Direito de Toulouse, de Georges Péré: *Le sacre et le couronnement des rois de France dans leurs rapports avec les lois fondamentales*, s. l., 1921, na qual poderão ser levantadas algumas indicações judiciosas, as quais, infelizmente, prejudicam devido a uma ignorância surpreendente sobre a literatura acerca do tema. Cf. tb. STUTZ, U. *Reims und Mainz in der Königswahl des X und zu Beginn des XI. Jahrhunderts* – Sitzungsber, der preussischen Akademie, 1921, p. 414.

64. O caráter sagrado da antiga realeza germânica foi, várias vezes, trazido à luz. Consultar-se-á com proveito CHADWICK, H.M. *The ancient Teutonic priesthood* – Folk-Lore, 1900. Cf. do mesmo autor: *The origin of the English nation*. Cambridge, 1907, p. 320. Indicações sugestivas

temente do que acontecia com o caso dos chefes temporários da guerra, livremente escolhidos em função do seu valor pessoal, os reis, entre os germânicos, eram escolhidos unicamente em certas famílias nobres – entendamos: sem dúvida, em certas famílias dotadas hereditariamente de uma virtude sagrada[65]. Os reis passavam por seres divinos ou, pelo menos, provenientes dos deuses. "Os godos", diz-nos, em seus próprios termos, Jordanes, "atribuindo as suas vitórias à feliz influência emanada dos seus príncipes, não queriam ver, nestes príncipes, homens simples; deram-lhe o nome de *Ases*, isto é, semideuses"[66]. A palavra *Ases* é reencontrada nas antigas línguas escandinavas. Na verdade, servia para designar os deuses ou certas categorias deles. Conservamos várias genealogias régias anglo-saxãs; todas remontam a Wotan[67]. Desta fé na origem

---

em: FLACH, J. *Les origines de l'ancienne France*, III, p. 235 e 237. • VINOGRADOFF, P. *Outlines of historical jurisprudence*, I. Oxford, 1920, p. 352. Abaixo, utilizar-se-ão alguns ensinamentos extraídos do grupo escandinavo. Não ignoro que, entre essas populações, o caráter sagrado da realeza encontra-se mais tarde fortemente acentuado pela falta do sacerdote especializado que parece, ao contrário, ter existido em muitas outras tribos germânicas. Os reis do Norte continuaram sempre a ser os sacerdotes; os reis da Germânia propriamente dita – aproximadamente à época das invasões, em sua maioria –, tinham ou não tinham mais as funções deste gênero. Mas essas diferenças, por mais importantes que sejam, não nos interessam aqui, ao Sul como ao Norte, a noção fundamental era a mesma, isso é tudo que nos convém reter.

65. *Germ.* VII: "Reges ex nobilitate, duces ex virtute sumunt". Frequentemente, associa-se, com razão, essa frase de Tácito àquela que se lê em Gregório de Tours: *Histor. Franc*, II, 9, a propósito das origens francas: "ibique iuxta pagos vel civitates reges crinitos super se creavisse de prima, et, ut ita dicam, de nobiliori familia".

66. *Getica*, c. XIII. Ed. Mommsen (*Mon. Germ. A A.*, V), p. 76, a propósito da família real de Amala: "iam proceres suos, quorum quasi fortuna vincebant, non puros homines, sed semideos id est Ansis uocauerunt". Sobre o sentido da palavra *Ase*, cf. CAHEN, M. *Le mot "Dieu" en vieux-scandinave* (*Coll. linguistique Soc. Linguistique de Paris*, X). Paris, 1921, p. 10, n. 1. • E Mogk, artigo em em HOOPS. *Reallexikon der germ. Altertumskunde*, parece acreditar que a palavra aplica-se somente aos reis que, após sua morte, foram divinizados. Eu não vejo nada semelhante em Jordanes. Em um texto curioso de Justin (*Histor. Philippic*, VII, 2), veem-se os macedônios acompanhados no combate pelos seu rei ainda criança: "tanquam deo victi antea fuissent, quod bellantibus sibi regis sui auspicia defuissent". Percebe-se aqui uma crença análoga àquela testemunhada pelo texto de Jordanes sobre os godos.

67. Cf., entre outros, KEMBLE. *The Saxons in England*. Ed. de 1876. Londres, I, p. 336. • GOLTHER, W. *Handbuch der deutschen Mythologie*, 1895, p. 299. • GRIMM, J. *Deutsche Mythologie*. 4. ed., Berlim, 1878, III, p. 377. O mais recente estudo sobre as genealogias é a dissertação de E. Hackenberg: *Die Stammtafeln der anglo-sächsischen Königreiche*. Berlin, 1918. Eu não pude vê-la, mas as principais conclusões encontram-se resumidas em BRANDI, A. *Archiv für das Studium der neueren Sprachen*, t. 137 (1918), p. 6ss. (esp. p. 18). Talvez haja uma alusão à pretensa origem divina dos merovíngios em uma frase da célebre carta escrita por Avitus, bispo de Viena, a Clóvis na ocasião do seu batismo. Cf. JUNGHANS. *Histoire de Childerich et de Chlodovech*. Trad. de Monod (*Bibl. Hautes Etudes*, fasc. 37), p. 63, n. 4.

sobrenatural dos reis proviria um sentimento lealista. Não se tratava de um sentimento vinculado a este ou àquele indivíduo: a primogenitura não existia, o direito de hereditariedade, no interior da dinastia, era malfixado; poderia mudar o soberano, desde que ele saísse do seio da mesma dinastia. "Assim como", escrevia Atalarico ao senado romano: "que aquele que nasceu de vós é dito de origem senatorial, assim como aquele que saiu da família de Amala – diante da qual toda nobreza apaga-se – é digno de reinar". Aliás, o mesmo príncipe, misturando noções germânicas ao vocabulário romano, falava do "sangue de Amala, consagrado à púrpura"[68]. Somente essas estirpes predestinadas eram capazes de oferecer soberanos verdadeiramente eficazes, porque somente eles detinham este êxito misterioso – *quasi fortuna*, como diz Jordanes – no qual as pessoas viam, mais do que no talento militar deste ou daquele comandante, a causa do sucesso deles. A ideia da legitimidade pessoal era débil; aquela da legitimidade dinástica era muito forte[69]. No século VI, um grupo separado da nação hérula, encontrava-se estabelecido na região do Danúbio, um ramo da linhagem tradicional tinha-o seguido e fornecia-lhes seus chefes. Chegou o dia em que esse ramo pereceu inteiramente. O seu último descendente, como tantos outros príncipes nesses tempos de violência, foi assassinado pelos seus súditos. Mas esses bárbaros que tinham massacrado seu rei, não se resignavam em ficar sem sangue real; decidiram procurar um representante até na longínqua pátria, de onde outrora, partira a migração, "em Thule", diz Procópio, certamente referindo-se à península Escandinava. O primeiro escolhido morreu no curso da viagem, os embaixadores deram meia-volta e escolheram outro. Enquanto isso, os hérulos, cansados de esperar, acabaram por colocar no poder um dos seus, designado somente pelo seu valor individual. Talvez, por não ousarem elegê-lo por eles mesmos, tinham solicitado ao imperador de nomeá-lo. Mas quando o herdeiro legítimo chegou, embora fosse um completo desconhecido, em uma noite, quase todo o povo veio se juntar a ele[70].

Esses reis verdadeiramente divinos eram considerados como possuidores de certo poder sobre a natureza. Segundo uma concepção encontrada em mui-

---

68. CASSIODORE. *Variae*, VIII, 2: "quoniam quaevis claritas generis Hamalis cedit, et sicut ex vobis qui nascitur, origo senatoria nuncupatur, ita qui ex hac familia progreditur, regno dignissimus approbatur". IX, I: "Hamali sanguinis purpuream dignitatem".
69. Trata-se daquilo que os historiadores alemães exprimem opondo o *Geblütsrecht* a *l'Erbrecht*.
70. PROCOPE. *De Bello Gothico*, II, 15. Cf. KERN. *Gottesgnadentum*, p. 22. Para Procópio, os hérulos estabelecidos em Thule são um grupo vindo, tardiamente, da região do Mar Negro, onde esse povo viveu "durante toda Antiguidade" (II, 14); erro evidente e unanimemente rejeitado.

tos outros povos (ela se desenvolveu com particular força no seio da sociedade chinesa), os reis eram tidos por responsáveis pela ordem das coisas. O rei da Noruega, Halfdan o Negro, segundo narra a legenda recolhida no século XIII na *Heimskringla*, tinha sido "de todos os reis aquele que teve mais sorte nas colheitas". Quando morreu, seu cadáver, ao invés de ser enterrado por inteiro em um só local, foi fatiado em quatro partes, e, cada pedaço, foi enterrado sob um montículo em cada um dos quatro principais distritos do país, pois "a posse do corpo" – ou de um dos seus fragmentos – "parecia aos que a obtinham uma esperança de boa colheita"[71]. Um príncipe virtuoso, acreditavam ainda os dinamarqueses do século XII, poderia, tocando as crianças e os cereais, ocasionar aos homens uma bela progenitura e belas colheitas[72]. Às vezes, quando a colheita falhava, depunha-se o rei. Tal era, em casos semelhantes, segundo o testemunho de Amiano Marcelino, o destino dos reis burgúndios. O historiador romano, com sua inteligência habitual, convidou-nos a aproximar este costume das tradições do Antigo Egito, pátria clássica da realeza sagrada. O mesmo uso parece ter estado em vigor na Suécia pagã[73].

---

71. *Heimskringla*. Ed. Finnur Jonsson, I. *Halfdana Saga Svarta*, K, 9. Para a tradução desse texto – e de outros desta mesma fonte, que serão citados mais à frente –, devo muito ao auxílio dado pelo meu colega o Sr. Maurice Cahen.

72. É o que sobressai da passagem do historiador dinamarquês Saxo Grammaticus (lib. XIV. Ed. Holderegger. Estrasburgo, 1886, p. 537). Segundo esse texto, quando Valdemar I da Dinamarca atravessou a Alemanha, em 1164, para chegar à assembleia de Dole, as mães tê-lo-iam feito tocar seus filhos e os camponeses as suas plantações. Eles esperavam com isso obter um feliz crescimento. Assim, ter-se-ia acreditado, mesmo no exterior, no poder maravilhoso de Valdemar; manifesto exagero, cujo chauvinismo de Saxo Grammaticus deve ter pesado. Contudo, essa historieta é muito instrutiva, esclarece-nos, não sobre o estado de espírito dos alemães, mas sim dos dinamarqueses. Para elogiar um rei de seu país, o que imaginou Saxo? Que os povos vizinhos, por vontade própria, tinham recorrido à mão sagrada do príncipe. Provavelmente, um gesto semelhante da parte de seus compatriotas ter-lhe-ia parecido muito banal para merecer ser mencionado. Certamente, não inventou a crença que colocou em cena: de onde teria tirado a ideia? Deve-se supor, simplesmente, que, para efeito da narrativa, mudou-a de país? Talvez, partilhasse dela; fala dela com evidente simpatia – embora por respeito, sem dúvida, às doutrinas da Igreja – não pensou poder se abster de indicar que ela tinha um caráter supersticioso: "Nec minus supersticiosi agrestes [...]".

73. *Amm. Marcellin*, XXVIII, 14: "Apud hos generali nomine rex appellatur Hendinos, et ritu ueteri potestate deposita remouetur, si sub eo fortuna titubauerit belli, vel segetum copia negauerit terra, ut soient Aegyptii casus eiusmodi suis adsignare rectoribus". Para a Suécia, *Heimskringla*, I, *Ynglinga*, K. 15 e 43. Observem, na segunda dessas passagens, a aparição da ideia segundo a qual as más colheitas seriam atribuídas, não à ausência no rei deste poder misterioso, desta *quase-fortuna* da qual fala Jordanes, mas a uma falta específica cometida pelo rei (negligência no cumprimento dos sacrifícios). Trata-se do início de uma interpretação racionalista, deformando uma velha crença. Há, no que diz respeito às superstições análogas junto aos primitivos, uma vasta bibliografia. Cf., por fim, LÉVY-BRUHL, L. *La mentalité primitive*, 1922, p. 366ss.

Soberanos dos anos de abundância, os reis germânicos estendiam também seu poder sobre as doenças? A *Heimskringla* – redigida, como eu recordava há um instante, somente no século XIII pelo Padre Snurre Storleson, na Islândia – atribuiu algumas curas ao Rei Olaf, filho de Harald, que reinou na Noruega no início do século XI[74]. Mas Olaf, Santo Olaf, era um santo do cristianismo; os milagres atribuídos pela saga islandesa* são, provavelmente, apenas um eco de um tema hagiográfico. Sem dúvida, nossos textos são muito pobres para nos permitir afirmar que nenhuma tribo germânica viu em seu rei um médico – é melhor permanecer sobre este ponto na dúvida, como a sábia prudência nos recomenda. Deve-se sublinhar que, na sociologia comparada, à qual, na ausência de documentos, sempre será tentador recorrer, nada nos obriga a admitir que, na antiga Germânia, os reis, mesmo que fossem dotados de uma virtude divina, fossem todos ou em sua maior parte curadores; porque os reis capazes de curar muito bem parecem ter sido sempre e em toda parte raros. Esta é, ao menos, a impressão dada pelas obras de Sir James Frazer. Os exemplos desta forma de magia régia que encontramos recenseada em suas grandes coletâneas são muito pouco numerosas. Chefes oualos do Senegal, polinésios das Ilhas Tonga, nelas reaparecem sem cessar, como esses figurantes de peças teatrais – sempre girando em torno dos mesmos temas –, representam a imagem de um desfile militar[75]. Na verdade, não há nada de surpreendente nesta penúria.

---

74. *Heimskringla*, II, *Olafs Saga Helga Konungs*, II, K. 155 e 189. Olaf morreu em 1030. W. Ebstein (*Zur Geschichte der Krankenbehandlung* – Janus, 1910, p. 224), tirou partido desses textos (no segundo deles, vê-se Olaf curar um menino de um tumor no *pescoço*) para atribuir ao toque das escrófulas uma origem escandinava; esse uso teria passado dos países do Norte para a Inglaterra (no reinado de Eduardo) e, dali, para a França. Sem dúvida, essa teoria não tem necessidade de ser longamente refutada. Será suficiente recordar as datas; o poder de cura de Olaf só é atestado por um documento do século XIII, sem que, aliás, nada permita crer entre os reis da Noruega o exercício de um dom dinástico. Os milagres de Santo Eduardo são conhecidos somente por um texto do início do século XII, de todos os pontos de vista muito suspeito. Na França, o rito, certamente, estava em vigor desde a segunda metade do século XI (Filipe I) e, muito provavelmente, a virtude taumatúrgica dos reis franceses remonte ao fim do século X – i. é, a uma época anterior, não somente à saga à qual devemos a narrativa das curas operadas por Santo Olaf, mais ao reinado mesmo desse monarca, assim como ao de Santo Eduardo.

* No original, está grafado *irlandaise* (irlandesa). Obviamente, trata-se de um erro posterior de digitação ou uma distração do autor [N.T.].

75. Somam-se a isso certas famílias de nobres da Arábia, cujo poder de cura, especializado na cura da hidrofobia, parece remontar ao período pré-islâmico. Cf. abaixo, p. 91, n. 123. Para a Antiguidade Clássica, os textos são obscuros. Uma passagem de Plutarco (*Pyrhus*, c. III) ensina-nos que se atribuía a Pirro o dom da cura. O centro dessa virtude milagrosa estava em seu dedão do pé, mas nada indica que tenha partilhado este privilégio com outros reis do império. Talvez, tenhamos, aqui, um caso análogo ao do merovíngio Gontrão: aplicação própria a um indivíduo

A forma milagrosa atribuída aos reis pelos "primitivos" é geralmente concebida como empregada aos fins coletivos destinados a alcançar o bem-estar do grupo como um todo, não dirigida para fins individuais; a sua função é de fazer cair a chuva ou de assegurar a regularidade das colheitas muito mais do que aliviar as misérias particulares. Sabemos, na verdade, que seria fácil encher páginas com os casos de chefes "fazedores de chuva" fornecidos pelos repertórios etnográficos. Assim, explica-se, talvez, que o rito de toque, analisado por nós, tenha-se desenvolvido mais facilmente nas sociedades em que a religião proibia atribuir aos reis uma influência sobre os grandes fenômenos cósmicos que comandam a vida das nações.

Uma revolução religiosa trouxe, de fato, um golpe poderoso à antiga concepção de realeza sagrada, tal como florescera junto aos germânicos. O surgimento do cristianismo privou-a de sua base natural: o paganismo nacional. Os reis subsistiram a título de chefes de Estado; um momento após as invasões, o poder político deles foi mais forte do que nunca, mas deixaram, ao menos oficialmente, de serem tidos por personagens divinos. Sem dúvida, as velhas ideias não desaparecem de uma só vez. Provavelmente, continuaram a viver, mais ou menos secretamente, na consciência popular. Nossos textos permitem encontrar alguns traços delas; certamente, encontraríamos muito mais, se os nossos textos não fossem todos de proveniência eclesiástica e, por consequência, sob este aspecto, hostis ao passado[76]. A longa cabeleira que formava o

---

particularmente ilustre, mas não a toda uma raça, da crença generalizada no caráter mágico da realeza. Por outro lado, duas doenças – a lepra e a icterícia – aparecem em textos antigos qualificadas de *morbus regius* (esp. referências em HUSSEY, L. *On the cure of scrofulous diseases*, p. 188), sem que seja possível, de algum modo, determinar se esta aplicação tinha em suas origens qualquer relação com um "milagre" régio.

76. Aqui limito-me às sobrevivências seguras. Invocaram-se outras. Segundo alguns historiadores (GRIMM. *Deutsche Rechtsaltertümer*. 4. ed., I, p. 314ss. • CHADWICK, M. Op. cit.), as carroças atreladas aos bois, sobre as quais Einhard mostra-nos os últimos merovíngios, seriam carroças sagradas, análogas às que serviam, segundo Tácito, às procissões da deusa Nertus – talvez, uma hipótese sedutora, mas, afinal, pura hipótese. Uma lenda, atestada pela primeira vez por pseudo-Fredegário, faz de Meroveu filho de um monstro marinho. Traço do velho mito pagão? Ou era lenda etimológica, cuja origem estaria em um jogo de palavras nascido na Gália do nome de Meroveu? Como sabê-lo? É necessário ser prudente. Que me seja permitido aqui indicar um exemplo divertido dos excessos que podem cometer os folcloristas muito ardorosos. Lê-se em Grimm (op. cit., I, p. 339), esta frase que suporta uma referência ao poema provençal de Fierabras: "Der könig, der ein pferd tödtet, hat kein recht im reich" Isso seria um "tabu"? Reportemo-nos aos textos. Fierabras é um rei pagão, mas um bravo cavaleiro. Ele combate Olivier. Acidentalmente, ele mata o cavalo do seu inimigo, grave complicação nas regras dos combates corteses. Não há nada mais de desonesto do que vencer um adversário

atributo tradicional da dinastia franca (todos os outros homens livres, imediatamente, ao atingirem a idade adulta, passavam a usar cabelos curtos) fora certamente na origem um símbolo de ordem sobrenatural, ou melhor, esses cabelos, nunca cortados, deveriam ser primitivamente conhecidos como centro do poder maravilhoso que se reconhecia nos filhos da raça eleita: os *reges criniti* eram igualmente Sansões. Esse costume, desde muito tempo atestado, durou tanto quanto os próprios merovíngios, sem que seja possível saber, se, ao menos entre o povo, continuou-se até o fim a atribuir-lhe um valor mágico[77]. Muitas personagens pertencentes às casas reais anglo-saxãs foram, após a morte, veneradas como santas, o mesmo aconteceu com os merovíngios, apesar de este processo ter ocorrido em escala menor. Não que essas linhagens fossem particularmente fecundas em virtudes religiosas ou privadas, de forma alguma, mas se trazia naturalmente para os altares os membros da família que eram habitualmente considerados sagrados[78]. A partir de Dagoberto, a dinastia afundou-se na impotência; no entanto, esses reis, simples fantoches, continuaram a reinar nominalmente mais de um século e meio. O primeiro golpe de Estado tentado contra eles, aquele de Grimoaldo, fracassou miseravelmente. O próprio Carlos Martel considerou-se muito forte para suprimir a realeza

---

privando-lhe de sua montaria. Daí, a reprovação de Olivier – um rei que faça algo semelhante não merece mais reinar: "rey que caval auci non a dreg en regnat", diz o texto provençal citado por Grimm (BEKKER, I. *Der Roman von Fierabras*. Berlim, 1829, v. 1.388); "Rois ki ceval ocist n'a droit en ireté", diz o poema francês (GUESSARD. *Les anciens poètes de la France*, 1860, v. 1.119). Então, Fierabras desce do cavalo. Os dois heróis estarão, a partir de então, em condições de igualdade e o combate pode prosseguir sem incorreções. Os versos que acabo de citar, se isolados do contexto, parecem trazer a mais curiosa informação sobre a magia régia; foi dessa forma que Grimm compreendera-a. Mas leiamos a cena por inteiro, nela, não encontraremos nada mais do que indicações muito banais sobre esgrima cavaleiresca.

77. Sem dúvida, os testemunhos mais antigos são: CLAUDIANO IV. *Consul. Honor.*, 446; *Laud. Stilic*, I, 203. • AVITUS, carta a Clóvis versando sobre o tema do seu batismo. • CHEVALIER, U. *Oeuvres de St. Avit.* Lyon, 1890, ep. XXXVIII, p. 192. • PRISCUS. Ἱστορίκ Γοθίχη, c. 16. O cadáver de Clodomiro, no campo de Batalha de Vézeronce, foi reconhecido devido aos seus longos cabelos, "honra da raça real"; cf. a curiosa passagem de AGATHIAS. *Histor.* I, c. 3. O costume que impunha aos francos adultos o uso de cabelos raspados foi atestado por Gregório de Tours: *Histor.*, III, 18. Não pude pesquisar aqui se, entre outros povos germânicos, a longa cabeleira foi igualmente uma insígnia régia. Ao menos, é certo que, dentre alguns destes povos, o privilégio de tê-la era comum a todos os homens livres: para os suevos, no tempo de Tácito, *Germ.* XXXVIII; para os godos, DAHN, F. *Die Könige der Germanen*, III, p. 26. Sobre o valor mágico dos cabelos longos, cf. FRAZER, J. *Folk-lore in he Old Testament*, II. Londres, 1919, p. 480ss.

78. O mesmo fato foi notado em Bizâncio por Bréhier (na obra assinalada abaixo, p. 71, n. 79), p. 80: "Um outro fato significativo (da sobrevivência do culto imperial) é a frequência das canonizações imperiais".

durante muito tempo, mas não para usurpar o título real. Sem dúvidas, esse fracasso e essa prudente abstenção explicam-se, em parte, pelas rivalidades dos poderosos – mas, somente em parte. É necessário crer que a raça legítima conservava em seu declínio uma espécie de prestígio. Algumas vezes, comparou-se a situação dos descendentes de Clóvis – reduzidos pelos prefeitos do palácio, a uma existência totalmente representativa – ao que foi, no antigo Japão, a vida dos micados junto aos xoguns, guardadas as devidas proporções. É provável, na verdade, que os príncipes francos – assim como os imperadores japoneses – foram por muito tempo protegidos, senão, precisamente, pela sua natureza sagrada, ao menos pelas obscuras lembranças que seu antigo papel deixara nos espíritos. No entanto, se nos ativermos às aparências oficiais, os reis francos ou ingleses, até o século VIII, eram apenas cristãos como os outros, e, se assim se pode dizer, autênticos leigos. Nenhuma cerimônia eclesiástica consagrava a sua ascensão ao trono, cujas solenidades eram fixadas apenas por um costume muito flutuante. Nenhuma característica religiosa particular vinha marcar a sua fronte[79].

Para aqueles entre os soberanos germânicos, que, como os merovíngios, se encontram, depois das invasões, reinando um país profundamente romanizado, a tradição do povo conquistado oferecia todos os esplendores da religião imperial. Sem dúvida, lá também o cristianismo tinha passado, mas tinha, pouco a pouco, modificado algumas fórmulas; ele não tocara profundamente as coisas. Em Bizâncio, a religião imperial deveria durar quase tanto tempo quanto o império[80]. Nós conhecemos suas pompas oficiais, mas não nos damos conta da real influência que ela poderia ter sobre as almas. Alguns imperadores passaram por taumaturgos: Vespasiano, proclamado imperador no Oriente em um ambiente carregado de esperanças messiânicas, fez algumas curas. Mas isso ocorreu em Alexandria, uma terra habituada, há muito tempo, a venerar seus

---

79. Encontrar-se-ão os textos relativos ao cerimonial de coroação das dinastias bárbaras, comodamente reunidos e inteligentemente comentados em SCHUEKING, W. *Der Regierungsantritt*. Leipzig, 1889. Em suma, junto aos merovíngios, a chegada ao poder por um novo rei era acompanhada por práticas diversas, variáveis, que parecem jamais ter sido fixadas em um ritual coordenado: elevação sobre o escudo, investidura pela lança, viagem solene pelo reino etc. Todas essas práticas têm um caráter comum: permanecem estritamente laicas (uma vez que sejam consideradas como vazias do seu caráter religioso antigo, o qual era pagão); nelas, a Igreja não intervinha. Cf., para uma opinião recentemente expressa, em um sentido contrário, por Dom Germain Morin, abaixo, *Apêndice III*, p. 433.

80. Cf. BRÉHIER, L. & BATIFFOL, P. *Les survivances du culte impérial romain*, 1920, esp. 35, 43, 59. • EBERSOLT, J. *Moyen âge*, 1920, p. 286.

chefes como deuses; e, além disso, suspeitou-se que os sacerdotes do Serapeu, cuja destreza era certa, tivessem maquinado essas manifestações milagrosas. Adriano, dizia-se, tinha curado um cego[81]. Esses exemplos são isolados. Nós não saberemos jamais se a crença no caráter divino dos imperadores era bastante forte para que ela fosse reconhecida pela massa como verdadeiramente atuante. Mas não se pode duvidar que a religião tenha sido um maravilhoso instrumento de governo. Os bárbaros deixaram-no desaparecer[82]. Do mesmo modo, os merovíngios não se colocaram como sucessores do império. Clóvis, é verdade – segundo Gregório de Tours, cujo testemunho não me parece que deva ser rejeitado –, ao aceitar uma magistratura das mãos do soberano de Bizâncio, fizera-se, por uma espécie de usurpação, chamar Augusto[83]. Seus descendentes não insistiram no título. Contudo, em relação ao Augusto das margens do Bósforo, eles poderiam ter se sentido mais livres: as conquistas de Justiniano reintroduziram no Ocidente as armas "romanas", levando os reis francos a se livrarem definitivamente de toda dependência em torno dos antigos senhores do mundo. Até então, tinham aceitado a supremacia imprecisa de um imperador distante; eles não queriam permanecer ligados por laços de sujeição, por mais vagos que fossem, a um vizinho muito próximo e muito ameaçador. Mas mesmo afirmando a sua autonomia – notadamente através da cunhagem de moedas –, eles evitaram, seja por um resquício de respeito, seja por indiferença, de se servir da titulação antiga, tão rica em termos que evocavam o caráter sagrado do príncipe. O culto imperial desapareceu na Gália no mesmo tempo em que a

---

81. Para Vespasiano, cf.: TÁCITO. *Hist.* IV, 81. • SUETÔNIO. *Vesp.*, 7. • DION CASSIUS, LXVI, 8. Para Adriano, cf.: *Vita Hadriani*, c. 25. • WEINREICH, O. *Antike Heilungswunder* (*Religionsgeschichtliche Versuche*, VIII, 1). Giessen 1909, p. 66, 68, 75. • DIETERICH, H. *Archiv. fur Religionswissensch.*, VIII, 1905, p. 500, n. 1. Sobre Vespasiano e o messianismo, cf. as belas páginas de RENAN. *L'Antéchrist*, cap. IX.

82. O Sr. Batiffol (loc. cit., p. 17, n. 2) observa, exatamente, que vestígios do culto imperial foram encontrados no reino ostrogodo da Itália. No reinado de Teodorico, venerava-se a púrpura: CASSIODORO. *Variae*, XI, 20 e 31. Mas o reino de Teodorico encontrava-se situado, do ponto de vista político, em uma situação incerta. Teoricamente ao menos, ele fazia parte do império. Tanto os magistrados imperiais quanto os *primiscrinii* e *primicerii*, mencionados nas fórmulas de Cassiodoro, cumpriam os ritos tradicionais.

83. Sem o propósito de entrar, com referência a este tema, em uma discussão que seria fora de propósito, contentar-me-ei em observar uma inscrição italiana que dava a Teodorico – o qual não se pode duvidar que tenha sido *magister militum*, ou seja, funcionário imperial – o título de "*semper augustus*": C.I.L., X, 6.851. O costume não impedia, portanto, semelhantes confusões de linguagem em um país romanizado submisso aos bárbaros. Certamente, permanece mais de um ponto obscuro no texto de Gregório de Tours; esp. no que diz respeito ao título preciso dado a Clóvis pelo Imperador Anastácio.

dominação de Roma. No máximo, pode-se supor que os hábitos de pensamento mantidos pelo culto – uma certa tendência em confundir as categorias do político com o divino – não pereceram inteiramente com ele.

Mais tarde, Carlos Magno renovou o elo com a tradição romana. O império ressuscitou[84]. Mas foi um império totalmente cristão. A religião imperial, pagã em sua essência e há muito tempo em desuso, não poderia renascer com ele. Em Bizâncio, os imperadores não deixaram de se qualificar como divinos. Carlos Magno, ou aquele entre seus conselheiros que redigiu em seu nome o prefácio dos *Libri Carolini*, não deixou de reprová-los como soberbos[85]. Contudo, nesta época, viram-se reaparecer algumas expressões mais inofensivas emprestadas da linguagem obsequiosa do Baixo Império: falava-se, novamente, de sagrados imperadores, do mui sagrado Augusto, do sagrado palácio[86]. O próprio Hincmar, tão preocupado, no entanto, em negar aos soberanos temporais todo caráter sacerdotal, certo dia não se esqueceu ao ponto de escrever "os olhos sagrados" do imperador?[87] Mas esse vocabulário, o qual, aliás, não sobreviveu à era carolíngia[88], não deve nos iludir. Já em Roma, ele foi priva-

---

84. Sobre as teorias político-religiosas da época carolíngia, encontrar-se-á uma coletânea útil de referências e de indicações inteligentes em LILIENFEIN, H. *Die Anschauungen von Staat und Kirche im Reiche der Karolinger* – Heidelb. Abh. zur mittleren und neueren Gesch., 1. Heidelberg, 1902. Infelizmente, o autor tende a explicar tudo pela antítese do "romanismo" e do "germanismo". Quando decidirão deixar de lado esta dicotomia pueril? Eu aproveitei poucas coisas de. OHR, W. *Der karolingische Gottesstaat in Theorie und in Praxis*. Leipzig, 1902.

85. I, I, 3. • MIGNE. *P.L.*, t. 98 col. 1.014 e 1.015. Muito mais tarde, Frederico Barbarroxa – que, contudo, teria tido, sobre esse assunto, muito a se reprovar – não hesitou por sua vez em censurar o uso da palavra *santo* aplicada ao imperador bizantino. Cf. PASSAU, T. *Monum. Germaniae*, SS., XVII, p. 510, linha 51ss.

86. EICHMANN, E. *Festschrift G. v. Hertling dargebracht*, p. 268, n. 3 cita alguns exemplos; poder-se-iam somar muitos outros. Será suficiente remeter aos índices dos *Capitularia regum Francorum* e dos *Concilia* nas edições dos *Monumenta Germ*. Cf. tb. SCOTTUS, S. *Liber de rectoribus christianis*, c. 9. Ed. S. Hellmann (*Quellen und Unters. Zur latein. Philologie des Mittelalters*, I, 1), p. 47. • RADBERT, P. *Epitaphium Arsenii*, 1. II, c. 9 e 16. • DUEMMLER. *Kgl. Preussische Akademie, Phil.-hist. Klasse, Abhandl.*, 1900, II, p. 71 e 85.

87. *De ordine palatii*, c. XXXIV. Ed. Prou (*Bibl. Ec. Hautes Etudes*, fasc. 58), p. 90 "in sacris ejus obtutibus". Sabe-se que este tratado de Hincmar é apenas uma compilação de uma obra anterior, "composta por Adalard Corbie que, atualmente, encontra-se perdida. A expressão que acabei de assinalar conviria melhor às ideias de Adalard do que às de Hincmar – talvez, esse último a tivesse tirado de sua fonte.

88. Encontramo-lo em uso na Alemanha no tempo dos imperadores saxões: WAITZ. *Verfassungsgeschichte*, 2. ed. VI, p. 155, n 5; e, evidentemente, sob os Hohenstaufen, ganhou nova popularidade. Cf. POMTOW, M. *Ueber den Einfluss der altrömischen Vorstellungen vom Staat auf die Politik Kaiser Friedrichs* I Halle 1885, esp. 39 e 61. Cf. tb. abaixo, p. 334.

do progressivamente do seu valor original; essas fórmulas de piedade foram transformadas em pouco mais do que fórmulas de cortesia. Nos escritores do século IX, elas indicam apenas uma familiaridade verbal com os textos latinos; ou melhor, em relação às palavras de aparência antiga, os imperadores francos davam, às vezes, um sentido pleno, não porque pensavam no velho culto prescrito que, outrora, exprimia-se com termos semelhantes, mas sim em um cerimonial jovem e autenticamente cristão. Os soberanos do Ocidente tinham-se tornado sagrados, oficialmente, graças a uma nova instituição: a consagração eclesiástica da ascensão ao trono e, mais particularmente, seu rito fundamental, a unção. Ela aparece, como veremos, nos reinos bárbaros nos séculos VII e VIII. Em Bizâncio, ao contrário, foi introduzida apenas muito tarde e por uma evidente imitação dos costumes estrangeiros. No tempo de Carlos Magno, os bizantinos ridicularizavam este gesto que eles não compreendiam. Eles contavam, provavelmente por zombaria, que o papa tinha untado o imperador franco "da cabeça aos pés"[89]. Os historiadores algumas vezes se perguntaram sobre a origem das diferenças entre as pompas monárquicas do Ocidente e do Oriente. O motivo parece-me claro. A religião imperial, sempre viva na Roma do Leste, tornava inútil o novo rito.

Em suma, nos reinos oriundos das invasões, um grande número de lembranças, de origens diversas, germânicas ou romano-orientais, mantinha em torno da realeza uma atmosfera de veneração quase religiosa; mas nenhuma instituição regular dava corpo a este sentimento vago. Foi a Bíblia que forneceu, enfim, o meio de restabelecer na legalidade cristã a realeza sagrada das idades antigas. Em primeiro lulgar, ela ofereceu úteis comparações. Em Gn 14 lê-se como Abraão recebeu o pão e o vinho das mãos de Melquisedec, rei de Salem e sacerdote do Deus Altíssimo[90]. Episódio misterioso que, ainda hoje, os exegetas têm muitas dificuldades para explicar. Os primeiros comentadores livram-se do embaraço, atribuindo-lhe um sentido simbólico: Melquisedec foi uma representação do Cristo; trata-se da forma que o vemos representado em muitas catedrais. Mas esta aparição enigmática deveria também provocar os apologistas da realeza. Esse sacerdote-rei recuava em um passado prestigioso o ideal daqueles que reconheciam nos reis um caráter sobre-humano. No

---

89. Abaixo, p. 435. Para a controvérsia relativa à introdução da unção em Bizâncio, cf. abaixo, p. 443.
90. Gn 14,18; cf. Sl 109,4. O papel simbólico de Melquisedec foi, abundantemente, trazido à luz na Epístola aos Hebreus.

tempo da grande controvérsia do sacerdócio e do império, nos séculos XI e XII, Melquisedec – São Melquisedec, como diz o sacramentário carolíngio de Saint-Amand[91] – esteve na moda. Soube-se invocar o seu exemplo desde a época merovíngia. Fortunato dizia sobre Childeberto: "Nosso Melquisedec [que se denomina] a justo título rei e sacerdote leigo, conclui a obra da religião"[92].

Mas o Antigo Testamento não era somente uma fonte de símbolos; ele deu um modelo de uma instituição muito concreta. No velho mundo oriental, os reis, obviamente, passavam por personagens sagradas. O seu caráter sobrenatural era marcado, junto a muitos povos, por uma cerimônia cujo sentido era claro: eles eram, na ascensão ao trono, ungidos em certas partes do corpo com um óleo previamente santificado. As tabuinhas de Tell el-Amarna conservaram-nos a carta que um dinasta da Síria, Adu Niari, endereçou, por volta de 1500 a.C. ao Faraó Amenófis IV para lembrar-lhe o dia em que "Manahbiria, o rei do Egito, teu avô, fez de Taku, meu avô, rei em Nouhassché, derramando-lhe óleo sobre a sua cabeça". O dia em que se constituir, sobre a sagração dos nossos reis, a coletânea de documentos que nos faltam ainda, a transcrição deste venerável trecho de argila poderá figurar no frontispício da obra; pois foi destas antigas civilizações da Síria e de Canaã, tornadas tão estranhamente familiares aos cristãos dos séculos VII e VIII pela leitura da Bíblia, que a unção régia nos veio. Os filhos de Israel, entre outros, praticavam-na. Entre eles, aliás, como provavelmente em torno deles, a unção não era própria dos reis. Ela tinha um lugar de destaque em todo o cerimonial hebraico, constituía o processo normal para transformar um homem ou um objeto da categoria do profano para a categoria do sagrado[93]. Nesta aplicação geral, os

---

91. *Mémoires de l'Acad. Des Inscriptions* XXXII, 1, p. 361.

92. II, 10: "Melchisedek noster, merito rex atque sacerdos, – Compte vit laicus religionis opus". Pode-se ver sobre papel iconográfico de Melquisedec nos primeiros tempos da Idade Média, um artigo de F. Kern: *Der Rex und Sacerdos in biblischer Darstellung; Forschungen und Versuche zur Gesch – Des Mittelalters und der Neuzeit*, Festschrift Dietrich Schäfel [...] dargebracht. Jena, 1915. A palavra *sacerdos*, aplicada a um soberano laico, lembra certas fórmulas de adulação oficial, das quais se encontram traços, no século V, em Bizâncio e às quais a própria chancelaria pontifical, em torno da mesma época, às vezes, não deixava de recorrer, dirigindo-se ao imperador; cf. abaixo, p. 183 n. 299 e esp. p. 331s. Mas, entre os versos de Fortunato e a linguagem que, mais de 100 anos antes, se usava correntemente para com Teodósio II, Marciano ou Leão I, decerto não há nenhuma ligação além dos hábitos de espírito implantados nas almas por séculos de religião imperial.

93. Texto da carta de Adu Nirari: KNUDTZON, J.A. *Die El-Amarna Tafeln*. Leipzig, 1915, I, n. 51; cf. II, p. 1.103 e também p. 1.073. Sobre a unção no culto hebraico, pode-se cf., entre outros: CHEYNE, T.K. & BLACK, J.S. *Encyclopaedia biblica*, no verbete *Anointing*. A carta de

cristãos tomaram-na emprestada da Antiga Lei. A unção desempenhará um papel importante no ritual do novo culto, sobretudo no Ocidente e, mais particularmente, nos países de rito galicano: Espanha, Gália, Grã-Bretanha, Norte da Itália. Lá servia, notadamente, à confirmação dos catecúmenos, à ordenação dos padres e dos bispos[94]. A ideia de retomar, em sua integralidade, os velhos costumes israelitas, de passar da unção dos catecúmenos ou sacerdotal à unção real deveria vir naturalmente aos espíritos; o exemplo de Davi e de Salomão permitiria restituir aos reis, de maneira cristã, o seu caráter sagrado[95].

A nova instituição tomou forma então no reino visigodo da Espanha, onde, depois do desaparecimento do arianismo, a Igreja e a dinastia viviam em uma união particularmente íntima. Nessa região, a unção régia surgiu no século VII. Depois, chegou a vez do Estado franco.

Os merovíngios jamais foram ungidos como reis; Clóvis, vale a pena lembrar, tampouco o fora – a única unção que recebera foi a do rito galicano imposto aos catecúmenos. A lenda, como teremos ocasião de ver, fez, tardiamente, da cerimônia realizada em Reims por São Remígio a primeira sagração régia – na verdade, não foi nada além de um batismo. Mas, quando, em 751, Pepino, ultrapassando a barreira que seu pai, Carlos Martel, não ousara ultrapassar, decidiu jogar no convento os últimos descendentes de Clóvis e tomar para si mesmo o poder e as honras régias, experimentou a necessidade de embelezar a sua usurpação com uma espécie de prestígio religioso. Sem dúvida, os antigos reis jamais haviam cessado de passar aos olhos dos seus súditos como personagens muito superiores ao resto do povo; mas a vaga auréola que os envolvia, eles a deviam unicamente ao domínio exercido sobre a

---

Adu Niari leva-nos, naturalmente, a nos perguntarmos se a unção régia era praticada no antigo Egito. Meu colega Sr. Montet, a este propósito, escreveu-me: "No Egito, em todas as cerimônias começa-se por lavar o herói da festa, deus, rei ou defunto. Em seguida, ele é untado com óleo perfumado. [...] Depois, começa-se a cerimônia propriamente dita. Na festa de coroação, as coisas não se passam de outro modo: primeiro, as purificações e unções; depois, entregam-se ao herdeiro do trono as insígnias. Então, não é a unção que o transforma esse herdeiro, esse candidato régio, em um faraó, soberano das Duas Terras". A tabuinha de Tell el-Amarna parece referir-se a um rito no qual a unção desempenhava um papel mais importante, sem dúvida a um rito sírio, ao qual o faraó consagrador, talvez, tenha se curvado.

94. DUCHESNE, L. *Origines du culte chrétien*. 5. ed. 1920. Cf. *Liber Pontificalis*, II, in-4º, 1982, p. 38, n. 35. Sobre o caráter da unção dado aos catecúmenos no rito galicano – a unção que Clóvis recebeu em Reims – levantou-se entre os liturgistas ou, antes, entre os teólogos, uma controvérsia que não nos interessa aqui. Cf. os artigos Puniet e de R.P. Galtier: *Revue des Questions Historiques*, t. 72 (1903) e *Rev. d'Histoire Ecclésiastique*, XIII (1912).

95. Para tudo que concerne aos começos da unção régia e das discussões, cf. referências e discussões abaixo, no *Apêndice III*, p. 431.

consciência coletiva pelas obscuras reminiscências datadas de tempos pagãos. A nova dinastia, ao contrário, linhagem autenticamente santa, iria ter a sua sagração através de um ato determinado, justificado pela Bíblia, plenamente cristão. Na Gália, os teólogos estavam preparados para aceitar esta ressurreição de uma prática judaica, porque a moda entre eles estava favorável ao Antigo Testamento; em parte como consequência das influências irlandesas, as leis mosaicas penetravam a disciplina eclesiástica[96]. Foi assim que Pepino foi o primeiro dos reis da França a receber, à semelhança dos chefes hebreus, a unção da mão dos sacerdotes. "É manifesto" disse ele, orgulhosamente em um dos seus diplomas, "que pela unção, a Divina Providência elevou-nos ao trono"[97]. Os seus sucessores não deixaram de seguir seu exemplo. Igualmente, por volta do final do século VIII, o mesmo rito implantou-se na Inglaterra, provavelmente como imitação daquilo que tinha ocorrido no país franco. Ele se generalizou, pouco a pouco, em quase toda Europa Ocidental.

Ao mesmo tempo, um segundo rito, de origem diferente, unir-se-ia a ele. Em 25 de dezembro de 800, na Basílica de São Pedro, o Papa Leão III tinha colocado sobre a cabeça de Carlos Magno, proclamando-o imperador, uma "coroa"; sem dúvida, era um círculo de ouro semelhante àquele que, em torno da fronte dos soberanos bizantinos substituía, há séculos, a diadema, a tira de tecido adornada com pérolas e pedras preciosas usada anteriormente por Constantino e seus sucessores imediatos. Coroa e diadema, tomadas de empréstimo das monarquias orientais pelos imperadores – no caso do diadema, provavelmente emprestada da monarquia persa – tinham, não se pode duvidar disso, possuído na origem uma virtude religiosa. Mas, aos olhos de um cristão, à época de Carlos Magno, a coroa não tinha nenhum caráter sagrado além daquele advindo das mãos que a colocava sobre a cabeça do príncipe – em Bizâncio as mãos do patriarca, em Roma, as mãos do papa – e do ritual eclesiástico em torno

---

96. Cf. FOURNIER, P. Le liber ex lege Moysi et les tendances bibliques du droit canonique irlandais. In: *Revue Celtique*, XXX (1909), p. 231ss. Pode-se sublinhar que a comparação do rei com Davi e com Salomão é o lugar-comum de todos os rituais da sagração. Os papas utilizavam-na correntemente em suas correspondências com os soberanos francos. Cf. alguns exemplos reunidos em *Epistolae aevi carolini (Monum. Gerrn.)*, III, p. 505, n. 2. Cf. tb. EICHMANN, E. *Festschrift G. von Hertling dargebracht*, p. 268, n. 10. Para seus familiares, Carlos Magno não utilizava o sobrenome de Davi? Deve-se aproximar a história da unção régia àquela do dízimo; esta instituição foi emprestada – também – do código mosaico; ela permaneceu, por muito tempo, como uma obrigação religiosa, sancionada unicamente por penas eclesiásticas. Pepino atribuiu-lhe força de lei.

97. *Monum. Gerrnaniae, Diplomata Karolina*, I, n. 16, p. 22, "a divina nobis providentia in solium regni unxisse manifestum est".

do prelado. Ungido outrora, quando foi feito rei, não o foi novamente quando transformado em imperador. Pela primeira vez, em 816, em Reims, seu filho, Luís o Piedoso, recebeu do Papa Estêvão IV, a título imperial, a marca com o óleo bento e a coroa. Doravante, os dois gestos tornaram-se, pouco a pouco, inseparáveis. Para consagrar um imperador, foi necessário realizar os dois e logo também para consagrar um rei. Desde os tempos de Carlos o Calvo na França, desde o século IX na Inglaterra, vê-se o rei sucessivamente ungido e coroado. À volta dos dois ritos fundamentais, rapidamente, desenvolveu-se um amplo cerimonial em todos os países. Muito rapidamente, as insígnias régias entregues ao novo soberano multiplicaram-se. Já sob Carlos, o Calvo, o cetro aparece ao lado da coroa – do mesmo modo que nos mais velhos textos litúrgicos ingleses. Esses emblemas, na maioria, eram antigos; a inovação foi atribuir-lhes uma função nas pompas religiosas relativas à ascensão ao trono. Em suma, a solenidade sempre foi em duas partes: de um lado, a entrega das insígnias, entre as quais a coroa permanece essencial; de outro, a unção que permanecerá até o fim como o ato santificador por excelência. Assim, nasceu a sagração[98].

Então, os reis tinham-se transformado em, segundo a expressão bíblica, "ungidos do Senhor", protegidos contra as ações dos maus pelo preceito divino, pois o próprio Deus disse *"Nolite tangere Christum meum,* não tocai em meu Cristo, em meu ungido". Desde 787, o Concílio de Chelsea – no decurso do qual, segundo toda a probabilidade, teria ocorrido a primeira unção régia conhecida na Inglaterra – recordava esse preceito[99]. Por meio dele, os inimigos da realeza pareciam transformados em sacrílegos; sem dúvida, uma proteção bastante ilusória, caso se julgue pela história, plena de violências, desses tempos conturbados[100]. Talvez, os príncipes dessem mais valor aos mandamentos bíblicos do que imaginaríamos hoje, e talvez o desejo de se beneficiar das palavras do Livro Sagrado tenham levado mais de um entre eles a procurar a sagração oferecida pela Igreja.

O óleo santo elevava os soberanos muito acima da multidão – não partilhavam o privilégio com os padres e os bispos? Todavia, a medalha tinha seu reverso. Durante o curso da cerimônia, por um momento, o oficiante que dava

---

98. Cf. abaixo, *Apêndice III*, p. 439.

99. Abaixo, p. 437.

100. Além disso, pode-se observar que, na França, apesar das turbulências dinásticas dos séculos IX e X, o único rei a ter morte violenta – em campo de batalha – foi um notário usurpador: Roberto I. Entre os anglo-saxões, Eduardo II foi assassinado em 978 ou 979, mas foi transformado em santo: Santo Eduardo o Mártir.

a unção colocava-se em uma posição superior ao monarca que, devotamente, a recebia; doravante, poder-se-ia pensar, era necessário um sacerdote para fazer um rei: símbolo evidente da preeminência do espiritual sobre o temporal. Muito pouco tempo depois de Carlos Magno, ideias semelhantes já eram sustentadas por alguns prelados. Vejamos Hincmar de Reims. Ninguém deu maior valor à sagração régia. Havia, por trás dessa cerimônia, um pequeno passado. Hincmar, como teremos ocasião de demonstrar mais tarde, se não inventou, soube adaptar engenhosamente uma lenda para encontrar um ilustre e miraculoso precedente para essa cerimônia. Que motivos o levaram a ter tamanho interesse por estes gestos litúrgicos? Para compreender os motivos de sua atitude, basta nos aproximarmos de duas passagens de suas obras: "É a unção ato episcopal e espiritual" – escreveu, em 868, a Carlos o Calvo – "é a essa bênção, muito mais que a vosso poder terrestre, que deveis a dignidade régia". Portanto, sem sagração não existe verdadeiro rei, sejam quais forem os seus títulos "terrestres" ao trono. Tal ideia já estava presente em meio a certos círculos eclesiásticos, menos de 100 anos depois da primeira unção franca. Além disso, nas atas do Concílio de Sainte-Macre, redigidas por Hincmar, que presidiu a assembleia, temos o seguinte: "a dignidade dos pontífices é superior à dos reis, porque os reis são sagrados pelos pontífices, ao passo que os pontífices não podem ser sagrados pelos reis"[101]. Na verdade, não se poderia ser mais claro. Talvez fosse o receio de uma interpretação como essa que levou, no século seguinte, o rei da Alemanha, Henrique I, a recusar – somente ele entre todos do seu tempo e de sua linhagem – a unção e a coroa que lhe propusera o arcebispo de Mainz e a reinar pela boca do Apóstolo São Pedro, como o reprova o autor de uma vida de santo, "sem a bênção dos pontífices"[102]. O novo rito era uma faca

---

101. *Quaterniones*. MIGNE. P.L., t. 125, col. 1.040: "Quia enim – post illam unctionem qua cum caeteris fidelibus meruistis hoc consequi quod beatus apostolus Petrus dicit 'Vos genus electum, regale sacerdotium', – épiscopali et spirituali unctione ac benedictione regiam dignitatem potius quam terrena potestate consecuti estis". Concílio de Sainte-Macre. MANSI, XVII, 538: "Et tanto est dignitas pontificum major quam regum, quia reges in culmen regium sacrantur a pontificibus, pontifices autem a regibus conse-crari non possunt". Cf., no mesmo sentido, uma bula de João VIII, datada de 879 e endereçada ao arcebispo de Milão: *Monum. Gernan., Epist.* VII, 1, n. 163, p. 133, I. 32. A importância atribuída por Hincmar à sagração traduz-se, principalmente, no *Libellus proclamationis adversus Wenilonem,* redigido com o nome de Carlos o Calvo, mas cujo autor verdadeiro foi, sem dúvida, o arcebispo de Reims: *Capitularia.* Ed. Boretius, II, p. 450, c. 3.

102. Além disso, seria conveniente não se esquecer que na França Oriental ou na Alemanha, a tradição nesse tempo parece ter imposto a sagração com menos força do que na própria França. No entanto, o predecessor imediato de Henrique I, Conrado, certamente fora sagrado; e os seus descendentes e sucessores, por sua vez, também o foram. Sobre a recusa de Henrique I, referências e discussão abaixo, *Apêndice III*, p. 442.

de dois gumes. No entanto, isso só ficaria visível verdadeiramente algumas centenas de anos mais tarde, quando foi aberta a grande querela gregoriana.

Durante os dois ou três primeiros séculos, isso parece ter contribuído para confirmar nos espíritos dos povos – à exceção de alguns teóricos eclesiásticos – a noção do caráter sagrado dos reis. Melhor dizendo: de seu caráter mais do que "quase sacerdotal". Não que algumas mentes penetrantes tenham deixado realmente de perceber, desde cedo, os perigos que uma tal confusão entre uma dignidade essencialmente temporal e o sacerdócio podia causar à Igreja e, até mesmo, ao cristianismo. Aqui, reencontramos ainda Hincmar. Ele não parava de repetir que nenhum homem, depois da vinda de Cristo, poderia ser, ao mesmo tempo, sacerdote e rei[103]. Mas a sua insistência prova o quanto a ideia, combatida por ele, estava difundida ao seu redor. Que ela tinha cores de doutrina oficial, é o que nos demonstrará, melhor do que qualquer outro documento, a antiga liturgia da sagração.

Folheemos por um momento esses velhos textos. Sem dificuldade, constataremos que neles foi reunido tudo aquilo que poderia favorecer a confusão entre os dois ritos – quase semelhantes – que davam acesso, um, ao sacerdócio, e o outro, à realeza; foi a Antiga Lei que, em geral, forneceu as fórmulas necessárias: "Que tuas mãos sejam ungidas de óleo santificado, o qual ungiu os reis e os *profetas*", dizia um muito antigo ritual, contemporâneo aos primeiros tempos da dinastia carolíngia. Uma prece, sem dúvida mais recente, desenvolve e especifica o mesmo pensamento. Nós não sabemos quando foi composta; apareceu, pela primeira vez na história, na coroação de Carlos o Calvo como rei da Lorena; por uma curiosa coincidência, foi o próprio Hincmar que, naquele dia, fez o gesto consagrador. Uma tradição já estabelecida impunha-lhe, sem dúvidas, o emprego das seguintes palavras: "Que Deus te coroe com a coroa da glória [...] e te faça rei pela unção dada com o óleo da graça do Espírito Santo, com esse óleo que Ele ungiu os sacerdotes, os reis, os profetas e os mártires". E o velho cerimonial anglo-saxão: "Ó Deus [...] Tu, que pela unção com o óleo, consagraste sacerdote Aarão teu servidor e que, mais tarde, pela aplicação deste mesmo unguento, constituiu para reinar sobre o povo israelita os sacerdotes, os reis e os profetas [...] nós te suplicamos, Pai Todo-poderoso, de consentir

---

103. Cf. LILIENFEIN. *Die Anschauungen vom Staat und Kirche*, p. 96, 109, 146. A mesma ideia já tinha sido expressa com força, a propósito das pretensões dos imperadores bizantinos, pelo Papa Gelásio I em uma passagem do *De anathematis vinculo*, frequentemente citada ao longo das grandes polêmicas dos séculos XI e XII: MIGNE. *P.L.*, t. 59, col. 108-109. Cf. tb. à época de Hincmar, Nicolau I: MANSI. *Concilia*, XV, p. 214.

em santificar pela sua bênção, por meio desta gordura tomada de uma de tuas criaturas, teu escravo aqui presente [...] e lhe permitas imitar diligentemente no serviço de Deus os exemplos de Aarão"[104]. Vê-se que não somente a imagem dos reis judeus, mas também aquela dos sacerdotes e dos profetas, além da grande sombra de Aarão, fundador do sacerdócio hebraico, que se evocava, como tantos ancestrais, diante dos soberanos ingleses ou francos no dia da sagração. Como se surpreender de que um poeta da época, celebrando a sagração de um imperador (um imperador bastante insignificante, aliás: Berengário do Friul; mas que importância tem isso?) tenha ousado dizer acerca do seu herói, no momento em que avançava em direção à igreja onde se desenvolveria a cerimônia: "em breve ele seria sacerdote", *mox quipe sacerdos ipse futurus erat*[105].

Ademais, os chefes do clero não tinham falado sempre a linguagem de Hincmar. À época em que se definia com tanta clareza, sob a Nova Lei, a incompatibilidade das dignidades reais e as presbiterais, a crescente fraqueza da dinastia convidava os prelados a tomar a função de mentor dos reis. Durante os áureos dias da dinastia carolíngia, esse tom não teria sido admitido. Em 794,

---

104. Falta-nos ainda, para todo o país, um recenseamento verdadeiramente crítico acerca das *ordines* da sagração. Tive que me limitar aqui às indicações rápidas, certamente incompletas, mas suficientes para o meu objeto. O antigo ritual galicano, publicado por Dom Germain Morin: *Rev. Bénédictine*, XXIX, 1912, p. 188, dá a bênção: "Unguantur manus istae de oleo sanctificato unde uncti fuerant reges et profetae". A prece "Coronet te Dominus corona gloriae [...] et ungat te in regis regimine oleo gratiae Spiritus sancti sui, unde unxit sacerdotes, reges, prophetas et martyres" foi empregada por Carlos o Calvo (*Capitularia regum Francorum*. Ed. Boretius, II, p. 457) e Luís o Gago (ibid., p. 461). Reencontramo-la em um Pontifical de Reims: WAITZ, G. *Die Formeln der deutschen Königsund der Römischen Kaiser-Krönung* – Abh. der Gesellsch. der Wissensch. Gottingen, XVIII (1873), p. 80. Talvez, tenha sua origem em uma *Benedictio olei* (evidentemente, e por uma boa razão, sem aplicação da unção régia) pelo *Sacramentaire Gélasien*. Ed. H.A. Wilson. Oxford 1894, p. 70. A prece anglo-saxã "Deus [...] qui [...] iterumque Aaron famulum tuum per unctionem olei sacerdotem sanxisti, et postea per hujus unguenti infusionem ad regendum populum Israheleticum sacerdotes ac reges et prophetas perfecisti [...] ita quaesumus, Omnipotens Pater ut per hujus creaturae pinguedinem hunc servum tuum sanctificare tua benedictione digneris, eumque [...] et exempla Aaron in Dei servitio diligenter imitari [...] facias" no Pontifical de Egbert. In: *Surtees Society*, XXVII, 1853, p. 101. • O *Bénédictional* de Robert de Jumièges. Ed. de H.A. Wilson. *Bradshaw Society*, XXIV, 1903, p. 143. • O Missal de Léofric. Ed. de F.E. Warren. In-4º. Oxford, 1883, p. 230. Com algumas diferenças no *ordo*, diz Ethelred. Ed. J. Wickham Legg. *Three Coronation Orders, Bradshaw Soc.*, XIX (1900), p. 56. As duas primeiras compilações fazem essa prece ser precedida por outra, que lembra bastante a prece carolíngia usada por Carlos o Calvo, e Luís o Gago. Talvez deixassem a escolha entre as duas. O poeta da *Gesta Berengarii*, parafraseando a liturgia da Sagração, menciona que o óleo santo servia entre os hebreus para ungir os reis e os *profetas* (IV, v. 180: *Monum. German., Poetae Latini*, IV, 1, p. 401).

105. *Gesta Berengarii*, IV, v. 133-134 (*Monum. Germaniae, Poetae Latini*, IV, 1, p. 399).

os bispos da Itália do Norte, presentes no sínodo de Frankfurt, publicaram uma defesa da doutrina ortodoxa contra os adocionistas espanhóis; um apelo ao soberano, protetor da lei, terminava essa declaração teológica. Ali, Carlos Magno era tratado, não somente como "senhor e pai" e de "muito prudente governador de todos os cristãos, mas também nos próprios termos de "rei e sacerdote"[106]. E, alguns anos antes, o próprio Papa Estêvão III, querendo bajular Carlos e Carlomano, quando tinha necessidade, não se furtou de ir procurar na Primeira Epístola de Pedro uma expressão aplicada pelo apóstolo aos eleitos, afastando-a do seu sentido original para honrar a dinastia franca: "vós sois a estirpe santa, real e sacerdotal"[107]. Apesar de tudo o que poderiam dizer todos os Hincmares do mundo, semelhantes propósitos jamais foram esquecidos.

Assim, as monarquias da Europa Ocidental, herdeiras de um longo passado de veneração, encontravam-se definitivamente marcadas pela chancela divina. Elas assim permaneceriam para sempre. A França capetíngia ou a Inglaterra normanda – não mais como a Alemanha dos imperadores saxões ou sálicos – não renegaram essa tradição carolíngia. Muito pelo contrário: no século XI, todo um partido empenhou-se em aproximar, mais claramente do que até então havia feito, a dignidade régia ao sacerdócio. Esses esforços, sobre os quais falaremos mais à frente, não nos importam por ora. Para nós, é suficiente saber que, independentemente mesmo de toda assimilação determinada com o sacerdócio, os reis continuaram, nos dois países que nos interessam especialmente, a serem tidos como seres sagrados. É isso que os textos nos mostram sem equívocos. Nós conservamos algumas cartas endereçadas a Roberto o Piedoso, por um dos mais respeitáveis prelados do seu tempo, o bispo de Chartres, Fulbert; nelas, o bispo não temia dar aos reis esses títulos de "Santo Padre" e de "Santidade" que os católicos, atualmente, reservam ao chefe supremo da

---

106. O *libellus* tinha sido redigido por Paulino de Aquileia. *Monum. German. Concilia*, II, i, p. 142. "Indulgeat miseratus captivis, subveniat oppressis, dissolvat fasciculos deprimentes, sit consolatio viduarum, miserorum refri-gerium, sit dominus et pater, sit rex et sacerdos, sit omnium Christianorum moderantissimus gubernator [...]". Pode-se destacar que, por uma espécie de contradição não muito rara em semelhante matéria, os bispos, na frase precedente, tinham oposto o combate, levado pelo rei contra os inimigos *visíveis* da Igreja, à luta dos bispos contra seus inimigos invisíveis, retornando à oposição, muito claramente, entre o espiritual e o temporal. Cf. abaixo, p. 186-187.

107. JAFFÉ-WATTENBACH, n. 2.381. Texto original: *Prima Petri*, II, 9. A citação se encontra em HINCMAR. *Quaterniones* (passagem reproduzida abaixo, p. 79, n. 101), mas aplicada a todos os fiéis com os quais o rei compartilhava a sua primeira unção (a unção batismal). Assim, Hincmar, muito conscientemente, não se deve duvidar, reconduzia, para a instrução de Carlos o Calvo, a palavra bíblica ao seu sentido primitivo.

Igreja[108]. E já vimos mais acima como Pierre de Blois fazia resultar da unção a "santidade" dos reis. Sobre esse tema, não se deve duvidar que a maior parte dos contemporâneos pensava como ele.

Mas, Pierre de Blois iria mais longe; meu monarca – ele dizia algo próximo a isto – é uma personagem sagrada, portanto, pode curar as doenças. Dedução singular à primeira vista; nós veremos que um espírito de envergadura mediana, no século XII, não poderia encontrar nada de muito surpreendente nisso.

2 O poder curativo do sagrado

Os homens da Idade Média, ou pelo menos a imensa maioria deles, faziam da religião uma imagem muito material e, se é possível dizer assim, extremamente terra a terra. Como poderia ser de outra maneira? O mundo maravilhoso, cujos ritos cristãos abriam a porta, não era, aos seus olhos, separado do mundo em que viviam por um abismo intransponível; os dois universos penetravam-se mutuamente; o gesto que agia no além, como não imaginar que ele também se estendia para este mundo? Certamente, a ideia de intervenções desta natureza não chocava ninguém, porque ninguém tinha uma noção exata das leis naturais. Os atos, os objetos ou os indivíduos sagrados eram concebidos, não somente como reservatório de forças aptas a atuar no porvir da vida presente, mas também como fontes de energia suscetíveis de influenciar imediatamente este mundo. Afinal, não se fazia desta energia uma imagem tão concreta que, às vezes, a representavam como pesada? Um tecido colocado sobre o altar de um grande santo (Pedro ou Martinho) tornava-se por si mesmo – diz-nos Gregório de Tours – mais pesado do que antes, desde que o santo quisesse manifestar-se[109].

Os padres, encarregados de eflúvios sagrados, eram considerados por muita gente como uma espécie de mágicos, nessa condição, ora venerados, ora odiados. Em alguns lugares, pessoas benziam-se ao encontrá-los, uma vez que tal encontro era sinal de mau presságio[110]. No reino da Dinamarca, no século

---

108. *Histor. de France*, X, lettre XL, p. 464 E; LXII, p. 474 b. Fulbert (1. LV, p. 470e e LVIII, p. 472c) chama igualmente *sacra* as cartas régias, segundo um velho uso imperial romano, reavivado à época carolíngia (ex.: LOUP DE FERRIÈRES. *Monum. Germ., Epist.*, VI. 1, n. 18, p. 25). Mais tarde, Eydes de Deuil (De Ludovici Francorum Regis profectione in Orientem. In: MIGNE. *P.L.*, t. 185, I, 13 e II, 19) parece reservar essa palavra às cartas *imperiais* (no caso do imperador bizantino).

109. *In gloria martyrum*, c. 27. • *De virtutibus S. Martini*, I, c. 11.

110. JACQUES DE VITRY. *Exempta ex sermonibus vulgaribus*. Ed. CRANE (*Folk-lore Society*). Londres, 1890, p. 112, n. CCLXVIII.

XI, eles eram tidos como responsáveis pelas intempéries e pelas contaminações da mesma forma que as bruxas e, na ocasião, perseguiam-nos como realizadores desses maus tão severamente que Gregório VII teve que protestar[111]. De resto, por que olhar tão longe em direção do Norte? É na França e, sem dúvida no século XIII, que se passa a instrutiva historieta que se segue (o sermonário de Jacques de Vitry conta-nos, segundo declara, de "fonte segura"): havia em uma aldeia uma epidemia; para cessá-la, os camponeses não imaginaram nada melhor do que sacrificar o seu pároco. Um dia em que, com as vestes sacerdotais, ele enterrava um morto, jogaram-no em uma cova ao lado do cadáver[112]. Essas loucuras, sob formas mais anódinas, não sobrevivem ainda hoje?

Assim, o poder atribuído ao sagrado pela opinião comum revestia, às vezes, um caráter perigoso e deplorável, mas, frequentemente, era visto como benéfico. Ora, existe um benefício maior e mais sensível do que a saúde? Atribuía-se um poder curativo facilmente a tudo o que, em qualquer grau que fosse, fizesse parte de uma consagração qualquer[113]. A hóstia, o vinho da comunhão, a água do batismo, a água em que o oficiante molhara as mãos depois de ter tocado as santas espécies, os próprios dedos do padre, foram todos considerados remédios. Ainda em nossos dias, em certas províncias, o pó e o musgo das igrejas são classificados como portadores dessas mesmas propriedades[114]. Esse gênero de ideias levava às vezes os espíritos grosseiros a estranhas aberrações. Gregório de Tours narrou a história desses chefes bárbaros

---

111. JAFFÉ-WATTENBACH, n. 5.164. • JAFFÉ. *Monumenta Gregoriana* (*Bibliotheca rerum germanicarum*, II), p. 413: "Illud interea non praetereundum, sed magnopere apostolica interdictione prohibendum videtur, quod de gente vestra nobis innotuit: scilicet vos intemperiem temporum, corruptiones aeris, quascunque molestias corporum ad sacerdotum culpas transfere [...] Praeterea in mulieres, ob eandem causam simili immanitate barbari ritus damnatas, quicquam impietatis faciendi vobis fas esse, nolite putare".

112. JACQUES DE VITRY. Loc. cit.

113. Sobre as superstições médicas relativas às coisas sagradas, encontra-se uma coletânea muito útil desses fatos em duas obras de FRANZ, A. *Die Messe im deutschen Mittelalter*. Friburgo i. B. 1902, p. 87 e 107. • *Die kirchlichen Benediktionen im Mittelalter*. Friburgo i. B. 1909, notadamente II, p. 329 e 503. Cf. tb. WUTTKE, A. *Der deutsche Volksaberglaube*. 2. ed. Berlim, 1869, p. 131ss. Para a Eucaristia, cf. DOM CHARDON. Histoire des sacrements, livro I, secção III, cap. XV. In: MIGNE. *Theologiae cursus completus*, XX, col. 337ss. A Eucaristia e a água-benta foram conhecidas como capazes de servir a fins mágicos malignos. Elas tiveram um papel considerável nas práticas, reais ou supostas, da bruxaria medieval. Cf. numerosas referências em HANSEN, J. *Zauberwahn, Inquisition und Hexenprozess im Mittelalter* (*Histor. Bibliothek*, XII), 1900, p. 242, 243, 245, 294, 299, 332, 387, 429, 433, 450.

114. SÉBILLOT, P. *Le paganisme contemporain*, in-12°, 1908, p. 140 e 143. • WUTTKE, A. Loc. cit, p. 135. Cf., para o vinho da missa, MEYER, E.H. *Deutsche Volkskunde*, 1898, p. 265.

que, sofrendo dos pés, banhavam-nos em uma patena[115]. O clero condenava, obviamente, semelhantes excessos, mas deixava subsistir as práticas que julgava não atentatórias à majestade do culto; ademais, as crenças populares escapavam, em grade medida, ao seu controle. Entre todas as coisas da Igreja, os óleos santos, sendo o veículo normal das consagrações, pareciam particularmente fecundos em virtudes. Os prevenidos absorviam-nos para obter um ordálio favorável. Sobretudo, constituíam para os males do corpo um maravilhoso recurso. Era necessário proteger os vasos que os continham contra a indiscrição dos fiéis[116]. Na verdade, nesses tempos, as coisas ditas sagradas eram ditas aptas a curar.

Ora, recordemo-nos o que eram os reis. Quase tudo mundo acreditava, para falar como Pierre de Blois, na "santidade" deles. Há mais. Sua própria "santidade, de onde ela vinha? Em grande parte, sem dúvida – e aos olhos do povo – da predestinação familiar à qual as massas, guardiãs de ideias arcaicas, não cessaram de dar crédito; mas também, desde os tempos carolíngios, mais precisamente e mais cristãmente, ela vinha de um rito religioso: a unção. Em outras palavras, deste óleo bento que, além disso, parecia aos doentes o mais eficaz dos remédios. Portanto, os reis estavam duplamente designados à função de benfeitores taumatúrgicos: pelo caráter sagrado em primeiro lugar, considerado em si mesmo; e, mais particularmente, por uma das fontes, a mais aparente e mais respeitada, de onde emanava esse caráter. Cedo ou tarde, como não pousariam de curandeiros?

Curandeiros, porém, eles não se tornariam imediatamente – quero dizer, assim que a unção régia foi implantada nos estados da Europa Ocidental – nem em todos os países. As considerações gerais, expostas anteriormente, não são

---

115. *In gloria martyrum*, c. 84. II. Trata-se de um "conde" bretão e de um "duque" lombardo, aos quais, independentemente um do outro, seria atribuída essa singular fantasia.

116. Além das obras citadas acima, p. 83, n. 110, cf. VACANT & MANGENOT. *Dictionnaire de Théologie Catholique*, verbete *Chrême*. • DOM CHARDON. Loc. cit, livro I, secção, cap. II, col. 174. Para a utilização do óleo santo nas doenças, cf. HANSEN. *Zauberwahn*, p. 128, n. 3, 245, 271, 294, 332, 387. Recorda-se também que Luís XI, à beira da morte, mandou trazer pra Plessis-les-Tours a Santa Âmbula de Reims e o bálsamo miraculoso que se julgava ter sido entregue pela Virgem a São Martinho e se fez ungir com esses dois óleos, esperando receber deles a saúde: TARBÉ, P. *Louis XI et la sainte ampoule*. Reims, 1842 (*Soc. des Bibliophiles de Reims*). • PASQUIER. *Bullet. Histor. et Philolog.*, 1903, p. 455-458. A aproximação do poder curativo, reivindicado pelos reis, com aquele que se atribuía comumente ao Santo Crisma já foi realizada por LEBER. *Des cérémonies du sacre*, p. 455ss. Mas, obviamente, a unção não era a fonte única desse poder ou da ideia que se fazia dele, porque nem todos os reis ungidos o exerciam; era preciso ainda, pensava-se, uma virtude hereditária, cf. abaixo p. 216.

suficientes para explicar a aparição, na França e na Inglaterra, do rito do toque. Elas nos mostram como os espíritos estavam preparados, uns a imaginar, outros a admitir uma semelhante prática. Para explicar o seu nascimento em uma data precisa e em um meio determinado, é necessário apelar para fatos de outra natureza, que se podem qualificar como mais fortuitos, porque supõem, em um grau mais elevado, o jogo das vontades individuais.

3 A política dinástica dos primeiros Capetíngios e de Henrique I Beauclerc

O primeiro soberano francês tido como capaz de curar os doentes foi Roberto o Piedoso. Ora, Roberto era o segundo representante de uma dinastia nova. Ele recebeu o título real e a unção durante a vida do seu pai, Hugo, em 987, ou seja, no próprio ano da usurpação. Os capetíngios tiveram sucesso – é por isso que temos tantas dificuldades para mensurar como o poder deles devia parecer frágil nos primeiros anos. Sabemos, porém, que ele era contestado. O prestígio dos carolíngios era grande; desde de 936, ninguém ousou disputar-lhes a coroa. Foi necessário um acidente de caça (aquele em que Luís V encontrou a morte) e uma intriga internacional para tornar possível a sua queda. Em 987, e mesmo mais tarde, quem poderia estar certo que tal queda era definitiva? Para muitos, sem dúvida, o pai e o filho associados no trono eram somente – como escrevia Gerbert em 989 ou em 990 – reis intermediários, "inter-reis" (*interreges*)[117]. Houve, durante muito tempo, centros de oposição, em Sens, e em diversos lugares do Midi. Na verdade, um bem-sucedido ataque surpresa, ocorrido no dia de Ramos de 991, colocando em poder de Hugo o pretendente que descendia de Carlos Magno, logo tornou completamente vãos os esforços que poderiam satisfazer os partidários de uma linhagem cujo chefe estava doravante preso e cujos últimos descendentes cairiam no esquecimento. Mas esse sucesso inesperado não assegurava o futuro. A fidelidade mantida em relação aos descendentes dos seus antigos soberanos por alguns legitimistas talvez nunca tenha constituído para a família capetíngia um peri-

---

117. *Lettres*. Ed. J. Havet (*Collection pour l'étude [...] de l'histoire*), n. 164, p. 146. Sobre a oposição aos primeiros capetíngios, cf. principalmente VIOLLET, P. *La question de la légitimité à l'avènement de Huges Capet*. Mém. Acadèm. Inscriptions, XXXIV, 1 (1892). Eu não preciso lembrar que, sobre os eventos de 987 e os primeiros tempos da dinastia capetíngia, é necessário sempre referir aos livros clássicos do senhor. LOT, F. *Les derniers Carolingiens*, 1891. • *Études sur le règne de Hugues Capet*, 1903.

go extremamente grave; a verdadeira ameaça estava em outro lugar: no dano fortíssimo que esses mesmos eventos de 987 – aos quais os novos reis deviam o trono – haviam trazido à lealdade dos súditos e, sobretudo, à hereditariedade monárquica. As decisões da assembleia de Senlis arriscavam marcar o triunfo do princípio eletivo. Certamente, esse princípio não era novo. Pelo menos, na antiga Germânia, tinha-se como medida de equilíbrio, como vimos, a necessidade de o rei sair sempre de uma mesma estirpe sagrada. Agora, o princípio da livre-escolha não iria agir sem entraves? O historiador Richer coloca na boca do Arcebispo Aldabéron, dirigindo-se aos grandes em favor de Hugo Capeto, estas palavras temíveis: " a realeza não se adquire por direito hereditário"[118]; e, um uma obra dedicada aos próprios reis Hugo e Roberto, Abbon escrevia: "Nós conhecemos três tipos de eleições gerais: a do rei ou do imperador, a do bispo e a do abade"[119]. Essa última proposta deve ser destacada como a mais significativa de todas; o clero, habituado a considerar a eleição como a única fonte canônica de poder episcopal ou abacial, foi forçadamente tentado a ver aí a origem, a mais louvável possível, de poder político supremo. Ora, aquilo que uma eleição fizera, outra podia desfazer, se necessário sem esperar a morte do primeiro eleito, em todo o caso, sem levar em conta as reivindicações de seus filhos; com certeza, não se tinha perdido a memória do que se passara durante os 50 anos que se seguiram à deposição de Carlos o Gordo. E, para santificar o feliz candidato, qualquer que fosse a sua origem, a unção oferecia-se sempre. Em suma, a tarefa urgente que se impunha aos capetíngios era de refazer, em seu proveito, uma legitimidade. Por menos conscientes que fossem dos perigos que os cercavam e dos que não poderiam deixar de atingir sua descendência, eles deveriam sentir a necessidade de exaltar o brilho de seu nome através de alguma manifestação inédita. Em condições quase semelhantes, os carolíngios tinham recorrido a um rito bíblico: a unção régia. A aparição do poder curador sob Roberto II não se explicava pelas preocupações da mesma ordem daquelas que tinham, outrora, levado Pepino a imitar os príncipes hebreus? Afirmá-lo seria presunçoso; mas há algo para supô-lo.

---

118. IV, 11: "Sed si de hoc agitur, nec regnum iure hereditario adquiritur, nec in regnum promovendus est, nisi quem non solum corporis nobilitas, sed et animi sapientia illu trat, fides munit, magnanimitas firmat".

119. *Canones*, IV (*Histor. de France*, X, p. 628): "Tres namque electiones generales novimus, quarum una est Regis vel Imperatoris, a tera Pontificis tertia Abbatis".

Certamente, nem tudo deve ter sido calculado. Roberto tinha uma grande reputação pessoal como um homem piedoso. É provavelmente por isso que o milagre capetíngio começou com ele e não com seu pai, Hugo. A característica de santidade que se atribuía ao rei, como homem, ligada à santidade inerente à condição régia, sem dúvida levaram os súditos a atribuir-lhe virtudes taumatúrgicas. Pode-se supor, caso se queira, que os primeiros doentes que – em uma data que para sempre ignoraremos – solicitaram ser tocados por ele, agiam espontaneamente. Quem sabe mesmo, afinal de contas, se outros fatos análogos já não fossem produzidos isoladamente sob os reinados precedentes, como outrora sob Gontrão? Mas quando se vê essas crenças, até então flutuantes, tomar forma em um momento tão oportuno para uma dinastia ainda mal-estabelecida, é difícil acreditar que nenhuma intenção política dissimulada tenha desempenhado um papel – certamente, não em sua formulação original, mas, caso se possa assim dizer, em sua cristalização. Ninguém duvida, de resto, que o próprio Roberto tenha acreditado, bem como os seus conselheiros, na eficácia das forças maravilhosas que emanavam de sua pessoa. A história das religiões demonstra abundantemente que, para explorar um milagre, não há a necessidade de ser cético. Provavelmente, esforçaram-se, na corte, em atrair os doentes e propagar a fama das curas operadas; não se devia, no início, estar muito preocupado em saber se o poder curador era específico do monarca do momento ou próprio do sangue capetíngio. De fato, como se viu, os sucessores de Roberto tiveram o cuidado de não deixar sem herança um tão belo dom; eles curavam como ele e, rapidamente, especializaram-se um uma doença determinada: as escrófulas.

Pode-se perguntar se cada um deles, ao reivindicarem, por sua vez, a sua parte deste glorioso privilégio, via além do seu interesse particular. Mas os seus esforços reunidos – talvez inconscientemente – acabaram dotando inteiramente a sua casa de um caráter sobrenatural. Além disso, até o reinado de Henrique Beauclerc – instaurador, como se sabe, do rito inglês –, ou seja, até o ano de 1100 ou mais cedo, os herdeiros de Roberto II foram, na Europa, os únicos a tocar os enfermos. Os demais "ungidos do Senhor" não tentaram; por isso, que a unção não era suficiente para conferir este maravilhoso talento e que, para fazer um verdadeiro rei santo, um verdadeiro rei, era necessária outra coisa para além de uma eleição seguida da sagração; a virtude ancestral ainda contava. A persistência, na linhagem capetíngia, de pretensões taumatúrgicas certamente não criou sozinha essa fé na legitimidade familiar que deveria ser um dos melhores apoios da realeza francesa; muito ao contrário: aceita-se a ideia desse milagre patrimonial apenas porque ainda permaneceu nos corações algo das velhas noções de outrora sobre as estirpes hereditariamente sacras; mas não se pode duvidar que o espetáculo das curas régias tenha contribuído para fortalecer esse sentimento e, de algum modo, dar-lhe uma nova juventude. O segundo dos capetíngios havia inaugurado o prodígio. Seus descendentes, para maior benefício da monarquia, fizeram-no uma prerrogativa, não mais de um rei, mas de uma dinastia.

Passemos para a Inglaterra. Lá também encontramos reis médicos. O eterno problema que se coloca aos historiadores, quando encontram em dois estados vizinhos instituições semelhantes, coloca-se para nós: coincidência ou interação? E se nos inclinamos para esta segunda hipótese, em qual lado, em qual dinastia, devem-se procurar os modelos? E de qual lado, os imitadores? Questão outrora inflamada: há muito tempo, o patriotismo esteve interessado em sua solução. Os primeiros eruditos que, nos séculos XVI e XVII, com isto se preocuparam, não deixavam de concluir em proveito da França ou da Inglaterra, segundo suas nacionalidades. Hoje, não teremos dificuldade em manter mais serenidade. Obviamente, as crenças coletivas que estão na origem dos ritos de cura e que explicam o seu sucesso, frutos de um estado político e religioso comum a toda a Europa Ocidental, haviam desabrochado espontaneamente tanto na Inglaterra como na França. Mas chegou um dia em que se concretizaram nas duas margens da Mancha através de uma instituição específica e regular: o "toque" régio; é no nascimento da instituição que a influência de um país sobre o outro pode se fazer sentir.

Examinemos as datas. Henrique Beauclerc, o primeiro dentre os membros de sua estirpe que sabemos que tenha tocado os enfermos, começou a reinar no ano de 1100. Neste momento, Roberto II, que parece ter sido o iniciador na França, estava morto há 69 anos. A anterioridade francesa não pode ser colocada em dúvida. Os capetíngios não foram plagiadores. Foram plagiados? Se o milagre régio foi desenvolvido na Inglaterra independentemente de qualquer imitação estrangeira, sua evolução, segundo toda probabilidade, foi a mesma que na França: primeiro, a aparição de uma virtude taumatúrgica aplicada a todas as doenças indiscriminadamente, depois – a sob a ação de acasos, para nós, sempre misteriosos –, a especialização progressiva em uma determinada doença; e não se compreenderia muito bem que também aí o acaso tenha designado as escrófulas. Certamente, as escrófulas são particularmente próprias ao milagre, porque, como vimos, elas dão facilmente a impressão de cura. Mas há outras afecções no mesmo caso. Conhecem-se santos especializados em escrófulas – mas para quantos outros males não se invocam aquele ou este santo? Ora, vemos que na Inglaterra os reis jamais reivindicaram, mesmo na origem, um poder curador de caráter indeterminado, e a doença que, desde o início, eles pretendiam poder aliviar, é precisamente aquela mesma que, antes deles – e por uma evolução totalmente natural –, os seus vizinhos da França tinham se constituído os médicos. Henrique I, príncipe mais que meio francês, não podia ignorar as curas realizadas pelo capetíngio, seu suserano e rival. Ele devia invejar o seu prestígio. Pode-se duvidar que tenha querido imitá-lo?[120] Mas ele não confessou a imitação. Por um golpe de sorte, colocou seu poder miraculoso sob a invocação de uma grande figura nacional.

O último dos representantes desta dinastia anglo-saxã à qual Henrique estava se esforçando em se unir pelo casamento, o soberano virtuoso que iria em breve transformar-se no santo oficial da monarquia, Eduardo I o Confessor, foi seu patrono e fiador. Teve Henrique algumas dificuldades com a opinião religiosa do seu país? No tempo em que Roberto o Piedoso, na França, tinha começado a tocar os enfermos, a reforma gregoriana, tão pouco simpática – retornarei a isso em breve – às prerrogativas régias, tão hostil a tudo o que pudesse ser considerado usurpação dos privilégios sacerdotais, não tinha ainda nascido. Quando o rito curador atravessou a Mancha, ela estava em pleno andamento; são da reforma as ideias basilares – como se viu – expressas na frase desdenhosa de Guillaume de Malmesbury, protestando contra a "obra de falsidade" que os fiéis da realeza tinham empreendido. Mas não se pode julgar, pelo estado de espírito de Guillaume, o estado de todos os eclesiásticos ingleses. Por volta da época em que Henrique I colocou-se a exercer seu maravilhoso talento, um clérigo, ligado à Catedral de York, escreveu estes trinta e cinco tratados, quintessência de todo pensamento antigregoriano, nos quais se ostenta a mais absoluta e a mais intransigente fé nas virtudes da unção régia, no caráter sacerdotal quase divino da realeza[121]. O próprio Henrique I, ao menos na primeira parte do seu reinado, esteve em dificuldades com os reformadores. Possivelmente,

---

120. Depois da Guerra dos Cem Anos, enquanto os reis da Inglaterra portavam ainda, em seus títulos oficiais, o título do rei da França, acreditava-se na Europa que esta era a razão da pretensão deles pousarem como curandeiros das escrófulas. Cf., entre outras, a propósito de Jaime I, a carta do enviado veneziano Scaramelli e o relato de viagem do Duque Jean Ernest de Saxe-Weimar, citados abaixo, p. 318, n. 700. Os fatos relatados mais adiante tornaram inútil discutir aqui essa teoria.
121. Cf. esp. o 4º tratado, *De consecratione pontificum et regum*, no qual o ritual da sagração encontra-se perpetuamente comentado: *Libelli de lite* (Mon. Germ.) III, p. 662ss. Sobre o "Anônimo de York", cf. BOEHMER, *H. Kirche und Staat in England und in der Normandie im XI. und XII. Jahrhundert*. Leipzig, 1899, p. 177ss. (trechos antes inéditos, p. 433ss.).

em seu círculo, foi redigida uma bula papal falsa que, desprezando todos os princípios novos, reconhecia aos reis ingleses "o patrocínio e a proteção [...] de todas as Igrejas da Inglaterra" e uma espécie de legação pontifical perpétua[122]. Não seria surpreendente que ele tenha, nesse momento, implantado nos seus domínios a prática taumatúrgica que era uma exaltação suprema da crença na força sagrada dos reis. Não seria também surpreendente que essa prática tenha prosperado, desde então, em um solo favorável.

Nascido na França em torno do ano de 1000, na Inglaterra aproximadamente um século mais tarde, o rito do toque faz assim a sua aparição em dinastias nas quais, contrariamente ao antigo costume germânico, o direito de primogenitura começava a dominar. Nos países muçulmanos, nos primeiros tempos do Islã, o sangue real curava a raiva; mas o sangue do monarca reinante, do califa, não era, aos olhos do povo crédulo, o único a possuir essa virtude; todos os membros da família na qual o califa devia ser escolhido, todo coraixita, via atribuir-se ao líquido que corria em suas veias o mesmo poder maravilhoso[123]: pois toda a estirpe real era tida como santa – tanto que os estados islâmicos jamais reconheceram, em matéria política, os privilégios de primogenitura. Na França e na Inglaterra, ao contrário, a cura das escrófulas foi sempre considerada como uma prerrogativa estritamente reservada ao soberano. Os descendentes de um rei, se não fossem, eles próprios, reis, não poderiam realizá-las[124].

---

122. Cf. BOEHMER, H. Loc. cit., p. 287ss. • Minha *Introcution* a Clare, O. *Analecta Bollandiana*, 1923, p. 51.

123. WELLHAUSEN, J. *Reste arabischen Heidentums* (*Skizzen und Vorarbeiten*, H. 3, Berlim, 1887), p. 142. Cf. FREYTAG, G.W. *Arabum proverbia*, I. Bonn, 1838, p. 488. • LANE, E.W. *An Arabic-English Lexicon*, I 7. Leipzig 1884, p. 2.626. A superstição deve ter tido origem pré-islâmica. O mesmo poder – atribuído ao sangue dos Banou-Sinan – é mencionado em uma antiga poesia compilada na *Hamasa*. Trad. de G.W. Freytag, II, 2, in-4º, Bonn, 1847, p. 583.

124. Tal foi, frequentemente, assinalado pelos escritores do Antigo Regime. Eles viam nessa observação um excelente argumento contra a tese naturalista de que o poder curador seria um atributo familiar, de alguma forma fisiológica, da estirpe régia (cf. aqui, p. 259). P. ex., LAURENS. *De Mirabili*, p. 33. Obviamente, eu não ignoro que no tempo de Roberto II da França, ou Henrique I da Inglaterra, o princípio da primogenitura ainda estava longe de ser universalmente reconhecido; mas já estava solidamente assentado. Na França, apesar das tradições carolíngias, fora aplicado desde a ascensão de Lotário, em 954. Pelo que sei, o estudo da introdução dessa nova ideia no direito monárquico jamais foi feito seriamente, mas este não é o lugar de tentar realizá-lo. Será suficiente sublinhar que a própria força das ideias monárquicas levou certos espíritos a considerar digno do trono não o filho mais velho, mas aquele que, não importando sua colocação na escala etária, houvesse nascido depois de seu pai ter sido proclamado rei ou consagrado como tal. Para ser mesmo uma criança régia era preciso – na visão desses juristas – nascer não de um príncipe, mas de um rei. Essa concepção jamais assumiu força de lei, mas serviu de pretexto para a revolta de Henrique de Saxe contra seu irmão Oto I (cf. BOEHMER-OTTENTHAL. *Regesten des Kaiserreichs unter den Herrschern aus dem sächsischen Hause*, p. 31 e 33).

O caráter sagrado não se estendia mais, como na primitiva Germânia, a toda uma linhagem; ele estava, definitivamente, concentrado em uma só pessoa, o chefe do ramo mais velho, o único herdeiro legítimo da coroa; apenas esse último tinha o direito de fazer os milagres.

Para todo fenômeno religioso, há dois tipos de explicação tradicional. Um, que se pode, se assim quisermos, chamar de voltairiano, vê preferencialmente no fato estudado a obra consciente de um pensamento individual seguro de si mesmo. O outro, ao contrário, procura no fato a expressão de forças sociais, profundas e obscuras; eu lhe daria, de bom grado, o nome de romântico. Um dos grandes serviços prestados pelo romantismo não teria sido acentuar vigorosamente, nas coisas humanas, a noção de espontaneidade? Esses dois modos de interpretação são contraditórios somente na aparência. Para que uma instituição, destinada a servir a fins específicos marcados por uma vontade individual, possa impor-se a todo um povo, ainda é necessário que ela seja sustentada por tendências profundas da consciência coletiva e, talvez, reciprocamente, para que uma crença um pouco vaga possa concretizar-se em um rito regular, é preciso que não seja indiferente ao fato de que algumas vontades consistentes ajudam-na a tomar forma. A história das origens do toque régio – caso as hipóteses que apresentei acima possam ser aceitas – merecerá figurar na fileira dos já numerosos exemplos que o passado fornece de uma dupla ação desse tipo.

Pode-se encontrar seu eco em diversos textos, p. ex.: EADMER. *Vita S. Dunstani* (*Memorials of St. Dunstan*. Ed. Stubbs. *Rolls Series*, p. 214, c. 35). • PARIS, M. *Historia Anglorum*. Ed. Madden, p. 353. • *Chronica majora*, Ed. Luard, p. 546.

LIVRO SEGUNDO

GRANDEZA E VICISSITUDES DAS REALEZAS TAUMATÚRGICAS

Capítulo I

O toque das escrófulas e sua popularidade até o fim do século XV

1 Os ritos francês e inglês

Viu-se como a prática do toque apareceu na França capetíngia e na Inglaterra normanda. Agora, iremos assistir o seu desenvolvimento no curso dos últimos séculos da Idade Média, até o momento em que a grande crise moral, aberta por volta do fim do século XV, venha abalar, entre tantas outras velhas ideias, a crença no poder de cura dos reis. Inicialmente, procuremos evocar o aspecto perceptível sobre o qual esse poder, durante esse período, tomou corpo aos olhos dos homens.

No princípio, o rito francês e o inglês foram iguais em tudo. Como seriam de outra forma? O segundo não fora copiado do primeiro? No mais, ambos eram muito rudimentares. Há, em todo ritual, uma força interna de desenvolvimento; esse do toque não escapa à lei comum. Pouco a pouco, ele complicou-se, ao mesmo tempo em que diferenças muito profundas fizeram-se presentes nos dois países. Essa evolução ultrapassa, em boa parte, o quadro do presente capítulo; ela se desenhou, claramente, somente nos tempos modernos, quando o milagre real tomou lugar entre as pompas, minuciosamente regulamentadas, das quais se rodeavam as monarquias absolutas. Por ora, trataremos apenas das formas, às vezes, muito simples e muito flutuantes, imperfeitamente conhecidas, ao menos, no que diz respeito aos seus detalhes – pois, precisamente nas cortes medievais, a etiqueta era pouco rigorosa, não nos deixando muitos documentos relativos ao cerimonial.

Assim, essas formas primitivas não tinham nada de original. Os reis médicos eram levados muito naturalmente a reproduzir os atos imutáveis que uma longa tradição, popularizada pelas vidas dos santos, atribuía aos taumaturgos. Como os piedosos curandeiros cuja história fora-lhes narrada, os reis tocavam a mão dos enfermos e, ao que tudo indica, mais frequentemente, as próprias partes infectadas. Assim, repetiam uma antiga prática sem a questionar, contemporânea das mais antigas crenças da humanidade: o contato de dois corpos. Obtido de uma forma ou de outra, mais particularmente pela intermediação da mão, não teria sido sempre o meio mais eficaz para transmitir de um indivíduo ao outro as forças invisíveis? A este velho gesto mágico, juntaram outro, também tradicional à época, mas especificamente cristão: o sinal da cruz feito sobre os pacientes ou sobre as suas chagas. Traçando assim a imagem sagrada – dizia-se – os santos, em várias circunstâncias, tinham triunfado sobre as doenças; os reis seguiram o seu exemplo – na França, desde Roberto II, igualmente na Inglaterra, ao que tudo indica, desde a origem. Ademais, para os devotos o símbolo divino acompanhava todas as ações importantes da vida, como não vir santificar o rito de cura?[125] Por meio dele, o rei manifestava, aos olhos de todos, que exerce em nome de Deus o seu miraculoso poder. A expressão empregada correntemente pelas contas inglesas do século XIII é muito característica: para indicar que o rei toca os enfermos, frequentemente, diziam simplesmente, que ele os "benze"*[126].

As antigas *Vidas* de Eduardo o Confessor, contêm uma indicação curiosa. Assim que uma mulher escrofulosa foi advertida por um sonho que deveria procurar o seu rei – dizem-nos os hagiógrafos –, ela soube, por esta revelação, que seria curada do seu mal "se ela se fizesse lavar pelo rei com água". De fato, vê-se, na sequência do relato, que o santo – reproduzo aqui a expressão singular da *Vida anônima* – besunta as partes doentes com a ponta dos seus dedos umedecidos em água. Aí também, reconhece-se um velho procedimento, oriundo da mais longínqua magia; o líquido em que o taumaturgo tinha

---

125. Exemplo de emprego terapêutico do sinal da cruz em *Garin le Lorrain* (*Li Romans de Garin le Loherain*. Ed. P. Paris: *Les Romans des douze pairs*, I, p. 273); veem-se os médicos, depois de terem colocado um emplastro sobre as feridas do duque de Bégon, fazer sobre ele o sinal da cruz. Esse sinal era tão corrente quanto o rito da bênção ou do exorcismo; em todas as ações correntes existentes da *Regula Coenobialis* de São Colombano punia-se com seis golpes o monge que deixasse de traçá-lo sobre a sua colher antes dela se servir ou sobre a lâmpada que acabara de ascender – a punição era aplicada por um monge mais velho: *Zeitschrift für Kirchengeschichte*, XVII (1897), p. 220.

* No original, o autor usa a expressão "qu'is les signe", que pode significar assinar, rubricar, marcar, mas também benzer, ou seja, fazer o sinal da cruz [N.T.].

126. Exemplo, entre muitos outros: R.O. *Chancery Miscellanea*, IV, 1, fol. 17 V, 27/05/1378 "xvij egrotis *signatis* per regem xvij d".

encharcado as suas mãos passou a receber propriedades miraculosas. Deve-se, portanto, acreditar que os reis tenham comumente usado esta receita? Não penso assim. É ao toque direto que todas as descrições autorizadas do rito inglês, como também do francês, atribuem o poder de cura[127]. Não se saberia extrair das *Vidas* de santo Eduardo ensinamentos específicos sobre o ritual seguido no século XII ou mais tarde na corte da Inglaterra, porque o episódio das escrófulas, utilizados pelos conselheiros de Henrique I como protótipo do milagre real, não foi, totalmente, inventado por eles. Ele deveria fazer parte, desde antes da ascensão do seu soberano, do círculo do Confessor. Outras historietas semelhantes, nas mesmas biografias, atribuem igualmente um papel importante à água. Estamos a lidar com um tema hagiográfico cuja literatura legendária – mais particularmente, ao que tudo indica, as obras escritas na Grã-Bretanha – oferece vários exemplos, e não um traço constitutivo do cerimonial de cura, tal como praticado, de fato, pelos reis ingleses[128].

Nesse cerimonial, contudo, nas duas margens da Mancha, a água tinha um lugar bem modesto, pelo menos em princípio. Como esperado, após ter colocado seus dedos em tumores repugnantes, os reis lavavam as suas mãos. Esse gesto, nascido de uma elementar noção de higiene, não tinha, na origem, caráter taumatúrgico. Mas como o povo poderia abster-se de atribuir alguma virtude à água das tinas reais? Por ter molhado uma mão capaz de curar, parecia, por sua vez, ter sido transformada em remédio. Um monge de Corbie, Etienne de Conty, autor de um pequeno tratado sobre a realeza francesa – composto, aproximadamente, no início do reinado de Carlos VI –, descrevia em seu opúsculo o rito das escrófulas. O rei – dizia ele –, após ter tocado, lavava-se; então, a água da qual se servira era recolhida pelos enfermos. Eles a bebiam por nove dias, em jejum e devotamente, depois disto estariam curados, "sem outra medicina"[129]. Essa singular superstição parece nunca ter atravessado

---

127. Para a interpretação de um texto obscuro de Etienne de Conty, cf. abaixo, p. 98, n. 129.

128. Cf. a *Vida anônima*. Ed. Luard. *Lives of Edward the Confessor*, p. 429, esp. Osbert Clare, caps. XIV, XV, XVI, XVII (nos quais, encontram-se referências às passagens correspondentes de outras biografias). Cf. tb. FRANZ, A. *Die kirchlichen Benediktionen*, I, p. 79ss., esp. p. 84.

129. Bibl. Nat. lat. 11.730, fol. 31 V: "Item post dictam sanctam unctio-nem et coronacionem regum Francie omnes predicti reges singulares quilibet ipsumfecit pluries miracula in vita sua, videlicet sanando omnino de venenosa, turpi et inmunda scabie, que Gallice vocatur *escroelles*. Item modus sanandi estiste: postquam rex audivit missam, affertur ante eum vas plenum aque, statim tune facit oracionem suam ante altare et postea manu dextra tangit infirmitatem, et lavat in dicta aqua. Infirmi vero accipientes de dicta aqua et potantes per novem dies jejuni cum devotione sine alia medicina omnino sanantur. Et est rei veritas, quod quasi innumerabiles sic

a Mancha; não se encontram traços seus na França nos tempos modernos. Mas na Inglaterra, como nós veremos mais adiante, a moeda entregue aos escrofulosos transforma-se no de tema de uma crença de um tipo semelhante: com o fluido curativo sendo, em um caso como no outro, considerado capaz de transportar-se da mão régia para uma coisa que tocada por esta mão. Em torno de um núcleo primitivo, formado pelo rito oficial, todo um folclore não poderia deixar de pulular. Os reis, ao realizar o ato taumatúrgico, não mantinham silêncio. Desde muito tempo atrás, os reis da França adquiriram o hábito de acompanhar o duplo gesto tradicional de algumas palavras consagradas. Geoffroi de Beaulieu relata-nos que São Luís, ao tocar as partes enfermas, pronunciava certas palavras, "apropriadas às circunstâncias e sancionadas pelo costume, além disso, perfeitamente santas e católicas"[130]. Essas são as mesmas palavras "santas e devotas" que Filipe o Belo em seu leito de morte ensinou, ou melhor – já que elas não deviam ter nada de muito secreto – relembrou ao príncipe Luís seu sucessor[131]. Quais eram elas? É necessário decidir ignorá-las. A fórmula estereotipada que, mais tarde, adotaram os monarcas: "O rei te toca, Deus te cura" é atestada somente a partir do século XVI. Essa frase, nem alguma outra análoga, parece jamais ter sido empregada além-Mancha. Não que os soberanos de lá ficassem mudos. Mas de suas bocas, saíam apenas preces.

---

de dicta infirmitate fuerunt sanati per plures reges Francie". Essa passagem já foi reproduzida por d'Achery em suas considerações sobre a *De vita sua* de Guibert de Nogent e, depois dele, por MIGNE. *P.L.*, 1.156, col. 1.022-1.023. Sobre o autor, cf. a informação de DELISLE, L. *Le cabinet des manuscrits de la Bibl. Nationale*, II, p. 127 (anteriormente, *Bibl. Ec. Chartes*, 1860, p. 421). O pequeno tratado sobre a realeza francesa está colocado à frente de uma continuação da crônica martiniana, a qual se deve, igualmente, a Etienne de Conty (fragmento desta continuação publicado por J.H. Albanès e U. Chevalier: Actes anciens et documents concernant le bienheureux Urbain V, p. 73) e na qual o último acontecimento relatado foi a Batalha de Nicopolis (25/09/1396). O texto citado no começo desta nota contém algumas obscuridades: segundo se atribua à palavra *lavat* um sentido ativo neutro – dois significados que são, tanto um quanto o outro, perfeitamente conformes ao uso clássico – dever-se-á compreender que o rei lava as feridas, ou que ele se lava após tê-las tocado. Eu prefiro a segunda interpretação; a primeira, geralmente aceita, no entanto, é absolutamente contrária a tudo o que podemos saber por outras fontes sobre o rito francês.

130. *Histor. de France*, XX, p. 20, c. XXXV (texto citado abaixo, p. 186 n. 306).

131. IVES DE SAINT-DENIS. *Histor. de France*, XXI, p. 207 c e d: "primogenitum iterum ad se vocatum secretius, praesente scilicet solo confessore, instruxit de modo tangendi infirmos, dicens ei sancta et devota verba quae in tangendo infirmos dicere fuerat assuetus. Similiter docuit eum quod cum magna reverentia, sanctitate et puritate deberet illum contactum infirmorum et mundis a peccato manibus exercere". A entrevista de 26/11/1314 entre Filipe o Belo, moribundo, e o herdeiro do trono foi, igualmente, atestada pelo relato do enviado do rei de Maiorca (o qual ignora o que fora dito): *Bibl. Ec. Chartes*, LVIII (1897), p. 12.

Da solenidade francesa, obviamente, a religião não estava ausente. Fazia-se presente pelo sinal da cruz e ainda de outras formas. O rei – relata Etienne de Conty – antes de ir em direção aos enfermos, colocava-se em orações. O costume era, sem dúvida, antigo; mas se tratava de uma outra coisa além de orações silenciosas? No século XVI, vemos aparecer fórmulas especiais para esta ocasião, porém muito curtas e, além disso, trazendo o traço de legendas tardias[132]. Diante dessa pobreza, a Inglaterra oferece-nos uma extrema riqueza. Nela, o ritual assumiu um aspecto de um verdadeiro serviço litúrgico, no qual o rei, assistido por seu capelão, transformava-se quase em um oficiante. Infelizmente, a liturgia inglesa das escrófulas não deixou documentos anteriores aos tempos modernos. O primeiro "serviço para a cura dos enfermos" que nos chegou data de Henrique VIII – ou, talvez, Henrique VII. Nenhuma dúvida, no entanto, que abranja composições bem mais antigas, nem, sobretudo, de que este desenvolvimento ritual, tão particular, não remonte a muito antes. Thomas Bradwardine, capelão de Eduardo II, em um tratado filosófico escrito em 1344, notava que seu rei, antes de curar, "manifestava-se em preces"[133]. Muito melhor: desde o século precedente, as contas do palácio inglês, para exprimir que o rei toca os enfermos, diziam – não somente, como eu já o indiquei – que ele os *signe* (benze, assinala), mas também, e mais frequentemente, que os *bénit* (benze, abençoa): termo transformado em quase um clássico. Encontramo-lo no próprio Bradwardine e no médico John of Gaddesden[134]. Certamente, como se perceberá à frente, o valor atribuído à bênção régia, em si mesma, não era, nessa época, próprio à Inglaterra. O poder sagrado que foi atribuído à mão do soberano manifesta-se em um gesto protetor desse tipo, como naquilo que deveria afastar a doença. Ao que tudo indica, dever-se-ia, naturalmente, ser levado a confundi-los. Todavia, os documentos franceses jamais fizeram essa aproximação. Ao contrário, isso era constante na Inglaterra. É que os ingleses tinham, sob seus olhos, um cerimonial de cura que parecia, necessariamente, apelar para o emprego de uma palavra retirada do vocabulário eclesiástico.

De onde veio este contraste tão marcante entre esses dois ritos? As razões para isso são obscuras. Talvez – é apenas uma hipótese – seria conveniente procurá-las no próprio meio em que a prática inglesa começou. Ali, a noção

---

132. Abaixo, p. 273.

133. Abaixo, p. 104, n. 144.

134. Para as contas, cf., entre muitos outros, cf. R.O. *Chancery Miscellanea*, IV, i, fol. 20, 03/06/1278: "tribus egrotis benedictis de manu Regis". • E.A. 352, 18, 08/04/1289: "Domino Hennco elemosinario [...] die Parasceue, apud Condom [...] pro infirmis quos Rex benedixit ibidem: xxj. d.st". • BRADWARDINE: texto abaixo, p. 99, n. 1. • GADDESDEN, J. *Praxis medica seu Rosa anglica dicta*, in-8°, s. l. n. d. [1492] fol. 54 V (cf. abaixo, p. 122).

da função sagrada da realeza tinha sido exacerbada pelas polêmicas levantadas pela reforma gregoriana. Se Henrique I contava em seu redor com muitos clérigos como o "Anônimo de York", não se surpreenderia que ele se tivesse deixado persuadir para tomar algumas atitudes quase sacerdotais, posteriormente imitadas pelos seus sucessores.

Primitivamente, ao que parece, os reis exerciam seu poder taumatúrgico um pouco por acaso à medida que os enfermos se apresentavam. É uma multidão bastante desordenada que Gilbert de Nogent mostra-nos espremendo-se em torno de Luís VI. Pouco a pouco, como as grandes monarquias ocidentais ficaram, em todas as coisas, mais bem organizadas e que os hábitos regulares e rotineiros da burocracia colocaram-se a penetrar na vida de corte, certa disciplina foi introduzida nas formas exteriores do milagre rério. São Luís "tocava os enfermos" todos os dias, ao que parece, ou ao menos todos os dias em que ele era solicitado por eles; porém, somente em uma hora determinada, após a missa. Os retardatários passavam a noite no palácio, onde alojamento e víveres eram preparados para eles; compareciam, no dia seguinte, em um momento oportuno, diante do rei. O hábito de praticar o rito sem uma periodicidade regular existia ainda na França de Filipe o Belo e o mesmo ocorria na Inglaterra à mesma época, sob os três Eduardos. Ele se manteve lá até o fim do século XV; não parece que Henrique VII tenha tido uma data fixa para o toque. Na França, ao contrário, sob Luís XI, agrupavam-se os doentes de forma a conduzi-los diante do rei somente uma vez por semana; tratava-se de um ganho de tempo notável para um monarca ativo e ocupado[135].

Igualmente, na França acostumou-se, a partir do século XV ou mais tarde, a operar uma triagem das pobres pessoas que vinham procurar no seu soberano um alívio dos seus males, porque a especialidade do augusto médico, doravante, era bem-estabelecida: curava as escrófulas, somente elas. Então, seria conveniente admitir à presença do monarca somente os doentes acometidos por essa afecção – abrir a porta para outros seria impor-lhe uma perda de tempo inútil e, talvez, também arriscar a comprometer o seu prestígio, fazendo-lhe realizar gestos de cura destinados, segundo se pensava, seriamente ao fracasso. Daí, um primeiro diagnóstico, mais ou menos sumário, que se confiou, certamente desde essa época, aos cuidados do médico da corte; qualquer um que

---

135. Para São Luís, cf. a sua biografia escrita por Guillaume de Saint-Pathus. Ed. Delaborde (*Collection de textes pour servir à l'étude [...] de l'histoire*), p. 104. Para Filipe o Belo e os soberanos ingleses, cf. as contas enumeradas abaixo, *Apêndice I*, p. 405. Para Luís XI, Commines, VI, c. VI. Ed. Maindrot (*Collection de textes pour servir à l'étude... de l'histoire*), II, p. 41.

desejasse obter a graça do toque deveria, inicialmente, submeter-se a esse exame. Isso nem sempre acontecia sem lamúrias. Um dia Carlos VII encontrava-se em Langres; um certo Henrique Payot, ferrador, que morava próximo a essa cidade, queria levar sua irmã, considerada como escrofulosa, mas os homens do rei recusaram-se a admiti-la, alegando que ela não tinha escrófulas. Henrique Payot, já irritado pelas perdas causadas pelas guerras, vingou-se deste último infortúnio com desagradáveis palavras, apelando à maldição divina para seu soberano e para sua rainha, tratando-os por louco e louca. Esses falatórios, como outros igualmente impróprios, foram repetidos de tal modo que o infeliz teve, mais tarde, que recorrer a uma carta de perdão, com a qual, sem dúvida, gastou bastante dinheiro[136].

A generosidade em relação aos pobres do mundo era um dever que a consciência moral da Idade Média impunha aos soberanos com muita força. Eles a exerciam sem parcimônia. Qualquer um que tenha examinado as contas de despesas das casas régias, tanto na França, onde os documentos desta natureza são, infelizmente, muito raros, quanto na Inglaterra, onde eles são infinitamente mais bem conservados, sabe que as esmolas ocupavam um espaço verdadeiramente grande[137]. Ora, entre os enfermos que vinham pedir ao rei a cura, encontravam-se muitos miseráveis. Estabeleceu-se, rapidamente, o hábito de lhes dar algum dinheiro. Na França, sob Filipe o Belo, dava-se – ao que parece – em princípio, somente aos que vinham de longe, aos estrangeiros e aos nacionais dos confins do reino; o valor da esmola era variável, indo de 20 soldos – soma que, ao menos em 1307 e 1308, parece ter sido a taxa normal – até 6, ou mesmo, 12 libras[138]. Eu não falarei dos reinados seguintes: de Filipe IV a Carlos VIII, toda a informação deste tipo inexiste. Na Inglaterra, sob Eduardo I, Eduardo II e Eduardo III, a esmola para os escrofulosos foi sempre a mesma: 1 denário[139]. Ela era muito bem menor que na França, porque era

---

136. A carta de perdão, outorgada a Henrique Payot, datada 23 de outubro de 1454, em Romorantin, foi precedida pelo seguinte texto: "pobre homem simples, ferrador, morando em Percey-le-Petit no bailiado de Sens e Diocese de Langres": Arch. Nat. JJ. 187, fol. 113 V (assinalado por Charpentier, separata ao artigo *scroellae* do *Glossarhim* de Du Cange).
137. É o que ocorre, segundo as contas régias estudadas abaixo, no *Apêndice I*.
138. Sem nenhuma dúvida, conforme os hábitos do palácio – apesar de que as contas não indiquem expressamente – em moeda *parisis*.
139. Os mais pobres poderiam, ademais, recorrer a um socorro para a alimentação suplementar: E.A. 350, 23, com a semana começando no domingo dia 12 de julho de 1277: "Sexaginta et undecim egrotis benedictis de manu regis per illam ebdomadam de dono regis per elemosinarium suum v. s. xj. d. In pascendis quinque pauperibus dictorum egrotorum per elemosinarium regis vij d. ob".

muito mais largamente difundida. Na verdade, todos os enfermos, ou quase todos, participavam da distribuição; no máximo, pode-se supor que, nos primeiros tempos, alguns – os mais nobres e os mais ricos – estivessem à margem. Essas exceções sempre devem ter sido extremamente raras, caso contrário, as listas de pagamento não teriam chegado às cifras formidáveis que citarei em breve. Elas desapareceram, sem dúvida, muito rápido – nos tempos modernos, não existem mais. A moeda foi transformada então, aos olhos do público, um instrumento essencial do rito; não as receber das mãos do rei, teria sido, na melhor das hipóteses, ser miraculado pela metade. Estudarei, a seguir, com mais detalhes, essa superstição; desde agora, deveria mencionar que ela diz respeito à Idade Média por suas origens longínquas, pois não se explicaria o seu nascimento somente pelo hábito, muito cedo difundido na corte inglesa de, para todos os casos, uma esmola acompanhar o gesto curador dos reis. Nós acabamos de ver no meio de quais ritos, no meio de qual cerimonial, os reis exerciam o seu maravilhoso poder. Resta-nos questionar qual sucesso suas pretensões obtinham entre o público. Eles posavam de taumaturgos, mas quem acreditava neles? Posavam de médicos, mas qual era a sua clientela?

2 A popularidade do toque

Lembremos que na Inglaterra, sob os três reinados sucessivos de Eduardo I, Eduardo II e Eduardo III (1272-1377), os enfermos, após terem sido tocados, recebiam, ou quase todos, uma pequena esmola, cujo valor estava invariavelmente fixado em um denário. Nós temos ainda algumas contas que nos dão, para diversos períodos, o montante desses pagamentos – seja globalmente para todo o período analisado, seja, o que seria mais interessante, por dias, semanas ou quinzenas. Deixemos, primeiramente, que esses valores falem. Eles têm uma espécie de eloquência brutal. Nós veremos a seguir ao comentá-los[140].

---

140. Para todos os detalhes técnicos sobre as contas, inglesas ou francesas, cf. *Apêndice I*. Nele, encontrar-se-á a lista de contas do palácio inglês que eu consultei, ano por ano, o que me permitirá aqui simplificar as referências. Para interpretar os dados fornecidos pelas contas de Eduardo I, utilizei-me de GOUGH, H. *Itinerary of King Edward the first*. 2 vol. in-4º. Paisley, 1900. Cf. tb. o itinerário do mesmo príncipe de T. Craib, do qual existe no Record Office de Londres um exemplar datilografado; para completar as estadias de Eduardo I na Aquitânia, BÉMONT, C. *Rôles gascons (Doc. Inédits)*, III, p. IXss. Para Eduardo II utilizei HARTSHORNE, C.H. *An itinerary of Edward II; British Archaeological Association* – Collectanea Archaeologica, I (1861), p. 113-144. Não ignoro que estes diversos itinerários, oriundos dos documentos de chancelaria, demandariam uma verificação e, sem dúvida, retificados, nos detalhes, com o auxílio das contas do próprio Paço, mas eu não tive tempo de fazer esse trabalho. Para o objetivo que eu tinha apenas as grandes linhas importavam.

Dos três soberanos que citei, o mais antigo aparece em nossas fontes – infelizmente, de modo muito incompleto para permitir comparações corretas – como o possuidor do "recorde" do milagre. Eduardo I "benzeu" 983 indivíduos durante o 28º ano do seu reinado; 1219 durante o 32º ano; durante o 18º ano, 1736. Eis outros anos um pouco menos brilhantes: o 25º, 725; o 5º, 627; o 17º, 519; o 12º enfim, 197[141].

Passemos a Eduardo II. A única cifra anual que conhecemos ao seu respeito é frágil: 79 pessoas tocadas durante o 14º ano do seu reinado (8 de julho 1320 a 7 de julho de 1321). Mas, outras informações que não se agrupam neste mesmo quadro cronológico, dão ao seu poder médico uma ideia um pouco menos desfavorável. Em 1320, de 20 de março a 7 de julho, durante um período de 4 meses portanto, recebeu 93 enfermos; em 1316, de 27 de julho a 30 novembro, espaço de tempo ligeiramente superior ao precedente, 214[142]. Eduardo III, de 10 de julho de 1337 a 10 de julho de 1338, fez 136 curas. Foi um ano bastante pobre. Não deve ser tomado como parâmetro. De 12 de julho de 1338 a 28 de maio de 1340 – um período um pouco maior que 22 meses – o número de milagres atingiu 885, uma média de quase 500 por ano. Contudo, de 25 de janeiro de 1336 a 30 de agosto de 1337 – 19 meses – não foi além de 108[143].

Essas cifras, no seu conjunto, são imponentes. Elas dão uma forte ideia do prestígio taumatúrgico dos Plantagenetas. Thomas Bradwardine (que, ao

---

141. O 28º ano do reinado vai de 20 de novembro de 1299 a 19 de novembro de 1300; o 32º de 20 de novembro de 1303 a 19 de novembro de 1304; o 18º de 20 de novembro de 1276 a 19 de novembro de 1277; o 17º de 20 de novembro de 1288 a 19 de novembro de 1289; o 12º de 20 de novembro de 1283 a 19 de novembro de 1284. Eu obtive os totais abaixo adicionando as cifras dadas, de forma muito mais detalhada, pelas diferentes contas mencionadas na p. 438, n. 1 a 3. Possui-se de Eduardo I (no Record Office, sob a cota *Chancery Miscellanea*, IV, 1) uma espécie de livro de caixa do palácio que se estende de 31 de janeiro de 1278 a 19 de novembro do mesmo ano. Eu não pude utilizar para as estatísticas do toque porque, ao lado de menções perfeitamente claras tais como estas: "pro xxx egrotis egritudinis Regis" (9 V), "pro xx iiii: xij egrotis de morbo regio curatis" (11 V), engloba outras que se apresentam simplesmente sob a forma "pro egrotis", de tal maneira que não se pôde determinar se se tratava de esmolas dadas a quaisquer enfermos ou à escrofulosos tocados pelo rei. Da mesma forma, não se podem considerar as menções "pro infirmis" da lista das esmolas do ano 21, E. A. 353, 16.

142. A primeira cifra fornecida por Brit. Mus. Add. Ms. 9.951, fol. 3 V; a segunda por Add. Ms. 17.632, fol. 5; a terceira resulta da adição dos itens detalhados da conta analisada em *Archaeologia*, XXVI, p. 319-320 (cf. abaixo, p. 107, n. 149).

143. A primeira cifra E.A. 388,5 (rolo, última membrana); a segunda R.O., *Treasury of Receipt, Miscell. Books*, 203, fol. 177; a terceira, Brit.Mus., Cotton Nero C VIII, fol. 208 (uma indicação relativa à pitança dos pobres, fol. 207 V, permite determinar, para esta última conta, o período ao qual se aplica o número de doentes tocados). Sublinha-se que há sobreposição entre as cifras de Cotton Nero C VIII e as do E. A. 388,5; cf. abaixo, p. 106, n. 147.

morrer em 1349, era arcebispo de Canterbury) diz-nos em sua obra, composta no tempo em que ainda era capelão de Eduardo II, que os milagres realizados por seu soberano eram atestados "pelos doentes curados, pelas pessoas presente no momento das curas ou que tinham visto o efeito delas, pelos povos das Nações, pela fama universal"[144]. Teria exagerado a popularidade do rito inglês? Poder-se-ia ser tentado a acreditar que sim, se as contas não nos convidassem levar as suas afirmações a sério. A fama que invoca não é uma figura retórica; ela conduzia multidões ao rei da Inglaterra, algumas vezes, mais de mil homens por ano.

Nenhum documento fornece-nos, sobre as atividades médicas dos reis da França, dados numéricos precisos. Deve-se supor, no entanto, que a reputação deles, na mesma época, não era menor do que a de seus vizinhos. Crenças semelhantes, nos dois países, sustentavam um rito semelhante. Veremos em breve que Filipe o Belo, não era solicitado apenas por seus súditos imediatos; nos dias do toque, vinham procurá-lo espanhóis, italianos e, entre os franceses, habitantes de feudos distantes e malsubjugados. Segundo todas as aparências, o povo dos seus próprios domínios não tinha nele uma fé menos robusta do que os estrangeiros, ou semiestrangeiros. Bradwardine que reconhecia nos príncipes franceses e também nos Plantagenetas o poder taumatúrgico, diz que "nos dois reinos a fama, de voz unânime", proclamava o milagre régio. No que diz respeito à Inglaterra, os documentos confirmam de todas as formas o seu testemunho; não seria diferente no caso francês se as fontes fossem mais completas. Mas os números ingleses, no total, muito consideráveis, são, nos detalhes, extremamente variáveis.

---

144. BRADWARDINE, T. *De causa Dei contra Pelagium et de virtute causarum ad suos Mertonenses libri tres*, grande. in-8°. Londres, 1618, I, c. I, corol. pars 32, p. 39. "Quicumque etiam negas miracula Christiana, veni et vide ad oculum, adhuc istis temporibus in locis Sanctorum per vices miraculosa gloriosa. Veni in Angliam ad Regem Anglorum praesentem, duc tecum Christianum quemeunque habentem morbum Regium, quantumeunque inveteratum, profundatum et turpem, et oratione fusa, manu imposita, ac benedictione, sub signo crucis data, ipsum curabit in nomine Jesu Christi. Hoc enim facit continue, et fecit saepissime viris et mulieribus immundissimis, et catervatim ad eum ruentibus, in Anglia, in Alemannia, et in Francia circumquaque: sicut facta quotidiana, sicut qui curati sunt, sicut qui interfuerunt et viderunt, sicut populi nationum et fama quam celebris certissime contestantur. Quod et omnes Reges Christiani Anglorum solent divinitus facere, et Francorum, sicut Libri Antiquitatum et fama Regnorum concors testantur: Unde et morbus Regius nomen sumpsit". A obra, que tem certa relevância na filosofia medieval, data de 1344. Cf. UEBERWEG, F. *Grundriss der Geschichte der Philosophie*; II, *Die mittlere [...] Zeit*, 10. ed., 1915, p. 586.

Não parece que essas diferenças provenham da forma como os dados nos foram transmitidos. As contas do palácio das quais extraímos as informações não eram menos cuidadosamente estabelecidas em Eduardo III do que em Eduardo I, nem durante o 12º ano do reinado desse último, quando menos exatamente durante o 18º ano. Os números mais frágeis não são menos dignos de crédito do que os mais altos. Por que estas irregularidades?

Em relação a alguns anos, a razão é muito simples. O rei estava em guerra ou em viagem; ele pôde apenas raramente realizar um rito pacífico e que somente muito excepcionalmente se praticava fora do solo nacional. Às vezes, durante vários meses, ele se encontrava completamente impedido de realizá-lo. De 20 de novembro de 1283 a 19 de novembro de 1284 (12º ano do reinado), Eduardo I tocou apenas 197 pessoas, como dissemos antes. Mas vejamos nossas contas mais de perto. Constataremos quanto a isso que 185 apresentaram-se antes de 15 de março[145]; foi, precisamente, nessa data que o Plantageneta entrou no País de Gales cuja submissão queria completar – ainda no dia 19 de novembro estava por lá. Dos doze indivíduos restantes, três vieram ao seu encontro durante uma breve estadia no Condado de Cheshire, na fronteira[146]; os nove restantes eram, sem dúvida, soldados ou galeses. Os 983 doentes recenseados de 20 de novembro a 19 de novembro de 1300 (28º ano do reinado), pelos livros de contas do palácio não devem ser, em verdade, considerados nos 12 meses. As menções ao toque, nos registros, cessam bruscamente em 12 de dezembro; pois, no dia 13, o rei com seu exército entrou na Escócia, ainda em plena revolta. Elas são retomadas a partir de 3 de janeiro – Eduardo I pusera os pés em território inglês. Elas registram uma segunda ausência a partir de 24 de junho – em 5 de julho a corte estava novamente na Escócia. Os 725 doentes que atribuímos ao 25º ano do reinado (20 de novembro de 1296 a 19 novembro de 1297) foram, na verdade, benzidos no curso de um lapso de tempo de menos de nove meses, que se estendeu até 18 de agosto; entre o dia 22 e o dia 27 desse mês, Eduardo atravessou o mar para ganhar a Flandres, que ele não deixaria mais até o fim do exercício financeiro, e onde ele não pretendia curar

---

145. Na verdade, esse número não pode ser estabelecido com uma perfeita exatidão. Segundo a lista de esmolas E.A. 351, 15, oito doentes foram tocados na semana que começou em 12 de março (dia da Festa do Papa São Gregório). Seria necessário atribuir ao período anterior a 15 de março – ou seja, à Inglaterra – ou ao período posterior, ou seja, ao País de Gales? Eu adoto a primeira solução, a qual me parece a mais verossímil. Ademais, se escolhêssemos a segunda, mudaria muito pouco em nossos resultados.

146. Semana começada em 17 de setembro (domingo anterior à Festa de São Mateus).

ninguém. Somos menos bem-informados sobre Eduardo III. Os números são dados apenas de maneira generalizada, para longos períodos. No entanto, salta aos olhos que o n. de 885 para o espaço de tempo de aproximadamente 2 anos, que vai de 12 de julho de 1338 a 27 de maio de 1340, não poderia representar a média regular, uma vez que quase todas as curas operadas durante esse tempo tiveram, como veremos a seguir, o continente por teatro.

Em outras circunstâncias, ao que tudo indica, os reis dedicavam pouco tempo ao rito de cura porque as ocupações mais urgentes não lhes deixavam muito tempo para o lazer. De 25 de janeiro de 1336 a 19 de julho de 1338, Eduardo III fez um pouco menos que 244 curas[147]. É notável que esse período de baixa atividade taumatúrgica coincidiu com um período de extrema atividade diplomática e militar, inteiramente dedicada aos preparativos da guerra com a França. Do mesmo modo, durante o ano do reinado (1283-1284), antes mesmo de atravessar a fronteira galesa, Eduardo I benzeu, em 4 meses, apenas 187 pessoas, número sensivelmente menor do que a sua média. Sem dúvida, passava os seus dias a discutir ou a organizar as importantes medidas para a submissão do antigo país celta.

Viagens, guerras, preparativos de guerras, nesses fatos fortuitos que fornecem o motivo de alguns dos nossos mais baixos números, não existia nada que afetasse a crença nas virtudes da mão régia. Não podemos nos vangloriar de tudo saber; outras causas da mesma natureza que hoje nos escapam, doenças do soberano, festas de corte, epidemias, penúrias, insegurança nas estradas, puderam, em outros momentos, dissuadir os augustos médicos de suas funções taumatúrgicas ou cessar, por um instante, a multidão de fiéis. Seria inútil pretender explicar todas as irregularidades das nossas estatísticas ou mesmo da maior parte delas por não se sabe quais flutuações na fé no milagre das escrófulas. As três contas conservadas de Eduardo III apresentam-nos, todas as três, números sensivelmente mais baixos do que aqueles de Eduardo I; seria necessário ver neste fato a prova de um declínio da crença? Não temos esse

---

147. 108 de 25 de janeiro de 1336 a 30 de agosto de 1337; 136 de 10 de julho de 1337 a 10 de julho de 1338; total: 224, mas os números estão sobrepostos. Sublinha-se que o controle da Garderobe dos anos 8 a 11 de Eduardo III, Brit. Mus., Cotton Nero C (fol. 200 V a 208) contém um *Titulus de elemosina* estendendo-se de 31 de julho do ano 8 (1334) a 30 de agosto de 1337 que não apresenta para o período de 31 de julho, ano 8, a 24 de janeiro, ano 10 – ou seja, de 31 de julho de 1334 a 24 de janeiro de 1336 –, nenhuma indicação de doentes tocados. Durante quase todo esse período, Eduardo esteve na Escócia, ou então nos condados do Norte, ocupado com a aventura escocesa.

direito, porque nenhum destes documentos se reporta a um período que se possa considerar como normal. Todavia, as estatísticas do toque merecem o interesse do historiador que procura reconstituir em nuanças a evolução do lealismo monárquico. Os textos literários e os documentos oficiais só nos oferecem desse sentimento uma imagem frequentemente deformada e, em todos os casos, suspeita. Nossas contas, na Inglaterra e, mesmo na França, permitem-nos analisar ao vivo, uma de suas manifestações das mais características e das mais espontâneas; algumas vezes, excepcionalmente, registram até mesmo suas variações.

Vejamos, primeiro, Eduardo II. Todos os cronistas, seguidos pela maior parte dos historiadores modernos, concordam em nos dar a impressão de que esse príncipe, de caráter e inteligência medíocres, mal-assessorado, suspeito de vícios repugnantes, afinal traído por seus próximos e destinado ao mais miserável dos fins, foi um soberano impopular[148]. Mas o seu testemunho deixa espaço para dúvidas; receia-se que ele reflita simplesmente os ódios de alguns grandes senhores. O que pensava o povo comum? Interroguemos nossas contas. As três cifras fornecidas para esse reino são todas as três baixas, sem que nenhum deslocamento para fora das fronteiras ou preparativos militares sejam capazes de explicar a sua pobreza[149]. Sobretudo, os números decrescem: em 1316, 214 doentes benzidos, em aproximadamente quatro meses; de 20 de março de 1320 a 7 de julho do mesmo ano, espaço de tempo sensivelmente parecido, mais do que 93; de 8 de julho de 1320 a 7 de julho de 1321, 1 ano, caímos a 79. Entre 1320 e 1321 foi o período em que, diante da fraqueza do rei,

---

148. TOUT, T.F. *The place of the reign of Edward II in English history* (*Manchester Historical Series*, XXI), 1914, p. 9, escreve: "Chroniclers do not often all agree, but their agreement is absolutely wonderful in dealing with the character of Edward of Carnarvon".

149. Seria conveniente, para ser exato, observar que, de 20 de junho de 1320 a 21 de julho do mesmo ano, Eduardo II fez uma curta viagem na Picardia (cf. *Collectanea Archaeologica*, I [1861], p. 135ss.). É necessário então, do período de 20 de março a 7 de julho de 1320, durante o qual ele tocou 93 enfermos, deduzir 18 dias de ausência, e do 14º ano de reinado (começando em 8 de julho de 1320), subtrair 14 dias; reduções muito débeis para poder afetar sensivelmente os totais que compõem a duração de quatro meses de um lado, e de outro, de um ano inteiro. Conheço a conta do 10º ano de reinado (8 de julho de 1316 a 7 de julho de 1317) que pela análise dada em *Archaeologica*, XXVI, p 318ss., (se, de fato, esta análise estiver completa) abrange apenas menções do toque para o período que se estende de 27 de julho a 30 de novembro de 1316; a falta de menções desta espécie para o resto do ano parece-me difícil de explicar. A conta encontra-se conservada na biblioteca da Sociedade dos Antiquários de Londres. Oxalá que o presente trabalho convencesse um erudito inglês a procurar a solução deste pequeno problema que acabo de assinalar.

ergue-se o seu sobrinho, Tomás de Lancaster – personagem de pequeno valor também, mas que a consciência popular transformou em um herói; quando, em 22 de março de 1322, ele pereceu sob o machado do carrasco, atribuíram-lhe milagres[150]. Não há dúvida que, desde 1320, a popularidade de Eduardo empalidece diante da estrela do seu rival. A um monarca sem prestígio, não se pediam mais curas.

Vimos mais acima que, em 1299-1300, a força taumatúrgica de Eduardo I parece ter terminado bruscamente assim que colocou os pés em solo escocês, isso porque a Escócia estava, quase por inteiro, sublevada contra os invasores ingleses. Mas, agora, nos situemos nessa mesma região durante o 32º ano de reinado (1303-1304). A conquista foi concluída, muitos dos antigos inimigos juntaram-se ao rei inglês. Em fevereiro, o próprio regente e a maioria dos condes submeteram-se; a anexação penetrou nos costumes. Até 25 de agosto de 1304, Eduardo reside ao norte de Tweed; ali, depois de 20 de novembro de 1303, ele benze nada menos que 995 enfermos. Não podemos supor que toda essa gente que veio à sua procura seja unicamente composta por ingleses, certamente, muitos eram escoceses. Nesse país, outrora rebelado, muitos começaram a reconhecer o Plantageneta como rei legítimo, implorando-lhe por milagres.

Os reis da França e da Inglaterra pretendiam igualmente o poder de curar. Ora, o rei da Inglaterra possuía sobre o continente terras enfeudadas do rei da França. Nessa região, meio francesa meio inglesa, para qual dos dois taumaturgos rivais se dirigiam os escrofulosos? Nós possuímos a conta, muito detalhada, das curas operadas por Eduardo I no curso de uma viagem realizada durante a primeira parte do 17º ano de reinado, nos domínios da Aquitânia; ele tocou alguns doentes em Condom, condado perto de Libourne, e em outros lugares, mas bem poucos: 124 em aproximadamente sete meses. De volta à Inglaterra, em pouco mais de três meses, procuraram-no 395[151] doentes. Aparentemente, entre os bordalenses e os gascões, o prestígio do suserano prejudicava o do

---

150. Cf. DAVIES, J.C. *The baronial opposition to Edward II*, Cambridge 1918, p. 109.

151. Pergaminho das esmolas, E. A. 352, 18. Entre 29 de junho e 1 de julho, Eduardo passou em Poitou, desembarcou em Dover em 12 de agosto; no intervalo, ficou ou viajou pelo reino da França, fora do seu feudo da Aquitânia – obviamente, não tocou ninguém. É verdade que de 29 de julho a 4 de agosto, ao menos, ele ficou no pequeno condado de Ponthieu, na foz do Somme, que lhe pertencia. Ao que parece, não exerceu o seu poder. O seu último toque, realizado no continente, relaciona-se à semana terminada em 26 de junho, já o seu primeiro na Inglaterra, à semana terminada em 14 de agosto (membrana 4).

vassalo. Teremos mais adiante a ocasião de constatar que, na verdade, mesmo em Bordeaux, não se desdenhava ir pedir saúde ao capetíngio.

A situação mudou quando os plantagenetas tomaram o título de reis da França. Em 1297, Eduardo I, ganhando a Flandres, de repente cessa de curar – porque neste país, nominalmente francês, em todo caso, sem nenhuma vinculação à coroa inglesa, Eduardo I era somente um soberano estrangeiro[152]. Mas cheguemos a Eduardo III. É importante lembrar que o estado recapitulativo das despesas do seu palácio, para o período que se estende de 12 de julho de 1338 a 27 de maio de 1340, registra 885 doentes benzidos. Ora, durante esses 22 meses, Eduardo permaneceu na Inglaterra por menos de quatro meses[153], divido em duas vezes; o resto do tempo ele passou do outro lado da Mancha, ocupado em guerrear conta Filipe de Valois ou a negociar com os senhores e os burgueses dos Países Baixos. Ele percorreu sobretudo a Flandres e as regiões propriamente francesas do Norte; em suma, não deixou o território deste reino capetíngio que reivindicava como sua herança. É difícil de acreditar que os 885 miraculados estivessem, todos eles, concentrados em um período de menos de quatro meses, ou que eles tenham pertencido ao séquito mais próximo do monarca inglês. Possivelmente, a maior parte deles era de pessoas oriundas do continente. O príncipe que, em 26 de janeiro de 1340, recebia, como rei da França, a vassalagem dos habitantes de Gand, poderia muito bem exercer em solo francês o seu prodigioso poder.

As contas inglesas trouxeram-nos para o nosso solo. Permaneçamos nele e, voltando alguns anos antes, até uma época na qual a legitimidade dos capetíngios não era contestada, peguemos as tabuinhas de cera que serviam de livros de despesas aos caixas do palácio de Filipe o Belo. As que vão – tais como nos foram conservadas – de 18 de janeiro a 28 de junho de 1307, por uma parte, e de 1º de julho a 30 de dezembro de 1308, por outra, foram organizadas por Renaud de Roye. Essa personagem foi um funcionário meticuloso. Não se contentando em indicar muito precisamente o destino das somas destinadas às pessoas que "sofriam do mal régio" – ao invés de, como os seus antecessores, confundi-los com as demais esmolas –, não se furtou ao trabalho de anotar, a

---

152. Cf. tb., para a viagem de 1289 na França, fora da Aquitânia, a nota precedente.

153. Eduardo III desembarcou na Antuérpia em 16 de julho de 1338, deixou o continente em 20 de fevereiro de 1340. Cf. TOUT, T.F., apud HUNT, W. & POOLE, R.L. *The political history of England*, III, p. 335 e 344. Os *Itinéraires d'Edouard III d'Angleterre pendant ses expéditions en France*, fornecidos por Jean Lemoine no apêndice à sua edição da *Chronique* de Richard Lescot (*Soc. De l'hist. de France*), são absolutamente insuficientes.

cada vez, o nome e o lugar de origem do enfermo; ensinamentos infinitamente preciosos para o historiador, apesar de que, à exceção do abade de Lebeuf[154], ninguém parece ter percebido o seu interesse. Entre os escrofulosos, como já foi dito, nem todos recebiam dinheiro, só o recebiam aqueles que vinham de longe. As tabuinhas do palácio francês não nos permitem estabelecer uma estatística completa, análoga àquelas que nos oferecem os documentos ingleses. Mas, graças ao gênio meticuloso de Renaud de Roye, elas fizeram reviver, em detalhes, a imagem dos miraculados[155].

A condição social dos indivíduos tocados geralmente não é especificada. Entretanto, constata-se, sem muito esforço, que todas as classes eram representadas na multidão de sofredores que corria em direção ao rei. Certamente, era uma dama nobre esta *demoiselle* Jeanne de la Tour que, em 12 de maio de 1307, em Poitiers, após ter sido tocada, aceitou 60 soldos das mãos de Vivien, o porteiro[156]. Mesmo os religiosos não temiam recorrer ao rei-terapeuta. Somente entre os anos de 1307-1308, durante doze meses e apenas entre os franceses de províncias distantes ou os estrangeiros, vemos um agostiniano, dois franciscanos e uma franciscana[157].

De ordinário, não temos os nomes dos doentes nas vizinhanças da corte, ou seja, nos anos de 1307 e 1308, quando Filipe o Belo, em direção ao Sul, não ultrapassou Poitiers, ficando nas regiões do Norte – porque, em princípio, eles não recebiam esmolas. Todavia, a Normandia, com Elbeuf; Artois, com Montreuil-sur-Mer, a Champanhe, com Hans, próximo a Sainte-Menehould, aparecem, em caráter excepcional, entre os lugares de origem anotados por Renaud de Roye. Sem dúvida, Agnes, de Elbeuf, Gilette la Châtelaine, de Montreuil, Marguerite, de Hans, eram mulheres pobres, a quem não se podia recusar algum dinheiro[158]. As menções a regiões mais distantes oferecem um interesse

---

154. *Mémoire touchant l'usage d'écrire sur des tablettes de cire*; Mém. Acad. Inscriptions, XX (1753), p. 307: "marcava-se aí o nome, a qualidade e o país das pessoas a que elas [as esmolas] eram feitas: *o que merece ser observado em detalhe*".

155. As tabuinhas de Renaud de Roye foram publicadas no *Recueil des Historiens de France*, XXII, p. 545 a 565. As referências que se seguem são dadas nas páginas desse volume. As tabuinhas são de difícil leitura e, para alguns artigos relativos ao toque, a menção de lugar de origem não pode ser lida pelos editores; esses artigos não serão considerados aqui. Eu confrontei a edição com a cópia antiga das tabuinhas de 1307 contida nos manuscritos da Bibl. Nat. latim 9026.

156. 554 d.: "Domicella Johanna de Torre, patiens morbum regium, ibi tune, LXs. per Vivianum". Sobre as funções de Vivien, cf. ibidem, 511 j, 538 f. 543 e.

157. 560 k: 557 h; 553 k.

158. 558 b; 559 b; 558 b.

particularmente vivo. Vê-se, através delas, que a virtude taumatúrgica do capetíngio tinha adeptos nas províncias do Centro, sobretudo no Toulousain, há muito pouco tempo unido ao reino francês, na Bigorre, remoto Vale dos Pirineus, incorporada ao reino há menos de 20 anos, nas terras dos grandes vassalos, na Borgonha, na Bretanha, mais do que semi-independente, em Montpellier, que obedecia ao rei de Maiorca, em Bordeaux, capital plantageneta no continente[159]. Reflitamos, por um momento, sobre esses fatos. Estamos em 1307 e 1308, anos trágicos, no curso dos quais, a necessidade de dinheiro pressiona, sem parar, a monarquia capetíngia levando-a ao escandaloso episódio dos templários. Não há a menor dúvida que a fiscalidade régia pesa sobre o povo de uma forma insuportável. Que importa? De todos os recantos do reino, doentes vão em direção ao rei da França. Quando, em Guingamp, em plena "Bretanha bretã"*, ou melhor, nas cidades do entorno de Toulouse, região do Languedoc, antiga região albigense, os pobres sentiam-se atingidos pelas escrófulas, pegavam os seus cajados de viagem e partiam por caminhos difíceis e, às vezes, perigosos para chegarem aos castelos da Île-de-France ou do vale do Loire, onde vivia o soberano deles; vinham pedir-lhe um milagre. Em 13 de dezembro de 1307, em pleno inverno, estando a corte em Nemours, às margens do Loing, vê-se chegar um homem chamado de Guilhem; tinha partido de Hauban, na Bigorra, sobre os socalcos que dominam o Alto Adour; fizera uma longa viagem para obter a graça de ser tocado[160]. Tudo aquilo que as obras literárias nos dizem sobre a realeza, sobre o seu prestígio, sobre sua função sagrada, tem tanta eloquência quanto a história desse humilde súdito?

Habitantes do Languedoc, bordelenses, bretões, por mais longe que vivessem de Paris, eram, afinal de contas, todos franceses; é de seu rei que esperavam obter

---

159. LA SOUTERRAINE (Creuse): 557 e. • LA MARCHE (?), 557 h. • TOULOUSE & TOULOUSAIN: 554 c, 558 g, 558 l. • BIGORRE: 561 a. • BOURGOGNE: 558 l. • NANTES: 557 c; GUINGAMP: 557 c. • MONTPELLIER: 558 c. • BORDEAUX: 553 k. Para a situação política ou feudal dessas regiões ou dessas cidades, será suficiente remeter a LONGNON, A. *La formation de l'unité française*, 1922. A soma doada à Irmã Agnes, franciscana de Bordeaux, é anormalmente elevada: 12 libras, cifra que só se encontra para cada um dos quatro lombardos e navarros que, pouco antes, vieram ser tocados (553, 3). Será que o governo real tentava seduzir com uma bela esmola os enfermos que eram súditos do rei da Inglaterra? (cf. abaixo, p. 298, para a política seguida diante dos espanhóis no século XVI).

* No original, *Bretagne bretonnante*, ou seja, na baixa Bretanha, onde se falava o francês e o bretão [N.T.].

160. 561 a: "Guillelmus de Alba in Bigorra, paciens morbum regis, ibi tunc, XXs. per Petrum de Carnoto". A identificação de *Alba* com Hauban (Altos Pirineus, cantão Bagnères de Bigorra) não é conjectural; no mais, pouco importa, porque a localização regional é dada de forma precisa na palavra *Bigorra*.

a cura. Do mesmo modo, os escoceses benzidos por Eduardo I, a quem haviam aderido, os flamengos benzidos por Eduardo III, segundo a opinião deles o autêntico herdeiro da coroa francesa, contavam com um prodígio desses monarcas porque simplesmente os consideravam seus soberanos legítimos. Em ambos os lados da Mancha, será que no doloroso cortejo reunido em torno dos príncipes taumaturgos viam-se estrangeiros propriamente ditos? Bradwardine relata que em torno do seu soberano "precipitava-se uma multidão, da Inglaterra, da Alemanha e da França, de todo lugar"[161]. As contas inglesas, que nos fornecem somente cifras, não permitem verificar a sua afirmação, mas nós devemos, ao que parece, atribuir alguma confiança a este capelão régio; as suas próprias funções chamavam-no a secundar seu senhor na realização do rito milagroso; ademais, vemo-lo até aqui sempre exato em seus dizeres. Em meio aos milhares de homens tocados pelos plantagenetas, havia, sem dúvida, aqueles que não eram seus súditos. Quanto aos capetíngios, as tabuinhas do palácio, no tempo de Filipe o Belo, dão-nos sobre a sua reputação europeia uma imagem vívida.

Inicialmente, as terras do império. Ao longo da fronteira ocidental da França estendia-se uma faixa de terreno, alongada de norte a sul – antigo quinhão de Lotário nas partilhas carolíngias – que, nominalmente, dependia do soberano alemão, mas que na verdade a influência era disputada desde cedo com os imperadores. Particularmente Filipe o Belo, ali se fizera ativo. Tem-se, frequentemente, descrito a sua "política de expansão"[162], mas comumente somente se retém o que assinalam os cronistas ou documentos da diplomacia: tratados com as cidades ou os senhores, processos judiciais, partilhas. No entanto, gostaríamos de penetrar mais fundo nas coisas; gostaríamos de descobrir o que, nessa região – onde, gradualmente, o poder capetíngio infiltrou-se –, as multidões pensavam do rei das flores-de-lis. Mas como conseguir fazê-lo? Ao menos, sabemos – graças a Renaud de Roye – que, em certas ocasiões, eles vinham em direção ao rei tendo-o como um realizador de milagres. Acreditava-se na eficácia do milagre do toque na Lorena, principalmente na cidade de Metz, onde os bispos, no curso dos últimos anos, tinham sido, várias vezes, procurados pelo governo francês a fim de realizar uma aliança. Acreditava-se também mais ao sul, em Lausanne, na Saboia, às margens do Ródano, na

---

161. Acima, p. 104, n. 144. Em 1344 – data do tratado de Bradwardine – os franceses, aos olhos de um leal partidário dos plantagenetas, poderiam passar como súditos de Eduardo III, mas os alemães permaneciam incontestáveis estrangeiros.

162. Trata-se do próprio título do livro bem conhecido de F. Kern: *Die Anfänge der französischen Ausdehnungspolitik bis zum Jahr* 1308. Tubingue, 1910.

Tarascon provençal[163]. A mesma fé florescia mais distante ainda, em regiões de fato estrangeiras: além dos Pirineus, não somente no pequeno reino de Navarra, o qual a rainha da França trouxera como dote ao seu esposo, mas também na Espanha propriamente dita; sobretudo, do outro lado dos Alpes. Somente nos anos de 1307 e 1308, vieram em busca do rei ao menos dezesseis italianos: lombardos – notadamente, gente de Milão, de Parma e de Piacenza –, Giovanni – de Verona – quatro venezianos, um toscano, romanholos, uma mulher de Urbino, um *frate* das imediações de Perúgia[164]. Estamos mais ou menos na época em que Dante escrevia a respeito da dinastia capetíngia, esta "erva-daninha" que estendia por todos os lados a sua sombra[165]. Essa monarquia invasora tinha muitas armas: entre elas o milagre. Que admiráveis propagandistas não devem ter sido, por exemplo, o frade agostiniano Gregório em seu Convento na Úmbria ou a Sra. Chiara em sua pátria, Bolonha, "a Gorda", se, porventura, esses doentes, após terem sido tocados, se curaram![166]

A política eclesiástica de Filipe o Belo pareceu, às vezes, uma espécie de paradoxo histórico. Esse príncipe, que aplicou no papado um golpe tão violento, era, não se pode duvidar, um homem profundamente religioso, um devoto, quase um asceta[167]. Não tinha nada de um Frederico II Hohenstaufen. Como explicar a sua atitude? O enigma não pode ser, na verdade, tão difícil de resolver como se supunha à primeira vista. Esquece-se, muito facilmente, quem era Bonifácio VIII. Esse papa pouco legítimo que devia a sua tiara à "grande recusa" do seu predecessor – entenda-se: uma abdicação duvidosa obtida em condições suspeitas e, em si mesma, de valor duvidoso –, esse perseguidor dos

---

163. METZ: 558 b. • LORRAINE: 553 k. • LAUSANNE: 554 d. • SAVOIE, 551 g. • TARASCON: 554 b. Sobre Metz e a diplomacia capetíngia, cf. KERN. Loc. cit. p. 172 e 144. Notar-se-á que os valores doados aos estrangeiros, apesar de serem, às vezes elevados, decrescem também, em outros casos, até aos 20 soldos, valor mínimo e, sem dúvida, normal das esmolas do toque.

164. NAVARRE: 552 c. 553 j, 554 a. • ESPAGNE: 553 m, 554 c, 557 c, 559 e ("Maria de Garda in Esturia, paciens morbum regis, [...] apud Longum Pontem"). • LOMBARDIE: 553 j. e lat. 9.026, p. 13 tabuinhas "[...] de Lombardia paciens morbum regium" (omisso na edição). • MILAN, 560 a. • PARME: 551 h. • PLAISANCE 560 f. • *Johannes de Verona*, 558 d. • VENISE, 553 f. • ROMAGNE, 558 h, 560 h. • BOLOGNE: 553 m. • TOSCANE: 554 c. • URBIN: 557 k; "*Gando*" próximo de PEROUSE: 560k.

165. Purg., XX, 43ss.

166. 560 k: "Frater Gregorius de Gando prope Perusium, ordinis sancti Augustini, paciens morbum regis [...]"; 553m: "Clara de Bononia Crassa et Maria de Hispania, patientes morbum regium [...]" (a vírgula colocada, pelo editor, entre *Bononia* e *Crassa* deve, obviamente, ser suprimida).

167. Cf. IVES DE SAINT DENIS. *Histor. de France*, XXI, p. 202 e 205. • WENCK. *Philipp der Schöne*, p. 67 n. 2.

Espirituais parecia a muitos cristãos puros um motivo de escândalo. Foi necessário Sciarra Colonna e Nogaret para transformá-lo em mártir. Apesar de tudo isso, resta-nos alguma coisa de obscuro no estado da alma do monarca muito piedoso que autorizou ou permitiu e, em seguida, cobriu com o seu nome o inesquecível atentado. Que dizer da mentalidade dos seus servidores, em sua maior parte bons católicos, que se acham, quase sempre, mais implacáveis que o próprio? O estudo do toque das escrófulas traz, talvez, alguma luz sobre esse problema psicológico. Nogaret e Plaisians, em uma memória justificativa, composta em 1310, terminavam um longo elogio ao rei com estas palavras, as quais formavam, de algum modo, um ponto culminante: "Deus por suas mãos opera, em favor dos doentes, evidentes milagres"[168]. Não tomemos essa frase como uma vã argúcia de advogado. Para os contemporâneos, ela exprimia um fato incontestável, do qual derivava toda uma forma de sentir. A mesma esperança que impulsionava os peregrinos sobre os caminhos dos grandes santuários empurrava na direção dos capetíngios multidões ávidas por cura. Perúgia e Urbino, cidades que, ao menos, teoricamente pertenciam ao Patrimônio de São Pedro, enviam-lhe ainda os seus escrofulosos em 1308 – vale a pena parar nessa data – 5 anos após Anagni. Instrumento eleito das graças vindas do Alto, maravilhoso médico ao qual se implorava, em quase todo mundo católico, como um santo, o rei da França não era, nem aos olhos dos seus súditos, nem aos seus próprios, um simples soberano temporal; havia nele muito de divino para que se visse obrigado a curvar a cabeça diante de Roma. Quem saberá que secreto orgulho pôde alimentar no coração de Filipe o Belo a consciência de seu poder taumatúrgico? Ou que consolo seus súditos, nas horas difíceis, extraíam do espetáculo de doentes de todas as nações que se comprimiam à sua porta?

A segunda metade do século XIV e quase todo o século XV foram para as monarquias – para a francesa inicialmente, depois, para a inglesa – um período de crise. Na França, a rivalidade dos Valois e dos Plantagenetas, a invasão estrangeira, as desordens políticas e sociais de todas as naturezas e, na Inglaterra, as revoluções dinásticas e a guerra civil, abalaram a estrutura do Estado. Neste contexto conturbado, a crença no milagre régio permaneceu absolutamente intacta? Adoraríamos sabê-lo? Infelizmente, faltam informações precisas. As contas fran-

---

168. DUPUY, P. *Histoire du différend d'entre le pape Boniface VIII et Philippe le Bel*, in-4°, 1655, p. 519: "apertaque miracula Deus infirmis, Deus per manus eius ministrat". Sobre a data da memória, cf. HOLTZMANN, R. *Wilhelm von Nogaret*. Friburgo en B., 1890, p. 200. • LIZERAND, G. *Clément V et Philippe IV le Bel*. Paris, 1910, p. 209 [Tese de doutorado].

cesas desapareceram. Os livros do palácio inglês foram conservados em parte, mas sobre o tema que nos debruçamos, consultá-los seria em vão, porque, para esse período, eles não dão mais, como anteriormente, o montante das esmolas distribuídas aos escrofulosos. Por vezes, quis-se ver nesse silêncio a prova de que os reis teriam cessado de realizar o gesto de cura ou, ao menos, não o realizavam com a mesma frequência que outrora. Um equívoco, a meu ver. Ele se explica, simplesmente, por uma modificação na escrita: o esmoleiro, sem dúvida, como no passado, continuava a dar aos doentes algum dinheiro, mas, no registro de despesas, os pagamentos feitos por ele se encontram confundidos sob o mesmo título com outras despesas pagas. Nós temos o montante global das esmolas régias; os seus detalhes escapam-nos. Além disso, não se duvida que, tanto na Inglaterra como na França, durante as guerras dos Cem Anos e das Duas Rosas, os reis não tenham continuado a tocar os escrofulosos; numerosos textos, de diversas origens – crônicas, obras de medicina ou de polêmica política – asseguram-nos isso[169], mas não nos permitem mesurar a popularidade do rito.

Parece difícil, no entanto, que a luta entre diferentes ramos da família real, da qual a Inglaterra foi o teatro, não tenha trazido algum problema para o sentimento popular. Tanto mais que, nesse caso, estamos reduzidos às conjecturas. Desta desordem, o grande jurista John Fortescue, que foi um partidário de Henrique VI, encarregou-se de fornecer-nos uma prova impressionante. Exilado na Escócia, durante os anos de 1461 a 1463, escrevia, então, em favor do seu monarca, diversos tratados que nós ainda possuímos; neles, ele recusa a virtude taumatúrgica a Eduardo IV, à época, possuidor do trono; em sua vontade, somente Henrique VI detinha-a: "ao contato de suas mãos tão puras [...] vê-se, hoje ainda, os enfermos que sofrem do mal régio, mesmo aqueles cujos médicos desenganaram, recuperando, pela intervenção divina, a saúde desejada; assim, o Todo-poderoso é louvado, porque da graça divina emana a graça da saúde, as testemunhas desses fatos encontram-se fortificadas em sua fidelidade ao rei, o indubitável título deste monarca, com a aprovação de Deus, encontra-se confirmado"[170]. Assim, os partidários de Lancaster recusavam aos

---

169. Texto de Fortescue, citado abaixo, n. 178; textos médicos, p. 120; textos diversos (teologia, filosofia política...), p. 136-138.

170. *De titulo Edwardi comitis Marchie*, c. X in: *The works of Sir John Fortescue [...] now first collected by T. Lord* CLERMONT, – formando o tomo I de *Sir John Fortescue, knight, his life, works and family history*, in-4°, Londres, 1869 ("printed lor private distribution"; um exemplar no Museu Britânico), p. 70*: "virtute cujus debitae sibi unctionis per mundissimorum suarum manuum contactum labe aliquâ utpote sanguine homicidii et fame luxuriae incontaminatarum,

príncipes da casa de York o dom do milagre. Não há dúvidas de que os seus adversários lhes pagavam na mesma moeda. Como não considerar que um pouco deste descrédito não refletisse sobre o rito de um modo geral? O rei legítimo, pensava-se, sabia curar; mas quem era o rei legítimo? A incerteza na qual frequentemente se ficou sobre este ponto delicado não poderia deixar de esgotar um pouco o fluxo de doentes, outrora tão movimentado nos dias do toque. Deste decréscimo da fé, não se saberia fornecer, como vimos anteriormente, provas numéricas decisivas, mas disso, temos um indício. Vejamos.

Pouco depois da Guerra das Duas Rosas, vê-se reaparecer, nas contas de Henrique VII e Henrique VIII certas menções relativas ao toque. Elas são raras – muito provavelmente, estão incompletas. A maior parte dos enfermos pertencia, sem dúvida, ao orçamento geral das esmolas, cujo detalhe continua a nos escapar. Nós conhecemos apenas alguns pagamentos realizados, excepcionalmente, por pessoas estranhas ao serviço regular da caridade régia e registrados, por essa razão, sobre os livros-caixa do palácio, os quais, em parte, estão conservados até os nossos dias. Para a época dos primeiros Tudors, da mesma forma que para o período imediatamente precedente, é necessário renunciar à organização de estatísticas anuais comparáveis àquelas cujos reinados de Eduardo I, Eduardo II e Eduardo III nos forneceram sobre a matéria. Mas, ao invés de alinhar adições, examinemos separadamente nas contas de Henrique VII os diversos artigos concernentes às "curas". Os miraculados recebiam, cada um, uniformemente seis xelins e oito denários. No tempo dos três Eduardos, a soma, como já tivemos ocasião de destacar, era fixa, porém muito menos elevada: 1 denário. Obviamente, a diferença dos valores não pode ser estabelecida através de uma simples comparação numérica; não serve para nada observar que 6 xelins e 8 denários igualam a 80 denários, porque, por este mesmo nome de denário, designava-se, no tempo de Henrique VII, uma

---

languentes morbo regio, de quibus medici expertissimi desperarunt, usque in hodiernum diem optatam Domino conferente recipiunt sospitatem ad Dei omnipotentis laudem, de cujus gratia venit gratia sanitatum, ad videntium et assistentium fidelitatis ad ipsum regem constantiam, et sui indubitatissimi tituli, Domino approbante, confirmationem". Para a continuidade da passagem, cf. abaixo, p. 215s. Cf, do mesmo autor, outro escrito da mesma época, a *Defensio juris domus Lancastriae* (Ed. Clermont. p. 508); passagem, igualmente publicada por FREIND. *The history of Physick*. 5. ed., II, 1758, p. [32]. • CRAWFURD. *King's Evil*, p. 45 (cf. abaixo, p. 175, n. 289). Nele, Fortescue classifica, entre os dons régios recusados às rainhas, a cura das escrófulas. A passagem de *Defensio* reencontra-se traduzida quase literalmente em um terceiro tratado, sempre da mesma época: *Of the title of the House of York* (Ed. Clermont. p. 498. • CRAWFURD. Loc. cit. p. 46). Sobre a vida de Fortescue e a cronologia de suas obras, cf. PLUMMER, C. Introdução à sua edição do tratado *On the govemance of England*, Oxford, 1885.

quantidade bem menor de metais preciosos do que no fim do século XIII, por exemplo. A depreciação monetária é um dos fatos fundamentais da história econômica da Idade Média. Não se duvida, no entanto, que a esmola dada por Henrique VII não fora muito superior à que se contentavam os pacientes de Eduardo I ou mesmo Eduardo III. No reinado desse último príncipe, um denário era uma pequena peça de prata, pesando menos de 1,5g[171]. No reinado de Henrique VII e, durante os primeiros anos do reinado de Henrique VIII, 6 xelins representavam uma peça de ouro, cujo peso era ligeiramente superior a cinco gramas[172]; era chamada de *angel* porque tinha uma efígie de São Miguel Arcanjo. O *angel* era, para o príncipe, sob os Tudors, a unidade ligada ao toque; ele continuaria a desempenhar este papel sob os Stuarts. O seu valor, como unidade de conta, variava conforme aquelas outras moedas metálicas, ao sabor da política financeira. Em 1526, Henrique VIII fixou-a em 7 xelins e 6 denários[173], tratava-se de "enfraquecer" a moeda, porém os enfermos não sofreriam os efeitos desta operação; doravante eles receberiam, especificamente, 7 xelins e 8 denários – compreendamos que se continuava a dar-lhes a mesma moeda de ouro do passado, uma vez que era indispensável não os frustrar de receber certa quantidade desse precioso metal, como sempre, mais ou menos fixada. Quanto ao seu poder de compra, em diferentes épocas, não é, no estado atual da ciência, suscetível de mensurá-lo com exatidão. Sabemos, no entanto, que, antes da Peste Negra, um denário formava o salário diário de um secador de feno, ou seja, um operário muito malremunerado no início do século XV. O *angel* constituiu, para um médico afamado, o preço habitual de uma consulta, vê-se então o contraste[174]. Em resumo, de Eduardo III a Henrique VII, a esmola

---

171. Exatamente 22 2/9 grãos, pelo menos até o 18º ano de reinado; o grão vale 0,0648g. Mais tarde, o denário decresce progressivamente até 18 grãos. Cf. HAWKINS, E. *The silver coins of England*. 3. ed. rev. por R.L. Kenyon. Londres, 1887, p. 207.

172. Exatamente 80 grãos. Cf. KENYON, R.L. *The gold coins of England*. Londres, 1884, p. 89. O peso é dado por Henrique VIII; mas era, sem dúvida, o mesmo, sob Henrique VII – algo em torno disso. Para tudo que disser respeito à história monetária do toque durante os Tudors. Cf. FARQHAR. *Royal Charities*, I.

173. FARQHAR. I, p. 84. Eu simplifico um pouco, dizendo "a mesma peça de ouro", porque a proporção da moeda variou neste momento e deveria ainda variar em seguida, mas isso não importa muito aqui.

174. Para o denário, *Statute of Labourers* de 1350, *Statutes*, I, p. 311: "e que, no tempo de sachar ou de remexer a forragem, ninguém peça mais do que um denário". Acredito que devo traduzir *feyns faire* por *faner* (remexer o feno para secá-lo) devido à aproximação com *sarcler* (*sacher*, secar), e sobretudo porque, nos artigos seguintes, o salário dos ceifadores é previsto; ele é naturalmente mais elevado: 5 denários o acre ou cinco denários por dia. Para o *angel*, cf. FARQHAR. I, p. 73.

dos escrofulosos passou da prata ao ouro e, ao mesmo tempo, o seu valor econômico aumentou consideravelmente. Quando ocorrera a modificação? Sob Henrique VII ou antes dele? De uma vez só ou em etapas? Não se sabe. Eduardo IV parece ter sido o primeiro rei a cunhar os *angels*, mas já os empregava às necessidades do rito de cura? Nada corrobora tal afirmação. No entanto, uma coisa é certa: esta curiosa transformação que culminou em fazer da esmola dada aos doentes um verdadeiro prêmio, um atrativo estendido aos que teriam hesitado em se deixar tocar, produziu-se durante este período de crise no qual os príncipes rivais, que disputavam a coroa, negavam uns aos outros o direito à realização do milagre. Simples coincidência? Difícil de acreditar. Cada pretendente deveria atrair para si, por todos os meios, os escrofulosos à procura de cura, porque não havia – para falar como Fortescue – "confirmação" mais notável de um "título", mesmo que "indubitável", do que o dom taumatúrgico. Na França, onde não se assistiu lutas desta natureza, a soma doada aos beneficiários do toque permaneceu muito baixa; ela era, sob Luís XII e Francisco I, 2 soldos torneses, valor equivalente a duas pequeníssimas moedas de prata[175]. Não seria necessário ver na elevação surpreendente da esmola inglesa o efeito de um sobrelanço entre as casas rivais?

Malgrado tudo isso, a fé no milagre régio sobreviveu vitoriosamente aos tormentos políticos. Em breve, veremos a quais elementos psicológicos profundos deveu a sua força de resistência. Mas, à época na qual chegamos, tinha outras bases além das tendências semi-inconscientes: a ciência médica, a teologia, a filosofia política haviam se apoderado dela e, ao mesmo tempo, lhe dado a sanção da palavra escrita. Vejamos então a obra dos fazedores de livros, iniciando pelos médicos.

3 O toque das escrófulas na literatura médica da Idade Média

Durante muito tempo, ao que parece, os escritores médicos evitaram quaisquer alusões ao poder taumatúrgico dos reis. Na verdade, um grande número deles se limitava a copiar ou a comentar, mais ou menos servilmente, seja os antigos, seja os árabes; esse silêncio explica-se, em grande parte, naturalmen-

---

175. Abaixo, p. 296, n. 626. Sob Luís XII, em virtude da ordenação de 19 de novembro de 1507, o *grand blanc*, que valia 12 denários torneses, pesava um pouco menos de 2,85g; o mesmo valor no reinado de Francisco I até 1519. De 1519 a 1539, o *blanc* (12 denários torneses) pesará um pouco menos de 2,66g; de 1540 a 1547, o *douzain* (também doze denários torneses) pouco mais de 2,68g. Cf. BLANCHET, A. & DIEUDONNÉ, A. *Manuel de numismatique française*, II, p. 308 e 314.

te, pelo silêncio dos seus modelos. Mas há também, ao que tudo indica, outra razão, que descobriremos facilmente, assim que tivermos visto quando esse silêncio foi rompido pela primeira vez.

Um *Tratado de Medicina* (*Compendium Medicinae*) que gozou, na Idade Média, de certa fama, chegou até nós sob o nome de Gilberto o Inglês (*Gilbertus Anglicus*). Sobre essa personagem, não se sabe nada com certeza; o seu sobrenome vincula-o de algum modo à Inglaterra: por sua nacionalidade? Por suas origens familiares? Uma estadia que teria feito por lá? Como dizê-lo? Quanto à data de redação do tratado, pode-se fixá-la, sem medo de errar, na primeira metade do século XIII; nenhuma outra precisão é permitida. Essa obra bastante misteriosa é, segundo meus conhecimentos, a primeira de sua espécie em que a questão do toque tenha sido abordada. Lê-se, com efeito, no livro III estas palavras: "as escrófulas [...] chamadas também de mal régio, porque os reis as curam"[176]. Simples alusão, ver-se-á, feita de passagem que diz respeito muito mais à utilização da linguagem do que a uma medicação expressamente recomendada pelo autor. Os escritores que verdadeiramente deram ao milagre régio o direito de ser citado pela ciência foram franceses e súditos de Filipe o Belo: Bernard de Gourdon[177], os quatro mestres anôni-

---

176. Ed. De Lyon, in-4°, 1510, no cap. *De scrophulis et glandulis*: "et vocantur scrophule [...] et etiam morbus regis quia reges hunc morbum curant". Temendo que essa frase não tenha sido interpolada tardiamente, reportei-me a um dos antigos manuscritos do *Compendium*, o ms. 173 da Bibl. de Vendôme, que data do século XIII; a frase aí se encontra facilmente (fol. 122 a). Quanto à data do tratado, ela se estabeleceu da seguinte maneira: Gilberto, sobre as doenças dos olhos, menciona "collirium quod feci Bertranno filio domini H. de Jubileto" (ms. de Vendôme, fol. 94b; p. 137 da edição de Lyon). A família de Gilberto (Djebaïl) era uma das grandes famílias senhoriais da Terra Santa, sua genealogia pode ser encontrada em DU GANGE. *Les familles d'Outremer*. Ed. E.G. Rey (doc. inédito), 1869, p. 325. Pode-se somente tratar-se, aqui, de Bertrand II, filho de Hugo. Bertrand fez parte da cruzada de 1271 e figurou, neste mesmo ano, como testemunha de um ato. Hugo morreu depois de 1232. Essa passagem é assinalada por LITTRÉ. *Histoire littéraire*, XXI, p. 394. O Sr. J.F. Payne: English Medicine in the Anglo-Norman Period (*British Medical Journal*, 1904, II, p. 1.283) rejeita-a como uma interpolação. Somente um estudo aprofundado do manuscrito permitiria resolver definitivamente a questão; devo, no entanto, observar que o ms. de Vendôme engloba o texto litigioso. O Sr. Payne data, além disso, a atividade de Gilberto como tendo ocorrido em torno do ano de 1200; ele aceita a tradição – atestada pela primeira vez no século XVII – segundo a qual ele tivera sido o médico do arcebispo de Canterbury, Huberto Walter; mas quanta fé em acrescentar um "ouvir dizer" tão tardio, que não se apoia em nenhuma referência em um texto antigo! Eu não pude ver HANDERSON, H.E. *Gilbertus Anglicus* (*published posthumously for private distribution by the Cleveland Medical Library Assoc*). Cleveland, Ohio, 1918, que assinala THORNDIKE, L. *A history of magic and experimental science*, II. Londres 1923, p. 478, n. 1. A nota de Thorndike sobre Gilberto não traz nenhuma precisão sobre o problema da data.

177. *Lilium Medicinae*. Ed. de 1550, par. I, p. 85. O *Lilium* foi escrito por volta de 1305.

mos que glosaram os tratados cirúrgicos de Roger e de Rolando de Parma[178], Henrique de Mondeville, enfim, o próprio cirurgião do rei, tão orgulhoso de ter o seu monarca como colega: "Assim" – exclamava ingenuamente – "que o nosso Salvador, Messias Jesus Cristo, exercendo a cirurgia com as suas mãos, quis honrar os cirurgiões, da mesma forma o nosso sereníssimo soberano rei da França faz-lhes honra, a eles e a seu estado, curando as escrófulas com um simples contato"[179]. Nem todo mundo partilhava deste entusiasmo. Por volta de 1325, vivia em Ypres um cirurgião, mestre Jean, que nos deixou um tratado sobre o seu ofício. Ele tinha, ao que parece, tomado partido nas lutas políticas que se desenrolaram então na Flandres: ele se colocaria entre os adversários da flor de lis – de onde, sem dúvida, vem o seu ceticismo manifestado em relação ao dom taumatúrgico que a opinião médica francesa atribuía aos capetos. "Dir-vos-ão agora", escreveu ele, "que muitas pessoas creem que Deus deu aos reis da França o poder de curar as escrófulas supurantes pelos simples toque das mãos; segundo essa gente crê, muitos dos enfermos tocados são curados, mas, às vezes, eles não se curam"[180]. É evidente que, aos olhos do mestre Jean, a ideia de incorporar o toque régio aos remédios aconselhados pela farmacopeia clássica parecia ainda uma novidade. Brevemente, tal ideia deixa de ser considerada assim. Na verdade, os escritores da geração posterior – na França, Gui de Chauliac em *Grande cirurgia*, redigido em

---

178. *Collectio Salernitana*, II. Nápoles 1853, p. 597. A atribuição francesa aos autores é verossímil, mas não certa. Cf. GURLT. *Gesch. Der Chirurgie*, I, p 703.

179. PAGEL, J.L. *Leben, Lehre und Leistungen des Heinrich von Mondeville*. Theil 1: *Die Chirurgie des Heinrich von M*. Berlim, 1892 (texto editado uma primeira vez pelo *Archiv fur klinische Chirurgie*, XL e XLI). *Tract. IL, Notabilia introductoria*, p. 135: "Et sicut praedictum est, quod Salvator noster, Dominus Jhesus Christus, officium cyrurgicum propriis manibus exercendo voluit cyrurgicos honorare, ita et eodem modo Princeps Serenissimus, Francorum rex, ipsos et eorum status honorat, qui curat scrophulas solo tactu [...]". Cf. *Tract. III*, doctr. II, cap. IV, p. 470. As duas passagens faltam à tradução francesa (na qual todo o 3º tratado está ausente e ainda o prólogo do 2º aparece somente como um resumo): *La Chirurgie de maître Henri de Mondeville*. Ed. A, Bos. 2 vols., 1897-1898 (*Soc. des anc. textes*). Sobre as datas de Henri de M., cf. uma nota de WENCK. Philipp der Schöne, p. 16, n. 4.

180. *La chirurgie de maître Jehan Yperman*. Ed. BROECKX. *Annales académ. archéolog. Belgique*, XX (1863), p. 259. "Van des conincs evele sal men jou nou segghen her hebben vele lieden ghelove ane den coninc van Vranckerike dat hem God macht heeft ghegheven scrouffelen te ghenesene die loepen ende dat alle met sin begripe van der hant ende dese lieden ghenesen vele bi hore ghelove ende onder wilen ghenesen si niet". Eu devo a tradução desta passagem ao meu colega de Bruxelas, o Sr. Ganshof. Sobre Jean Ypres, cf. a introdução de Broeck; ele foi encarregado do serviço médico no exército de Ypres na ocasião da guerra contra o conde Luís, em 1325 (p. 134). Cf. GURLT. *Geschichte der Chirurgie*, II, p. 137.

1363, o qual permaneceria até os tempos modernos como o manual predileto dos médicos[181]; na Inglaterra, John de Gaddesden, sob Eduardo III[182], John de Mirfield, sob Ricardo II[183] – obedeceram, sem mais, ao impulso dado pelo grupo francês por volta do ano de 1300. Ora, é extremamente impressionante que o rito curador tenha assim obtido uma espécie de consagração científica no mesmo momento e quase no mesmo meio em que, como se verá à frente, cessou o ostracismo quase unânime no qual, até então, a doutrina eclesiástica o tinha lançado. Calando-se por tanto tempo sobre esse tema, os médicos tinham somente imitado a prudente abstenção da qual, por razões que serão indicadas em seu devido lugar, a teologia mostrava-lhes o exemplo.

Todos os demais não mudaram de conduta. Somente os franceses e os ingleses, pertencentes às nações diretamente interessadas na glória do milagre régio, davam-lhe – ao menos, algumas vezes – um lugar em seus escritos. Eles não foram seguidos por seus colegas estrangeiros – não que estes, habitualmente, fossem colocar em dúvida as virtudes do toque; entre eles, há o caso de um Jean Ypres, estimulado contra os capetos por ódios que se desenvolviam na Flandres, por conta das lutas municipais, que permanece completamente excepcional; eles contentavam-se, na maioria das vezes, em nada dizer. Como se explicar esse silêncio? Pela ignorância ou pela rotina para alguns, mas, entre outros, parece certo que tenha sido uma atitude deliberada. Tomemos por exemplo Arnaud de Villeneuve, que foi um dos maiores médicos do século XIV. Sem dúvida, de origem aragonesa, viveu na França e em Avignon; como acreditar que jamais tenha ouvido falar das curas realizadas pelos Valois? No entanto, procurar-se-ia em vão alguma menção no capítulo "*De scrophula*" de seu *Tratado de medicina prática*[184]; espírito independente e capaz de trazer até à própria credulidade uma espécie de originalidade, sem dúvida não partilhava a fé cega

---

181. *Tract.* II, doct. I, cap. IV; texto em latim: *Chirurgia magna Guidonis de Gauliaco*, in-4°. Lyon, 1535, p. 79. Texto em francês, Ed. E. NICAISE, in-4°, 1890, p. 127.

182. *Praxis medica, rosa anglica dicta*, lib. II, no § intitulado "*Curatio scrophularum [...]*". Ed. de 1492, in-8°, [s.l.], [n.d.], p. 54 V.

183. *Breviarium Bartholomaei*. British Museum, Harleian ms. 3, fol. 41, col. 1 (já citado em CRAWFURD. *King's Evil*, p. 42). Eu não sei por que Lanfrank, em sua *Science off Cirurgie* (*Early English Texts*, O. S. 102, III, II, 13) dedicou um capítulo às escrófulas sem assinalar o poder de cura dos reis. Talvez, teria copiado um autor mais antigo que não o mencionou.

184. *Compendium medicinae practicae*, lib. II, cap. V. (ed. de Lyon, in-4°, 1586, p. A 54 V°ss.).

dos seus contemporâneos. No que pude ver, a noção de poder curador dos reis não penetrou, antes do século XVI, na literatura médica internacional[185].

Também não se deveria imaginar que os médicos da Idade Média, mesmo os franceses e os ingleses, tenham se colocado a divulgar frases entusiastas sobre os ritos de cura. Para eles, os milagres eram coisas familiares que não contradiziam em nada a sua visão de mundo, aqueles realizados pelos príncipes temporais como os dos santos. Acreditavam neles, mas com um coração sereno e sem paixão. Além disso, distinguiam mal os remédios naturais – cuja ação, para eles, era de ordinário plenamente misteriosa – dos sobrenaturais, e os enumeravam uns ao lado dos outros sem malícia. Frequentemente, reenviavam aos reis os escrofulosos que se colocavam rebeldes aos outros tratamentos. "Como último recurso", diz Bernard Gourdon, em seu *Lírio da medicina*, "é necessário recorrer ao cirurgião, senão, vamos aos reis"[186]. John of Gaddesden inverteu esta ordem: "Se os remédios", lê-se em sua *Prática médica*, "são ineficazes, que o doente vá ao rei e faça-se tocar e benzer por ele; [...] em última instância, se todo o resto se mostrar insuficiente, que se entregue ao cirurgião"[187]. Não vejamos nisso nenhuma ironia. Gaddesden não pensa que o cirurgião fará necessariamente melhor do que o rei; ao contrário, considera que a operação, que é muito perigosa, deve ser evitada a todo custo; recorrer-se-á a ela depois de ter esgotado todas as outras formas, inclusive o milagre. Nem os reis nem os santos curavam sempre, porém, não se duvidava das virtudes taumatúrgicas nem de uns nem de outros. Os apologistas da realeza taumatúrgica, nos séculos XVI e XVII, falarão em outro tom; como não viviam na mesma atmosfera, aumentam o tom para serem entendidos por um povo menos confiante. Uma fé simples exprime-se de forma simples e ingênua. Assim, o toque das escrófulas foi transformado, na França e na Inglaterra, em um lugar-comum medical. Os manuais técnicos serviam, à sua maneira, à glória da monarquia. Sem dúvida, mais de um médico, tendo-lhes extraído sua ciência, deu por sua vez aos seus

---

185. O primeiro médico estrangeiro, fora da França e da Inglaterra, a mencioná-lo, parecendo acreditar, é, em meu conhecimento, o italiano Girolamo Mercuriale em seu *De morbis puerorum*, publicado, pela primeira vez, em 1583. Ed. de 1588, in-4°, Veneza, p. 35. Em seguida, um outro italiano Fabrício de Acquapendente, um dos fundadores da anatomia científica, em seu *Pentateuchus*, publicado inicialmente em 1592 (apud GURLT. *Gesch. der Chirurgie*, II, p. 451).

186. Loc. cit.: "Finaliter oportet recurrere ad manum chirurgicam [...] et si non, vadamus ad reges". John of Mirfield emprega expressões análogas.

187. Loc. cit.: "Et si ista non sufiiciant, vadat ad Regem, ut ab eo tangatur atque benedicatur: quia iste vocatur morbus regius; et valet tactus nobilissimi et serenissimi regis anglicorum. Ultimo tamen si ista non sufftciunt tradatur cirurgico".

clientes um conselho tornado clássico: "vá ao rei". Procuremos, agora, saber o que podiam dizer a suas ovelhas os doutores da Igreja.

4 O toque das escrófulas diante da opinião dos eclesiásticos

No século XI, um pouco depois da instauração, na França, do primeiro rito curador, um grande movimento doutrinal veio sacudir até os fundamentos da vida da Europa católica. Os historiadores, atribuindo-lhe por epônimo o Papa Gregório VII, habitualmente o chamam de gregoriano. Conformar-me-ei aos hábitos correntes. Mas é conveniente de lembrar que este *despertar* religioso, nascido de sentimentos profundos, foi, antes de tudo, uma obra coletiva. Um grupo de monges e de prelados revolucionou a Igreja. Esses homens, cuja ação foi tão forte, não eram, em nenhuma medida, no domínio do pensamento, inventores; as teses que repetiam a exaustão, outros, antes deles, já haviam produzido. Sua originalidade estava em outro lugar: nesse implacável senso lógico que lhes engajavam em aplicar ao máximo os princípios que tinham recebido da tradição, um pouco enfraquecidos por uma longa utilização; na sinceridade rude que, pelas suas bocas, davam um novo vigor às teorias mais batidas; sobretudo, no esforço que fizeram, heroicamente, para transformar em regras de conduta prática as ideias – em sua maioria, tão velhas como o cristianismo, mas, que, após muitos séculos, acostumaram-se a não mais deixar sair do mundo inofensivo dos tratados de teologia ou de moral. A influência deles decidiu a atitude que, durante muitos anos, a literatura eclesiástica deveria adotar diante do milagre régio. Ver-se-á em qual sentido ela se exerceu[188].

Para compreender as concepções políticas desta escola, é importante representar exatamente aquilo a que elas se opunham, coisa que se esquece às vezes. O poder temporal que ela combatia com tanta fúria não tinha nada em comum com o Estado laico que, muito mais tarde, deveria ser atacado, por sua vez, por outros pensadores católicos; muito longe de procurar romper todo o laço com a religião, esse poder pretendia, ao contrário, revestir-se de

---

188. Seria um absurdo completo pretender relacionar aqui uma bibliografia, mesmo que sumária, do movimento gregoriano. Os trabalhos recentes foram ulteriormente recenseados em WHITNEY, J.P. *Gregory VII*; *Engl. Historical Review*, 1919, p. 129. Para a história das doutrinas políticas durante esse período, a obra de síntese mais recente é CARLYLE, R.W. & CARLYLE, a.j. *A history of mediaeval political theory in the West*, III e IV. Edimburgo/Londres, 1915 e 1922. Confesso ter tirado poucas informações de BERNHEIM, e. *Mittelalterliche Zeitanschauungen in ihrem Einfluss auf Politik und Geschichtsschreibung*, I. Tubingen 1918. Por outro lado, reportar-se-á sempre de forma proveitosa a KERN, f. *Gottesgnadentum*.

um caráter eminentemente religioso: era a realeza sagrada, legado dos velhos tempos, sancionada – talvez imprudentemente – pela Igreja nos séculos VIII e IX. O rito da unção régia, após a sua introdução na Europa Ocidental, não tinha parado de crescer em importância e em prestígio. Como se verá em seguida com mais vagar, depreendia-se do rito, pelo menos em certos meios, mais deliberadamente do que nunca, a noção quase sacerdotal dos soberanos. Imperadores e reis usavam o óleo santo para subjugar seu clero e o próprio papado.

Ora, esses príncipes do mundo que se julgavam personagens sagradas, os reformadores queriam, antes de tudo, retirar-lhes a sua marca sobrenatural, reduzindo-os – independentemente do que pudessem pensar os seus súditos – a serem somente simples humanos cujo império limitasse-se por completo às coisas desta terra. Isto porque, por uma conjuntura que é paradoxal apenas em aparência, os partidários da origem popular do Estado, os teóricos de um tipo de contrato social devem ser procurados, nestes tempos, entre os defensores mais fanáticos da autoridade em matéria religiosa. Sob Gregório VII, um monge alsaciano, Manegold de Lautenbach, em um tratado dedicado à apologia da política pontifical, explicava como o rei, escolhido para reprimir os desígnios dos perversos e proteger os bons, será, caso falte com tais atribuições, deposto de sua dignidade, "pois, neste caso, segundo todas as evidências, ele próprio rompeu o pacto que o faz rei"; e este pacto, essencialmente revogável, entre o povo e o seu chefe, Manegold – algumas linhas depois – não hesitava em compará-lo à convenção que um homem conclui, "mediante justo salário", com o pastor a quem confiou o cuidado dos seus porcos[189]. Fórmulas de um excepcional rigor. Mesmo seu autor, talvez, não tenha percebido a imensidão que elas carregavam; não obstante, elas estavam bem de acordo com a lógica profunda do movimento de ideias em que se tinham originado. Este movimento, os historiadores frequentemente apresentam-no como uma tentativa de

---

189. *Ad Gebehardam liber*, c. XXX (*Monum. German., Libelli de lite*, I, p. 365): "Neque enim populus ideo eum super se exaltat, ut liberam in se exercendae tyrannidis facultatem concédat, sed ut a tyrannide ceterorum et improbitate defendat. Atqui, cum ille, qui pro coercendis pravis, probis defendendis eligitur, pravitatem in se fovere, bonos conterere, tyrannidem, quam debuit propulsare, in subiectos ceperit ipse crudelissime exercere, nonne clarum est, merito illum a concessa dignitate cadere, populum ab eius dominio et subiectione liberum existere, cum pactum, pro quo constitutus est, constet illum prius irrupisse? [...] Ut enim de rébus vilioribus exemplum trahamus, si quis alicui digna mercede porcos suos pascendos committeret ipsumque postmodo eos non pascere, sed furari, mactare et perdere cognosceret, nonne, promissa mercede etiam sibi retenta, a porcis pascendis cum contumelia illum amoveret?" Sobre Manegold, cf., entre outros, FLICHE, A. Les théories germaniques de la souveraineté à la fin du XIe. In: *Revue Historique*, CXXV, (1917), p. 41ss.. • CARLYLE, R.W. & CARLYLE, A.J. Op. cit.

submeter o poder temporal ao espiritual: interpretação exata, em suma, mais incompleta. Inicialmente, foi necessário, no domínio político, um vigoroso esforço para destruir a antiga confusão do temporal com o espiritual.

Ademais, sobre o poder monárquico, temos a opinião do próprio Gregório VII. Ele a consignou em uma célebre carta que endereçou, em 15 de março de 1081, ao bispo de Metz, Hermann. Ele acabara de excomungar, pela segunda vez, o Imperador Henrique IV; sabia-se engajado em uma luta inexpiável; não tinha mais que usar de eufemismos; nesse incendiário manifesto, o seu pensamento expõe-se claramente; talvez, force-se a maneira de se expressar, normalmente menos indignada, mas mesmo os seus exageros, se os há, somente sublinharam utilmente os traços essenciais de uma doutrina que, em seu conjunto, é perfeitamente firme e coerente. Ele humilha com uma espécie de fúria a realeza diante do sacerdócio e a coloca de tão baixo que a apresenta quase como uma instituição diabólica. Ora, de onde vem, aos seus olhos, a inferioridade flagrante dos príncipes deste mundo? Do fato de que, sendo leigos, não fazem parte das graças sobrenaturais. O que é um imperador ou um rei, por mais poderosos que pareçam nesta terra, perto de um padre capaz, "com uma palavra de sua boca", de transformar o pão e o vinho "em corpo e no sangue do Nosso Senhor"? Ou, digo mais, perto de um exorcista? (sabe-se que se entende por essa palavra o clérigo provido da terceira das ordens menores); o imperador e o rei comandam somente os homens, o exorcista – trata-se aqui dos próprios termos do ritual de ordenação dos quais se lembra, oportunamente, Gregório – é o "imperador espiritual constituído para caçar os demônios"[190]. E o papa acrescenta estas palavras que é preciso considerar:

---

190. JAFFÉ, p. *Gregorii VII registrum* (*Bibliotheca rerum Germanicarum*, II), VIII, 21, p. 453ss., esp. p. 457: "Quis nesciat reges et duces abiis habuisse principium qui, Deum ignorantes, superbia, rapinis, perfidia, homicidiis, postremo universis pene sceleribus, mundi principe, diabolo videlicet, agitante, super pares, scilicet homines, dominari caeca cupidine et intolerabili praesumptione afifectarunt". Para a inferioridade em relação ao exorcista, p. 459: "Meminisse etiam debet fraternitas tua: quia maior potestas exorcistae conceditur, cum spiritualis imperator ad abiciendos demones constituitur, quam alicui laicorum causa saecularis dominationis tribui possit". Para o padre, p. 460, notadamente: "Et quod maximum est in christiana religione, quis eorum valet proprio ore corpus et sanguinem Domini conficere?" As palavras "spirituales imperatores ad abjiciendos daemones" encontram-se, ainda hoje, prescritas em uma prece do Pontifical Romano para a ordenação do exorcista; a fórmula é antiga, cf., p. ex., os diversos *ordines* reunidos por Dom Martene, *De antiquis ecclesiae ritibus*. Ed. de Bassano, 1788, fol., II, p. 30ss. Quanto à questão de saber se Gregório VII atribuía, verdadeiramente, ao poder civil uma origem diabólica, ela foi, frequentemente, debatida; cf. esp. a interessante discussão do cônego Cauchie (*Revue d'Histoire Ecclésiastique*, V, 1904, p. 588-597) que se esforça em conciliar as diferentes declarações de Gregório VII sobre esse tema – bem diferentes, é necessário dizer, em sua forma

Onde encontrar, entre os imperadores e os reis, um homem que, mesmo sem falar dos apóstolos ou dos mártires, tenha se igualado por seus milagres a São Martinho, Santo Antônio ou São Bento? Qual é o imperador ou rei que ressuscitou os mortos, devolveu a saúde aos leprosos, a luz aos cegos? Veja o Imperador Constantino, de piedosa memória, Teodósio e Honório, Carlos e Luís, todos amigos da justiça, propagadores da religião cristã, protetores da Igreja, a Santa Igreja louva-os e os reverencia; ela não indica que tenham brilhado pela glória de tais milagres[191].

Assim, Gregório VII negava expressamente aos soberanos temporais, mesmo os mais piedosos, o dom do milagre. Fazendo isso, estaria pensando no poder taumatúrgico que, há duas gerações, reivindicavam os monarcas franceses? A forma tão genérica que deu ao seu pensamento, não permite ver uma alusão tão precisa, além disso, seus olhares estavam então voltados muito mais para o império do que para o pequeno reino capetíngio. Sem dúvida, ele apenas queria extrair dos conceitos que formara sobre a natureza do poder político uma conclusão muito natural, sem considerar nenhum caso particular. Mas a mesma ideia, derivando necessariamente dos princípios da escola gregoriana, chegou a outros além dele; e esses não deixaram de aplicá-las aos reis franceses e ingleses. Sem dúvida, a Igreja sempre ensinou que o milagre não prova em nada a santidade; ele vem de Deus, que utiliza os seus instrumentos onde lhe agrada[192]. Mas esta teoria, na qual espíritos conciliadores como Guibert

---

conforme o papa tivesse razões de ser agradável ou desagradável a este ou àquele soberano temporal. Mgr. Cauchie concluiu (p. 593): "não há nenhuma contradição em dizer: 1°) de fato, o poder estabeleceu-se de uma forma diabólica; 2°) em princípio, apesar deste vício original, é necessário considerá-lo como desejado ou permitido por Deus". Isso não significa dizer que Gregório VII considerava que nada neste mundo se faz, mesmo pelo diabo, sem a permissão de Deus, em outros termos, que ele não era maniqueísta? O que, facilmente, se concordará. Em suma, não poderíamos duvidar que ele tenha visto alguma coisa de diabólica na origem das realezas: trata-se, igualmente, do sentido da resposta célebre do bispo de Liège, Wazon – gregoriano *avant lettre* – ao Imperador Henrique III sobre o tema da comparação entre as unções régia e sacerdotal, a segunda sendo criada *ad vivificandum*, mas a primeira *ad mortificandom*: Anselmi Gesta Episcop. Leodensium em Monum. German., SS., VII, p. 229.

191. Loc. cit. p. 462: "Namque, ut de apostolis et martyribus taceamus, quis imperatorum vel regum aeque ut beatus Martinus, Antonius et Benedictus miraculis claruit? Quis enim imperator aut rex mortuos suscitavit, leprosos mundavit, cecos illuminavit? Ecce Constantinum piae memoriae impe-ratorem,Theodosium et Honorium, Carolum et Lodoicum, iustitiae amatores, christianae religionis propagatores, ecclesiarum defensores, sancta quidem ecclesia laudat et veneratur; non tamen eos fulsisse tanta miraculorum gloria indicat".

192. Cf., p. ex., SANTO TOMÁS DE AQUINO. *Summa Theolog.*, II, 2, *quaest.* 178, *art.* 2.

de Nogent creem encontrar o meio de aceitar as curas régias sem melindrar frontalmente a ortodoxia, só poderia parecer aos doutores mais radicais uma medíocre escapatória – eles sabiam muito bem que o povo não pensava assim. Admitir que um príncipe leigo fosse capaz, como príncipe, de realizar curas sobrenaturais teria sido, quer se quisesse quer não, fortalecer nas almas esta mesma noção da realeza sagrada que os reformadores se esforçavam energicamente para destruir.

O seu estado de espírito foi perfeitamente expresso, logo no início da história do toque, por Guillaume de Malmesbury, denunciando, a propósito dos milagres atribuídos a Santo Eduardo, a "obra de falsidade" daqueles que pretendiam que este príncipe "possuísse o poder de curar, não em virtude de sua santidade, mas a título hereditário, como um privilégio da estirpe real"[193]. O singular é que este protesto não se repetiu. Os outros escritores da mesma doutrina protestaram bastante, à sua maneira, mas sem estardalhaço. Na França, durante quase dois séculos, vê-se a literatura de proveniência eclesiástica – ou seja, considerada, para a época, toda a literatura histórica e didática – a observar sobre o tema do rito taumatúrgico um silêncio quase unânime; do mesmo modo na Inglaterra, e há mais tempo ainda: acaso ou negligência? Quem nisso acreditaria? Vejamos, por exemplo, a carta que, entre 1235 e 1253, o bispo de Lincoln, Robert Grossetête, endereçou a seu Sr. Henrique III para lhe explicar, a pedido do próprio rei, a natureza e os efeitos da unção régia[194]; nela, procurar-se-ia em vão uma alusão à virtude maravilhosa que, aos olhos do vulgo, passariam pelos óleos santos. Como admitir um esquecimento? Trata-se somente de uma omissão voluntária. Há somente duas exceções: Gilbert de Nogent na França e Pierre de Blois na corte inglesa. A atitude deles não deve, de modo algum, nos surpreender. Em tudo, testemunhariam um zelo medíocre pelas ideias saídas da escola gregoriana. Guibert, contemporâneo do terrível papa, falou sem simpatia da perseguição exercida contra os padres casados[195]; Pierre de Blois, familiar de Henrique II, não parece ter desaprovado a política eclesiástica de seu soberano, muito desfavorável, como se sabe, às

---

193. Cf. acima, p. 45, n. 1.
194. Ed. Luard (*Rolls Series*), n. CXXIV, p. 350. Destaca-se igualmente que Giraud de Cambrie, escrevendo no tempo de Filipe Augusto seu *De principis instructione*, tão favorável à dinastia capetíngia, não tenha aí se referido ao milagre régio.
195. *De vita sua*, I, c. VII. Ed. G. BOURGIN (*Collection de textes pour servir à l'étude et l'ens. de l'histoire*), p. 20.

"liberdades" eclesiásticas[196]. Somente homens tão indiferentes às concepções caras aos reformadores poderiam dar lugar em seus escritos ao milagre régio; os outros se calavam, obedecendo a uma espécie de acordo, mais ou menos tácito, mas que não se impunha menos rigorosamente às consciências. Já tive a oportunidade de assinalar, a propósito do rito francês, a longa recusa que os textos opuseram às solicitações dos historiadores; conhece-se, agora, a razão: nós a encontramos na influência exercida pelo grande despertar do século XI, cuja ação prolonga-se, como por ondas sucessivas, durante os dois séculos seguintes. Não nos surpreendamos que essa influência tenha se imposto, com uma força igual, a todos os escritores deste tempo, não somente aos teólogos ou aos cronistas monásticos, mas também aos autores de língua vulgar, a esses jograis que jamais – ao que parece – em nenhuma epopeia ou romance de aventuras, atribuíram a seus reis lendários estas curas maravilhosas realizadas diariamente, bem a seu lado, pelos mais reais dos soberanos. Hoje, nós sabemos que todo este mundo foi, muito mais do que se imaginava outrora, submisso à dominação eclesiástica[197]. Mas, dir-se-ia, por que os partidários das concepções gregorianas escolheram a via do silêncio? Como explicar que estes fanáticos audaciosos não tenham atacado diretamente o rito que lhes deveria

---

196. Ele foi chanceler do Arcebispo Richard, que sucedeu a Thomas Becket na sé de Canterbury e cuja política parece ter sido muito diferente da desenvolvida pelo seu predecessor. Cf. ROBINSON, J.A. *Somerset historical essays*, 1921, p. 108.

197. É justo acrescentar que, tanto quanto pude ver, o silêncio mantido pelos autores de obras de ficção parece ser prolongado para muito além do momento em que, como se dará conta a seguir, o ostracismo do qual se falou parou – mesmo em meios eclesiásticos muito rígidos – de atingir o milagre régio. Não há, pelo menos em meus conhecimentos, nenhuma obra romanesca medieval que tenha utilizado o toque das escrófulas. Talvez, deva-se explicar esta ausência, apesar de tudo muito particular, pelo espírito comum aos romancistas; neste fim da Idade Média, não faziam mais do que repetir os temas transmitidos pelos períodos anteriores. Apresso-me, além do mais, em assinalar que minhas pesquisas sobre esse tema, menos do que em qualquer outro, não pretendem ser completas e que, ademais, eu não encontrei para a literatura dos últimos séculos os mesmos auxílios que para a primeira época medieval. O estudo disso e de alguns romances de aventura, na verdade, foi-me grandemente facilitado por algumas dissertações alemãs, muito úteis como compilações de referência, cuja lista se segue: EULER, A. *Das Königtum im altfranzösischen Epos* (Ausg. u. Abh. 65). Marburgo, 1886. • GEISSLER, O. *Religion und Aberglaube in den mittelenglischen Versromanzen*. Halle, 1908. • HALLAUER, M. *Das wunderbare Element in den Chansons de Geste*. Bâle 1918. • KÜHN, O. *Medizinisches ans der altfranzösischen Dichtung* (*Abh. zurGesch. der Medizin*, 8). Breslau, 1904. • LAUE, F. *Ueber Krankenbehandlung und Heilkunde in der Literatur des alten Frankreichs*. Gottingen, 1904. • WERNER, F. *Königtum und Lehenswesen im französischen Nationalepos* (Roman. Forsch. 25) 1908. De uma indicação de FUNCK-BRENTANO. *Le Roi*, p. 177, n. 4, poder-se-ia concluir que o *Mystère de St Remy*, conservado em um manuscrito do século XIV (Arsenal 3364) aborda uma passagem relativa ao toque. Verificação feita, nada demais – o *Mystère* colocado em cena é somente o milagre da Santa Âmbula.

causar horror? E mais, eles não eram, apesar de tudo, os únicos mestres; eles encontravam mesmo em fileiras do clero adversários frequentemente hábeis e eloquentes; por que não se vê, nenhum deles, tomar expressamente a defesa do milagre régio?

À volta do movimento gregoriano, toda uma polêmica se introduziu, a qual foi decisiva para toda a educação política do mundo medieval; por que o toque das escrófulas não tinha aí nenhuma participação? A resposta é simples: este grande conflito de ideias deixou a França e a Inglaterra quase completamente fora do seu campo de ação. O caso do misterioso escritor inglês ou normando que, na falta de algo melhor, chamamos de Anônimo de York, fora uma exceção, pode-se dizer, única[198]; não se poderia censurá-lo acerca do seu silêncio sobre um rito que, à sua época, apenas nascera – se é que já nascera. O Anônimo posto à parte, os homens que empreenderam o combate pelo livro ou pelo panfleto foram os alemães ou os italianos que pensavam somente no império e negligenciavam os reinos do Oeste. Isso não quer dizer que neles, a grande querela do *regnum* com o *sacerdotium* não tenha, tanto quanto em outros lugares, perturbado o Estado; mas, durante muito tempo, ela quanto a isso colocou apenas questões factuais, referentes à nomeação das dignidades eclesiásticas ou às liberdades – sejam fiscais, sejam judiciais – do clero. Essas ásperas disputas, por mais limitadas que estivessem ao terreno das questões práticas, pressupunham a oposição entre conceitos rivais e sentimentos contrários. Somente nesses reinos, este antagonismo profundo permaneceu mais frequentemente, senão inconsciente, ao menos não expresso. Houve, para esta regra, algumas exceções, mas bem raras (e nós veremos mais tarde que a mais ressoante dentre elas se explica pelas circunstâncias, também elas, excepcionais). De um modo geral, seja por prudência (pois jamais na França, e nem mesmo na Inglaterra, a luta tomou uma característica tão implacável como no império), seja por falta de interesse em especulações teóricas, evitou-se, quase sempre, nos dois países com os quais nos ocupamos, suscitar dificuldades acerca de princípios. Ao menos

---

198. Poderíamos ser tentados a aproximar o *Anônimo*, como teórico político, a um contemporâneo seu, o francês Hugo de Fleury, cujo *Tractatus de regia potestate et sacerdotali dignitate* foi dedicado a Henrique I da Inglaterra. Mas, apesar da frase célebre na qual Hugo compara o rei a Deus Pai e o bispo a Cristo somente (I, c. 3; *Monum. Germ., Libelli de lite*, III, p. 468) – frase que, outrossim, como demonstrou CARLYLE, A.J. *A history of mediaeval political theory*, IV, p. 268, parece muito bem ser apenas uma reminiscência livresca – esse autor não poderia ser considerado como um partidário decidido do *regnum*. Ele pertencia ao grupo que o Sr. Luchaire – nele colocando Hugue de Fleury ao lado de Ive de Chartres – justamente chamou de "terceiro partido" francês (LAVISSE. *Histoire de France*, II, 2, p. 219).

na França, evitou-se até o momento em que, sob Filipe o Belo, a monarquia capetíngia, transformada em uma grande potência europeia, pareceu ter herdado o papel dos Hohenstaufen – que, desaparecendo da cena do mundo, tinham deixado vago. O rei da França colocou-se então, por sua vez, a defender o poder temporal; os polemistas franceses, seguindo o seu soberano, entraram na arena; eles tiveram o cuidado, como se verá em breve, de não esquecer o dom taumatúrgico.

Em nosso país, de resto, desde a metade do século XIII, o consenso sobre o silêncio já tinha começado a afrouxar-se. Dois escritores eclesiásticos obscuros, o autor anônimo dos milagres dos santos de Savigny – obra composta entre 1242 e 1244 – e um Clement que redigiu por volta de 1260 uma vida do padre normando Thomas de Biville, mencionam incidentalmente – o primeiro o "mal régio"[199], o segundo, com mais precisão, "o mal das escrófulas que o rei da França cura com suas mãos pela graça divina"[200]. Mas só após a morte de São Luís, os padres realmente proeminentes atreveram-se a quebrar o antigo ostracismo. O piedoso rei parecia santificar tudo o que lhe concernia. Vejamos, no entanto, com qual prudência seus biógrafos aproximam-se deste terreno perigoso. Guilherme de Saint-Pathus fala do toque apenas de passagem[201]. Geoffroi de Beaulieu consagra-lhe, ao contrário, todo um desenvolvimento; trata-se do propósito deliberado de colocar em evidência o caráter religioso desta prática contestada; ele não se contenta em assinalar com insistência que

---

199. *Histor. de France*, XXIII, p. 597 c.: "Dicebant autem aliqui qui eum visitabant quod hic erat morbus regius, id est lupus".

200. *Histor. de France*, XXIII, p. 565, § XXXVI: "morbus erat scrophularum, a quo rex Franciae tactu manuum suarum divinitus curat". Sobre a obra e seu autor, cf. PARIS, P. *Hist. littéraire*, XXXI, p. 65. • DELISLE, L. *Mémoire sur le bienheureux Thomas de Biville*. Saint-Lô, 1912. Na tradição em versos francesa, ed. por de Pontaumont: *Vie du B. Thomas Hélie de Biville*. Cherbourg, 1868, faltam os milagres e, por consequência, a passagem de que nos ocupamos. Um sermão em honra de São Marcoul que é, provavelmente, do século XIII – mas ao qual não se saberia atribuir a data de forma precisa – emprega também a expressão *morbus regius*; cf. abaixo, p. 254, n. 471. Du Cange – ou melhor, os beneditinos completando o *Glossarium* de Du Cange – no verbete *Scroellae* citam a seguinte frase, a qual, tomam emprestado de um glossário latim-francês da Biblioteca de Saint-Germain de Près (eu restabeleci o texto exato segundo o manuscrito): "a Escrófula, uma doença que aparece no pescoço, é o mal do rei". Graças a uma obsequiosa comunicação do Sr. Antoine Thomas, pude identificar este glossário com um manuscrito da Bibl. Nacional, o qual traz o n. 13.032 do fundo latino; a frase em questão se lê no fol. 139 V; mas esse é do século XIV, sensivelmente posterior, por consequência, aos textos indicados abaixo. Mais tardios ainda são os milagres de São Fiacre, citados por Carpentier em Du Cange, no verbete *Malum Regis: AA. SS. Aug.*, VI, p. 618.

201. Cf. acima, p. 100, n. 135.

as palavras pronunciadas nesta ocasião são "na verdade santas e católicas", chega até mesmo a pretender que o seu herói tenha sido o primeiro a introduzir o sinal da cruz "a fim de que a cura fosse atribuída muito mais às virtudes da cruz do que a ação de sua majestade real"[202]. Não se poderia aceitar esta afirmação como verídica; nós sabemos por Helgaud e por Guibert de Nogent que Roberto II e Luís VI já realizavam o mesmo gesto. Não se sabe o porquê da tradição sobre este ponto ter sido interrompida. Geoffroi cometeu uma inexatidão; voluntária ou não? Quem poderia decidir? Ademais, pouco importa: nas duas hipóteses, ela se explica da mesma forma. Seria necessário demonstrar que o piedoso rei exercera o seu poder curador em plena conformidade com a mais suscetível ortodoxia. Nada faz aparecer com mais clareza os escrúpulos da opinião eclesiástica[203].

Chegamos a Filipe o Belo. Então, durante a grande luta contra a cúria, os apologistas da monarquia francesa apelaram pela primeira vez, como eu assinalei mais acima, ao milagre régio. Já escutamos Nogaret e Palisians[204]. Encontra-se a mesma tese desenvolvida com certa amplitude no pequeno tratado conhecido genericamente sob o título de *Quaestio in utramque partent*, que teve muita reputação por ter sido copiado, por volta do mesmo período em que foi composto, no registro da Chancelaria. No século seguinte, Carlos V atribui-lhe tamanha estima que o fez traduzir por Raoul de Presles. Ao invés de traduzi-lo

---

202. *Histor. de France*, XX, p. 20, c. XXXV: "In tangendis infirmitatibus, quae vulgo scroalae vocantur, super quibus curandis Franciae regibus Dominus contulit gratiam singularem, pius Rex modum hune praeter reges caeteros voluit observare. Cum enim alii reges praedecessores sui, tangendo solummodo locum morbi, verba ad hoc appropriata et consueta proferrent, quae quidem verba sancta sunt atque catholica, nec facere consuevissent aliquod signum crucis, ipse super consuetudinem aliorum hoc addidit, quod, dicendo verba super locum morbi, sanctae crucis signaculum imprimebat, ut sequens curatio virtuti crucis attribueretur potius quam regiae majestati". Passagem reproduzida por NANGIS, G. Ibid., p. 408.

203. Alguns escritores do Antigo Regime, p. ex., DU LAURENS, *De mirabili*, p. 17 e RAULIN. *Panegyre*, p. 179 citam, como um reconhecimento quase oficial do dom taumatúrgico atribuído aos reis da França, uma frase da bula de canonização de São Luís: "strumis beneficium liberationis impendit"; mas essa frase (*Histor. de France*, XXIII, p. 159 d) aplica-se somente aos milagres realizados pelo corpo do rei morto; ninguém poderia colocar a cura das escrófulas, privilégio hereditário dos reis da França, entre as provas de santidade de Luís IX; a bula não tinha por que citá-las. Ademais, é natural que se tenha solicitado a São Luís, após a morte, entre outros milagres de cura, o alívio de uma doença que, durante a sua vida, já tivera algum poder. Suas relíquias foram, frequentemente, conhecidas como tendo alguma virtude especial contra as escrófulas, cf. VALDESIUS, J. *De dignitate regum regnorumque Hispaniae*. in-4°. Granada, 1602 (relíquias de Poblet, Catalunha). • CABANÈS. *Remèdes d'autrefois*, p. 40, n. 2.

204. Cf. acima, p. 114, n. 168.

eu mesmo, citarei essa tradução. O autor anônimo enumera as provas do "justo título" do rei da França:

> Em segundo lugar, os mesmos provam os evidentes milagres, os quais são manifestamente notórios a todo mundo e notoriamente manifestos. Donde, nosso senhor, o rei, respondendo de seu justo título, pode dizer aquelas palavras do Evangelho com as quais Nosso Senhor Jesus Cristo respondeu contra as fraudes dos judeus, dizendo assim: *Se não quereis acreditar em mim, acreditai em minhas obras.* Pois, assim como por direito de herança, o filho sucede o pai na adoção do reino, igualmente também por uma forma de direito hereditário um rei sucede a outro no similar poder de fazer os mesmos milagres, os quais Deus faz por intermédio tanto deles quanto de seus ministros[205].

Os historiadores seguiriam os exemplos dos publicistas: leigos como Guilherme Guiart, sob Filipe o Belo[206]; eclesiásticos como, sob Filipe V, o Monge Ive de Saint-Denis, que foi uma espécie de historiador oficial[207], não mais temiam, doravante, em colocar em suas obras o "milagre" do toque. Há mais. A própria eloquência sagrada coloca-se, à época, ao serviço do prestígio taumatúrgico dos capetos. Temos de um dominicano normando, Frei Guilherme de Sauqueville, um curioso sermão sobre o tema "Hosana ao filho de Davi"[208] que

---

205. GOLDAST, M. *Monarchia S. Romani Imperii*, in-4°. Hanover, 1612, I, p. 49. Original latino, ibid. II (Ed. Amsterdã, 1631), p. 102. Mas eu cito diretamente segundo um dos manuscritos, *Arch. Nat. JJ.* 28, fol. 250: "Secundo, hoc idem probant aperta miracula, uni verso orbi manifeste notoria et notorie manifesta. Unde Dominus Rex, de iusto titulo suo respondens, dicere potest illud Euangelicum quod respondit Dominus Ihesus contra calumpnias Judeorum: *Si mihi non uultis credere, operibus credite.* Sicut enim hereditario iure succedit patri filius in adoptionem regni, sic quasi hereditario iure succedit, faciente Deo, alter alteri in simili potestate huiusmodi miraculi faciendi". Sobre a própria obra, SCHOLZ, R. *Die Publizistik zur Zeit Philipps des Schönen und Bonifaz VIII (Kirchenrechtliche Abhandl. hgg.* von U. STUTZ, 6-8), p. 224ss. Mais recentemente, o Sr. Fournier no *Bulletin du jubilé*, publicado pelo *Comitê Francês Católico para a celebração do sexto centenário de Dante*, p. 172, n. 1, formulou a hipótese, mas sem insistir na mesma, de que a *Quaestio* poderia muito bem ser de Plaisians. De fato, é muito pouco provável que a identidade do autor seja algum dia revelada.

206. *Histor. de France*, XXII, p. 175, v. 198ss. "Diex di ciel, li souverains peres / Si grant bonne aventure donne / A quiconques a la couronne / De la terre ramenteue, / Qu'il fait, puis qu'il l'a receue, / Tout son vivant miracles beles / Car il guerist des escroeles / Tant seulement par y touchier, / Sans emplastres dessus couchier / Ce qu'autres roys ne puent faire". Deus dá tão grande bem-aventurança àquele a quem reconhece a coroa desta terra que, depois que a recebe, este faz belos milagres durante toda a sua vida, pois cura as escrófulas tão-somente por tocá-las, sem deixar emplastros em cima, o que outros reis não podem fazer.

207. Cf. acima, p. 98, n. 131.

208. Mt 21,9.

foi pronunciado por volta do ano de 1300. Nele, o orador declara-se como imbuído de um orgulho nacional extremamente vivo; a independência da França diante do império é proclamada com muita insistência, e o próprio império foi demasiadamente ridicularizado com ajuda de um deplorável jogo de palavras (*Empire: en pire*)*. Estava-se no tempo em que a grande querela dos escritores franceses contra o papado duplicava-se de uma polêmica contra as pretensões dos imperadores à hegemonia universal[209]. O rei da França, diz Frei Guillaume, merece o nome de filho de Davi; por quê? Porque Davi significa "homem valente" (*manu fortis*); ora, a mão régia é "valente" na cura das doenças. "Todo príncipe herdeiro do rei da França, quando ungido e coroado, recebe de Deus esta graça especial e esta virtude particular de curar os enfermos pelo contato de sua mão: também se vê os enfermos do mal régio virem ao rei de mui diversos lugares e diferentes terras". Tais são as próprias palavras de abertura do sermão[210]. As apologias dos polemistas não atingiam as multidões; qual ação, ao contrário, não deveria ter sobre elas semelhantes palavras, quando saídas do alto do púlpito!

Aproximadamente, na mesma época, vivia um escritor na Itália cuja atitude em relação aos ritos curadores estava destinada a exercer, em seguida, uma ação verdadeiramente forte sobre a opinião eclesiástica como um todo. Frei Tolomeo, da Ordem dos Pregadores, nativo de Lucca, morto por volta de 1327, bispo de Torcello; ele foi um historiador e teórico político muito fecundo. Ter-se-ia dificuldade em extrair das suas obras uma doutrina bem-estabelecida; esse polígrafo não era um pensador de grande envergadura. Foi incontestavelmente hostil ao império e favorável à supremacia pontifical; mas se deve considerá-lo, sem dúvida, menos como um fiel do papado do que como um partidário da casa de Anjou, cujos interesses então se confundiam em vários aspectos – mas, não em tudo – com os do chefe da Igreja. Nada de mais natural para alguém de Lucca, pois a cidade era, na Itália do Norte, um dos melhores

---

* "Império: o pior" [N.T.].
209. Cf. FOURNIER, P. *La Monarchie de Dante et l'opinion française*: Comité français catholique pour la célébration du sixième centenaire de la mort de Dante Alighieri. Bulletin, 1921, p. 155ss.
210. Bibl. Nat. latim 16.495, fol. 96d.ss. O sermão é em honra de São Nicolau, mas o santo aparece muito pouco. A frase do início: "Quilibet heres Francie, ex quo inunctus et coronatus, habet specialem gratiam et virtutem a Deo quod tactu manus suae curat infirmos: propter quod habentes infirmitatem regiam veniunt ad regem de multis locis et terris diversis", foi reproduzida no artigo de N. Valois sobre Guilherme de Sauqueville, *Histoire littéraire*, XXXIV, p. 298ss., e da qual retirei as informações dadas acima sobre o autor e sobre a data dos sermões.

sustentáculos da política angevina. Carlos de Anjou, vigário imperial na Toscana, aí era fortemente respeitado; o próprio Tolomeo chama-o, em duas ocasiões, de seu senhor e de seu rei. Uma vez morto o grande conquistador guelfo, a grande afeição que o nosso dominicano lhe tinha dedicado parece ter sido transferida para sua linhagem. Quando o Príncipe Carlos de Taranto, sobrinho do Rei Roberto de Nápoles, foi morto, em 1315, no campo de batalha de Montecatini, foi Tolomeo, então prior de Santa Maria Novella de Florença, que se encarregou de reclamar o corpo junto aos vitoriosos pisanos[211]. Ora, Carlos de Anjou, irmão de São Luís, era um capetíngio; como tal, sem nenhuma dúvida, acreditava no milagre régio, tão firmemente que, por sua vez, quando transformado em rei da Itália, como veremos, reivindicou esse dom taumatúrgico. Essas considerações explicam a estima que Tolomeo expressou para com o toque das escrófulas. Sobre esse tema, ele se expressou em dois dos seus escritos. Inicialmente, no opúsculo de polêmica política conhecido pelo nome de *Compêndio de direitos do império* (*Determinatio compendiosa de jurisdictione imperii*) que redigiu por volta do ano de 1280, precisamente para servir os interesses do rei de Nápoles contra o rei dos romanos e do próprio papa; no capítulo XVIII, esforçando-se para provar que a realeza vem de Deus, produz, entre outros, o argumento seguinte: esta teoria foi provada "pelo exemplo de alguns príncipes dos nossos dias, bons católicos e membros da Igreja; de fato, pela influência di-

---

211. Há sobre Tolomeo de Lucca uma abundante literatura, mas nenhuma verdadeiramente exaustiva. A maioria dos trabalhos úteis para conhecer foi indicada e utilizada em MOLLAT, G. *Étude critique sur les Vitae Paparum Avenionensium d'Etienne Baluze*, 1917, p. 1ss. Soma-se ao artigo recente [sic] de Martin Grabmann, La scuola tomistica italiana. In: *Rivista di Filosofia Neo-scolastica*, XV (1923), cujo parágrafo quarto foi dedicado a Tolomeo. Seria ainda proveitoso reportar a dissertação de Karl Krüger, *Des Ptolomāus Lucensis Leben und Werke*. Göttingen, 1874. Cf. tb. a introdução feita por M. Krammer à edição citada abaixo, p. 135, n. 212. Quanto aos demais, contento-me em remeter às referências dadas pelo Sr. Mollat. Os autores que trataram das ideias políticas de Tolomeo, como, p. ex., BAZAILLAS, A. Étude sur le De regimine principum., In: *Rec. Acadêm. Sciences Belles Lettres et Arts de Tarn et Garonne*, 2ª série, VIII (1892), esp. p. 136-143. • ZEILLER, J. *L'idée de l'État dans saint Thomas d'Aquin*, 1910, p. 161; em geral, não me parecem ter dado suficiente atenção às relações com o partido angevino. Sobre as relações dos habitantes de Lucca e a casa de Anjou, cf. KRAMMER. Loc. cit., p. XVI-XVII. Tolomeo chama Carlos de Anjou *rege nostro Karolo* no *De regimine*, IV, 8 e *dominus noster rex Karolus* na *Determinatio* (abaixo, p. 135, n. 212). Ele insiste no *De regimine*, IV, 8, sobre a assimilação perfeita dos franceses aos nativos do reino de Nápoles. Enfim, na *Determinatio*, como um todo, tem por objetivo defender os direitos de Carlos de Anjou ao vicariato da Toscana, contra Rodolfo de Habsburgo e o próprio Papa Martinho IV. Cf. sobre esse tema outra introdução da edição de Krammer, KERN, F. Die Reichsgewalt des deutschen Königs nach dem Interregnum. In: *Histor. Zeitschrift*, CVI (1911), p. 71-74. Sobre o episódio de 1315, cf. DAVIDSOHN, R. *Forschungen zur Geschichte von Florenz*, IV. Berlim 1908, p. 368.

vina especial e pela participação mais completa do que a dos homens comuns no Ser em Si, eles possuíam uma potência singular sobre a comunidade dos enfermos: assim os reis da França, assim Carlos nosso senhor", [eis a marca angevina] assim também, dizem, os reis da Inglaterra"[212]. Se Tolomeo não tivera falado desta "potência singular" somente na *Determinatio*, que se lia muito à sua época, mas que caiu no esquecimento depois do século XIV, seu nome teria somente um lugar medíocre na história que aqui nos ocupa. Mas, mais ou menos na mesma época, ele compôs uma outra obra, destinada a um sucesso muito maior. Ele fora discípulo de Santo Tomás de Aquino; na obra do seu mestre encontrou um *Tratado sobre o governo dos príncipes* que permanecia inacabado; ele o retoma e o termina. Consagrou, em um dos capítulos inseridos por ele ao trabalho original, algumas linhas à unção, particularmente àquela recebida pelos reis da França; nelas, encontram-se estas palavras: "os reis sucessores de Clóvis são ungidos [de um óleo outrora trazido do céu por uma pomba] e, como efeito desta unção, diversos símbolos, prodígios e curas manifestam-se por eles"[213]. Frase bem menos explícita do que aquela que citei anteriormente – ela deveria, no entanto, ter uma repercussão diferente. Pois o *Tratado sobre o governo dos príncipes* participou da reputação da qual geralmente eram

---

212. Ed. Mário Krammer. Hanover/Leipzig, 1909 (*Fontes iuris germanici antiqui*), p. 39, c. XVIII: "Hoc etiam apparet in modernis principibus viris catolicis et ecclesiasticis, quod ex speciali divina influentia super eos, ex ampliori participatione Entis, singuliorem habent virtutem super populum egritudine laborantem, ut sunt reges Francie, dominus noster rex Karolus, et de rege Anglie fertur". Cf. GRAUERT, H. *Aus der kirchenpolitischen Litteratur des 14. Jahrh.*; Histor. Jahrbuch; XXIX (1908), esp. p. 502 e 519. Grauert acreditava que o tratado tinha sido redigido em 1300. *Rex Karolus* fora, então, não Carlos de Anjou, mas seu filho Carlos II; prefiro aderir à data estabelecida por Krammer. Que Tolomeo seja o autor da *Determinatio*, não se poderia duvidar desde que Martin Grabmann, *Neues Archiv*, XXXVII (1912), p. 818, revelou em outra obra do nosso autor – *Exaemeron* – uma referência a este *libellus sive tractatus de iurisdictione Imperii et Summi Pontificis*.

213. *De regimine principum ad regem Cypri*, II, cap. XVI. • *Sancti Thomae Aquinatis [...] opera omnia*, in fol. Parma, 1864, p. 250, col. 1 e 2: "Cujus sanctitatis etiam argumentum assumimus ex gestis Francorum de beati Remigii super Clodoveum regem primum Christianum inter reges Francorum, et delatione olei desuper per columbam, quo rex praefatus fuit inunctus et inunguntur posteri, signis et portentis ac variis curis apparentibus in eis ex unctione praedicta". Sobre o *De regimine*, cf., em última instância, o excelente trabalho de Martin Grabmann, *Die echten Schriften des hl. Thomas von Aquin*. Munique, 1920 (*Beiträge zur Gesch. der Philosophie des Mittelalters*, XXII, 1-2), p. 216ss. A atribuição da continuação – que certamente não é de Santo Tomás – a Tolomeo é, senão certa, ao menos muito provável; e eu acrescento que a passagem relativa ao milagre régio, semelhante à passagem mais desenvolvida da *Determinatio*, parece-me um argumento a mais e muito forte em favor desta tese. A data da composição da continuação é contestada; prefiro aderir de bom grado às conclusões de BUSSON, A. *Sitzungsber. Der phil-hist – Klasse der k. Akademie Wien*, LXXXVIII (1877), p. 723.

objetos os escritos de Santo Tomás – e nele se distinguiu mal as contribuições diferentes do Doutor Angélico e as do seu continuador. Durante o Antigo Regime sobretudo, os apologistas do toque tinham voluntariamente recorrido à autoridade de Santo Tomás[214]. Na verdade, só teriam tido o direito de invocar a de Frei Tolomeo. Mesmo para os historiadores mais bem-informados, o texto do *Tratado* colocou, até pouco tempo, um problema difícil: por que o dominicano de Lucca, defensor vigoroso da Igreja e do papado, reconhecera – fora quase o primeiro a fazê-lo – os "prodígios" e as "curas" que nem a Igreja nem os papas tinham, até aquele momento, professado estimar? Após a publicação, muito recente, da *Determinatio*, o enigma foi resolvido. As pretensões angevinas fizeram de Tolomeo um fiel do toque e, indiretamente, deram aos ritos taumatúrgicos o suporte apócrifo, mas precioso, de Santo Tomás de Aquino.

Os primeiros publicistas franceses que tinham produzido o argumento do milagre haviam demonstrado uma certa audácia; os seus sucessores somente compilaram de suas mãos.

Foi sobretudo no círculo de Carlos V que se fez na França, no século XIV, a sua utilização em larga escala. Eis aqui uma carta solene emitida em 1380, pelo próprio rei, em favor do cabido de Reims; no cabeçalho do ato, duas iniciais – o *K* e o *A* do nome régio – ornadas elegantemente com pequenos desenhos, mostram-nos, ao lado da cena clássica de doação – o soberano entregando aos cônegos o pergaminho que os transformariam em senhores do domínio de Vauclerc – o quadro do batismo milagroso de Clóvis; na verdade, o preâmbulo recorda a legenda da Santa Âmbula, mas também, em relação direta com ela, o dom da cura:

> Na Santa Igreja da ilustre cidade de Reims, Clóvis, então rei da França, ouviu a prédica do muito glorioso confessor e bem-aventurado Remígio, bispo desta famosa cidade; então, quando este batizava o dito rei e seu povo, o Espírito Santo, ou um anjo, apareceu sob a forma de uma pomba, descendo do céu e trazendo um frasco cheio do líquido do Santo Crisma; foi por este crisma que o próprio rei e, depois, todos os reis da França nossos predecessores, e, eu mesmo, por minha vez, nos dias de consagração e de coroação, com Deus sendo propício, recebemos a unção, pela qual, sob a influência da clemência divina, uma tal virtude e uma tal graça sejam espalhadas nos reis da

---

214. P. ex.: MEURIER. *De sacris unctionibus*, p. 261. • MAUCLERC. *De monarchia divina*, col. 1.567. • DU PEYRAT. *Histoire ecclésiastique de la Cour*, p. 806. • OROUX. *Histoire ecclésiastique de la Cour*, I, p. 180.

França que, pelo simples contato de suas mãos, livram os enfermos do mal das escrófulas: coisa que demonstra claramente a evidência dos fatos, comprovada por incontáveis pessoas[215].

Era a primeira vez que um monarca cristão se colocava expressamente como um taumaturgo.

Quanto aos oradores e escritores, cuja eloquência intelectual florescia na corte do rei sábio, vangloriam-se à porfia da potência do toque. O autor do *Songe du Verger* a evoca, pela boca do seu cavaleiro, reivindicando contra o sacerdote o caráter divino do poder temporal[216]. Raoul de Presles, que já vimos passar do latim para o francês a *Quaestio in utramque partem*, entoa no prefácio de sua tradução da *Cidade de Deus*, que tinha, igualmente, realizado por ordem do monarca, um pomposo elogio da monarquia francesa no qual não deixa de destacar o maravilhoso privilégio[217]. Da mesma forma – nós voltaremos a isso

---

215. Original dos Arch. de Reims, fundo do cabido metropolitano, Vauclerc, maço 1, n. 4. Ed. DOM MARLOT. *Historia ecclesie Remensis*, II, p. 660 [ed. francesa sob o título *Histoire de la ville de Reims*, IV, in-4°. Reims, 1846, p. 631] e *Le Théâtre d'honneur*, p. 757 (parcialmente). A carta parece ter sido ignorada por E. Dupont que, em *Notices et documents publiés par la Soc. de l'Hist. de France à l'occasion du cinquantième anniversaire de sa fondation*, 1884, p. 187-218, enumerou certo número de cartas "seladas" ("à vignettes"). Do mesmo modo, está ausente na lista de cartas cujas iniciais fornecem as "representações" de Carlos V, organizadas em DELISLE, L. *Recherches sur la librairie de Charles V*, I, 1907, p. 61. Cito segundo o original: "quando in sancta egregie civitatis Remensis ecclesia a Clodoveo, tune Francorum rege, audita est gloriosissimi confessoris beati Remigii eiusdem clare urbis episcopi predicacio, cui, dum ibidem prefatum regem cum suo populo baptizaret, Spiritus Sanctus seu angelus Dei in columbe specie, de Celo descendens, apparuit, portans et ministrans sibi ampulam sancti chrismatis liquore fefertam de quo ipse Rex et omnes deinceps Francorum reges predecessores nostri in eorum et nos eciam in nostra consecracione et coronacione, Deo propicio, suscepimus unctionem, per quam ipsis regibus, diuina operante clemencia, virtus infunditur et gracia qua solo contactu manuum infirmos servant ab egritudine scrofularum, quod in personis innumeris per iacti evidenciam constat esse probatum".

216. Redação latina: GOLDAST. *Monarchia imperii*, I, lib. I, cap. CLXXII e CLXXIII, p. 128-129. Redação francesa: BRUNET, J.L. *Traitez des droictz et libertez de l'église gallicane*, fol., 1731, II, livro 1, cap. LXXIX e LXXX, p. 81-82. Ademais, o autor do *Songe du Verger* praticamente reproduz literalmente Ockham (cf. abaixo, p. 142, n. 1), como demonstrou Carl Müller, *Zeitschrift fur Kirchenrecht*, XIV (1879), p. 142, mas com uma modificação que não é sem importância, teremos ocasião de abordá-la (cf., abaixo, p. 215).

217. Ed. de 1531, fólio Paris, fol. A III V. Após ter lembrado a unção e o milagre da Santa Âmbula (Raoul dirigiu-se diretamente a Carlos V): "E nem vós outrem considerai que essa consagração seja sem grandíssimo digno e nobre mistério, pois por ela vossos antecessores e vós tendes tal virtude e poder que vos é dado e atribuído por Deus em vossa vida façais milagres tais, tão grandes e tão manifestos que curais de uma horrível doença, que se chama escrófulas, da qual nenhum outro príncipe terreno, exceto vós, pode curar". A passagem foi reproduzida por Guillebert de Metz em sua *Description de Paris*, composta pouco depois de 1434. Cf. LINCY, L. & TISSERAND, L.M. *Paris et ses historiens* (Hist. gêner, de Paris), in-40, 1867, p. 148.

com mais detalhes em breve – Jean Golein, em sua tradução do *Razoamento dos ofícios divinos*, de Guilherme Durand. E, ainda, Anseau Choquart, ao discursar, nos últimos dias do mês de abril de 1367, em nome do rei, ao Papa Urbano V, para dissuadi-lo de retornar a Roma[218].

Não nos enganemos. A exaltação do poder curador foi, neste meio, somente uma manifestação, entre muitas outras, de uma tendência geral, cujo sentido não é muito difícil de entender. Em torno de Carlos V e seus conselheiros, percebe-se, muito nitidamente, um esforço vigoroso para reforçar de todas as formas o prestígio religioso e sobrenatural dos capetos. Assim como demonstrou o Sr. Noël Valois, foi nessa época que nasceu na corte francesa a ideia de reservar aos nossos reis, como uma honra própria de sua casa, o título, até então banal, de "cristianíssimo"[219]. Jamais se fizeram soar tão alto todas as tradições milagrosas pelas quais se envaidecia a monarquia da flor de lis; muito melhor, como nós teremos ocasião de constatar mais tarde, parece que, neste pequeno mundo lealista que tinha como centro a "Livraria" régia, não se receava em enriquecer um pouco mais o patrimônio lendário deixado por seus ancestrais[220]. As cerimônias de sagração, das quais, aos olhos da opinião vulgar, os reis tiravam a sua marca divina, certamente foram, da parte de Carlos V, objeto de um interesse muito particular; sua biblioteca não continha menos que sete volumes relativos ao ritual francês, aos quais seria conveniente acrescentar uma outra obra sobre a sagração imperial e um saltério, engloban-

---

218. BULAEUS, C.E. [du Boula y]. *Historia Universitatis Parisiensis*, IV, in-4°. Paris 1668, p. 408: "ex sanctissima unctione spirituali, et divina, non humana, qua inungitur Rex ipse, propter quam sanctificatus estm [...] et exinde curat morbos in signum sanctissimae unctionis". Sobre o autor do discurso e as circunstâncias nas quais foi pronunciado, cf. DELACHENAL, R. *Histoire de Charles V*, III, 1916, p. 517, III, 1916, p. 517ss., esp. p. 518, n. 5).

219. *Le roi très chrétien*, em *La France chrétienne dans l'histoire*, ouvrage publié [...] sous la direction du R.P. Baudrillart, 1896, p. 317ss. Acrescentam-se aos textos citados pelo Sr. Valois, Jean Golein, em seu tratado da sagração, abaixo *Apêndice IV*, p. 480, 1. 13, e uma passagem do pequeno tratado de Etienne de Conty sobre a realeza francesa que, um pouco posterior a Carlos V (cf. acima, p. 98, n. 129), reflete bem as teorias correntes no círculo deste rei: Bibl. Nat. latin 11730, fol. 32, V°, col. 1: "Romani ponthices omnes semper scripserunt et scribunt cotidie regi Francie *cristia-nissimo* [sic], quasi suppelativo in ride catholica, sed aliis regibus omnibus et principibus scribunt: tali regi christiano, in simplici positivo". O Sr. Valois notou claramente todo o trabalho de propaganda realizado em torno de Carlos V: "O trono, agora, está cercado de clérigos hábeis em descobrir no passado os fatos mais propícios a exaltar o prestígio da realeza. Quem, com mais frequência do que eles, afirma o caráter sagrado da monarquia? Quem que, com mais boa vontade, falou da Santa Âmbula ou lembra da origem celeste das flores-de-lis?" (p. 323).

220. Abaixo, p. 224 e 227.

do o serviço da sagração inglesa[221]; há mais: foi sob sua inspiração direta que foi composto, por um dos seus escritores contratado, o carmelita Jean Golein, um pequeno tratado sobre a sagração dos reis e das rainhas da França, o qual estudaremos mais detalhadamente em breve. Este zelo do soberano e seu círculo por tudo o que dizia respeito à realeza sagrada, de onde vinha, afinal? Sem dúvida, é necessário considerar que isto fazia parte do aspecto pessoal de Carlos V, ao mesmo tempo, muito piedoso e profundamente imbuído da grandeza da sua dignidade, deveria naturalmente acentuar o caráter religioso do "*status* régio". Ademais, sua inteligência, voltada para as especulações teológicas, esse "sutil engenho" – para falar como Jean Golein – que ele se "colocara a estudar" tanto que entendia "os termos da teologia"[222], inclinava-lhe a apreciar as teorias místicas e simbólicas da realeza e da sagração que os letrados de seu tempo estavam sempre dispostos a lhe oferecer. No entanto, haveria certa ingenuidade em só perceber, em todo o barulho feito então pelos escritores oficiais ou oficiosos em torno do maravilhoso monárquico, o desejo de bajular os gostos desinteressados do príncipe. É um fenômeno que veremos reproduzir-se, no curso da história estudada aqui, com uma verdadeira regularidade: no final das graves crises que abalaram, por diversas vezes, as dinastias francesas e inglesas, quando se tratava de reparar os danos feitos à popularidade da casa real, é quase sempre o ciclo da realeza sagrada – especialmente, o poder taumatúrgico – que fornecia à propaganda lealista seus temas prediletos. Para citar apenas exemplos relativamente recentes e claros, sob Henrique VI na França e sob Carlos II na Inglaterra, foi essa corda que os servidores da legitimidade preferencialmente faziam vibrar. Ora, na realidade, sob Carlos V o Estado saía de uma grave crise, aquela que havia desencadeado, em todo o reino, a Batalha de Poitiers. Certos historiadores dos nossos dias estimaram como baixos os perigos que então ameaçaram a dinastia de Valois e a própria monarquia. O perigo, no entanto, parece ter sido bem grande, não somente pelo fato dos esforços tentados por alguns homens inteligentes para submeter o governo a uma espécie de controle nacional, mas, sem dúvida, ainda mais como consequência do violento movimento de ódio e de revolta que então levantou contra a nobreza toda uma parte do povo. A própria alta burguesia nisto participou; ela não tinha ainda, como nos séculos seguintes, conseguido forçar em massa

---

221. DELISLE, L. *Recherches sur la librairie de Charles V*, II. *Inventaire général des livres ayant appartenu aux Rois Charles V et Charles VI*, n. 227-233, 226 e 259.
222. Abaixo, *Apêndice V*, p. 459.

as portas das classes privilegiadas. No descrédito em que se encontrava atingida uma casta que o poder régio parecia ter uma causa comum, a monarquia pareceu, momentaneamente, jogada. Para quem duvida da força dos sentimentos que agitaram as almas por esses anos trágicos, seria suficiente recomendar a leitura de três cartas de Etienne de Marcel que temos, por acaso, conservado. Como os Valois conseguiram triunfar da tormenta, não é o lugar aqui para investigá-lo. Mas não se poderia duvidar que a lembrança desses eventos, que nós sabemos terem sido sempre muito fortes no espírito de Carlos V, tenha-o levado a esforçar-se para fortalecer, por todos os meios, o domínio da monarquia sobre as almas. Como se surpreender de que um príncipe que, como se disse precisamente, soube, desde muito cedo, apreciar em seu justo valor "a potência da opinião pública", não tenha negligenciado a arma do milagre?[223] Mas este aguçado político era, ao mesmo tempo, um devoto.

Parece que o às vezes indiscreto elogio que faziam acerca do seu poder miraculoso inspirou-lhe, em um dado momento, alguns escrúpulos. Ele quis manter os seus apologistas nos limites impostos pela sã ortodoxia. Das suas inquietações, temos o curioso testemunho de um texto, até aqui quase ignorado, sobre o qual convém agora dizer algumas palavras. Entre as numerosas obras que Carlos fez traduzir, por sua conta, do latim para o francês, figura um dos mais importantes tratados litúrgicos da Idade Média, o *Rational des divins offices*, que tinha sido composto por volta do ano de 1285 pelo Bispo Guilherme Durand. A tradução, confiada ao carmelita Jean Golein, foi oferecida pelo autor ao rei em 1372; é bem conhecida: foi impressa em 1503, no tempo em que a literatura didática saída da Livraria de Carlos V fornecia às prensas de alguns comerciantes empreendedores um tão belo material; mas o que normalmente não parece ser percebido é que a obra do carmelita é mais e melhor do que uma tradução. No final do capítulo no qual o bispo de Mende expusera a teoria geral da unção, sem uma aplicação particular à unção régia, Jean Golein, "para reverência" do seu "muito temido soberano e senhor" – que tinha sido consagrado rei da França em 19 de maio de 1364 – julgou dever acrescentar todo um pequeno "tratado sobre a consagração dos príncipes" de sua autoria, que, no manuscrito original, provido do *ex-libris* régio, não preenchia mais de vinte e duas páginas, escritas cada uma sobre duas colunas com uma letra mui-

---

223. DELACHENAL. *Histoire de Charles V*, II, p. 369: "Carlos V teve, antes mesmo de ser rei [...] o sentimento muito claro da força da opinião pública". Sobre o movimento antinobiliário, encontrar-se-á certo número de testemunhos característicos reunidos nesta mesma obra, I, p. 395ss. Não seria muito difícil acrescentar outros.

to pequenina. Mais que a consagração dos príncipes em geral, é unicamente a sagração francesa o que esse "pequeno tratado" descreve e estuda. Encontra-se nele – ao lado de uma exposição muito pesada sobre o sentido simbólico, a "significação ministerial" do ritual de Reims – um grande número de preciosas indicações sobre o direito público francês – notadamente sobre os fundamentos lendários do direito sucessório – e sobre a concepção da realeza sagrada e se ciclo maravilhoso; várias serão utilizadas aqui mesmo, em seguida. Mas há algo melhor. A respeito de pelo menos um ponto, precisamente o que mais nos interessa agora (i. é, o poder curativo), Jean Golein arvora-se deliberadamente em intérprete autorizado do pensamento do seu monarca. Raoul de Presles escrevera, em seu prefácio da *Cidade de Deus,* dirigindo-se a Carlos V: "Vós tendes tal virtude e poder, o qual vos é dado e atribuído por Deus, que fazeis milagres em vossa vida". Essa expressão, como se pode observar em vários textos citados anteriormente, era perfeitamente conforme ao uso corrente. Todavia, ao que parece, ela chocou o piedoso rei: "Ele não quer que o façamos nem santo nem realizador de milagres", repete-nos com insistência Jean Golein; coisas semelhantes são ditas apenas sem o seu "consentimento"; e o bom carmelita explica, doutamente, que somente Deus faz milagres. Sem dúvida. Não exageremos, no entanto, a humildade do príncipe e do seu porta-voz. Pois esta incontestável verdade teológica era verdadeira, Golein cuidou de nos lembrar: os santos, bem como os reis taumaturgos, tanto por uns quanto pelos outros, é a virtude divina que opera, quando realizam tais prodígios. Por isso, as pessoas mal-instruídas sobre os "termos de teologia" diziam de uns e dos outros que faziam milagres ou curavam aquela ou esta doença. A comparação poderia ter bastado para o orgulho monárquico. Assim, Carlos V e seus doutores conciliavam o cuidado com a ortodoxia com o justo desejo que tinham que o "*status* régio" não fosse "menos valorizado do que o quer a razão"[224].

O impulso tivera sido dado inicialmente pelo círculo de Filipe o Belo, depois, pelo de Carlos V. Doravante, as curas maravilhosas não pararam mais de fazer parte obrigatória de todos os elogios da realeza francesa. Sob Carlos VI, o monge Etienne de Conty classifica-as entre os belos privilégios atribuídos por ele a seus reis[225]. Pelo menos em duas ocasiões, sob Carlos VII e Luís XI, os em-

---

224. Sobre tudo o que precede, somente reenvio ao *Apêndice IV*, no qual se encontrará uma análise, acompanhada de longos extratos do tratado de Jean Golein. Notar-se-á que (p. 489) Raoul de Presles foi – muito delicadamente –, mas deliberadamente questionado.
225. Cf., acima, p. 98, n. 129. Pode-se acrescentar a estes autores do século XV que falaram do toque, Nicolas de Larisvilla, em "um tratado... sobre a consagração da Igreja de São Remy... em 1460", apud MARLOT. *Le théâtre d'honneur*, p. 758.

baixadores franceses na corte pontifical os invocaram para provar a santidade particular da casa da França e, por consequência, a legitimidade do poder que os seus soberanos exerciam sobre a Igreja[226]. Esses últimos exemplos são particularmente significativos. Nós veremos mais tarde que, no conjunto complexo de ideias e sentimentos cuja forma doutrinal foi o galicanismo, a velha noção da realeza sagrada teve a sua parte; com ela sua manifestação mais concreta e a mais sensível aos espíritos vulgares: o dom taumatúrgico. Também não seria surpreendente encontrar até nas bocas dos advogados, falando nas causas de natureza eclesiástica, o argumento do milagre. No início do ano de 1493, um processo, no qual se colocava em jogo os mais graves interesses políticos e religiosos, desenvolvia-se diante do Parlamento; opunha um ao outro dois clérigos, pretendentes ao título de bispo de Paris, Girard Gobaille, eleito pelo cabido, e Jean Simon, designado pelo rei e confirmado pelo papa. O advogado de Jean Simon, mestre Olivier, encontrou-se naturalmente levado a defender o direito de o rei intervir nas nomeações eclesiásticas, direito de que uma das aplicações mais relevantes era a regalia espiritual, ou seja, a faculdade, tradicionalmente exercida pelo monarca francês, de receber as rendas ligadas a certos bispados vacantes. Exclamou ele em seu discurso (transponho para o francês o jargão jurídico, misturado de latim e francês, em conformidade ao costume do tempo do nosso orador): *"Igualmente, o rei não é um simples leigo*, pois não é simplesmente coroado e ungido como os outros reis, mas consagrado; *há mais, como diz Jean André* [um canonista italiano do século XIV que encontraremos mais à frente] em sua Novela sobre as Decretais no capítulo *licet*: dizem que somente por seu contato ele cura os doentes, *e, por isso, não há necessidade de maravilhar-se se ele tem direito de regalia"*[227].

Na Inglaterra, os publicistas não parecem ter usado muito esse tipo de argumento. Talvez, porque, nos séculos XIV e XV, tiveram menos que os fran-

---

226. Diante de Pio II, em Mântua, em 30 de novembro de 1459, ACHERY. *Spicilegium*, fol., 1723, III, p. 821, col. 2. Cf. DU FRESNE DE BEAUCOURT. *Histoire de Charles VII*, VI, p. 256. Diante de Sixto IV, em 1478, DE MAULDE. *La diplomatie au temps de Machiavel*, p. 60, n. 2. Cf. COMBLET, J. *Louis XI et le Saint Siège* (thèse Lettres Nancy) 1903, p. 170. O primeiro texto menciona expressamente a cura das escrófulas; o segundo os "milagres" realizados pelos reis, sem maiores detalhes.

227. Arch. Nat., X 1 A. 4834, fol. 141 (05/02/1493): "similarmente, o rei não é simples leigo *quia non solum coronatur et inungitur, sicut ceteri, ymo consecratur*; e há mais, pois, como diz Jehan André *in* N[ovel]la *in* D[ecretales], c. licet, *ad solum tactum dicitur sanare languidos et egrotos*, e, por isso, não é preciso maravilhar-se se ele tem direito de regalia". Sobre o processo, cf. *ibid.*, fol. 122 vº e a *Gallia Christiana*, VII, col. 155-156.

ceses a oportunidade de lutar contra Roma. Todavia, um escritor desse país empregou a arma taumatúrgica em uma retumbante polêmica contra o papado. Mas, como inglês que era, servia ao império. Era o tempo – por volta de 1340 – em que um soberano alemão, Luís da Baviera, despertara a velha disputa quase adormecida desde o fim dos Hohenstaufen. Em torno de si, Luís reuniu um certo número de homens letrados, incluindo alguns dos mais vigorosos pensadores da época, entre eles, Guilherme de Ockham. Entre outros opúsculos compostos nessa ocasião pelo ilustre filósofo, figuram *Oito questões sobre o poder e a dignidade do papa*. Leiamos o oitavo capítulo da quinta questão. Nele, Ockham pretende demonstrar que pela unção os reis recebem a "graça dos dons espirituais"; entre suas provas, cita a cura das escrófulas realizada pelos reis da França e da Inglaterra[228]. Não se poderia, em verdade, ser menos gregoriano que isso.

Assim, o milagre régio foi, nos séculos XIV e XV, largamente utilizado pelos apologistas da realeza. O que se pensava, nesta época, no meio dos partidários da supremacia papal? O bispo português* Álvaro Pais que foi, na mesma época que Ockham, um dos mais virulentos panfletários do partido pontifical, tratou o milagre régio por "mentira e fantasia"[229]. Bem mais tarde, o Papa Pio

---

228. *Octo quaestiones super potestate ac dignitate papali*, quaest. V, cap. VII-IX. • GOLDAST. *Monarchia S. Romani Imperii*, II, p. 372. (Para a data do opúsculo, cf. LITTLE, A.G. *The Grey Friars in Oxford*. Oxford 1892, p. 233.) A questão debatida é a seguinte: "an rex hereditarie succedens ex hoc quod a persona ecclesiastica inungitur et consecratur et coronatur, gratiam consequatur doni spiritualis". Entre as razões propostas em favor da opinião afirmativa figura a seguinte: "Naturalis curatio aegritudinis corporalis est gratia Dei spiritualis. Quibusdam autem regibus, scilicet Franciae et Angliae, sicut fertur, per unctionem regalem confertur potestas curandi et sanandi specialiter scrophulas patientes. Ergo per huiusmodi unctionem rex consequitur gratiam doni spiritualis". Conforme às regras da discussão escolástica, Ockham dá, em seguida, as razões para a negativa. Entre outras: "Ad secundum motivum respondetur, quod si reges Angliae et Franciae habent gratiam curandi de scrophulis, non habent potestatem propter unctionem regalem: quia multi alii reges, quamvis inunguntur, huiusmodi gratia non decorantur: sed sunt digni huiusmodi gratia propter aliam causam, que nec licet nec potest ab homine indicari". A opinião afirmativa tendo, a seguir do desenvolvimento (cap. X) a palavra final, não se poderia duvidar que ela seja a de Ockham. Mas é necessário reconhecer que em toda a obra, tecida com proposições e contraposições, réplicas, tréplicas etc. o pensamento mesmo do autor é extremamente difícil de seguir; compreende-se o horror que os procedimentos de exposição de Ockham causou aos homens do renascimento. Foi em Ockham que se inspirou o autor do *Songe du verger* (*Sonho do mateiro*), cf. Acima, p. 136, n. 1 e abaixo, p. 222.

* Apesar de ter sido bispo de Silves e de ser um autor ligado à história da cultura portuguesa, Frei Álvaro Pais nasceu na Galiza [N.T.].

229. *Collirium super hereses novas* em SCHOLZ, R. *Unbekannte kirchenpolitische Streitschriften aus der Zeit Ludwigs des Bayern*. Teil II. Roma, 1914 (Bibl. *des Kgl. Preuss. Instit. in Rom*, X) p. 509: "Nec dicat hereticus quod reges Francie et Anglie gratiam curationis habere consueverant, quia

II em seus *Comentários* exprimiu sobre as curas realizadas por Carlos VII um discreto ceticismo, o qual, talvez reflita, sobretudo, a sua irritação contra o argumento repetido incessantemente pelos polemistas ou oradores galicanos, de quem ele não gostava; no mais, os *Comentários* não se destinavam a ser publicados em vida de seu autor[230]. Declarações semelhantes parecem completamente excepcionais. Os publicistas a serviço da França tinham parado de guardar silêncio sobre os ritos curadores, usando-os à vontade daí em diante. Eles não foram seguidos por seus adversários nesse terreno, e isso não apenas a partir do momento em que o Grande Cisma voltou para o outro lado as preocupações dos polemistas eclesiásticos. Sob o reinado de Filipe o Belo, não se vê que os escritores do campo pontifical não tenham jamais aceitado o desafio lançado por Nogaret ou pelo autor da *Quaestio in utramque partem*. Tem-se a impressão de que, em torno do início do século XIV, as curas realizadas pelos capetíngios ou pelos reis ingleses impuseram-se a todo mundo, mesmo à opinião religiosa mais intransigente, como um tipo de verdade empírica. Cada um se pôs a discorrer livremente sobre essas curas, sem dúvida porque elas não chocavam mais ninguém. Na Inglaterra, sob Eduardo III, Thomas Bradwardine, filósofo muito ortodoxo e futuro arcebispo, cita-as no decorrer de uma exposição dos milagres em geral[231], sem avaliá-las mal. Os canonistas italianos Giovanni Andrea (o Jean André dos nossos velhos autores) na primeira metade do século XIV, e Felinio Sandei, no fim do século seguinte, mencionam de passagem os "milagres" do rei da França como um fato conhecido de todos. Sandei, é verdade, os atribui mais à "força da parentela" – ou seja, a uma espécie de predisposição fisiológica hereditária – do que a uma graça divina reservada aos

---

hoc apocrifum enim vel sompnium... Item constat quod hec virtus curationis non est virtus corporis sed anime... sicut nec regnum, quod institutum est ad bene regendum, datur sanguini, sed vite..." Sobre Álvaro e suas obras, cf. SCHOLZ, R. *Unbekannte Streitschriften*, I (Bibliothek, IX), 1911, p. 197ss. (com referências bibliográficas). Álvaro não teve sempre a mesma atitude em relação ao milagre régio: abaixo, p. 151.
230. Livro VI. Cito segundo o texto dado por QUICHERAT, J. *Procès... de Jeanne d'Arc* (Soc. de Vhist. de France), IV, p. 514-515. Sobre a peregrinação de Carlos VII a Coberny, à qual ele fez alusão nesta passagem, cf. abaixo, p. 268: "Mos enim Franciae regibus est, die quae coronationem sequitur, templum quoddam peregrinando petere, cui sanctus *Marchoul* praesidet, atque ibi aegrotos curare. Miraculum Galli vulgaverunt, morbum quemdam humano in gutture nasci, qui solo régis tactu et arcanis quibusdam curetur verbis; idque post coronationem in hoc templo fieri quarta die peregrinatio facta est, in qua de curatione morborum nihil satis compertum habeo, quamvis Gallici omnia illa credant fieri miraculose".
231. Acima, p. 104, n. 144.

nossos monarcas. Mas ele visivelmente acredita neles e não sonha em contestá-los[232]. As virtudes maravilhosas das duas dinastias transformaram-se em um lugar-comum da diplomacia. Frei Francisco solicitando, em nome de Eduardo III, apoio ao doge de Veneza[233], os emissários de Luís XI dirigindo-se ao duque de Milão[234], um embaixador escocês falando com o próprio Luís XI[235], fazem alusão a ela muito naturalmente. Passar para as fileiras da banalidade não é, para uma crença por tanto tempo contestada, o mais belo sinal de vitória?

Foi no fim do século XV, na França, que, pela primeira vez, ao que tudo indica, que as curas régias fizeram a sua entrada na arte. A iconografia medieval, em tudo religiosa, jamais – até onde sabemos – ousara representar esse prodígio que, se podemos assim dizer, era quase profano. Uma iluminura do século XIII, que nos mostra Eduardo o Confessor tocando a mulher escrofulosa, deve, é claro, ser associada ao campo da hagiografia. Mas, em 1488, na Abadia de Mont Saint-Michel au Péril de la Mer que, desde os últimos anos da Guerra Inglesa e, sobretudo, desde a criação, em 1º de agosto de 1469, da ordem real de cavalaria – colocada sob a proteção do arcanjo – tinha verdadeiramente a posição de santuário nacional e dinástico, o Abade André Laure fez executar esplêndidos vitrais para o coro da igreja abacial. Um deles, na capela de forma retangular que então era chamada de Saint-Michel du Circuit, era dedicado à sagração dos reis da França; nele, vemos, distribuídos por diversos compartimentos, os episódios essenciais da cerimônia; o dom taumatúrgico que – pensava, certamente, o abade – deveria ser considerado consequência

---

232. ANDREAE, J.C. *Bononiensis, In sextum Decretalium librum Novella Commentaria*, fol. Veneza 1581, lib. III, Tit. IV, *De praebendis et dignitatibus*, cap. II, fol. 94 vº; expõe as razões pelas quais, no dizer dos franceses, os reis da França e da Inglaterra têm certos direitos de colação eclesiástico: "Item ad solum manus tactum certos infirmos sanare dicuntur". J. André morreu em 1348; cf. acima, p. 141, n. 2. Felino Sandei (1444-1503): *Commentaria in V libros Decretalium*, folio. Basileia, 1567, lib. II, tit. XX, cap. LII, p. 823. O autor expõe que, para um santo seja canonizado, é necessário não somente provar os milagres, mas ainda "sanctimonia vitae": "quia multi non sancti faciunt miracula, aut vi verborum: ut consecratio eucharistiae aut vi parentelae, ut Rex Franciae. vel illi de domo sancti Pauli arte magica". Sobre a "família de São Paulo", feiticeiros italianos que alegavam ter origem no apóstolo dos Gentios, cf., abaixo, p. 287 e n. 605. Sobre a teoria de Sandei, cf. tb., abaixo, p. 391.

233. Acima, p. 28, n. 14.

234. DE MAULDE. *Les origines de la Révolution française*, p. 26-27 (27 de dezembro de 1478).

235. Elphinstone, o futuro bispo de Aberdeen, enviado de Jaime III a Luís em 1479; o discurso é reproduzido (talvez, retocado) em BOETIUS, H. *Murthlacencium et Aberdonensium episcoporum vitae*. Ed. J. Moir (*New Spalding Club*), in-4º. Aberdeen 1894, p. 73 (a primeira edição das vidas é de 1522).

da unção, não foi esquecido: um dos medalhões do alto lhe foi reservado. Eis em quais termos o descrevia em 1864 o Abade Pigeon, autor de um *Novo guia histórico e descritivo do Mont Saint-Michel*: "O segundo medalhão nos apresenta o rei, que, após ter comungado sob as duas espécies, dirige-se a um pátio onde se acha reunido um número considerável de doentes, os quais toca um após o outro, com a sua mão direita, da fronte ao queixo e de uma face à outra". Infelizmente, com esta descrição, mediocremente precisa, não podemos confrontar o original. Entre tantos outros crimes contra a arte, a administração penitenciária – à qual o Monte de Saint-Michel foi, por muito tempo, confiada – deixou destruírem ou dilapidarem o mais antigo monumento que a fé dos súditos erguera para a glorificação da realeza milagrosa. Do vitral da sagração, nada mais resta[236]. Mas ter o mesmo lugar dos milagres dos santos em meio às imagens que uma igreja oferecia à veneração: pensemos na glória que era para o milagre régio! A velha crença no poder taumatúrgico dos príncipes parecia, portanto, ter triunfado definitivamente, não apenas – como constatamos mais acima – sobre as rivalidades políticas, mas até mesmo sobre a hostilidade, silenciosa ou violenta, que lhe haviam devotado durante muito tempo os elementos mais ativos da opinião eclesiástica.

5 O toque das escrófulas e as rivalidades nacionais: tentativas de imitação

Somente duas famílias reais tinham-se colocado a praticar o toque das escrófulas nos séculos XI e XII: os capetíngios, na França, os príncipes normandos e os plantagenetas, seus herdeiros, na Inglaterra. Elas eram concorrentes; por outro lado, não podiam deixar de provocar a inveja das demais casas régias. Convém estudar, diante de suas pretensões rivais e, no entanto, aptas a suscitar rivalidades comuns, as reações do orgulho nacional ou dinástico.

Constata-se – não sem uma certa surpresa – que, na Idade Média, a maioria dos escritores franceses ou ingleses aceitava de parte a parte, sem aspereza, as curas realizadas pelo monarca estrangeiro. Guibert de Nogent, negando qualquer poder taumatúrgico a Henrique I, não encontrou imitadores. Os mais chauvinistas normalmente se limitavam a silenciar sobre os prodígios praticados na parte oposta da Mancha; às vezes, eles afirmavam, sem muita precisão, que somente o seu rei sabia curar.

---

236. Cf. abaixo, *Apêndice II*, n. 1 (para a miniatura representando o milagre de Santo Eduardo), e n. 2 (para o vitral do Monte Saint-Michel).

> Pois ele cura as escrófulas
> Tão-somente por tocá-las
> Sem colocar emplastos em cima;
> *O que outros reis não podem fazer*[237],

cantava sobre Filipe o Belo, o poeta-soldado Guilherme Guiart. Mas ninguém, mesmo entre os mais ardorosos, chegou a iniciar sobre este tema uma verdadeira polêmica. Quanto aos espíritos conciliadores, como o médico Bernard de Gourdon[238], não hesitavam em reconhecer a mesma virtude maravilhosa para as duas dinastias. Essa moderação choca ainda mais quando se pode contrastá-la com a atitude muito diferente que, como se verá, adotaram nos Tempos Modernos os patriotas dos dois países; na verdade, a partir do século XVI, foram os ódios religiosos – bem mais do que as paixões nacionais – que impediram os franceses de admitir os milagres dos ingleses ou vice-versa. Nada de parecido existiu antes da Reforma. E mais: a fé no maravilhoso era muito profunda, na Idade Média, para que se desse atenção a uma manifestação sobrenatural a mais. O estado de espírito dos franceses diante do rito inglês (ou o dos ingleses em relação ao rito francês) não deixava de ser análogo àquele dos devotos do paganismo que, fiéis ao deus de sua cidade e o considerando mais forte e mais benfazejo do que os outros, não se sentiam obrigados, por isso, a negar toda a existência das divindades das nações vizinhas:

> Eu tenho meu Deus, que eu sirvo; vós servireis o vosso.
> São dois poderosos deuses.

Fora dos dois grandes reinos ocidentais, a opinião comum parece igualmente ter admitido com muito boa vontade o toque das escrófulas. Sua eficácia somente foi contestada, mais ou menos abertamente, por alguns raros escritores, que não obedeciam precisamente a preconceitos nacionalistas: o bispo português Álvaro Pais e o Papa Pio II, que exprimiram a ortodoxia eclesiástica ou o ódio ao galicanismo; o médico flamengo Jean d'Ypres, adversário das

---

237. *Histor. de France*, XXII, p. 175, v. 204ss. Cf. acima, p. 132. Do mesmo modo, Jean Golein (abaixo, p. 455s.) considera o rei da França como possuindo "esta prerrogativa sobre todos os outros reis quaisquer que sejam"; o rei da Inglaterra era então inimigo.

238. Texto citado acima, p. 119, n. 177. Thomas Bradwardine, na passagem reproduzida acima, p. 99, n. 1, reconhecia igualmente, ainda que fosse inglês, o poder milagroso da dinastia francesa, mas, escrevendo em 1344, considerava, sem dúvida, o seu soberano, Eduardo II, como o herdeiro legítimo tanto dos capetíngios como dos plantagenetas; o que retira de sua imparcialidade todo o valor.

flores-de-lis por razões que quase podemos definir como de política interna. Sobretudo, como já sabemos, desde os primeiros anos do século XIV, os capetíngios e, talvez, também os plantagenetas, viam chegar para eles enfermos de países estrangeiros: entre todas, a mais flagrante prova da universalidade e da fama deles para além das fronteiras. Mas, apesar de não se recusar, um pouco em todos os lugares, em reconhecer o poder dos reis taumaturgos da França e da Inglaterra, tentou-se às vezes, em diversas regiões, criar-lhes concorrentes.

O que foram esses esforços? Ou – para colocar o problema de uma forma mais geral – terá ocorrido na Europa, além dos dois estados até aqui analisados, príncipes-médicos, exercendo sua arte, seja por imitação das práticas inglesas ou francesas, seja mesmo – pois não se poderia descartar *a priori* nenhuma possibilidade – em virtude de uma tradição nacional independente? É o que examinaremos agora.

Para ter o direito de dar a esta pergunta uma resposta segura, teria sido necessário proceder um exame praticamente interminável, apoiando-se em textos de todas as origens. Minhas pesquisas foram forçosamente limitadas. Felizmente, os estudos dos eruditos do antigo regime, sobretudo, dos súditos dos reis franceses e espanhóis ofereceram-me um precioso auxílio. Os resultados que apresentarei, apesar do caráter provisório, podem portanto, creio eu, ser considerados bem prováveis. Examinarei, agora, o problema em seu conjunto, com o risco de sair por um instante do quadro cronológico fixado no princípio deste capítulo. Alguns dos testemunhos sobre os quais nos debruçaremos são, de fato, posteriores à Idade Média. Mas nenhuma tentativa séria no sentido indicado pode ter sido feita após o começo do século XVI; e de seu fracasso – pois, até onde posso assegurar, todas fracassaram – como de uma espécie de contraprova, devemos tirar importantes conclusões sobre as razões que explicam o nascimento e o desabrochar dos ritos curativos nos reinados capetíngios e ingleses durante o período medieval.

Passemos, inicialmente, rapidamente sobre algumas asserções sem fundamento relativas a diversos estados da Europa. No começo do século XVIII, dois polemistas franceses, Jérôme Bignon e Arroy, preocupados em reservar para os Bourbons um tipo de privilégio taumatúrgico, opõem aos milagres que o rei francês realiza por simples contato as curas realizadas pelos reis da Dinamarca, que, diziam eles, curam o mal caduco, ou seja, a epilepsia, mas somente graças "a um remédio secreto"[239]. Sem dúvida, queriam assim responder a algum

---

239. P.H.B.P. (Jérôme Bignon) *De l'excellence des Roys et du royaume de France*, pequeno in-8°, 1610, p. 510. • ARROY, B. *Questions décidées*, 1634, p. 40-41. Ele não fez nenhuma menção a esta tradição, evidentemente, bastante factível, na obra de um intelectual dinamarquês, C. Barfoed, sobre a cura das doenças pelo toque: *Haands-Paalaeggelse*. Copenhague 1914.

argumento proposto por um publicista do campo adversário, o qual não pude identificar. Nenhum fato da história dinamarquesa parece justificar semelhante afirmação. A partir do século XVI, alguns escritores fiéis aos Habsburgo atribuíram aos reis da Hungria (título que, como se sabe, os chefes da casa da Áustria haviam herdado) o poder de curar a icterícia – ou "amarelão". A escolha dessa doença explica-se por uma reminiscência do vocabulário da Antiguidade clássica; nela, por razões que não se conhecem, a icterícia era frequentemente chamada de mal régio, *morbus regius*. Ao que tudo indica, o talento maravilhoso atribuído aos reis da Hungria foi apenas uma fábula erudita; pelo menos, não parece que esses monarcas tenham-no posto em prática, e não poderíamos fazer nada melhor que repetir as sábias palavras que, em 1736, escrevia sobre o tema, na *Biblioteca temática das obras dos sábios da Europa*, um autor anônimo: "Se tais reis possuíam verdadeiramente esse dom, eles foram bem pouco caridosos não o exercendo"[240].

A crença no poder curador dos reis ou dos príncipes foi certamente divulgada na Alemanha. Encontra-se eco em um curioso texto de Lutero, coletado em seus *Tischreden*:

> Há alguma coisa de miraculoso em ver certos remédios – se disto falo, é porque estou bem informado sobre essa questão – mostrarem-se eficazes quando são aplicados pela mão de grandes príncipes ou de senhores, ao passo que nada fazem se um médico os der. Ouvi dizer que os dois eleitores de Saxe, o Duque Federico e o Duque João, possuem um líquido para os olhos que age quando eles o dão pessoalmente, se a causa do mal deriva do calor ou do frio. Um médico não ousaria dá-lo. Da mesma forma em teologia, na qual é o ponto de vista espiritual que é preciso aconselhar as pessoas: tal pregador tem maior dom para consolar ou instruir as consciências que outro[241].

---

240. O poder de curar a icterícia foi reconhecido aos reis da Hungria pelo jesuíta Melchior Inchofer: *Annales ecclesiastici regni Hungariae*. Ed. de 1797, III. Presbourg, p. 288-89 (assim como o de curar, como os reis da Inglaterra (?), as picadas de cobras venenosas); a primeira edição apareceu em 1644. A mesma tradição encontra-se atestada na França em PEYRAT. *Histoire ecclésiastique*, p. 793. • RIEZ, B. *L'incomparable piété des très chrestiens rois de France*, 1672, II, p. 151-152. Na Espanha por Armanacus [Jansenius]: *Mars Gallicus*, p. 69. No mais, visivelmente, estes autores copiam uns dos outros. A passagem citada encontra-se em *Bibliothèque raisonnée*, XVI, 1 (Amsterdã, 1736), p. 153 (BEL, C.R.M. *Notitia Hungariae novae*). Para a palavra *morbus regius*, cf. acima, p. 69, n. 77.

241. XXIV, 9, ed. FÖRSTEMANN, III, p. 15-16: "Aber Wunder ist es (dass ich dieses auch sage, dess ich gewiss bericht bin), dass grosser Fürsten und Herrn Arznei, die sie selbs geben und appliciren, kräftig und heilsam sind, sonst nichts wirkte, wenns ein Medicus gäbe. Also höre ich, dass beide Kurfursten zu Sachsen etc., Herzog Friedrich und Herzog Johanns, haben ein

Mas essas noções flutuantes parecem jamais ter tomado forma significativa. Alguns senhores, como os eleitores saxões, sem dúvida tinham seus remédios de família; conservam-se atualmente na Biblioteca de Gotha três volumes manuscritos e – até onde pude verificar – inéditos, nos quais o eleitor João – precisamente um desses dois, dos quais fala Lutero – mandara registrar informações de ordem médica ou farmacêutica; talvez, ainda se possa ler ali o modo de fabricar o *Augenwasser*, tão maravilhosamente eficaz[242]. O remédio, quando os próprios príncipes o administravam, passava como particularmente ativo. Mas o contato das suas mãos não operava sozinho. Sobretudo, em lugar algum se assistiu ao desenvolvimento de práticas rituais regulares e duráveis.

Alguns escritores, todavia, reivindicaram para os Habsburgo um verdadeiro poder taumatúrgico. O mais antigo deles e, sem dúvida, a fonte comum, foi o monge suábio Félix Fabri, que, por volta do final do século XV, redigiu uma *Descrição da Alemanha, da Suábia e da cidade de Ulm*, na qual se encontra o seguinte:

> Lemos nas crônicas dos condes de Habsburgo que esses senhores receberam, gratuitamente, uma graça tal que todo escrofuloso ou gotoso que recebe sua bebida das mãos de um dos condes, recobra em breve o uso de uma garganta sã e graciosa; é o que vemos com frequência no Albrechtstal na alta Alsácia, região onde há homens escrofulosos por natureza; eles se faziam curar como vem de ser dito, no tempo em que aquele vale pertencia aos condes de Habsburgo ou duques da Áustria. Ademais, é um fato notório e frequentemente provado que qualquer gago que, sem tê-lo pedido, é abraçado por um desses príncipes, adquire uma fala fluente, ao menos tanto quanto sua idade comporta[243].

Augenwasser, das hilft, wem sie es geben, es komme die Ursach der Augenweh aus Hitze oder aus Kälte. Ein Medicus dürfte es nicht wagen noch geben. Also in Theologia, da den Leuten geistlich gerathen wird, hat ein Prediger mehrGnade, betrübte Gewissen zu trösten und lehren, denn ein ander". A edição do *Tischreden* por Förstemann reproduz a edição *princeps* dada em 1566, em Eisleben por Aurifaber; ora, como se sabe, o texto de Aurifaber é sempre um pouco duvidoso. Infelizmente, na edição crítica das obras, denominada de Weimar, os *Tischreden* ainda estão incompletos; e a ausência do índice deixa a pesquisa quase impossível, sendo realizada volume por volume.

242. CYPRIANUS, E.S. *Catalogus codicum manuscriptorum bibliothecas Gothanae*, in-4°, 1714, p. 22, n. LXXII-LXXIV.

243. FABRI, F. *Monachi Ulmensis Historiae Suevorum*, lib. I, c. XV, apud GOLDAST. *Rerum Suevicarum Scriptores*, fólio, Ulm 1727, p. 60: "Legimus enim in Chronicis Comitum de Habspurg, quod tantum donum gratis datum habeant, ut quicunque strumosus aut gutture globosus de manu alicuius Comitis de Habspurg potum acceperit, mox sanum, aptum et gracile guttur re-

Eis aí belos contos, em verdade, dignos do grande viajante que foi Félix Fabri. É difícil levá-los a sério. A alusão ao Albrechtstal é particularmente suspeita, pois esse território, hoje mais conhecido sob o nome de Val de Villé – que por volta de 1254 Rodolfo de Habsburgo recebera como dote de sua mulher – saiu das mãos da casa austríaca em 1314 e nunca mais retornou[244]. Depositaríamos mais confiança no monge de Ulm se ele houvesse situado as mais brilhantes curas dos Habsburgo em outro lugar e não em uma região onde, em seu tempo, eles não podiam exercer seu poder havia mais de um século e meio. Certamente, ele não teria tido a ideia de imaginar essas narrativas se todo mundo a seu redor não estivesse habituado a considerar os reis como seres dotados de todos os tipos de virtudes maravilhosas – ele bordou sobre um tema popular, mas o bordado parece mesmo ser sua invenção. Pelo menos, nenhum testemunho vem confirmar-lhe o sentido – pois os historiadores posteriores não fizeram mais que o repetir, ainda com menos exatidão [245]. Se os Habsburgo tivessem praticado de forma contínua, como seus rivais da França e da Inglaterra, um rito curador, acreditaríamos que estaríamos reduzidos, para toda informação sobre esta manifestação miraculosa, às narrativas de um obscuro cronista suábio e às vagas afirmações de alguns publicistas a serviço da Áustria ou da Espanha?

Já encontramos Álvaro Pais. Lembremos que ele um dia classificou de "mentira e fantasia" as pretensões dos reis franceses e ingleses. Mas nem sempre ele foi tão severo com a taumaturgia régia. O interesse de seus protetores, e, sem dúvida, também seu próprio patriotismo, fizeram que, pelo menos uma vez, calasse sua ortodoxia. Nascido, talvez, nos estados de Castela, educado em todo caso na corte castelhana, escreveu, pouco depois de 1340, para o soberano

---

portabit. quod sepe visum est in valle Albrechtzaal in Alsatia superiori, in qua sunt homines strumosi naturaliter, qui passim praedicte modo sanabantur, dum vallis adhuc esset illorum Comitum vel Austriae Ducum. Insuper notorium est, et sepe probatum, quod dum quis balbutiens est, vel impeditioris linguae, si ab uno Principe de praemissis sine alio quocunque suffragio osculum acceperit, omcium loquendi disertissime aetati suae con-gruum mox patenter obtinebit". Sobre o autor, cf., em última análise, cf. HÆUSSLER, M. *Félix Fabri aus Ulm und seine Stellung zum geistlichen Leben seiner Zeit* (Beiträge zur Kulturgeschichte des Mittelalters... 15), 1914.

244. REDLICH, O. *Rudolf von Habsburg*, Innsbruck 1903, p. 87. • NARTZ, T. *Le Val de Villé*. Estrasburgo, 1887, p. 17. • *Das Reichsland Elsass-Lothringen*, III, p. 1.191-1.192.

245. A tradição segundo a qual os Habsbourg teriam possuído o poder de curar os escrofulosos – negada por CAMERARIUS, *Operae horarum subcisivarum*, 1650, p. 145; reencontra-se em ARMACANUS [JANSENIUS]. *Mars Gallicus*, 1636, p. 69; junto ao jesuíta Melchior Inchofer: *Annales Ecclesiastici Regni Hungariae*. Ed. de 1797, III, p. 288. RAULIN. *Panégyre*, p. 176, pensa que eles "curaram papeiras ou pescoços".

daquele país, Afonso XI, um *Espelho dos reis*. Nele, ele se esforça em provar que o poder temporal, apesar de saído do pecado, recebeu em seguida a sanção divina. E eis aqui, uma de suas provas:

> Os reis da França e da Inglaterra, dizem, possuem uma virtude (curativa); do mesmo modo os piedosos reis da Espanha, dos quais tu descendes, possuem algo semelhante, que age sobre os possuídos e sobre alguns doentes atingidos por diversos males; eu mesmo vi, em minha infância, teu avô o Rei Sancho [Sancho II que reinou de 1284 a 1295*], perto de quem fui criado, pousando o pé sobre a garganta de uma endemoninhada que, durante esse tempo o cobria de injúrias, e, lendo palavras tiradas de um pequeno livro, arrancar dessa mulher o demônio e deixá-la somente curada[246].

Tal é, segundo meu conhecimento, o mais antigo testemunho que possuímos sobre o talento de exorcista reivindicado pela casa de Castela; observaremos que, diferentemente do que notamos há pouco em Félix Fabri, Álvaro relata um fato preciso, o qual ele pode muito bem ter, de fato, sido o espectador. A mesma tradição se encontra em diversos autores do século XVII[247]. Não temos o direito de invalidá-la em caso de dúvida. Segundo toda probabilidade, o povo de Castela atribui verdadeiramente a seus reis o poder de curar essas doenças nervosas que, nesse tempo, considerava-se normalmente como de origem demoníaca. De resto, não havia afecção que melhor oferecesse um terreno favorável ao milagre – essa forma primitiva da psicoterapia. Houve, provavelmente, um certo número de curas isoladas, como a que Álvaro relata de D. Sancho; mas, também neste caso, a crença parece nunca ter gerado um rito regular – e ela teve apenas uma fraca vitalidade. No século XVII, ela não

---

* Obviamente, há aqui um erro no comentário inserido entre colchetes, pois se trata de Sancho IV [N.T.].

246. *Speculum regum*. Ed. R. Scholz. *Unbekannte kirchenpolitische Streitschriften*, II, p. 517: "Reges Francie et Anglie habere dicuntur virtutem; et reges devoti Yspanie, a quibus descendis, habere dicuntur virtutem super energuminos et super quibusdam egritudinibus laborantes, sicut vidi, cum essem puer, in avo tuo, inclito domino rege Sancio, qui me nutriebat, quod a muliere demoniaca ipsum vituperante tenentem pedem super guttur eius et legentem in quodam libelo ab ea demonem expulsit et curatam reliquit".

247. Seria muito longo e, aliás, desinteressante citar todos os autores do século XVII que fizeram o estado da tradição relativa à cura, pelos reis de Castela, dos possuídos. É suficiente remeter a GUTIERREZ. *Opusculum de Fascino*, 1653, p. 153. • REIES, G.A. *Elysius*, 1670, p. 261 e 342, pois, tanto um quanto o outro fornessem abundantes referências. A mesma tradição, mas na França, se encontra em D'ALBON. *De la maiesté royalle*. Lion, 1575, p. 29 V. • DU LAURENS. *De mirabili*, p. 31, e em diversos autores que, visivelmente, se inspiram neste último escritor.

era mais que uma lembrança, explorada pelos apologistas da dinastia, mas desprovida de todo o apoio popular. Ela encontrou céticos confessos, até na Espanha. Um médico dessa nação, D. Sébastien de Soto, negou-a em uma obra intitulada – bastante bizarramente – *Sobre as doenças que tornam lícita para as religiosas a ruptura da clausura*. Um outro médico, D. Gutierrez, mais fiel à religião monárquica, a replicou nestes termos: "Seus argumentos [de Dom Sebastião] são sem valor; pela ausência de todo ato, ele conclui pela negação do poder. É como se ele dissesse que Deus, porque não produziu e não produzirá todas as criaturas possíveis, é incapaz de produzi-las. Do mesmo modo, nossos reis possuem essa virtude, mas por humildade não a exercem [...]"[248]. Assim, adversários e defensores do poder antidemoníaco atribuído aos reis de Castela estavam, nesse tempo, de acordo sobre ao menos um ponto: que esse poder nunca tivera a ocasião de ser, praticamente, posto à prova. O mesmo que dizer que ninguém mais, de fato, acreditava nele.

Médicos dos possuídos – ao menos, a título honorário, de alguma forma, como herdeiros dos reis de Castela – os reis de Espanha, no século XVII, foram tidos às vezes, aos olhos dos seus partidários, como capazes igualmente – à semelhança dos reis da França – de curar as escrófulas; e isto, diziam os doutos, na qualidade de sucessores de outra grande dinastia ibérica: a dinastia aragonesa. De fato, conhecemos ao menos um príncipe aragonês do fim da Idade Média para quem a superstição popular, habilmente explorada por um segmento político, propiciou após sua morte – e talvez mesmo em sua vida, mas isto é menos certo – as curas das escrófulas, dentre outras curas maravilhosas: é o caso de Dom Carlos de Viana. Quando esse infante de Aragão e Navarra concluiu seu destino aventuroso e trágico em Barcelona, em 23 de setembro de 1461, seus súditos – que queriam fazer dele, durante sua vida, o porta-voz da independência catalã – tentaram, como só podiam ter dele a lembrança, torná-lo um santo. Atribuíram-se milagres a seu cadáver. Luís XI, em uma carta de condolências endereçada aos mandatários da Catalunha, em 13 de outubro,

---

248. GUTIERREZ. *Opusculum de fascino*, 1653, p. 155-156: "vana eius est arguties, ab actu negative ad potentiam, quasi diceret Deus non produxit creaturas possibiles, imo non producet, ergo non est illarum productiuus, haec illatio undique falsa est, sed Reges nostri humili majestate ducti illius virtutis exercitio non intendunt, omne huiuscemodi ius sacris Sacerdotibus relinquentes. Tum quia minus, quam exteri, his nouitatibus Hispani delectamur". Só conheço a obra de D. Sebastien de Soto. *De monialium clausura licite reseranda ob morbos*, pela refutação de Gutierrez.

fazia uma alusão precisa a esses prodígios oportunos. Uma mulher escrofulosa foi nitidamente curada sobre o sepulcro do infante. Eis em quais termos uma investigação contemporânea menciona o fato: "uma mulher que não tivera a ocasião de se apresentar ao príncipe durante sua vida, disse: 'eu não pude vê-lo durante sua vida para poder ser por ele curada, mas tenho confiança que ele me atenderá após sua morte'". Não sabemos muito bem, a este respeito, qual importância atribuir; para nos autorizar a concluir categoricamente que Dom Carlos, mesmo antes de se tornar um cadáver, exercera o papel de médico, seria preciso testemunhos mais numerosos e mais seguros. Mas que seus despojos haviam verdadeiramente sido considerados como possuidores do dom benfazejo de aliviar as doenças – e especialmente os escrofulosos – é algo que não se pode duvidar. Seu culto, embora sempre privado da sanção oficial da Igreja, foi muito próspero nos séculos XVI e XVII; tinha por santuário principal a Abadia de Poblet (acima de Barcelona) onde repousava o corpo milagroso. Entre as relíquias, uma mão era o objeto de uma veneração particular – seu contato, diziam, livrava das escrófulas[249].

O caso de Dom Carlos é curioso. Devemos ver nele um exemplo de uma tendência de espírito que nossas pesquisas tornam cada vez mais familiar. Em todos os países, a opinião comum tendia a representar os personagens nascidos de um sangue augusto e devotados à coroa sob o tipo dos taumaturgos, sobretudo quando alguma coisa em suas vidas parecia ultrapassar o destino comum – ainda mais quando infortúnios ilustres e imerecidos lhes davam de alguma maneira, como ao infeliz príncipe de Viana, a auréola do martírio. É provável, ademais, que nas terras limítrofes da França e, como a Catalunha, penetradas por influências francesas, os milagres régios tomavam muito naturalmente na imaginação dos povos a forma clássica fornecida pelo exemplo

---

249. A investigação acima mencionada, contida nas memórias de um cônego da Maiorca, Antoni de Busquets, foi editada por M. Aguilo no *Calendari Català pera l'any* 1902, publicação dirigida por M.J.B. Batle. Infelizmente, não pude encontrar essa obra. Dela, eu apenas conheço a passagem relativa às escrófulas, exposta por M. Batista y Roca, *Notes and Queries*, 1917, p. 481. Sobre os milagres póstumos e o culto de D. Carlos, cf. G. Desdevises du Désert., *Don Carlos d'Aragon, prince de Viane*, 1889, p. 396ss. Também a Carta de Luís XI na edição da *Soc. de l'histoire de France*, II, n. XIII. Sobre as relíquias de Poblet, testemunho curioso na relação do viajante francês Barthélémy Joly, que visitou o monastério em 1604, *Revue Hispanique*, XX. 1090, p. 500. Segundo J. Valdesius, *De dignitate regum regnorumque Hispaniae*, 1602, venerava-se em Poblet um braço de São Luís, que igualmente era tido como capaz de curar as escrófulas. Teria havido confusão entre os poderes atribuídos às duas relíquias?

capetíngio – contágio, neste caso, ainda mais fácil, pois Dom Carlos descendia, por sua mãe, da dinastia capetíngia de Navarra. Mas não existe nenhum vestígio de que um rito regular do toque tenha se desenvolvido na corte de Aragão.

Quanto às pretensões levantadas pelos polemistas hispanistas do século XVII[250], reivindicando para seus senhores o dom de aliviar as escrófulas, só poderiam ser consideradas como uma tentativa bastante vã para realçar o prestígio dos Habsburgos de Espanha, às custas do privilégio dos monarcas franceses. Sabemos por uma multidão de testemunhos seguros que, nessa mesma época e desde o século precedente, numerosos espanhóis faziam a viagem à França justamente para serem tocados; outros se precipitariam com o mesmo desejo até Francisco I, quando este, prisioneiro após a batalha de Pávia, desembarcou sobre a costa aragonesa[251]. Esse ardor somente se explica porque nunca houve cerimônia parecida em Madri ou no Escorial.

Na Itália, enfim, nas últimas décadas do século XIII, um soberano tentou aparentar ser médico das escrófulas, ou pelo menos seus partidários procuraram representá-lo como tal; nós já o encontramos em nosso caminho: trata-se de Carlos d'Anjou[252]. Era um capetíngio. O sangue da França que corria em suas veias foi, sem dúvida, seu melhor título ao papel de curador. Aliás, como vimos, só devido à afirmação, muito breve, de Tolomeo de Lucca estamos informados sobre essa tentativa; não há traços de que os reis angevinos de Nápoles tenham perseverado seriamente nisso.

Assim, os ritos franceses e ingleses puderam excitar, no decorrer dos tempos, a inveja de alguns publicistas e os levou a reclamar para seus próprios soberanos um poder semelhante – mas os ritos nunca foram verdadeiramente imitados. Mesmo onde – como em Castela – uma crença análoga àquela que floresceu sobre os dois lados da Mancha parece ter vivido durante algum tempo uma existência original, faltou-lhe o vigor necessário para fazer nascer uma instituição regular e realmente vigorosa. De onde veio o motivo para França e Inglaterra deterem o monopólio das curas régias?

---

250. P. ex., VALDESIUS, J. *De dignitate regum regnorumque Hispaniae*, in-4º. Granada, 1602, p. 140. • ARMACANUS [JANSENIUS]. *Mars Gallicus*, p. 69. • REIES. G.A. *Elysius*, p. 275 (todos atribuem ao poder uma origem aragonesa). • GUTIERREZ. *Opusculum de Fascino*, p. 153. Esses autores remetem a BEUTER, P.A. *Cronica generale d'Hispagna*. Assim como Batista Y Roca (*Notes and Queries*, p. 481) – não pude encontrar a passagem apontada nesse escritor.

251. Cf. abaixo, p. 298.

252. Cf. acima, p. 134s.

Problema infinitamente delicado e, em verdade, quase insolúvel. O historiador já tem dificuldade em explicar a produção dos fenômenos positivos, o que dizer das dificuldades de seu ofício, quando se trata de fornecer as razões de algo impalpável? Toda sua ambição, em casos assim, deve se limitar quase sempre a apresentar considerações mais ou menos verossímeis. Eis as que me parecem dar conta o melhor possível da incapacidade taumatúrgica demonstrada pela maioria das dinastias europeias.

Quando estudamos o nascimento do toque, acreditamos ter descoberto uma causa profunda e causas ocasionais: a causa profunda era a crença no caráter sobrenatural da realeza; as causas ocasionais descobrimo-las, na França, na política da dinastia capetíngia em seus primórdios e, na Inglaterra, na ambição e habilidade do Rei Henrique I. A crença era comum em toda Europa Ocidental. O que faltou aos outros estados além da França e Inglaterra foi unicamente as circunstâncias particulares que, nesses dois reinos, permitiram que noções até então um pouco vagas revestissem, nos séculos XI e XII, a forma de uma instituição precisa e estável. Pode-se supor que na Alemanha as dinastias saxônicas ou suábias obtinham da coroa imperial grandeza suficiente para considerar o papel de médicos. Nos outros países, sem dúvida, nenhum soberano teve astúcia suficiente para conceber um desejo parecido – ou audácia suficiente, espírito de perseverança ou prestígio pessoal para conseguir impô-lo. Houve uma parte de acaso ou – se preferirem – de gênio individual na gênese dos ritos franceses ou ingleses. É o acaso, igualmente compreendido no mesmo sentido, que deve, parece, explicar a ausência de manifestações análogas em outros reinos.

Quando, por volta do século XIII, a fama das curas operadas pelos capetíngios e os plantagenetas se expandiu consideravelmente por todo mundo católico, mais de um príncipe – podemos crer – sentiu alguma inveja. Mas, para tentar uma imitação com alguma chance de sucesso, era realmente muito tarde. Os ritos franceses e ingleses tinham a seu favor a maior força desse tempo: a tradição. Um milagre atestado há gerações, quem, pois, ousaria negá-lo seriamente? Mas criar um milagre novo que a doutrina eclesiástica, em princípio pouco favorável à realeza taumatúrgica, teria indubitavelmente atacado, era uma empreitada perigosa que talvez nunca tenha sido tentada ou que – se alguns temerários a isto se arriscaram, o que não temos como saber – deve ter quase forçosamente terminado em fracasso. A França e a Inglaterra não perderiam o privilégio que um longo costume lhes assegurava.

A concepção de realeza sagrada e maravilhosa tinha, auxiliada por certas circunstâncias fortuitas, feito nascer o toque das escrófulas; profundamente ancorada nas almas, ela em seguida lhe permitiu sobreviver a todas as intempéries e todos os ataques. De resto, é provável que, a seu turno, ela retirou dele uma força nova. Começara por afirmar com Pierre de Blois: os reis são seres santos, vamos a eles; sem dúvida receberam, junto a tantas outras dádivas, o poder de curar. Dizia-se, em seguida, com o autor da *Quaestio in utramqae partem*, sob Filipe o Belo: meu rei cura, portanto, ele não é um homem como os outros. Mas não basta ter mostrado a vitalidade, durante os últimos séculos da Idade Média, e mesmo o desabrochar de práticas primitivas. Pelo menos na Inglaterra, nessa época, vimos aparecer um segundo rito curador, inteiramente diferente do antigo: a bênção dos anéis medicinais, considerados soberanos contra a epilepsia. Convém estudar agora essa florescência nova de velhas crenças.

Capítulo II

O segundo milagre da realeza inglesa: os anéis medicinais

1 O rito dos anéis no século XIV

Na Idade Média, a cada ano, na Sexta-feira Santa, os reis da Inglaterra, como todos os bons cristãos, adoravam a cruz. Na capela do castelo onde eles residiam naquele momento, erguia-se uma cruz – normalmente, ao menos no século XIV, a "cruz de Gneyth"; chamavam assim uma relíquia milagrosa que Eduardo I, parece, conquistara dos gauleses e na qual inseria-se – segundo o que acreditavam – uma parcela do próprio madeiro no qual Cristo havia sido pregado[253]. O rei posicionava-se a alguma distância da cruz, prosternava-se e, sem levantar-se, aproximava-se lentamente da insígnia divina. Tal era a atitude prescrita por todos os liturgistas para este ato: "É preciso", diz João de Avranches, "que, nesse gesto de adoração, o ventre se junte ao solo, pois, segundo Santo Agostinho, em seu comentário sobre o Salmo 43, a genuflexão não é exatamente uma humilhação perfeita; mas aquele que se humilha se unindo por inteiro ao solo, não resta mais nada nele que permita um acréscimo de humilhação"[254]. Uma curiosa iluminura de um manuscrito da Biblioteca

---

253. Cf. "Glossary". In: *Liber Quotidianus contrarotulaloris garderobae* (Soc. of Antiquaries of London), in-4º. Londres, 1787, p. 365. • HALL, H. *The antiquities and curiosities of the Exchequer*. 2. ed. in-12. Londres, 1898, p. 43.

254. MIGNE. *P.L.*, t. 147, col. 51: "Adoratio omnium ita fiat, ut uniuscuiusque venter in terra haereat; dum enim juxta Augustinum in psalmo XLIII genuflectitur, adhuc restat quod humilietur; qui autem sic humiliatur ut totus in terra haereat, nihil in eo amplius humilitatis restat". Sobre esse rito cf. CHAMBERS, J.D. "Appendix". In: *Divine worship in England in the thirteenth and fourteenth centuries*, in-4o. Londres, 1877, p. XXXI. • CHAMBERS, E.K. *The Mediæval Stage*, II, p. 17, n. 3 (bibliografia).

Nacional, contendo a vida de São Luís por Guilherme de Saint-Pathus[255], mostra o piedoso rei no cumprimento conscencioso desse rito, o qual os textos em língua inglesa designam desde cedo pelo termo bem característica de *creeping to the cross*: "rastejar para a cruz"[256]. Até aí, portanto, não há nada que distinguisse a prática seguida na corte da Inglaterra dos costumes universalmente em vigor na catolicidade.

Mas, sob os plantagenetas, no mais tardar a partir de Eduardo II, o cerimonial da "Boa Sexta-feira" – assim se chama a Sexta-feira Santa por lá ainda hoje – complicou-se para os reis com uma prática singular que não pertencia ao ritual comum. Eis o que se passava nesse dia na capela régia, no tempo de Eduardo II e de seus sucessores até, inclusive, Henrique V.

Uma vez terminadas suas prosternações, o monarca inglês, aproximando-se do altar, neste depositava em oferta uma certa quantidade de ouro e prata, sob a forma de belas moedas, florins, *nobles* ou esterlinas. Depois, ele retomava essas moedas – as "resgatava", diziam – colocando em seu lugar uma soma equivalente em espécie (não importando em qual moeda) e, com esses metais preciosos – doados em um momento e quase imediatamente recuperados –, ele mandava, em seguida, fabricar os anéis. Compreendamos bem que esses anéis, última etapa de operações tão complicadas, não eram aros comuns. Eles eram tidos como capazes de curar aqueles que possuíam certas doenças. Quais doenças exatamente? Os mais antigos documentos não especificam: "anéis para dar como medicina a diversas gentes", diz uma ordenação de Eduardo II; *anuli medicinales*, se limitam a indicar as contas do palácio. Mas, no século XV, surgem alguns textos mais explícitos: vemos neles que esses talismãs eram considerados capazes de aliviar as dores ou espasmos musculares e, mais particularmente, a epilepsia: daí o nome de *cramp-rings* (anéis contra a cãibra) que encontramos aplicado desde essa época e do qual os historiadores ingleses, ainda em nossos dias, comumente se servem para designá-los. Como perceberemos em breve, o estudo comparado da medicina popular tende a provar que, desde a origem, eles foram considerados como especializados nesse gênero determinado de curas milagrosas[257].

---

255. Lat. 5.716, fol. 63 [reproduzido em Joinville. D. Ed. de N. de WAILLY, in-4°, 1874, p. 2.

256. MURRAY, J.A.H. *A new English Dictionary* – no verbete "Creep" (o texto mais antigo é de, aproximadamente, 1200).

257. *Household Ordinance d'York,* junho de 1323: a melhor edição em TOUT, T. F. *The place of the reign of Edward II in English history.* Manchester, 1914, p. 317: "Item o rei deve oferecer à cruz no dia da Sexta-feira Santa V xelins, que está acostumado a receber muitas vezes do capelão, para deles fazer anéis para dar como medicina a diversas pessoas, e a devolver outros V xelins". Para as contas, que nos fornecem a melhor descrição do rito, cf. infra, p. 417. Cf. MURRAY. Loc. cit., no verbete "cramp-ring".

Assim foi esse rito estranho complementar, de certa forma, daquele do toque, mas, diferentemente deste, próprio da realeza inglesa. A França não oferece nada de semelhante. Como devemos apresentar sua gênese?

2 As explicações lendárias

Quando a fé na virtude maravilhosa dos *cramp-rings* alcançou seu apogeu, procurou-se para eles, como esperado, patronos lendários. A grande figura de José de Arimateia domina a história poética do cristianismo inglês; discípulo de Cristo, aquele a quem foi concedida, segundo os evangelistas, a honra de sepultar o cadáver do Crucificado, havia – afirmavam os pios autores – anunciado primeiramente a Boa-nova aos povos da Ilha de Bretanha: crença lisonjeira para uma Igreja em busca de origens quase apostólicas. Desde a Idade Média, os romances da Távola Redonda tornaram-no familiar a um vasto público. Imaginou-se que esse prestigioso personagem igualmente trouxera para a Inglaterra, com vários belos segredos emprestados dos livros de Salomão, a arte de curar os epilépticos por intermédio dos anéis. Pelo menos, é a tradição – verdadeiramente inglesa em suas origens – da qual faz eco o historiador espanhol Jacques Valdes, que escrevia em 1602[258]. Não se julgará, sem dúvida, que seja necessário discuti-la aqui.

Sensivelmente mais cedo, pelo menos desde o início do século XVI, aparecera uma outra tentativa de interpretação; ela tinha como objeto colocar a cerimônia da Sexta-feira Santa sob a invocação de Eduardo o Confessor. Coisa curiosa: essa teoria, em um certo sentido, ainda encontra adeptos entre os historiadores ingleses – não que alguém admita, hoje, que Eduardo tenha realmente possuído um anel curador, mas acredita-se normalmente que, desde as origens do rito, em qualquer época que o situemos, os reis da Inglaterra pensavam que, ao cumpri-lo, imitavam, de alguma forma, seu piedoso predecessor.

Isso porque, na verdade, um anel desempenha o papel principal em um episódio, célebre entre todos, da legenda do Confessor. Eis, brevemente resumido, esse relato que apresenta pela primeira vez a *Vida* composta em 1163 pelo Abade Ailred de Rievaulx[259]. Eduardo, abordado em um certo dia por um mendigo, quis dar-lhe uma esmola; encontrando sua bolsa vazia, ele deu-lhe seu anel. Ora, sob os andrajos do miserável escondia-se São João Evangelista.

---

258. VALDESIUS, J. *De dignitate regum regnorumque Hispaniae*, in-4°. Granada, 1602, p. 140.
259. TWYSDEN. *Historiae anglicanae scriptores X*, col. 409. • MIGNE. *P.L.*, t. 195, col. 769.

Algum tempo depois – ao fim de 7 anos, dizem alguns textos – dois peregrinos ingleses, viajando para a Palestina, encontrariam um belo velhinho: era novamente São João. Ele lhes entregou o anel, pedindo-lhes para que o devolvessem a seu senhor e, ao mesmo tempo, anunciassem a este que aguardavam por ele, pois em breve estaria na morada dos eleitos. Esse pequeno conto, poético por si só, ao qual certos hagiógrafos – experientes nos segredos do outro mundo – juntariam novos e sedutores exageros[260], foi extremamente popular: escultores, iluminadores, pintores, vidreiros, ornamentistas de todo o tipo o reproduziriam à porfia, na Inglaterra e mesmo no continente[261]. Henrique III (que dedicara ao último dos reis ingleses uma devoção particular; sabe-se que ele deu a seu filho mais velho o nome de Eduardo, até esse momento, um nome estranho à onomástica das dinastias normandas e angevinas) mandara pintar, nas paredes da Capela de Saint-John, na torre de Londres, o encontro dos dois santos. Eduardo II, por sua vez, no dia de sua sagração, ofereceu à Abadia de Westminster duas estatuetas de ouro que representavam, uma, o príncipe estendendo o anel e, a outra, o falso mendicante preparando-se para recebê-lo[262]. Westminster, na verdade, era o lugar designado para um presente desses; ali, não se venerava somente o túmulo de São Eduardo, mas os monges ainda demonstravam aos fiéis um anel que havia sido retirado do dedo do corpo santo,

---

260. *Analecta Bollandiana*, 1923, p. 58ss.
261. Um certo número de obras de arte foi indicado por: DART, J. *Westmonasterium*, I. in-fólio. Londres, 1742, p. 51. • WATERTON. *On a remarkable incident*, p. 105ss. (a iluminura do século XIII, reproduzida por Waterton na p. 103, também o foi por Hubert Hall: *Court Life under the Plantagenets*. Londres 1902, p. VIII). Pode-se acrescentar à sua numeração, sem pretender ser completo: 1º) Um vitral da Igreja de Ludlow (mencionado em JONES, W. *Finger-Lore*, p. 118, n. 1). 2º) Um azulejo de faiança no *Chapter House* de Westminster Abbey, reproduzido em KUNZ. *Rings for the finger*, p. 342. 3º) Duas tapeçarias do início do século XIII (?) hoje perdidas, executadas para Westminster (*Notes and documents relating to Westminster Abbey*, n. 2: The history of Westminster Abbey by John Flete. Ed. por J.A. Robinson. Cambridge, 1909, p. 28-29). 4º) Na França, um vitral da Catedral de Amiens, do século XIII (DURAND, G. *Monographie de la cathédrale d'Amiens*, I, p. 550). Conserva-se na biblioteca da universidade de Cambridge, sob o código Ee III 59, um manuscrito do século XIII que inclui um poema em versos franceses, a *Estoire de Seint Aedward le rei*, que foi dedicado por seu autor à Rainha Leonor, mulher de Henrique III. Três iluminuras, já assinaladas por Waterton e sumariamente descritas por Luard, *Lives of Edward the Confessor*, p. 16, são consagradas à lenda do anel. Um outro, do mesmo manuscrito, reproduzido por CDAWFURD. *Cramp-Rings*, pl. XXXIX, representa os doentes se aproximando do relicário do santo; sobre o relicário, vê-se duas estatuetas: a do rei estendendo o anel e a de São João como pelegrino. Não sei se essa pequena pintura pode ser considerada como algo que oferece uma imagem exata do relicário oferecido por Henrique III a Westminster e fundido sob o reinado de Henrique VIII. Para outras obras de arte, atualmente perdidas, consagradas à mesma lenda, cf. tb. a nota seguinte.
262. Encomenda de Henrique III: STOW, J. *A survey of the Cities of London and Westminster*, I. Londres, 1720, p. 69. Para Eduardo II, DART. Loc. cit.

na ocasião do traslado para um novo relicário, em 1163[263] – e que comumente se acreditava ser o mesmo que o Evangelista outrora aceitara e depois devolvera. "Se alguém quer uma prova que as coisas se passaram dessa maneira [dizia a seus ouvintes, em torno do ano de 1400, um sermonário chamado Jean Mirk após ter-lhes contado a história famosa], "que vá a Westminster; ali se verá o anel que ficou durante 7 anos no paraíso"[264]. Mas precisamente entre os textos bastante numerosos que mencionam essa preciosa relíquia, nenhum – até uma data relativamente recente – indica que se lhe atribuíram um poder curador particular. Pelo contrário, absolutamente nada, no cerimonial régio da Sexta-feira Santa, jamais lembrou São Eduardo ou São João. Para poder evocar, a propósito dos *cramp-rings*, a lembrança do Confessor, é preciso retornar até o humanista italiano Polidoro Vergilio que, sob o serviço dos reis Henrique VII e Henrique VIII, escreveu a pedido deles uma *História da Inglaterra* publicada primeiramente em 1534. O desejo desse historiógrafo oficial visivelmente era encontrar um protótipo autorizado para os anéis maravilhosos distribuídos por seus senhores. Isso porque ele se aprazia em considerar o anel conservado no "templo" de Westminster como dotado, também, de uma virtude absoluta contra a epilepsia. Sua obra, que conheceu um grande sucesso, contribuiu para expandir largamente a opinião, doravante clássica, segundo a qual a cura dos epilépticos pelos anéis – tal como antes, o toque das escrófulas – tivera São Eduardo por iniciador[265]. Mas, sem dúvida, o italiano não inventara essa

---

263. Pelo menos, é o que aforma John Flete em sua *Histoire de Westminster*. Ed. J.A. Robinson. *Notes and documents relating to Westminster Abbey*, 2, p. 71. Flete, de fato, é um autor tardio; ele foi monge em Westminster de 1420 a 1425, mas a tradição a qual ele propaga é muito provável – ela concorda com o testemunho de Osbert de Clare que, escrevendo em 1139, assinalava que Eduardo havia sido enterrado com seu anel: *Analecta Bollandiana* 1923, p. 122, linha 1.

264. *Mirk's Festial*. Ed. T. Erbe. *Early English Text Society* – Extra Series, XCVI, p. 149: "Then whoso lust to have this preuet sothe, go he to Westminstyr; and ther he may se the same ryng that was seuen yere yn paradys". Finalmente, sobre o autor, cf. GEROULD, G.H. *Saints' Legends*, in-12. Boston/Nova-York, 1916, p. 184ss.

265. VIRGILIUS, P. *Historia Anglica*, lib. VIII. Ed. de Leyde, in-12, 1651, p. 187. A mesma teoria se encontra no século XVII em SMITH, R. *Florum historiae ecclesiasticae gentis Anglorum libri septem*, in-4°, 1654, p. 230. Também em HARPSFIELD, N. *Historia Anglorum ecclesiastica*. In-fólio. Douai 1622, p. 219, apud CRAWFURD. *Cramp-Rings,* p. 179. Os historiadores modernos acreditaram ter encontrado um tipo de confirmação dessa teoria em um dos nomes populares da epilepsia, conhecido na Idade Média – por razões que nos escapam – sob o termo "mal-de-são-joão" (JOUBERT, L. *La première et seconde partie des erreurs populaires touchant la* médecine. Segunda parte, 1587, p. 162. • DU VAL, G. *Historia monogramma*, in-4o, 1643, p. 24. • GÜNTER, H. *Legenden-Studien*, n. 1. Colônia, 1906, p. 124. • HÖFLER, M. *Deutsches Krankheitsnamen-Buch*, in-4°. Munique, 1899, nos verbetes "Krankheit", "Sucht", "Tanz"). Mas quais as razões para a epilepsia ser primeiramente chamada assim? E qual é o São João do qual ela recebeu o nome? Nada sabemos sobre isso. Vejamos bem que tanto São João Batista quanto São João Evangelista

ideia; segundo o que parece, ele a recolhera já pronta no círculo dos seus protetores – o que seria mais natural do que atribuir ao grande santo da dinastia a paternidade de ambos os milagres dinásticos? O anel ilustre, que estivera "no Paraíso", fornecia um meio fácil de estabelecer o laço buscado entre os relatos hagiográficos e os ritos; por um tipo de ação retroativa, foi-lhe atribuído tardiamente o poder medicinal que lhe era necessário para poder ter a pretensão ao título de antepassado dos *cramp-rings*. Provavelmente, ele teria se transformado em objeto de uma peregrinação frequentada pelos doentes, se a Reforma – surgindo pouco depois da aparição de uma crença tão favorável aos interesses de Westminster – não tivesse posto um fim brusco ao culto das relíquias na Inglaterra. Mas as origens verdadeiras do rito da Sexta-feira Santa não possuem relação nem com Eduardo o Confessor, nem com a legenda monárquica em geral. É à história comparada das práticas supersticiosas que precisamos perguntar a respeito desse segredo.

3 As origens mágicas do rito dos anéis

Os anéis contaram, por toda a Antiguidade, entre os instrumentos caros à magia e mais particularmente à magia medicinal[266]. E também na Idade Média,

---

eram invocados contra ela. Em Amiens, a cabeça de São João Batista, conservada desde 1206 na catedral, era objeto de uma peregrinação muito frequentada pelos epilépticos. Cf. THOREL, O. "Le mal Monseigneur Saint-Jean Baptiste au XVIe siècle à Amiens". In: *Bullet. trimestriel Soc. Antiquaires Picardie*, 1922, p. 474. Segundo Antoine Mizauld (*Memorabilium [...] Centuriae IX*, in 12. Colônia, 1572, cent. V, 11) a Festa de São João de Verão – como se sabe, dedicada a São João Batista – era particularmente propícia à cura dos epilépticos; talvez, como especialmente o supôs Gunter, loc. cit., a palavra "Mal de São João" teve sua origem em uma comparação estabelecida pela imaginação popular entre os gestos desordenados dos epilépticos e as danças rituais da Festa de São João. Mais tarde, essa mesma palavra sugeriu a ideia de atribuir ao santo, cujo nome era associado à doença, um poder especial sobre ela. Depois, por um erro muito natural, as virtudes que haviam sido associadas ao Batista passaram ao apóstolo, seu homônimo – exemplo de uma confusão bastante frequente entre os santos de mesmo nome; é assim que São Huberto de Brétigny, por analogia com São Huberto de Liège, também acaba por curar a raiva (GAIDOZ, H. *La rage et St Hubert* – Bibliotheca mythica, 1887, p. 173). Tudo isso, evidentemente, não passa de conjecturas e esse pequeno problema hagiológico continua pouco claro. Mas aqui sua solução importa-nos bem pouco. A aproximação do nome vulgar da epilepsia com o episódio da lenda do Confessor que põe em cena São João não parece ter ocorrido antes do século XIX (cf. WATERTON. *On a remarkable incident*, p. 107, onde aparece muito timidamente; e, mais claramente, CRAWFURD. *Cramp-rings*, p. 166). Não se deve ver nisto nada além de uma teoria engenhosa, obra de eruditos muito bem informados, não uma ideia popular.

266. Sobre o poder mágico e medicinal dos anéis, além das obras de G.F. Kunz e W. Jones, citadas na bibliografia, cf. *Archaeologia*, XXI, 1827, p. 119ss. • *Archaeological Journal*, III, 1846, p. 357; IV, 1847, p. 78. • *Notes and Queries*, 4a. série, VI, 1870, p. 394; 8a. série, IX, 1896, p. 357; X, 1896, p. 10. • PETTIGREW. *On superstitions connected with the history and practice of medicine*, p. 61. • GEISSLER, O. *Religion und Aberglaube in den mittelenglischen Versromanzen*, p. 67ss.

como nos séculos precedentes. Uma suspeita de feitiçaria se ligava aos mais inofensivos deles: os anéis que Joana d'Arc portava muito preocuparam seus juízes e a pobre jovem teve que jurar, sem provavelmente convencer o tribunal, que ela nunca deles se servira para curar ninguém[267]. Esses talismãs, quase universais, eram empregados no alívio de vários tipos de afecções; mas, de preferência, parece-nos, contra as dores musculares da epilepsia. Esta doença, cujas manifestações violentas são naturalmente propícias para espalhar um pavor supersticioso, comumente passava por algo de origem demoníaca[268]; ela, portanto, realçava mais que todas as outras os meios sobrenaturais. Obviamente que, para fins parecidos, não se serviam de círculos de metal quaisquer; recorria-se a anéis especiais, aos quais certas práticas de consagração, religiosas ou mágicas, haviam conferido um poder excepcional – *anuli vertuosi*, assim os chamavam os sábios. Contra a gota – afirma uma coletânea alemã do século XV – devia-se proceder da seguinte maneira: esmole evocando o martírio de Nosso Senhor e seu Santo Sangue até obter 32 denários; então, destes pegue 16 e fabrique com eles um anel; pague o ferreiro com os outros 16; será preciso portar o anel incessantemente e recitar diariamente 5 Pai-nossos e 5 Ave-Marias em memória do martírio e do Santo Sangue de Nosso Senhor[269]. Alhures, as prescrições tomam uma forma macabra: aconselha-se utilizar metais retirados de velhos sepulcros ou um prego no qual um homem tenha se enforcado[270]. Em Berkshire, por volta do ano de 1800, as pessoas experientes propunham uma fórmula mais inocente, porém, mais complicada: para confeccionar um anel eficiente contra a cãibra, convém – afirmavam – reunir 5 moedas de 6 pence, cada uma recebida da mão de um solteiro diferente; os doadores devem ignorar o fim a que se destinam seus presentes; o dinheiro assim recolhido ainda deverá ser levado por um solteiro a um ferreiro que também seja solteiro...[271] Poderíamos facilmente

---

267. *Processo de condenação*, ed. P.I. Champion, 1920, p. 25 (interrogatório de 1º de março): "Item dicit quod nunquam sanavit quamcumque per-sonam de aliquo anulorum suorum".

268. HOLLEN, G. *Preceptorium diuine legis*, V. Nuremberg, 1497, p. 25 (a propósito da cura da epilepsia): "Hoc genus demoniorum non ejicitur nisi in jejunio et oratione". • FRANZ, A. *Die kirchlichen Benediktionen*, II, p. 501 e 503. Cf. a prece inglesa citada abaixo, p. 182.

269. *Germania*, 1879, p. 74. Cf. FRANZ, A. *Die kirchlichen Benediktionen*, II, p. 507.

270. Pregos ou ornamentos metálicos do túmulo: BLACK, W.G. *Folk-Medicine* (Publications of the Folk-Lore Society, XII). Londres, 1883, p. 175. • ATKINSON, J.C. *Cleveland Glossary*, 1878 (apud MURRAY. *A new English Dictionary, au mot cramp-ring*). • WUTTKE, A. *Der deutsche Volksaberglaube*. 2. ed., 1869, p. 334. Pregos nos quais um homem se enforca: GRIMM. *Deutsche Mythologie*. 4. ed., II, p. 978.

271. BRAND, J. *Popular antiquities*. Ed. de 1870, III, p. 254ss. [a primeira edição surgiu em 1777; as edições posteriores foram completadas graças aos manuscritos do autor, que morreu em

multiplicar os exemplos desse tipo. Os anéis consagrados pelos reis eram somente um caso particular de uma espécie de remédio muito geral.

Vejamos agora com mais atenção o rito régio. Primeiramente, sua data. Ela era fixada pelo mais rigoroso dos costumes. O rei só depositava as moedas de ouro e de prata sobre o altar uma vez por ano, na Sexta-feira Santa, depois de ter adorado a cruz; ou seja, em um dia e após uma solenidade dedicados à comemoração do supremo sacrifício consentido pelo Redentor. Puro acaso o que determinara essa escolha? Não. A lembrança da Paixão ressurge como um tipo de *leitmotiv* em várias fórmulas relativas à cura de dores ou da epilepsia e, mais particularmente, à fabricação dos anéis medicinais. No início do século XV, São Bernardino de Siena, pregando na Itália contra as superstições populares, reprovava as pessoas que "contra o mal da cãibra carregam anéis fundidos durante a leitura da Paixão de Cristo"[272]. Mesmo na Inglaterra, aproximadamente na mesma época, um tratado médico continha o conselho seguinte: "Para a cãibra: na Sexta-feira Santa, vá a cinco igrejas paroquiais e pegue em cada uma o primeiro penny que for depositado em oferta na adoração da cruz; recolha-os todos, vá diante da cruz e reze 5 Pai-nossos em honra das 5 chagas e carregue-os durante cinco dias, dizendo a cada dia a mesma oração da mesma maneira; e faça, em seguida, com essas moedas um anel, sem liga de outro metal; escreva no interior *Jasper, Bastasar, Attrapa* e no interior *Ihc. Nazarenus*; vá buscá-lo no ourives em uma sexta-feira e diga então 5 Pai-nossos como anteriormente; e, em seguida, carregue-o sempre"[273]. Seria preciso muito tempo para analisar

---

1806). Outra prática do mesmo tipo, cf. BLACK. Loc. cit., p. 174-175 (condado de Northampton). Eis ainda uma outra fórmula que me foi comunicada pelo Sr. J. Herbert, do Museu Britânico; nela notar-se-á a coleta feita na porta da igreja, traço a comparar com os costumes relativos aos *sacrament-rings* assinalados abaixo, p. 166s. Dou a palavra a meu amável correspondente: "From 1881 until his death in 1885 my father was Rector of Northlew in Devonshire, a village about 9 miles west of Okehampton. During that time (I think in 1884) my mother wrote me a description of what had happened on the previous Sunday: At the end of the morning service a girl stood at the church door, and collected 29 pennies, one from each of 29 young men. She gave these to a 30th young man in exchange for a half-crown, and took the half-crown to the local 'White Witch' (a farmer's wife who kept a small shop in the village), who was to return it to her eventually in the form of a silver ring, as a sovereign remedy for fits".

272. S. *Bernardi Senensis* [...] *Opera*, in-fólio. Veneza, 1745, I, p. 42a, *Quadra-gesim le de religione christiana:* "Contra malum gramphii portant annulos fusos dum legitur Passio Christi, dies et horas contra Apostolum observantes".

273. *Brit. Mus.* Arundel, man. 276, V, fol. 23; citado pela primeira vez – mas com uma referência equivocada, doravante sempre repetida – por STEVENSON. *On cramp-rings,* p. 49 (*The Gentleman's Magazine Library,* p. 41): "For the Crampe [...] Tak and ger gedir on Gude Friday, at fyfe parisch kirkes, fife of the first penyes that is offerd at the crose, of ilk a kirk the first penye;

detalhadamente esta prescrição, um verdadeiro aglomerado de noções mágicas de procedências diversas: os nomes dos reis magos – que, de boa vontade, eram objeto das súplicas contra a epilepsia – figuravam ao lado do nome divino; ou, na realidade, os nomes de dois deles, pois Melquior, o terceiro, foi substituído por uma palavra misteriosa – *Attrapa* – que lembra o *Abraxas*, significativo para os adeptos das ciências herméticas. Mas é ainda a imagem da Paixão que encontramos no primeiro plano. O n. 5, tão frequentemente empregado e que já encontramos em uma coletânea alemã, evoca as cinco chagas do Salvador[274]; sobretudo, o desejo de colocar-se sob a proteção da cruz justifica as datas fixadas para o ato essencial e para um ato acessório: a Sexta-feira Santa e uma outra sexta-feira. O mesmo na França. Um padre de Beauce, Jean-Baptiste Thiers, que escrevia em 1679, conservou-nos a lembrança de uma prática que se empregava em seu tempo para curar os epilépticos; descreveremos ela detalhadamente em breve, retenhamos simplesmente por um instante o dia e o momento escolhidos para a realização dessas "cerimônias", como diz Thiers: a Sexta-feira Santa, no próprio momento da adoração da cruz[275]. E não era já por causa de ideias da mesma natureza que o Rei Carlos V carregava todas as sextas-feiras – e somente neste dia – um anel especial marcado com duas pequenas cruzes negras e provido de um camafeu, no qual se via representada a cena do Calvário?[276] Disto não duvidaríamos: a medicina mágica, por uma aproximação um pouco sacrílega entre os sofrimentos provocados pela "cãibra" e as angústias do Crucificado, considerava os aniversários religiosos e as preces que rememoravam o suplício do Cristo como particularmente propícios a transmitir aos anéis o poder de curar as dores musculares[277]. Sua virtude

---

than tak tham al and ga befor the crosse and say v. pater noster in the worschip of fife wondes, and bare thaim on the v. dais, and say ilk a day als meki on the same wyse; and than gar mak a ryng ther of withowten alay of other metel, and writ within *Jasper, Bastasar, Attrapa*, and writ withouten *Jhc Nazarenus*; and sithen tak it fra the goldsmyth apon a Fridai, and say v. pater noster als thou did be fore and vse it alway afterward". Devo à gentileza do Sr. M.J. Herbert, do Museu Británico, que se dignou em conferir para mim o manuscrito, de poder trazer aqui um texto mais exato do que aquele que fora anteriormente publicado.

274. Cf., para os reis magos, JONES. *Finger-ring lore*, p. 137 e esp. p. 147ss.; para as cinco chagas, ibid., p. 137 (inscrição de um anel encontrado em Coventry Park).

275. Cf. abaixo, p. 167.

276. LABARTE, J. *Inventaire du mobilier de Charles V roi de France*, in-4o, 1879, n. 524.

277. Do mesmo modo, as fórmulas emprestadas pela paixão eram tidas como eficazes contra as dores da tortura: LE BLANT, E. *De l'ancienne croyance à des moyens secrets de défier la torture* – Mém. Acad. Inscriptions, XXXIV, 1, p. 292. Em Flandres, no início do século XVII, as crianças nascidas em uma Sexta-feira Santa tinham a reputação de curadoras (DELRIO. *Disquisitionum*

benfazeja, os *cramp-rings* régios a deviam primeiramente ao próprio dia fixado para a consagração do metal do qual eram feitos e, depois, à influência miraculosa emanada da cruz que os reis, antes de se aproximarem do altar, haviam adorado rastejando.

Mas o essencial do rito não estava aí. Uma operação de natureza jurídica (de certa forma) formava o nó da ação: a oferenda de moedas de ouro e de prata e seu resgate mediante uma soma equivalente. Ora, este ato não possuía nada de muito original. Havia então – e ainda em nossos dias, entre as pessoas supersticiosas – uma opinião comumente difundida que considerava as moedas recebidas em donativos pelas igrejas como particularmente aptas à fabricação de anéis curadores. Já observamos mais acima uma manifestação dessa ideia em um tratado composto na Inglaterra no século XIV. Atualmente, dizem, nos campos ingleses, os camponeses procuram os *pence* ou os *xelins* recolhidos no momento da coleta, após a comunhão, para deles fabricar anéis antiepiléticos ou antirreumáticos[278]. Em casos parecidos, de fato, o resgate não aparece. Mas, alhures, ele surge ao lado da oferenda tal como na cerimônia régia da Sexta-feira Santa.

Vejamos primeiramente uma prática mágica francesa, atestada no século XVII. Dou a palavra a Jean-Baptiste Thiers, que a relatou: "Os que se declaram da raça de São Martinho pretendem curar o mal ultrapassado [a epilepsia] observando as cerimônias seguintes: na Sexta-feira Santa, um desses médicos toma um doente, leva-o à adoração da cruz, beija-a antes dos padres e dos outros eclesiásticos e lança um soldo na bacia, o doente beija a cruz em seguida, pega o soldo deixado na bacia e coloca dois em seu lugar, em seguida, ele vai embora, pega este soldo e o carrega pendurado em seu pescoço"[279]. Passemos

---

magicarum, I, cap. III, qu. IV, p. 57). Na França, no século XVII, os sétimos filhos, considerados capazes de curar as escrófulas, exercem seu poder de preferência em uma sexta-feira (cf. mais à frente, p. 306 e n. 2); o mesmo na Irlanda, ainda em nossos dias (*Dublin University Magazine,* 1879 p. 218).

278. Esses anéis são conhecidos sob o nome de *sacrament-rings.* Sobre eles, cf. BLACK. *Folk-medicine,* p. 174 (costume da Cornualha, segundo o qual a moeda de prata proveniente das ofertas deve primeiramente ser comprada mediante 30 pences obtidos por mendicância na porta da igreja – mendicância silenciosa, pois é proibido pedi-los expressamente –, depois, uma vez recebida, será objeto de um rito santificador suplementar, devendo o doente, portando-a, fazer três vezes a volta em torno da mesa de comunhão) e p. 175. *Notes and Queries.* Série segunda, I, p. 331. • THOMPSON, C.J.S. *Royal cramp and other medycinable rings,* p. 10.

279. *Traité des Superstitions,* p 439; cf. 4a. edição, sob o título de *Traité des superstitions qui regardent les sacrements,* 1777, I, p. 448.

agora aos países de língua alemã. Um manuscrito do século XV, conservado outrora na biblioteca dos monges de Saint-Gall, contém – sempre contra a epilepsia – a prescrição seguinte. O ato deve ser realizado na noite de Natal. Sabe-se que nessa noite se celebram três missas sucessivas. No início da primeira, o doente deposita em oferta três moedas de prata – o n. 3 escolhido em honra à Santíssima Trindade; o padre pega-os e coloca ao lado do corporal ou mesmo sob ele, de modo que os sinais da cruz fixados pelo cânone sejam feitos sobre as moedas. Terminada a primeira missa, nosso homem recolhe suas três peças ao preço de seis denários. O segundo ofício começa, as três moedas são novamente ofertadas. Ao término, elas são novamente resgatadas, desta vez mediante doze denários. Mesma cerimônia no terceiro ofício, com o preço do resgate final, desta vez, estipulado em 24 denários. Resta somente fabricar, com o metal assim consagrado por uma tripla doação, um anel que, sob a condição de não deixar nunca o dedo do ex-epiléptico, o protegerá contra o retorno da doença[280].

Fórmula francesa, fórmula de Saint-Gall, rito régio inglês: se comparamos os três métodos, não encontraremos somente semelhanças. Na França, a moeda, transformada em anel em outros lugares, é usada em seu estado normal. Em Saint-Gall, o dia escolhido para o procedimento é o Natal ao invés da Sexta-feira Santa. Ainda em Saint-Gall, o resgate aparece – se podemos assim dizer – elevado à terceira potência; na França só é feito uma vez, mas com o pagamento de um preço representando em dobro o valor da primeira oferta; na corte inglesa, também uma única vez, com igualdade de valor. Essas divergências merecem ser ressaltadas, porque provam, evidentemente, que as três práticas não foram copiadas umas das outras; elas são, enfim, somente acessórios. Estamos tratando, incontestavelmente, de três aplicações, diferentes segundo os lugares ou os tempos, de uma mesma ideia fundamental. Quanto a esta ideia-mãe, ela não é difícil de ser descoberta. O objetivo a alcançar é, obviamente, santificar os metais com os quais será feito o talismã curador. Poder-se-ia, para isto, contentar-se em colocá-los sobre o altar; este procedimento banal não pareceu suficiente, desejou-se mais. Então, imaginou-se lhes ofertar ao altar. Durante algum tempo – por mais curto que seja – eram propriedade da Igreja – vejamos além: quando a cerimônia se desenvolve na Sexta-feira Santa, eram propriedade desta adorável cruz que se ergue acima da bacia de ofertas. Mas essa cessão era

---

280. Análise do manuscrito da Bibl. de la Ville de St-Gall 932, p. 553. In: FRANZ, A. *Die kirchlichen Benediktionen*, II, p. 502.

apenas fictícia, visto que era preciso recuperar o material transformado e pronto ao uso benfazejo ao qual era destinado. Somente – para que a oferta tenha certa seriedade e, portanto, certa eficácia – só se retomará o donativo pagando, como quando se compra algo de seu legítimo proprietário. Assim, tendo sido durante alguns instantes, sob aspecto jurídico, bens da Igreja ou da cruz, ouro ou prata participavam plenamente do poder maravilhoso do sagrado.

Agora, percebemos o seguinte: na consagração dos anéis medicinais, os reis desempenhavam um papel apenas secundário – pelo menos enquanto a cerimônia se manteve tal como descrita anteriormente. Os gestos que eles realizavam, a oferta, o resgate, levavam à consagração: mas não era exatamente pelo contato da mão régia, era como resultado de uma breve passagem entre os bens do altar, no curso de uma solenidade considerada particularmente propícia ao alívio das dores, que os metais preciosos se transformavam pelas influências sobrenaturais. Em suma, a cerimônia do aniversário da Paixão, cujos castelos plantagenetas foram frequentemente os teatros, no fundo era somente uma fórmula mágica sem originalidade, análoga a outras fórmulas praticadas no continente por personagens que nada possuíam de principesco. Todavia, esta ação, comum em outros lugares, tomou na Inglaterra um caráter realmente régio. Como? Eis todo o problema da história dos *cramp-rings*. É preciso agora abordá-lo de frente. Veremos, em nosso trajeto, que o ritual do século XIV, analisado no início deste capítulo, representa somente uma etapa de uma evolução bastante longa.

4 A conquista de uma fórmula mágica pela realeza milagrosa

Qual rei terá sido o primeiro a depositar sobre o altar o ouro e a prata com os quais serão forjados os anéis medicinais? Sem dúvida, jamais o saberemos. Mas devemos supor que esse príncipe, quem quer que seja, nesse dia somente imitou, sem nenhuma intenção de monopólio, um uso comumente difundido ao seu redor. Os mais humildes súditos, mormente na Inglaterra, sempre se acreditaram capazes de fabricar, com as moedas ofertadas às Igrejas, talismãs de comprovada virtude. Como não lhes teria chegado a ideia – tal como nos feiticeiros franceses ou nos exploradores de remédios da região de Saint-Gall – de ofertar eles próprios as moedas para resgatá-las em seguida? É verdade que nenhum texto nos demonstra que, sobre o solo inglês, a falsa oferta não tenha jamais ocorrido fora da capela régia; mas estamos, para épocas antigas, tão mal-informados sobre as práticas populares que este silêncio não tem nada de espantoso.

Entretanto, os reis não eram homens como os outros: eles tornavam-se sagrados; mais ainda: na Inglaterra, ao menos, tanto como na França, tornavam-se taumaturgos. Como todos se resignaram por tanto tempo em não atribuir à intervenção régia em um rito medicinal uma virtude ativa? Porque já há muito tempo viam os reis como curadores de escrófulas, começaram a imaginar que o poder maravilhoso que deles emanava tinha igualmente uma parte de influência na transmissão do poder sobrenatural aos anéis. Certamente, ainda durante longos anos, não se esqueceu a fonte verdadeira desse poder, conferido ao metal por certos gestos que tinham como objetivo fazê-lo passar à categoria do sagrado; mas pensou-se que esses gestos eram particularmente eficazes quando se encontravam executados por esta mesma poderosa mão cujo contato trazia a cura aos escrofulosos. A opinião geral, pouco a pouco, reservou o privilégio de realizá-los aos soberanos, inimigos natos da doença.

Na origem, segundo toda probabilidade, os reis não procediam à consagração dos anéis com muita regularidade. Um certo dia, contudo, eles chegaram a considerá-la, do mesmo modo que o toque das escrófulas, como uma das funções normais de sua dignidade e se forçaram a praticá-la, quase sem falta, a cada Sexta-feira Santa. Este é o estado de coisas que nos revela pela primeira vez uma ordenação – que legislava a administração do palácio – que Eduardo II promulgou em York durante o mês de junho de 1323[281]. Acerca dos *cramp-rings*, este texto é nosso mais antigo documento. Graças a ele, o rito régio – do qual até este ponto só podíamos falar por conjecturas – aparece bruscamente com clareza. Desde esse momento até a morte de Maria Tudor, parece-nos que não houve soberano que não tenha, nos dias prescritos, levado ao pé da cruz florins, *nobles* ou esterlinas. Faltam todos os testemunhos em apenas dois reinos: o de Eduardo V e o de Ricardo III; mas o primeiro, tão curto que não incluiu uma Semana Santa sequer, só na aparência é uma exceção; quanto ao segundo – que, ademais, durou o suficiente para ver ocorrer duas vezes a semana propícia – nosso desconhecimento sobre o tema explica-se provavelmente por um simples acaso. Normalmente, são as contas do palácio, estabelecidas ao fim do exercício, que nos dão a conhecer as ofertas da "Boa Sexta-feira"; ora, as de Ricardo III parecem ter perecido[282]. De Eduardo II a Maria Tudor, a cerimô-

---

281. Cf. acima, p. 159, n. 257.
282. Ao menos, o Record Office não as inclui na série "Household and Wardrobe" dos *Exchequer Accounts*.

nia – como tentarei demonstrar em breve – variou em suas modalidades; mas ela não sofreu nenhuma interrupção perceptível.

Assim, uma prática que – pelo que se pode supor – havia sido apenas ocasional se encontrou, no mais tardar a partir de 1323, incorporada no cerimonial imutável da casa régia. Com isso, um grande passo era dado na junção definitiva da velha fórmula mágica pela realeza miraculosa. É necessário acreditar que Eduardo II tenha tido algo a ver com esta transformação? Inclino-me a pensar que sim. Não – é claro – que possamos estabelecer alguma conclusão incontestável sobre o silêncio das fontes antes da ordenação de York. Contudo, ele é surpreendente. Escrutinei, para o reinado de Eduardo I, um número bastante considerável de contas do palácio; para o do próprio Eduardo II, eu pude analisar três, todas anteriores a 1323: nenhuma menciona a consagração dos anéis, que deviam, em seguida, tão fielmente relatar, no capítulo das esmolas, os documentos do mesmo tipo, de Eduardo III a Maria Tudor[283]. Mas como estar certo, *a priori*, que, nestes textos insistentemente mudos, um simples procedimento de escrituração não esconda de nossos olhos – por exemplo, diluindo todo um grupo de oferendas indicado somente por uma cifra global – o item que procuramos em vão? O caso do toque das escrófulas, que não aparecia mais nas contas em uma época na qual – não se pode duvidar – ele não deixara de ser praticado, seria suficiente – além de outras razões – para nos lembrar que as provas negativas são por si mesmas sempre de pouca importância. Elas possuem, por outro lado, um valor inesperado quando as verossimilhanças históricas vêm confirmá-las. O que sabemos sobre o soberano que promulgou a ordenação de 1323, sobre sua mentalidade, seus infortúnios, seus esforços para fortalecer sua autoridade vacilante, torna bem plausível a ideia de atribuir-lhe um papel na adoção, pela monarquia inglesa, de um novo rito curador.

Eduardo II foi, desde o início do seu reinado, claramente impopular. Ele não podia deixar de perceber os perigos que o circundavam, ou seu séquito deveria perceber por ele. Como não lhe sobreveio o pensamento – diretamente ou por sugestão, pouco importa – de remediar essa desgraça (de certa forma individual) reforçando em sua pessoa o caráter sagrado, nascido de sua função régia, que formava seu melhor título diante das multidões? De fato, veio-lhe o pensamento. Estudaremos mais adiante o ciclo legendário das dinastias ocidentais. Veremos então que Eduardo II, em 1318, tentou dar um vigor novo ao

---

283. Encontrar-se-á as contas de Eduardo I, que eu pude examinar, enumeradas abaixo, p. 411, n. 939 e 413, n. 947; as de Eduardo II, na p. 414, n. 950.

prestígio de sua dinastia – e, sobretudo, ao seu próprio prestígio – promovendo sua unção – imitando os capetíngios – com um óleo santo supostamente trazido dos céus. A tentativa fracassou; mas quanta luz ela projeta sobre a política deste príncipe em busca de uma glória emprestada![284] Como ele pode ter negligenciado as curas maravilhosas? Sem dúvida, ele já tocava as escrófulas, mas – nós o sabemos – justamente em razão da sua impopularidade, com um sucesso medíocre e, sobretudo, cada vez mais decrescente. Não seria natural supor que ele procurou sua revanche associando à sua coroa de taumaturgo um novo valor? Certamente, ele não inventara o rito dos anéis – não precisava disso. Uma tradição, talvez já antiga, oferecia-lhe esse dom espontâneo do folclore nacional. Acreditar-se-á facilmente (é a hipótese que apresentei mais acima), que, desde antes de Eduardo II, alguns de seus predecessores haviam mais ou menos praticado irregularmente, após a adoração da cruz, o duplo gesto consagrador. Mas é a ele que, segundo o que parece, deve dar-se o mérito de fazer desta cerimônia – até então, maldefinida – uma das instituições da monarquia. O milagre das escrófulas provavelmente nunca teria alcançado a magnífica amplitude que nós conhecemos sem as inquietudes de um Roberto o Piedoso, ou um Henrique Beauclerc, inspiradas por sua legitimidade frágil. Mais tarde, esse mesmo milagre deveu muito aos desígnios perfeitamente conscientes de um Henrique V na França e de um Carlos II na Inglaterra. Pode-se pensar que os infortúnios e as inquietações de Eduardo II não foram completamente estranhos à sorte dos *cramp-rings*. Mas, certamente, a ação que tudo nos leva a atribuir a este soberano ou a seus conselheiros só foi realizável – ou, mais ainda, só foi concebida – porque a crença no caráter sobrenatural dos reis, alimentada na Inglaterra pelo espetáculo quase cotidiano do toque – nascido dessa crença e que se tornara seu melhor apoio – penetrara até o âmago da consciência coletiva.

Do mesmo jeito, na antiga Europa – sinceramente crédula, mas onde as pessoas ajuizadas se entendiam muito bem para explorar a credulidade comum –, sem dúvida, viu-se mais de um procedimento mágico – que, pela sua própria natureza, parecia destinado a ficar sempre acessível a todos – ser finalmente monopolizado pelos curadores hereditários. A própria história dos ritos que já comparamos à consagração dos *cramp-rings* nos oferece um exemplo claro de uma conquista deste tipo. Em Saint-Gall, lembremos, o dom e o resgate sucessivo de moedas sobre o altar podiam, tanto um quanto o outro, serem

---

284. Sobre este caso, cf. acima, p. 229ss.

realizados por qualquer um; mas na França, no tempo de Jean-Baptiste Thiers, não ocorria o mesmo: o resgate aí era bem executado pelo próprio doente, mas o dom o era por um homem pertencente à "raça de São Martinho". Chamava-se por esse nome uma vasta tribo de feiticeiros que pretendiam obter seu poder de um suposto parentesco com o grande taumaturgo de Tours. Existia, nessa época, ao redor do mundo, mais de uma família de charlatões que assim se vangloriavam de uma origem santa. Na Itália, lembrava-se que os parentes de São Paulo – segundo o que relata o livro dos Atos sendo, o apóstolo dos gentios sendo picado por uma víbora em Malta, disto não lhes sobreveio nenhum mal – posavam de médicos de picadas venenosas. Na Espanha, os *Saludadors,* que possuíam ótimos segredos contra as doenças, naturalmente diziam-se parentes de Santa Catarina de Alexandria. Um pouco por todos os lugares, mormente na França, os parentes de São Roque eram considerados insensíveis aos ataques da peste e capazes de curá-la algumas vezes. Os de São Huberto, ilustres em tudo, pelo simples toque protegiam seus pacientes da raiva[285]. Como os parentes de São Martinho chegaram a persuadir o povo de que a oferta de prata, na Sexta-feira Santa, só era eficaz se fosse feita com a mão? Nós o ignoramos por completo. Certo, tanto na França quanto na Inglaterra, é que a mesma fórmula banal se tornou a propriedade de uma dinastia – aqui, de curandeiros, lá, de reis.

Mas não seria preciso crer que, na Inglaterra, a evolução tenha chegado ao fim desde 1323. Na própria capela do palácio, na Sexta-feira Santa, os reis ainda não tinham por completo o monopólio do rito consagrador; as rainhas, parece, dividiam com eles o privilégio. Temos fontes certas que em 30 de março de 1369, em Windsor, madame Filipa, mulher de Eduardo II, repetiu após seu esposo os gestos tradicionais, depositando também sobre o altar uma certa quantidade de prata – não o ouro, o mais precioso dos metais estava, sem dúvida, reservado ao rei – e a resgatando em seguida para mandar fabricar os anéis medicinais[286]. Na realidade, é o único caso deste tipo que chegou ao nosso conhecimento. Mas, via de regra, estamos muito menos informados sobre as

---

285. Sobre todos esses parentes de santos cf. esp. THIERS, J.B. *Traité des superstitions.* 4. ed., I, p. 438-448. Sobre os parentes de São Huberto, em particular GAIDOZ, H. *La rage et St Hubert,* p. 112ss., e mais abaixo, p. 361. Sobre os parentes de São Paulo, cf. o texto de Felino Sandei, acima p. 145, n. 232 e POMPONAZZI. *De naturalium effectuum causis.* Basileia, 1567, p. 48. Sobre os de Santa Catarina, cf. abaixo, p. 287. O texto relativo à picada de São Paulo, em At 28,3-6.

286. Controle do palácio, 13 de fevereiro a 27 de junho, ano 43 do reinado [1369]. *Record Office, Exchequer Accounts* 396, 11, fol. 1221: "In consimilibus oblacionibus domine regine factis adorando crucem in precio quinque solidorum argenti in capella sua ibidem eodem die Vs. In denariis solutis pro eisdem oblacionibus reassumptis pro anulis medicinalibus inde faciendis Vs."

despesas privadas das rainhas do que sobre as dos seus maridos. Realmente, se a contabilidade de suas casas tivesse sido mais bem conservada, nos revelaria – ao menos para o século XIV – mais de uma menção análoga àquela que, para o ano de 1369, nos foi transmitida ao acaso em uma conta da chancelaria. Sem dúvida, Filipa não era de condição humilde: ela carregava a coroa. Mas, ressaltemos bem, ela não reinava por vocação hereditária, como, mais tarde, Maria Tudor, Elisabete ou Vitória; filha de um simples conde de Hainaut, ela devia sua dignidade somente à sua união com um rei. Nenhuma rainha deste tipo havia tocado as escrófulas; para curar os escrofulosos, era preciso uma mão verdadeiramente régia, no verdadeiro sentido da palavra. Melhor ainda: como veremos em breve, quando a cerimônia dos *cramp-rings* revestiu-se de um caráter novo, em meados do século XV – na qual a participação do rei adquiriu uma importância bem maior do que no passado –, esqueceu-se completamente que as rainhas outrora haviam sido suficientes para cumpri-la com eficácia. Sob Eduardo III, ainda não chegamos a tanto; a santificação pelo altar e pela cruz continuava a ser considerada a ação essencial – por que uma mulher de alta linhagem e de uma camada social elevada não seria capaz de fazê-lo?

Aliás, nessa época, as curas obtidas por meio dos anéis não eram relacionadas à influência do poder taumatúrgico dos reis. O Arcebispo Bradwardine que, precisamente no período de Eduardo III, considerava o milagre das curas régias como um dos mais notáveis exemplos de milagres que ele encontrara – e que se estendeu longamente sobre este tema – só compreendia como cura régia o toque das escrófulas[287]; não encontramos no arcebispo a menor alusão aos *cramp-rings*. Estes só começaram a ser classificados entre as manifestações da virtude sobrenatural dos reis um século mais tarde, aproximadamente. Mas, a partir daí, o rito mudara sua face.

O primeiro escritor – que eu saiba – que atribuiu à consagração dos anéis o direito de figurar entre as graças divinas concedidas à monarquia inglesa não foi outro senão Sir John Fortescue – cujo nome e obra já encontramos a propósito das escrófulas. Entre os tratados que escreveu contra os príncipes de York, no período situado entre abril de 1461 e julho de 1463, durante seu exílio escocês, figura uma *Defesa dos direitos da casa de Lancastre*. Nela, ele se esforça em demonstrar que a descendência em linha feminina não transmite os privilégios do sangue real. Diz, em resumo, que uma mulher, mesmo rainha,

---

287. Acima, p. 104, n. 144.

não recebe a unção sobre suas mãos – tal era, de fato, a regra na Inglaterra para as esposas dos reis, mas vale notar que, em seguida, ela não foi observada pelas princesas que subiram no trono por direito hereditário, como Maria Tudor, Elisabete, Maria filha de Jacques II, Ana e Vitória[288]. É porque – continua nosso polemista – as mãos de uma rainha não possuem o poder maravilhoso que possuíam as dos reis; nenhuma rainha podia curar, pelo simples toque, as escrófulas. E Fortescue complementa: "da mesma forma, o ouro e a prata devotamente tocados, na Sexta-feira Santa – segundo o costume anual – pelas mãos sagradas, pelas mãos ungidas dos reis da Inglaterra e oferecida por eles, curam os espasmos e a epilepsia. O poder dos anéis, fabricados com este ouro e esta prata e colocados nos dedos dos doentes, foi experimentado por um uso frequente numa grande variedade de partes do mundo. Esta graça não foi concedida às rainhas, pois elas não tiveram suas mãos ungidas"[289]. Vê-se que os tempos de Filipa de Hainaut estavam bem distantes. É que, no pensamento de Fortescue, a consagração sobre o altar, a doação e o resgate fictícios não teriam no rito mais do que um lugar totalmente secundário. O metal, transformado em remédio, tira sua força das mãos "sagradas" que o manejam, ou antes – em última análise – desse óleo santo que, derramado sobre as augustas mãos,

---

288. Para Maria Tudor, isso sobressai claramente do texto de seu próprio missal relativo à consagração dos *cramp-rings*, cf. abaixo, p. 178s. Para Maria, filha de Jaime II, e para Vitória, os documentos relativos a suas coroações: LEGG, L.G.W. *English Coronation Records*, p. 328 e 370. Para Elisabete e Ana não conheço fontes, mas não havia porque deixar de seguir, para a primeira, o precedente de Maria Tudor e, para a segunda, o da outra Maria. Que a unção sobre as mãos foi proibida às simples mulheres de reis, é o que transparece claramente nos diferentes rituais ingleses de sagração: LEGG. Loc. cit., p. 101, 177, 235, 266-267, 310.

289. O texto, já publicado por J. Freind, *The history of Physick,* 5. ed. II, 1758, p. [32], foi dado pelo Dr. Crawfurd, *King's Evil,* p. 45, segundo o manuscrito du Brit. Mus. Cotton [Claud. A. VIII ?]. Mas é um erro o Dr. Crawfurd acreditar que a *Defensio juris domus Lancastriae* seja inédita. Ela foi impressa – liberada para publicação – por Lord Clermont, em sua edição das obras de Fortescue (cf. acima, p. 116, n. 170), p. 505ss. A passagem que nos interessa está na p. 508; ela apresenta, nessa edição, algumas variantes com o texto do Dr. Crawfurd, que me parece melhor e que reproduzo aqui: "Item aurum et argentum sacris unctis manibus Regum Angliae in die Parascevae, divinorum tempore, (quemadmodum Reges Angliae annuatim facere soient), tactum devote et oblatum, spasmaticos et caducos curant: quemadmodum per annulos ex dicto auro seu argento factos et digitis huiusmodi morbidorurn impositos, multis in mundi partibus crebro usu expertum est. Quae gratia Reginis non confertur, cum ipsae in manibus non ungantur". O mesmo argumento é reproduzido, sob uma forma quase semelhante, em um pequeno tratado em inglês, *Of the title of the House of York,* escrito por Fortescue na mesma época: CRAWFURD, p. 46; CLERMONT, p. 498. Pode-se assinalar que, da mesma forma, na França, sob Carlos V, Jean Golein considerava o fato de uma mulher não saber curar as escrófulas como um argumento em favor da sucessão em linha masculina; cf. mais abaixo, p. 353.

passava, desde muito tempo, a lhes conferir o dom de curar as escrófulas. O milagre régio absorveu tudo.

Desde essa época, aliás, a evolução das ideias traduzia-se, de uma maneira concreta, por uma mudança considerável nas próprias formas do cerimonial. Originalmente, como sabemos, os anéis eram fabricados apenas posteriormente – com o ouro e a prata das moedas depositadas sobre o altar durante a cerimônia da Sexta-feira Santa e, em seguida, fundidos. Ao fim, achou-se mais cômodo fazê-los antecipadamente e de trazê-los prontos, no dia determinado. Doravante, eram estes – e não mais as preciosas moedas de outrora – o que se depositava ao pé da cruz e que, em seguida, se resgatava mediante uma soma invariavelmente fixada em 25 xelins. Um exame atento das contas régias permite reconhecer que esta modificação ocorreu entre 1413 e 1442, provavelmente durante os primeiros anos do reinado de Henrique VI[290]. O costume assim transformado continuou em vigor sob os Tudors. Sob Henrique VIII – segundo o que nos ensina um cerimonial da corte – o privilégio de apresentar ao rei, antes da oferta, a bacia que continha os anéis, pertencia ao mais alto senhor presente[291]. Um pouco mais tarde, uma curiosa iluminura do missal de Maria Tudor, imediatamente anterior ao texto do ofício litúrgico empregado para a bênção dos *cramp-rings*, nos demonstra a rainha ajoelhada diante do altar; em sua direita e em sua esquerda, sobre as bordas de uma espécie de recinto retangular onde ela se encontra, vemos duas taças rasas de ouro – o artista nelas representou esquematicamente, mas de uma forma reconhecível, os pequenos aros de metal[292].

---

290. Cf. abaixo, *Apêndice I*, p. 418.
291. Desse cerimonial, segundo meu conhecimento, existem ao menos três manuscritos: 1°) Bibl. Nat. anglais 29, que parece datar do ano 13 do reinado de Henrique VIII (fol. 1 V); texto sobre os *cramp-rings* no fol. 14 V – a passagem sobre os *cramp-rings* foi publicada segundo esse manuscrito em *The Gentleman's Magazine*, I. 1834, p. 48 (*The Gentleman's Magazine Library*, III, p. 39), e sem dúvida copiada do *Gentleman's Magazine* por Crawfurd, *Cramp-rings*, p. 167. 2°) Um manuscrito aproximadamente do ano de 1500, proveniente da coleção de Antis, rei de armas da Ordem da Jarreteira, e conservado na coleção dos duques de Northumberland – a passagem sobre os *cramp-rings* foi publicada segundo esse manuscrito por T. Percy, *The regulations and Establishment of the household of Henry Algernon Percy, the fifth Earl of Northumberland*. Londres, 1827 (reimpr.), p. 436, e copiado de Percy por Maskell, *Monumenta ritualia*. 2. ed., III, p. 390, n. 1, bem como por *The Gentleman's Magazine*, 1774, p. 247 (*The Gentleman's Magazine Library*, III, p. 38). 3°) Um manuscrito conservado sob o n. 7, em Londres, no College of Arms – ele data da primeira metade do século XVI; cf. FARQUHAR. *Royal Charities*, I, p. 67, n. 6 e p. 81, n. 1 (e comunicação pessoal da Sra. Farquhar). Correlacionei o texto dado pelo Dr. Crawfurd com aquele do manuscrito da Bibl. Nat. e o considerei correto (nota-se, contudo, que as palavras entre parênteses, linha 5, foram acrescentadas pelo Dr. Crawfurd).
292. *Apêndice II*, n. 19.

O primeiro mestre de cerimônias que, em torno do início do reinado de Henrique VI, verdadeiramente contribuiu para esta modificação nos costumes tradicionais, somente perseguia objetivos práticos: desejava eliminar uma complicação que julgava inútil. Mas, simplificando o velho rito, ele o alterou profundamente. A ficção jurídica que constituía a alma do rito, de fato, só tinha sentido se a matéria que servira à fabricação dos anéis tivesse sido o objeto de uma verdadeira oferta, sem se distinguir das ofertas normais por nenhuma singularidade, não tendo – se podemos assim dizer – a aparência de ter sido feita de propósito – de modo que se pudesse ter o direito de considerar este ouro e esta prata como sendo realmente propriedade do altar e da cruz durante algum tempo. Ora, o que se oferece durante uma solenidade religiosa? Moedas; daí o uso de florins, de *nobles* e de esterlinas para os *cramp-rings* régios; de denários – moedas mais modestas – ou, atualmente, de *xelins* vindos das coletas, sinceras ou fingidas, para uma série de outros anéis curadores. Depositar à vontade os anéis sobre o altar era reconhecer que a doação era apenas simulada, era, por isso mesmo, desviar seu sentido do simulacro. É provável que, desde o início do século XV, a antiga prática do falso dom e do falso resgate não fosse mais cumprida. Fortescue e o cerimonial de Henrique VIII dizem simplesmente que o rei "oferece" os anéis – entende-se, indubitavelmente, que ele os coloca em um momento sobre o altar. Uma vez isto feito, a cerimônia parece-lhe terminada. Que importava que um pouco de moeda de prata fosse, em seguida, depositado praticamente no mesmo local que antes estavam os aros de metal? Ninguém se lembrava mais de que este ato de generosidade banal, aparentemente desprovido de qualquer ligação com o rito de consagração que ocorrera, teria sido outrora sua peça chave[293].

Da mesma maneira, mesmo a apresentação dos anéis sobre o altar deixará um dia de ser o centro do rito. Parece sobressair bem do texto de Fortescue

---

293. O sentido do procedimento do resgate perdia-se, nesse ponto, sob o reinado de Maria Tudor; se confiarmos no relato (que será citado mais à frente) do veneziano Faitta, a rainha consagrava na Sexta-feira Santa, tal como os anéis fabricados especialmente para a cerimônia às custas do tesouro real, anéis de qualquer um que lhe enviasse, e que ela, sem dúvida, lhes devolvia uma vez cumprido o rito. Talvez, esse fato explique, como o assinala THOMPSON, M.C.J. *Royal cramp and other medycinable rings*, p. 9, que se encontre em certos textos, a partir do fim do século XV, a menção aos *cramp-rings* providos de uma pedra preciosa. Se entendermos esses *cramp-rings* como anéis benzidos pelo rei, evidentemente só se poderá ver neles os anéis que foram prestados a esse fim pelos particulares; mas como nada nesses textos especifica que se trata de *cramp-rings* "régios", pode-se supor também que estamos tratando de quaisquer anéis mágicos tidos como eficazes contra a cãibra.

que, já em seu tempo, o rei tocava os anéis para lhes impregnar da virtude milagrosa de sua mão. Em todo caso, tal é o gesto que irá nos revelar claramente o cerimonial seguido no tempo de Maria Tudor. O acaso quis, de fato, que fôssemos informados com algum detalhe sobre o ritual da consagração dos *cramp-rings* apenas para este reinado, o último que viu este costume antigo em prática. Triste azar, certamente; mas não devemos nos incomodar excessivamente, pois não saberíamos imaginar que esta princesa, fiel às antigas crenças, tenha suprimido nas práticas da corte algum traço propriamente religioso, nem mesmo que ela tenha mantido as inovações introduzidas talvez pelos seus dois antecessores protestantes. Pode-se admitir, sem sombra de dúvida, que as regras observadas por ela já o haviam sido pelos últimos reis católicos, antes da Reforma. Eis, portanto, segundo a liturgia contida em seu próprio missal[294] e segundo o relato de uma testemunha ocular – o veneziano Faitta[295] –, como se desenvolvia, sob a piedosa Maria e, sem dúvida, bem antes dela, a pompa régia da Sexta-feira Santa.

A rainha, após o término da adoração da cruz, coloca-se em um recinto quadrado formado ao pé do altar por quatro bancos cobertos de tecidos ou de tapetes. Ela se ajoelha; em seu lado depositam-se as bacias cheias de anéis – reconhece-se o próprio quadro pintado, como vimos, sobre uma das páginas do missal. Primeiramente, ela profere uma prece – bastante longa – da qual a única passagem assinalada é um tipo de exaltação da realeza sagrada:

> Deus Todo-poderoso, Eterno [...] que quiseste que aqueles que foram eleitos por ti ao topo da dignidade real fossem ornados de graças insignes e os constituíste em instrumentos e em canais de teus dons, de maneira que, assim como eles reinam e governam por ti, também por tua vontade eles são úteis aos outros homens e transmitem tuas benesses a seus povos [...].

Depois, vêm – pronunciadas desta vez sobre os anéis – uma outra prece e duas fórmulas de bênção; aqui aparece claramente a concepção da epilepsia como um mal demoníaco:

---

294. Sobre o missal de Maria Tudor, hoje conservado na biblioteca da catedral (católica) de Westminster, cf. aqui *Apêndice II*, n. 6. A liturgia dos *cramp-rings* dada por esse missal foi publicada diversas vezes, esp.: BURNETT, G. *The history of the reformation*. Ed. Pocock, V. Londres, 1865, p. 445. • WILKINS. *Concilia Magnae Britanniae et Hiberniae*, IV, fol. 1737, p. 103. • PEGGE, A. *Curialia Miscellanea*. Londres, 1818, p. 164. • CRAWFURD. *Cramp-rings*, p. 182. Para a tradição inglesa dessa liturgia, a qual sem dúvida data do reinado de Jaime II, cf. abaixo, p. 367, n. 834.
295. *Calendar of States Papers* – Venice, VI, 1, n. 473, p. 436. Faitta era secretário do Cardeal Pole; viu Maria benzer os anéis em 4 de abril de 1556.

> Deus [...] digna-te de abençoar e santificar estes anéis [assim se exprime a segunda bênção particularmente explícita a este respeito] para que todos aqueles que os carreguem, colocados ao abrigo das ciladas de satã [...] sejam preservados da contração dos nervos e dos perigos da epilepsia.

Em seguida, um salmo – cantado sem dúvida pelos clérigos presentes – e uma nova prece na qual, desta vez, se traduz o cuidado bastante curioso de marcar que a cerimônia não encerra nenhum apelo a uma magia interdita: "que toda superstição desapareça, que se afaste toda suspeita de fraude diabólica!"

Então, o ato essencial. A rainha pega os anéis e os esfrega, um a um, entre suas mãos, dizendo essas palavras que, melhor do que qualquer comentário, remetem à significação do gesto:

> Senhor, santifique estes anéis, asperge-os em tua bondade com o orvalho de tua bênção e consagra-os pelo contato de nossas mãos que Tu dignificaste santificar, segundo a ordem de nosso ministério, pela unção do óleo santo, de modo que o que a natureza do metal não saberia fornecer seja cumprido pela grandeza de tua graça[296].

Enfim, uma operação propriamente religiosa: os anéis são aspergidos de água benta – pela própria rainha ou por um padre de sua capela, não se sabe – enquanto que a soberana – e, sem dúvida, também os assistentes – pronunciam ainda algumas fórmulas de prece.

Veja-se: uma vez posta à parte a água benta – e seu emprego na cerimônia tem origem apenas em um cuidado banal de piedade, análogo àquele que remete à presença do sinal da cruz no toque das escrófulas – o prestígio da força sobrenatural emanado dos reis guarda toda a eficácia. Nem o missal, nem o relato do veneziano mencionam, não digo o resgate dos anéis, mas nem mesmo seu depósito sobre o altar. É provável, não obstante, que esta última parte do rito

---

296. "Omnipotens sempiterne Deus, qui quos ad regalis sublimitatis fastigium extulisti, insignioribus gratiis ornatos, donorumque tuorum organa atque canales esse voluisti, ut sicut per te regnant aliisque praesunt, ita te authore reliquis prosint, et tua in populum beneficia conferant" (CRAWFURD, p. 182-183). • "Deus [...] hos annulos propitius benedicere et sanctificare digneris: ut omnes qui eos gestabunt sint immunes ab omnibus satanae insidiis, sint armati virtute coelestis defensionis, nec eos infestet vel nervorum contractio, vel comitialis morbi pericula" (Ibid., p. 183). • "[...] facessat omnis superstitio, procul absit diabolicae fraudis suspicio" (Ibid., na mesma página). • "Sanctifica Domine annulos istos, et rore tuae benedictionis benignus asperge, ac manuum nostrarum confricatione, quas, olei sacra infusione externa, sanctificare dignatus es pro ministerii nostri modo, consecra, ut quod natura metalli praestare non possit, gratiae tuae magnitudine efiiciatur" (Ibid., p. 184).

tradicional era ainda realizada sob Maria Tudor; esta parte vigorava – disso não se pode duvidar – sob Henrique VIII. Não vemos o porquê de Maria tê-la suprimido. Sem dúvida, tal parte tinha lugar antes das preces, o que explica porque o missal não a menciona. Mas ninguém atribui muita importância a isto; daí o silêncio de Faitta. O ponto culminante do rito estava agora em outro lugar: nesta liturgia na qual o monarca, como no serviço das escrófulas, se esforçava muito e, sobretudo, nesta fricção dos anéis entre as mãos "santificadas" pela unção, na qual ver-se-ia doravante – nos próprios termos da prece oficial – o ato consagrador por excelência. A evolução iniciada desde os inícios do século XIV – e talvez ativada então pelos propósitos interessados de Eduardo II – estava terminada: a velha fórmula mágica transformara-se definitivamente em um milagre propriamente régio. É preciso datar aproximadamente o término desta transformação no ano de 1500. Nos primeiros anos do século XVI é que surgiu, como foi dito, uma tentativa de ligar os *cramp-rings* à grande lembrança de Eduardo o Confessor, já patrono do toque das escrófulas: assim, de qualquer maneira, eles encontravam-se incorporados no ciclo da realeza milagrosa. Também neste momento – mais tarde, teremos a ocasião de constatar – esta nova forma do dom taumatúrgico atribuído aos monarcas ingleses atinge, parece, sua mais alta popularidade. Certamente, não há melhor exemplo da força conservada, no alvorecer da "Renascença", pela antiga concepção da realeza sagrada que esta usurpação – então consumada por ela – de um poder curador que, até esse momento, era atribuído à influência do altar e da cruz.

Capítulo III
A realeza maravilhosa e sagrada: das origens do toque das escrófulas à Renascença

1 A realeza sacerdotal

Os ritos curadores haviam nascido, como vimos, de velhas concepções relativas ao caráter sobrenatural dos reis. Se estas crenças tivessem desaparecido pouco depois do nascimento dos ritos, é provável que elas não pudessem se manter ou, ao menos, não teriam conhecido uma grande popularidade. Mas, bem longe de se extinguirem, elas resistiriam solidamente e, sobre certos aspectos, se ampliariam intricando-se com superstições novas. Explicar o sucesso persistente do toque, ou a transformação da antiga fórmula mágica dos anéis em uma cerimônia verdadeiramente régia, deve ser – antes de tudo – reintegrar uma e outra prática nesta atmosfera de veneração religiosa, nesta ambiência cheia de maravilhoso com a qual os povos, durante os quatro ou cinco últimos séculos da Idade Média, rodearam seus príncipes.

Na sociedade católica, a familiaridade com o sobrenatural é um princípio reservado a uma classe de fiéis estritamente delimitada: os padres, ministros regularmente consagrados ao serviço de Deus, ou, ao menos, os clérigos ordenados. Diante desses intermediários obrigatórios entre este mundo e o Além, os reis taumaturgos, simples leigos, não se expunham ao papel de usurpadores? De fato, é assim que lhes considerariam, como já sabemos, os gregorianos e seus continuadores, mas não a maioria dos homens desse tempo. Pois, precisamente, ao olhar da opinião comum, os reis não eram simplesmente leigos. A própria dignidade da qual eles eram revestidos lhes parecia – como se acreditava geralmente – um caráter quase sacerdotal.

É preciso dizer: *quase* sacerdotal. A assimilação nunca foi completa; ela não poderia sê-lo. O sacerdote comporta, aos olhos de um católico, privilégios de ordem supraterrestre perfeitamente definidos e que só a ordenação confere. Na Idade Média, nenhum monarca, por mais poderoso ou orgulhoso que fosse, acreditou ser capaz de celebrar o santo sacrifício da missa e, consagrando o pão e o vinho, de fazer descer o próprio Deus sobre o altar. No referente aos imperadores, Gregório VII os recordou com veemência que, não sabendo caçar os demônios, eles deviam se considerar como bem inferiores aos exorcistas. Outras civilizações – a muito antiga Germânia, a Grécia dos tempos homéricos – puderam conhecer os reis-padres no sentido completo do termo; na Cristandade medieval, a existência desta dignidade híbrida era inconcebível. Foi o que perceberam claramente os gregorianos. Um dos mais penetrantes dentre os escritores desse campo (o autor misterioso que, na falta do conhecimento de sua pátria exata, é preciso chamar pelo seu nome latino), Honorius Augustodunensis, denunciava nas pretensões dos soberanos de seu tempo não somente um sacrilégio, mas também uma confusão de ideias. Um homem – dizia ele, em resumo, em um tratado composto pouco depois do ano de 1123 – poderia ser somente clérigo, leigo ou, a rigor, monge (os monges, dos quais muitos não haviam sido ordenados, eram, todavia, considerados como parte do clero); ora, não tendo recebido as ordens, o rei não era clérigo – "sua mulher e sua espada o impedem de ser considerado monge" – ele era, portanto, leigo[297]. Raciocínio que, em boa lógica, não cabe contestação. Mas a lógica não tem por costume governar os sentimentos, sobretudo quando estes carregam o traço de antigas crenças e possuem as mais longínquas raízes nas religiões abolidas, maneiras de pensar ultrapassadas que deixaram depois de si, como um resíduo, maneiras de sentir. Além disso, nem todos nesse tempo possuíam a implacável clareza de espírito de um Honorius Augustodunensis, longe disso. Na prática – veja-se, por exemplo, a prática da jurisprudência –, e mesmo em teoria, a distinção entre o clero e os simples fiéis era, na Idade Média, menos rigorosamente traçada

---

297. *Summa gloria de Apostolico et Augusto; Monumenta Germaniae, Libelli de lite,* t. III, c. 9, p. 69: *Quod rex sit laicus:* "Aut enim rex est laicus aut clericus. Sed si non est laicus, tunc est clericus. Et si est clericus, tunc aut est ostiarius aut lector aut exorcista aut acolithus aut subdiaconus aut diaconus aut presbyter. Si de his gradibus non est, tunc clericus non est. Porro si nec laicus nec clericus est, tunc monachus est. Sed monachus eum excusat uxor et gladius". Cf. tb. c. 28, p. 78. A personalidade de Honorius, que foi um escritor extremamente fecundo, continua, apesar de todas as pesquisas, muito enigmática; mas não se pode negar que foi alemão (cf. esp. ENDRES, J. & ENDRES, A. *Honorius Augustodunensis, Beiirag zur Geschichte des geistigen Lebens im 12. Jahrhundert.* Kempten/Munique, 1902).

do que viria a ser após o Concílio de Trento: podia-se conceber situações "mistas"²⁹⁸. Os reis sabiam bem que não eram completamente sacerdotes, mas não se consideravam plenamente como leigos; em seu entorno, muitos de seus súditos compartilhavam desse sentimento²⁹⁹. Ademais, havia muito tempo que esta velha ideia – em essência, quase pagã – florescia em país cristão³⁰⁰. Identificamo-la, sob os primeiros merovíngios, nos versos de Fortunato, nos quais uma alegoria bíblica a esconde pela metade. A partir da época carolíngia, so-

---

298. Cf. aqui p. 188, n. 310; p. 204, n. 348. Sobre o tema, encontrar-se-ão apontamentos inteligentes, mas cheios de algum exagero, na obra de P. Thurston, *The coronation cerimonial*, citada na nota seguinte. Sobre as dificuldades existentes em definir juridicamente o estado dos clérigos, cf. GÉNESTAL, R. *Le privilegium fori en France du Décret de Gratien à la fin du XIVe siècle* (Bibl. École Hautes Etudes, Sc. religieuses, v. 35).

299. Certos autores anglicanos, sobretudo M. Wickham Legg, insistiram com vigor – e às vezes com certo excesso – no caráter quase sacerdotal da realeza medieval: fizeram-no em um desejo de apologética religiosa claramente confessada: "It seemed – escrevia M. Legg em 1902 na *Church Times* – "as it might be an useful thing if it were shown that, so far from the claims of the King to govern the Church beginning with Henry the Eighth his rights began much earlier [...]. And with this, that the king was a minister of the Church, consecrated to this special office by the Church herself". Daí uma tentativa de refutação – feita igualmente em um desejo fácil de penetrar – por um jesuíta inglês, THURSTON, P.H. *The coronation cerimonial*. 2. ed. Londres, 1911. Quando se opõe aos exageros da escola contrária, trata-se de discurso hábil e, às vezes, penetrante; mas é demasiado absoluto na negação e, a meu ver, muito mais distante da verdade do que a tese do Sr. Legg. Como, de resto, é curioso para o historiador constatar que essas velhas querelas ainda possuem um aspecto atual!

300. Entre as origens dessa concepção tão familiar na Idade Média, é preciso dar um lugar para as influências romanas? Os imperadores cristãos, a partir de Graciano em 382, haviam renunciado ao velho título pagão de *pontifex maximus*; mas, ao menos até o século V, continuou-se a lhes atribuir, em certas fórmulas de veneração oficial, o nome de sacerdotes (cf., sobre esses fatos, SÄGMÜLLER, J.B. *Lehrbuch des katholischen Kirchenrechts*. 3. ed., I. Friburgo in B, 1914, p. 51-52): "ἀρχιερεῖ βασιλεῖ [πολλά τά ἔτη]" exclamavam em 444, em suas aclamações oficiais, os padres do Sínodo de Constantinopla; o mesmo, em 451, no Concílio de Calcedônia: "τῷ ζερεῖ τῷ βασιλεῖ" (MANSI. *Concilia*, VI, col. 733; VII, col. 177). O Papa Leão o Grande escrevia um pouco mais tarde ao Imperador Leão I: "sacerdotalem namque et apostolicum tuae pietatis aninum" (MIGNE. *P.L.*, t. 54, col. 1.131). Mas esses textos, que não foram selecionados nas grandes compilações canônicas latinas, não parecem ter sido citados nem conhecidos pelos escritores da Idade Média ocidental; o mesmo se dá com a famosa passagem de Eusébio na qual se vê Constantino ser denominado "τῶν ἐκτός [...] ἐπίσκοπος" (cf. abaixo, p. 332, n. 735). Só mais tarde – no século XVII – que essas velhas memórias deviam, graças à erudição renascente, encontrar alguma utilidade (cf. abaixo, p. 332, n. 735). Por outro lado, deduz-se de uma passagem de Guilherme Durand que certos juristas, para provar o caráter sacerdotal atribuído ao imperador, utilizaram um texto extraído das compilações jurídicas romanas: *Rationale divinorum officiorum*, II, 8 (ed. de Lyon, pequeno in-8°, 1584, p. 56, V): "Quidam etiam dicunt ut not. ff. de rerum diuisio 1. sancta quod fit presbyter, iuxta illud, Cuius merito qui nos sacerdotes appellat, Imperator etiam pontifex dictus est, prout in tractatu de Episcopo dicetur" (cf. ibid., I, 11, p. 62: "Vnde et Romani Imperatores pontifices dicebantur".) A passagem apontada é Dig. I, 1, 1 (*Ulpie*) e se aplica, na verdade, não aos imperadores, mas aos jurisconsultos.

bretudo, vimos que renovação de vigor lhe dera a unção régia e como a opinião lealista – para grande escândalo de um Hincmar de Reims e de seu grupo – desde cedo interpretou este rito comum aos reis e aos sacerdotes em um sentido extremamente favorável à monarquia. Ora, depois de Pepino, as cerimônias de sagração não cessaram de ganhar em amplitude e brilho. Ouçamos o célebre diálogo do bispo de Liège, Wazon, com o Imperador Henrique III, tal como o relatou o Cônego Anselmo por volta do ano de 1050. Wazon, tendo em 1046 negligenciado enviar seus contingentes ao exército, foi intimado a comparecer diante da corte imperial; lá, no dia do processo, ele teve que se manter de pé, pois ninguém oferecera assento a esse prelado caído em desgraça. Queixou-se ao príncipe: mesmo se não o respeitassem pela sua velhice, ao menos, dever-se-ia mostrar mais deferência a um sacerdote, ungido pelo óleo sagrado. Mas o imperador disse: "Eu também, que recebi o direito de comandar a todos, fui ungido com o óleo santo". Sobre o que – sempre segundo o testemunho do historiador – Wazon replica energicamente proclamando a superioridade da unção sacerdotal sobre a unção régia: "há tanta diferença entre uma e outra quanto entre a vida e a morte"[301]. Tal conversação ocorreu verdadeiramente segundo a forma que Anselmo nos transmitiu? É lícito perguntá-lo. Mas, afinal de contas, isso pouco importa. Essa dúvida não atinge sua verdade psicológica: o fato de, a um cronista desse tempo, a conversação parecer própria para exprimir com exatidão os pontos de vista opostos de um imperador e de um prelado é o suficiente para considerá-la altamente instrutiva. "Eu também fui ungido com o óleo santo [...]": É de fato, na lembrança dessa marca divina, recebida no dia da sagração, que mesmo um monarca muito devoto podia então extrair o sentimento de seu justo direito, quando procurava – tal como Anselmo diz nos próprios termos de Henrique III – "arrogar-se, em um pensamento de dominação temporal, todo o poder sobre os bispos".

É, sobretudo, por volta do ano de 1100 que se define neste assunto a tese dos partidários da realeza: a grande querela gregoriana forçara os partidos em

---

301. *Anselmi Gesta Episcop. Leod.*, c. 66; *Monum. Germ., SS.*, VII, p. 229-230: "Imperator vero, utpote qui eiusmodi homo esset, qui sibi super episcopos potestatem nimis carnaliter, ne dicam ambiciose, quereret usurpare: 'Ego vero, inquit, similiter sacro oleo, data mihi prae caeteris imperandi potestate, sum peruunctus'. Quem contra antistes veritatis zelo institiaeque fervore vehementer accensus, talibus breviter instruendum esse censuit: "Alia, inquiens, est et longe a sacerdotali difierens vestra haec quam asseritis unctio, quia per eam vos ad mortificandum, nos auctore Deo ad vivificandum ornati sumus; unde quantum vita morte praestantior, tantum nostra vestra unctione sine dubio est excellentior". Para os fatos, cf. STEINDORFF, E. *Jahrb. des deutschen Reichs unter Heinrich III*, II, p. 50-51.

luta a tomar uma posição inequívoca. Honorius Augustodunensis fala algo sobre esses "falastrões" que "cheios de orgulho pretendem que os reis, porque são ungidos com o óleo dos sacerdotes, não devem ser contados no número dos leigos"[302]. Conhecemos a linguagem de alguns desses "falastrões". Sua clareza, de fato, não deixa nada a desejar. Eis, por exemplo, Gui d'Osnabruck, que escreveu, em 1084 ou 1085, o tratado *Da Controvérsia entre Hildebrando e o Imperador Henrique* (trata-se, claramente, de Henrique IV): "O rei", diz ele, "deve ser posto à parte da multidão dos leigos; pois, ungido pelo óleo consagrado, ele participa no ministério sacerdotal"[303]. E, um pouco depois, na Inglaterra, o Anônimo de York: "O rei, cristo do Senhor, não poderia ser chamado de leigo"[304].

Em verdade, a maioria dos polemistas a quem devemos afirmações assim tão explícitas eram súditos do império. A ousadia do Anônimo de York parece nunca ter sido renovada em seu país. É que, como já tivemos ocasião de observar, os apologistas do poder temporal, ao menos nessa época, se recrutavam quase todos no campo imperial. Na França e na Inglaterra os reis se dedicariam, como alhures, em dominar a Igreja; nisto foram até bem-sucedidos; mas, até a crise eclesiástica dos dois últimos séculos da Idade Média, eles geralmente se abstiveram de basear abertamente suas pretensões sobre o caráter quase sacerdotal da realeza – longo silêncio que é necessário pôr em paralelo com aquele que, no mesmo momento, a literatura guardava sobre o toque das escrófulas. Tal silêncio não foi, contudo, tão absoluto; de tempos em tempos irrompe outra ideia mestra que inspirou tantos atos – sem ser ordinariamente expressa às claras, nem mesmo, segundo toda probabilidade, sem ser concebida conscientemente. Notadamente na França foi o Abade Suger, historiador quase oficial, que fez Luís VI cingir, no dia de sua sagração, o "gládio eclesiás-

---

302. *Summa gloria*, c. 9: "Sed garruli fortasse tumido fastu contendunt regem non esse de numéro laicorum, cum unctus sit oleo sacerdotum".

303. *De controversia inter Hildebrandum et Heinricum imperatorem; Libelli de Lite*, I, p. 467: "Unde dicunt nulli laico umquam aliquid de ecclesiasticis disponendi facultatem esse concessam, quam vis rex a numero laicorum merito in huiusmodi separetur, cum oleo consecrationis inunctus sacerdotalis ministerii particeps esse cognoscitur". Para outras citações tomadas de polemistas do mesmo partido e para as refutações do partido contrário, cf. BOHMER, H. *Kirche und Staat in England und der Normandie*, p. 235. • KERN. *Gottesgnadentum*, p. 86, n. 152. Cf. tb. a linguagem dispensada por um cronista do partido pontifical ao círculo de Henrique V: "Quid referam, quosdam comites eius [...] eum regem pariter et summum sacerdotem [...] praedicasse" (LAURENTIUS. *Gesta episcop. Virdunensium – Monum. Germ., SS.*, XVIII, p. 502.

304. *Monum. Germ., Libelli de lite*, III, p. 677: "Quare non est appellandus laicus, quia Christus Domini est [...]".

tico"³⁰⁵. Foi, sobretudo, o caso do célebre preâmbulo do diploma de 1143, sob Luís VII, em favor dos bispos de Paris: "Sabemos que, em conformidade com as prescrições do Antigo Testamento e, em nossos dias, com a lei da Igreja, somente os reis e os sacerdotes são consagrados pela unção do Santo Crisma. Convém que, somente eles, unidos entre si pelo crisma sacrossanto, colocados à cabeça do povo de Deus, alcancem para seus súditos tanto os bens temporais quanto os espirituais, e os alcancem uns para os outros"³⁰⁶. Declaração, sem dúvida, um pouco menos impressionante em seu texto completo, como feito aqui, do que – como o fez Luchaire – quando se suprime a última parte da

---

305. *Vie de Louis le Gros*, c. XIV, Ed. A. Molinier *(Collection de textes pour servir à l'étude... de l'hist.)*, p. 40: "abjectoque secularis militie gladio, ecclesiastico ad vindictam malefactorum accingens". Cf., sobre a mesma ordem de ideias, ibid., XVIII, p. 62: "partem Dei, cujus ad vivincandum portat rex imaginem, vicarius ejus liberam restituat suppliciter implorant". Não sei se devemos ver na primeira passagem uma alusão à célebre alegoria dos dois gládios, retirada de Lc 22,38, da qual partidários do poder pontifício e defensores do poder temporal retiraram, alternadamente, argumentos opostos; no tempo de Suger, Geoffroi de Vendôme – precedendo São Bernardo – dela havia feito uso: cf. GENNRICH, P. *Die Staatsund Kirchenlehre Johanns von Salisbury*. Gotha, 1894, p. 154, n. I. • JORDAN, E. "Dante et St. Bernard". In: *Bulletin du Comité Catholique Français pour le Centenaire de Dante*, 1922, p. 277 e 278.

306. LUCHAIRE, A. *Etudes sur les actes de Louis VII*, in-4°, 1885, n. 119 (acrescentar às edições mencionadas por A. Luchaire a de R. de Lasteyrie, *Cartulaire de Paris (Hist. Générale de Paris)*, n. 302, que, atualmente, é a melhor): "Scimus quod ex auctoritate Veteris Testamenti, etiam nostris temporibus, ex ecclesiastica institutione soli reges et sacerdotes sacri crismatis unctione consecrantur. Decet autem ut qui, soli pre ceteris omnibus sacrosancta crismatis linitione consociati, ad regendum Dei populum perficiuntur, sibi ipsis et subditis suis tam temporalia quam spiritualia subministrando provideant, et providendo invicem subministrent". Poder-se-ia perguntar se não convém traduzir *sacerdotes* por bispos, visto que o crisma – no sentido estrito da palavra – é um privilégio episcopal e não sacerdotal (cf. acima, p. 195). Mas, nos textos da época, *chrisma* possui, às vezes, o simples sentido de óleo santo. É prudente conservar a tradução natural: sacerdotes, não esquecendo que, no pensamento dos clérigos de Luís VII, eram sobretudo os bispos que eram considerados como os aliados naturais dos reis – tanto que o próprio diploma era concedido a um bispo. Pode-se comparar ao preâmbulo de Luís VII o que, poucos anos depois, Othon de Freising escrevia a propósito da sagração de Frederico Barbarroxa; no mesmo dia que o imperador, na mesma igreja e pelos mesmos bispos que ele, o bispo eleito de Munster fora consagrado: "ut revera summus rex et sacerdos presenti iocunditati hoc quasi prognostico interesse crederetur, qua in una aecclesia una dies duarum personarum, quae solae novi ac veteris instrumenti institutione sacramentaliter unguntur et Christi Domini rite dicuntur, vidit unctionem" (*Gesta Friderici*, II, c. 3. • *Scriptor. rer. germ. ad usum scholarum*. 3. ed., p. 105). Enfim, é uma ideia análoga que se expressava em uma fórmula litúrgica comum a sagrações régias francesas e alemãs: "Accipe coronam regni, quae [...] episcoporum [...] manibus capiti tuo imponitur [...] et per hanc te participem ministerii nostri non ignores, ita ut, sicut nos in interioribus pastores rectoresque animarum intelligimur, tu quoque in exterioribus verus Dei cultor [...] semper appareas [...]" (WAITZ. *Die Formeln der Deutschen Königs-und der Römischen Kaisers-krönung*. Göttingen, 1872, p. 42, 74 e 82. • Com algumas variações, DEWICK. *The coronation book of Charles V of France* (Henry Bradshaw Soc., XVI), in-4°. Londres, 1899, col. 36).

frase[307]; pois dessas poucas palavras, "e os alcancem uns para os outros", parece sobressair que o cuidado dos bens espirituais está reservado aos sacerdotes – que os alcançam para os reis – da mesma maneira que o cuidado dos bens temporais está aos príncipes leigos. O princípio da separação dos dois poderes está, portanto, salvo. Todavia, essa espécie de equivalência e – se podemos dizer – essa aliança entre as duas unções, régia e sacerdotal, permanecem muito significativas: tão significativas, em verdade, que teríamos dificuldade em encontrar, na França, nos documentos desse tempo, algo que fosse tão acentuado. É que – e os historiadores até o momento não parecem ser prudentes quanto a isso – esse texto teve sua origem em uma afluência de circunstâncias muito particular. Em 1143, uma querela muito grave eclodiria entre Roma e a corte da França: o Papa Inocêncio II permitiu-se, malgrado o rei, consagrar Pierre de Chatres como arcebispo de Bourges, eleito pelos cônegos; o reino estava interdito quanto a isso. Mais ainda. Conhecemos o nome do chanceler que referendou o diploma e deve ter sido o responsável por ele: era o mesmo Carduc que fora o concorrente malsucedido do candidato pontifical à sé de Bourges[308]. Esse clérigo, intrigante e determinado, não tinha mais nenhuma razão para poupar a cúria; tinha, ao contrário, todo o interesse em ressaltar bastante o privilégio da unção que, colocando os reis quase no mesmo patamar que os sacerdotes, parecia criar-lhes um direito para intervir nas eleições eclesiásticas. Os propósitos ou os ressentimentos de um ambicioso preterido explicam que nesse dia o governo capetíngio tenha saído de sua costumeira cautela.

Passemos à Inglaterra. Eu não sei se os atos oficiais poderiam fornecer a um erudito, mais bem informado do que eu, alguma coisa que seja própria para ser comparada à exposição de motivos que o mau humor de Carduc inspirou por acaso à chancelaria de Luís VII. Certamente, o movimento de ideias, do qual, o tema do preâmbulo, de 1143, foi tirado, foi tão familiar aos ingleses quanto aos seus vizinhos; encontramo-lo atestado entre eles, em pleno século XIII, por um teólogo ortodoxo que o combatia. Em uma carta ao Rei Henrique III, que já citei, o bispo de Lincoln, Robert Grossetête, expondo ao seu soberano a

---

307. *Histoire des Institutions monarchiques*. 2. ed., 1890, I, p. 42. Na mesma obra, I, p. 41, M. Luchaire cita um diploma de Henrique I outorgado à Igreja de Paris (SOEHNÉE, F. *Catalogue des actes de Henri Ier*, *Biblioth. Ecole Hautes Etudes*, p. 161, n. 29) no qual se trataria do "divino ministério" da realeza; como foi verificado, as palavras "divinum ministerium" no preâmbulo desse diploma designam o divino ministério da generosidade (para com as Igrejas).

308. Sobre esses fatos, cf. LUCHAIRE. *Histoire de France* de Lavisse, III, 1, p. 5. • VACANDARD. *Saint Bernard*, in-12, s.d., II, p. 183.

verdadeira natureza da unção régia e, além disso, colocando-a em muito alta posição, acreditava que ela não tem "de modo algum efeito de conferir superioridade ou mesmo igualdade à dignidade do rei em relação àquela do sacerdote, e não confere nenhuma aptidão para os ofícios do sacerdócio"[309]. Robert, aparentemente, não teria se esforçado tanto para prevenir uma confusão, no seu entendimento tão escandalosa, se não tivesse razão para acreditar que estivesse espalhada em torno daquele que queria instruir. Mas, sem dúvida, lá – como na França – permaneceria mais como tendência de estado de espírito do que expressamente sustentada.

Mesmo em território imperial, após ser extinta a dinastia sálica, ao que parece, o caráter sacerdotal dos príncipes temporais cessou de ser afirmado pelos partidários do *regnum* com tanto vigor como no passado. A concordata de Worms, que aboliu a investidura pelo báculo e pelo anel, mas reservava ao soberano uma influência muito grande na eleição dos prelados alemães, proporcionara aos gregorianos, sobretudo, satisfações teóricas; do mesmo modo, as suas polêmicas obtiveram ao menos este resultado de impor silêncio às declarações de princípio dos seus adversários. Aqui e ali, a velha noção ainda consegue manifestar-se. Para justificar o juramento de fidelidade prestado pelos bispos ao imperador – juramento contrário à regra que interditava aos clérigos de se ligar desta forma a um leigo – pode-se, escreve por volta de 1158 o ilustre canonista Rufin, "seja responder que o costume autoriza mais coisas do que permitem os cânones, seja dizer que o imperador, consagrado pela unção, não seja somente um leigo"[310]. Mas há uma grande distância entre este argumento vago, apresentado superficialmente à escolha do leitor, como se estivesse perdido em uma vasta *Summa* jurídica, e as retumbantes polêmicas dos períodos precedentes. De resto, os publicistas, às ordens dos Hohenstaufen, dedicaram-se a explorar a ideia de império muito mais do que a elaborar uma doutrina da realeza, a qual poderia servir para apoiar as pretensões tanto dos "reis das províncias" – como dizia Barbarroxa[311] referindo-se aos chefes de

---

309. *Epistolae*. Ed. LUARD (Rolls Series), n. XIV, XV e XVI, p. 351. Cf. LEGG, L.G.W. *English Coronation Records*, p. 67: "Hec tamen unccionis prerogativa nullo modo regiam dignitatem prefert aut etiam equiparat sacerdotali aut potestatem tribuit alicuius sacerdotalis ofiicii".

310. *Summa Decretorum*, XXII, qu. 5, c. 22: "Si opponatur de iuramento fidelitatis, quod hodie episcopi faciunt imperatori, respondeatur non omnia, que consuetudo habet, canones permittere. Vel dicatur imperatorem non omnino laicum esse, quem per sacram unctionem constat consecratum esse". Ed. J.F. Schulte. Giessen 1892, p. 360. • Ed. H. Singer. Paderborn, 1902, p. 403.

311. Saxo Grammaticus, 1, XIV. Ed. A. Holder, p. 539: "prouinciarum reges".

outras nações que não a Alemanha – quanto aquelas herdadas dos Césares. Foi necessário aguardar o movimento galicano para ver aparecer – como veremos em breve –, em um país diferente, afirmações tão categóricas como aquelas em que os círculos dos imperadores Henrique IV e Henrique V foram pródigos. Do mesmo modo que, durante muito tempo, a noção de poder taumatúrgico dos reis, sem ter direito de cidadania na literatura, inspirou os ritos de curas, também a concepção de realeza sacerdotal, praticamente ignorada pelos escritores ingleses e franceses, abandonada pelos imperadores, não deixou de se manifestar com muito sucesso e clareza em um grande número de práticas, em formas de linguagem e em traços dos costumes.

Inicialmente, a sagração. A unção era o ato régio por excelência, tão completamente ligado na França ao próprio título de rei, que jamais os grandes feudatários – os quais, às vezes, procuravam imitar outros episódios da sagração – ousaram se apropriar dela. Um duque da Normandia e um duque da Aquitânia poderiam muito bem fazer com que lhes fossem entregues, durante uma cerimônia religiosa, em Rouen ou em Limoges, o gládio ou o anel, o estandarte ou a coroa ducal, mas a utilização do óleo santo sempre lhes foi interditada[312]. Esse rito prestigioso estava tão protegido por uma antiga e respeitada tradição que, mesmo os protagonistas mais ardentes das ideias que,

---

312. Para os duques da Normandia, PETERBOROUGH, B. *Gesta Henrici regis*. Ed. Stubbs. Rolls Series, II, p. 73 (Ricardo Coração de Leão, em 20 de julho de 1189, toma sob o altar de Notre-Dame de Rouen, na presença do arcebispo, de prelados e de barões, "gladium ducatus Normanniae"). • PARIS, M. *Chronica majora*. Ed. R.S. Luard, II, p. 454. • *Historia Anglorum*. Ed. R.S. Madden, II, p. 79 (João Sem Terra, em 25 de abril de 1199: gládio e coroa). Bem mais tarde, as testemunhas relativas à entronização de Carlos da França, irmão de Luís XI, em STEIN, H. *Charles de France, frère de Louis XI*, 1921, p. 146 (anel, espada e estandarte); ritual conhecido somente por duas cópias do século XVII, nos Arch. communales de Rouen (cf. CHÉRUEL. *Histoire de Rouen à l'époque communale*, II, 1844, p. 8. • DELACHENAL, R. *Histoire de Charles V*, I, p. 137, n. 1), publicado por DUCHESNE. *Historiae Normannorum Scriptores*, fol., 1619, p. 1050. • MARTENE. *De antiquis Ecclesiae ritibus*, II, col. 853 (anel e gládio). Para os duques da Aquitânia, possuímos um *ordo ad benedicendum*, que, infelizmente, redigido somente no início do século XIII pelo precentor Elie de Limoges, não poderia ser considerado como um documento muito seguro no que diz respeito às utilizações antigas; as insígnias são o anel (dito de Santa Valéria), a coroa ("circulum aureum"), o estandarte, a espada e as esporas (*Histor. de France*, XII, p. 451). Cf. tb., para fora do reino da França propriamente dito, para o Delfinado, DELACHENAL, R. *Histoire de Charles V*, I, p. 40. O *Pontifical de Guilherme Durand* (Bibl. Nat. ms. latino 733, fol. 57) contém uma rubrica: *De benedictione principis siue comitis palatini*; nela, encontra-se apenas uma fórmula de bênção, emprestada visivelmente do ritual da sagração imperial (ibid., fol. 50 V) e, além disso, perfeitamente banal. Não há nenhuma menção evidente da unção.

para resumir, chamamos de gregorianas, não puderam sonhar em abolir[313]. Ao menos, esforçavam-se para impedir toda aproximação demasiadamente íntima entre a unção dos sacerdotes ou dos bispos àquela dos reis. Nesta tarefa, teólogos e liturgistas empenharam-se persistentemente. Tiveram somente um desempenho medíocre.

Em toda a dogmática católica, a doutrina sacramentária forma uma das práticas mais tardias; fixou-se, verdadeiramente, somente através da influência da filosofia escolástica. Durante muito tempo, entendeu-se pela palavra sacramento, quase sem distinção, todo ato que fazia um homem ou uma coisa passar para a categoria do sagrado[314]. Então, seria natural dar a este nome à unção régia. Não se deixou de fazê-lo. Sábios doutores como Ive de Chartres, campeões da reforma eclesiástica, como Pedro Damião, prelados, defensores ardentes das prerrogativas da clerezia, como Thomas Becket não recearam chamá-la assim[315]. Ela se encontrava, portanto, designada correntemente pelo mesmo termo que a ordenação do sacerdote. Em seguida, no curso do século XIII, a teoria da Igreja sobre esta matéria tomou uma forma mais rígida. Somente sete sacramentos são reconhecidos. A ordenação figura entre eles, a unção régia, ao contrário, foi excluída. Assim, entre o ato que criava um sacerdote e aquele que criava um rei abria-se um abismo. Mas a linguagem corrente não abandonou rapidamente – longe disso – a utilização antiga. Ro-

---

313. A unção era, além disso, considerada pelos reis como uma prerrogativa tão importante que as dinastias nas quais ela não era tradicional procuravam frequentemente adquirir o privilégio. No século XIII ou mais tarde, estabeleceu-se a ideia de que, para obtê-la, seria necessária uma autorização do papa; os reis de Navarra obtiveram-na em 1257, os reis da Escócia em 1329, após tê-la solicitada por um longo tempo. Assim, o papado encontrara no velho rito monárquico, ao menos em alguns países, um elemento de influência. Em 1204, o próprio Inocêncio III ungiu Pedro II de Aragão que viera a Roma para se fazer vassalo da Santa Sé, esta foi a primeira unção aragonesa. Cf. abaixo, p. 431 e n. 970.

314. Em termos de teologia pós-escolástica, confundiam-se então sob o mesmo nome os sacramentos e os *sacramentalia*. Pode-se ver sobre este tema uma exposição muito clara em HAHN, G.L. *Die Lehre von den Sakramenten in ihrer geschichtlichen Entwicklung innerhalb der abendländischen Kirche bis zum Concil von Trient.* Breslau, 1864, esp. p. 104.

315. CHARTRES, I. ep. CXIV (*Histor. de France*, XV, p. 145). • DAMIEN, P. Sermo LXIX. In: MIGNE. P.L., t. 144, col. 897ss. e *Liber gratissimus*, c. X (*Monum. Germ., Libelli de lite*, I, p. 31). • BECKET, T. "Lettre à Henri II". *Materials for the history of Th. B., Rolls Series*, V, n. XLIV, p. 280. Cf. P. De Blois, textos citados acima, p. 52, n. 42 e abaixo, p. 191, n. 321. • Hugue de Rouen, citado por HAHN. Loc. cit., p. 104. • FREISING, O. *Gesta Friderici*, II, c. III (*Scriptor. rer. Germ.* 3. ed., p. 104: "dum finito unctionis sacramento diadema sibi imponeretur"). Há uma boa exposição sobre esta questão em KERN. *Gottesgnadentum*, p. 78; cf. p. 87, n. 154.

bert Grossetête, filósofo e teólogo, escrevendo entre 1235 e 1253[316], e a própria chancelaria pontifical, nas bulas de 1257 e de 1260[317], ainda lhe permaneciam fiéis. Sobretudo, como seria natural, manteve-se por mais tempo ainda nas obras leigas em língua vulgar. "Senhor", lê-se no romance de *Carlos o Calvo*, composto no século XIV:

> Senhor, por este motivo de que vos vejo falando
> Foi acordado que na França
> Ter-se-á jamais por rei um homem vivente
> Se não tiver recebido, na cidade de Reims, o *sacramento*[318].

Tudo isso era apenas uma simples querela de palavras? Certamente que não. Por mais imperfeitamente definido que tenha permanecido durante muito tempo o termo sacramento, ele sempre trouxe consigo a ideia de uma ação de ordem sobrenatural: "símbolos visíveis de coisas divinas", teria dito Santo Agostinho[319]. Nenhum escritor, por menor que fosse a sua cultura teológica, poderia tomar-lhe em um outro sentido. Aplicá-lo à unção régia significaria explicitamente que a consagração pelo óleo santo operava, no ser espiritual dos reis, uma transformação profunda. Era, na verdade, o que se acreditava comumente. Samuel, lia-se no *Livro dos Reis*, depois de ter vertido sobre a cabeça de Saul o frasco cheio de óleo, disse-lhe: "tu serás transformado em um outro homem", *mutaberis in virum alienum*[320]; ora, a unção de Saul era a prefiguração da unção dos reis cristãos. Como não se tomaria emprestado à Bíblia esta palavra para empregá-la na caracterização dos efeitos da sagração? No século XI, o sacerdote alemão Wipon coloca-a na boca do arcebispo da Mogúncia discursando no dia da coroação do Rei Conrado II. Mais tarde, Pierre de Blois recorda-a ao rei da Sicília, o Papa Alexandre IV ao rei da Boêmia[321]; nenhuma dúvida que lhe davam o sentido literal. Se quisermos saber como era

---

316. Texto citado abaixo, p. 188, n. 310 "unccionis sacramentum".

317. Baronius-Raynaldus. Ed. Theiner, XXII (1257, n. 57 e 1260, n. 18). Cf. POTTHAST. *Regesta*, II, n. 17.054 e 17.947. Mas, sobre a atitude de João XXII em 1318, cf. abaixo p. 230.

318. Histoire littéraire, XXVI, 122.

319. *De catechizandis rudibus*, c. XXVI (MIGNE. *P.L.*, t. 40, col. 344): "signacula quidem rerum divinarum esse visibilia, sed res ipsas invisibiles in eis honorari".

320. 1Rs 10, 6. • Na verdade, é 1Sm 10,6 [N.T.].

321. WIPO. *Gesta Chuonradi*, c. III. Ed. H. Bresslau. *Scr. rer. Germ. in usum scholarum*. 3. ed., p. 23. • Pierre de Blois, ep. 10. In: MIGNE. *P.L.*, t. 207, col. 29. Nos dois casos, a palavra bíblica serve de tema para conselhos ou para censuras. Alexandre IV, bula de 6 de outubro de 1260: Raynaldus-Baronius. Ed. Theiner, XXII, 1260, n. 18. • POTTHAST. *Regesta*, n. 17.947.

comumente entendido sob o nome de sacramento, quando era utilizado para qualificar a unção régia, será suficiente nos dirigirmos a Robert Grossetête. Segundo esse prelado, muito ortodoxo e muito erudito, o rei ungido recebe "o dom septiforme do Espírito Santo" – lembrança evidente da teoria e mesmo do ritual do sacramento de confirmação[322]. Em suma, pela unção-sacramento, os reis pareciam nascer para uma nova vida mística. Tal é a concepção profunda que, mais que uma aproximação puramente verbal à ordenação do padre, uma teologia mais estrita pretendeu proscrever, recusando ao rito monárquico o título consagrado por um longo costume.

A velha ideia, no entanto, sobreviveu. Ela deveria tomar uma forma particularmente audaciosa no círculo do rei da França Carlos V. Abramos este *Tratado da sagração* composto, como se sabe, para o próprio príncipe e quase sob sua inspiração, pelo carmelita Jean Golein. Nele, o autor segue passo a passo o desenrolar da cerimônia, indicando para cada episódio um sentido simbólico. Chegamos ao momento em que o rei retira as roupas que usava, desde o início, para vestir a indumentária régia; eis, acerca deste gesto tão simples, o comentário "misterioso":

> Quando o rei despe-se, significa que, doravante, deixa o estado mundano e assume o da religião régia; e, se o rei o toma com a devida devoção, julgo que ele está de seus pecados tão limpo quanto aquele que entra novamente em religião provada; como diz São Bernardo no livro *de precepto et dispensacione*, próximo ao final: que, assim como no batismo os pecados são perdoados, assim também à entrada na religião[323].

Texto infinitamente sugestivo: ao mesmo tempo, a dignidade régia encontrava-se comparada a uma "religião" – ou seja, ao estado monástico – e a sagração via-se na condição de atribuir os mesmos poderes regeneradores da entrada na religião, ou seja, o batismo: por meio dela, o rei, desde que estivesse na necessária disposição da alma, era "limpo" dos seus pecados. Coisa curiosa: esta última teoria – da qual não se poderia contestar a audácia –, tivera sido sustentada, muito antes de Jean Golein, mas fora da França e em um escrito que o carmelita francês não poderia conhecer. Ao se aproximar do ano de 1200,

---

322. Texto citado acima, p. 188, n. 309 (Ed. LUARD, p. 350): "regalis inunccio signum est prerogative suscepcionis septiformis doni sacratissimi pneumatis".

323. Abaixo, *Apêndice IV*, p. 447. Jean Golein, na frase seguinte, dando ao seu pensamento um aspecto moralizador, restringe um pouco o seu alcance: a dignidade régia deve muito bem gozar dos mesmos privilégios que o estado religioso, porque ela comporta muito mais "ansiedade e penas".

um alto dignitário da Igreja Oriental, Teodoro Balsamon, compôs um comentário sobre as decisões dos principais concílios. A propósito do décimo segundo cânon do Concílio de Ancira, ele narra como que, em 969, o Patriarca Poliúto excomungou em primeiro lugar o Imperador João Tzimisces, que ascendeu ao trono por um assassinato, e, em seguida, relaxou de sua severidade. Por que esta mudança de atitude? Aqui está a explicação dada por nosso glosador:

> O patriarca, de acordo com o Santo Sínodo, segundo a decisão sinodal que foi então promulgada e cujo texto está conservado nos arquivos, declarou que, como a unção do batismo apaga todos os pecados, por maiores e por mais numerosos que sejam, cometidos anteriormente, do mesmo modo, por meio de uma ação semelhante, a unção régia apagara a morte da qual Tzimisces era culpado antes de recebê-la[324].

Não sei se realmente Poliúto e o sínodo emitiram essa opinião, mas, certamente, Balsamon fizera-a sua. Assim, em uma e em outra Igreja, os padres lealistas reencontravam-se, sem influência recíproca, no mesmo e surpreendente pensamento. Por volta do início do século XVII, a passagem do autor grego caiu nas mãos de um doutor da Sorbonne, Jean Filesac, a quem se deve um tratado demasiado confuso, *Sobre a idolatria política e o legítimo culto devido ao príncipe*, publicado em 1615. Ele, nutrido por lições de uma teologia mais rigorosa – aquela fixada pelo Concílio de Trento – julgou uma semelhante teoria completamente escandalosa: como, em substância, a unção régia lavaria um pecado mortal, uma vez que ela não é um sacramento?[325] Sem dúvida, ele a leria com muita surpresa, se lhe tivesse revelado que, mesmo na França, uma ideia tão semelhante tivera sido defendida por um religioso que escrevia para um dos nossos reis mais piedosos.

Os príncipes temporais aspiravam governar a Igreja; era aos chefes da Igreja que tentavam igualar-se. Em vários detalhes do cerimonial da sagração, afirma-se com muita firmeza e, ao que parece, com cada vez mais clareza, à medida que a Idade Média avança, a vontade de estabelecer uma espécie de paralelismo entre o ritual monárquico e aquele que se observava, não para a ordenação dos simples padres, mas para a consagração dos bispos[326]. Esse propósito, mais do que qualquer outro, deveria parecer perigoso aos homens que

---

324. Cf. abaixo, *Apêndice III*, p. 446.
325. *De idolatria politica et legitimo principis cultu commentarius*, p. 73. Sobre a obra, cf. abaixo p. 335, n. 747.
326. Cf. LEGG, J.W. *The sacring of the English Kings* – Archaeological Journal, LI, 1894, p. 33.
• WOOLLEY. *Coronation rites*, p. 193.

foram constituídos em ciumentos guardiões da autonomia do espiritual – eles fizeram todo o possível para o impedir.

Os reis eram ungidos em diferentes partes do corpo; entre outras, segundo o costume antigo, atestado pelos primeiros rituais, sobre a cabeça. Com efeito, não fora sobre a cabeça de Saul que Samuel tivera derramado o conteúdo do frasco citado pela Bíblia? A mesma prática era observada na sagração dos bispos, mas os padres, na ocasião da ordenação, tinham direito à unção apenas sobre as mãos. Os liturgistas perceberam um dia que estes usos estabeleciam, entre a realeza e o episcopado, uma insuportável paridade; decidiram que, doravante, os reis seriam ungidos apenas sobre o braço, ou, a rigor, no ombro ou na mão. Uma célebre bula de Inocêncio III, endereçada, em 1204, ao arcebispo búlgaro de Tirnovo e compilada, em seguida, nas *Decretais*, forma o resumo mais autorizado da doutrina ortodoxa da unção; nela, as modalidades dos dois ritos, episcopal e régio, são, firmemente, distinguidas. Do mesmo modo no *Rational des divins Offices* de Guilherme Durand, no qual toda a ciência litúrgica do século XIII encontra-se condensada[327]. Essas preocupações permaneceram vãs. Apesar da autoridade dos papas e dos doutores, os reis da França e da Inglaterra continuaram de fato a receber, à semelhança dos apóstolos, o óleo santo sobre suas cabeças[328].

Os bispos, diferentemente dos padres, eram ungidos não com um óleo bento comum, denominado de óleo dos catecúmenos, mas com um óleo especial,

---

327. *Corpus Iuris Canonici*. Ed. Friedberg, II, col. 132-133 (*Decretal*. I, tit. XV): "Refert autem inter pontificis et principis unctionem, quia caput pontificis chrismate consecratur, brachium vero principis oleo delinitur, ut ostendatur, quanta sit difierentia inter auctoritatem pontificis et principis potestatem". Cf. KERN. *Gottesgnadentum*, p. 115; a mesma teoria reproduzida na bula de Alexandre IV para a sagração dos reis da Boêmia em 1260 (BARONIUS-RAYNALDUS. Ed. Theiner, XXII, 1260, n. 18. • POTTHAST, n. 17.947). • DURAND, G. *Rationale*, I, c. VIII. Ed. de Lyon 1584, p. 40; depois do advento da nova lei, a unção régia "a capite ad brachium est translata, ut princeps a tempore Christi non ungatur in capite sed in brachio siue in numero vel in armo"; para a unção do bispo sobre a cabeça, cf. 40 V. No *ordo* para a coroação dos reis, conforme as prescrições canônicas dadas por G. Durand em seu Pontifical (Bibl. Nat., manuscrito latino 733), lê-se no fólio 54 V: "Post hec metropolitanus inungit in modum crucis cum oleo exorcisato de[x]trum illius brachium et inter scapulas".

328. WOOLLEY. *Coronation rites*, p. 68, 71, 104. • SCHREUER, H. *Ueber altfranzösische Krönungsordnungen*, p. 39 e 48. • LEGG. *Coronation records*, p. XXXV. A unção sobre a cabeça desapareceu cedo do ritual de sagração imperial (KERN, p. 115, n. 207) mas se manteve no cerimonial de sagração do rei dos romanos como soberano alemão (SCHREUER. *Die rechtlichen Grundgedanken*, p. 82, n. 3. • WOOLLEY, p. 122). O Cardeal Henrique de Susa – conhecido na literatura canônica pelo seu título cardinalício de *Hostiensis* – na sua *Summa aurea*, escrita entre 1250 e 1261, lib. I, c. XV (Ed. de Lyon, fol., 1.588, fol. 41 vº) observa que, apesar das prescrições de Inocêncio III e os textos oficiais do pontifical romano, "sed et consuetudo antiqua circa hoc obseruatur, nam supradictorum Regum Franciae et Angliae capita inunguntur".

misturado ao bálsamo: o crisma. Quis-se coagir os reis à utilização do óleo simples. Era para isso que trabalharam Inocêncio III e, depois dele, a Cúria; essa foi a teoria de Guilherme Durand. Apesar de tudo, os reis da França e da Inglaterra conservaram o privilégio do crisma[329].

Na verdade, o caráter quase sacerdotal que a cerimônia de sagração tinha como efeito imprimir sobre os reis era tão claro que a doutrina litúrgica teve, no final das contas, que se resignar em procurar atenuá-la e a torná-la inofensiva muito mais do que a negar em absoluto. Nada mais característico a este respeito do que a história da coroação imperial. No auge da dinastia saxã e ainda sob os sálios, os textos oficiais que normatizavam esta cerimônia evidenciavam claramente a transformação de estado operada no príncipe. Descrevendo a entrega, pelo papa ao futuro imperador, da túnica, da dalmática, do pluvial, da mitra, das calças e das sandálias – vestimentas quase sacerdotais –, eles comentam este ato com essas similares palavras: "Aqui, o papa o faz clérigo"; *Ibique facit eum clericum*. No século XII, esta menção desapareceu. A cerimônia da entrega das vestes subsistirá, tanto quanto haja imperadores coroados pelos papas. Mas a interpretação que lhe era dada é diferente: o rei dos romanos, doravante, deveria ser recebido entre os cônegos de São Pedro. Nada mais há de entrada nas ordens, no sentido geral da palavra; em seu lugar, há a simples colação de uma dignidade particular, de natureza eclesiástica certamente, mas conferida aqui visivelmente a título honorífico – e, no mais, segundo a prática canônica da época, era de uma espécie que poderia ser concedida a personagens que tinham chegado apenas aos degraus inferiores da clerezia: nem todos os cônegos, nos diferentes cabidos catedrais da catolicidade, eram padres ou mesmo ordenados, longe disso. Assim, o ato realizado antes da sagração propriamente dita, na pequena Igreja de *Sancta Maria in Turri*, sem perder por completo o seu sentido primeiro, despia-se de toda a significação ameaçadora para o partido pontifical[330].

---

329. Bulas de Inocêncio III, de Alexandre IV e o texto de Guilherme Durand citados acima, p. 194 n. 327. Cf. FLUCK, F. *Katholische Liturgie*, I, Giessen 1853, p. 311 e 322. • VACANT & MANGENOT. *Dictionnaire de Théologie Catholique*, no verbete "Chrême". Já no século XII, o pequeno poema conhecido sob o nome *De anulo et baculo versus* (*Mon. Germ. histor., Libelli de lite*, III, p. 726, v. 9) dizia "Presulis est autem sacra crismatis unctio [...]". Para o costume francês, atestado por numerosos textos, cf., p. ex., DEWICK. *The Coronation Book of Charles V of France* (H. Bradshaw Soc, XVI), col. 8 e 25ss. (ao crisma estava misturada uma gota de óleo da Santa Âmbula); para o costume inglês, LEGG, *Coronation records*, p. XXXV.

330. Sobre esses fatos, será suficiente remeter a DIEMAND, A. *Das Ceremoniell der Kaiserkrönungen* Histor. Abh., hgg. von T. Heigel e H. Grauert, 4. Munique, 1894, p. 65 n. 3 e 74; e sobretudo, a EICHMANN, E. *Die Ordines der Kaiserkrönung*; Zeitschr. der Sav. Stiftung für Rechtsgesch.,

Mais ainda. Visto que, apesar de tudo, dificilmente se poderia contestar que o imperador fosse algo a mais do que um leigo e, como, além disso, não sendo apto a realizar o sacrifício da missa, ele não era investido evidentemente do sacerdócio, imaginou-se então de especificar a sua situação na hierarquia. Os *ordines* da coroação, a partir do século XIII, testemunham um esforço muito claro para identificar a situação eclesiástica do chefe temporal da Cristandade àquela do diácono ou, mais frequentemente, à de um subdiácono: o prior dos cardeais-diáconos lê sobre ele a litania usual na ordenação dos subdiáconos; o papa lhe dá o beijo da paz "como a um dos cardeais-diáconos"; no final da cerimônia, o novo César presta serviço na missa do soberano pontífice; ele lhe apresenta "o cálice e a água, à maneira dos subdiáconos"[331]. De todas essas práticas, alguns eruditos extraíram uma doutrina: segundo eles, o imperador estava investido verdadeiramente na "Ordem do Subdiaconato"; e, como, nesse tempo, para toda opinião, era necessário um texto, mais ou menos deturpado, para sustentá-la, eles imaginaram de invocar ao apoio de suas conclusões um cânon do *Decreto de Graciano*, no qual se vê Valentiniano dizer a Santo Ambrósio: "eu serei sempre, tal como convém à minha ordem, a sua ajuda e o seu defensor" – o subdiácono não era, essencialmente, a "ajuda" dos padres e dos bispos? Guilherme Durand, que nos relata esta teoria, não concorda com ela, mas não tem dificuldades em reconhecer que o imperador, em sua sagração, exercia realmente as funções desta "ordem"[332]. Assim, não se poderia dizer mais, como nos tempos de Gregório VII, que todo o príncipe deste mundo, por

---

Kan. Abt., 1912, passim. Independentemente do que disse Diemand, não há provas de que o costume de receber o imperador no capítulo de São Pedro de Roma seja uma imitação daquele que intentava fazer que o imperador fosse membro do capítulo de Aix-la-Chapelle; o canonicato de Aix-la-Chapelle parecia muito mais uma imitação do romano. Cf. BEISSEL. *Der Aachener Königsstuhl; Zeitschr. des Aachener Geschichtsvereins*, IX (1887) p. 23 (mais útil pelos fatos citados do que pela interpretação apresentada). Esta é a ocasião de assinalar que não pude ver o trabalho recente de Eva Sperling: *Studien zur Geschichte der Kaiserkrönung und Weihe*, Stuttgart, 1918.

331. EICHMANN. Loc. cit., p. 39 e 42 (*ordo* da coroação imperial, "3º período"). Em sua memória, Eichmann, que evidenciou muito bem a significação do canonicato atribuído ao imperador, não me parece ter dado uma importância suficiente ao diaconato imperial.

332. *Rationale*, II, 8. ed. de 1584, p. 56 V: "Canon † Adriani Papae lxiij distinct. Valentinianus in fine videtur innuere, quod Imperator debet ordinem subdiaconatus habere, ubi dicitur, Adiutor et defensor tuus, ut meum ordinem decet, semper existam, sed non est ita. gerit tamen illud officium, quoniam in die ordinationis sue, receptus est primum in canonicum, a canonicis sancti Petri, ministrat domino papae in missa in officio subdiaconatus, parando calicemet huiusmodi faciendo". A citação refere-se ao *Decreto de Graciano*, Dist. LXIII, c. III, mas está equivocada neste sentido, porque o cânon em questão é, na verdade, um extrato da *Historia tripartita*; é no c. II que menciona o Papa Adriano II.

mais poderoso que fosse, estava abaixo do simples exorcista; mas, ao menos o imperador, superior aos clérigos providos das ordens menores, encontrava-se expressamente abaixo dos padres, sem falar dos bispos. Era o essencial. Coisa curiosa, em Bizâncio, o historiador descobre um traço análogo. Lá, o *basileus* era o herdeiro direto da velha monarquia sagrada do Baixo Império Romano, muito influenciada, mesmo após Constantino, por tradições pagãs. No século V, chamava-lhe ainda correntemente de ζερευς, ou seja, padre, άρχιερεύς, isto é, bispo. Nos séculos XIV e XV, os escritores oficiais, preocupados em explicar certos privilégios cultuais que lhes eram reconhecidos, principalmente seu direito de, no dia da sagração, comungar do mesmo modo que os clérigos, não lhe atribuíam mais do que o título de diácono ou mesmo δεποτάτος, oficial eclesiástico de uma posição ainda inferior[333]. Assim, nas duas metades do mundo europeu, circunstâncias semelhantes tinham – segundo toda a probabilidade, sem influência recíproca – levado os doutores a inventar uma ficção parecida.

Ademais, os imperadores ocidentais, a partir do século XIV, parecem ter levado muito a sério esta singular imaginação. Tinha-se tentado fazer deles diáconos ou subdiáconos; e eles queriam exercer tais funções, ao menos em uma das principais festas do ano. Carlos IV, com a coroa na cabeça e com o gládio na mão, lia na igreja, no Natal, a sétima lição das matinas, particularmente apropriada à boca imperial, porque começa com estas palavras, retiradas do Evangelho da missa da meia noite (Lc 2,1): "Naqueles tempos, publicou-se um edito de César Augusto [...]". Em 25 de dezembro de 1414, Sigismundo, filho de Carlos IV, coloca-se no mesmo papel aos padres do Concílio de Constança. Dessa forma, esses soberanos modificaram engenhosamente para sua glória a teoria elaborada outrora com um outro propósito; pois a imponente aparição que, adornada com ornamentos imperiais, eles faziam no coro, em meio à pompa das grandes liturgias, realçava aos olhos das multidões, mais do que qualquer outro gesto, a participação deles na dignidade eclesiástica. O prestígio que obtiveram desse privilégio parecia ser tão forte que, no exterior, facilmente causava inveja. Quando, em 1378, Carlos IV vem à França visitar o seu sobrinho, Carlos V, teve que atrasar ligeiramente sua viagem de modo a celebrar o Natal em território imperial, porque o governo francês fê-lo saber

---

333. CANTACUZÈNE, J. *Histor.*, lib. I, cap. XLI (MIGNE. *P.G.*, t. 153, col. 281; cf., para a comunhão, 288). • CODINUS. *De officiis Constantinopolitanis*, c. XVII (P.G., t. 157, col. 109; cf. para a comunhão, col. m). Eles fazem do imperador um δεποτάτος; (cf. BRIGHTMAN. *Journal of Theological Studies*, II, 1901, p. 390, n. 1). • THESSALONIQUE, S. *De sacro templo*, c. CXLIII (P.G., t. 155, col. 352) de fato – a propósito da comunhão – um diácono.

que não seria autorizado, naquele reino, dizer as matinas. Não seria tolerado que um imperador realizasse publicamente, nos domínios do rei da França, um ofício religioso do qual este era incapaz[334].

Os reis da França, na verdade, nunca foram diáconos ou subdiáconos. É verdade que, nos *ordines* da sagração em Reims, a partir do século XIII, encontram-se estas palavras, a respeito da túnica que os reis vestiam após a unção: ela deve "ser feita à maneira de uma túnica como as que, à missa, são vestidas pelos subdiáconos". Mas não se insiste neste paralelismo. Nos mesmos documentos, são os paramentos dos padres que, mais à frente, são comparados à sobreveste régia[335]. E o cerimonial de Carlos V introduzirá na indumentária um elemento novo que sugere outras analogias: o rei, caso queira, pode colocar luvas leves após a unção, como os bispos tinham costume de fazer em sua consagração. Sem uma assimilação específica, cada vez mais, tudo contribuía para evocar, em relação às vestimentas do soberano no dia em que recebia a unção e a coroa, a ideia dos ornamentos sacerdotais ou pontificais. Aliás, não se continuava a dizer nesse dia as velhas preces que traduziam, em cada linha, o desejo de estabelecer um tipo de equivalência entre as duas unções, a régia e a sacerdotal?[336]

---

334. Para Carlos IV, DELACHENAL, R. *Histoire de Charles V*, I, 1909, p. 278, n. 1 (a iluminura citada está, agora, reproduzida no t. IV da *Chronique de Jean II et Charles V*. Ed. DELACHENAL. *Soc. de l'Hist. de France*, pl. xxxn). Para Sigismundo, *Chronique du Religieux de Saint-Denys*. Ed. L. BELLAGUET (*Documento inédito*), V, p. 470. Lê-se no cerimonial pontifical de Pierre *Amelli* (1370-1375) acerca da missa papal de Natal: "Si imperator vel rex sit in curia hac nocte, sacrista et clerici praesentant sibi librum legendarum, in quo debet legere quintam lectionem, et eum honeste instruunt de ceremoniis observandis in petendo benedictionem, inlevando ensem cum vagina, et extrahendo, ipsum vibrando" (MABILLON. *Museum italicum*, II, in-4°, 1689, p 325). Por outro lado, é necessário, sem dúvidas, ver como pura imaginação a afirmação seguinte, reproduzida em MARTENE. *De antiquis Ecclesiae ritibus*, 1, II, c. IX. Ed. de Bassano, fol., 1788, II, p. 213 "ex codice Bigotiano", sem qualquer indicação de data ou proveniência: na missa celebrada na ocasião da entrada do imperador em Roma após a sua eleição "o imperador deve ler o Evangelho, e o rei da Sicília a epístola. Mas o rei da França aí se encontrar, ele deve dizê-la em frente dele".

335. SCHREUER, H. *Ueber altfranzösische Kronungsordnungen*. Weimar, 1909 (separata, revisada, da *Zeitschrift der Savigny-Stiftung*, G. A. 1909), p. 38 e 46. • DEWICK, E.S. *The coronation book of Charles V of France*, col. 8. • Jean Golein, abaixo, *Apêndice IV*, p. 447. Eu devo relembrar novamente que, na ausência de uma completa classificação crítica das *ordines* de sagração francesa (os trabalhos de H. Schreuer levaram em conta somente as fontes impressas), não se pode dizer nada sobre o ritual que não seja vago e incerto.

336. Para as luvas, Dewick, Loc. cit., col. 32: "Postea si uoluerit rex cirotecas subtiles induere sicut faciunt episcopi dum consecrantur". Cf. a nota, col. 82. Para as preces: "Christe perunge hunc regem in regimen unde unxisti sacerdotes [...]"; "Deus electorum [...] Iterumque sacerdotem aaron"; "Accipe coronam [...]" (com a fórmula "per hanc te participem ministerii nostri non ignores [...]"), ibid., col. 29 e 36. As luvas parecem ter sido introduzidas primitivamente

Na Inglaterra, o ritual, tanto na designação oficial das vestes quanto nos textos litúrgicos, não suscita tão claramente como na França a lembrança das diversas ordenações eclesiásticas. Mas, queremos saber qual a impressão poderia causar sobre o público o esplendor das pompas monárquicas? Basta ler somente esta narração da sagração de Henrique VI, na qual, o autor – um contemporâneo –, fala sem pestanejar do "hábito episcopal" vestido pelo rei[337].

A sagração não era o único ato que evidenciava o caráter quase sacerdotal dos reis. Quando, próximo ao fim do século XIII, se reservara rigorosamente aos padres a comunhão sob as duas espécies, acentuando assim um traço vigoroso da distinção entre os clérigos e os leigos, a nova regra não se aplicou a todos os soberanos. O imperador, em sua sagração, continuou a comungar tanto com o vinho como com o pão. Na França, Filipe de Valois fez-se reconhecido, em 1344, pelo Papa Clemente VI, de uma prerrogativa semelhante, não tão limitada como para o imperador em uma circunstância particular, mas sem restrição de nenhuma natureza; ela foi dada ao mesmo tempo e nas mesmas condições à rainha, ao duque da Normandia, herdeiro presumível do reino – o futuro João II – e à duquesa, sua esposa. As autorizações eram dadas sob a forma pessoal; todavia, quer seja porque o privilégio fora em seguida expressamente renovado, quer seja, preferencialmente, por meio de uma espécie de tolerância tácita – o costume tendo ganhado, pouco a pouco, força de lei –, os reis da França não pararam mais, desde então, durante muitos séculos, a usar este glorioso privilégio. Seriam necessárias as agitações religiosas da Cristandade a partir do século XV e as discussões sobre as quais a disciplina eucarística foi objeto para constranger os príncipes a renunciar, ao menos parcialmente ou temporariamente, à dupla comunhão. Frederico III, sagrado imperador em 19 de março de 1452, neste dia, comungou apenas com a hóstia. A considerar a antiga tradição, arriscava-se parecer pactuar com as doutrinas hussitas. Ademais, a tradição fora somente interrompida; ela se restabelecera em seguida, no século XVII ou mais tarde, então, estenderam-na mesmo a outras solenidades para além da sagração – ainda em nossos dias, o imperador da Áustria, último herdeiro das monarquias sagradas de outrora, comungava sob as duas espécies, a cada Quinta-feira Santa. Na

---

no cerimonial para responder a uma necessidade de ordem propriamente ritual: elas servem para proteger, após a unção das mãos, o crisma de qualquer profanação: cf. Dewick, loc. cit., e, sobretudo, em Jean Golein abaixo, p. 483. Mas o seu emprego logo sugeriu a aproximação ao traje episcopal; sublinha-se que Jean Golein, que, como regra geral, evita insistir muito sobre o caráter sacerdotal da realeza, ignora essa aproximação ou a omite.

337. Brit. Mus. Cotton Nero, C. IX, fol. 173, citado por LEGG. *Coronation Records*, p. XL, n. 4.

França, desde Henrique IV, os reis tiveram acesso ao cálice somente no dia de sua sagração. Não era conveniente que Henrique IV, convertido ao catolicismo, continuasse a observar o mesmo rito comunial do tempo de sua heresia; seus súditos mal-informados poderiam achar nisso alguma razão para colocar em dúvida a sua conversão. Pelo menos, até o fim do Antigo Regime, o cerimonial da sagração, neste aspecto, permanecerá imutável[338].

Sem dúvida, não se pode esquecer que a tradição das duas espécies foi reservada aos sacerdotes apenas por uma regra disciplinar, a qual, podia ser

---

[338]. Indicações gerais sobre a história e sobre a doutrina da comunhão em VACANT & MANGENOT. *Dictionnaire de Théologie Catholique*, no verbete *"Communion"*. Sobre a comunhão de duas espécies pelos imperadores, cf. DIEMAND, A. *Das Ceremoniell der Kaiserkrönungen*, p. 93, n. 2. Pio IV, por uma espécie de condescendência para com as simpatias luteranas de Maximiliano II, teve que lhe conceder o direito de usar o cálice (cf. SCHLECHT, J. *Histor. Jahrbuch*, XIV, 1893, p. 1), mas não se sabe se foi a partir disso que se tomou definitivamente o nascimento do retorno à antiga tradição, atestada sob Leopoldo II. Para a França, bulas de Clemente VI, de 1344, em favor de Filipe VI, da rainha sua esposa, do duque da Normandia e da duquesa em BARONIUS-RAYNALDUS. *Annales*. Ed. Theiner, XXV, analisadas (à exceção daquela relativa ao duque que foi publicada integralmente), todas tinham o mesmo teor. Trata-se, sem dúvida, de um *lapso* Mabillon (*Museum Italicum*, II, in-4°, 1689, p. lxij) ter afirmado que o mesmo privilégio foi concedido, ao mesmo tempo, ao duque da Borgonha. A bula em favor do duque da Normandia – e segundo todas as probabilidades, as outras também – comporta igualmente a autorização: "ut quae sacra sunt, praeterquam corpus Dominicum, quod per alios quam per sacerdotes tractari non convenit, tangere quoties opportunum fuerit [...] valeas". Comunhão sobre as duas espécies na sagração de Carlos V. • DEWICK. *The coronation book of Charles V of France*, col. 43 e (para a rainha) 49; cf. col. 87. Sobre a modificação ocorrida sob Henrique IV, cf. DU PEYRAT. *Histoire ecclésiastique de la Cour*, p. 727-729. Du Peyrat atribui somente "à inadvertência daqueles que, à época de sua conversão, começaram primeiramente a governar sua capela"; eu prefiro supor o motivo indicado acima; cf. para a tradição do século seguinte: OROUX. *Histoire Ecclésiastique de la Cour*, I, p. 253, n. 1. Segundo um teólogo católico da segunda metade do século XVI, Gasparus Cassalius (*De caena et calice Domini*. Veneza, 1563, c. II, citado em HENRIQUEZ. *Summa Theologiae Moralis*, gr. in-8°. Mainz, 1613, lib. VIII, c. XLIV, § 7), o rei da França usara deste privilégio apenas em sua sagração e à hora de sua morte. Se a informação for exata, ele prova, sem dúvida, que, desde antes de Henrique IV, o medo de parecer ceder ao protestantismo tivera levado a reduzir o exercício desta prerrogativa cultual. É curioso que o cerimonial da comunhão régia contido no ms. 2.734 da Bibl. Mazarine, datado do século XVII e verossimilmente do reinado de Luís XIII, preveja a comunhão sob as duas espécies; limita-se, provavelmente, a reproduzir um cerimonial mais antigo; este texto foi publicado em FRANKLIN. *La vie privée – Les médecins*, p. 300; ele não está presente no manuscrito análogo conservado na Bibl. Nat. sob a cota francesa 4321. Cf. abaixo, p. 360, n. 3. A dissertação de Gabriel Kehler (*Christianissimi regis Galliae Communionem sub utraque [...]* in-4°. Wittenberg, 1686) é um panfleto protestante sem interesse. Eu não pude ver MAYER, J.F. *Christianissimi regis Galliae communio sub utraque*. Wittenberg, mesma data. Na Inglaterra, não existem vestígios acerca do fato que os reis tenham comungado sob as duas espécies antes da Reforma: LEGG. *Coronation records*, p. 1 x i. Documentos ilustrados que se relacionam à comunhão do rei da França sob as duas espécies: abaixo *Apêndice II*, n. 2, 3 e 8. • DEWICK. *The coronation book*, p. 28.

flexível como, na verdade, foi algumas vezes. Os papas, dizem, concederam-na às vezes, mesmo em nossos dias, a certos leigos eminentes, aos quais eles não pretendiam, certamente, reconhecer nenhum caráter sacerdotal. De acordo. Mas quando se trata do privilégio eucarístico dos reis, como duvidar que ele não tenha tido sua origem nesta concepção da monarquia sagrada e, se assim se pode dizer, "supralaica" cujo vigor foi atestado por tantos outros fatos? Ele apareceu no momento exato ou faltando pouco para que o comum dos fiéis se visse para sempre afastado do cálice. Como se os soberanos temporais, pelo menos alguns deles – pois jamais os reis da Inglaterra obtiveram, talvez nem procuraram, o mesmo favor que os seus vizinhos da França – tivessem recusado a deixar-se confundir nessa multidão banal. Nas bulas de Clemente VI, acompanhava-se de uma autorização, bem significativa, de tocar os objetos sagrados, excetuado, é verdade, o Corpo do Senhor, cujo manuseio permanecia restrito somente aos padres; mas esta objeção não tem nada de surpreendente; sabe-se claramente que a assimilação da realeza ao sacerdócio jamais fora perfeita, porque ela não poderia sê-lo – isso não impede em nada que tenha sido, de qualquer forma, aproximada. Do mesmo modo, em Bizâncio, onde o ritual da comunhão, apesar de ser muito diferente das tradições latinas, estabeleceu igualmente uma distinção entre os leigos e os clérigos, sendo esses últimos os únicos admitidos a consumir separadamente o pão e o vinho, o *basileus*, no dia de sua sagração, comungava como os padres, "ὥσπερ χάί δι ζερεῖς"[339]; ele também, não era um "simples leigo". Aliás, mesmo se a razão primeira da honra singular concedida aos reis do Ocidente não tenha sido tal como eu acabei de dizer, o sentimento público chegaria rapidamente a dar-lhe esta interpretação. Jean Golein, em seu tratado sobre a sagração, após ter relatado que o rei e a rainha recebiam do arcebispo o vinho com a hóstia, sublinha que um semelhante ritual pode ser apenas o símbolo de uma ou de outra das duas "dignidades": a "régia" e a "sacerdotal"; a fórmula era prudente, mas acreditaríamos que o vulgo iria se abster de concluir que a primeira das duas dignidades participava da segunda? Nós encontraremos, mais à frente, esta conclusão expressamente enunciada, no século XVII, por autores sérios. Não há nenhuma dúvida que, bem mais cedo, ela tenha estado em voga junto à opinião comum[340].

---

339. KATTENBUSCH, F. *Lehrbuch der vergleichenden Confessionskunde*, l, 1892, p. 388 e 498, e acima p. 196, n. 332.

340. Texto de Jean Golein, abaixo *Apêndice IV*, p. 447, para a interpretação da comunhão sob as duas espécies tal como era dada no século XVII, cf. abaixo p. 331.

Um grande poeta, o autor da *Chanson de Roland*, traçou em seus versos, sob o nome prestigioso de Carlos Magno, a imagem ideal do soberano cristão tal qual era concebida em relação a este. Ora, vejamos os gestos que atribuiu ao grande imperador: são os gestos de um rei-sacerdote. Quando Ganelão parte para a perigosa embaixada à qual o chamou o ódio a Rolando, Carlos, fazendo sobre ele o sinal da cruz, dá-lhe a absolvição. Mais tarde, quando os francos se aprontam para combater o emir Baligant, o sexto corpo de batalha – formado pelos oriundos de Poitiers e dos barões da Auvergne – aparece diante do chefe supremo do exército e este levanta a sua mão direita e benze as tropas: "Carlos benze o sexto com sua mão direita"[341].

É verdade que o velho poema – que, por reação às teorias hoje definidamente condenadas, algumas vezes deixa-se, talvez, ser demasiadamente rejuvenescido – traz as concepções eclesiásticas do seu autor, a marca de um estado de espírito bastante arcaico. Mais de um sacerdote, partidário das doutrinas mais rigorosas acerca da distinção entre o profano e o sagrado, deve, outrora, ali ter encontrado alguns motivos de escândalo. O arcebispo de Turpin (não contente em lutar tão ardorosamente quanto um leigo, erige sua conduta em teoria e opõe tão ousadamente sua estima pelos guerreiros a seu desprezo pelos monges) teria sido propriamente deposto, bem como o seu sucessor, Manassé de Reims, pelos legados dos grandes papas reformadores[342]. Sente-se que o movimento gregoriano ainda não tinha passado seriamente por ali. Sua ação, ao contrário, fez-se sentir mais tarde, em um dos remodeladores da *Chanson*. Quando, por volta do início do século XIII, um versificador retomou a antiga versão assonante para provê-la de versos, acreditou que devia igualmente

---

341. V. 340 e 3.066. Cito segundo a ed. J. Bédier.

342. Sobre Turpin, cf. esp. v. 1.876ss. Essa passagem já estava escrita quando pude tomar conhecimento do livro do Sr. P. Boissonnade: *Du nouveau sur la Chanson de Roland*, 1923. A comparação com Manassé de Reims veio, igualmente, ao espírito do Sr. Boissonnade (p. 327). Tenho, além disso, que acrescentar que pretendo somente fazer uma simples comparação, não pretendo, de forma alguma, mostrar Turpin como uma espécie de pseudônimo poético de Mannassé; o *Roland* não tem nada de *roman à clef*! Mas como o Sr. Boissonnade pôde escrever que o autor da *Chanson* "professa as ideias de um adepto da reforma gregoriana ou teocrática"? (p. 444; sobre a personagem de Carlos Magno interpretada como o "soberano ideal da grande teocracia sonhada por Gregório VII", p. 312). Os versos 3.094 e 373, citados para corroborar esta tese, provam simplesmente que "Turold" sabia que Carlos Magno tivera uma boa relação com os papas; quando no verso 2.998, igualmente invocado, demonstra que o nosso poeta considerava São Pedro como um grande santo – quem disso nunca duvidou? Se quiséssemos seguir – o que não é o nosso caso aqui – a ideia do rei-sacerdote na literatura, ter-se-ia, sem dúvida, tirado partido do ciclo do Graal, tão carregado de elementos pré-cristãos e arcaicos.

colocá-la segundo os gostos religiosos contemporâneos. Suprimiu, assim, a absolvição dada a Ganelão. Somente a bênção às tropas subsistiu[343]. Ela estava completamente conforme os costumes contemporâneos. Por volta do mesmo período, um príncipe de carne e osso pôde ver, tal qual o imperador da lenda, seus soldados inclinarem-se antes do combate sob a sua mão protetora: em Bouvines, antes do combate iniciar-se, Filipe Augusto – segundo o testemunho de Guilherme O Bretão, seu capelão, que, neste dia, se encontrava perto dele – benzeu os seus cavaleiros[344]. Sem dúvida, Filipe tivera escutado a recitação do *Roland*; ademais, em torno desse monarca as tradições carolíngias eram muito favorecidas. Os seus clérigos o igualavam a Carlos Magno; pretendiam mesmo – não se sabe por qual percurso genealógico – fazê-lo descendente dele[345]. Talvez, no campo de batalha, onde ele enfrentaria uma situação decisiva, tenha lembrado do gesto que os jograis atribuíam ao seu pretendido ancestral e o teria copiado conscientemente. Não haveria em uma semelhante imitação nada de surpreendente. As epopeias medievais foram o Plutarco do qual, nessa época mais "literária" do que às vezes se acredita, os homens de ação frequentemente extraíam os bons exemplos. Em particular, elas fizeram muito para manter e fortalecer nas consciências certo ideal de Estado e de realeza. Mas, inspirado ou não por um modelo poético, nesta bênção guerreira, era mesmo

---

343. Versão rimada dos ms. de Châteauroux e de Veneza VII, FOERSTER, W. *Altfranzösische Bibliothek*, VI, str. XXXI (v. 340); para o verso 3.066 str. CCLXXXVIII. Poderia parecer que esta absolvição, dada por um imperador, deveria chocar muito pouco os mais ortodoxos espíritos destes tempos, porque, até a Contrarreforma, um costume muito difundido, o qual os teólogos combateriam apenas tardiamente e com muita hesitação, permitia a um leigo, em caso de urgência, ministrar a confissão. Joinville relata-nos como, em uma hora de perigo, o Sr. Gui d'Ibelin confessou-se com ele: "e, eu o disse: 'Eu vos absolvo com o poder que me foi dado por Deus'" (c. LXX; ed. de la *Soc. de l'Hist. de France*, p. 125-126). Cf. GROMER, G. *Die Laienbeicht im Mittelalter* (*Veröffentlich. aus dem Kirchenhistor. Seminar München*, III, 7). Munique, 1909.
• MERK, C.J. *Anschauungen über die Lehre [...] der Kirche im altfranzösischen Heldenepos* (*Zeitschr. fur Romanische Philologie*. Beiheft XLI), p. 120. Mas essas confissões recebidas e essas absolvições dadas – com reservas: "com o poder que me foi dado por Deus" – em um momento de necessidade premente, quando nenhum padre estava disponível, não podem ser comparadas ao gesto de Carlos Magno, realizado no seio de um exército, que a tradição representava provido de um grande número de clérigos.

344. *Chronique*, § 184. Ed. Delaborde (*Soc. de l'hist. de France*), I, p. 273: "His dictis, petierunt milites a rege benedictionem, qui, manu elevata, oravit eis a Domino benedictionem [...]".

345. Cf. FRANÇOIS-DELABORDE, H. *Recueil des actes de Philippe-Auguste*, I, p. XXX-XXXI. Em estudo sobre o conjunto da realeza francesa, haveria ocasião para insistir sobre a influência, visivelmente muito profunda, que a tradição carolíngia e a literatura relativa a Carlos Magno exerceram em nossos reis e nos seus círculos. Agora, eu posso somente indicar este aspecto superficialmente – posteriormente, e, em um outro lugar, talvez, possa voltar ao mesmo.

o sentimento da força sagrada e quase sacerdotal atribuída à mão régia que se exprimia eloquentemente. Será necessário lembrar que esta mesma palavra *benzer* designava comumente, na Inglaterra, o ato de o rei tocar os enfermos para expulsar a doença?

Os reis, na Idade Média, não pararam jamais de parecer aos olhos dos seus súditos como capazes de participar, pelo menos vagamente, da glória do sacerdócio. Era, no fundo, uma verdade reconhecida por quase todo mundo, mas não uma verdade boa para ser dita. Veja ainda com que timidez, sob Filipe o Belo, o Cardeal Jean Le Moine, o qual, no entanto, não se poderia considerar como advogado das ideias teocráticas, indica, a propósito do direito de regalia exercido pelos reis da França e da Inglaterra, que "os reis ungidos não parecem manter o papel de simples leigos, ao contrário, parecem ultrapassá-lo"[346]. No entanto, por volta da metade do século XIV, começou-se a falar neste tema mais livremente. Wyclif, em uma das obras de sua juventude, o *Tratado sobre o ofício do rei*, escrito em 1379, separando com bastante clareza os dois poderes, o temporal e o espiritual, qualifica a realeza como uma ordem da Igreja, *ordo in ecclesia*[347]. Na França, o círculo de Carlos V reúne diligentemente todos os ritos e as tradições convenientes para enfatizar o valor sagrado da realeza. Jean Golein, fiel intérprete, segundo parece, do pensamento do seu soberano, quer manter a ortodoxia; garante expressamente que a unção não atribuiu ao rei o sacerdócio, não o transforma em santo, "realizador de milagres", mas não dissimula que a "unção régia" aproxima fortemente "de perto" da "Ordem Sacerdotal". Ele não evita falar da "religião régia"[348].

Vem o Grande Cisma e a longa perturbação lançada por ele, não somente na disciplina da Igreja, mas também, por via de consequência – ao menos em parte, porque a crise teve causas múltiplas – na vida religiosa propriamente dita. As línguas, então, saltaram-se completamente. Na Inglaterra, o canonista Lyndwood, em seu *Provinciale*, composto em 1430, assinala como difundido – sem se associar a ela – a opinião segundo a qual "o rei ungido não seria

---

346. *Apparatus in librum Sextum*, lib. III, tit. IV: *De praebendis*, c. II, Licet; Bibl. Nat. latin 16901, fol. 66 V: "Item reges, qui inuncti sunt, partem (?) laici meri obtinere non videtur, sed excedere eandem". Sobre o Cardeal Le Moine, cf. SCHOLZ, R. *Die Publizistik zur Zeit Philippe des Schönen*, p. 194s.

347. *Tractatus de officio regis*. Ed. A.W. Pollard e C. Sayle. Londres, 1887 (*Wyclif's Latin Works*, ed. *by the Wyclif Society X*), p. 10-11: "Ex istis patet quod regia potestas, que est ordo in ecclesia [...]". O *Tratado*, posterior alguns meses ao início do Grande Cisma, foi escrito em momento em que esse evento estava ainda longe de produzir as suas consequências doutrinais.

348. Abaixo, p. 452, 456-459.

uma pessoa puramente leiga, mas sim uma pessoa mista"[349]. É a um soberano inglês, Henrique V, que o ilustre humanista champanhês Nicolas de Clamanges escreveu estas palavras, nas quais, a velha noção quase pré-histórica do rei-sacerdote mostra-se nua, sem dissimular-se – como nos teóricos dos quais fala Lyndwood –, sob a máscara ambígua da indefinida condição "mista": "O senhor afirmou que a realeza deveria ser sacerdotal, porque, pela Santa Unção do Crisma, os reis, na religião cristã, devem ser considerados como santos à semelhança dos sacerdotes"[350].

A bem-dizer, Nicolas de Clamanges, apesar de dirigir-se a um rei da Inglaterra, era principalmente como um clérigo francês que falava; são as ideias do meio francês que ele refletia. Na França, de fato, semelhantes concepções eram então absolutamente correntes e exprimiam-se sem objeções. Desejam-se exemplos? Nós teremos apenas a dificuldade da escolha. Em 1380, o bispo de Arras, Pierre Masuyer, litiga no Parlamento contra o seu metropolitano, o arcebispo de Reims, e o cabido desta última cidade; um grave processo: o bispo, recentemente promovido, recusou-se em prestar ao seu superior o juramento de costume e de oferecer-lhe, como dom de chegada, a capa prescrita – ao menos é o que se diz em Reims – por uma imemorial tradição. O processo diz respeito, portanto, à disciplina eclesiástica; por isso, o arcebispo quer invocá-lo em seu próprio tribunal e recusa-se em reconhecer, nesta matéria – segundo a sua opinião, de natureza espiritual –, o direito de jurisdição do Parlamento; o bispo, ao contrário, demanda à Corte, que representa o rei, de proclamar-se competente; eis aqui um dos seus argumentos: "O rei, nosso senhor, não tem somente temporalidade, mas divindade também, pois é *inunctus* e dá benefício em regalia"[351]. Assinalemos o último elemento da frase. A faculdade de prover os benefícios eclesiásticos, durante a vacância dos bispos submissos à regalia, aparece nos escritos desta época tanto como prova quanto como consequência lógica do caráter sacerdotal atribuído à realeza. Já encontramos esta alegação de 1493 em que, a propósito de um caso em que a questão da regalia se encontrava acidentalmente colocada, um advogado, acreditando ser necessário demonstrar que o rei "não é um simples leigo", iria até mesmo invocar o argumento do

---

349. Lib. III, tit. 2. Ed. de 1525, Londres, in-4°, p. 92 V: "nonobstant quod rex unctus non sit mere persona laica, sed mixta secundum quosdam".
350. *Opera omnia*, in-4°. Leyde, 1604, ep. CXXXVII: "Ideo autem Regnum sacerdotale esse debere Dominus adstruit, quia propter sacram chrismatis unctionem Reges in christiana religione ad similitudinem Sacerdotum sancti esse debent [...]".
351. PITHOU, P. *Preuves des libertez de l'église gallicane*, II, in-4°, 1639, p. 995.

milagre[352]. Desde 1477, mestre Framberge, igualmente diante do Parlamento e sempre em um debate da mesma natureza, construiu toda uma parte do seu discurso sobre o tema da realeza sagrada; não há alusões às curas milagrosas, é verdade, mas as legendas relativas às origens celestes da unção, as quais estudaremos mais à frente, aparecem com ênfase – e, no fim do seu desenvolvimento, como seu ponto de culminância, a conclusão: "assim, como foi dito, o rei não é simplesmente um leigo"[353]. Deixemos agora as cortes de justiça. Jean Jouvenel des Ursins – sucessivamente bispo de Beauvais, bispo de Laon, arcebispo de Reims – foi, sob Carlos VII e Luís XI, um dos grandes nomes do clero francês; em seus sermões e em suas memórias a mesma ideia surge sem cessar: o rei não é "simplesmente um leigo"; ele é, graças à sagração, "pessoa eclesiástica", "prelado eclesiástico", disse um dia Jean Jouvenel ao seu "soberano senhor" Carlos VII[354]. Recearíamos que esses litigantes, apressados em reunir todas as armas para defender sua causa, e esse político da Igreja, assombrado pelo propósito de manter nos limites estreitos a ação do papado, não sejam, quando se trata de sondar a opinião religiosa destes tempos, apenas testemunhos muito medíocres? Escutemos então um dos maiores doutores, o qual honra o catolicismo francês: Jean de Gerson. No dia da Epifania de 1390, ele prega diante de Carlos VI e dos príncipes; pode haver termos mais significativos para ele se dirigir ao jovem soberano: "Rei cristianíssimo, rei por milagre consagrado, rei espiritual e sacerdotal [...]"?[355]

---

352. Acima, p. 142, n. 227.

353. Arrazoamento de Framberge para o Sr. Pierre de Croisay, querelante, contra o cardeal de Estouteville, querelado: 14 de julho de 1477. Arch. Nat. X 1 A 4818, fol. 258 Vss. fol. 262: "Sed ponis ex institucione canonica subsequente, que non excludit regem sacratissimum unctione sacra miraculose et celitus missa, qui tanquam persona sacrata capax est rerum spiritualium large accipiendo [...]. E ainda que pelo direito canônico queira-se dizer que *interdicta est administracio spiritualium laicys*, deva-se entender *de mere laicis, et non de personis sacratis et sublimibus qui ecclesie temporalitates obtulerunt inhabundancia* [...]". Mais à frente, no mesmo fólio: "regi, qui est sacrata persona". E no fólio 262 V "ut dictum est, rex non est mere laicus". A minha atenção para este texto foi chamada em DELACHENAL, R. *Histoire des avocats au Parlement de Paris*, 1885, p. 204.

354. Memória endereçada a Carlos VII, em VALOIS, N. *Histoire de la Pragmatique Sanction*, 1906, p. 216. "E, como soberano e a primeira pessoa eclesiástica [...]"; discurso sobre a diferença dos reis da França e da Inglaterra, citado por GODEFROY. *Cérémonial*, p. 77: "O rei da França consagrado é pessoa Eclesiástica"; admoestação ao Rei Carlos VII, *ibid.* • URSINS, J. *Histoire de Charles VI*. Ed. Godefroy, fol. 1.653, *Annotations*, p. 628: "Em relação a vós, meu soberano senhor, vós não sois simplesmente uma pessoa leiga, mas prelado eclesiástico, o primeiro em vosso reino a ser, após o papa, o braço direito da Igreja".

355. Bibl. Nat. ms. franc. 1029, fol. 90 a: tradução latina em *Opera*. Ed. de 1606, fol. Pars IV, col. 644. Cf. BOURRET, E. *Essai historique et critique sur les sermons français de Gerson*, 1858, p. 56ss., p. 87, n. 1.

Alguns dos textos que acabo de citar são bem conhecidos. As palavras de Jean Jouvenel des Ursins, em particular, foram reproduzidas por quase todos os historiadores que procuraram enfatizar o caráter sagrado da monarquia francesa. Porém, talvez, não tenham dado a devida atenção à sua data. Dois séculos mais cedo, seria difícil encontrar semelhantes afirmações; mesmo os polemistas a serviço de Filipe o Belo, não falavam nesse tom. Para além dos longos anos de silêncio, os clérigos franceses dos séculos XIV e XV, em seus elogios ousados à realeza sacerdotal, juntavam-se aos publicistas pró-imperiais dos tempos da querela gregoriana: simples encontro aliás, sem influência direta (Nicolas de Clamanges teria lido os panfletos esquecidos de um Guido von Osnabrück e de um Anônimo de York?), ou melhor, continuidade de uma mesma ideia que, não tendo jamais cessado de incorporar-se em uma multidão de ritos e de tradições, não pudera cair no esquecimento e teria permanecido sempre pronta a retomar a sua voz no dia em que as circunstâncias permitissem? Essas circunstâncias, que favoreceram, enfim, seu despertar, quais foram? Eu já as indiquei: a crise da Igreja e, sobretudo, do papado provocaram um retorno nos espíritos, mesmo dos mais piedosos e dos mais ortodoxos, a noções há muito condenadas. Não se vê, aproximadamente na mesma época, essa mudança de atitude manifestar-se, na França, de um modo bem característico pela transformação do antigo abuso, até então prudentemente deixado à sombra, em um privilégio altamente proclamado? Os reis, apesar das reformas dos séculos XI e XII, sempre conservaram em suas mãos certas dignidades monásticas, heranças dos seus mais antigos ancestrais, antes mesmo da ascensão da dinastia: o abadado de São Martinho de Tours, por exemplo, ou o de Saint-Aignan de Orléans; mas, desde o triunfo aparente dos reformadores, eles evitavam bastante de se vangloriar de um semelhante obstáculo às regras mais veneradas. Doravante, eles recomeçam a aproveitar a glória desta situação e dela se servem, eles próprios ou seus servidores leais, como um argumento para provar o seu caráter eclesiástico e, por conseguinte, o seu direito para dominar mais ou menos o clero dos seus estados[356]. Qualquer um que, nestes tempos conturbados, defenda a supremacia pontifical, quer ver os reis apenas como leigos;

---

356. Cf. GRASSAILLE. *Regalium Franciae iura omnia*, lib. II, p. 17. • PITHOU, P. *Preuves*, p. 13. • HUBERT, R. *Antiquitez historiques de l'Église royale de Saint-Aignan d'Orléans*, in-4°. Orléans 1661, p. 83ss. • VAUCELLE, E.R. *La collégiale de Saint-Martin de Tours, des origines à l'avènement des Valois* (Bullet. et Mém. Soc. Archéol. Tours. Mém. XLVI), p. 80-81. Segundo Vaucelle, Carlos VII apresentou, diante do Concílio de Basileia, o seu título de abade de Saint-Martin (p. 81, n. 2, sem referências).

pelo contrário, qualquer um que, a um só tempo, reivindique para os concílios a parte principal no governo da Igreja e para os diferentes estados uma espécie de autonomia eclesiástica, inclina-se a aproximar, mais ou menos, a dignidade régia ao sacerdócio. Se Lyndwood opõe-se a reconhecer para os reis um caráter "misto" – ou seja, semissacerdotal – é que ele receia tudo o que poderia enfraquecer o poder dos papas[357]. Fora da França e da Inglaterra, a teoria rejeitada por Lyndwood conta, entre os seus principais adversários, com um jurista italiano, Nicolas Tedeschi, o *Panormitano*; para esse doutor, um dos maiores canonistas do século XV, os reis são "simples leigos" aos quais "a coroação e a unção não conferem nenhuma ordem eclesiástica". Não se surpreenderá em saber que, ao menos no tempo em que redigia a glosa da qual essa passagem foi retirada, o Panormitano colocava-se resolutamente entre os inimigos da teoria conciliar[358]. Na verdade, esta questão poderia servir de pedra de toque entre os dois grandes partidos que dividiam então a catolicidade.

Estamos no momento em que verdadeiramente nasceu, na França, o movimento denominado galicano: movimento infinitamente diverso, tanto em suas origens – nas quais, as mais nobres inspirações à supressão dos graves abusos religiosos misturam-se inextrincavelmente aos interesses financeiros mais mundanos – quanto em sua natureza mesmo. O galicanismo, com efeito, apresenta-se tanto como um ímpeto pela independência ao menos relativa da Igreja francesa como também uma tentativa de submetê-la ao poder régio, enfim, livrar-se dos entraves que lhe impunha o papado – dualismo equívoco que, frequentemente, surpreende e, às vezes, choca os autores modernos. Não parecerá menos surpreendente se considerarmos que, entre as ideias ou

---

357. Sobre as ideias de Lyndwood, cf. MAITLAND, F.W. *Roman Canon Law in the Church of England*. Londres, 1898, p. 1ss.

358. PANORMITANUS. *Super tertio decretalium*, fol., Lyon 1546, comentário sobre o título *De decimis*, c. XXI, fol. 154 V: "Quarto, nota quod laici etiam reges non possunt aliquid donare de iure ecclesiastico nec possunt possidere jus spirituale. Ex quo infertur quod reges sunt puri laici: ita quodper coronationem et unctionem nullum ordinem ecclesiasticum recipiunt". Para a doutrina do *Panormitano* neste momento, cf. a sua glosa sobre o livro I das *Decretais*, VI, 4 (ed. de 1546, fol. 119 V), na qual, a propósito daqueles que – erroneamente, segundo ele – consideram o juramento que o papa exige dos metropolitanos como ilegítimo, porque os concílios não o prescrevem, ele declara: "romana ecclesia prestat autoritatem conciliis et per ejus autoritatem robur accipiunt, et in conciliis semper excipit eius autoritas". Mais tarde, no Concílio de Basileia, ao que tudo indica, por razões políticas, mudou de atitude. Cf. sobre ele a exposição da *Realencyclopädie für protestantische Theologie*, no verbete *Panormitanus*, no qual se encontrará bibliografia. O Panormitano é, frequentemente, citado pelos partidários franceses do caráter quase sacerdotal dos reis – p. ex., Arnoul Ruzé na passagem mencionada abaixo, p. 330, n. 726.

sentimentos que aparecem ou reaparecem claramente às consciências, figurasse esta velha concepção da realeza sacerdotal, na qual se conciliam, sem esforços, princípios que hoje têm ares tão contraditórios?[359]

2 O problema da unção

De onde os reis tiravam então, aos olhos dos seus súditos, esse caráter sagrado que os colocavam quase no mesmo patamar dos sacerdotes? Deixemos de lado aqui tudo o que temos sobre as origens distantes da religião monárquica – a consciência medieval ignorava, profundamente, as velhas coisas de onde ela saíra. Mas seria necessário encontrar uma razão, emprestada ao presente, para justificar um sentimento, aliás, que só tinha muita força porque suas origens remontavam a um passado muito antigo. Nos textos citados mais acima – em Guido von Osnabrück, em Nicolas de Clamanges, nos discursos dos advogados galicanos –, uma palavra aparece obstinadamente: a unção. Esse rito fornecia habitualmente a razão desejada. Todavia, abstenhamo-nos de imaginar que a mesma significação lhe tenha sido atribuída sempre e em qualquer lugar, em todas as épocas e em todos os meios. As flutuações da opinião a seu respeito interessam-nos tanto quanto, em primeiro lugar, à história dos milagres de cura.

Estava, como já vimos, na própria natureza da unção régia servir como arma, sucessivamente, a diferentes partidos: aos monarquistas porque, por ela, os reis encontravam-se marcados pelo caráter divino; aos defensores do espiritual porque, também por ela, os reis pareciam receber a sua autoridade pelas mãos dos sacerdotes. Essa dualidade jamais deixou de ser sentida. Segundo o pertencimento a este ou aquele campo, os escritores enfatizavam um ou outro dos dois aspectos divergentes desta instituição de dupla face. Vejamos os pensadores que são inspirados pela ideia teocrática: Hincmar no século IX, Rathier de Verona no século X, Hugo de Saint-Victor e Jean de Salisbury no século XI, Inocêncio III no início do século XIII, Egídio Colanna nos tempos de Filipe o Belo e de Bonifácio VIII. De geração em geração, eles transmitem fielmente, uns para os outros, como um lugar-comum, o que podemos denominar o argumento da sagração: "aquele que recebe a unção é inferior àquele que a ministra" ou, em termos retirados de São Paulo, na Epístola aos

---

359. Essas concepções arcaicas parecem, ao contrário, praticamente ausentes no *Defensor Pacis*, de Jean de Jandun e Marsílio de Pádua, cujo espírito é muito mais racionalista.

Hebreus, "o inferior é abençoado pelo superior"³⁶⁰. Quanto aos soberanos e ao seu meio social, com raras exceções – como aquela de Henrique I da Alemanha que recusou a "bênção dos pontífices" – eles parecem, por muito tempo, estar sobretudo preocupados de se vangloriarem das virtudes do óleo santo, sem muito alarmarem-se com as interpretações clericais que o rito monárquico, por excelência, podia oferecer. Tal é, durante a grande controvérsia gregoriana, a atitude praticamente unânime dos polemistas defensores do império; em um dos mais eloquentes destes tratados, o Anônimo de York não fez nada além de parafrasear o ritual da sagração.

Chegou um momento, no entanto, em que os defensores do temporal tomaram consciência, com muito mais clareza do que outrora, do perigo que as realezas corriam em parecer tão estreitamente dependentes de uma sanção outorgada pela Igreja. Essas inquietudes traduzem-se de modo pitoresco em uma curiosa legenda histórica, nascida por volta da metade do século XIII nos meios italianos favoráveis aos Hohenstaufen – imaginou-se que a coroação de Frederico Barbarroxa como imperador fora uma cerimônia puramente laica. Neste dia, contava-se que a entrada da Basílica de São Pedro havia sido rigorosamente interditada a todos os membros do clero³⁶¹. Coisa mais grave: os teóricos dessa tendência empenharam-se para reduzir a sagração, em direito público, a não mais do que o simples reconhecimento de um fato consumado. O rei, segundo esta tese, deve o seu título unicamente à hereditariedade, ou melhor – na Alemanha – à eleição; ele é rei a partir do momento da morte do seu predecessor ou do momento em que os eleitores qualificados o designam. As piedosas solenidades que se desenvolvem em seguida terão apenas o objetivo de adorná-lo com uma consagração religiosa, venerável, brilhante, mas de forma alguma indispensável. Foi no império, pátria clássica da luta entre os

---

360. HINCMAR, acima p. 79, n. 101. • VÉRONE, R. *Praeloquium*, IV, 2 (MIGNE. *P.L.*, t. 136, col. 249). • SAINT-VICTOR, H. *De Sacramentis*, II, pars II, cap. 4 (*P.L.*, 1.176, col. 418). • SALISBURY, J. *Policraticus*, IV, 3. Ed. C.C.J. Webb. Oxford, 1909, I, p. 240-241. • Inocêncio III, resposta aos enviados de Filipe da Suábia em 1202. In: *P.L.*, t. 216, col. 1012: "Minor est autem qui ungitur quam qui ungit et dignior est ungens quam unctus". • COLONNA, E. *De ecclesiastica sive de summi pontifias potestate*, c. IV. Ed. OXILIO-BOFFITO. *Un trattato inedito di Egidio Colonna*, Florença, 1908, p. 14. Obviamente, cito esses nomes apenas à guisa de exemplo; cf. JODAN, E. *Nouv. Rev. Historique du Droit*, 1921, p. 370. Texto de Hb 7,7, citado por Hugo de São Victor, Jean de Salisbury, E. Colonna.

361. A legenda encontra-se referenciada no manifesto de Manfredo aos romanos, 24 de maio de 1265: *Monum. Germ., Constitutiones*, II, p. 564, 1. 39ss., texto por corrigir segundo as indicações de HAMPE. *Neues Archiv*, 1911, p. 237. Sobre o provável redator desse manifesto – Pietro da Prezza – cf. MÜLLER, E. *Peter von Prezza (Heidelberger Abh. zur mittleren und neueren Gesch.*, H. 37). Cf. tb. JORDAN, E. *Rev. histor. du droit*, 1922, p. 349.

dois poderes, que essa doutrina parece ter surgido. Sob Frederico Barbarroxa, Gerhoh de Reichersperg – um moderado, no entanto – escrevia: "É evidente que a bênção dos sacerdotes não cria os reis e os príncipes, mas, uma vez que tenham sido criados pela eleição [...], os papas os abençoam"[362]. Ele considera, visivelmente, a sagração como necessária, de alguma maneira, à perfeição da dignidade régia, mas o rei é rei sem ela e depois dela. Mais tarde, os escritores franceses apropriaram-se do mesmo tema. Jean de Paris, sob Filipe o Belo, transformar-lhe-ia em matéria de vigorosos desenvolvimentos. O autor do *Sonho do mateiro*, Jean de Gerson, retoma-a à sua maneira[363]. Cedo, as chancelarias inspiraram-se em ideias análogas. Não é por acaso que, na França, definitivamente, desde 1270, e na Inglaterra, desde 1272, os notários régios cessaram de calcular os anos de reinado a partir da sagração e escolheram dar-lhes, como ponto de partida, a ascensão ao trono, fixado habitualmente no dia da morte do soberano antecessor ou naquele do seu enterro. O brado "o rei está morto, viva o rei" foi atestado pela primeira vez nas exéquias de Francisco I. Mas, já em 10 de novembro de 1423, sobre o túmulo onde se acabara de enterrar Carlos VI, os arautos proclamaram como rei da França Henrique VI da Inglaterra; não há dúvida de que este cerimonial, desde então, tenha sido fixado pela tradição. Mais antiga ainda, ao que tudo indica, era a concepção que se exprimia por

---

362. *De investigatione antichristi*, I, 40. Ed. F. SCHEIBELBERGER. Linz, 1875, p. 85: "[...] apparet reges ac duces per sacerdotum benedictionem non creari, sed ex divina ordinatione per humanam electionem et acclamationem creatis, ut praedictum est, sacerdotes Domini benedicunt, ut officium, ad quod divina ordinatione assumpti sunt, sacerdotali benedictione prosequente congruentius exequantur". Cf. *De quarta vigilia noctis* – Oesterreichische Vierteljahrsschrift für katholische Theologie, 1871, I, p. 593: "Sicut enim primus Adam primo de limo terrae legitur formatus et postea, Deo insufflante illi spiraculum vitae, animatus atque animantibus cunctis ad dominandum praelatus: sic imperator vel rex primo est a populo vel exercitu creandus tanquam de limo terrae, ac postea principibus vel omnibus vel melioribus in eius principatu coadunatis per benedictionem sacerdotalem quasi per spiraculum vitae animandus, vivificandus et sanctificandus est". Cf. RIBBECK, W. *Gerhoh von Reichersberg und seine Ideen über das Verhältniss zwischen Staat und Kirchet Forsch. z. deutschen Geschichte*, XXIV (1884), p. 3ss. A atitude de meio-termo tomada por Gerhoh e suas variações fez com que fosse tratado, talvez de forma demasiada severa, por um historiador recente como "sehr unklarer Kopf" [cabeça muito confusa]: SCHMIDLIN. *Archiv für katholisches Kirchenrecht*, XXIV, 1904, p. 45.

363. PARISIENSIS, J. *De potestate regum et papali*, c. XIX. In: GOLDAST. *Monarchia*, II, p. 133 (cf. SCHOLZ, R. *Die Publizistik*, p. 329); *Sotmnium Viridarii*, I, cap. CLXVI ao CLXXI e CLXXIV ao CLXXIX (GOLDAST. *Monarchia*, I, p. 126-128 e p. 129-136), com empréstimos retirados diretamente de OCKHAM. *Octo Quaestiones*, V a VII (GOLDAST, II, p. 369-378). • GERSON. *De potestate ecclesiastica et laica*. Quaest. II, cap. IX-XI. Ed. de 1606, Pars I, col. 841ss. (no qual se encontra esta definição da sagração: "illud est solum solemnitatis, et non potestatis"). Sobre a mesma teoria nos tempos modernos, cf. abaixo, p. 337.

meio dele e que deveria, mais tarde, encontrar no famoso brado uma fórmula tão contundente: a desaparição do rei, em países regidos pela lei da hereditariedade, transformava, instantaneamente, em rei o herdeiro legítimo. Desde o final do século XIII, esta tese era, praticamente em todos os lugares, oficialmente professada[364]. Os apologistas da realeza deixavam de invocar a unção e as suas virtudes quando se tratava de fundamentar, em função de sua teoria, o caráter sacrossanto dos príncipes, mas, tendo despojado este rito de toda a sua eficácia na transmissão do poder supremo, recusando, de qualquer maneira, lhe reconhecer o poder de criar uma legitimidade, eles certamente pensavam ter retirado dos seus adversários a capacidade de o utilizarem, reservando para eles mesmos a faculdade de explorá-lo para os seus próprios fins.

Na verdade, a consciência popular não notava muito estas sutilezas. Quando, em 1310, Henrique de Luxemburgo se queixava a Clemente V que os "simples" acreditavam muito facilmente, a despeito da verdade jurídica, que "não se deveria obedecer" a um rei dos romanos "antes que fosse coroado" imperador, sem dúvida ele procurava, antes de tudo, reunir por todas as formas possíveis argumentos próprios para persuadir o papa de coroá-lo rapidamente; mas este argumento testemunhava um conhecimento muito correto da psicologia dos "simples"[365]. Em todos os países, a opinião comum não

---

364. Cf. Para a atitude da monarquia francesa, cf. SCHREUER. *Die rechtlichen Grundgedanken*, p. 91ss., e esp. p. 99ss. Para o cálculo dos anos de reinado na França, cf. SCHREUER. Loc. cit., p. 95 (a relevância do problema parece ter escapado a Giry; ela mereceria ser analisada mais de perto). Na Inglaterra, WALLIS, J.E.W. *English regnal years and titles (Helps for students of history)*, in-12°. Londres, 1921, p. 20. Deve-se acrescentar que a associação ao trono do herdeiro presumido, praticada com muito sucesso principalmente pela monarquia capetíngia, tornou, durante muito tempo, muito inofensiva a tradição que consistia em calcular os anos de reinado segundo a sagração, uma vez que a sagração do filho ocorria correntemente durante a vida do pai. Sobre o brado: "O rei está morto, viva o rei". Cf. DELACHENAL, R. *Histoire de Charles V*, III, 1916, p. 21; cerimônia na ocasião de morte de Carlos VI. *Chronique d'Enguerran de Monstrelet*. Ed. DOUËT D'ARCQ (*Soc. de l'Hist. de France*), IV, p. 123. • PETIT-DUTAILLIS. *Rev. Historique*, CXXV (1917), p. 115, n. 1. Obviamente, no que dizia respeito à dignidade imperial, a questão colocava-se diferentemente. Até o fim da Idade Média – precisamente até Maximiliano I (1508) – houve apenas imperadores coroados pelo papa, mas a teoria alemã, há muito tempo, era que o "rei dos romanos", regularmente eleito, tinha direito, mesmo sem o título imperial, ao governo do império. Cf. a nota seguinte e, em particular, KERN, F. *Die Reichsgewalt des deutschen Königs nach dem Interregnum – Histor. Zeitschr.*, CVI (1911). • HUGELMANN, K.G. *Die Wirkungen der Kaiserweihe nach dem Sachsenspiegel* em seus *Kanonistische Streifzügen durch den Sachsenspiegel* – Zeitschr. der Sav.-Stiftung, Kanon. Abt., IX (1919), a observação de d'U. Stutz, em seguida a este artigo.

365. *Propositiones Henrici regis; Monum. Germ., Constitutiones*, V, p. 411, c. 4: "Quia quanquam homines intelligentes sciant, quod ex quo dictus rex legtime electus et per dictum papam approbatus habere debeat adminis-trationem in imperio, acsi esset coronatus, tamen quidam querentes nocere et zizaniam seminare, suggerunt simplicibus, quod non est ei obediendum, donec fuerit coronatus". Cf. JORDAN, E. *Rev. Histor. du Droit*, 1922, p. 376.

admitia, de bom grado, que um rei fosse verdadeiramente um rei – ou um rei eleito dos romanos fosse verdadeiramente o soberano do império – antes do ato religioso que uma carta privada, escrita por fidalgos franceses no tempo de Joana d'Arc, chamava eloquentemente de "o belo mistério" da sagração[366]. Na França – onde a unção, como veremos em breve com tempo, era considerada de origem miraculosa – essa ideia, mais do que em qualquer outro lugar, era fortemente enraizada. Já citei mais acima os versos significativos do romance *Carlos o Calvo*. Eis aqui uma narrativa, igualmente ilustrativa, que corria em Paris no ano de 1314 (ou aproximadamente isso) e que nos foi transmitida pelo cronista Jean de Saint-Victor: Enguerran de Marigny, colocado na prisão pouco depois da morte de Filipe o Belo pelo jovem Rei Luís X tinha, diziam, evocado o seu demônio familiar; o mau espírito apareceu-lhe e disse-lhe: "Eu te anunciara, já há muito tempo, que o dia em que a Igreja estiver sem papa, o reino da França sem rei e sem rainha, o império sem imperador, o fim de sua vida terá chegado. Ora, vejas tu, essas condições estão hoje realizadas. Pois este que tu consideras como rei da França não fora ainda ungido, nem coroado e, antes disso, não se deve dar-lhe o nome de rei"[367]. Não há nenhuma dúvida que, na burguesia parisiense, da qual Jean de Saint--Victor era habitualmente o fiel intérprete, partilhava-se comumente, sobre o último ponto, a opinião desse espírito maligno. No século seguinte, Enea Piccolomini escrevia: "Os franceses negam que seja verdadeiro rei aquele que não tenha sido ungido por este óleo", ou seja, o óleo celeste conservado em Reims[368]. Alguns exemplos muito claros mostram bem que, de fato, a população não pensava como os teóricos oficiais. Sob Carlos V, o autor das *Grandes crônicas*, obra diretamente inspirada pela corte, atribuiu ao príncipe o nome de rei imediatamente após o sepultamento de João o Bom, seu predecessor; mas Froissart, que reflete o costume vulgar, só lhe concede após a cerimônia de Reims. Menos de um século mais tarde, Carlos VII assume o título régio

---

366. Carta de três fidalgos angevinos (17 de julho de 1429). QUICHERAT. *Procès de Jeanne d'Arc*, V, p. 128; cf. p. 129.
367. *Hist. de France*, XXI, p. 661: "Tibi dixeram diu ante quod quando Ecclesia papa careret, et regnum Franciae rege et regina, et Imperium imperatore, quod tunc esset tibi vitae terminus constitutus. Et haec vides adimpleta. Ille enim quem tu regem Franciae reputas non est unctus adhuc nec coronatus et ante hoc non debet rex nominari". Cf. PÉRÉ, G. *Le sacre et le couronnement des rois de France*, p. 100.
368. QUICHERAT. *Procès de Jeanne d'Arc*, IV, p. 513: "negantque [Galli] verum esse regem qui hoc oleo non sit delibutus".

nove dias após a morte do seu pai; mas, Joana d'Arc – como ele não tinha sido sagrado – prefere chamá-lo de delfim[369].

Nos países onde florescia o milagre das escrófulas, colocava-se, a propósito da unção e dos seus efeitos, um problema particularmente grave. Os reis, desde o momento de sua ascensão ao trono, estavam aptos a curar? Ou antes, suas mãos tornar-se-iam verdadeiramente eficazes somente a partir do momento em que o óleo bento fizesse deles os "ungidos do Senhor"? Em outras palavras: de onde vinha exatamente esse caráter sobrenatural capaz de os constituir em taumaturgos? Estava presente neles desde quando a ordem de sucessão os chamara ao trono? Ou melhor, não se realizaria em toda sua plenitude, até que realizassem os ritos religiosos?

Nossos documentos são muito insuficientes para nos permitir determinar como a questão foi resolvida, na prática, na Idade Média. Na Inglaterra, no século XVII, os reis certamente tocavam desde de sua ascensão ao trono, antes de qualquer sagração[370]; mas como saber se esta tradição remontava a um período anterior à Reforma ou se, ao contrário, só a Reforma deve explicá-la? O protestantismo, em todas as matérias, tende a diminuir a importância das ações sacramentais. Na França, a regra seguida, desde o final do século XV, era muito diferente: nenhuma cura ocorreria antes das solenidades da coroação. Mas a unção não era a razão do atraso. Em meio a essas solenidades, incluía-se uma peregrinação, feita pelo rei, às relíquias de um piedoso abade dos tempos merovíngios, São Marcoul, transformado, pouco a pouco, no patrono do milagre régio; não era em Reims, onde o rei tinha recebido a marca com o óleo bento, mas, um pouco mais tarde, em Corbeny, local onde o rei viera adorar as relíquias de Marcoul, que o novo soberano experimentava, pela primeira vez, a função de taumaturgo. Antes de ousar exercer o seu maravilhoso talento, esperava, não pela sagração, mas pela intercessão de um santo[371]. Que faziam os

---

369. Para as *Grandes Crônicas* e Froissart, cf. DELACHENAL, R. *Histoire de Charles V*, III, p. 22 e 25. Adoção do título régio por Carlos VII, DE BEAUCOURT. *Histoire de Charles VII*, II, 1882, p. 55 e n. 2. Na Inglaterra, no fim século XII, a crônica atribuída a Benôit de Peterborough (Ed. STUBBS. *Rolls Series*, II, 71-82) empenha-se, com uma preocupação pedantesca, a atribuir a Ricardo Coração de Leão, após a morte do seu pai, apenas o título de conde [de Poitiers]; após a sua sagração ducal em Rouen, o título de duque [da Normandia] e, após sua sagração régia, somente o título de rei.

370. FARQUHAR. *Royal Charities*. IV, p. 172 (para Carlos II e Jaime II; Jaime II seguia a tradição dos seus predecessores protestantes).

371. Cf. abaixo o cap. IV. Sobre o caso de Henrique IV – que nada prova sobre o tema da tradição anterior – cf. abaixo p. 338.

reis da França à época em que Marcoul ainda não era o santo das escrófulas? Sem dúvida, nós o ignoraremos para sempre.

Uma coisa é certa. Próximo ao fim da Idade Média, encontrou-se um publicista, defensor intransigente da monarquia, para recusar em admitir que a unção fosse, de algum modo, a fonte do poder milagroso dos reis. Trata-se do autor do *Songe du Verger*. Sabe-se, em geral, que esta obra, composta no círculo de Carlos V, é muito pouco original. Seu autor, frequentemente, segue, com grande proximidade, as *Oito questões sobre o poder e a dignidade do papa* de Guilherme de Ockham. Ele havia opinado sobre o toque das escrófulas; submisso à influência das velhas ideias pró-imperiais e, por conseguinte, disposto a valorizar muito as virtudes da unção, via nela a origem das curas surpreendentes operadas pelos príncipes; em sua opinião, somente os participantes mais ferozes da Igreja poderiam pensar diferente. O autor do *Songe du Verger* inspira-se nesta discussão, mas lhe inverte os termos. Das duas personagens que ele coloca em cena, em um diálogo que serve como efabulação de sua obra, é o clérigo, contemptor do poder temporal, que ele encarrega de reivindicar para o óleo santo a glória de figurar como a causa do dom taumatúrgico; o cavaleiro rechaça esta proposição, julgando-a atentatória à dignidade da monarquia francesa. A "graça" concedida por Deus aos reis da França escapa, em sua natureza intrínseca, à compreensão dos homens; mas ela não tem nada a ver com a unção: sem o que muitos outros reis, também ungidos, deveriam, igualmente, possuí-la[372]. Então, os mais puros lealistas não aceitaram mais que a sagração fosse, nem em matéria de milagre nem em matéria política, um poder criador; aos seus olhos, a pessoa régia era dotada, por ela própria, de um caráter sobre-humano, o qual, a Igreja apenas sancionava. Afinal das contas, tratava-se da verdade histórica: a noção de realeza santa vivera em suas consciências antes do seu reconhecimento pela Igreja. Mas, também neste caso, a opinião comum sem dúvida jamais se embaraçou dessas doutrinas tão rebuscadas. Ela continuou, como nos tempos de Pierre de Blois, a estabelecer, mais ou menos vagamente, uma ligação de causa e efeito entre o "sacramento" do crisma e os gestos curadores realizados por aqueles aos quais fora concedido. O ritual de consagração dos *cramp-ring*, em sua última forma, não proclamava que o óleo espalhado sobre as mãos do rei da Inglaterra tornava-as capazes de benzer eficientemente os anéis medicinais?[373] Ainda sob Elisabete,

---

372. Passagem citada acima, p. 137, n. 216; cf. para Ockham, p. 143, n. 228.
373. Cf. acima p. 179.

Tooker julgava que o soberano recebia, em sua sagração, a "graça de curar"[374]. Era, ao que tudo indica, o eco de uma tradição antiga. Na França sobretudo, como seria possível abster-se de atribuir ao bálsamo celeste de Reims a força de engendrar prodígios? De fato, ela lhe foi atribuída correntemente: há o testemunho de Tolomeo de Lucca, que, provavelmente, extraíra suas ideias sobre este tema da corte angevina e do diploma de Carlos V, cuja passagem essencial, já citei. Os monarquistas moderados elaboraram uma doutrina que se encontra claramente expressa, com um intervalo aproximado de um século, na França, por Jean Golein e, na Inglaterra, por Sir John Fortescue; a unção é necessária para que o rei possa curar, mas não é suficiente; é necessário ainda que ela opere sobre uma pessoa apta – entendamos: sobre um rei legítimo por sangue. Eduardo de York, diz Fortescue, pretende erroneamente gozar do privilégio maravilhoso. Erroneamente? Mas – respondem os partidários da casa de York – ele não foi ungido do mesmo modo que o seu rival Henrique VI? De acordo – retoma o publicista de Lancaster –, mas esta unção não tem força porque ele não tinha nenhum título para receber: uma mulher que recebera a ordenação seria então um sacerdote? E Jean Golein ensina-nos que, na França, se "alguém sem nenhum merecimento" ousar tocar os enfermos "sem que seja verdadeiro rei e que [haja sido] indevidamente ungido, ele provocará o mal-de-são-remígio" – a peste – "assim como apareceu outrora". Assim, São Remígio, em um dia de justiça e cólera, atacando com o seu "mal" o usurpador, vingara, de uma só vez, a honra da Santa Âmbula, que lhe deveria ser especialmente cara, e o direito dinástico odiosamente violado. Ignoro quem tenha sido o indigno soberano ao qual a legenda atribuiu semelhante desventura. Isso, aliás, importa muito pouco. O interessante é que tenha existido uma legenda, cuja forma denuncia a intervenção de um pensamento mais popular do que erudito: os juristas não têm o costume de inventar semelhantes historietas. O sentimento público não era sensível às antíteses que apaixonavam os teóricos. Todo mundo sabia que para fazer um rei, e fazê-lo taumaturgo, duas condições eram requisitadas, as quais Jean Golein chamava pertinentemente de "a consagração" e a "linhagem sagrada"[375]. Herdeiros, ao mesmo tempo, das tradições do cristianismo e das velhas ideias pagãs, os po-

---

374. *Charisma*, cap. X, citado por CRAWFURD. *King's Evil*, p. 70; cf. tb. a *Epistola dedicatoria*, p. 9.

375. FORTESCUE. *De titulo Edwardi comitis Marchie*, cap. X, cf. acima n. 374 e também, sobre a importância reconhecida à unção pelo nosso autor a propósito dos *cramp-rings*, p. 178. Jean Golein, abaixo, p. 452 e 455s.

vos da Idade Média uniram em uma mesma veneração os ritos religiosos da ascensão ao trono e as prerrogativas da estirpe.

3 As legendas, o ciclo monárquico francês, o óleo milagroso na sagração inglesa

Em torno da realeza francesa desenvolveu-se todo um ciclo de legendas que a colocavam, em suas origens, em relação direta com os poderes divinos. Evoquemo-las.

Inicialmente, a mais antiga e a mais ilustre dentre elas: a legenda da Santa Âmbula. Todos sabem no que ela consiste. Imaginava-se que, no dia do batismo de Clóvis, o padre encarregado de trazer os santos óleos fora impedido por uma multidão de chegar a tempo; então, uma pomba[376], descendo dos céus, trouxera a São Remígio em uma "âmbula", ou seja, em um pequeno frasco, o bálsamo com o qual o príncipe franco deveria ser ungido – unção sobrenatural na qual se via, apesar da história, ao mesmo tempo em que um ato batismal, a primeira das sagrações régias. O "licor" celeste – conservado, em sua forma original, em Reims, na Abadia de São Remígio – estava destinado a servir, doravante, na França, a todas as consagrações dos reis. Quando e como tomou forma esta narrativa?

Hincmar de Reims é o mais antigo autor que nos fez conhecê-la. Ele a relata, detalhadamente, em sua *Vida de São Remígio*, composta em 877 ou 878; mas esse escrito, frequentemente lido e parafraseado, que contribuiu mais do que qualquer outro para divulgar a legenda, não é, todavia, o único e nem o primeiro em que o irrequieto prelado a narrou. Desde 8 de setembro de 869, na ata realizada por ele, da coroação de Carlos o Calvo como rei da Lorena, em Metz, ele a menciona expressamente: usara – dizia ele – para a sagração de seu soberano, o próprio óleo miraculoso[377]. Teria inventado, completamente,

---

376. Tal é, ao menos, a versão primitiva; mais tarde – desde o fim do século X – prefere-se, por vezes, substituir a pomba por um anjo: ADSO. Vita S. Bercharii. In: MIGNE, P.L., t. 137, col. 675. • *Chronique de Morigny*, 1. II, c. XV. Ed. L. Mirot (*Collection de textes pour l'étude [...] de l'hist.*), p. 60. • LE BRETON, G. Philippide, v. 200. • CONTY, E. Bibl. Nat. ms. latin 11.730, fol. 31 V, col. 1 (cf. acima p. 97, n. 129). DOM MARLOT. *Histoire de la ville, cité et université de Reims*, II, p. 48, n. 1. Os espíritos conciliadores diriam: um anjo em forma de pomba: MOUSKES, P. *Chronique*. Ed. REIFFENGERG (*Coll. des chron. belges*), cf. p. 432-434.

377. *Vita Remigii*. Ed. Krusch (*Mon. Germ. histor., Scriptor. rer. merov.*, III) c, 15, p. 297. Ata da cerimônia de 869 foi inserida por Hincmar nos Anais oficiais do reino da França Ocidental, chamados de *Annales Bertiniani*. Ed. Waitz (*Scriptores rer. germanic*), p. 104 e *Capitularia* (*Mon.*

esta historieta? Foi disso acusado algumas vezes[378]. Na verdade, esse arcebispo – que um papa, Nicolau I, denunciou veementemente como falsário e cujas falsificações são de fato notórias – não tem grande respeito dos eruditos[379]. Entretanto, recuso-me a acreditar que Hincmar, independentemente de sua audácia, tenha, um belo dia, repentinamente, produzido, aos olhos do seu clero e dos seus fiéis, um frasco cheio de óleo e decretado, doravante, tê-lo por divino; ao menos, seria necessária uma encenação, supor uma revelação ou uma descoberta, os textos não nos indicam nada parecido. Há muito tempo, um dos eruditos mais pujantes do século XVII, Jean Jacques Chiflet, já reconhecera ao tema primitivo da Santa Âmbula uma origem iconográfica[380]. Eis, como se pode, em minha opinião, complementando as indicações um pouco sumárias de Chiflet, imaginar a gênese da legenda.

Seria muito surpreendente que desde cedo não se tenha conservado, em Reims, alguns vestígios, autênticos ou não, do ato célebre que transformara o povo pagão franco em uma nação cristã. O que estaria mais de acordo com as tradições da época do que mostrar, por exemplo, aos peregrinos a *âmbula* da qual Remígio extraíra o óleo que devia servir para batizar Clóvis ou, talvez, algumas gotas do próprio óleo? Ora, sabemos por meio de inúmeros

German. histor.), II, p. 340. Sobre os próprios fatos cf. PARISOT, R. *Le royaume de Lorraine sous les Carolingiens.* Nancy, 1899, p. 345ss. [Tese de doutorado]. Há uma alusão, imprecisa, aos milagres que teriam marcado o batismo de Clóvis no falso privilégio do Papa Hormisdas inseridas por Hincmar desde 870 em seus *Capitula* contra Hincmar de Laon: *P.L.*, t. 126, col. 338. Cf. JAFFÉ-WATTEMBACH. *Regesta*, n. 866. Sobre Hincmar, é suficiente remeter a duas obras de NOORDEN, C. *Hinkmar, Erzbischof von Reims.* Bonn, 1863. • SCHRÖRS, H. mesmo título. Friburgo em B. 1884. Cf. tb. KRUSCH, B. *Reimser-Remigius Fälschungen* – Neues Archiv XX (1895), esp. p. 529-530. • LESNE, E. *La hiérarchie épiscopale [...] depuis la réforme de saint Boniface jusqu'à la mort de Hincmar* (*Mém. et travaux publiés par des professeurs des fac. catholiques de Lille*, 1). Lille/Paris, 1905. Não é o caso aqui de se dar uma bibliografia completa sobre a Santa Âmbula; destacamos somente como proveitoso consultar, além da obra de Chiflet, *De ampulla remensi*, 1651, o comentário de Suysken, *AA. SS.*, outubro, I, p. 83-89.

378. "Der Erste", escrevia em 1858 J. Weiszäcker, "ist in solchen Fällen der Verdächtigste": *Hinkmar und Pseudo-Isidor; Zeitschr. fur die histor.* – Theologie, 1858, III, p. 417.

379. Sobre as acusações de Nicolau II, cf. LESNE. *Hiérarchie épiscopale*, p. 242, n. 3. Por uma vez, parece que a acusação não era perfeitamente justificada. Mas Hincmar fez muitas outras fraudes, como, p. ex., a falsa bula do Papa Hormisdas, cf. tb. os fatos revelados em HAMPE. *Zum Streite Hinkmar s mit Ebo von Reims* – Neues Archiv, XXIII, 1897. • LESNE. *Hiérarchie*, p. 247, n. 3. As apreciações do Sr. Krusch, *Neues Archiv*, XX, p. 564, são de uma severidade apaixonada, mas é curioso ver o grande adversário do Sr. Krusch, o historiador católico Godefroy Kurth, protestar enfaticamente que "não importa o que o Sr. Krusch diga, jamais foi o avalista de veracidade de Hincmar" (*Études Franques*, 1919, II, p. 237); é que, na verdade, essa "veracidade" não é defensável.

380. *De ampulla Remensi*, p. 70; cf. p. 68.

documentos que os objetos sagrados ou as relíquias eram então conservadas frequentemente em receptáculos feitos à semelhança de uma pomba, os quais, frequentemente, estavam suspensos sobre o altar. Por outro lado, sobre as representações do batismo de Cristo ou mesmo – se bem que muito raramente – dos batismos dos simples fiéis, vê-se frequentemente uma pompa, símbolo do Espírito Santo, parecer acima do batizado[381]. A imaginação popular esteve sempre a procurar nas imagens alegóricas a lembrança de eventos concretos: um relicário de forma comum, trazendo algumas lembranças de Clóvis e de Remígio e, perto disso, um mosaico ou um sarcófago figurando uma cena batismal, talvez, fossem suficientes para imaginar a aparição do pássaro maravilhoso. Essa aparição, Hincmar não fez mais do que recolhê-la junto ao folclore de Reims. O que lhe pertence, sem contestação possível, é a ideia, levada a cabo pela primeira vez em 869, de empregar o bálsamo de Clóvis na unção dos reis. Através deste achado quase genial ele forçava um conto banal a servir aos interesses da metrópole da qual era pastor, da dinastia à qual jurara fidelidade e, enfim, da Igreja universal para a qual sonhava assegurar a dominação sobre os chefes temporais. Detendo o óleo divino, os arcebispos de Reims transformavam-se nos consagradores naturais dos seus soberanos. Únicos entre todos os príncipes da raça franca a receber a unção com este óleo vindo do céu, os reis da França Ocidental deviam, doravante, brilhar acima de todos os monarcas

---

381. Verbetes *Colombe* e *Colombe eucharistique* em CABROL. *Dictionnaire d'archéologie chrétienne*. Não há nada, naturalmente, a se concluir do fato de que, no século XVIII – sem dúvida, há muito tempo – a Santa Âmbula estivera conservada em Reims em um relicário em forma de pomba, uma vez que este relicário poderia ter sido concebido tardiamente com esse aspecto para recordar a legenda: cf. LACATTE-JOLTROIS. *Recherches historiques sur la Sainte Ampoule*, Reims, 1825, p. 18, e a litografia no frontispício do volume. Sobre a forma dos relicários, à época do nascimento da legenda, podemos apenas fazer conjecturas. Exibia-se em Reims, no tempo de Hincmar, pelo menos outro objeto que se dizia ter pertencido a São Remígio, tratava-se de um cálice no qual se lia uma inscrição versificada: *Vita Remigii*, c. II, p. 262. Em um interessante artigo, intitulado: Le baptême du Christ et la Sainte Ampoule (*Bullet. Acad. royale archéologie de Belgique*, 1922), do Sr. Marcel Laurent, sublinhou que, a partir do século IX, em algumas representações do batismo de Cristo aparecia um traço novo: a pomba tinha em seu bico uma âmbula. Laurent acredita que este detalhe complementar, somado à iconografia tradicional, tem sua origem na legenda de Reims sobre a Santa Âmbula. Por uma espécie de reflexo, o batismo de Cristo teria sido concebido segundo a imagem do de Clóvis. Poder-se-ia ainda pensar em um efeito inverso: a âmbula, como a pomba, teriam sido sugeridos à imaginação dos fiéis ou dos clérigos de Reims através da visão de uma obra de arte em que figurava o batismo do Salvador. Infelizmente, o mais antigo testemunho sobre a legenda e o mais antigo documento iconográfico conhecido que coloca uma âmbula no bico de uma pomba em voo sobre o Jordão – neste caso, um marfim do século IX – são, praticamente, contemporâneos; a menos que haja uma nova descoberta, a questão para se saber em qual sentido a influência foi produzida permanecerá sem solução.

cristãos por meio de um brilho milagroso. Enfim, os ritos da sagração, signo e garantia – como acreditava Hincmar – da submissão da realeza ao sacerdócio, sendo introduzidos na Gália recentemente, pareciam, até esse momento, não ter esse caráter eminentemente respeitável que somente um longo passado dá aos gestos piedosos. Hincmar criou-lhes uma tradição.

Depois dele, a legenda difundiu-se rapidamente na literatura e estabeleceu-se nas consciências. Seus destinos, todavia, estavam estritamente ligados ao tipo de pretensões produzidas pelos arcebispos de Reims. Esses não conquistaram sem problemas o direito exclusivo de sagrar os reis. Felizmente para eles, no momento do advento definitivo da dinastia capetíngia, em 987, seu grande rival, o arcebispo de Sens, colocou-se entre os opositores. Este golpe de sorte decidiu seu triunfo. Seu privilégio, solenemente reconhecido pelo Papa Urbano II em 1089, não deveria mais, até o fim da monarquia, ser infringido mais que duas vezes: em 1110, por Luís VI; em 1594, por Henrique IV – nos dois casos, em função de circunstância completamente excepcionais[382]. Com eles venceu a Santa Âmbula.

Evidentemente, em torno do tema primitivo, a imaginação de uma época apaixonada por milagres enfeitou com novas fantasias. Desde o século XIII, narrava-se que no frasco, outrora trazido pela pomba – embora, em cada sagração, fossem retiradas algumas gotas – o nível do líquido jamais se alterava[383]. Mais tarde, persuadiu-se, ao contrário, que, após a realização da sagração, este surpreendente frasco esvaziava-se repentinamente, mas se enchia novamente sem que ninguém lhe tocasse, imediatamente antes da próxima sagração[384];

---

382. Lista dos lugares da sagração e dos prelados consagradores em HOLTZMANN, R. *Französische Verfassungsgeschichte*. Munique/Berlim, 1910, p. 114-119 (751-1179), 180 (1223-1429), e 312 (1461-1775). Bula de Urbano II, JAFFÉ-WATTENBACH. *Regesta*, n. 5.415 (25/12/1089). Sagração de Luís VI: LUCHAIRE, A. *Louis VI le Gros*, n. 57; de Henrique IV, abaixo p. 323s. Notar-se-á que a bula de Urbano II confere, igualmente, aos arcebispos de Reims o direito exclusivo de impor na cabeça do rei a coroa, quando estivessem presentes a uma das solenidades na qual, segundo os usos da época, esse aparecia com a coroa na cabeça.

383. Legenda atestada, pela primeira vez, ao que parece, em MOUSKES, P. *Chronique (Collect. des chron. belges)*, v. 24.221ss. e por uma nota escrita com caligrafia do século XIII em uma das folhas do ms. da Bibl. Nat. latin 13.578 e publicado em HAURÉAU. *Notices et extraits de quelques manuscrits*, II, 1891, p. 272. Encontra-se, mais tarde, em FROISSART, II, § 173. • CONTY, E. lat. 11.730, fol. 31 V, col. 1. Pode-se questionar se já existe uma alusão a esta crença em BRAY, N. *Gesta Ludovici VIII* – Hist. de France, XVII, p. 313, no qual o v. 58, certamente, foi adulterado.

384. BLONDEL, R. Oratio historialis (composto em 1449), cap. XLIII, 110. In: *Oeuvres*. Ed. A. Héron (*Soc. de l'Hist. de la Normandie*), I, p. 275. Cf. a tradução francesa, ibid. p. 461. • CHASSANEUS, B. [CHASSENEUX]. *Catalogus gloriae mundi*, in-4°. Frankfurt, 1586 (1. ed., 1579), pars V, *consideratio* 30, p. 142.

ou ainda se acreditava que o nível oscilava sem cessar, subindo ou descendo, segundo a saúde do príncipe reinante estivesse boa ou má[385]. A matéria da Âmbula era de uma essência desconhecida, sem similar na Terra; o seu conteúdo espalhava um perfume delicioso...[386] Todos estes traços maravilhosos, na verdade, eram apenas ditos populares. A legenda autêntica não tinha nada disso; consistia, inteiramente, na origem celeste do bálsamo. Um poeta do século XIII, Richier, autor de uma *Vida de São Remígio*, descreveu em termos pitorescos o incomparável privilégio dos reis da França. "Em todas as outras regiões", dizia, os reis deveriam "comprar suas unções na mercearia"; somente na França, onde o óleo das consagrações régias foi diretamente enviado pelo céu, as coisas ocorrem de outra forma:

> [...] jamais mercador e nem regatão ganhou um denário sequer com a venda da unção[387].

Estava reservado ao século XIV acrescentar uma ou duas pedras ao edifício legendário. Por volta da metade do século aparecem as tradições relativas à "invenção" das flores-de-lis[388]. Já havia muitos anos que os lírios heráldicos

---

385. CERIZIERS, R. *Les heureux commencemens de la France chrestienne*, 1633, p. 188-189. O Padre Ceriziers rejeita, além do mais, essa crença, tal como a precedente.

386. GOLEIN, J. abaixo *Apêndice IV*, p. 447. Em todos os países testemunhava-se em relação ao óleo da sagração um respeito, misturado com terror, cujas manifestações lembram um pouco as práticas que os etnógrafos classificam de *tabu*; cf. LEGG. *Coronation records*, p. XXXIX; mas, sobretudo na França, o caráter milagroso do crisma levou os doutores a refinarem sobre esses preceitos: Jean Golein iria, até mesmo, pretender que o rei, tal como um "Nazireu" da Bíblia (cf. Jz 13,5), não deveria jamais passar a navalha em sua cabeça, tocada pela unção, e deveria, por toda a sua vida, pela mesma razão, usar uma "touca"? (abaixo, p. 453).

387. *La Vie de Saint Rémi, poème du XIIIe siècle*, por Richier. Ed. W.N. Bolderston, in-12º. Londres, 1912 (a edição é claramente insuficiente), v. 8.145ss. Sob Carlos V, Jean Golein, que, talvez, tivera lido Richier, cujos dois exemplares figuram na biblioteca real (cf. MEYER, P. *Notices et Extraits des Manuscrits*, XXV 1, p. 117), emprega expressões análogas. Cf. abaixo, *Apêndice IV*, p. 449, linha 7ss.

388. Há sobre a história das flores-de-lis toda uma literatura do Antigo Regime; é conveniente considerar, em nosso ponto de vista, sobretudo, as três obras ou memórias seguintes: CHIFLETIUS, J.J. *Lilium francicum*. Anvers, in-4º, 1658. • SAINTE-MARTHE. *Traité historique des armes de France*, in-12º, 1683 (a passagem relativa às flores reproduzida em LEBER. *Collect. des meilleures dissertations*, XIII, p. 198ss.). • FONCEMAGNE. *De l'origine des armoiries en général, et en particulier celles de nos rois* – Mém. Acad. Inscriptions, XX. • LEBER, XIII, p. 169ss. Dos trabalhos modernos, as observações de P. Meyer à sua edição do *Débat des hérauts d'armes de France et d'Angleterre* (Soc. anc. Textes), 1877, no § 34 do debate francês, no § 30 da réplica inglesa e, sobretudo, Max Prinet, *Les variations du nombre des fleurs de lis dans les armes de France* – Bullet. monumental, LXXV (1911), p. 482ss. A brochura de J. van Malderghem, *Les fleurs de lis de l'ancienne monarchie française*, 1894 (extr. dos Annales de la Soc. d'Archéologie de Bruxelles,

ornamentavam os brasões dos reis capetíngios; desde Filipe Augusto, eles figuravam em seus selos[389]. Porém, durante muito tempo, ao que parece, não se teve a ideia de atribuir-lhe uma origem sobrenatural. Giraud de Cambrie, precisamente sob Filipe Augusto, em seu livro *Sobre a instrução dos príncipes*, louvou a glória destas "simples pequenas flores", *simplicibus tantum gladioli flosculis*, diante das quais, tivera visto fugir o leopardo e o leão, orgulhosos emblemas dos Plantagenetas e dos Welfs; se ele tivesse conhecido um passado maravilhoso, certamente, não teria deixado de nos entreter com ele[390]. Mesmo silêncio, aproximadamente um século mais tarde, em dois poemas em língua francesa consagrados a louvar as armas régias: o *Coroa das três flores de lis*, de Philippe de Vitry, composto um pouco antes de 1335, e o *Adágio da flor de lis*, que parece ser datado de aproximadamente 1338[391]. Mas, pouco depois, a legenda nova produziu-se nitidamente.

Ela parece ter tido a sua primeira expressão literária em um curto poema latino, com versos grosseiramente rimados, escrito em uma data difícil de determinar, mas que se sabe, sem dúvida, ser por volta de 1350, por um religioso da Abadia de Joyenval, na Diocese de Chartres. Joyenval era um mosteiro da Ordem Premonstratense fundado em 1221 por um dos mais importantes personagens da corte francesa, o camareiro Barthélemi de Roye. Ele se erguia ao pé das colinas que coroam a floresta de Marly, nas encostas de um pequeno vale, perto de uma fonte; não longe dali, na direção norte, encontrava-se a confluência do Sena e do Oise com a aldeia de Conflans Sainte-Honorine e, sobre uma colina, uma torre chamada de Montjoie, uma espécie de nome comum para designar, ao que parece, a todos os edifícios ou montes de pedras situados em uma elevação que poderiam servir como pontos de referência aos viajantes. Foi neste pequeno cantão da Île-de-France que nosso autor desenvolve a sua ingênua narrativa. Nos tempos pagãos, dizia ele, em resumo, viviam na França

---

VIII) não estuda a legenda que nos interessa aqui. A dissertação de Renaud, *Origine des fleurs de lis dans les armoiries royales de France* – Annales de la Soc. histor. et archéolog. de Château-Thierry, 1890, p. 145 é daquelas que se cita apenas para aconselhar aos eruditos para que não se deem o trabalho de lê-las.

389. DELISLE, L. *Catalogue des actes de Philippe-Auguste*. Introduction, p. XXXIX.

390. *De principis instructione*, Dist. III, cap. XXX. Ed. dos *Rolls Series*, VIII, p. 320-321. Sobre os leões dos Welfs e de Oto IV – o vencido de Bouvines –, especificamente, GRITZNER, E. *Symbole und Wappen des alten deutschen Reiches* (*Leipziger Studien aus dem Gebiete der Geschichte*, VIII, 3), p. 49.

391. *Le chapel*. Ed. Piaget. *Romania*, XXVII (1898). *Le Dict*, ainda inédito; consultei o ms. de la Bibl. Nat. latin 4.120, fol. 148. Cf. PRINET. Loc. cit., p. 482.

dois grandes reis: um, chamado de Conflat, residia no castelo de Conflans; o outro, Clóvis, em Montjoie. Embora fossem ambos adoradores de Júpiter e de Mercúrio, faziam guerra sem parar; mas Clóvis era o menos poderoso. Ele esposara uma cristã, Clotilde, a qual, há muito tempo, tentava convertê-lo. Um dia, Conflat lhe desafiou para um duelo; apesar da certeza em ser derrotado, Clóvis não quis recusar o combate. Quando chegou a hora, pediu suas armas; para sua grande surpresa, quando o seu escudeiro as entregou, constatou que no lugar do seu brasão habitual (as luas crescentes) mostraram-se, sobre o fundo azul, três flores-de-lis de ouro; ele as devolve, solicitando outras armas, mas, elas se apresentaram novamente por quatro vezes consecutivas, até que, cansado, decidiu usar uma armadura decorada pelas misteriosas flores-de-lis. O que teria ocorrido então? No valezinho de Joyenval, próximo à fonte, vivia, naqueles tempos, um piedoso eremita visitado frequentemente por Clotilde; ela fora encontrar-lhe um pouco antes do dia fixado para a batalha, colocando-se com ele em preces. Então, um anjo apareceu ao homem santo, tinha ele um escudo azul ornamentado com flores-de-lis douradas. "Essas armas", disse, mais ou menos, o celeste mensageiro, "usadas por Clóvis dar-lhe-ão a vitória". Ao retornar para casa, a rainha, aproveitando da ausência do seu esposo, apagara de seu equipamento as malditas luas crescentes e as substituiu pelos lírios, segundo o modelo do escudo maravilhoso. Já se sabe como esta artimanha conjugal pegara Clóvis de surpresa. Inútil acrescentar que contra todas as expectativas, foi o vencedor em Montjoie – donde o grito de guerra "Montjoie Saint Denis"[392] – e que, informado sobre a história por sua mulher, converte-se ao cristianismo e transforma-se em um monarca extremamente poderoso...[393]

---

392. Obviamente, que o célebre grito de guerra é, certamente, anterior ao século XIV; é atestado, pela primeira vez, sob a forma Montjoie (*Meum Gaudium*) por Orderic Vital, no ano de 1119: XII, 12. Ed. LE PREVOST (*Soc. de l'Hist. de France*), IV, p. 341. Além disso, a sua origem permanece misteriosa.

393. Bibl. Nat. ms. latino 14.663, fol. 35-36 V. O manuscrito é uma coletânea de diversos textos históricos, de mãos diferentes, compilado por volta da metade do século XIV, sem dúvida, em Saint Victor (fol. 13 e 14); extratos do prefácio feitos por Raoul de Presles na *Cité de Dieu* aproximam-se do nosso poema (fol. 38 e V). Que o poema tenha sido redigido em Joyenval pode ser deduzido de diversas passagens dele mesmo, notadamente, o início da quadra final: "Zelator tocius boni fundavit Bartholomeus – locum quo sumus coloni [...]". Sobre Montjoie, próximo a Conflans, cf. ABADE LEBEUF. *Histoire de la ville et de tout le diocèse de Paris*. Ed. F. Bournon, II, 1883, p. 87. Sobre os Montjoies em geral, notadamente, BAUDOIN, A. *Montjoie Saint-Denis* – Mém. Acad. Sciences Toulouse, 7a. série, V, p. 157ss. Poder-se-ia ser tentado a explicar a localização da legenda do lírio em Joyenval com um motivo iconográfico: interpretação dada aos brasões da abadia que, talvez por concessão régia, usava as flores-de-lis. Mas seria necessário, para dar qualquer verossimilhança a esta hipótese, provar que esses brasões eram dessa forma antes do

Como se vê, esta historieta é de uma desconcertante puerilidade, a pobreza de conteúdo iguala-se apenas à falta de estilo. De onde ela vem? Os seus traços essenciais já estavam formados antes que Joyenval se apropriasse deles? Ou, ao contrário, teriam nascido, verdadeiramente, na pequena comunidade, não longe de Montjoie, talvez, inicialmente, sob a forma de contos narrados aos peregrinos? Não se sabe. O fato é que se espalhou pelo mundo rapidamente.

Foi o círculo de Carlos, constantemente à espreita de tudo o que pudesse consolidar o prestígio sobrenatural da realeza, que se honrou de tê-la propagado. A exposição, que Raoul de Presles faz no seu prefácio à *Cidade de Deus*, é visivelmente inspirada na tradição de Joyenval[394]. O eremita do valezinho parecia estar a ponto de transformar-se em um dos padrinhos da monarquia. No entanto, teve, durante algum tempo, um rival poderoso na pessoa de São Denis. Mais do que um obscuro anacoreta, esse grande santo, na verdade, parecia para alguns digno de ter recebido a revelação do brasão régio. Segundo todas as probabilidades, essa nova forma da historieta nasceu no próprio Mosteiro de Saint-Denis. O que prova que não se deve ver nela mais do que uma forma secundária, uma transposição do tema original, é o fato de ela também situar um dos episódios fundamentais da legenda – a aparição do anjo – "no Castelo de Montjoie, a seis léguas de Paris", ou seja, precisamente na torre próxima de Joyenval; uma narrativa formada inteiramente em Saint-Denis teria como quadro topográfico a abadia e os arrabaldes imediatos. Entre os membros íntimos da "livraria" de Carlos V ou dos apologistas da realeza na geração seguinte, Jean Golein, Etienne de Conty e o autor de um breve poema latino em louvor dos lírios – que se atribuiu, frequentemente, a Gerson – optavam por São Denis. João Corbechon, tradutor e adaptador do célebre livro de Bartolomeu Inglês sobre *As propriedade das coisas* e o autor do *Songe du Verger* ficaram neutros. No final das contas, o eremita devia se impor. Ele sempre tivera os seus partidários. Nós possuíamos ainda, do *Tratado da sagração*, de Jean Golein, o próprio exemplar que foi oferecido a Carlos V; ele traz algumas anotações nas margens, devidas a um leitor contemporâneo, nas quais se pode, caso se queira – sob a condição de não se deixar seduzir por uma hipótese e transformá-la em

---

momento em que aparecem as nossas primeiras testemunhas sobre a legenda. O que parece, no estado atual dos nossos conhecimentos, ser impossível. Encontram-se as flores-de-lis sobre um contrasselo abacial em 1364; mas não estão presentes no selo da comunidade em 1245 (D'ARCQ, D. *Collection de sceaux*, III, n. 8.776 e 8.250).

394. Ed. de 1531, fol. a III; o rei adversário de Clóvis chama-se Caudat (alusão à legenda popular que atribuía uma cauda aos ingleses: *caudati Anglici?*) cf. DE METZ, G. Ed. L. Lincy, p. 149.

certeza –, aprazer em reconhecer o próprio rei ditando a um secretário; diante da passagem em que Golein atribuiu a São Denis o milagre das flores-de-lis, o anotador, fosse quem fosse, exprimiu suas preferências pela tradição de Joyenval. A partir do século XV, foi esta que se impôs definitivamente[395].

Com algum retoque, contudo. A versão primitiva, confundindo, segundo um velho hábito medieval, o Islã com o paganismo, dava a Clóvis como símbolos, antes da conversão, as luas crescentes. No *Songe du Verger*, introduziu-se uma variante que triunfaria: no escudo francês, três sapos tinham precedido os três lírios. Por que sapos? Seria necessário, como proposto no século XVII pelo Presidente Fauchet – aqui também – uma confusão iconográfica: sobre os antigos brasões, as flores-de-lis, grosseiramente desenhadas, foram consideradas como imagens mais simples "dessa ordem animal". Essa hipótese, a qual nosso autor apoia um pequeno esquema gráfico, é mais engenhosa do que convincente. Certamente, a história dos sapos, difundida, inicialmente, pelos escritores que trabalhavam pela glória da monarquia francesa, forneceu, no final das contas, o tema de fácil zombaria aos inimigos da monarquia. "As gentes de Flandres e dos Países Baixos", relata Fauchet, "por desdém e por este motivo, chamam-nos de sapos franceses"[396]. Depois de tudo, essas zombarias não importaram muito. A legenda da flor de lis, constituída por volta de 1400 em sua forma definitiva, transformara-se em dos florões do clico monárquico. Em 1429, no Natal, em Windsor, diante do pequeno Rei Henrique VI que portava as duas coroas, da França e da Inglaterra, o poeta Lydgate colocava-a em cena ao mesmo tempo em que a história da Santa Âmbula, associação,

---

395. GOLEIN, J. Abaixo, *Apêndice IV*, p. 447 (mas cf. a nota 1). Ex. DE CONTY, latino 11.730, fol. 31 V, col. 2 (narrativa particularmente desenvolvida na qual se encontra mencionada a aparição do anjo a São Denis: "in castro quod gallice vocatur Montjoie, quod castrum distat a civitate Parisiensi per sex leucas vel circiter"). • GERSON (?) *Carmen optativum ut Lilia crescant* – Opera. Ed. de 1606. Pars II, col. 768. • CORBECHON, J. Trad. de Bartolomeu Inglês. *Le propriétaire des choses*. Ed. de Lyon, in-fólio. v. 1.485 (Biblioth. de la Sorbonne), livro XVII, cap. CX. O texto visado é, certamente, uma adição ao texto de Bartolomeu. Cf. LANGLOIS, C.V. *La connaissance de la nature et du monde au moyen âge*, in-12°, 1911, p. 122, n. 3 (encontrar-se-á no prefácio do Sr. Langlois sobre Bartolomeu Inglês a bibliografia relativa a João Corbechon). • *Songe du Verger*, I, c. LXXXVI; cf. c. XXXVI (BRUNET. *Traitez*, p. 82 e 31); texto latino, I, c. CLXXIII (GOLDAST, I, p. 129). Sobre as anotações do ms. de Jean Golein, que, segundo todas as probabilidades, não são das mãos de Carlos V, mas poderiam ter sido ditadas por ele a um escriba qualquer, cf. abaixo, p. 448.

396. FAUCHET, C. *Origines des chevaliers, armoiries et héraux*, livro I, cap. II: *Oeuvres*, in-4°, 1610, p. 513 R e V. A hipótese iconográfica foi retomada por Sainte-Marthe, LEBER. Loc. cit., p. 200.

doravante, clássica[397]. Os artistas pegaram o motivo emprestado dos escritores políticos; uma iluminura do Livro das Horas feito para o duque de Bedford[398] e tapeçarias flamengas do século XV[399] reproduzem os episódios principais. Obras didáticas, poemas, imagens, tudo dizia ao povo a origem miraculosa do brasão dos seus reis[400].

Depois do escudo, a bandeira. O mais ilustre dos estandartes régios era a auriflama, a "flâmula" de "cendal vermelho" que os capetíngios iam buscar em Saint-Denis todas as vezes que entravam em guerra[401]. Seu passado não tinha nada de misterioso: bandeira da Abadia de Saint-Denis, ela tinha sido naturalmente transformada em bandeira régia, depois que – sob Filipe I – os reis, tendo adquirido o condado de Vexin, transformaram-se a uma só vez nos vassalos, nos defensores e nos porta-bandeiras do santo[402]. Mas como seria possível contentar-se com uma história tão modesta para um objeto tão como-

---

397. BROTANEK, R. *Die englischen Maskenspiele – Wiener Beiträge zur englischen Philologie*, XV (1902), p. 317ss.; cf. p. 12 (eremita de Joyenval; sapos).

398. Brit. Mus. Add. ms. 18.850. Cf. WARNER, G.F. *Illuminated manuscripts in the British Museum*, 3 séries, 1903.

399. Uma tapeçaria, representando a história das flores-de-lis, é mencionada por Jean de Haynin em sua descrição das festas do casamento de Carlos o Temerário com Margarida de York. *Les memoires de Messire Jean, seigneur de Haynin*. Ed. R. Chalon (*Soc. Bibliophiles Belges*), I, Mons, 1842, p. 108. CHIFLET. *Lilium francicum*, p. 32 reproduziu em gravura um fragmento de outra tapeçaria (que, em seu tempo, se encontrava no palácio de Bruxelas) na qual se vê Clóvis – supostamente partindo para a guerra contra os alamanos – seguir o estandarte com três sapos; o desenho utilizado para a prancha de gravação está conservado em Antuérpia no Musée Plantin, n. 56; é de autoria de J. van Werden. Cf. tb. abaixo: *Adições e ratificações*.

400. Excepcionalmente, atribui-se a Carlos Magno a origem das flores-de-lis, que lhe teriam sido entregues por um anjo vindo do céu. A legenda foi assim relatada pelo escritor inglês Nicolas Upton, que fizera parte do cerco de Orléans em 1428: *De studio militari*, lib. III, in-4º. Londres, 1654, p. 109. Cf. tb. *Magistri Johannis de Bado Aureo tractatus de armis*, editado ao mesmo tempo que Upton e com a mesma brochura por E. Bissaeus, que, ademais, o considera como escrito igualmente por Upton, sob um pseudônimo. Essa variante da tradição não parece ter tido um grande sucesso. Upton parece remeter a Froissart, no qual não vi nada de parecido.

401. Sobre a auriflama, ainda não há nada melhor do que a dissertação de Du Cange, *De la bannière de Saint Denys et de l'oriflamme* – Glossarium. Ed. HENSCHEL, VII, p. 71ss. A literatura moderna, em geral, é mais abundante do que útil. Cf., no entanto, DESJARDINS, G. *Recherches sur les drapeaux français*, 1874, p. 1-13 e 126-129. Obviamente, eu me atenho apenas à história lendária da auriflama.

402. Diploma de Luís VI para Saint-Denis (1124): TARDIF, J. *Monuments historiques*, n. 391 (LUCHAIRE. *Louis VI*, n. 348). • SUGER. *Vie de Louis le Gros*. Ed. A. Molinier (*Collect. de textes pour servir à l'étude... de l'histoire*), c. XXVI p. 102. Sobre a utilização dos estandartes pelas Igrejas, cf. um texto curioso: *Miracles de Saint Benoit*, V, 2. Ed. E. de Certain (*Soc. de l'hist. de France*), p. 193 (a respeito das *milices de paix* de Berry).

vente, sobretudo quando a segunda das insígnias régias, a bandeira com a flor de lis – que, no século XV, aparecia na sagração ao lado da auriflama – lembrava a todos o milagre dos lírios? Muito em breve, estava-se relacionando a origem da auriflama aos grandes príncipes de outrora: a Dagoberto, fundador de Saint-Denis[403], a, sobretudo, Carlos Magno. Já o autor da *Canção de Rolando* confundia-a com o *vexillum* (estandarte) romano que o Papa Leão III oferecera a Carlos, como narravam as crônicas e como mostrava em Roma, no Palácio de Latrão, um mosaico célebre, certamente, muito conhecido dos peregrinos[404]. Mas, até aí, nada de sobrenatural. Os escritores contratados por Carlos V encarregaram-se de fazer a sua parte sobre esse aspecto. Em Raoul de Presles e em Jean Golein, a narrativa é a mesma: o imperador de Constantinopla vê, em sonho, um cavaleiro em pé à beira de sua cama, tendo em sua mão uma lança da qual saem flâmulas; em seguida, um anjo diz-lhe que este cavaleiro e, nenhum outro, libertará seus domínios dos sarracenos; enfim, o imperador grego reconheceu em Carlos Magno seu salvador; a lança ardente será a auriflama[405].

---

403. Esta é a opinião exposta em GUIART, G. Branche des royaux lignages. In: BUCHON. *Collection des chroniques*, VII, v. 1.151ss. (ano de 1190). Observar-se-á que, segundo Guiart, os reis da França só deveriam levantar a auriflama quando se tratar de combater "turcos ou pagãos" ou então "falsos cristãos condenados"; em outros combates, poderiam usar apenas uma bandeira, feita à semelhança da auriflama, mas que não é a autêntica auriflama (v. 1.180ss.). Havia, de fato, em Saint-Denis, no tempo de Raoul de Presles (prefácio à *Cité de Dieu*. Ed. de 1531, fol. a II), duas bandeiras semelhantes, "uma das quais era chamada de bandeira de Carlos Magno [...] e é essa a que se chama propriamente auriflama". Cf. tb. J. Golein, abaixo, p. 447, segundo o qual os reis, a cada campanha, mandariam fazer nova pseudoauriflama. É a Guiart que tomo emprestado as palavras "cendal vermelho".

404. V. 3.093ss. Cf. o comentário de J. Bédier, *Légendes épiques*, II, 1908, p. 229ss. Sobre o mosaico, LAUER, P. *Le Palais du Latran*, gr. in-4°. Paris, 1911, p. 105ss. [Tese de doutorado]. Sobre a auriflama comumente considerada como o *signum regis Karolis*, l e *vexillum Karoli Magni*, cf. CANTEBURY, G. *Chronica* (Rolls Series), I, p. 309, a. 1184. • SENONES, R. *Gesta Senoniensis eccl.*, III, c. 15 – Monum. Germ., SS., XXV p. 295.

405. Raoul de Presles, prefácio à tradução de *Cité de Dieu*. Ed. de 1531, fol. a III V. Cf. METZ, G. Ed. L. Lincy, p. 149-150. • LANCELOT. *Mémoire sur la vie et les ouvrages de Raoul de Presles* – Mémoires Acad. Inscriptions, XIII, 1740, p. 627, cita de Raoul o *Discours sur l'Oriflamme*, que eu não conheço. Nele, atribuiu, igualmente, a origem da auriflama a Carlos Magno, a quem, parece, São Denis a teria entregado (loc. cit., p. 629). • Jean Golein, abaixo, *Apêndice IV*, p. 447. A formação da legenda da auriflama coincide com a introdução no cerimonial de sagração de uma bênção deste estandarte, esse texto litúrgico aparece, pela primeira vez, ao que tudo indica, no Pontifical de Sens. MARTENE. *De antiquis Ecclesiae ritibus*, in-4°. Rouen, 1702, III, p. 221, depois na *Coronation book of Charles V of France*. Ed. Dewick, p. 50; no Brit. Mus. Add. ms. 32.097, igualmente contemporâneo de Carlos V (citado em CHEVALIER, U. *Bibl. Liturgique*, VII, p. XXXII, n. 2). Em Jean Golein, abaixo p. 447. Cf. a iluminura reproduzida em MONTFAUCON. *Monumens de la monarchie française*, III, prancha III, aquelas da *Coronation Book*, prancha 38 e do ms. francês 437 da Bibl. Nat., contendo a obra de Jean Golein (cf. abaixo p. 454, n. 997).

Esse aspecto da tradição, aliás, não chegou a se impor. O óleo da sagração e os brasões tinham sido enviados do céu para Clóvis; por uma associação natural de ideias, era a Clóvis igualmente que se faria atribuir a revelação da auriflama. Tal era, no fim do século XV, a crença, ao que tudo indica, mais difundida[406].

A Santa Âmbula, as flores de lis trazidas do céu, a auriflama também celeste em suas origens; acrescentemos aí o dom de curar: teremos a reunião maravilhosa que os apologistas da realeza capetíngia deveriam, doravante, oferecer, sem tréguas, à admiração da Europa. Assim, por exemplo, discursaram, em 30 de novembro de 1459, os embaixadores de Carlos VII ao Papa Pio II[407]. Já no tempo em que a Santa Âmbula constituía, sozinha, todo o ciclo monárquico, a dinastia francesa a anunciava com grande alarido. No início do século XIII, em um documento semioficial – um *ordo* da sagração – um rei da França vangloriava-se de "ser o único entre todos os reis terrenos a brilhar com o glorioso privilégio de receber a unção com um óleo enviado do céu"[408]. Alguns anos mais tarde, um cronista inglês, Mathieu Paris, não hesitará em reconhecer aos soberanos franceses uma forma de supremacia, fundada nesta fonte divina do seu poder[409]. Semelhantes argumentos vindos, até mesmo, da boca dos seus súditos, não poderiam deixar de causar ciúmes aos Plantagenetas, rivais em

---

406. Cf., p. ex., no tratado *des Droiz de la Couronne*, composto em 1459 ou 1460, que será citado abaixo p. 228, n. 407. • o *Débat des hérauts d'armes de France et d'Angleterre*, escrito entre 1453 e 1461. Ed. L. Pannier e P. Meyer (*Soc. des Anc. Textes*), 18/7, § 34, p. 12. Provavelmente, a mesma teoria reflete-se nos argumentos bastante imprecisos dos embaixadores de Carlos VII junto a Pio II; cf. abaixo p. 228, n. 407. Cf. tb. mais tarde GAGUIN, R. *Rerum gallicarum Annales*, lib. I, cap. 3. Ed. de 1527. Frankfurt, p. 8. Trata-se de uma confusão análoga, mas no sentido contrário, que a invenção das flores-de-lis fosse, às vezes, atribuída a Carlos Magno, acima, p. 226, n. 400.

407. D'ACHERY. *Spicilegium*, fol., 1.723, III, p. 821, col. 2, cf. para as flores de lis e os discursos dos enviados de Luís XI ao papa, em 1478. In: DE MAULDE. *La diplomatie au temps de Machiavel*, p. 60, n. 2. "Os brasões de flores-de-lis com a auriflama e a Santa Âmbula", os três enviados de Deus a Clóvis, são, igualmente, mencionados pelo pequeno tratado *des Droiz de la Couronne de France* (composto em 1459 ou 1460), que não é nada mais do que uma tradução, mas que apresenta frequentemente grandes diferenças em relação ao original de *Oratio historialis*, de Robert Blondel. O texto latino é menos claro: "celestia regni insignia et ampulam" (*Oeuvres* de Robert Blondel. Ed. A. Héron, p. 402 e 232).

408. *Ordo* da sagração dita de Luís VIII. Ed. H. Schreuer. *Ueber altfranzösische Krönungsordnungen*, p. 39: "Regem qui solus inter universos Reges terrae hoc glorioso praefulget Privilegio, ut oleo coelitus misso singulariter inungatur".

409. *Chron. Majora*. Ed. Luard (*Rolls Series*), V, p. 480, a. 1254: "Dominus rex Francorum, qui terrestrium rex regum est, tum propter ejus caelestem inunctionem, tum propter sui potestatem et militiae eminentiam"; ibid. p. 606 (1257): "Archiepiscopus Remensis qui regem Francorum caelesti consecrat crismate, quapropter rex Francorum regum censetur dignissimus". Viu-se anteriormente que Tolomeo de Lucca também louvava a unção régia francesa.

tudo dos Capetíngios. Eles, por sua vez, procuravam um bálsamo miraculoso. A história dessa tentativa, até agora, praticamente deixada de lado pelos historiadores, merece ser exposta com alguma exatidão.

O primeiro episódio situa-se sob Eduardo II. Em 1318, um dominicano, Frei Nicolas de Stratton, encarregado por esse príncipe de uma missão secreta, dirigiu-se a Avignon junto ao Papa João XXII. Ele apresentou ao pontífice um longo relato, cujo conteúdo principal é o seguinte[410].

Remontemos ao pensamento do tempo em que Henrique II Plantageneta reinava na Inglaterra. Thomas Becket, exilado, na França. Ele tem uma visão. Nossa Senhora aparece-lhe. Ela prevê a sua morte próxima e o instrui acerca dos desígnios de Deus: o quinto rei que, a partir de Henrique II, governará a Inglaterra será um "homem probo, defensor da Igreja" – uma simples operação aritmética prova que, como era de se esperar, tratava-se de Eduardo II. Esse príncipe, em função, sem dúvida, dos seus méritos, deverá ser ungido com um óleo particularmente santo, cuja própria virtude ocasionar-lhe-á o poder para "reconquistar a Terra Santa das mãos dos pagãos" – profecia ou, caso se queira, promessa sob a forma profética, com a qual a corte inglesa, sem dúvida, esperava impressionar satisfatoriamente o papa que, como se sabia, estava preocupado, naquele momento, com o projeto de cruzada. Os reis sucessores do valente monarca serão ungidos com o mesmo precioso líquido. Para isso, a Virgem oferece ao santo arcebispo uma âmbula que contém, obviamente, o óleo predestinado. Como este frasco passou das mãos de Thomas Becket às do monge de Saint-Cyprien de Poitiers, foi escondido nessa mesma cidade sob uma pedra na Igreja de Saint-Georges, escapou à cobiça do "grande príncipe dos pagãos" e, finalmente, chegou ao Duque João II do Brabante, marido de uma irmã de Eduardo II, o que seria demasiado longo para narrar em detalhes. Se dermos crédito ao embaixador inglês, João II, estando em Londres para a coroação do seu cunhado em 1307, teria trazido consigo o óleo milagroso e aconselhou veementemente o novo rei a ungir-se com ele; com base na recomendação do

---

410. Segundo a bula de João XXII. Avignon, 4 junho de 1318, cujo texto mais completo foi estabelecido em LEGG, L.G.W. *English Coronation Records*, n. X. Mas foi, equivocadamente, que o Sr. Legg acreditou que ela fosse inédita; já estava – em grande parte – em BARONIUS-RAYNALDUS. *Annales*, J. XXII, a. 4, n. 20. Nela, o dominicano, enviado do rei da Inglaterra, foi simplesmente designado como "fratris N., ordinis predicatorum nostri penitentarii"; ele deve ser, evidentemente, identificado como Nicolas de Stratton, antigo provincial da Inglaterra e, desde de 22 de fevereiro de 1313, penitenciário da Diocese de Winchester. Cf. PALMER, C.F.R. Fasti ordinis fratrum praedicatorum. In: *Archaeological Journal*, XXXV (1878), p. 147.

seu círculo próximo, Eduardo II recusa-se, não querendo mudar em absolutamente nada a tradição sobre este aspecto seguida antes dele. Mas eis então que desgraças caíram sobre seu reino. Não viriam deste óleo, outrora dado pela Virgem a Santo Tomás, que foi desprezado? Não cessariam se recorresse a ele? Ideia ainda mais natural, uma vez que, recentemente, as suas virtudes maravilhosas foram provadas: pela condessa de Luxemburgo – futura imperatriz –, curada de um grave ferimento. Em suma, trata-se de recomeçar a cerimônia da unção, desta vez, utilizando do líquido prescrito pela profecia. Mas a importância dada assim a um óleo especial, em detrimento daquele consagrado segundo as prescrições habituais da Igreja, do qual se serviam em 1307, não o marcariam com a superstição? Teriam, sobretudo, o direito de recomeçar um rito tão importante? Não seria um pecado? Sem dúvida, há precedentes, ao menos um: Carlos Magno, sustentava Frei Nicolas, tivera sido ungido uma segunda vez pelo arcebispo de Turpin com um óleo vindo de São Leão o Grande; este fato, geralmente, ignorado porque isso teria ocorrido em segredo, estava consignado em duas folhas de bronze conservadas em Aix-la-Chapelle. Apesar da autoridade desta tradição, para a qual não temos outro fiador além de Nicolas ou do seu soberano, a consciência de Eduardo II, ao que parece, não estava tranquila; e ele tentava obter, para seus desígnios, a aprovação declarada do chefe espiritual da Cristandade. Daí a missão do dominicano, encarregado de solicitar ao papa o seu consentimento para a renovação da unção e, após o retorno à Inglaterra deste primeiro delegado, do envio de uma segunda embaixada, dirigida pelo bispo de Hereford, que reportava informações suplementares solicitadas pelo soberano pontífice para apressar sua resposta.

Essa resposta foi dada, enfim. Nós ainda possuímos o texto. Sob a prudente ambiguidade da forma, transparece um ceticismo facilmente detectável. Eduardo II, por sua vez, verdadeiramente acreditava na fábula mal-amanhada que Nicolas de Stratton expusera ao papa? Quem pode sabê-lo? Mas, certamente, tanta ingenuidade não era obra de todos os seus conselheiros. Em todo caso, João XXII não foi enganado. De resto, resguardando-se de aceitar expressamente como digno de fé um conto tão suspeito, ele não acreditou que devia rejeitá-lo abertamente; limitou-se a evitar, categoricamente, de se pronunciar acerca de sua autenticidade. Além disso, aproveitou a ocasião que lhe oferecia a questão do rei da Inglaterra para afirmar a teoria oficial da Igreja sobre a unção, que "não deixando nenhuma impressão na alma" – entendamos: não constituindo um sacramento – pode repetir-se sem sacrilégio. Quanto a dar uma opinião específica, aprovando ou desaprovando o projeto desenvolvido por

Eduardo II, recusa-se categoricamente; do mesmo modo, tentando não comprometer de nenhuma forma o papado nesta questão, não consentiu, apesar da súplica do soberano, em designar o prelado encarregado para refazer o rito. Forneceu apenas uma opinião, ou melhor, uma só ordem: por medo do escândalo – dizia – a unção, caso o rei decida refazê-la, desta vez só poderia ocorrer em segredo. Enfim, terminava com algumas recomendações morais com um tom de preceptor que repreende um aluno, adotado naturalmente pelo imperioso pontífice em relação aos príncipes temporais e, mais particularmente, ao triste soberano da Inglaterra. Eduardo II aceitou ser ungido às escondidas? Não se sabe. Em todo caso, deve ter ficado particularmente decepcionado com a resposta de João XXII; certamente, sonhara de tocar a imaginação de seu povo com uma cerimônia pública que fosse sancionada pela presença de um legado[411]. A alusão, feita pelo Frei Nicolas, aos "infortúnios que caíram sobre o reino" – ou seja, as dificuldades encontradas, desde o início do reinado, por um príncipe inábil e, rapidamente, impopular – dá-nos a chave do propósito objetivado pelo desafortunado rei: consolidar, pelo apelo ao milagre, o seu vacilante prestígio. Não seria, ao que tudo indica, essa a razão para que, aproximadamente na mesma época ou um pouco mais tarde, tenha se colocado a fazer da consagração dos *cramp-rings* uma cerimônia verdadeiramente régia? A recusa de João XXII não o permitiu realizar as esperanças que depositara em uma nova sagração[412].

---

411. KERN, M. *Gottesgnadentum*, p. 118, n. 214, escreve acerca da bula de João XXII: "Es wurde also nicht an eine Einwirkung auf die öffentliche Meinung, sondern an eine ganz reale Zauberwirkung des Oels durch physischen Influx gedacht". Que Eduardo II acreditasse na possiblidade de uma ação "mágica" desta natureza, concordo, mas parece se depreender da recusa do papa que o rei desejasse também uma grande cerimônia, capaz de impressionar a "opinião pública". Sobre o tom habitual do papa em relação aos soberanos, cf. VALOIS, N. *Histoire littéraire*, XXXIV, p. 481.

412. Pode-se questionar se Eduardo II não procurou ainda em outro aspecto imitar as tradições capetíngias. Tanto quanto pude ver, é em seu reinado que apareceu, pela primeira vez, a menção a *chevage*, imposto feudal anual pago pelos reis ingleses ao relicário de Santo Tomás de Canterbury (controle do palácio, 8 de junho a 31 de janeiro, ano 9: E.A. 376, 7, fol. 5 V. • Decreto de York de junho de 1323. In: TOUT. *The place of the reign of Edw. II*, p. 317. Cf. para os reinados seguintes: *Liber Niger Domus Regis Edw. IV*, p. 23. • FARQUHAR. *Royal Charities*, I, p. 85). Isso não seria uma simples cópia do *chevage* que os reis da França entregavam a Saint-Denis, provavelmente a título de vassalos da abadia e, por consequência, desde Filipe I ou Luís VI? Sobre a tradição francesa, cf. DELABORDE, H.F. *Pourquoi Saint Louis faisait acte de servage à Saint Denis* – Bullet. soc. antiq. 1897, p. 254-257, e também o falso diploma de Carlos Magno, *Monum. Germ.* – Dipl. Karol., n. 286, ao qual, o Sr. Delaborde parece não ter prestado atenção e que, no entanto, é, sobre este curioso rito, o mais antigo testemunho; neste momento, é objeto de estudo de Max Buchner na *Histor. Jahrbuch*, do qual, até agora, só pude ver a primeira parte (t. XLII, 1922, p. 12ss.).

O que foi feito então do maravilhoso frasco? Durante quase um século, não ouvimos mais falar dele. Deve-se acreditar que, como se contou mais tarde, foi realmente perdido em algum dos cofres da Torre? O que é certo é que estava reservado a um usurpador, Henrique IV de Lancastre, triunfar naquilo que Eduardo II havia fracassado: em 13 de outubro de 1399, em sua coroação, Henrique se fez ungir com o óleo de Thomas Becket, jogando assim sobre sua ilegalidade o véu de uma consagração na qual o milagre tinha sua parte. Nesta ocasião, difundiu-se no público uma versão ligeiramente retocada da primeira legenda: o duque de Lancastre – o próprio pai de Henrique IV – em campanha em Poitou, descobrira, no tempo de Eduardo III, o frasco fechado em um receptáculo em forma de águia; ele o entregou ao seu irmão, o Príncipe Negro, para sua sagração, mas o príncipe morreu antes mesmo de ser rei. A relíquia foi então perdida. Ricardo II a encontrara somente depois de sua ascensão ao trono e, não podendo obter do seu clero uma nova unção, tivera que se contentar em utilizar a águia de ouro como um talismã, trazendo-a sempre consigo até o dia em que o seu rival, Henrique de Lancastre, obrigara-o a tirá-la. Essa narrativa apresenta um emaranhado de mentiras certas e verdades prováveis o qual a crítica histórica deve reconhecer-se como incapaz de desvendar. O essencial era, além do mais, a profecia; nela, introduziu-se uma discreta alusão patriótica – o primeiro rei, ungido com o bálsamo sagrado deveria reconquistar a Normandia e a Aquitânia, perdidas pelos seus ancestrais – e, como era de se esperar, ela foi aplicada a Henrique IV[413]. Doravante, a sagração inglesa tinha sua legenda: porque os reis, sucessores de Henrique IV, fossem Lancastre, York ou Tudor, continuaram a reivindicar a utilização do óleo dado outrora por Nossa Senhora para Santo Tomás. A tradição continuou, ao que tudo indica, mesmo a despeito da Reforma,

---

413. Sobre a sagração de Henrique IV, cf. RAMSAY, J.H. *Lancaster and York*. Oxford, 1892, I, p. 4-5 e as notas. A narrativa oficial, difundida pelo governo real, foi dada com muitos detalhes pelos *Annales Henrici Quarti Regis Angliae*. Ed. H. T. RILEY, pelas *Chronica monasterii S. Albani: Johannis de Trokelowe [...] Chronica et Annales (Rolls Series)*, p. 297ss. A "cédula" escrita por Santo Tomás que se julgava descoberta com a âmbula, reproduzida nos *Annales*, foi igualmente reproduzida na França pelo Religieux de Saint Denys. Ed. L. Bellaguet (*Doc. inéd.*), II, p. 726. • LEGG. *Coronation Records*, n. XV, publicou-a, por sua vez, segundo dois manuscritos da Bodléienne, Ashmol. 59 e 1.393, ambos do século XV. Cf. tb. *Eulogium Historiarum*. Ed. F.S. Haydon (*Rolls Series*), III, p. 380. • WALSINGHAM, T. *Historia anglicana*. Ed. H.T. Riley (*Rolls Series*), II, p. 239. Detalhe de pouca importância: no novo relato da Igreja de Poitiers, onde foi mantida por muito tempo, a âmbula é dedicada a São Gregório e não mais a São Jorge. Jean Bouchet, em seus *Annales d'Aquitaine* (Ed. de 1644. Poitiers, in-4°, p. 146), conta a história do óleo de Santo Tomás; ele conhece até mesmo o nome do monge da Abadia de Saint-Cyprien de Poitiers, a quem o santo entregara a âmbula: Babilonius!

até o dia em que Jaime I, educado no calvinismo escocês, recusou-se a aceitar uma prática na qual tudo lembrava o abominado culto à Virgem e aos santos[414].

A âmbula de Santo Tomás não era, ademais, o único objeto maravilhoso que figurava na coroação dos reis ingleses. Ainda nos nossos dias, percebe-se, em Westminster, sob o trono da sagração, um pedaço de arenito vermelho: é a "Pedra do Destino"; sobre ela, dizem, o Patriarca Jacó repousou a sua cabeça durante a misteriosa noite em que, entre Bersabeia e Harã, viu em sonho a escada de anjos. Mas esta relíquia, na verdade, é apenas um troféu. Eduardo I, que a trouxera para Westminster, tirara-a dos escoceses; era na entronização dos reis da Escócia que tinha sido primitivamente empregada; no burgo de Scone, ela servia de assento aos novos soberanos. Bem antes de ser promovida, por volta de 1300, a um *status* bíblico, ela, sem dúvida, fora simplesmente uma pedra sagrada – cujo uso na solenidade de entronização explica-se provavelmente, na origem, por crenças de caráter puramente pagãs, difundidas nos países celtas. Na Irlanda, em Tara, uma pedra semelhante era colocada sob os pés do novo soberano e se este fosse de pura estirpe régia, ela bramia com seus passos[415].

Em suma, o patrimônio legendário da monarquia inglesa permaneceu sempre extremamente pobre. A pedra de Scone só foi inglesa tardiamente, pela conquista; o óleo de Santo Tomás era apenas uma medíocre imitação da Santa Âmbula, nascida, mais de quatro séculos após Hincmar, das inquietações de príncipes impopulares ou ilegítimos. Nem uma nem outra dessas legendas jamais tiveram, nem de perto, mesmo na Inglaterra, para não se falar do resto da Europa, o renome e o brilho do ciclo francês. Por que, em face de tanta riqueza, uma semelhante penúria? Puro acaso, fazendo com que se achassem na França, no momento certo, os homens capazes de criar ou adaptar belos relatos e

---

414. WOOLLEY. *Coronation rites*, p. 173. Cf. FORTESCUE. *De titulo Edwardi comitis Marchie*. Ed. Clermont, cap. X, p. 70*.

415. O texto mais antigo sobre a origem bíblica da pedra de Scone parece ser Rishanger, *Chronica*. Ed. H.T. Riley (*Rolls Series*), p. 135, a. 1292. Cf. tb. p. 263 (1296). Segundo o monge de Malmesbury (?), que escreveu uma Vida de Eduardo II (*Chronicles of the reigns of Edward I and Edward II*. Ed. Stubbs, *Rolls Series*, II, p. 277), teria sido trazida para a Escócia por Scotia, filha de faraó. Cf. o estudo de William F. Skene, *The coronation stone*. Edimburgo 1869. Sobre a pedra de Tara – ou *Lia Fa 'il* – RHYS, J. *Lecture on the origin and growth of religion as illustrated by Celtic Heathendom*. Londres/Edimburgo, 1888, p. 265-270. • LOTH. *Comptes rendus Acad. Inscriptions*, 1917, p. 28. Deixo de fora aqui, neste estudo da história legendária, tudo o que não concerne à realeza francesa e inglesa; sobre os carbúnculos da coroa imperial alemã e as tradições maravilhosas a eles relacionadas, cf. BURDACH, K. *Walther von der Vogelweide*. Leipzig, 1900, p. 253ss. e p. 315ss. Cf. tb. dissertação, que parece muito ousada, de F. Kampers. *Der Waise*; *Histor. Jahrbuch*, XXXIX, 1919, p. 432-486.

as circunstâncias aptas a favorecer a propagação, enquanto uma semelhante coincidência sempre foi recusada à Inglaterra? Ou, bem ao contrário, diferenças profundas nas psicologias coletivas das duas nações? O historiador pode apresentar semelhantes questões, mas não pode resolvê-las.

Na França, em todo caso, essas tradições criaram em torno da dinastia uma atmosfera de veneração particularmente intensa. Acrescentemos esta reputação de insigne piedade que, desde Luís VII e, sobretudo, depois de São Luís e seus sucessores imediatos, se vinculou ao nome capetíngio[416]. Compreendemos, sem problemas, como, a partir do século XIII, essa dinastia, mais do que qualquer outra, passou a ser considerada hereditariamente santa. "De *santo* lugar vieram, muita beneficência fará", escrevia, já por volta de 1230, em um elogio fúnebre ao Rei Luís VIII, o poeta Robert Sainceriaux, falando dos quatro filhos do monarca defunto[417]. Do mesmo modo, Jean Golein, sob Carlos V, fala da "santa e sagrada linhagem" da qual seu soberano saiu[418]. Mas nada é mais ilustrativo a este respeito do que comparar entre as três dedicatórias diferentes colocadas, à época de Filipe o Belo, por Egídio Colonna – um adversário, contudo, das ideias que inspiravam a política religiosa da corte na França – no frontispício de três de suas obras. Para o filho do conde da Flandres: "ao Sr. Filipe, nascido de uma raça ilustre". Para o Rei Roberto de Nápoles, um capetíngio, mas de um ramo secundário; "ao príncipe magnífico, meu senhor particular, o Rei Roberto". Para o Príncipe Filipe, herdeiro do reino da França, precisamente o futuro Filipe o Belo: "ao meu senhor particular, o Sr. Filipe, nascido de uma raça régia e *muito santa*"[419]. Esse sentimento baseado nas legendas – antes de tudo daquela da Santa Âmbula – deu, na França, ao lealismo um valor quase religioso. A memória da unção miraculosa recebida por Clóvis, escreve Richier em sua *Vida de São Remígio*, admoesta os franceses a amar e adorar a "coroa" tanto quanto amam a mais preciosa das relíquias; pois, aquele que morre por ela, a menos que seja herético ou tenha cometido, anteriormente, um pecado tão atroz que sua danação já esteja determinada, será

---

416. Cf. CAMBRIE. *De principis institutione*. Dist. I, cap. XX e Dist. III, cap. XXX. Ed. das *Rolls Series*, VIII, p. 141 e 319; e, mais tarde, as zombarias bem significativas do clérigo alemão que, aproximadamente à época de Filipe III, compôs a *Notitia Saeculi*. Ed. Wilhelm. *Mitteil* – Des Instituts fur österreichische Geschichtsforschung, XIX, 1898, p. 66.

417. *Histore de France*, XXIII, p. 127, v. 100.

418. Abaixo, *Apêndice IV*, p. 449, 1. 23-24. Cf. ibid. 1. 28 e p. 452 1. 33.

419. *Histoire Littéraire*, XXX, p. 453: "Ex illustri prosapia oriundo domino Philippo"; p. 490: "Magnifico principi, suo domino speciali, domino Roberto". WENCK. *Philipp der Schöne*, p. 5, n. 2: "Ex regia ac sanctissima prosapia oriundo, suo domino speciali, domino Philippo".

por essa morte salvo[420]. Essas últimas palavras merecem ser analisadas. Elas evocam, irresistivelmente, a lembrança de outros textos mais antigos, muito semelhantes na aparência, no entanto, profundamente diferentes. Em 1301, os Padres do Concílio de Limoges e, no século seguinte, o jogral a quem se deve o romance *Garin, o Loreno*, prometiam o destino glorioso dos mártires aos heróis caídos, defendendo uma causa completamente profana; mas é aos vassalos mortos por seus senhores que eles abriam tão generosamente o Paraíso[421]. O poema a *Vida de São Remígio*, no fim do século XIII, pensa nos soldados que sucumbiram pela "coroa". Tal é a diferença de tempos. O desenvolvimento da fé monárquica, a qual tendia, pouco a pouco, suplantar o lealismo vassálico, marchara a par com os progressos materiais da realeza; a transformação política e a transformação moral seguiram o mesmo passo, sem que fosse possível, nesta contínua interação, distinguir entre o efeito e a causa. Assim, forma-se a "religião de Reims" sobre a qual Renan disse que Joana d'Arc viveu-a "ao pé da letra"[422]. Deste cariz quase místico, quem ousaria afirmar que o patriotismo francês não guardou nada?

---

420. Ed. Bolderston, v. 46ss.; texto já publicado. *Notices et extraits*, XXXV 1, p. 118: "Et ce doit donner remenbrance / As François d'anmer la coronne / Dont sor teil onc̄ion coronne / Sains Remis son fil et son roi / [...] Autresi doit estre aourée / Com nus haus corsains par raison / Et qui por si juste occoison / Morroit com por li garder, / Au droit Dieu dire et esgarder / Croi je qu'il devroit estre saus, / S'il n'estoit en creance faus, / Ou de teil pechié entechiés / Qu'il fust ja a danner jugiés".

421. Atas do Concílio de Limoges, apud MIGNE. *P.L.*, t. 142, col. 1.400. Argumentação atribuída a um bispo dirigindo-se a um cavaleiro, sob ordens do Duque Sancho de Gasconha e ameaçado de morte caso não cumprisse, assassinaria o seu senhor: "Debueras pro seniore tuo mortem suscipere, antequam illi manus aliquo modo inferres, et martyr Dei pro tali fide fieres". Cf. FLACH, J. *Les origines de l'ancienne France*, III, p. 58, n. 3. – Li romans de Garin le Loherain. Ed. P. Paris (*Romans des douze pairs de France*, III), II, p. 88: "Crois font sor aus, qu'il erent droit martir, – Por lor seignor orent esté ocis". Não é preciso dizer que nesse ponto teria a oportunidade de distinguir entre as diferentes canções de gesta: umas dominadas pelo respeito à lealdade pessoal, explorando, além do mais, como tantos motivos literários, os casos da consciência moral vassálica; outras – cujo tipo acabado é o *Roland* – imbuídas de sentimentos muito diferentes, o espírito de cruzada, sobretudo, e também um certo lealismo monárquico e nacional, o qual, talvez para obedecer em parte as inspirações livrescas – pode-se ver na própria expressão de "doce França" uma reminiscência de Virgílio – não era, ao que tudo indica, menos sincera; ainda é conveniente observar que Rolando era tanto vassalo como súdito do Rei Carlos Magno: cf. v. 1.010ss. Tudo isso, questão muito delicada, é apenas indicado de passagem aqui e, será, talvez, retomado em trabalhos posteriores.

422. *La monarchie constitutionnelle en France* – Réforme intellectuelle et morale, p. 251-252. Renan parece, além do mais, exagerar a situação excepcional da monarquia francesa; a florescência legendária foi, na França, muito mais desenvolvida do que em outras partes e, consequentemente, a religião monárquica; mas a ideia de realeza sagrada, na Idade Média, era universal.

Esses contos prestigiosos, que constituíram para a monarquia capetíngia um tão brilhante passado, interessam o psicólogo por outro motivo ainda. Todas apresentam, como um traço comum, uma espécie de antinomia. Nascidas, em boa parte, de preocupações interesseiras, tiveram, no entanto, um grande sucesso popular; emocionaram multidões, fizeram agir os homens: colaboração do artificial com o espontâneo, acerca da qual, o historiador dos ritos de cura – menos que qualquer outro – deve se surpreender.

4 As superstições, o sinal régio, os reis e os leões

Na concepção maravilhosa que o vulgo fazia da realeza, entravam, ao lado de piedosas anedotas que acabo de relembrar, certos elementos que não tinham nada de especificamente cristão. É conveniente, agora, trazê-los à luz.

Aos olhos da opinião comum, os reis, personagens sagradas, eram, por isso mesmo, taumaturgos. Os reis da França e da Inglaterra, em vida, operavam corriqueiramente prodígios, os quais também lhes eram atribuídos após a morte. O caso de Filipe Augusto é particularmente típico; não se poderia pretender que durante a sua vida tivesse dado exemplo de todas as virtudes privadas, tampouco de perfeita submissão aos chefes da Igreja. Mas foi um grande rei cujas ações tocaram as imaginações: seu cadáver fez milagres[423]. O processo de canonização, no século XI, tivera sido regularizado por Roma. Por isso, a partir deste momento, vemos muito mais raramente do que outrora os soberanos temporais serem elevados aos altares da santidade. Mas seus súditos continuavam a considerá-los como dotados de poderes semelhantes aos dos santos.

Igualmente, eram considerados como seres sobrenaturais a tal ponto que, frequentemente, eram representados como marcados em seus corpos por um sinal misterioso, revelador de sua dignidade. A crença no sinal régio foi uma

---

423. LE BRETON, G. *Philippide*, l. XII, v. 613ss. (v. 619, o cadáver foi chamado de "sancto corpore"). • SAINT-DENIS, I., apud DUCHESNE. *Scriptores*, V, p. 260. • CARTELLIERI, A. *Philipp II August*, IV 2. Leipzig, 1922, p. 653 (extrato dos anais latinos de Saint-Denis, Bibl. Mazarine, ms. 2.017). Uma capela foi construída, entre Mantes e Saint-Denis, para comemorar os milagres. Deixo de lado certas manifestações milagrosas do rei que, em vida, atestaram, em suas guerras, a proteção divina: Rigaud, § 29 e 61 – pois podem, provavelmente, ser simples ornamentos literários, inventados pelo cronista – bem como uma visão sem interesse relativa à sua morte (cf. LE BRETON, G. Ed. Delaborde. *Soc. de l'Hist. de France*, II, p. 377, n. 2).

das mais vivas superstições da Idade Média. Ela nos fará penetrar profundamente na alma popular[424].

Os textos literários são o lugar em que essa crença se manifesta mais frequentemente. Ela aparece nos romances de aventura em língua francesa aproximadamente no meio do século XII e aí permanece até o fim da Idade Média como um lugar-comum muito repetido. Eis como, muito naturalmente, ela encontrou espaço nessas obras. Muitos desses romances são construídos sobre o velho tema da criança perdida – por acaso ou em função de odiosas maquinações – e, em seguida, reencontrada: como Ricardo o Belo, neto do rei da Frísia[425]; os gêmeos Florent e Octavian, filhos do imperador de Roma[426]; Othonet, filho de Florent[427]; Macaire ou Luís, filho de Carlos Magno[428]; Beuve de Hantone, cujo avô é o rei da Escócia[429]; Hugo, filho do duque de Saint--Gilles e futuro rei da Hungria[430]; Jean Tristan, filho de São Luís, raptado no berço pelos sarracenos[431]; Dieudonné, filho do Rei Filipe da Hungria[432]; Lion, filho do Duque Herpin de Bourges...[433] Provavelmente, esta lista poderia ser alongada facilmente se as intermináveis obras de ficção, tanto em prosa como

---

424. Sobre a bibliografia desta crença, remeto à *Bibliografia* acima, p. 24. Pude acrescentar alguns textos novos àqueles – bem mais numerosos – que já tinham sido reunidos antes de mim e relacionar textos que, até aqui, tinham sido apenas estudados de forma independente uns em relação aos outros.

425. *Richars li Biaus*. Ed. W. Foerster, in-12º, Viena, 1874, v. 663ss. (nesta nota e nas que seguem, as referências aplicam-se às passagens relativas à "cruz régia" que será tratada mais à frente). O poema é da segunda metade do século XIII, Análise adequada feita em KOEHLER, R. *Rev. critique*, III, 2, 1868, p. 412.

426. No poema de *Florent et Octavian: Hist. littéraire*, XXXI, p. 304.

427. Ibid. p. 332.

428. *Macaire*. Ed. GUESSARD, v. 1.434. • D'OUTREMEUSE, J. *Le myreur des histors*. Ed. A. Borgnet (*Acad. Royale de Belgique – Collection des doc. inédits*), II, p. 51.

429. Referências reunidas em STIMMING, A. *Die festländische Fassung von Bueve de Hantone*. Fassung I (Gesellsch. fur roman. Literatur, 25), p. 408, n. sobre o v. 7.081, e Fassung II t. II (ibid. 41), p. 213, sobre os v. 1.312-1.315.

430. *Parise la Duchesse*. Ed. Guessard e Larchey (*Les anciens poètes de la France*), in-16º. 1860, v. 825 e 1.171.

431. *Le livre de Baudoyn, comte de Flandre*. Bruxelas, 1836, p. 152, 172, 173.

432. No poema conhecido pelo nome *Charles le Chauve: Hist. littéraire*, XXVI, p. 101-102.

433. Na canção *Lion de Bourges* (inédita). Cf.. WILHELMI, H. *Studien über die Chanson de Lion de Bourges*. Marbourgo, 1894, p. 48. • KRICKMEYER, R. *Weitere Studien zur Chanson de Lion de Bourges*. Teil I. Greifswald, 1905, p. 8, 9, 25, 29. Para a "literatura" – composta, essencialmente, de dissertações saídas do "seminário" de Greifswald – que aborda este interminável romance de cavalaria, cf. a bibliografia de ZIPP, K. *Die Clarisse-Episode des Lion de Bourges*. Greifswald, 1912.

em verso, que nos legou em seu declínio a literatura medieval, não estivessem em sua maior parte fadadas a permanecer eternamente inéditas. Ora, para que o pobrezinho perdido pudesse ser reconhecido pelos seus familiares – golpe teatral que fornece a conclusão necessária a este gênero de aventura – é necessário, evidentemente, que possuísse um meio de ser identificado. Nos relatos que acabei de enumerar, esse meio é fornecido por uma mancha na pele (um *naevus*) em forma de cruz que a criança tem, quase sempre, sobre o ombro direito; muito raramente sobre o peito. Ela é, comumente, de cor vermelha, "mais vermelha que uma rosa no verão"[434]; excepcionalmente, também pode ser branca. Essa cruz serve aqui essencialmente de sinal de reconhecimento. Mas não nos deixemos enganar. Não se deve ver nela uma marca individual banal, como qualquer pessoa – não importando sua ascendência ou seu destino – pode apresentar. É a *"cruz régia"*, prova de um sangue saído dos reis, garantia certa de um futuro ao qual o trono está prometido. Aqueles que a descobrem, mesmo antes de poder estabelecer para o herói uma genealogia precisa, não hesitam em exclamar, como a condessa que recolhe Richard le Beau, abandonado em uma floresta assim que nasceu:

Deus [dizia ela], este será rei[435].

Igualmente, os romancistas só a atribuíram às personagens que eles sabiam que, depois disso, deveriam reinar. Nada é mais ilustrativo sobre aspecto do que o *Beuve de Hantone*. Possuímos deste poema uma redação de origem anglo-normanda e três outras, compostas no continente. Em todas, Beuve figura como uma criança encontrada, um neto, sem nenhuma dúvida, do rei da Escócia. Mas somente nas versões continentais conquista, no final da narrativa, um reino – o da Inglaterra segundo uma das versões, o de Jerusalém segundo as outras duas. Nas três versões, mas não na anglo-normanda, vê-se nele a marca fatídica[436]. Os velhos autores abstinham-se cuidadosamente de atribuí-la ao primeiro recém-chegado; não ignoravam que, naquele que a trazia, "isso significa que ele será rei coroado"[437].

---

434. *Bueve de Hantone*, versão continental. Ed. STIMMING, 2ª versão, v. 5.598.

435. *Richars li Biaus*, v. 670.

436. Pode-se sublinhar igualmente que em *Parise la Duchesse*, Hugo, portador da "cruz régia", embora fosse um simples filho de duque, transformar-se-á, no fim do poema, no rei da Hungria. Eu vejo como exceção a esta regra apenas a *Chanson de Lion de Bourges*; Lion, no final do poema, não se torna rei: ele desaparece misteriosamente no país das fadas; é verdade que os seus filhos são coroados. O poeta pensava, sem dúvidas, que este pai de reis, impedido somente por esta feérica aventura de acabar sobre um trono, tivera, apesar de tudo, um destino verdadeiramente régio.

437. *Bueve de Hantone*, versão continental. Ed. STIMMING, 2ª versão, v. 1.314 ("il ert" = ele será).

Essa superstição não pertence exclusivamente à literatura francesa. Econtramo-la também em obras estrangeiras. Em algumas delas, na verdade, a imitação dos nossos romances salta aos olhos; tal é o caso, na Espanha, da *História da Rainha Sebilla*[438], na Itália, dos relatos relativos ao Beuve de Hantone e, sobretudo, da grande compilação dos *Reali di Francia*, adaptação da legenda carolíngia que redigiu, por volta de 1400, Andrea di Barberino. Espírito sutil, Andrea colocou-se a raciocinar sobre o *Nielo* e a *Croce di sangue*[439]. Mas o mesmo tema figura igualmente para além de nossas fronteiras em composições mais originais. Na Inglaterra, no início do século XIV, surge o *Lay de Haveloc le Danois*. Havelock foi também o herói de narrativas em língua francesa – ou melhor, anglo-normanda –, mas a "marca régia, cruz muito brilhante e muito bela", só lhe foi concedida no poema inglês, para o qual se concorda, aliás, em reconhecer uma tradição independente[440]. Na Alemanha, é necessário citar uma versão do *Wolfdietrich*, datando do meio do século XIII[441] e, sobretudo, a *Kudrun* que, remontando aproximadamente ao ano de 1210, parece ser o mais antigo texto em que um filho de rei surge ornado aos nossos olhos com a formosa cruz[442]. Obviamente, do fato de que esses poemas não tenham sido nem traduções nem diretamente inspirados do modelo francês, não se poderia concluir que a influência de nossa literatura, tão largamente difundida nessa época em toda Europa, não tenha podido fazer-se sentir na escolha dos motivos. Mas qualquer que seja o país onde, pela primeira vez, acreditou-se

---

438. PARIS, G. *Histoire poétique de Charlemagne*, 1905, p. 393.

439. *I Reali di Francia, di Andrea da Barberino*. Ed. Vandelli (*Collezione di opere inédite o rare*), II, 2, livro II, c. I, p. 4-5. Sobre a palavra *niello* [nielo], cf. THOMAS, A. *Le signe royal*, p. 281, n. 3. Sobre outras referências aos romances de aventura italianos – imitação dos franceses – cf. RAJNA, P. *Le origini dell'epopea*, p. 294-295.

440. SKEAT, W.W. *The lay of Havelock the Dane*, in-12º. Oxford, 1902, v. 602; 1.262; 2.139. Sobre o poema, além da introdução de Skeat, HEYMANN, H.E. *Studies in the Havelock tale*, diss. Upsal, 1903. No *Lay* inglês, a cruz, como sinal de reconhecimento, soma-se a uma singular particularidade física que todas as tradições, inglesa e francesa, concordam em reconhecer em Havelock: quando dormia, saía de sua boca uma flâmula que espalhava um odor delicioso.

441. *Wolfdietrich*, B. I, Str. 140. AMELUNG, A. & JAENICKE, O. *Deutsches Heldenbuch*, III, 1. Berlim, 1871, p. 188. Para a data desta versão, cf. PAUL, H. *Grundriss* II, 1. 2. ed., p. 251. É divertido constatar que o Sr. Hermann Schneider, tratando desta passagem em sua volumosa obra intitulada *Die Gedichte und die Sage von Wolfdietrich* (Munique, 1913, p. 278) ignora totalmente que as cruzes "régias" dessa espécie tenham, na própria Alemanha, sido atribuídas a personagens históricas. No entanto, o Sr. Grauert, em seu útil artigo *Zur deutschen Kaiser sage – Histor. Jahrbuch*, 1892, reconhece o sinal régio apenas como matéria de profecias políticas e ignora completamente as suas utilizações literárias, tanto francesas quanto alemãs.

442. Str. 143-147. Ed. E. Martin e R. Schröder. *Sammlung germanis* – Hilfsmittel, 2, p. 17-18.

no sinal régio, esta crença, como se verá, deixou profundas raízes, tanto fora quanto dentro da França.

Se não a conhecêssemos apenas pelas obras romanescas, poderíamos ficar tentados a tomá-la como um simples lugar-comum literário e, ouso dizer, como um truque do romancista. Mas textos de diversas épocas provam-nos que o sentimento público a aplicou a personagens que não tinham nada de lendários. Certamente, estes testemunhos não são muito numerosos; mas sobre quais outros pontos do folclore medieval temos algo além de vislumbres pelos quais, de lugar em lugar, se esclarecem as representações coletivas que, sem dúvida, viveram na obscuridade uma vida verdadeiramente ativa?

Na França, desde o século XIII, o trovador Adam de la Halle, cantando o elogio de Carlos de Anjou, príncipe capetíngio e rei da Sicília, afirma que "ao nascer, trouxera a cruz régia"[443]. Adam de la Halle é um literato e talvez se revele a este respeito um intérprete bem suspeito das concepções populares. Mas eis, aproximadamente dois séculos mais tarde, uma carta de perdão desenterrada pelo Sr. Antoine Thomas, a qual não se ousará recusar. Ela relata os seguintes fatos[444]. Estamos em 18 ou 19 de junho de 1457, em Bialon, aldeia perdida em um dos recantos mais selvagens do Maciço Central. No albergue, seis camponeses estão sentados à mesa; entre eles, um velho de 80 anos, Jean Batiffol. Eles falam sobre política e impostos. A paróquia era pesadamente taxada; acreditava-se que o coletor exigia muito e abusava das penhoras. Se o rei soubesse disso – disse, quase nestes termos, um dos bebedores –, o coletor "seria punido"; ao que o velho Batiffol replica (cito textualmente suas surpreendentes palavras): "o rei é rei, mas não lhe cabia ser rei, pois, ao nascer, não trazia a insígnia de rei; e não tinha a flor de lis como um verdadeiro rei". Entendamos: o rei (Carlos VII) é apenas um bastardo – sabe-se que a conduta de Isabel da Baviera dera motivo a todo tipo de imputação; os inimigos do rei não deixaram de tirar partido disso – e a prova de que ele não era filho do rei é que, ao nascer, não viram nele nenhum sinal régio. Esse símbolo aqui não é a cruz vermelha de outrora. Ele mudou a sua forma. A flor de lis que ornava, já há muito tempo, o brasão dos capetíngios conseguira substituí-lo no imaginário popular; quando se tratava da família régia, a cruz parecia muito banal. Nada mais natural do que atribuir à criança de uma estirpe eleita, como marca distintiva, os próprios brasões de sua dinastia?

---

443. *Œuvres*. Ed. Coussemaker, in-4°. 1872, p. 286.
444. *Le "signe royal" et le secret de Jeanne d'Arc*. Rev. Histor., CIII. Servi-me de diversas expressões da vivaz análise do Sr. A. Thomas.

Assim, os argumentos – conservados por acaso – que um velho, provavelmente iletrado, um dia expõe após beber em um rústico albergue, lançam um súbito raio de luz sobre os contos maravilhosos que o povo do campo, no século XIV, reproduzia, falando dos seus reis[445].

Narrativas da mesma natureza eram difundidas na Alemanha. Lá os diversos pretendentes ou as diversas famílias que disputavam o império recorrem, de diversas formas, à cruz fatídica. Percebe-a, por volta de 1260, entre os dois ombros desse Frederico de Misnie, neto, por parte de mãe, do Imperador Frederico II, que foi, em um dado momento, escolhido pelos últimos adeptos dos Hohenstaufen, na Alemanha e na Itália, como o herdeiro de suas esperanças[446]. Tratava-se do tempo em que Adam de la Halle louvava Carlos de Anjou; em dois países diferentes, era atribuído, por um zelo semelhante, a dois príncipes rivais – o rei guelfo da Sicília e seu concorrente gibelino – a mesma marca profética. Esse mesmo símbolo, tinham, ao nascer, os chefes da casa de Habsburgo – linhagem de imperadores – desenhado em suas costas "sob a forma de pelos brancos em formato de cruz"; ao menos, era o que afirmava, no final do século XV, o monge suábio Félix Fabri, um dos seus partidários[447]. Enfim, mais tarde, à época das guerras religiosas, alguns luteranos pensaram tê-la descoberto marcada nas costas do eleitor João Frederico de Saxe que, antes que as suas

---

445. Eis aqui um outro texto, relativo, igualmente, a Carlos VII, no qual talvez se encontre uma alusão ao símbolo régio, mas é de interpretação extremamente duvidosa. Em seu *Oratio historialis*, composto em 1449, Robert Blondel escrevera a propósito da sagração de Reims, "insignia regalia miraculose assumpsisti" (cap. XLIII, 110. *Œuvres*. Ed. A. Héron, I, p. 275), isso que deve compreender-se da entrega das insígnias régias: coroa, anel etc. A obra foi traduzida para o francês, em 1459 ou 1460, com o título *Des droiz de la couronne de France*; a passagem em questão foi transformada na seguinte (ibid. p. 761): "illecque receustes vous par miracle divin les enseignes roialles dont vous estes merchié". *Merchier* quer dizer: marcar, e a palavra *enseigne* (insígnia) é a mesma, como se viu, que o bom Jean Batiffol utilizou para designar a flor de lis, marca dos verdadeiros reis. É difícil de escapar à impressão, que o autor da tradução tivera conhecimento, de uma outra tradição segundo a qual Carlos VII apresentara o símbolo maravilhoso somente, talvez, após a sua sagração.

446. Segundo o testemunho do cronista contemporâneo Pierre de Zwittau. *Chronicon Aulae Regiae*, II, c. XII: Die Königsaaler Geschichtsquellen. Ed. J. Loserth. *Fontes rerum austriacarum*, Abt. I, t. VIII, p. 424. Sobre Frederico, cf. WEGELE, F.X. *Friedrich der Friedige*. Nördlingen 1878. • GRAUERT, H. *Zur deutschen Kaisersage*, p. 112ss. • MÜLLER, E. *Peter von Prezza*, esp. p. 81ss.

447. Historia Suevorum, I, c. XV. In: GOLDAST. *Rerum Suevicarum Scriptores*, p. 60: "et fama publica est, quamvis scriptum non inuenerim, quod praefati Comités de Habspurg ab vtero matris suae crucem auream in dorsohabeant, hoc est, pilos candidos ut aurum in modo crucis protractos", Sobre Félix Fabri, cf. acima p. 150, n. 243.

ambições fossem esmagadas no campo de batalha de Mühlberg, sonhou, por um instante, arrancar da cabeça de Carlos V a coroa imperial[448].

Não há na Inglaterra, até o começo do século XVII – caso se possa dar algum crédito ao testemunho contemporâneo do historiador alemão Philippe Kammerer (*Catnerarius*) –, semelhantes rumores. Jaime I, destinado, como se sabe, pelo seu nascimento ao trono da Escócia, mas não (assim parecia à época) ao da Inglaterra, apresentara em seu corpo, desde a sua mais tenra idade, marcas que anunciavam o seu glorioso destino: um leão, uma coroa e, segundo alguns, também uma espada[449].

Em suma, a crença no sinal régio é amplamente atestada. Ela toma, segundo os lugares e as épocas, aspectos diferentes. Na França, próximo ao fim do século XV, chegou-se até mesmo a pensar – é o que parece – que todo rei verdadeiramente legítimo deveria ter, marcado em sua pele, o símbolo de sua origem; e esta marca, que primitivamente tivera sido conhecida sob a forma de cruz vermelha, tomou, finalmente, a forma aparente da flor de lis. Na Alemanha e, talvez, na Inglaterra, era atribuída preferencialmente como símbolo milagroso aos príncipes que, afastados do trono ao nascerem, por alguma circunstância infeliz, pareciam, no entanto, destinados a ocupá-lo um dia: verdadeiros heróis de romances cujas narrativas eram amadas pelas multidões. A tradição alemã permanece fiel à cruz; o mais das vezes, essa cruz não era vermelha, mas dourada. É assim que Hagen da Irlanda a traz na *Kudrun* e que os súditos de Frederico de Misnie, de João Frederico de Saxe e dos condes de Habsburgo acreditavam contemplá-la nos corpos dos seus soberanos[450]. Essa variedade, encontrada em diferentes tradições, prova o seu vigor.

---

448. Tradição compilada pelo pastor protestante Abraham Buchholzer. *Index chvonologicus.* Görlitz, 1599, p. 504 (citado por CAMEMARIUS. *Operae horarum subcisivarum.* Ed. de 1650, p. 146. • GRAUERT. *Zut deutechen Kaisersage*, p. 135, n. 2. • ROSINUS, J. *Exempla pieiatis illustris*, in-4°. Jena, 1602, p. V 3 (segundo Buchholzer). • FABRICIUS, G. *Saxoniae illustratae libri novem: libri duo posteriores*, in-4°. Leipzig, [1606], 1. VIII, p. 33. Em um pequeno tratado místico-político, conservado hoje na Biblioteca de Colmar, composto sem dúvida nos primeiros anos do século XVI, por um reformador alsaciano ou suábio, fora anunciada a vinda de um *König vom Schwarzwalde* – também chamado Imperador Frederico – futuro salvador da Alemanha que trará uma cruz dourada sobre o peito; mas, que apesar do que disse Richard Schroëder, *Die deutsche Kaisersage* (Heidelberg, 1891, p. 14-15), esta cruz parece ser aqui, não um símbolo corporal, mas um simples emblema adotado pelo "rei da Floresta Negra", como um líder de uma confraria de São Miguel. Cf. HAUPT, H. *Ein Oberrheinischer Revolutionär aus dem Zeitalter Kaiser Maximilians I* – Westdeutsche Zeitschr, Ergänzungsh, VIII, 1893, p. 209.

449. CAMERARIUS. *Operae horarum subcisivarum.* Ed. de 1650, p. 145. Philippe Kammerer morreu em 1624.

450. Por exceção, a cruz de Wolfdietrich é vermelha, como na tradição francesa: "ein rotez kriuzelin".

A superstição que acabou de ser descrita não apresenta, aos olhos do folclorista, nada de excepcional. A antiguidade helênica também conheceu as "marcas da raça", τοῦ γένους τά γνωρίσματα: tal marca em forma de lança que se considerava como própria a certas famílias nobres de Tebas, consideradas como descendentes de guerreiros – os Σπαρτοί – que, outrora, teriam nascido dos dentes do dragão semeados por Cadmo. Por vezes, famílias assim distinguidas eram, como na Idade Média ocidental, dinastias régias: todos os selêucidas, diziam, tinham, desde o nascimento, uma âncora gravada em sua coxa; ela testemunha a sua origem divina – pois Seleuco o Grande, o primeiro a ter tal marca, recebera-a do seu pai Apolo. O mesmo emblema figura em certas moedas selêucidas e é reencontrado em dois vasos votivos, chamados σελευκίόες, oferecidos ao santuário de Apolo em Delos por um dos ministros de Seleuco IV; era, então, como a flor de lis dos Valois, ou seja, ao mesmo tempo em que era "insígnia" corporal, era uma espécie de brasão[451]. Marco Polo informa-nos que, na Geórgia, "antigamente, todos os reis nasciam com um sinal de águia no ombro direito"[452]. No século XVII, caso se dê crédito à narrativa de um missionário que visitou então essa região, o sinal havia mudado de aspecto; era-lhe atribuído uma aparência de cruz[453]. Mesmo na Europa moderna, como se verá à frente, alguns bruxos, curandeiros hereditários de diversos males, pretendiam demonstrar uma ilustre descendência, mostrando manchas em suas peles, as quais eram seus brasões[454]. A ideia do sinal de estirpe, ou régio, é portanto de quase todos os tempos e todos os países; ela nasceu espontaneamente, em diferentes civilizações, de noções análogas que diziam respeito ao

---

451. Lança dos Σπαρτοί: referências agrupadas em PRELLER. *Griechische Mythologie*. 4. ed.. Rev. por C. Robert, II, 1, p. 109, n. 7 e p. 947, n. 5. Peço emprestado a Juliano, *Oratio*, II, 81 c, a expressão τοῦ γένους τά γνωρίσματα. Âncora dos selêucidas: Justin, XV, 4. • APPIEN. *Syrica*, 56. • AUSONE. *Oratio urbium nobilium*, v. 24ss. (*Monurn. German. histor.*, AA., V, 2, p. 99). Sobre as moedas, cf. BABELON, E. *Catalogue des monnaies grecques de la Bibliothèque Nationale* – Rois de Syrie, Introd. p. VII e VIII. Sobre os vasos de Delos, cf. *Bulletin de Correspondance Hellénique*, xxxv, 1911, p. 434, n. 1. • JULIEN. Loc. cit. • GRÉGOIRE DE NAZIANCE, ep. XXXVIII (MIGNE. P.G., t. 37, col. 80), também citam, como sinal de família, o ombro dos pelópidas Pierre Roussel. Cf. tb. THOMAS, A. *Le signe royal*, p. 283 (segundo uma comunicação do Sr. Max Prinet).

452. Ed. Pauthier, I, 1865, cap. XXII, p. 40.

453. O padre teatino Cristoforo Di Castelli – a propósito do Rei Alexandre da Ibéria – citado por H. Yule, em sua edição de MARCO-POLO. Londres, 1875, I, p. 54-55. É a passagem do Padre Di Castelli que devo a comparação com o versículo de Isaías que utilizarei mais à frente; segundo esse missionário, os súditos do reino da Ibéria teriam atribuído a seu soberano outra particularidade mais estranha: a de ter todas as costelas feitas de um só peça.

454. Abaixo, p. 287.

caráter maravilhoso de algumas linhagens, e, mais particularmente, daquelas que forneciam ao povo seus chefes. Estamos evidentemente na presença de um tema quase universal; mas isso não significa que estejamos dispensados de procurar em qual momento a aplicação específica, feita na Idade Média, tomou corpo, nem o porquê de o símbolo ter-se revestido, nesse meio, da forma de uma cruz. Aliás, a cruz vermelha ou branca das nossas legendas não corresponde totalmente à mesma concepção, por exemplo, da lança tebana ou da âncora dos selêucidas; tanto como uma marca de origem, ela é também um símbolo de predestinação: anuncia o destino régio que, de resto, encontra a sua justificação habitual nos privilégios de sangue. Ela deriva do motivo comum, mas se constitui como uma variante. Isso também merece ser explicado.

Deve-se ao Sr. Pio Rajna o primeiro estudo de conjunto que possuímos acerca da cruz dos reis da França. A leitura de alguns poemas franceses e alemães e, sobretudo, os *Reali di Francia* sugeriu-lhe fazer tal estudo. Impressionado pelo caráter, aparentemente, muito arcaico deste motivo, Rajna pensou reconhecer nele a sobrevivência de noções germânicas extremamente antigas, disso tirou argumentos para sua tese favorita sobre a epopeia francesa que ele considerava, como se sabe, a filha das "cantilenas" merovíngias. O Sr. Ferdinand Lot respondeu-lhe na *Romania*. Essa réplica decisiva, assim como a evolução geral das teorias relativas à nossa antiga história literária, dispensa-me aqui de insistir longamente sobre uma hipótese engenhosa, mas completamente desprovida de fundamento. Acreditou-se algumas vezes que alguns dos heróis portadores da marca representavam príncipes merovíngios mais ou menos desfigurados pela tradição poética. Essa filiação foi contestada. Pouco nos importa aqui que ela seja verdadeira ou falsa. Para nós, essas personagens são apenas heróis de romances. A superstição da qual foram objeto nos é conhecida não por textos da época franca, mas, unicamente, por obras de ficção de data relativamente recente, uma vez que nenhuma é anterior ao século XIII. Os velhos textos épicos não oferecem nenhum traço dessa tradição. Sem dúvida, pôde viver algum tempo nas consciências antes de encontrar uma expressão literária; mas não parece muito provável que os autores destas narrativas de aventura tenham demorado muito tempo para perceber que a imaginação popular lhes oferecia um tema tão bom e de exploração tão fácil. Nada nos autoriza a atribuir à crença no sinal régio um começo muito anterior aos primeiros testemunhos que a atestam. Ela nasceu, segundo todas as probabilidades – digamos, para manter a prudência –, por volta do século XII. Teria iniciado na França, na Alemanha ou ainda de forma independente nesses dois países? Não saberemos jamais.

244

O que é certo, é que se deve ver nela, ao lado dos ritos de cura, um sintoma particularmente impressionante desta força de resistência e desta capacidade de desenvolvimento, das quais na época a concepção da realeza maravilhosa e sagrada fez prova, apesar das influências contrárias.

Por que os homens desse tempo conceberam a marca impressa no corpo dos reis sob a forma de uma cruz e a colocaram frequentemente sobre o ombro, mais especificamente no ombro direito? É impossível não se colocar esta questão. E não é menos impossível respondê-la com certeza; nada de mais obscuro que os começos de uma representação coletiva desta natureza. Mas as conjecturas são permitidas. Eis aqui a que me parece menos improvável. Há uma passagem de Isaías que, entre todos os profetas do Antigo Testamento, foi particularmente familiar à Idade Média: é o famoso Is 9,5, no qual os cristãos viram a promessa da vinda de Cristo. Ninguém poderia ignorá-la; era recitado, desde então – como hoje –, na missa de Natal. Ora, nela, ouviam-se estas palavras, a propósito do filho predestinado: "o império estava sobre seus ombros", *factus est principatus super humemm ejus*[455]. Frase misteriosa, que os exegetas modernos têm dificuldades para explicar com precisão. Os teólogos interpretam-na como ama alusão à cruz que o Redentor carregou no ombro. O versículo é muito impressionante por sua própria obscuridade; os comentários acerca dele mostrados aos fiéis – e nos quais a palavra cruz deveria aparecer sem cessar – não suscitaram a associação de ideias que levou os espíritos a representar a marca de um futuro régio como fixada sobre o ombro e tendo o aspecto de uma cruz? Assim, encontrar-se-iam explicadas de uma só vez a forma especial do símbolo e o seu papel de arauto do destino. Suposição por suposição, eu prefiro, em todo caso, esta àquela hipótese do Sr. Pio Rajna; porque, nos séculos XII e XIII, as tradições merovíngias, nas quais, aliás, nada parece fazer lembrar a cruz dos futuros reis, estavam bem esquecidas – mas todo mundo assistia à missa de Natal[456].

---

455. Pelo menos, é o texto da *Vulgata*. O do *introdutório* da missa de Natal apresenta uma variação sem importância: "cujus imperium super humerum ejus". Sobre o texto hebreu e o significado que é conveniente atribuir-lhe, cf. DUHM, B. *Das Buch Jesaia (Göttinger Handkommentar zum Alten Testament)*. 3. ed., 1914, p. 66. Sobre interpretação para o simbolismo da cruz, cf. JERÔME, S. Commentarium in Isaiam. In: MIGNE. P.L., t. 24, col. 130. • STRABO, W. *Glossa ordinaria*, ibid. t. 113, col. 1.248. • STCHER, H. *In libros prophetarum* – Opera, IV, in-4. Veneza, 1703, fol. 25 V etc. • DIEMAND. *Ceremoniell der Kaiserkrönungen*, p. 76, liga o sinal régio à unção feita nas costas dos reis: "in modum crucis", mas a unção, tanto quanto pude ver, parece ser feita comumente entre os ombros; a cruz régia, ao contrário, aparece, muito frequentemente, sobre um ombro (o direito).

456. Sobre os últimos avatares do sinal régio, na França, cf. abaixo, p. 287s.

A crença no sinal régio foi muito cedo usada como motivo romanesco, e, além disso, não se poderia duvidar que as obras de ficção tenham fortemente contribuído para sua difusão. Não há, contudo, nenhuma razão para pensar que ela tenha propriamente origem literária; sem dúvida, deve-se considerá--la como nascida espontaneamente na imaginação comum. O mesmo não se passa com outra superstição que vamos estudar agora, mas muito brevemente, porque, totalmente artificial em seu princípio, ela não penetrou muito na consciência coletiva: falo do pretenso respeito manifestado pelos leões em relação ao sangue dos reis. Essa tradição, análoga em sua natureza às fábulas difundidas pelos velhos bestiários, mas que, no entanto, não se encontram nas obras deste gênero, encontrava-se expressa, mais ou menos na mesma época em que apareceu a cruz régia, em um grande número de narrativas romanescas francesas, anglo-normandas ou inglesas e, frequentemente, nos mesmos poemas nos quais figuravam a cruz. Ela foi perfeitamente exposta, entre outros, pelo autor de uma das versões do *Beuve de Hantone*, a quem dou a palavra:

> Mas é costume, disso testemunha o escrito,
> Que filho de rei não devem os leões comer,
> Ao contrário, devem proteger e respeitar[457].

Ela certamente não é muito antiga: o autor da *Canção de Rolando* a ignora, porque imaginou um sonho em que Carlos Magno se vê atacado por um leão[458]. Em contrapartida, sobreviveu por muito tempo; o seu eco é percebido

---

[457]. Um grande número de textos, franceses, ingleses e italianos, relativos à superstição dos leões, foi compilado por E. Kölbing em um artigo dos *Englische Studien*, XVI (1892), o qual nada tenho a criticar a não ser o seu título, que parece destinado a dissimular o seu conteúdo mais do que o colocar em evidência: *Zu Shakespeare King Henry IV, Part I, A e I*, 4. Não creio que seja necessário aqui reproduzir as referências dadas por Kölbing. Destaca-se que no *Lai* francês de *Havelock o Dinamarquês* (duas versões anglo-normandas reproduzidas em GAIMAR. *Estorie des Engles*. Ed. Duffus-Hardy e C.T. Martin. *Rolls Series*, 1888, v. 429ss. do *Lai* isolado, 235 da versão inserida na obra de Gaimar). Argentille, mulher de Havelock vê em sonho leões ajoelharem-se diante do seu marido (prometido, como se sabe, a um destino régio); da mesma forma, em *Florent et Octavian*, um leão poupa e toma por dono Octavian, criança régia (*Histoire littéraire*, XXXVI, p. 306). Não encontrei nada sobre essa superstição nos bestiários nem nos livros de ciência natural que consultei: ALBERT LE GRAND. *De animalibus*; BARTHÉLEMI L'ANGLAIS. *De rerum proprietatibus*; VINCENT DE BEAUVAIS. *Speculum naturale*. Não sei se dela há vestígios na literatura alemã. BATEREAU, O. *Die Tiere in der mittelhochdeutschen Literatur*. Leipzig, 1909, não a menciona [Dissertação de mestrado].

[458]. V. 2.549. Comparar à legenda – atestada desde o século IX – do combate de Pepino contra o leão. Cf. PARIS, G. *Histoire poétique de Charlemagne*, p. 223.

na Inglaterra na literatura elisabetana, em Sir Philippe-Sydney e no próprio Shakespeare que, pela boca de Falstaff, fez dela uma alusão muito clara. Os leões, em nossos países, não são comuns e, por isso, não são perigosos para os reis nem para os súditos. Um tema supersticioso que os coloca em cena tem toda a chance de, na origem, ter sido apenas um devaneio de eruditos ou de literatos. Todavia, já sabemos que um dia a diplomacia deles se serviu. Frei Francisco, discursando para o doge de Veneza, não lhe contou que Eduardo III aceitara reconhecer Filipe de Valois como rei da França se esse príncipe, sendo exposto a leões famintos, saísse ileso de suas garras? Porque, dizia ele, "jamais os leões ferem um verdadeiro rei"[459]. Para compreender os propósitos dos políticos da Idade Média, às vezes, é bom ler os romances dos quais se nutriam. Igualmente, nada seria mais falso do que opor perpetuamente o literário ao real; o sucesso do maravilho de ficção na Idade Média explica-se pelo espírito supersticioso do público ao qual se destinava. Sem dúvida, os narradores profissionais não teriam inventado e propagado o motivo dos leões, se os seus ouvintes ou leitores já não estivessem habituados a considerar de todas as maneiras os reis como seres miraculosos.

5 Conclusões

Assim, a concepção da realeza sagrada e maravilhosa, como indiquei no início deste capítulo, atravessou toda a Idade Média sem nada perder de seu vigor; muito pelo contrário, todo este tesouro de legendas, de ritos curadores, de crenças semieruditas e semipopulares, que constituía grande parte da força moral das monarquias não cessou de crescer. Esses enriquecimentos, na verdade, não têm nada que esteja em contradição com o que nos ensina a história política propriamente dita; eles correspondem ao progresso material das dinastias ocidentais. Não imaginamos nos surpreender em ver a superstição do sinal régio aparecer por volta do tempo de Filipe Augusto, de Henrique II Plantageneta, de Henrique VI da Alemanha; do mesmo modo, a eclosão, sob Carlos V, de novas legendas monárquicas não tem nada que fira as noções comumente recebidas; sabemos bem, por muitos outros sintomas, que nesses dois momentos a ideia régia era muito poderosa. À primeira vista, o que parece estar em oposição à marcha geral dos eventos, é, por exemplo,

---

[459]. Acima, p. 28. Kölbing ignorou esse texto.

no reinado dos primeiros capetíngios, o caráter sagrado comumente reconhecido à pessoa do rei; pois a força real da realeza era, à época, muito pequena e, na prática, os próprios reis eram muitas vezes mediocremente respeitados por seus súditos. Seria necessário, portanto, recusar em perceber nas frases dos autores desse tempo sobre o tema da "santidade" monárquica outra coisa a não ser fórmulas vãs, sem ligação com nenhum sentimento sincero? Não esqueçamos os hábitos de brutalidade característicos de sociedades conturbadas; os violentos nem sempre sabem poupar de fato aqueles que veneram profundamente; os homens de armas da Idade Média saquearam mais de uma igreja; diremos, com base nisso, que a Idade Média foi irreligiosa? Há mais. O que deve surpreender o historiador dos séculos X e XI não é, afinal, a fraqueza da realeza francesa; é que esta realeza que, em um Estado dividido, não mais desempenhava nenhuma função própria, mantivera e conservara muito prestígio para poder, mais tarde, a partir de Luís VI, em circunstâncias mais favoráveis, desenvolver rapidamente suas energias latentes e se impor, em menos de um século, dentro e fora da França, como uma grande potência; esta longa resistência e este brusco desenvolvimento não encontram sua explicação, ao menos em parte, nas representações intelectuais e sentimentais que nos esforçamos por analisar?

Essas representações tiveram seus inimigos: os gregorianos e os seus êmulos. Apesar das hostilidades destes temíveis adversários, elas triunfaram. Os homens da Idade Média jamais se resignaram em ver em seus soberanos simples leigos e simples homens. O movimento doutrinal e religioso do século XI quase tivera sucesso nos pontos em que, como no combate pelo celibato dos padres, se encontrara sustentado por ideias coletivas muito fortes e muito antigas. O povo, que, em sua maioria, atribuía à castidade uma espécie de virtude mágica, que, por exemplo, imaginava de bom grado que um homem, tendo na noite precedente relações sexuais com uma mulher, não poderia ser uma testemunha válida de um ordálio, estava pronto para admitir que, para que os santos mistérios fossem verdadeiramente eficazes, era necessário que o padre se abstivesse de toda mácula carnal[460]. Mas em sua luta contra a realeza

---

460. Regra relativa ao ordálio: LIEBERMANN. *Die Gesetze der Angelsachsen*, in-4°. Halle, 1898, I, p. 386. Minha atenção foi atraída para esta passagem pelo interessante artigo de Heinrich Böhmer, *Die Entstehung des Zölibates* – Geschichtliche Studien Albert Hauck [...] dargebracht. Leipzig, 1916. O Sr. Böhmer enfatizou bem a importância de certas representações populares, de uma mentalidade verdadeiramente "primitiva", na luta pelo celibato, à época gregoriana;

sagrada, solidamente enraizada nas almas, os reformadores fracassaram. A longa popularidade dos ritos curadores deve ser considerada, ao mesmo tempo, como o efeito e a prova do seu insucesso.

mas, como mais de um autor protestante, ele não parece apreciar em seu justo valor a força que possuíam, já nos meios cristãos primitivos, essas quase mágicas concepções sobre a castidade. A tendência era mais antiga que a Idade Média; foi no medievo que, definitivamente, triunfou – pois, nesse tempo, mais do que nunca, a pressão da religião popular sobre a religião erudita foi eficaz. A participação dos leigos no combate contra os padres casados é bem conhecida; além da *Pataria* milanesa, será suficiente lembrar aqui o significativo título do opúsculo de Sigebert de Gembloux: *Epistola cuiusdam adversus laicorum in presbyteros conjugatos calumniam*. Foi sobretudo nos círculos leigos que se deve ter concebido a ideia de que os sacramentos ministrados pelos padres casados eram ineficazes (cf. p. ex., *Vita Norberti*, c. 11, 55., XII, p. 681). Certas declarações imprudentes do papado poderiam dar a impressão de favorecer esta ideia; mas se sabe que, no conjunto, a teologia católica sempre negou firmemente que a validade do sacramento dependesse da dignidade do ministro.

Capítulo IV

Algumas confusões de crenças: São Marcoul, os reis da França e os sétimos filhos

1 São Marcoul, sua lenda e seu culto

Em torno do final da Idade Média, na França, o culto de um santo, São Marcoul, veio a se misturar inextrincavelmente à crença no milagre régio. Vejamos como esclarecer esta história confusa. Primeiramente, quem era o personagem cujo nome assim se associou, como nunca antes, ao rito das escrófulas?[461]

Sob o reinado dos primeiros imperadores carolíngios erguia-se, no lugar chamado Nant, na Diocese de Coutances, um monastério, onde se encontrava o túmulo de um piedoso abade, chamado Marcoul (*Marculphus*)[462]. Como

---

461. Para todo este capítulo utilizei largamente os arquivos do priorado de Corbeny, que fazem parte do fundo de Saint-Remi, conservado em Reims, na seção dos *Arquivos Departamentais de Marne*, depositado nesta cidade. Todas as indicações de maço que se encontrará como referências, nas notas, se não tiverem outra especificação, devem ser entendidas, portanto, da seguinte maneira: *Arch. de Reims*, fundo de São Remi. A classificação desse fundo, estabelecida no século XVIII, é bastante singular: os arquivistas da abadia primeiramente objetivavam separar as peças que eles julgavam as mais importantes; eles as agrupavam em um certo número de maços, providos de uma numeração contínua. Quanto aos documentos que consideravam pouco interessantes – e que, para nós, frequentemente são os mais preciosos –, eles os organizavam em maços anexos, os quais cada um se encontra alocado em seguida a um dos maços precedentes – e vinculado à mesma cota, mas com a menção *renseignements*. É assim – para dar apenas um exemplo – que se verá abaixo frequentemente citado, ao lado do maço 223, o maço 223 (*renseignements*). Preciso mencionar o quanto minha tarefa, em Reims, foi facilitada pelo amável zelo do arquivista, o Sr. G. Robert.

462. *Marcoul* é a forma propriamente francesa do nome; eu a usarei aqui, visto que o culto de São Marcoul teve, como se verá, seu principal centro no Laonnois, a partir do século X. A forma normanda é *Marcouf*; frequentemente foi pronunciada – e, às vezes, escrita – *Marcou*. Cf. abaixo

ocorre frequentemente, habituou-se gradativamente a designar a aldeia onde as casas se agrupavam em torno da construção conventual pelo próprio nome do patrono dos monges. É preciso reconhecê-lo, ao que tudo indica, na comuna atual de Saint-Marcouf, situada não muito distante do mar, sobre a costa oriental do Cotentin[463] – o vocábulo primitivo desapareceu do mapa. Nesse início do século XI, de todas as partes, na Gália franca, os religiosos – que recuperaram o gosto pelas letras – metiam-se a escrever ou a reescrever com um latim melhorado as biografias de seus santos; os de Nant não escaparam ao costume comum: um deles compôs uma vida de São Marcoul[464]. Infelizmente, esse opúsculo – no qual se vê o diabo, sob a forma de uma bela náufraga, citar (aliás, inexatamente) os versos de Virgílio – oferece somente as mais banais fábulas hagiográficas. As únicas informações um pouco mais precisas e talvez dignas de confiança que ele encerra referem-se ao lugar de nascimento de Marcoul – Bayeux – e à época na qual viveu: a do Rei Childeberto I e do Bispo São Lô, ou seja, em torno do ano de 540[465]. Uma segunda vida, redigida pouco depois da primeira, inclui apenas exageros sem valor. Em suma, é preciso nos resignar em ignorar tudo (ou quase tudo) do santo homem de Nant. A julgar pelas suas *Vidas*, não se devia ser mais bem informado do que nós sobre o assunto, desde o século IX.

Vieram as invasões normandas. Como tantos outros monastérios das províncias ocidentais, Nant, no caminho de uma incursão, foi queimado[466]. Os

---

p. 255, n. 473. A forma *Marcoulf* que encontramos às vezes no século XVII (p. ex., maço 223, n. 10, Auto de levantamento de relíquias, 17 de abril de 1643) é evidentemente uma corruptela do nome latino, de origem "erudita".

463. Mancha, cantão Montebourg. A mais antiga ata datada com precisão na qual o nome surge parece ser uma carta de Roberto I, arcebispo de Rouen, que deve ser situada entre 1035 e 1037; publicada por Ferdinand Lot em *Etudes critiques sur l'abbaye de Saint-Wandrille* (Biblioth. Hautes Etudes, 104), 1913, p. 60. Cf. ibid. p. 63. Ainda hoje, venera-se em Saint-Marcouf uma fonte milagrosa: CAUMONT, A. "La fontaine St. Marcouf". In: *Annuaire des cinq départements de la Normandie, publié par l'Assoc. Normande*, XXVII, 186, p. 442.

464. Para esta *Vida* (a *Vida A*) e a outra, pouco posterior, chamada *Vida B*, eu definitivamente sugiro o bom estudo crítico de Baedorf, *Untersuchungen über Heiligenleben der westlichen Normandie*; nele encontrar-se-ão as indicações bibliográficas necessárias. Cf. *Bibliographia hagiographica latina*, n. 5.266-5.267.

465. Encontra-se também os nomes de um certo número de localidades onde o santo parece ter passado. Mas não estariam aí, como em tantos outros escritos análogos, com o objetivo de associar a lenda do patrono do monastério, os lugares sobre os quais os monges tinham direitos ou pretensões?

466. Este episódio só é conhecido por Wace, que o relatou em seu *Roman de Rou*, v. 394 (ed. H. Andresen. Heilbronn, 1877, t. I), sem dúvida baseando-se em anais hoje perdidos. Ele atribui

monges escaparam levando suas relíquias. Nos caminhos da Gália, que então eram cobertos de turbas de religiosos carregados de fardos semelhantes, quais foram as aventuras de São Marcoul? Ninguém teve o cuidado de nos contar. Sabemos somente onde essas aventuras vão terminar. O Rei Carlos o Simples possuía, ao norte de Aisne, sobre as encostas que descem do planalto de Craonne até o rio mais próximo, ao longo da estrada romana, um domínio chamado Corbeny. Ali ele deu asilo aos fugitivos. Um corpo santo era um bem precioso. Carlos quis guardar aquele. Tendo obtido a autorização dos prelados interessados – o bispo de Coutances e o arcebispo de Rouen – ele fundou, em 22 de fevereiro de 906 em Corbeny, um mosteiro onde doravante deviam repousar os ossos gloriosos. Eles jamais retornariam ao Cotentin[467].

Os monges de Nant, que haviam perdido sua pátria, não tardaram em perder também sua independência. O novo estabelecimento era propriedade régia. O rei, tendo desposado uma jovem chamada Frédérone, deu-lhe o mosteiro como dote com todo o domínio do entorno; alguns anos mais tarde, Frédérone, por sua vez, sentindo-se perto da morte, legou o domínio e o mosteiro a Saint-Rémi de Reims. Em verdade, os soberanos não permitiam de bom grado que uma terra contada entre seus mais antigos bens familiares e que um lugar santo criado por um deles fosse assim absorvidos no imenso patrimônio da Abadia de Reims. Pode ser que se agarravam a Corbeny por causa, sobretudo, do interesse militar que apresentava essa posição, fácil de defender e capaz de fornecer sobre o vale vizinho um observatório excelente; havia ali fortificações – um *castellum* – onde se pode supor que os edifícios claustrais estivessem compreendidos e cuja menção se encontra repetidamente na história das guerras desse tempo. Carlos o Simples reservou para si, durante sua vida, mediante um censo anual, a pequena casa religiosa onde se recolhera os restos

---

a pilhagem e o incêndio da abadia a Hasting e Bjorn. Cf. KOERTING, G. *Ueber die Quellen des Roman de Rou*. Leipzig, 1867, p. 21. Os versos "Em São Marcouf junto ao rio – há rica e grande abadia" criam, aliás, certa dificuldade, pois não há rio em São Marcouf. Sem dúvida, Wace cometeu certa confusão topográfica, mais ou menos levado pelas necessidades da rima. VOGEL, W. *Die Normannen und das fränkische Reich* (Heidelb. Abh. zur mittleren und neueren Gesch., 14), p. 387, não traz outras provas da destruição de Nant além do diploma de Carlos o Simples, estabelecendo em Corbeny os monges fugitivos – ele parece ignorar a passagem do *Roman de Rou*.

467. Diploma de Carlos o Simples de 22 de fevereiro de 906. In: *Histor. de France*, IX, p. 501. O mosteiro foi, aliás, consagrado a São Pedro. O costume da época exigia que os estabelecimentos religiosos tivessem, a princípio, apóstolos ou santos extremamente ilustres como patronos; mais tarde, São Marcoul suplantou São Pedro completamente, cf. *St. Pierre des Fossés*, transformado em *St. Maur des Fossés* etc.

do "Confessor do Cristo". Depois dele, seu filho Luís de Além-mar obteve novamente a cessão, em condições análogas, incluindo até mesmo a aldeia e seu território. Mas em 954, sobre o leito de morte, ele restitui tudo a Saint-Rémi, que não mais deixou escapar essas importantes possessões. Não houve mais um mosteiro autônomo em Corbeny, mas somente um priorado, uma *cellula* onde vivia um pequeno grupo de monges subordinado à autoridade superior da Abadia de Saint-Rémi. Esta situação perdurou até a Revolução[468].

Em Corbeny, tal como em Nant, São Marcoul teve fiéis que se endereçavam a ele para obter milagres e, especialmente, curas. Mas, taumaturgo como todos os santos, ele ficou muito tempo desprovido de uma especialidade definida. Nada em particular parecia designá-lo mais que um outro qualquer à veneração dos escrofulosos. Nas *Vidas* da época carolíngia não se encontra, em meio a suas curas, nenhuma menção às escrófulas. Para o século XII possuímos informações bastante curiosas sobre as virtudes que lhe eram atribuídas. Em 1101, a aldeia de Corbeny sofreu catástrofes terríveis, enviadas – dizem – pelos céus como punição da "malícia dos camponeses": uma epizootia, inúmeras devastações causadas pelos homens de guerra e, enfim, um incêndio provocado pelas tropas de Thomas de Montaigu, "um tirano de uma abominável iniquidade, que desposara sua prima". Os monges, que retiravam a maior parte de suas receitas das rendas que recebiam dos *tenanciers*, por causa desses eventos foram levados a uma verdadeira desgraça financeira. Seu prior, recentemente nomeado, preocupou-se em suplementar com esmolas os recursos ordinários de sua casa; ele planejou organizar uma turnê das relíquias: os religiosos, carregando sobre os ombros o relicário de seu patrono, percorreram as estradas da região de Reims, do Laonnois, da Picardia; por toda parte faziam-se milagres. Conservou-se um breve relato desta expedição[469]. Entre todas as doenças que então o corpo vene-

---

468. Sobre o que precede, cf. os diplomas de Carlos o Simples de 19 de abril de 907 e de 14 de fevereiro de 917: *Histor. de France,* IX, p. 504 e 530. • FLODOARD. *Annales.* Ed. Lauer (*Soc. pour l'Étude et l'ens. de l'histoire*), ano de 938, p. 69. • *Historia Ecclesie Remensis,* IV, c. XXVI, reproduzido por Lauer, obra citada, p. 188. • Diplomas de Lotário em *Recueil des actes de Lothaire et de Louis V.* Ed. Halphen e Lot (*Chartes et Diplômes*), n. III e IV. • ECKEL, A. *Charles le Simple* (*Bibl. Ecole Hautes Etudes*, fol. 124), p. 42. • LAUER, P. *Louis IV d'Outremer* (*Bibl. Ecole Hautes Etudes*, fol. 127), p. 30 e 232. A importância militar de Corbeny era ainda notável no século XVI – lá construiu-se fortificações em 1574: maço 199, n. 2. De resto, sabe-se do papel das posições de Corbeny-Craonne durante a guerra de 1914-1918. Da Igreja do priorado – demolida em 1819 – restava, depois da guerra, ruínas bastante importantes. Cf. LEDOUBLE. *Notice sur Corbeny,* p. 164. Atualmente, elas desapareceram completamente, como me informou, muito diligentemente, o senhor cura de Corbeny.

469. MABILLON. *AA. SS. ord. S. Bened.,* IV, 2, p. 525 e *AA. SS., maii,* VII, p. 533.

rável aliviou, as escrófulas não aparecem. Pouco mais de um século depois, na Catedral de Coutances, um grande vitral – que ainda hoje podemos admirar – foi consagrado à memória do abade de Nant, cujo culto era ainda vivo na diocese onde outrora ele exercera seu apostolado; uma única cura foi aí representada: a de um caçador – as *Vidas* carolíngias contavam que ele fora castigado pela sua irreverência diante do santo mediante um cruel acidente de cavalo, em seguida, o próprio santo o devolveu a saúde[470]. E nada de escrófulas.

Marcoul estava destinado, entretanto, a tornar-se o médico habitual deste gênero de afecções. Por infelicidade, o mais antigo testemunho que o apresenta nesse papel é impossível de ser datado com precisão: trata-se de um sermão, certamente posterior em muitos anos à viagem feita pelas relíquias em 1101, anterior ao ano de 1300 (ou aproximadamente), pois o primeiro manuscrito que conhecemos remonta claramente ao fim do século XIII. Lê-se nesse sermão a frase: "esse santo recebeu do céu tamanha graça para a cura dessa doença que chamamos mal régio, que se vê afluir até ele [entenda-se, até seu túmulo, em Corbeny] uma multidão de doentes vindos tanto de países distantes e bárbaros como das nações vizinhas"[471]. Quais são as razões para se acostumar assim, em torno do século XII ou XIII, em considerar São Marcoul como um especialista das escrófulas? Em sua legenda anterior, nenhum episódio, como vimos, havia preparado os espíritos para esta concepção. Sem dúvida, eles foram inclinados a isso por uma dessas circunstâncias, insignificantes na aparência, que frequentemente decidem os passos da consciência popular. Henri Estienne, em *l'Apologie pour Hérodote*, escreveu: "A alguns santos, atribuíram-se os ofícios segundo seus nomes, como, por exemplo, quanto aos santos médicos, distinguiu-se tal santo para tal cura da doença com nome parecido com o seu"[472]. Muito tempo atrás, aplicaram essa observação no caso de São Marcoul. Os

---

470. PIGEON, E.A. *Histoire de la cathédrale de Coutances*. Coutances, 1876, p. 218-220. Para o episódio do caçador, *AA. SS. maii*, I, p. 76 (*Vida A*) e p. 80 (*Vida B*).

471. Publicado, com o título bastante inexato de *Miracula circa annum MLXXV Corbiniaci patrata*, por Mabillon, *AA. SS. ord. S. Bened.*, IV, 2, p. 525 e, segundo ele, *AA. SS. maii*, VII, p. 531. Mabillon estava servido de um manuscrito pertencente a Saint-Vincent de Laon que não pude encontrar; assinala também um manuscrito de Saint-Victor de Paris, que ele data, inexatamente, de cerca de 1400; evidentemente, o latim 15.034 da Biblioteca Nacional (cf. *Catal. codic. hagiog.* III, p. 299) é do século XIII. O sermão encontra-se também no manuscrito 339 B da Biblioteca da Ville de Tours, que é do século XIV. A frase (fol. 14 do latim 15.034): "Nam illius infirmitatis sanande, quam regium mobum vocant, tanta ei gracia celesti dono accessit, ut non minus ex remotis ac barbaris quam ex vicinis nationibus ad eum egrotantium caterve perpetuo confluant".

472. Cap. XXXVIII. Ed. Ristelhuber, II, 1879, p. 311.

tumores escrofulosos se alojam de preferência no pescoço*. Ora, em Marcoul (cujo "l", consoante final, desde cedo soou apenas fracamente[473]) há *cou* e – o que geralmente se esquece – há também *mar*, advérbio que, na língua medieval, frequentemente tem o sentido de mal, malignamente. Daí uma espécie de calembur** – medíocre, na melhor das hipóteses – que explorado, talvez, por alguns monges astuciosos, pode muito bem ter feito atribuir ao santo de Corbeny uma particular aptidão para curar um mal do pescoço. Os títulos de Santa Clara***, por exemplo, para a função de oculista sobrenatural são mais evidentes, mas são do mesmo gênero. Aproximadamente na mesma época em que foi assim, de uma forma bastante repentina, dotado de um poder especial, Marcoul torna-se um santo popular. Até aqui, antes e após seu êxodo, não havia cura conhecida, seja na Nêustria, seja na província de Reims, para além de uma reputação local. No século IX, além de Nant, outra igreja, provavelmente de Rouen, detinha parte dos restos do santo em questão; é o que se depreende claramente de um episódio que o autor da segunda *Vida* carolíngia, talvez movido pelos eventos recentes, acrescentou ao plano tradicional que lhe fornecia a primeira *Vida*, mais antiga. Santo Ouen, bispo de Rouen – conta o hagiógrafo – quis se apoderar da cabeça de São Marcoul, que fora, na ocasião de uma translação, retirada da tumba. Mas, subitamente, uma carta caída do céu ordenou-lhe que renunciasse a seu desejo e que se contentasse em obter do cadáver um outro fragmento. Esse breve relato, evidentemente, tinha como único objetivo rebater as pretensões de uma casa rival e, sem lhe contestar a posse de uma parte das relíquias, negar-lhe toda a possibilidade de reivindicar

---

* *Cou*, no original francês. O autor, em seguida, relacionará a palavra *cou* com a etimologia de *Marcoul* [N.T.].

473. Os atestados de cura do século XVII, dos quais falaremos mais adiante (p. 265ss.), nos fornecem bons exemplos da ortografia popular: eles escrevem frequentemente *Marcou*. É igualmente a ortografia fornecida desde o século XV pelas contas da Igreja de Saint-Brice de Tournai (abaixo indicado, p. 261, n. 509). Cf. tb. as cartas patentes de Henrique III (setembro de 1576) e de Luís XIII (8 de novembro de 1610), maço 199, n. 3 e 6. Para o século XIX, cf. a frase no dialeto de Beauce transcrita em *Gazette des Hôpitaux*, 1854, p. 498. Sobre o papel dos calembures no culto dos santos, pode-se consultar H. Delehaye, *Les légendes hagiographiques*. Bruxelas, 1905, p. 54. A teoria do calembur, considerada como origem do poder curador de São Marcoul, foi sustentada diversas vezes; p. ex.: FRANCE, A. *Vie de Jeanne d'Arc*, I, p. 532. • LA SALLE, L. *Croyances et légendes du centre de la France,* II, 1875, p. 5 (cf. I, p. 179, n. 2) é o único autor, ao que parece, que fez alusão à palavra *mar*.

** *Calembour*, no original francês. Jogo de palavras, trocadilho [N.T.].

*** No original, o autor grafou *Clair* ao invés de *Claire*. Porém, Marc Bloch se refere à Santa Clara (*Saint-Claire*) e sua relação com a cura dos males da vista [N.T.].

a mais preciosa dentre elas[474]. As versões neustrianas do grande martirológio "hieronímico" mencionam São Marcoul, mas somente elas[475]. Três aldeias na França carregam o nome do santo; todas as três situadas na Normandia, ao Sul do Sena[476]. Veio a partida para Corbeny. O santo fugitivo conseguiu, neste exílio, ser doravante evocado pelas pessoas piedosas em duas regiões diferentes. Primeiramente, em sua primeira pátria. Em Coutances, principalmente, sua lembrança jamais se perdeu; aí, na catedral reconstruída entre 1208 e 1238, uma capela foi a ele dedicada, ornamentada com o belo vitral do qual já falamos mais acima; os breviários da diocese igualmente conservaram a sua memória[477]. Sobretudo, ele teve fiéis em Corbeny e em Reims, onde se erguia o Mosteiro de Saint-Rémi, casa-mãe do priorado das margens do Aisne; os livros litúrgicos e as legendas de Reims lhe dedicam um lugar bastante relevante[478].

---

474. AA. SS. maii, I, p. 80, c. 21. Esse episódio é também relatado em uma das Vidas de São Rouen, a Vida II (Bibliotheca hagiographica latina, n. 753), redigida em Rouen em meados do século IX. Daí um problema de filiação e uma pequena polêmica erudita: LEVISON, W. Monum. Germ., SS. rer. me rov. V, p. 550-552 e, em seguida, BAEDORF. Untersuchungen über Heiligenleben, p. 35, pensam que o autor da segunda Vida de São Marcoul – Vida B – inspirou-se, sobre este aspecto, na Vida de S. Ouen. M. Vacandard (VACANDARD, M. Analecta Bollandiana, XX [1901], p. 166.
• Vie de Saint Ouen, 1902, p. 221, n. 1) julga, ao contrário, que o plágio deve ser atribuído à Vida de S. Ouen; a Vida de São Marcoul apresentaria o relato original. Não hesito em aderir a esta segunda teoria. A historieta, evidentemente destinada a afirmar a posse, pelos monges de Nant, da cabeça de seu patrono, inicialmente não pode sobreviver para além da abadia cujos interesses servia; ela corresponde a um tipo de corrente de legendas hagiográficas: cf. um traço análogo na vida de Eduardo o Confessor por Osbert de Clare, Analecta Bollandiana, XLI (1923), p. 61, n. 1.

475. A recensão de Saint-Wandrille e uma recessão – representada por um manuscrito de Paris e outro do Vaticano – que parecem originárias das dioceses de Bayeux, Avranches e Coutances: AA. SS. novembre II, 1, p. [53].

476. Além de Saint-Marcouf, Mancha, cant. Montebourg (a antiga Nant), há Saint-Marcouf, Mancha, comuna de Pierreville, e também Saint-Marcouf, Calvados, cant. Isigny. Em frente de São Marcouf, cant. Montebourg, estão as ilhas de Saint-Marcouf, as quais sem dúvida devemos identificar como as ilhotas chamadas duo limones que as Vidas carolíngias do santo mencionam: cf. BENOIST, A. Mém. soc. archéol. Valognes, III (1882-1884), p. 94.

477. PIGEON, E.A. Histoire de la cathédrale de Coutances, p. 184, 218, 221. Para os breviários, Catal. codic. hagiogr. lat. in Bibl. Nat. Par., III, p. 640; o mais antigo, aliás, não é anterior ao século XIV; nota-se que, em meio a mais de 350 manuscritos litúrgicos examinados pelos bolandistas na Biblioteca Nacional, apenas esses três breviários de Coutances forneceram o nome de São Marcoul.

478. P. ex., os seguintes manuscritos da Biblioteca de Reims, provenientes de estabelecimentos religiosos da localidade (para mais detalhes, cf. o Catalogue; os mais antigos são do século XII); 264, fol. 35; 312, fol. 160, 313, fol. 83 V; 314, fol. 325; 346, fol. 51 V; 347, fol. 3; 349, fol. 26; 1.410, fol. 179. • Martyrologe de l'église cathédrale de Reims (segunda metade do século XIII). In: CHEVALIER, U. Bibliothèque liturgique, VII, p. 39. • Codex Heriniensis do Martirológio de Usuard. In: MIGNE. P.L., t. 124, col. 11 (fim do século XI). O único texto litúrgico da Idade Média relativo a São Marcoul que foi recenseado por U. Chevalier – em seu Repertorium hymno-

Porém, durante muito tempo seu culto teve apenas um brilho muito fraco: fora da Normandia, de Corbeny e de Reims, antes do século XIV, ao que parece, ele era quase completamente ignorado; e mesmo nesses lugares (embora Corbeny seja um caso à parte) seu renome era, sem dúvida, de segunda ordem. Nem em Reims, nem em Laon – capital da diocese da qual Corbeny fazia parte – sua estátua aparece nas catedrais onde, todavia, os conjuntos esculturais eram reservados aos santos regionais[479]. As canções de gesta, onde aparecem tantos nomes de santos – frequentemente pelas necessidades da assonância ou da rima –, silenciam sobre ele[480]. Vincent de Beauvais, em seu *Miroir Historial*, consagra-lhe apenas algumas palavras[481]. As outras grandes compilações hagiográficas redigidas na França ou mesmo fora, no século XIII ou na primeira metade do século seguinte, ignoram-no[482]. São Luís, que não o encontrava no calendário de seu saltério, sem dúvida nunca rezou por ele[483].

Porém, próximo do fim da Idade Média, sua sorte mudou. O sintoma mais característico de sua nova popularidade foi uma tentativa bastante insolente da

---

logicum – é uma prosa do século XIV, proveniente de um missal de Saint-Rémi de Reims (n. 21.164). Em Laon, as orações aos santos, contidas em dois ordinários da catedral, do início do século XIII, não mencionam Marcoul.

479. Naturalmente, mesmo em Corbeny devia desde muito cedo haver representações do santo, mas estamos mal informados sobre elas. Uma pequena estatueta em prata, servindo de relicário, é assinalada nos inventários de 1618 e 1642 (LEDOUBLE. *Notice*, p. 121 e maço 190, n. 10); não sabemos de quando ela poderia datar. O mesmo vale para a estátua que, em 1642, sitiava-se no altar-mor. O baixo relevo, conhecido sob o nome de "pedra de São Marcoul", que se conservou, até a última guerra, na Igreja paroquial da aldeia, não aparece – segundo as conclusões de Ledouble, p. 166 e de Barthélemy, *Notice*, p. 261 – ter sido executada antes do século XVI, no mínimo. Às vezes, considerou-se como representando São Marcoul uma estátua do século XVI que eu pude ver em Reims, nos arquivos (nada parece justificar esta atribuição). Para a iconografia do santo em Saint-Riquier e em Tournai, cf. abaixo, p. 260, 261, 272 e 274.

480. Cf. LANGLOIS, E. *Table des noms propres de toute nature compris dans les chansons de geste imprimées*, 1904. • MERK, C.J. *Anschauungen über die Lehre [...] der Kirche im altfranzösischen Heldenepos*, p. 316.

481. L. XXII, c. 11: "Marculfus abbas Baiocacensis sanctitate claruit in Gallia".

482. Em vão, procurei São Marcoul em Bernard Gui (*Notices et extraits des Ms.*, XXVII, 2, p. 274ss.), no legendário anônimo latino da metade do século XIII do qual Paul Meyer fez o sumário (*Histoire littér.*, XXXIII, p. 449), nos legendários franceses estudados por este mesmo erudito (ibid. p. 328ss.), no *Catalogus sanctorum* de Pierre de Natalibus (edição de 1521), em Pierre de Calo (*Analecta Bollandiana*, XXIX, 1910) e na *Légende Dorée*.

483. Bibl. Nat., latim 10.525. Cf. DELILE, L. *Notice de douze livres royaux du XIIIe et du XIVe siècles*, in-4o, 1902, p. 105. São Marcoul igualmente não figura nem no manuscrito latino 1023, atribuído a Felipe o Belo, nem no "Très beau bréviaire" de Carlos V (latim 1.052) (cf. DELISLE. Loc. cit., p. 57 e 89) nem no Livro de Horas de Carlos VIII (latim 1.370).

Igreja de Notre-Dame de Mantes em reivindicar, às expensas de Corbeny, a propriedade das relíquias do santo. Numa data que ignoramos (mas, sem nenhuma dúvida, anterior ao ano de 1383), descobriu-se, no caminho de Rouen, não muito longe de Mantes, uma sepultura que guardava três esqueletos; provavelmente por causa do cuidado com o qual o sepultamento havia sido feito, imaginou-se que se tratava de corpos de santos e transportaram-se as ossadas para a colegiada vizinha. Não se soube, inicialmente, quais nomes deviam dar-lhes. O inventário dos móveis de Notre-Dame redigido em 1383 pelo cônego Jean Pillon mostra-os ainda desprovidos de qualquer identificação precisa; estavam todos colocados em uma grande caixa de madeira, o que não aparenta ser o sinal de um respeito muito especial. Pouco menos de um século mais tarde, em 19 de dezembro de 1451, vemos o bispo de Chartres, Pierre Beschebien, presidir a translação solene em três arcas mais dignas de eminentes servidores de Deus – pois nesse intervalo, como testemunha a ata da cerimônia, encontrara-se uma identidade para eles: acreditou-se (ou quis-se acreditar) reconhecer neles os próprios restos de São Marcoul e de dois lendários companheiros que lhe atribuíam as *Vidas* antigas, Cariulphe e Domard. Supôs-se que os monges de Nant, fugindo dos normandos e próximos de serem por eles alcançados, não puderam salvar seus preciosos fardos, enterrando-o precipitadamente num prado, próximo da estrada. Bem mais tarde, uma revelação indicara a pastores – ou a seus carneiros – a localização dos três corpos[484].

Essas invenções suscitaram – como esperado – uma viva indignação em Corbeny; uma longa polêmica se seguiu, acirrada sobretudo no século XVII[485]. Os monges do antigo priorado, onde Carlos o Simples havia recolhido as ossadas do santo da Nêustria, possuíam direitos solidamente apoiados na história: poderiam citar documentos autênticos, em primeiro lugar seu diploma de fundação; e não descuidaram de fazê-lo; mas invocariam também os sinais,

---

484. Cf. SÃO FAROUL. *De la dignité des roys de France* [...] – o autor era deão e oficial de Mantes – e BENOIT, M.A. *Un diplôme de Pierre Beschebien* [...] A data da invenção dos pretensos corpos santos é dada por Benoit (p. 45), segundo, talvez, um manuscrito do cura Chèvremont (fim do século XVII): 19 de outubro de 1343; mas essa data não parece ter sido atestada por nenhum documento sério – Faroul a ignora. O inventário de 1383 é citado por Benoit, e a ata de translação de 1451 o foi por Faroul e Benoit. O primeiro menciona assim as relíquias (p. 45): "Primeiramente, um grande repositório de madeira como relicário no qual estão as ossadas dos três corpos santos, que dizem ter sido encontrados no caminho de Rouen e trazidos para esta Igreja de Mantes". É curioso o fato de André du Saussay (*Martyrologium gallicanum*, fol., Paris 1637, I, p. 252-254) apenas conhecer – ou simule não conhecer – as relíquias de São Marcoul de Mantes e silenciar sobre as de Corbeny.

485. A *Apologie* de Dom Oudard Bourgeois, surgida em 1638, é uma resposta ao livro de São Faroul.

em seu ponto de vista, mais incontestáveis. Em 21 de maio de 1648, dia da Ascensão, quando se levava em procissão a arca de São Marcoul, "apareceram subitamente no céu", relata uma ata redigida 33 anos mais tarde, "três coroas cujos círculos, contíguos um ao outro, pareciam pintados de amarelo, de verde e de azul. [...] Estas coroas [...] aparentavam estar sempre suspensas sobre a arca". Durante a grande missa, "foram percebidas ainda mais distintamente. Com o término do ofício, elas começaram a desaparecer uma após a outra". Os religiosos e os fiéis, que contavam "mais de seis mil", viram nesses objetos um "testemunho público e incontestável" produzido pelo próprio Deus para reduzir a nada as pretensões do povo de Mantes[486]. De nada adiantou: a despeito dos textos mais certos e dos próprios milagres, as relíquias de São Marcoul continuarem a ser adoradas em Mantes – sem nunca atrair multidões de doentes comparáveis àquelas que se espremiam nas margens do Aisne; as relíquias de Mantes, dizia-se, não deixaram de, às vezes, curar as escrófulas[487].

Em outros lugares, o renome do santo se propagou mais tranquilamente. Encontramo-lo perto do final do Antigo Regime, e ainda hoje, adorado em um considerável número de igrejas, que frequentemente exibem algumas de suas relíquias e delas fazem um objeto de peregrinação para os doentes das proximidades. Nesta piedosa conquista, muitos episódios escapam de toda datação precisa; os fatos desta ordem apenas raramente são registrados por escrito, o que é uma grande pena, pois eles constituíram durante muito tempo um dos aspectos essenciais da vida religiosa das massas. Não pude determinar, nem de longe, quando, pela primeira vez, Marcoul foi invocado em Carentoir, na Diocese de Vannes[488]; em Moutiers-em-Retz, na Diocese de Nantes[489]; em Saint-Pierre de Saumur e em Russé, próximo desta cidade[490]; em Charray, no Dunois[491]; na grande Abadia de Saint-Valery-sur-Somme[492]; em Montdidier, onde ele foi escolhido como patrono dos tecelões[493]; em Saint-Pierre

---

486. Ata datada de 6 de junho de 1681, maço 223 (*renseignements*), n. 8, fol. 47.
487. FAROUL. Loc. cit., p. 223.
488. SÉBILLOT. *Petite légende dorée de la Haute-Bretagne*, 1897, p. 201.
489. MAÎTRE, L. "Les saints guérisseurs et les pèlerinages de l'Armorique". In: *Rev. d'Hist. de l'Église de France*, 1922, p. 309, n. 1.
490. TEXIER, L. *Extraict et abrégé de la vie de Saint Marcoul abbé,* 1648 (culto atestado, por consequência, na primeira metade do século XVII).
491. BLAT. *Histoire du pèlerinage de Saint Marcoul*, p. 13.
492. CORBLET, J. *Hagiographie du diocèse d'Amiens*, IV, 1874, p. 430.
493. CORBLET. Loc. cit., p. 433.

d'Abbeville[494]; em Rue e em Cottenchy, na Diocese de Amiens[495]; em Santa Elisabeth de Valenciennes; na Abadia de Cysoing[496]; em Saint-Thomas em Argonne[497]; em Balham, nas Ardenas[498]; em Dinant[499]; entre os frades da Ordem dos Pregadores em Namur[500]; em diversas aldeias ou burgos do país valão: Somzée, Racour[501], Silly, Monceau-Imbrechies, Mont-Dison[502]; em Erps, Zellick[503] e Wesembeek[504], no Brabante; em Wondelgem, na Flandres[505], em Colônia[506], enfim, e sem dúvida em muitos outros lugares que, na falta de repertórios hagiológicos apropriados, escaparam a minhas pesquisas. Mas todas as vezes que pude recolher uma indicação cronológica, correta ou aproximada, constatei que ela se relacionava a uma época relativamente recente[507]. Em Saint-Riquier, no Ponthieu, nosso santo era conhecido desde o século XIV – um martirológio redigido nesta época e nesta casa menciona-o. Aí ele foi, o mais tardar nas proximidades do ano de 1500, o objeto de uma veneração bastante ativa, da qual a iconografia dá testemunho[508]. Em Tournai, na

---

494. CORBLET. *Mém. Soc. Antiquaires Picardie*. 2ª série, X, 1865, p. 301.

495. CORBLET. *Hagiographie du diocese*, IV, p. 433.

496. DANCOISNE. *Mém. Acad. Arras*, 2a. série, XI, 1879, p. 120, n. 3.

497. LALLEMENT, L. *Folklore et vieux souvenirs d'Argonn*, 1921, p. 40 (o mais antigo testemunho citado é de 1733).

498. *Revue de Champagne*, XVI, 1883, p. 221.

499. DE WARSAGE, R. *Le calendrier populaire wallon*. in-12. Antuérpia, 1920, n. 817-819.
• CHALON, J. *Fétiches, idoles et amulettes*, I. Namur, 1920, p. 148.

500. SEGANGES, B. *Les saints patrons des corporations*, II, s. d., p. 505 (segundo uma plaqueta de 1748).

501. DE WARSAGE, R. Loc. cit., n. 1.269.

502. CHALON, J. Loc. cit.

503. VAN HEURCK, E. *Les drapelets de pèlerinage en Belgique*, p. 124 e 490; em Zellick, atestado por uma bandeirola de 1698.

504. CHALON, J. Loc. cit.

505. VAN HEURCK. Loc. cit., p. 473; atestado desde 1685.

506. Atestado em 1672. Cf. mais abaixo, p. 262, n. 519. Nenhuma relíquia de Saint-Marcoul é apontada em GELENIUS. *De admiranda sacra et civili magnitudine Coloniae*, in-4º. Colônia, 1645. Corrigindo as provas, percebi que ainda é preciso somar a esta lista a Igreja de São Jacques de Compiègne, onde hoje há uma capela dedicada a São Marcoul; cf. mais à frente, *Appendice II*, n. 24.

507. Cf. o que foi dito, nas notas acima, sobre Saumur e Russé, Saint-Thomas em Argonne, Zellick e Wondelgem.

508. O martirológio é o *codex Centulensis* do *Martyrologe* d'Usuard (MIGNE. P.L., t. 124, col. 11). Para a iconografia, além do afresco citado abaixo (p. 272), deve-se considerar uma estátua do santo do início do século XVI (DURAND, G. *La picardie historique et monumentale*, IV, p. 284 e fig. 37) e uma estatueta de prata, que servia de relicário, destruída em 1789 e da qual eu não saberia precisar a época (CORBLET. *Hagiographie*, IV, p. 433).

Igreja de Saint-Brice, havia, desde a segunda metade do século XV, um altar e uma estatueta a ele dedicados[509]. Em Angers[510] e em Gissey[511] (na Borgonha) seu culto confirmou-se no século XVI. Em torno desta mesma época, sua efígie começa a aparecer em medalhas religiosas na região de Arras, junto a diversos santos locais[512]. Em 1533 e 1566, os missais da Diocese de Troyes e da Abadia de Cluny tomam emprestado dos livros litúrgicos de Saint-Rémi de Reims uma prosa em honra de São Marcoul[513]. Novamente no século XVI, um fragmento de seu crânio, roubado em Corbeny, foi transportado até a Igreja de Bueil, em Touraine, e, doravante, passou a atrair os fiéis[514]. Outras partes de suas relíquias – obtidas por meios mais lícitos – dão início, em 1579, à grande peregrinação de Archelange, no Franco-condado[515]. A partir do século XVII, São Marcoul é encontrado algumas vezes associado à Virgem nas medalhas de Nossa Senhora de Liesse[516]. Em 1632, Coutances recupera,

---

509. Livro de contas da Igreja de Saint-Brice, de 1468-1469: "A Jacquemart Blathon, pedreiro, com salário por ter chumbado o candelabro usado diante de uma imagem de São Marcoul e, fazendo isto, ter feito três buracos na parede" (*Annales Soc. histor. Tournai*, XIII, 1908, p. 185). Em 1481-1482, as contas falam de um "altar de São Marcoul" (segundo uma amável informação do Sr. Hocquet, arquivista da cidade de Tournai).

510. GAUTIER. *Saint Marcoul*, p. 56. A Catedral de Angers e a Igreja de Saint-Michel de Tertre parecem ter, em conjunto, venerado São Marcoul.

511. DUPLUS. *Histoire et pèlerinage de saint Marcoul*, p. 83. Sobre Gissey (sobre Ouche) há uma informação nas *Mémoires de la commission des antiquités de la Côte d'Or*, 1832-1833, p. 157, que não reporta nada sobre nosso santo.

512. DANCOISNE, L. *Les médailles religieuses du Pas de Calais* – Mém. Acad. Arras. 2ª série, XI, 1879, p. 121-124. Dancoisne acredita que a Igreja de Sainte-Croix de Arras foi primordialmente posta – na ocasião de sua fundação, no século XI – sob a proteção de Saint-Marcoul, mas esta assertiva é colocada sem a garantia de uma prova sequer, e não parece se justificar por nenhum texto.

513. CHEVALIER, U. *Repertorium hymnologicum*, n. 21.164. Cf. acima, p. 256, n. 478. A colegiada de Saint-Etienne de Troyes possuía, no século XVII, as relíquias de São Marcoul, assim testemunha DES GUERROIS, N. *La Saincteté chrétienne, contenant la vie, mort et miracles de plusieurs Saincts [...] dont les reliques sont au Diocèse et Ville de Troyes*, in-4º. Troyes, 1637, p. 296, V.

514. O roubo ocorrera numa data não especificada, provavelmente em torno do final do século XVI. O auto que o relata só foi lavrado em 17 de junho de 1637 – encontra-se no maço 229, n. 9 e foi reproduzido de forma incorreta por Oudard Bourgeois, em *Apologie*, p. 120 (O. Bourgeois escreve "Bué" em vez de "Bueil", e esta é a grafia dada pelo texto autêntico). A cabeça fora inicialmente transferida para Bueil. Corbeny a recuperou, mas o povo de Bueil parece ter guardado um fragmento do crânio. Cf. GAUTIER. *Saint Marcoul*, p. 30.

515. *Notice sur la vie de S. Marcoul et sur son pèlerinage à Archelange*, p. 22. Sobre a popularidade que a peregrinação, ainda hoje, tem na Borgonha, cf. *Rev. des Traditions Populaires*, II, 1887, p. 235.

516. LEDOUBLE. *Notice*, p. 220 (reproduzido junto à p. 208). A única medalha de São Marcoul que o *Cabinet des Médailles de la Bibl. Nat.* possui corresponde também a esse tipo, como pude verificar graças ao molde que o conservador, por intermédio do Sr. Jean Babelon, teve a gentileza de fazer chegar a mim.

devido à generosidade do cabido de Angers, algumas partes de seu corpo, outrora tiradas da diocese pelas invasões normandas[517]. Em 1672, Colônia envia outros fragmentos a Antuérpia[518]. Outros ainda chegam, por volta de 1666, aos Carmelitas da Place Maubert, em Paris, graças a um legado de Ana da Áustria[519]. Sobretudo no final do século XVI e durante o século seguinte, em todas as partes as confrarias são fundadas sob sua proteção: em Saint--Firmin de Amiens em 1581[520], em Notre-Dame de Soissons em 1643[521], em Grez-Doiceau, no ducado de Brabante, em 1663[522], na Igreja de Notre-Dame de Sablon, em Bruxelas, em 1667[523], e mesmo em Tournai, onde o culto era, todavia, antigo por volta de 1670[524]. A dos franciscanos de Falaise somente é conhecida por uma gravura do século XVII[525].

---

517. BILLY, R.T. *Histoire ecclésiastique du Diocese de Coutances* (Soc. De l'Histoire de Normandie), III. Rouen, 1886, p. 239.

518. GAUTIER, p. 29.

519. Cf. aqui, p. 293.

520. DAIRE. *Histoire de la ville d'Amiens*. II, in-4º. 1757, p. 192. A confraria, fundada após um voto feito em tempo de peste, tinha por patronos São Roque, Santo Adriano, São Sebastião e São Marcoul. Naturalmente, a instauração de uma confraria não é prova de que o culto ao santo tenha nascido na data exata em que esta foi fundada. Cf. mais adiante o que é dito sobre Tournai. Acrescente-se que em Wondelgem, onde o culto é atestado desde 1685, a confraria só foi instituída em 1787 – mas um fato deste comprova de forma incontestável o progresso do culto.

521. GAUTIER, C. *Saint Marcoul*, p. 30.

522. SCHÉPERS. "Le pèlerinage de Saint Marcoul à Grez-Doiceau". In: VAN HEURCK. *Les drapelets de pèlerinage*, p. 157ss. Uma instrução, dando o regime que os doentes que solicitavam a intervenção de São Marcoul deviam seguir, foi impressa em Lovaina em 1656. Caso tenha sido redigida especialmente para os peregrinos de Grez-Doiceau (as indicações do Sr. Van Heurck não são muito precisas sobre esse aspecto, p. 158), a peregrinação então dataria, no mais tardar, de 1656.

523. *AA. SS. maii*, I, p. 70c.

524. Atestada pela primeira vez nas contas em 1673-1674 (a informação é do Sr. Hocquet). Em 1653, em 27 de maio, o túmulo de Childerico fora descoberto em um terreno do deão de Saint--Brice; alguns objetos que haviam sido encontrados foram enviados a Luís XIV. De acordo com uma tradição local – que não se apoia em nenhum documento –, o rei da França, em retribuição pelo presente, teria enviado ao deão uma relíquia de São Marcoul. Cf. a brochura religiosa intitulada *Abrégé de l avie de S. Marcou [...] honoré em l'église paroissiale de S. Brice à Tournai*, p. 3. Também em Reims, o culto ao santo (que ali era quase imemorial) parace ganhar novo impulso no século XVII: funda-se, em torno de 1650, um hospital sob a proteção de São Marcoul. Pouco depois, no próprio hospital, é criada uma confraria em louvor ao santo. Cf. JADART. "L'Hôpital Saint-Marcoul de Reims". In: *Travaux Acad. Reims*. CXI, 1901-1902, p. 178 e 192, n. 2.

525. Bibl. Nat. Cabinet des Estampes. Collection des Saints; reproduzido em LANDOUZY. *Le toucher des ecroulles*, p. 19.

Acima de todos esses pequenos centros locais, brilhava sempre o centro principal: Saint-Marcoul de Corbeny. Como outrora em Nant, a aldeia de Corbeny praticamente perdeu seu nome. A partir do século XV, os documentos frequentemente a chamam de Corbeny-Saint-Marcoul; por vezes, simplesmente Saint-Marcoul[526]. Era conhecida somente por causa de sua igreja. Ali também foi criada uma confraria; meio religiosa, meio econômica: pois o santo fora escolhido (teria sido em virtude de uma assonância qualquer?) como patrono pelos retroseiros da região. Em torno do começo do século XVI, esses comerciantes surgem agrupados, por toda a França, em um certo número de grandes associações supervisionadas de muito perto pelo poder régio, cujo representante, neste caso, era o Camareiro-mor; cada uma tinha como chefe um "rei dos retroseiros", que era chamado oficialmente – um título semelhante nas mãos de um súdito tinha algo de chocante – "mestre-visitador". Uma dessas associações, que cobria uma grande parte da Champanha e da Picardia, possuía seu centro no priorado de Corbeny – era nomeada "Círculo e Confraria de Mons. São Marcoul"; seu "rei" era "primeiro confrade"; havia um sinete no qual se via representados lado a lado o grande protetor da monarquia, São Luís, e o protetor particular do "Círculo", São Marcoul[527]. Nesse tempo, os "retroseiros" eram sobretudo mascates, indo de burgo em burgo; pode-se imaginar melhores propagandistas para o culto de um santo?

Mas o que, sobretudo, fez a glória do taumaturgo de Corbeny foi a peregrinação da qual sua tumba era o objeto. Desde o século XV – e ainda bem de-

---

526. Cf. o *Dictionnaire Topographique de l'Aisne*. Cf. tb. o texto de 1671 publicado em DURAND, R. *Bulletin de la Soc. d'Histoire Moderne*, p. 458, e as cartas patentes de Luís XIII, 08/11/1610, maço 199, n. 6.

527. A propósito das corporações e os "reis" dos retroseiros, pode-se cf. VIDAL, P. & DURU, L. *Histoire de la Corporation des marchands merciers [...] de la ville de Paris* (1911). Cf. tb. LEVASSEUR, E. *Histoire des classes ouvrières [...] avant 1789*. 2. ed., 1900, I, p. 612ss. • BOURGEOIS, A. Les métiers de Blois (*Soc. sciences et lettres du Loir-et-Cher, Mém.*, XIII, 1892), p. 172 e 177. • HAUSER, H. *Ouvriers du temps passé*. 4. ed., 1913, p. 168 e 256. Numerosos ofícios tiveram "reis" em seu comando, tanto na França quanto no exterior – aqui não é o lugar para dar a bibliografia desse curioso modo de linguagem. Sobre a corporação dos retroseiros de Corbeny, estamos informados por numerosos documentos: ata de Jean Robertet, representando o Camareiro-mor, em 21 de novembro de 1527, maço 221, n. 1. • Concordata do "rei" e do prior, em 19 de abril de 1531. • Ibid. n. 2 (DE BARTHÉLEMY. *Notice*, p. 222, n. 1). • Decreto do Conselho Privado de 26 de agosto de 1542. • BOURGEOIS, O. *Apologie*, p. 126; e alguns outros documentos do fim do século XVI: maço 221, n. 3 e 4. • BOURGEOIS, Oudard, p. 127ss. • DE BARTHÉLEMY, p. 222. O ofício certamente ainda existia no tempo de O. Bourgeois (1638). O sinete é reproduzido em O. Bourgeois, p. 146. Um exemplar foi descrito em SOULTRAIT, G. *Société de sphragistique de Paris*, II, 1852-1853, p. 182; cf. ibid. p. 257.

pois – os monges vendiam aos doentes pequenas medalhas de prata (dourada ou não), as *"bulettes"*, ou então – para os mais pobres – modestas *"ymages plates"*, em prata dourada, em prata branca, em chumbo ou em estanho, que – portando a efígie do piedoso abade – provavelmente fizeram que sua pessoa e sua figura se tornassem familiares na França inteira, mesmo entre as pessoas que jamais haviam visto sua sepultura[528]. Os monges somavam a isso pequenas garrafas de louça contendo água santificada pela "imersão" de uma das relíquias; essa água destinava-se a lavar as partes atingidas pelo mal e, às vezes, os mais dedicados a bebiam[529]. Mais tarde, eles também distribuiriam livretos[530]. Temos conhecimento das regras da peregrinação, tal como estavam vigorando no início do século XVII, por um memorial exigido – talvez em 1627 – por um representante do arcebispado (chamado Gifford) e que o próprio redigiu. Suas reflexões são um testemunho precioso da impressão que podia produzir, sobre um eclesiástico esclarecido desse tempo, as práticas de devoção popular, nas quais a religião nem sempre se distinguia muito bem da magia. Assim que chegavam, os doentes eram inscritos na confraria e pagavam-lhe uma pequena soma; era-lhes entregue, então, um "bilhete impresso" que lhes instruía acerca de suas obrigações. Eles eram submetidos a diversas proibições, alimentares ou de outro tipo; em particular, era-lhes proibido tocar qualquer objeto metálico durante sua estadia, prescrição tão importante que "antigamente", conta-se a

---

528. Cf. no maço 195 (*renseignements*) as contas de 1495-1496, fol. 12 V e 28 V; de 1541-1542, p. 30 e 41; de 1542-1543, p. 31. Nenhuma dessas medalhas parece estar ainda conservada. O Sena, que forneceu tantas representações em chumbo, não forneceu dentre elas nenhuma imagem de São Marcoul (cf. FORGEAIS, A. *Collection de plombs historiés trouvés dans la Seine*, II, 1863 e IV, 1865).

529. Cf. as contas citadas na nota precedente. A primeira, a mais explícita, fala simplesmente de "garrafinhas de grés nas quais eles [os peregrinos] levam da lavagem". Mas o livreto intitulado *Avertissement à ceux qui viennent honorer...* (cf. abaixo, p. 264, n. 530) especifica: "Os doentes lavarão seu mal com a água que se benze pela imersão da relíquia do santo, e dela poderão usar mesmo para beber". O regulamento da peregrinação de Grez-Doiceau, inspirado no de Corbeny, diz ainda hoje: "Poder-se-á sempre procurar-se, na dita igreja, a água benta em honra de São Marcoul, para bebê-la ou lavar com ela os tumores ou as chagas" (SCHÉPERS. *Le pèlerinage de Saint Marcoul à Grez-Doiceau*, p. 179). Sobre os costumes semelhantes em outras peregrinações, cf., p. ex., GAIDOZ, H. *La rage et St. Hubert* (*Bibliotheca Mythica*, I), 1887, p. 204ss.

530. Um desses livretos – do século XVII, mas sem data – intitulado *Avertissement à ceux qui viennent honorer le glorieux Saint Marcoul, dans l'église du Prieuré de Corbeny au Diocèse de Laon*, está conservado na Biblioteca Nacional sob a cota L k7 2.444. Um outro, bastante diferente, intitulado *La vie de Sainct Marcoul abbé et confesseur* e datado de 1619 em Reims, encontra-se em Arch. de Reims, Saint-Rémi, maço 223. Em 1673, um hospital para os peregrinos foi estabelecido em Corbeny: maço 224, n. 10.

Gifford, eram obrigados ao uso de luvas, a fim de "impedir", sem possibilidade de negligência, "o dito toque". Naturalmente, o primeiro dever era seguir os ofícios, na igreja do priorado; como regra, eles deviam fazer uma novena, mas aqueles dentre eles que não pudessem ficar nove dias completos em Corbeny tinham a alternativa de delegar em seu lugar um habitante local[531]. Este, por sua vez, devia observar as mesmas interdições às quais a pessoa que ele substituiu estaria sujeita. Estes costumes eram aqueles que, aos olhos do racional Gifford, "não estavam isentos de superstição", pois – pensava ele – as disposições desse tipo apenas seriam legítimas se tivessem como objeto convidar os pacientes a se absterem das coisas que lhes seriam prejudiciais "naturalmente" – excluindo todas as concepções de caráter sobrenatural – e, neste caso, não se via por que elas se aplicariam aos indivíduos saudáveis[532]. Quando os peregrinos deixavam Corbeny, eles se tornavam, a princípio, membros da confraria; os mais responsáveis continuavam a enviar de longe a sua cota-parte[533]. Os monges, de sua parte, não perdiam de vista seus visitantes: eles lhes pediam – se, tendo cumprido "a viagem do grande São Marcoul", estivessem, ao fim de algum tempo, curados de seus males – para estabelecer, o tanto quanto fosse possível, por intermédio de seu cura ou da autoridade judicial mais pró-

---

531. Naturalmente, de acordo com o costume geral, os doentes que, pelos males, pela idade ou qualquer outra razão, eram impedidos de ir a Corbeny, podiam ser substituídos na peregrinação por um parente, um amigo ou mesmo um assalariado. Os atestados de cura de que trataremos mais adiante contêm numerosos exemplos dessa prática. Outras pessoas, curadas após terem feito devoções ao santo, realizavam apenas uma peregrinação de ação de graças a Corbeny; esses casos eram bastante raros.

532. Encontrar-se-á o regulamento intitulado *Les cérémonies que l'on a acoustumé d'observer par ancienne tradition en la neufiesme qui se doibt observer au pèlerinage de Saint Marcoul à Corbeny*, com anotação – em latim – de Gifford, maço 223 (*renseignements*). Não há data; um arquivista do século XVIII anotou no alto da folha: "1627". Não pude identificar quem é esse Gifford. Diante do artigo 4º, em que se vê o prior ordenar aos peregrinos que compareçam aos ofícios e não saiam do território de Corbeny, lê-se a anotação: "*Si respiciatur in eo perseverantia in bono opere, licet; alias non videtur carere superstione*"; diante do 5º (proibição de tocar nos objetos metálicos): "*Omnia ista sunt naturaliter agentia; ideo si sint noxia merito prohibentur*"; do 6º (interdições alimentares): "*Idem ut supra, modo constat judicio medicorum taies cibos naturaliter esse noxios*"; do 7º (referente aos substitutos, submetidos às mesmas observâncias que os próprios peregrinos): "*Hoc non videtur carere superstitione, quia non est ratio cur naturaliter noxia prohibeantur illi qui est sanus*". O regulamento escrito em 1633 no alto do registro da confraria de Grez-Doiceau (cf. abaixo, p. 267) não contém a proibição de tocar nos objetos metálicos. A título de comparação, pode-se ler as prescrições relativas à conduta que deve ser observada durante a novena, que ainda em nossos dias são praticadas na peregrinação de Saint-Hubert nas Ardenas. Cf. GAIDOZ, H. *La rage et Saint Hubert* (Bibliotheca Mythica), 1887, p. 69.

533. Cf. a carta de um desses escrofulosos, Louis Douzinel, de 22 de fevereiro de 1657, maço 223 (*renseignements*), n. 7.

xima, um certificado autêntico e, em seguida, o enviassem a Corbeny. Esses preciosos documentos, que provavam a glória do santo, se acumulavam nos arquivos do priorado; muitos chegaram até nossos dias: o mais antigo é datado de 17 de agosto de 1621[534]; o mais recente, de 17 de setembro de 1738[535]. Eles fornecem informações de uma admirável precisão acerca da popularidade do santuário. Aí vemos que as pessoas vinham não só de todos os cantos da Picardia da Champanhe ou do Barrois, mas também do Hainaut e de Liège[536], da Alsácia[537], da Lorena ducal[538], da Île-de-France[539], da Normandia[540], do Maine e de Anjou[541], da Bretanha[542], de Nivernais, de Auxerrois e da Jourgogne[543], de Berry[544], do Alverne[545], da região lionesa[546], de Dauphiné[547]. Solicitavam ao santo a cura de males diversos, mas, sobretudo – e com muito mais frequência –, imploravam-lhe a cura das escrófulas.

De volta a seus locais de origem, os peregrinos de Corbeny propagavam a devoção ao santo cujo túmulo foram venerar, frequentemente vindos de muito

---

534. Maço 223 (*renseignements*), n. 6. • BOURGEOIS, O. *Apologie*, p. 47ss. analisa quatro atestados dos quais o mais antigo se refere a uma cura operada em 1610.

535. Maço 223 (*renseignements*), n. 7: *Bus*.

536. Numerosos atestados (numerosos demasiadamente para serem citados) no maço 223 (*renseignements*).

537. Atestado do pároco de Saales, Bruche e Bourg, de 31 de dezembro de 1705: maço 223 (*renseignements*), n. 8.

538. Remineront, Saint-Clément, próximo a Lunéville, Val de Saint-Dié: 1655, maço 223 (*renseignements*), n. 8.

539. Pithiviers: atestado de 22 de maio de 1719: maço 223 (*renseignements*), n. 7. • Gisors. Ibid., 12 de julho de 1665. • Rozoy-en-Brie, Grisy, Maintenon, Dreux (1655). Ibid., 8. • Paris, 9 de maio de 1739, maço 223, n. 11.

540. Jurques, Diocese de Bayeux: 30 de junho de 1665: maço 223 (*renseignements*), n. 7; localidade situada entre os Andelys e Louviers, 1665 (ibid.).

541. Laval: 4 de julho de 1665: maço 223 (*renseignements*), n. 7. • Corné, Diocese de Angers: 1655, ibid., n. 8.

542. Atestado estabelecido por dois médicos de Auray: maço 223 (*renseignements*), n. 7, 25 de março de 1669.

543. Localidades das dioceses de Nevers e de Langres, Joigny próximo a Auxerre, 1655: maço 223 (*renseignements*), n. 8. • Sancerre, 11 de junho de 1669, ibid., n. 11.

544. Vorly, Diocese de Bourges: atestado de 30 março de 1659: maço 223 (*renseignements*), n. 7. • Nassigny, mesma diocese, 1655, ibid., n. 8.

545. *Jaro* (?) próximo de Cusé, Diocese de Clermont, 1655: maço 223 (*renseignements*), n. 8.

546. Charlieu "em Lionês", Dammartin (Diocese de Lyon): 1655, maço 223 (*renseignements*), n. 8.

547. "Bourg-le-Namur, a seis léguas de Grenoble, na direção de Piemonte": maço 223 (*renseignements*), n. 7.

longe. No cabeçalho do registro da confraria de Grez-Doiceau, no Brabante, fundada em 1663, é a regra da confraria de Corbeny o que, ainda hoje, se lê[548]. Lá, sobre os declives do planalto de Craonne, estava a confraria-mãe; muitas associações locais, em Grez-Doiceau ou alhures, não passaram de filiais. A expansão do culto de São Marcoul, que descrevemos mais acima, deve ter sido, em grande parte, a obra de antigos doentes que acreditavam ter contraído uma dívida de reconhecimento em torno do taumaturgo cujas relíquias, acreditavam, haviam aliviado seus males.

De onde vinha, em suma, ao velho abade de Nant – ou, como diziam de bom grado desde o século XVI por uma curiosa confusão de nomes, de "Nanteuil" – esse tardio e prodigioso sucesso? Antes de tudo, evidentemente, da especialidade que se acostumaram a lhe atribuir. Tanto que enquanto não passava de um curandeiro banal, nada nele parecia seduzir os fiéis. A partir do dia em que se pôde invocá-lo para curar uma afecção específica e, ademais, muito comum, ele encontrou uma clientela pronta. A evolução geral da vida religiosa ajudou sua sorte. É, todavia, durante os dois últimos séculos da Idade Média, ao que parece, que sua fama começou a chegar; desde o século XV, seu brilho crescera ao ponto em que uma Igreja ambiciosa acreditava ser interessante reivindicar seus restos. Nessa época, o espetáculo das epidemias e dos malefícios de todos os tipos que desolavam a Europa, talvez também os obscuros movimentos da sensibilidade coletiva – perceptíveis, sobretudo, em sua expressão artística – davam à devoção um rumo novo, mais inquieto, mais suplicante – se podemos assim dizer – inclinando as almas a se preocuparem angustiadamente com as misérias deste mundo e a suplicar pelo alívio aos intercessores especializados (ou quase) em um domínio próprio. As multidões iam ao santo das escrófulas assim como se acorressem – ainda mais numerosas – aos pés de São Cristóvão, de São Roque, de São Sebastião ou dos Catorze Auxiliares; o renome nascente de São Marcoul foi apenas um caso particular da unânime popularidade da qual, no mesmo momento, os santos médicos eram objeto[549]. Do mesmo modo, o esplendor de sua glória, nos séculos seguintes, coincide com o vigoroso e bem-sucedido esforço que muitos católicos ativos, como reação à Reforma, fizeram para despertar nas massas o culto aos santos, fundando confrarias, procurando relíquias e associando-se de preferência àqueles servidores

---

548. SCHÉPERS. *Le pèlerinage de Saint-Marcoul à Grez-Doiceau*, p. 179.
549. Em Amiens, em 1581, encontramos São Marcoul associado a três grandes santos protetores dos pestilentos: São Roque, Santo Adriano, São Sebastião; cf. acima, p. 262, n. 520.

de Deus que, pelo seu poder específico sobre as doenças, pareciam capazes de exercer sobre a humanidade sofredora um atrativo mais significativo. Há, portanto, nas razões que explicam a jovem popularidade de São Marcoul, muitos elementos de caráter universal. Mas, sem nenhuma dúvida, ele a deve em boa parte também à associação estreita que pouco a pouco era feita entre seu nome e a dinastia régia. Não era por acaso que o sinete dos retroseiros continha as duas imagens associadas, a de São Luís e a de São Marcoul: todos os dois, cada um à sua maneira, eram os santos da casa de França. Vejamos como esse papel inesperado coube ao patrono de Corbeny.

2 São Marcoul e o poder taumatúrgico dos reis da França

Qual foi o primeiro rei da França a vir, após sua sagração, fazer suas devoções sobre o túmulo de São Marcoul? No século XVII, quando se colocava esta questão aos monges, eles respondiam: São Luís[550]. Sem dúvida, esta ideia – para eles, tão lisonjeira – lhes havia sido sugerida pela efígie do santo rei, gravada no sinete da confraria. Segundo toda a probabilidade, eles haviam se enganado; São Luís recebeu a sagração, muito criança ainda, a 26 de novembro de 1226, com grande pressa e em condições de insegurança extremamente desfavoráveis a uma inovação que resultaria em retardar o retorno do jovem príncipe para junto de seus súditos parisienses. Aliás, sob Filipe o Belo, a tradição da augusta peregrinação certamente ainda não estava estabelecida – conhecemos o itinerário que o cortejo régio seguiu em 1286 após a sagração desse soberano: cortou direto para sudoeste, sem voltar-se para o vale do Aisne. Talvez Luís X, em 1315, ao sair de Reims, tenha ido a Corbeny; mas, se isso aconteceu, deve-se admitir que Filipe de Valois não se considerou obrigado a repetir esse precedente – ele tomou, em 1328, praticamente o mesmo caminho de Filipe o Belo. Pelo contrário, a partir de João o Bom, que, no dia seguinte à sua coroação, deteve-se em Corbeny, nenhum rei até Luís XIV parece ter deixado de

---

550. BOURGEOIS, O. *Apologie*, p. 60. • MARLOT. *Théâtre d'honneur*, p. 718. É ainda a tese da *Gallia Christiana*, IX, col. 248. Alguns diziam mesmo: Carlos o Simples (pequena coletânea sobre São Marcoul redigida depois da sagração de Luís XV: maço 223 [*renseignements*]). A efígie de São Luís no sinete da confraria dos retroseiros fez até nascer a ideia que este príncipe havia sido seu fundador. Cf. BOURGEOIS, O., p. 63. • *Gallia*. Loc. cit. • *AA. SS. maii*, I, p. 70. G. Ledouable (*Notice*) chega a escrever (p. 116) que São Luís "escreveu seu nome, Louis de Poissy, no cabeçalho do registro da associação". Por uma confusão bastante divertida, imaginou-se que foram os reis da França, e não os reis dos retroseiros, os primeiros confrades desta piedosa associação (cf. o atestado de A. Baillet de 24 de setembro de 1632, abaixo p. 291).

cumprir esse piedoso costume (exceto Henrique IV que, devido à ocupação da Santa Liga em Reims, foi obrigado a receber a unção em Chartres). Todo um cerimonial se desenvolvera, claramente descrito por um documento do começo do século XVII: uma procissão ia ao encontro do ilustre visitante; o prior carregava a cabeça do santo e a depositava entre as "mãos sagradas" do rei; este a pegava e ele mesmo (ou através de seu capelão) a levava até a igreja, onde se punha em oração diante da arca[551]. Desde o século XV, um pavilhão especial, chamado "pavilhão real", fora destinado, entre os edifícios conventuais, ao alojamento do monarca[552].

Luís XIV modificou o antigo costume. Quando foi sagrado rei, em 1654, o burgo de Corbeny encontrava-se arruinado pelas guerras; talvez, o campo também não fosse muito seguro. Mazarin não quis que o jovem soberano se aventurasse fora de Reims. Fez-se vir à Abadia de Saint-Rémi, na mesma aldeia, a arca de São Marcoul; a peregrinação, assim, foi cumprida sem incômodos para o régio peregrino. O procedimento pareceu conveniente; Luís XV e Luís XVI o imitaram, sob diversos pretextos[553]. Os reis não mais se obrigavam à incômoda viagem a Corbeny, mas, de uma forma ou de outra, era necessário que eles venerassem São Marcoul. As preces diante das relíquias deste santo tornaram-se, por volta do tempo dos primeiros Valois (e continuando até o fim da monarquia), um rito quase indispensável, que devia seguir quase necessariamente a ser a solenidade da coroação. Desde o tempo de Carlos VII não se imaginava que algum dia pudesse ter sido diferente. "Ora, é verdade", diz a *Chronique de la Pucelle*, "que de todos os tempos os reis da França, após suas sagrações, haviam acostumado a ir em um priorado [...] nomeado Corbigny"[554].

A qual inspiração obedeceu o primeiro rei – Luís X, se quisermos – que, retornando a Reims, deixou a rota habitual e fez um desvio em Corbeny? Desde esse momento, São Marcoul, cuja grande popularidade começava, surgia como um curador de escrófulas. Foi devido a este título que o príncipe francês, também especialista na mesma doença, o procurou? Esperava, implorando a

---

551. Auto de uma investigação sobre o roubo da cabeça de São Marcoul (18 de julho de 1637). Cf. BOURGEOIS, O. *Apologie*, p. 123-124 (cf. acima, p. 261, n. 514).

552. Maço 190 *bis*, n. 2; contas do fim do século XV, trazendo a destinação das somas recebidas pelo prior "para a reparação dos campanários e pavilhão do rei". Para os testemunhos relativos às peregrinações régias, cf. abaixo, *Apêndice V*.

553. *Apêndice V*, p. 459.

554. Ed. Vallet De Viriville, in-12, 1859, cap. 59, p. 323.

um santo ao qual Deus parecia ter confiado muito particularmente o cuidado dos escrofulosos, alcançar, mediante sua proteção, curas ainda mais belas que outrora? Podemos supor que tais foram, de fato, seus sentimentos. Mas, obviamente, ninguém teve o cuidado de nos informar a respeito com exatidão. Pelo contrário, o que vemos claramente, é a ideia de que essas peregrinações, uma vez tendo adentrado os costumes, expandiram-se rapidamente nos espíritos. Até aí, considerara-se comumente o poder taumatúrgico dos reis da França uma consequência do caráter sagrado desses reis, expresso e sancionado pela unção; doravante, acostumou-se em pensar que eles o deviam à intercessão de São Marcoul, que obtivera de Deus esta insignea graça para eles, os reis. Tal era a crença geral já no tempo de Carlos VIII e de Luís XI: testemunham-no João Chartier, o autor da *Chronique de la Pucelle*; o autor do *Journal du Siège*, Lefèvre de Saint-Rémi; Martial d'Auvergne; e o próprio Enea Piccolomini[555]. Sob Francisco I atribuía-se quase universalmente a este santo de "grande mérito", como diz Fleuranges, o dom da virtude milagrosa manifestada pelos reis[556]; foi esta a notícia que recolheu, na corte deste príncipe, o viajante Huberto Thomas de Liège[557], mas, redigindo em seguida suas memórias, ele se complicou na hagiografia francesa e fez honra a São Fiacre com o que lhe haviam dito de Marcoul – prova que o renome do santo de Corbeny, em seu novo papel, ainda não havia ultrapassado as fronteiras (na França, ao contrário, ele estava firmemente estabelecido).

Ainda se os reis tivessem se limitado, diante das relíquias de São Marcoul, a ouvir um serviço religioso e a dizer algumas orações! Mas a esses ritos piedosos, moeda corrente das peregrinações, veio – em boa hora – juntar-se uma prática ainda mais propícia a confirmar a reputação do santo como autor do milagre régio: após suas devoções, o novo soberano, no próprio priorado, tocava alguns doentes. Esta prática é atestada pela primeira vez sob Carlos VIII, em 1484. Sem dúvida, ela não era muito antiga nessa época, pois os escrofulosos ainda não haviam desenvolvido o hábito de acorrer em multidões a Corbeny,

---

555. Para a *Chronique de la Pucelle*, cf. a nota precedente. • CHARTIER, J. *Chronique de Charles VII*. Ed. Vallet de Viriville. in-16, 1858, I, cap. 48, p. 97. • QUICHERAT. *Procès de Jeanne d'Arc (Soc. de l'hist. de France)*, IV, p. 187, 433, 514; V, p. 67.

556. Wd. Goubaud e P.A. Lemoisne *(Soc. de l'hist. de France)* I, p. 170. Cf. GRASSAILLE. *Regalium Franciae iura*, p. 65, que não se pronuncia: "Alij dicunt, quod hanc potestatem capiunt in visitatione corporis beati Marcolphi, quam post coronationem facere consueverunt Reges".

557. LEODIUS, H.T. *Annalium de vita illustrissimi principis Friderici II* [...]. Ed. de 1624, in-4º. Frankfurt, p. 97. Sobre as inexatidões de H. Thomas, cf. abaixo p. 295, n. 624.

no momento da sagração – Carlos VIII viu chegar somente seis; sob São Luís, 14 anos mais tarde, eles já eram oitenta; no tempo de Henrique II, contavam-se entre eles os estrangeiros ao reino; nos séculos XVII e XVIII, eram em centenas, ou mesmo em milhares, que eles se apressavam em semelhante ocasião em Corbeny ou, desde Luís XIV, no pátio de Saint-Rémi de Reims. E tem mais. Ao menos desde Luís XII – talvez já antes –, esse toque, assim cumprido próximo do relicário, era o primeiro de cada reinado: antes desse dia, nenhum paciente tinha acesso ao augusto taumaturgo. O que seria mais tentador do que explicar esta regra supondo que os reis, antes de curar, deviam aguardar ter recebido do santo o poder de cura? Tal foi, de fato, a opinião comum, partilhada talvez pelos próprios reis[558].

Os cônegos de Reims viam a nova teoria com maus olhos; parecia-lhes que ela atacava o prestígio da unção, fonte verdadeira – a seus olhos – do milagre das escrófulas e, por conseguinte, atacava também a honra de sua catedral, onde os sucessores de Clóvis vinham ser consagrados pelo óleo santo. Eles aproveitaram as festas que marcaram a coroação de Carlos VIII, em maio de 1484, para proclamar bem alto a doutrina antiga. Seu deão, discursando para o pequeno rei em 29 de maio nos portões da cidade, lembrar-lhe-ia que receberia da unção o "dom celeste e divino de curar e consolar os pobres enfermos da dolorosa doença que cada um sabe". Mas, a palavra não era o bastante. Para alcançar a imaginação da multidão e a do próprio príncipe, era melhor valer-se das imagens. Ao longo de todo o caminho que deviam percorrer o soberano e seu séquito, uma vez ultrapassadas as muralhas, haviam sido dispostos – segundo a moda da época – estrados que ofereciam toda uma série de vivos quadros que evocavam as memórias mais famosas ou os mais belos privilégios da monarquia. Sobre um deles, havia "uma jovem trajada com um vestido azul, repleto de flores-de-liz douradas, tendo uma coroa de ouro sobre sua cabeça", em seguida, um ator representando um rei da França, um jovem rei; em torno dele, seus servidores "oferecendo-lhe onde lavar-se" e os doentes que ele "curava tocando-lhes com o sinal da cruz". Em resumo, uma representação do toque tal como Carlos VIII iria praticar em breve. Abaixo, uma inscrição trazia

---

558. Toque de Carlos VIII: GODEFROY. *Ceremonial*, I, p. 208. • De Luís XII: registro de esmola, Arch. Nat., K K 77, fol. 124 V. • De Henrique II: abaixo, p. 298, n. 634. • De Luís XIII: Godefroy, p. 457 (860 doentes) e HÉROARD, J. *Journal*, 1868, II, p. 32 ("novecentos e tantos"). • De Luís XV e Luís XVI, abaixo, p. 375s. O fato de Luís XII não ter tocado nenhum doente antes da cerimônia de Corbeny provém da análise de seu registro de esmola, citado mais acima; a princípio, toda a literatura do milagre régio, no século XVII, está de acordo em aceitar esta demora.

esses versos que – não se pode duvidar – foram redigidos por um dos senhores do capítulo, provavelmente o poeta Guillaume Coquillart:

> Pela virtude da Santa Unção
> Que em Reims recebe o nobre rei da França
> Deus pelas suas mãos confere recuperação
> Das escrófulas, eis a demonstrança*.

Esta "demonstrança" e a quadra que a explicava tinham, evidentemente, como objetivo realçar "a virtude da Santa Unção". Mas, "passando diante da dita História", os cavaleiros do cortejo, um pouco apressados, contentavam-se em lançar sobre ela um olhar distraído, sem ler o exposto – considerando somente que se tratava de uma cena de cura de escrófulas, eles imaginariam "que isto foi um milagre de São Marcoul" (é o que diriam a régia criança, que, sem dúvida, acreditaria). A reputação de São Marcoul tinha, neste aspecto, penetrado nas consciências a tal ponto que tudo, mesmo as insinuações de seus adversários, virava a seu favor[559].

Se os cônegos de Reims acreditavam que sua honra dependia da glória da unção régia, com mais forte razão as diversas comunidades religiosas que obtinham prestígio e vantagem do culto de São Marcoul deviam favorecer com todas as suas forças a teoria que relacionava a virtude taumatúrgica dos reis à intervenção do santo. À frente de todos, naturalmente, seus principais sectários, os monges de Corbeny. Havia outros também. A grande Abadia de Saint-Riquier em Ponthieu, como se sabe, desde o século XIV ou antes, devotava a ele uma veneração particular. Pouco depois de 1521, o tesoureiro da comunidade, Felipe Wallois, decidiu ornar com afrescos a sala da tesouraria, onde exercia seu ofício; no amplo ciclo pictórico – do qual, provavelmente, ele próprio traçou o programa e que podemos ver, ainda nos dias de hoje, estender-se sobre as paredes da bela sala coberta por uma abóbada delicadamente nervurada – o tesoureiro cuidou de não esquecer São Marcoul. Ele o mostrou – através de uma concepção ousada – no próprio cumprimento do dom maravilhoso: o abade de Nant, báculo em mãos, está de pé; a seus pés se ajoelha um rei da

---

* En la vertu de la saincte Onction / Qu'a Rheims reçoit le noble Roy de France / Dieu par ses mains confère guerison / D'escrouëllez, voicy la demonstrance.

559. O que precede está de acordo com a relação contemporânea, publicada em GODEFROY. *Ceremonial*, I, p. 184ss. Cf. as "Mémoires du sieur Fouquart, procureur syndic de la ville de Reims". In: *Revue des Soc. Savantes*. 2ª série, VI (2ª semana, 1861), p. 100 e 102. Sobre o papel de G. Coquillart, cf. uma nota de RATHERY. Ibid., p. 98, n. 2.

França com trajes cerimoniais (coroa, manto com flores-de-lis, colar de São Miguel no pescoço); o santo, de sua mão sagrada, toca o príncipe no queixo; era o gesto com o qual normalmente as iluminuras ou as gravuras representavam os reis tocando as escrófulas, pois a doença normalmente se manifestava nas glândulas do pescoço – o artista não acreditou poder encontrar nada de mais eloquente para mostrar aos olhos de todos a transmissão do poder curador. Abaixo do quadro, há uma inscrição em versos latinos que lhe esclarecia o sentido; podemos traduzi-la como se segue:

> Ó Marcoul, teus escrofulosos recebem de ti, ó médico, uma saúde perfeita; graças ao dom que tu lhe entrega, o rei da França, ele também médico, sobre as escrófulas goza de um poder igual; que eu possa graças a ti, que brilhas por tantos milagres, obter acesso, são e salvo, ao adro de estrelas[560].

Sem dúvida, as preces sempre acompanharam as cerimônias do toque, mas ignoramos tudo sobre elas até o reinado de Henrique II – como também ignoramos após ele. Sob este príncipe, e para ele, foi composto um magnífico Livro das Horas, joia da arte francesa. No fólio 108 deste manuscrito – diante de uma iluminura que representa o rei, em uma galeria de arquitetura clássica, indo de doente em doente – encontra-se "As orações que acostumaram dizer os reis da França quando eles querem tocar os doentes das escrófulas". O que lemos aí? Nada além de um certo número de orações, antífonas e responsórios em honra de São Marcoul. Essas composições são, aliás, de uma completa banalidade; o que encerram de mais particular é, pura e simplesmente, extraído das vidas do santo, escritas na época carolíngia; elas não contêm nenhuma alusão a seu papel de iniciador do milagre régio[561]. Contudo, se o rei da França, a cada vez que realizava o costumeiro milagre, acreditava dever fazer suas devoções ao servidor de Deus Marcoul que, tendo tentado curar pela primeira vez, era venerado em Corbeny, é bem evidente que pensava ter de testemunhar-lhe algum reconhecimento pela virtude milagrosa que ele, o rei, preparava-se para manifestar aos olhos de todos. A liturgia das escrófulas era um tipo de sanção dada pelos reis (ou pelo clero de sua capela) à glória de São Marcoul.

---

560. "*O Marculphe tuis medicaris cum scrofulosis / Quos redigis peregre partibus incolumes / Morbigeras scrofulas Franchorum rex patienti / Posse pari fruitur (te tribuente) medicus / Miraculis igitur qui tantis sepe coruscas / Astriferum merear sanus adirr palum*". Cf. Apêndice II, n. 20.

561. Bibl. Nat. latin 1.429, fol. 108-112. Sobre esse muito célebre manuscrito, será suficiente remeter à informação de DELISLE, L. *Annuaire-Bulletin de la Soc. de l'Hist. de France*, 1900, p. 120.

Assim, quase oficialmente estabelecida em torno de meados do século XVI, a crença sobreviveu nos séculos seguintes. Quando, por volta de 1690, o abade de Saint-Riquier, Charles d'Aligre, preocupado em reanimar o esplendor de sua igreja (que a comenda e as guerras haviam arruinado) concebeu a ideia de solicitar aos melhores artistas da época uma série de quadros de altar, ele consagrou um deles à glória de São Marcoul. Ele confiou a tarefa a um conhecido pintor de cenas religiosas, o honesto e fecundo Jean Jouvenet. Sob Luís XIV, uma obra que se relacionava ao milagre régio não poderia deixar de reservar o primeiro plano ao rei. Sobre a tela que Jouvenet executou em seu estilo habitual, que era intenso e sem brilho, primeiramente se percebe apenas o monarca – sob os traços do próprio Luís XIV – tocando os escrofulosos; mas, à sua direita, um pouco afastado, à maneira que convém (e até meio encoberto pelo augusto médico), vejam esse abade que inclina, como em oração, sua cabeça aureolada: é Marcoul, presente no rito que sua intercessão torna possível. Em torno da mesma época, perto de Saint-Riquier, na Igreja de Saint-Wulfran em Abbeville, um pintor – que nos é desconhecido – também representou, inspirando-se talvez no modelo fornecido por Jean Jouvenet, Luís XIV cumprindo o ato curador; e, ao lado do "grande Rei", São Marcoul. Em Tournai, na Igreja Saint-Brice, outro quadro de altar, decerto executado quando a cidade era francesa (de 1661 a 1713), por um artista de talento que se acredita ser Michel Bouillon, que ali teve uma escola entre 1639 e 1677: o abade de Nant (mitrado como um bispo) e um rei da França (de fisionomia bastante impessoal, vestido com o manto de flor de lis e forrado de pele de arminho) encontram-se lado a lado; na mão esquerda, o príncipe tem um cetro, o homem da Igreja, uma cruz; suas mãos direitas, em um gesto quase parecido, elevam-se como se fossem benzer os doentes que, em atitudes dramáticas, correm a seus pés. Um motivo análogo encontra-se em obras de menor importância. Em 1638, Dom Oudard Bourgeois, prior de Corbeny, ao publicar seu *Apologie pour Saint Marcoul*, registra no frontispício uma gravura na qual se vê um rei – desta vez, como esperado, provido da barbicha pontiaguda que caracteriza Luís XIII – estendendo sua mão sobre um doente; em terceiro plano, o santo do priorado. Eis agora – provavelmente ainda do século XVII – duas produções de arte pia destinadas ao povo: uma gravura de autoria de H. Hébert e uma medalha cunhada para a Igreja de Sainte-Croix de Arras. As duas colocam face a face um rei e São Marcoul; entre elas, uma única diferença relevante: sobre a gravura, tal como no afresco da tesouraria de Saint-Riquier (e, talvez, imitando-o), o santo toca o queixo do rei; na medalha, ele impõe as mãos sobre o rei. Tanto em um gesto quanto no outro, uma mesma ideia se exprime: a de uma transmissão sobrenatural. Atravessemos, enfim, as fronteiras do reino. Em 27 de abril de 1683, uma confraria em honra de nosso santo se estabelecera em Grez-Doiceau, no Brabante; segundo o costume dos Países Baixos, ali distribuíam aos peregrinos as imagens em forma de bandeirola, chamadas *drapelets*. Conservamos um *drapelet* de Grez-Doiceau que parece datar do século XVIII; aos pés de São Marcoul e beijando um objeto redondo – sem dúvida, um relicário –, que o santo lhe estende, percebe-se um rei da França, vestido, como sempre, com o longo manto bordado de flores-de-lis; a seu lado, sobre uma almofada, estão o cetro e a coroa. Assim, mesmo em terra estrangeira, não se concebia mais o santo sem o rei como atributo. Por toda parte, a iconografia expandia a ideia de que este velho monge, do qual se sabia tão pouco – eremita, fundador da abadia e antagonista do diabo nos tempos merovíngios –, havia exercido um papel nas origens e na continuidade do poder curador[562].

Que papel, exatamente? Talvez, nunca se tenha sido perfeitamente claro sobre esse ponto, pois a concepção original, que via na virtude miraculosa dos reis uma expressão de seu poder sagrado, nunca chegou a desaparecer por completo. Durante muito tempo, ademais, não se teve ocasião de discutir o problema. Mas, quando os teóricos do absolutismo, por volta do fim do século XVI e início do século seguinte, esforçaram-se, em resposta aos monarcômacos*, em exaltar o prestígio da realeza, eles dedicaram – como se verá –

---

562. Sobre estas obras de arte, cf. abaixo o *Apêndice II*, n. 14, 15, 16, 20, 21, 22 e 23. Cf. tb. a figura II. O mesmo tema encontra-se em Grez-Doiceau em uma estatueta e um quadro, cujas datas não me são conhecidas. Naturalmente, existem igualmente representações de São Marcoul em conformidade com o tipo abacial comum, nas quais o rei não aparece; p. ex., as imagens das confrarias de Falaise e de Carmes da Place Maubert citadas acima, p. 262, n. 525 e abaixo, p. 291, n. 617; uma gravura do século XVII, conservada na *Collect. des Saints au Cabinet des Estampes* (reproduzida em LANDOUZY. *Le toucher des Ecrouelles,* fora do texto); duas gravuras da mesma época provenientes de livretos para os peregrinos, reproduzidas em ibid., p. 21 e 31; uma gravura em [Bourgoing de Villefore] *Les vies des SS. Pères des déserts d'Occident*, I, in-12. 1708, p. 170, igualmente em *Cab. des Est. Collect. des Saints e Biblioth. Sainte-Geneviève,* coll. Guénebault, carton 24, n. 5.108 (aqui, São Marcoul, em companhia de dois outros eremitas, é representado como anacoreta e não como abade); uma imagem de devoção do século XVII, na qual o santo é tentado por um demônio disfarçado de mulher: coll. Guénebault, carton 24, n. 5.102 (comunicação do Sr. C. Mortet). Não é menos verdadeiro que o atributo realmente característico do santo, tão logo se sai da iconografia hagiográfica mais banal, é o rei da França. São Marcoul não é mencionado por A.M. Pachinger em seus dois trabalhos: *Ueber Krankheitspatrone auf Heiligenbildern* e *Ueber Krankheitspatrone auf Medaillen* – Archiv. für Gesch. der Medizin, II (1908-1909) e III (1909-1910).

* Termo que se refere aos pensadores huguenotes franceses que se opunham ao absolutismo no contexto das "Guerras de Religião".

um espaço bem significativo ao milagre das escrófulas. Primeiramente, seu objetivo era colocar em evidência o caráter divino do poder régio; eles não podiam, pois, aceitar outra origem, para as virtudes milagrosas do toque, que não fosse o próprio caráter divino, o qual, segundo eles, era sancionado ou mesmo reforçado pelos ritos da sagração; portanto – como veremos no momento apropriado –, eles não partilhavam, frente a estas solenidades religiosas, da intransigência outrora manifestada pelo autor do *Songe du Verger*. Ora tendiam a passar em silêncio a influência comumente atribuída a São Marcoul, ora tendiam a negá-la formalmente: tal é, por exemplo, a atitude do jurista Forcatel (que se cala, simplesmente), do médico Du Laurens e do capelão Guillaume Du Peyrat, que polemizam contra os partidários do santo[563]. Pois Santo Tomás de Aquino não havia, segundo eles (sabemos que o confundiam com o seu continuador Tolomeo de Lucca), expressamente atribuído à unção as curas operadas pelos capetíngios? Mesmo os defensores do patrono de Corbeny, como o prior Oudard Bourgeois, não ousariam, a partir desse momento, reivindicar para o santo mais do que uma participação de alguma forma secundária nas origens do toque: "Não quero inferir", escreve Bourgeois em suas próprias palavras, "o que alguns pensaram, que nossos reis possuem a virtude de curar as Escrófulas pela intercessão de São Marcoul [...]. A sagração de nossos reis é a primeira fonte deste favor". O papel de Marcoul estaria limitado a "assegurar" esta graça – ou seja, em obter de Deus a confirmação e sua preservação – em reconhecimento aos benefícios recebidos por ele do "rei da França", Childeberto (acreditava-se, nesse tempo, que os merovíngios haviam realizado curas desde Clóvis[564]): esforço bastante confuso em tentar conciliar duas teorias claramente contraditórias.

As contradições deste tipo não perturbavam a opinião geral. A maioria dos doentes, peregrinos de Corbeny ou adeptos do toque régio, continuariam a imaginar vagamente que o abade de Nant estava, de alguma maneira, presente no poder milagroso dos reis, isto sem que buscassem especificar como

---

563. FORCATEL. *De Gallorum imperio*, p. 128ss. • DU LAURENS. *De mirabili*, p. 14-15. • DU PEYRAT. *Histoire ecclésiastique de la Cour*, p. 807. Cf. tb. MAUCLERC. *De monarchia divina*, 1622, col. 1.567. O autor que talvez tenha atribuído mais expressamente o poder curador à intercessão de São Marcoul foi R. Ceneau (*Gallica historia*, fólio 1.557, p. 110). Sobre a atitude dos escritores dos séculos XVI e XVII para com a unção, considerada como origem do milagre régio, cf. abaixo, p. 337.

564. *Apologie*, p. 65; cf. p. 9. A mesma teoria conciliadora se encontra em DOM MARLOT. *Théâtre d'honneur*, p. 717ss.; cf. abaixo p. 278.

esta ação podia ser exercida. Esta crença se expressa com ingenuidade em vários atestados de cura conservados nos arquivos de Corbeny. Neles vê-se que, no século XVII, alguns escrofulosos, após terem sido tocados pelo rei, acreditavam que só poderiam obter um alívio completo se, em seguida, fossem cumprir uma novena no túmulo de São Marcoul; ou então eles aí prestavam suas ações de graças, pois, mesmo quando – tendo sido tocados pela mão régia e sem intervenção de outras práticas piedosas – encontravam-se livres de seus males, pensavam que a intercessão do santo, em alguma medida, contribuiu para o milagre[565]. Os monges do priorado encorajavam essas ideias. A regra da peregrinação de Corbeny, redigida por volta de 1633, conservada no registro da confraria de Grez-Doiceau no Brabante, afirma: "No caso em que ele [o doente] seja tocado pelo rei cristianíssimo [...] (o único entre os príncipes da terra que possui este poder de Deus em curar as escrófulas pelos méritos deste abençoado santo), [ele, o doente] deve, após ser tocado, vir ou ser representado para o registro na dita confraria e aí fazer ou mandar fazer sua novena, depois enviará, à dita Corbeny, atestado de sua cura assinado pelo pároco ou pela justiça de seu lugar"[566]. Por outro lado, como no passado, o capítulo de Reims olhava com desconfiança a concorrência que o santo de Corbeny fazia à unção régia. Em 17 de setembro de 1657, uma mulher de Reims, Nicolle Regnault, outrora doente de escrófulas e agora com a saúde restituída, mandou fazer numa mesma folha de papel dois atestados de cura. O primeiro era assinado pelo pároco de Saint-Jacques de Reims e, ao mesmo tempo, cônego da igreja metropolitana, Sr. Aubry; lê-se que Nicolle "tendo sido tocada pelo rei no tempo de sua sagração, encontrou-se curada" – aqui, não se introduz São Marcoul. O segundo tinha como autor o tesoureiro de Corbeny; este religioso atestou que a doente "foi perfeitamente curada pela intercessão do bem-aventurado São Marcoul", a quem ela, em seguida, de-

---

565. Maço 223 (*renseignements*), n. 7: atestado estabelecido em 25 de março de 1669 por dois médicos de Auray para um escrofuloso que havia sido curado "no retorno do toque de sua majestade muy cristianissimo e da peregrinação de São Marcoul". Maço 223, n. 11: atestado estabelecido em 29 de abril de 1658 pelo pároco de Neufchâtel, próximo de Menneville (sem dúvida, Neufchâtel-sur-Aisne, Aisne e Menneville, mesmo cantão); a enferma havia sido tocada por Luís XIV no dia seguinte à sagração, "de modo que pouco depois, por intercessão de São Marcoul, a quem rogara, ela teria recebido a cura"; em seguida, o mal retornou. Ela, então, foi a Corbeny, ali fez sua novena e ficou inteiramente curada. Por fim, cf. o atestado citado aqui, p. 278, n. 567.
566. SCHÉPERS. *Le pèlerinage de Saint-Marcoul à Grez-Doiceau*, p. 181. Respeito a ortografia dada pelo editor, ela parece ter sido um pouco modernizada por ele.

dicou sua novena, em ação de graças – aqui, não se fala no rei[567]. Quanto às autoridades eclesiásticas superiores – para as quais o prestígio da sagração, transformada gradativamente em um dos vínculos mais sólidos que ligavam a realeza à Igreja, e o culto dos santos populares eram igualmente caros – não se preocuparam em resolver o debate. Seu ecletismo se exprime perfeitamente no tratado *De la béatification des serviteurs de Dieu et de la canonisation des saints*, escrito pelo Cardeal Prosper Lambertini (mais tarde, o papa que adotou o nome de Bento XIV); este homem de espírito a quem Voltaire dedicou *Mahomet*. Vejamos o Livro IV desta obra célebre que, ainda hoje, dizem, tem autoridade junto à Congregação dos Ritos; lemos aí essas palavras: "os reis da França obtiveram o privilégio de curar as escrófulas [...] em virtude de uma graça a eles amavelmente concedida, seja quando da conversão de Clóvis [...] [é a teoria da unção] seja quando São Marcoul pediu-a a Deus para todos os reis da França"[568]. Afinal, como dizia claramente Dom Marlot, "não é impossível possuir uma mesma coisa sob dois títulos diferentes"[569].

De fato, na teoria do milagre régio, São Marcoul era um intruso cujo sucesso nunca foi perfeito. Mas como explicar esta intrusão? Absolutamente nada em sua legenda o justifica; pois, mesmo que se leia nas vidas antigas que ele recebeu de Childeberto alguns presentes, não vemos ali – apesar do que diz Oudard Bourgeois – que, em retribuição, ele "foi magnífico para com sua majestade"[570] (entendamos: que obtivera para o rei algum dom maravilhoso ou, ao menos, a "continuação" de um dom parecido). A ideia de sua intercessão nasceu – em torno do fim da Idade Média – do espetáculo das primeiras peregrinações régias, as quais, como outras tantas ações de graças, foram interpretadas como reconhecimento de um benefício. Essa interpretação, em seguida, impôs-se aos próprios reis; as comunidades ou confrarias interessadas no culto do santo dedicaram-se a propagá-la. Tais são, ao menos, as circunstâncias

---

567. Maço 223 (*renseignements*), n. 7.
568. BENTO XIV. *Opera omnia*, in-fólio. Veneza, 1788: De servorum Dei beatificatione et beatorum canonizatione, 1. IV, pars I, cap. III, c. 21, p. 17: "Ad aliud quoddam genus referendum est illud, quod modo a Nobis subnectitur, ad privilegium videlicet Regum Galliae strumas sanandi: illud quippe non hereditario jure, aut innata virtute obtinetur, sed Gratia ipsa gratis data, aut cum Clodoveus Clotildis uxoris precibus permotus Christo nomen dedit, aut cum Sanctus Marculphus ipsam pro Regibus omnibus Galliarum a Deo impetravit".
569. *Théâtre d'honneur*, p. 718; a frase se encontra em REGNAULT. *Dissertation*, p. 15.
570. *Apologie*, p. 9.

ocasionais que permitem entender por que esta curiosa concepção – que não teve analogia na Inglaterra[571] – desenvolveu-se na França em fins da Idade Média. Mas não conseguiríamos compreendê-la plenamente sem, antes de tudo, considerá-la como expressão de uma tendência geral da consciência popular para a confusão ou – ousando tomar de empréstimo um termo da filologia clássica – para a "contaminação" das crenças. Havia na França reis que, desde aproximadamente o século XI, curavam as escrófulas; havia também, no mesmo país, um santo em quem se reconhecia – em um ou dois séculos mais tarde – um poder semelhante; a doença era, de uma só vez, o "mal régio" e o "mal de Saint Marcoul"[572]. Como admitir que esses dois fatos maravilhosos não tivessem relação nenhuma entre si? As imaginações procuravam uma ligação e, porque a procuravam, a encontrariam. Que tenham obedecido assim a uma necessidade constante da psicologia coletiva, é o que nos mostrará a história de uma outra contaminação do mesmo tipo, a qual os reis taumaturgos e o santo de Corbeny se encontrariam simultaneamente envolvidos.

---

571. É verdade que, segundo uma teoria cujo autor parece ser Carte em sua *General History of England,* 1747, I, IV, § 42 (cf. LAW HUSSEY. *On the cure of scrofulous diseases,* p. 208, n. 9. • CRAWFURD, *King's Evil,* p. 17), os reis da Inglaterra teriam tocado as escrófulas em um aposento do palácio de Westminster chamado Câmara de São Marcoul. De fato, os *Rotuli Parliamentorum* mencionam, em várias oportunidades, uma "Câmara Marcolf" ou "Marcholf" neste palácio (cf. o Índice, p. 493), pela primeira vez em 1344 (II, p. 147a), pela última em 1483 (VI, p. 238a). Mas nada indica que os reis tenham tocado alguém ali. Este cômodo, que servia ordinariamente de local de reunião para a comissão de "triagem de petições", composta de no máximo uma dezena de membros, devia ser de dimensões bastante exíguas. Que indicação existe de que se tenha podido agrupar ali a numerosíssima clientela das curas régias? Ademais, devemos observar que, citada 73 vezes nos *Rotuli,* ela surge sempre sob o nome de "câmara Marcolf" (ou Marcholf), nunca "São Marcoul" – se ela tivesse realmente tirado seu nome de um santo, isso seria absolutamente contrário ao costume da época. Sem dúvida, o *Marcolf* segundo o qual ela foi batizada era um personagem profano, bem diferente do abade de Nant. Pode-se pensar – mas é apenas uma pura hipótese – no divertido Marcoul cujas conversas com o bom Rei Salomão fizeram a alegria do público medieval (cf. entre outros PARIS, G. *La littérature française au moyen âge,* § 103); não haveria nas paredes da sala alguma pintura representando essas agradáveis conversações? Parece, aliás, que São Marcoul jamais gozou de uma grande popularidade na Inglaterra, o que não surpreende, pois, mesmo no continente, a expansão de seu culto foi, como se sabe, em grande parte posterior à Reforma. Ele não figura nem no *Sanctilogium Angliae* de Jean de Tynemouth, morto por volta de 1348 (HORSTMANN, H. *Nova legenda Angliae,* I. Oxford 1901, p. IX), nem no *Martiloge in englyshe* de Richard Whytford, in-4°, 1526. Não há vestígio de que alguma Igreja inglesa lhe tenha sido dedicada; cf. ARNOLD-FORSTER, F. *Studies in church dedications,* III, 1899.

572. Esta expressão se encontra principalmente, repetidas vezes, nos atestados de cura conservados nos Arquivos de Reims.

Quadro II – Um rei da França e São Marcoul curam as escrófulas
Tournai, Igreja de Saint-Brice

3 Os sétimos filhos, os reis da França e São Marcoul

Desde tempos imemoriais, certos números foram considerados como dotados de um caráter sagrado ou mágico: entre todos, destaca-se o n. 7[573]. Também não devemos nos surpreender que em vários países um poder sobrenatural particular tenha sido atribuído ao sétimo filho ou, mais precisamente, ao último representante de uma série contínua de sete crianças do sexo masculino, sem filhas intermediárias; em alguns casos, porém mais raramente, atribuiu-se à sétima filha que, igualmente, surgia após uma série ininterrupta do mesmo sexo. Este poder toma, às vezes, uma característica desagradável e, em suma, bastante irritante para aquele que dele é revestido: em algumas regiões de Portugal, ao que parece, acreditava-se que em todos os sábados os sétimos filhos – voluntariamente ou não, não sabemos – transformavam-se em asnos e, sob esta aparência, podiam ser perseguidos pelos cachorros até a alvorada[574]. Mas, quase sempre, este poder era concebido como essencialmente benfazejo: em alguns lugares, o sétimo filho era tido como vidente[575]; sobretudo, em quase todo lugar, vê-se nele – assim como, eventualmente, na sétima filha – um curandeiro nato, um *panseux de secret*, como se diz no Berry[576], ou, no Poitou, um *touchou*[577]. A crença sob esta forma foi – e, sem dúvida, ainda o é – largamente difundida na Europa Ocidental e Central: foi observada na Alemanha[578],

---

573. Pode-se, sobre este ponto, remeter a ROSCHER, W.H. "Die Siebenund Neunzahl im Kultus und Mythus der Griechen". In: *Abh. der phil.-histor. Klasse der kgl. sächsischen Gesellsch. der Wissensch.*, XXIV, 1, 1904. Cf. tb. BUNGI, P. *Bergomatis, Numerorum mysteria*, in-4º. Paris, 1618, p. 282ss. • ADRIAN, F.V. "Die Siebenzahl im Geistesleben der Völker". In: *Mitteil. der anthropol. Gesellschaft in Wien*, XXXI, 1901.

574. HENDERSON, W. *Notes on the Folk-Lore of the Northern Counties of England*. 2. ed. (*Publications of the Folk-Lore Society*, II). Londres, 1879, p. 306 (o fato é citado segundo uma comunicação do Prof. Marecco). Segundo F.V. Adrian, *Die Siebenzahl*, p. 252, os sétimos filhos ou filhas passavam, às vezes, por demônios; igualmente, os demônios saem do sétimo ovo de uma galinha preta ou dos ovos de uma galinha com 7 anos de idade.

575. *Revue des Traditions Populaires*, IX, 1894, p. 112, n. 17 (em Menton). A concepção popular, que explica passo a passo o caráter favorável ou desagradável atribuído ao poder do sétimo filho, é bem expressa por estas palavras de uma camponesa inglesa, citadas em BURNE, C.S. *Shropshire Folk-Lore*. Londres, 1885, p. 187: "The seventh son 'll always be different tille the others".

576. LA SALLE, L. *Croyances et légendes du centre de la France*, 1875, II, p. 5.

577. TIFFAUD. *L'exercice illégal de la médecine dans le Bas-Poitou*. Paris, 1899, p. 31 [Tese de doutorado].

578. LIEBRECHT, F. *Zur Volkskunde*. Heilbronn, 1879, p. 346 [com referências].

em Biscaia[579], na Catalunha[580], em quase toda a França[581], na Holanda[582], na Inglaterra[583], na Escócia[584], na Irlanda[585] e até mesmo, dizem, fora da Europa, no Líbano[586].

579. BRAGA, T. *O povo português*. V. II. in-12, Lisboa, 1885, p. 104.

580. SIRVEN, J. *Les saludadors*, 1830 – Soc. Agricole, Scientifique et Littéraire des Pyrénées-Orientales, XIV, 1864, p. 116-118 [Catalunha e Roussillon].

581. Encontrar-se-á, mais adiante, citados no texto ou nas notas, um certo número de testemunhos antigos ou modernos relativos a esta superstição na França. Limito-me aqui a indicar aqueles que não terei oportunidade de mencionar: VAIRO, L. *De fascino libri tres*. Pequeno in-4°. Paris, 1583, livro. I, c. XI, p. 48 [o autor, italiano, dá como difundida a superstição "in Galia et Burgundia"; cito, como se vê, segundo uma das edições francesas, a única que pude consultar; o livro, aliás, foi traduzido em francês com o título: *Trois livres des charmes*, 1583, e pode assim contribuir com a propagação da crença em nosso país]. • Thomas Platter, em suas memórias redigidas em 1604-1605. Trad. de L. Sieber. *Mémoires Soc, histoire Paris*, XXIII, 1898, p. 224. • BUNGI, P. *Numerorum mysteria*, 1618, p. 302 (sétimo filho e sétima filha). • DE L'ANCRE. *L'incrédulité et mescreance du sortilège* 1622, p. 157. • LA SALLE, L. *Croyances et légendes du centre de la France*, II, p. 5. • JAUBERT. *Glossaire du centre de la France*, 1864 (no verbete *Marcou*). • BENOIT, M.A. *Procès-verbaux soc. archéol. Eure-et-Loire*, V, 1876, p. 55 (Beauce). • TIFFAUD. *L'exercice illégal de la médecine dans le Bas-Poitou*, p. 19, 31, 34 n. 2. • BOSQUET, A. *La Normandie romanesque et merveilleuse*. Rouen, 1845, p. 306 (sétima filha). • SEBILLOT, P. *Coutumes populaires de la Haute-Bretagne* (*Les littératures populaires de toutes les nations*, XXII), p. 13. • MARTELLIERE, P. *Glossaire du Vendémois*. Orléans/Vendôme 1893 (no verbete *Marcou*).

582. DELRIO, M. *Disquisitionum magicarum*, I, cap. III, Qu. IV, ed. de 1606, t. I, p. 57 (Flandres). • MONSEUR, E. *Le Folklore wallon*, in-12. Bruxelas, 1892, p. 30, § 617 (Valônia).

583. Sigo aqui, para as referências, a mesma regra que para a França (cf. a nota 8, p. 294). Algumas das passagens indicadas concernem também à Escócia: *Diary of Walter Yonge Esqu*. Ed. G. Roberts (*Camden Society*, 41). Londres, 1848 (o jornal é de 1607), p. 13. • CROOKE. *Body of man* (surgido em 1615; só conheço este testemunho: MURRAY, E. *A new English Dictionary*, verbete *King's Evil*). • BIRD, J. *Ostenta Carolina*, 1661, p. 77. • Χειρεξοχη 1665, p. 2. • THISELTON--DYER, *Old English social life as told by the parish registers*, in-12. Londres, 1898, p. 77. • BLACK, W.G. *Folk-medicine*. Londres, 1883, p. 122 e 137. • HENDERSON, W. *Notes on the Folk-Lore of the Northern Counties*. 2. ed., p. 304 e 306. • BARNES, H. *Transactions of the Cumberland and Westmoreland Antiquarian and Archaeological Society*, XIII, 1895, p. 362. • BRAND, J. *Popular Antiquities of Great Britain*, in-4°. Londres, 1870, p. 233. • BURNE, C.S. *Shropshire Folk-Lore*. Londres, 1885, p. 186-188 (sétimo filho e sétima filha). • *Notes and Queries*, 5th series, XII, 1879, p. 466 (sétima filha). • *The Folk-Lore*, 1895, p. 205; 1896, p. 295 (sétima filha). Vê-se, por este último exemplo, que em Somerset os toques deviam acontecer em duas séries de sete manhãs, separadas por sete dias sem tocar; no mesmo condado, atribuiu-se poder ainda maior às sétimas filhas de sétimas filhas. O número sagrado domina tudo.

584. KIRK, R. *Secret Commonwealth*. in-4°. Edimburgo, 1815, p. 39 (a obra foi composta em 1691). • DALYELL, J.G. *The darker superstitions of Scotland*. Edimburgo, 1834, p. 70. • *Notes and Queries*, 6th series, VI, 1882, p. 306. • *The Folk-Lore*, 1903, p. 371, n. 1 e p. 372-373; 1900, p. 448.

585. *Dublin University Magazine*, IV, 1879, p. 218. • *The Folk-Lore*, 1908, p. 316. No condado de Donegal, tal como em Somerset, chega-se a requintes sobre o n. 7: o toque do sétimo filho deve ser aplicado *sete* manhãs sucessivas: *Folk-Lore*, 1897, p. 15; no mesmo condado, a parteira que recebe o sétimo filho em seu nascimento coloca na mão deste um objeto escolhido por ela – é com objetos feitos dessa mesma substância que ele deverá, futuramente, esfregar seus pacientes para curá-los: Ibid., 1912, p. 473.

586. SESSIONS, F. Syrian Folklore. "Notes gathered on Mount Lebanon". In: *The Folk-Lore*, IX, 1898, p. 19.

Esta crença é muito antiga? Os primeiros testemunhos que possuímos sobre o tema remontam – segundo meu conhecimento – ao início do século XVI (não encontrei nenhum anterior ao de Cornelius Agrippa em sua *Philosophie Occulte* publicada pela primeira vez em 1533[587]). É preciso acreditar que, antes de vir à luz em livros, esta superstição – que a Antiguidade parece ter ignorado – tenha existido durante um longo tempo na Idade Média sem deixar traços escritos? É possível; e é possível também que se descubra um dia sua menção em textos medievais que me teriam escapado[588]. Mas eu acreditaria de bom grado que ela apenas conheceu sua verdadeira popularidade nos Tempos Modernos; pois, em boa parte, ela deve aos pequenos volumes impressos que, difundidos pelas caixas dos mercadores ambulantes, permitiram – aproximadamente a partir do século XVI – aos simples o conhecimento das velhas ciências herméticas e em particular as especulações sobre os números, antes pouco familiares à alma popular[589]. Em 1637, um certo William Gilbert, de Prestleigh, em Somerset, tendo tido sete filhos seguidos, encarregava o último, chamado Richard, de "tocar" os doentes. Nesse tempo, por razões que veremos mais adiante, o governo de Carlos I perseguia muito severamente os curandeiros deste tipo. O bispo de Wells, diocese à qual pertencia Prestleigh, foi encarregado de proceder a uma investigação sobre o caso de Gilbert; dessa forma, descobriu – e nós sabemos graças a seu relato – como o pequeno Richard começara a fazer curas. Um *yeoman* da vizinhança tinha uma sobrinha que sofria das escrófulas; ele se lembrou de ter lido em um livro anônimo intitulado *Mille choses notables de diverses espèces* que esta doença era passível de ser curada pelos sétimos filhos; enviou-se a menina até os Gilbert; ela foi a primeira paciente da criança médica[590]. Ora, nós conhecemos a obra na qual

---

587. *De occulta philosophia,* II, c. III, gr., in-8°, s. l. n. d. [1533], p. CVIII. Cornelius Agrippa menciona também a sétima filha.

588. Raul de Presles, em sua tradução – já frequentemente citada – da *Cité de Dieu,* tratando (na exposição sobre o 31° cap. do livro XI) das virtudes do n. 7, não menciona os poderes maravilhosos do sétimo filho. Mas não poderíamos deduzir nada desse silêncio; Raul pode muito bem ter se recusado a mencionar uma superstição popular.

589. De fato, o uso de números sagrados – e principalmente do n. 7 – foi familiar ao pensamento erudito, e particularmente à teologia, na Idade Média. Os *sete* sacramentos disto são o exemplo mais célebre e não o único (cf. HAUCK-HERZOG. *Realencyclopädie der prot. Theologie,* art. "Siebenzahl"). Considero aqui somente as superstições "populares".

590. Os documentos do processo, analisados em *Calendar of State Papers, Domestic, Charles I,* 30 de setembro e 18 de novembro de 1637, foram em parte publicados por Green, *On the cure by touch,* p. 81ss. É necessário acrescentar que, desde o nascimento da criança, sua avó paterna anunciara que ele faria as curas. Mas ele apenas começou a exercer depois que o *yeoman,* Henry Poyntynge, tendo lido o livro de Lupton, fez com que sua sobrinha lhe fosse enviada.

O *yeoman* descobriu esta preciosa indicação: composta por um certo Thomas Lupton e publicada pela primeira vez em 1579, conheceu um grande número de edições[591]. Pode-se crer que mais de um pai de sete meninos tomou-lhe – seja diretamente, seja como William Gilbert, através do bom trabalho de um intermediário – a ideia de utilizar o maravilhoso talento concedido ao último nascido dessa bela série. Aliás, o próprio Lupton não poderia ser considerado o intérprete imediato de uma tradição popular; ele também consultara uma fonte livresca, que teve a honestidade de citar e, coisa curiosa, era uma fonte estrangeira: as *Nove Centúrias de fatos memoráveis* do médico e astrólogo francês Antoine Mizauld da qual ele reproduziu a informação que devia determinar a vocação do jovem curandeiro de Prestleigh[592]. As *Nove Centúrias* igualmente, desde sua aparição em 1567, foram muitas vezes reimpressas, sobretudo na Alemanha. Jamais saberemos quantos *touchoux,* em diferentes países, devem a esse pequeno livro – em primeira ou segunda mão – a inspiração que decidiu sua carreira? Outros escritos semelhantes puderam exercer o mesmo papel em outros lugares. A imprensa não contribuiu com o mundo somente no que se refere ao progresso do pensamento racional.

    Quais males aliviavam, portanto, os *septennaires* (para lhes dar o nome pelo qual eram frequentemente designados na antiga França)? Na origem, provavelmente curavam todos indistintamente. Ademais, na Alemanha seu poder parece ter sempre tido um valor genérico. Em outros lugares, sem perder completamente a influência sobre o conjunto das doenças, eles se especializariam. Segundo os países, eram-lhes reconhecidas competências diferentes: na Biscaia e na Catalunha, eles curavam mordidas feitas por cães raivosos; na França, na Grã-Bretanha e na Irlanda, as escrófulas[593]. Nossos mais antigos textos, desde Cornelius Agrippa, Antoine Mizauld ou Thomas Lupton, já os apresentam neste papel de médicos dos escrofulosos, no qual os encontramos, ainda em nossos dias, em alguns campos dos dois lados da Mancha. De onde lhes veio esta

---

591. LUPTON, T. *A thousand notable things of sundry sortes.* Pequeno, in-4°. Londres, 157, II, § 2, p. 25. Cf. o *Dictionary of National Biography,* no verbete do nome do autor.

592. MIZALDI, A. *Memorabilium, utilium ac iucundorum Centuriae novem.* Pequeno, in-8°, 1567, cent. III, c. 66, p. 39 V.

593. THIERS, J.B. (passagem citada acima, p. 282, n. 584), crê que eles também curavam "as febres terças ou quartãs". Na Escócia, eles curavam diversas doenças, além das escrófulas: *Folk-Lore,* 1903, p. 372. Em Roussillon, onde se mesclavam as influências espanholas e francesas, eles curavam de uma só vez a raiva – como na Catalunha – e as escrófulas – como na França: *Soc. Agricole des Pyrénées-Orientales,* XIV, 1864, p. 118. Segundo Thiers (4. ed., p. 443), os sétimos filhos curariam as "frieiras de calcanhar".

virtude particular? É muito emblemático que ela lhes tenha sido atribuída precisamente nas duas regiões onde os reis também a exerciam[594]. Não que, inicialmente, a crença nas curas realizadas pelos sétimos filhos tivesse relações com a fé no milagre régio; ela nascera de outras concepções e – se podemos ousar dizer – de uma outra magia. Mas, sem dúvida, na França e nos estados da coroa da Inglaterra, estava-se habituado a ver nas escrófulas um mal que precisava, essencialmente, de meios extraordinários, uma "doença assombrosa", dizia Jean Golein, um "mal sobrenatural", dirá um panfleto inglês do século XVII[595].

Os sétimos filhos tiveram na França e nos países britânicos, nos séculos XVI e XVII, numerosos adeptos. Na Inglaterra, vários dentre eles fizeram uma séria concorrência a seu soberano – alguns doentes preferiam recorrer a eles em lugar do rei[596]. Carlos I ou seus conselheiros, enciumados defensores – neste ponto como em outros – da prerrogativa monárquica, os perseguiram severamente. Na França, onde parece, geralmente, terem sido deixados em paz, eles obtiveram um grande sucesso[597]. Em todos os círculos da sociedade estava-se a par de suas proezas, exceto entre as pessoas de bom-senso, como Madame de Sévigné ou a princesa palatina[598], que só falavam deles com uma dose de ironia. Nós conhecemos vários deles: em estudante de Montpellier que praticava sua arte por volta de 1555[599], um eremita de Hyères, na Provença, acerca do qual um de seus admiradores – que permanece anônimo – escreveu em 1643 um *Traité curieux de la guérison des écrouelles par l'attouchement des septennaires*, o qual carrega o mérito de ser contado entre os mais singulares monumentos da estupidez humana[600]; em 1632, o filho de um alfaiate

---

594. Não possuímos nenhum testemunho sobre a Escócia à época de sua independência.

595. Cf. abaixo, p. 352 e 456.

596. Um exemplo curioso desse tipo nos foi revelado por uma correspondência analisada em *Calendar of State Papers, Domestic, Charles I*, 10 de junho, 20 de outubro e 22 de outubro de 1632.

597. Sobre a atitude das duas monarquias frente aos *septennaires*, cf. abaixo, p. 350s.

598. Madame de Sévigné, carta ao conde de Gontaut, 18 de maio de 1680 (aliás, trata-se da sétima filha). • *Briefe der Prinzessin Elizabeth Charlotte von Orleans [...]*. Ed. W. Menzel (*Biblioth. des literarischen Vereins in Stuttgart*, VI), 1843, p. 407; cf. abaixo, p. 348.

599. O médico da Basileia, Félix Platter, que estudou em Montpellier de 1552 a 1557, aí conheceu esse indivíduo, que nascera em Poitiers. Cf. PLATTER, F. *Praxeos [...] tomus tertius: de Vitiis*, I, c. III, in-4º. Basileia, 1656. Coisa curiosa, essa passagem parece não se encontrar nas edições anteriores da obra; Platter não mencionou o fato em suas memórias. Cf. LANSON, G. *Hommes et livres*, in-12, Paris 1895.

600. Por L.C.D.G., pet. in-4º. Aix, 1643. O autor acredita que os sétimos filhos gozaram desse dom apenas na França, se são nascidos de descendentes franceses (até o quarto grau), "não concubinários, bons católicos e não tendo cometido assassínios".

de Clermont, em Beauvaisis; na mesma época, um professo do Convento dos Carmelitas em Place Maubert, em Paris[601]. Este último praticava sua aptidão com o pleno acordo de seus superiores. Reconhece-se, portanto, que a Igreja não havia condenado oficialmente esta superstição – teremos, aliás, a ocasião de ver em breve como os religiosos de Corbeny souberam dela tirar partido. Mas, naturalmente, os eclesiásticos mais rigoristas ou os mais esclarecidos a reprovavam. Temos de Bossuet uma carta muito seca, endereçada à Abadia de Faremoutiers, a qual se interessava por um jovem supostamente provido desse dom. "Permita, Senhora", escreve o prelado, "que eu tenha a honra de vos dizer que eu somente me envolvi com esses sétimos varões para impedi-los de enganar o mundo exercendo sua pretensa prerrogativa, a qual não possui nenhum fundamento"[602]. Assim igualmente concluem, em 1679, Jean Baptiste Thiers em seu *Traité des Superstitions* e, em 1704, Jacques de Sainte-Beuve em suas *Résolutions de plusieurs cas de conscience*[603]. Como se poderia esperar, a opinião desses doutores não impediu a crença de sobreviver. Já indiquei que ela se manteve em certos lugares até o tempo presente. Em meados do século XIX, um camponês da pequena aldeia de Vovette, em Beauce, tendo sido o sétimo filho nascido de uma sucessão contínua de meninos, exerceu sob este título, por um logo tempo, uma proveitosa atividade[604].

Havia, portanto, na França, sob o Antigo Regime, três tipos diferentes de curadores de escrófulas, todos igualmente maravilhosos e, como comumente se pensava, dotados de igual poder: um santo (São Marcoul), os reis e os sétimos filhos. O poder que lhes era atribuído tinha para cada categoria uma origem psicológica completamente distinta: para São Marcoul, era a crença geral nas virtudes milagrosas e na intercessão dos santos; para os reis (em princípio, e com reservas sobre a legenda tardia de Corbeny), a concepção de realeza sagrada; para os sétimos filhos, enfim, as especulações verdadeiramente pagãs acerca dos números. Mas, estes elementos discordantes foram aproximados e amalgamados pela consciência popular; em torno dos *septennaires*, como em torno dos reis, a tendência à contaminação cumpriu seu papel.

---

601. Cf. abaixo, p. 291.

602. *Correspondance*. Ed. C. Urbain, C. e E. Levesque, E. VII, p. 47, n. 1.197 (27 de março de 1695). Essa curiosa carta me foi gentilmente indicada pelo Sr. Abade Duine.

603. Thiers, 4. ed., p. 442. • Sainte-Beuve, III, CLXX cas, p. 589ss. Comparar a atitude análoga tomada por Thiers e Jacques de Sainte-Beuve ante as superstições que floresceram em torno da peregrinação de São Huberto. Cf. GAIDOZ. *La rage et Saint Hubert*, p. 82ss.

604. DR. MENAULT. "Du marcoul: De la guéri son des humeurs froides". In: *Gazette des hôpitaux*, 1854, p. 497; resumo no *Moniteur Universel* de 23 de outubro.

Era uma opinião bastante difundida vulgarmente que os indivíduos dotados de poderes mágicos particulares – e especialmente os poderes curadores – traziam ao mundo, ao nascerem, uma marca distintiva traçada sobre seus corpos, indício de seu talento e, às vezes, de sua ilustre origem: tal como – segundo o testemunho de vários autores dos séculos XVI e XVII – a roda "inteira ou partida" que na Espanha se via nos "parentes de Santa Catarina" (a roda transformara-se no emblema da santa, após ter sido o instrumento de seu martírio), ou ainda, segundo os mesmos escritores, a "figura" em forma de serpente que mostravam, "impressa em sua carne", os "parentes de São Paulo", os quais, na Itália, eram tidos como herdeiros do Apóstolo dos gentios e do dom de curar picadas venenosas[605]. Os sétimos filhos não eram exceção. Em Biscaia, na Catalunha, acreditava-se avistar neles uma cruz, sobre a língua ou sobre o palato[606]. Na França, o sinal que a credulidade pública lhes reconheceu tomou um outro aspecto, mais particular: eram marcados desde o primeiro dia de vida com uma flor de lis, contava a boa gente, sobre qualquer lugar da pele; alguns eram mais precisos: sobre a coxa. Esta superstição surgira desde o século XVII[607]. À esta época, ainda existiriam muitas pessoas que acreditavam que os reis também nasciam com uma marca deste tipo? O Padre Dominique de Jesus, em sua *Monarchie sainte et historique de France*, na qual se esforçava, com uma engenhosidade absurda, em associar à dinastia pelos laços familiares o maior número de santos possíveis – chegando em São Leonardo de Noblat –, dava do parentesco deste piedoso abade com a casa de França a seguinte prova: "vê-se em sua cabeça nua um lírio gravado pela natureza no crânio de seu líder, como eu mesmo vi e toquei no ano de 1624"[608]. Há nisto, parece, uma espécie

---

605. VAIRUS, L. *De fascino libri tres,* 1. II, c. XI. Ed. de 1583, p. 141. • RAYNAUD, T. *De Stigmatismo sacro et prophano,* Sectio II, c. IV. In: *Opera,* fol. Lyon, 1665, XIII, p. 159-160. • THIERS, J.B. *Traité des superstitions,* 4. ed., p. 438-439 (as expressões entre aspas são tomadas desta última obra).

606. BRAGA, T. *O povo português,* II, p. 104 ("uma cruz sobre a língua"). • SIRVEN, J. *Soc. Agricole Pyrénées Orientales,* XIV, 1864, p. 116: "O vulgo [...] afirma que eles têm uma marca distintiva no céu da boca, como uma cruz ou uma flor de lis". Como sempre, em Roussillon as influências se misturam: a cruz é espanhola; o lírio, francês. Cf. acima, p. 284, n. 593.

607. O testemunho mais antigo parece ser RAULIN. *Panegyre* [...] *des fleurs de lys,* 1625, p. 178.

608. Fol. 1670, I, p. 181. • MOLINIER, E. *Les politiques chrestiennes* (1621, livre III, cap. III, p. 310) fala sobre as famílias por Deus para exercer a autoridade, famílias reais ou nobres: "Digo que os que descendem de tais casas carregam do ventre de sua mãe, não como nos velhos romances, a marca ardente de uma espada sobre a coxa, mas a autoridade de um crédito hereditário gravado em seu nome" (cf. LACOUR-GAYET. *Education politique,* p. 353). Evidentemente, há aqui somente uma reminiscência literária. J. Barbier em seu tratado sobre *Les miraculeux effects de la sacrée main des Roys de France,* surgido em 1618, menciona, na p. 38, a lança, marca hereditária dos "espartas tebanos", e a âncora dos Selêucidas (cf. acima, p. 243). Ele parece acreditar que, na França, jamais tenha tido um sinal régio.

de eco deformado da velha crença. Não conheço, para essa mesma época, outro testemunho escrito. Sem dúvida, a crença se apagou pouco a pouco. No empréstimo prodigioso atribuído aos sétimos filhos, devemos ver uma de suas últimas manifestações; ninguém duvida, portanto, que este lírio foi, segundo o sentimento comum, a flor de lis régia. O jesuíta René de Ceriziers em 1633 e, ainda, o padre de Reims Regnault em 1722, considerariam o sinal como demonstração de que o poder dos "sétimos" "vinha-lhes do crédito que nossos reis tinham nos céus"[609]: interpretação já meio racional; ficaremos mais perto da verdade popular dizendo simplesmente que a multidão, muito pouco preocupada com a lógica, estabelece entre esses feiticeiros, médicos das escrófulas natos, e os reis da França, uma relação misteriosa cuja expressão perceptível era, sobre os corpos dos primeiros, um sinal físico congênito reproduzindo o emblema característico do brasão capetíngio e similar a esta marca que por muito tempo se acreditara – talvez ainda se acreditasse algumas vezes – que os próprios reis tivessem. Aliás, certamente essa não era a única maneira pela qual se traduzia esta relação. É possível que, no século XVII, antes de começarem a praticar sua arte, os *septennaires* se fizessem às vezes tocar pelo rei, para, mediante esse contato, tomar emprestado um pouco de seu fluido[610]. E claro, ainda em nossos dias, em certas áreas rurais, sua virtude é considerada particularmente eficaz quando seus pais têm a precaução de lhes dar o nome de Luís; esta tradição, evidentemente, é somente uma lembrança de quando os reis da França, de pai para filho, assim se chamavam[611]. Vê-se por este último exemplo que as superstições desta natureza, nascidas de um estado de espírito monárquico, sobreviveram, em certos casos, à monarquia. O mesmo ocorre com a flor de lis: ainda em meados do século XIX, o curandeiro de Vovette, que soube tirar do acaso de sua origem um tão brilhante proveito, mostrava a marca heráldica – de nascença, dizia ele – desenhada na ponta de um de seus dedos. Quando era preciso, a engenhosidade sabia substituir a natureza. Nos séculos XVI e XVII, suspeitava-se fortemente que os "parentes de Santa Catarina"

---

609. CERIZIERS. *Les heureux commencement*, p. 104. • [REGNAULT]. *Dissertation historique*, p. 8.

610. Ao menos, é o que parece depreender-se de uma frase escrita por Bossuet na carta aqui citada mais acima, p. 286, n. 602: "O rei não toca mais esse tipo de pessoas [os sétimos filhos] a não ser no caso dele tocar os outros, i. é, no caso das escrófulas". "Não toca *mais*": os reis tiveram, outrora, o hábito de tocar, mesmo fora do "caso das escrófulas", os sétimos filhos. É lamentável que nenhum outro texto, pelo menos que eu conheça, nos permita dar a estas palavras um tanto enigmáticas uma interpretação absolutamente segura.

611. MONSEUR, E. *Le folklore wallon*, p. 30, § 617: "Para possuir o poder de curar [...] carregar o nome de Luís e ser o sétimo filho da família são também duas predisposições importantes". Penso que as duas "predisposições" estão comumente reunidas na mesma pessoa.

e os de São Paulo produziam artificialmente as marcas de roda ou de serpente em que tanto se fiavam[612]. O Dr. Menault, que escreveu em 1854 sobre o homem de Vovette em artigo curioso, com um tom bastante cético, assegura que os charlatães deste tipo, quando tinham a infelicidade de nascerem sem a marca, arranjavam uma através de cortes deixando cicatrizes de maneira apropriada[613]. Este foi o último avatar da "insígnia" dos reis da França.

Mais estreita ainda foi a aproximação com São Marcoul. Muito cedo – desde o início do século XVII, ou mesmo antes –, os sétimos filhos colocaram-se sob a proteção do celeste médico das escrófulas. A maioria deles, antes de tocar os doentes, em todas as vezes lhe faziam orações. Mais ainda: no começo de sua carreira, antes mesmo de começar a exercê-la, quase todos iam a Corbeny e cumpriam uma novena. Observando esses costumes, mais uma vez imitavam os reis da França, melhor dizendo, obedeciam ao mesmo sentimento que levara esses príncipes a fazer a peregrinação nas fronteiras do Aisne e que se exprimia também, como vimos, na liturgia do milagre régio. Para obter boas curas, eles, os sétimos filhos, acreditavam ser útil garantir em primeiro lugar a intercessão do grande protetor dos escrofulosos: "teus" escrofulosos, diz a São Marcoul a inscrição de Saint Riquier que citei mais acima. Eles praticavam sua arte de preferência nos dias de festa do santo; atreviam-se, algumas vezes, a curar em nome de São Marcoul. Em uma palavra, eles contratavam com ele, guardado todo o respeito, um tipo de aliança piedosa[614].

Aliás, nada mais natural, nesse tempo e nesse meio, que semelhante associação. O estudo das tradições populares, disso nos apresenta, fora da França, um outro exemplo análogo. Na Catalunha, os sétimos filhos, que eram lá chamados de *setes* – ou ainda, *saludadors* – não se ocupavam dos escrofulosos; como especialidade, já o vimos, eles tinham a cura da raiva. Como curandeiros das mordidas suspeitas e, também, como possuidores de segredos capazes de

---

612. VAIRUS. Loc. cit. • RAYNAUD. Loc. cit. e Naturalis Theologia, Dist. IV, n. 317. In: *Opera*, V, p. 199. • THIERS, Loc. cit.

613. Cf. acima, p. 286, n. 604. O feiticeiro de Vovette distribuía a seus pacientes uma imagem (provavelmente de São Marcoul) que, no alto, trazia escritas estas palavras "O rei te toca, Deus te cura!" (ibid. p. 499). Era a fórmula empregada, em seus últimos tempos, pelos reis tocando seus doentes. Eis uma outra sobrevivência, um pouco deformada, desta mesma ordem de crenças: lê-se, na *Revue des Traditions Populaires*, IX (1894), p. 555, n. 4, que no Bocage Normand, "quando há sete filhas em uma família, a sétima carrega sobre uma parte qualquer do corpo uma flor de lis e *touche du carreau*, i. é, que ela cura as inflamações de intestino das crianças".

614. DU LAURENS. *De mirabili*, p. 20. • FAVYN. *Histoire de Navarre*, p. 1.059. • DE L'ANCRE. *L'incrédulité et mescreance du sortilège*, p. 161. • RAULIN. *Panegyre*, p. 178.

prevenir antecipadamente homens e animais contra os ataques do mal, exerciam ainda sua arte – com um invejável sucesso – no século passado, na Catalunha e às vezes até em Roussillon. Ora, em toda a Península Ibérica, há uma intercessão celeste que preferencialmente se implora contra a raiva: a de uma santa, pouco conhecida dos historiadores, mas que não deixa de contar com um grande número de fiéis, Santa Quitéria[615]. As relações que uma aptidão comum em curar a mesma doença estabelecera, na França, entre os *septennaires* e São Marcoul, uma identidade de vocação muito semelhante as estabeleceu entre os *saludadors* e Santa Quitéria na Catalunha. Os *saludadors* faziam seus pacientes beijar uma cruz – dita de Santa Quitéria. Antes de soprar a ferida e chupá-la – que constituía o remédio habitual –, eles evocavam a santa em uma curta prece. Só começavam a praticar depois de terem ido a uma igreja em que a santa fosse objeto de uma veneração especial – como a Abadia de Bezalu. Ali, eles faziam suas devoções e, após a apresentação de um atestado constatando as particularidades de seu nascimento, recebiam dos monges um rosário de contas grandes, terminado pela cruz que, doravante, deviam oferecer aos beijos de seus doentes[616].

Este último traço merece reflexão: aí se conhece a viva ação de certas vontades individuais, perseguindo uma política perfeitamente definida. A ideia de uma semelhante colaboração entre uma santa e feiticeiros deve ter se formado mais ou menos espontaneamente no espírito do povo ou dos próprios *saludadors*; mas os religiosos, encarregados do culto à santa, a favoreceram. O mesmo ocorre na França com os monges de Corbeny encorajando os sétimos filhos a se ligarem a seu patrono. Serviam assim aos interesses de sua casa. Esses curandeiros, muito populares, poderiam ter se transformado em perigosos concorrentes da peregrinação. O laço que se estabelece entre eles e São Marcoul fez deles o contrário: agentes de propaganda – sobretudo quando, como os monges os incentivavam a fazer, impunham a seus pacientes a inscrição na confraria de Corbeny. Criou-se entre os *septennaires* e a antiga comunidade fundada por Carlos o Simples uma verdadeira aliança, da qual dois documentos, ambos do ano de 1632, colocam diante de nossos olhos as mais curiosas manifestações. Nesse tempo, o prior era aquele mesmo Dom Oudard Bourgeois,

---

615. *AA. SS. maii*, V, p. 171ss. Cf. SEGANGES, B. *Les saints patrons des corporations*, I, p. 391.
616. SIRVEN, J. *Soc. Agricole des Pyrénées Orientales*, XIV, 1864, p. 116-118. O nome de *saludadors* era comum, nessas regiões, a todos os feiticeiros-curadores. J.B. Thiers o aplica aos "parentes de Santa Catarina", que não eram sétimos filhos (passagem citada na p. 287, n. 605).

que já vimos usando a pluma para defender a glória de sua casa, contestada pelas pessoas de Mantes; homem ativo e inquieto, a quem a igreja local deve um novo altar-mor – feito ao gosto da época[617] – e que, de todas as formas, trabalhou pela prosperidade do estabelecimento que lhe foi confiado. Quando um sétimo filho se apresentava em Corbeny, munido de um extrato dos registros paroquiais constatando, sem fraude possível, que era mesmo um sétimo menino sem interposição de uma filha, uma vez concluídas suas devoções, recebia de Dom Oudard um atestado que o tornava oficialmente um curador das escrófulas. Uma cópia deste documento ficava nos arquivos do priorado. Dois registros desta natureza nos foram, assim, conservados; um relativo a Elie Louvet, o filho do alfaiate de Clermont[618], o outro a Antoine Baillet, professo dos carmelitas da Place Maubert. Sua redação ingênua não deixa de oferecer certo deleite. Eis as passagens essenciais do segundo registro (respeitei a ortografia que, pelo seu caráter fantasioso, é completamente digna do *grand siècle*):

> Nós, Dom Odouard Bourgeois, prior do priorado de Saint-Marcoul de Corbeny, em Vermandois, da Diocese de Laon [...]. Tenho visto, lido e analisado com atenção o processo e as comprovações do nascimento do Rev. Padre Frei Antoine Baillet, religioso da Ordem de Nossa Senhora do Monte Carmelo e professo do grande Convento dos Padres Carmelitas da Place Maubert de Paris, e tendo visto que ele nasceu o sétimo filho varão sem nenhuma interposição de filha [...] e considerando que o dito Frei Antoine Baillet é o sétimo filho varão e que o sétimo pode tocar e impor suas mãos sobre os pobres afligidos pelas alporcas, assim como o crê piedosamente o vulgo e nós também, e que cada um o experimenta diariamente [...] depois, portanto, que ele visitou por duas ocasiões diferentes a igreja real de São Marcoul de Corbeny onde repousam as relíquias e ossada sagrada deste grande Santo que é evocado principalmente para o mal das alporcas, e que, em sua última viagem, fez sua novena tal como os doentes e observou ponto por ponto e da melhor maneira que lhe foi possível tudo o que se ordena guardar na dita novena, fez-se registrar no número dos confrades da confraria real e, antes de tocar, além do processo e das comprovações, ele fez-nos ver sua obediência bem assinada e selada por seu superior e datada de XV de setembro de 1632 e o atestado e

---

617. As peças relativas à construção – com desenhos – estão no maço 223. Cf. BARTHÉLÉMY. *Notice historique sur le prieuré*, p. 235 (com gravura). Sobre Dom O. Bourgeois, cf. a nota do necrológio de Saint-Remi, *Biblioth. de la ville de Reims*, ms. 348, fol. 14.

618. Maço 223 (*renseignements*), n. 7, 1.632. É semelhante, no essencial, ao de Antoine Baillet. Algumas diferenças serão indicadas mais adiante.

aprovação dos doutores, bacharel e antigos padres de seu mosteiro, como ele sempre viveu entre eles como muito bom religioso e em boa apreciação e reputação [...] por essa causa lhe permitimos e permitiremos tanto quanto pudermos tocar caritativamente os doentes das alporcas em certo dias do ano, a saber, o dia e festa de São Marcoul que é o primeiro dia de maio, e o sétimo dia de julho que é sua relação, e o segundo de outubro sua transladação, e a Sexta-feira Santa e as sextas-feiras das Têmporas (Deus queira que tudo seja para sua glória!), e tendo assim tocado os ditos doentes, enviá-los a nós na dita Corbeny para se fazer registrar no número dos confrades da confraria real de São Marcoul, erigida nesse lugar por nossos reis da França os quais são os primeiros confrades, para aí fazer ou mandar fazer uma novena, e tudo pela glória de Deus e desse glorioso santo. Em testemunho disto nós assinamos o presente e lacramos o selo real da dita confraria. A 24 de setembro de 1632*.

---

* No caso deste trecho, apesar de o traduzirmos, optou-se por disponibilizar também ao leitor o texto original por um motivo simples: Marc Bloch ressalta que manteve a ortografia do documento. Como o autor quis que seu leitor conhecesse o documento em sua originalidade, optou-se em respeitar esta intenção: "Nous, dom Odouard Bourgois, prieur du prieuré de Saint Marcoul de Corbenist en Vermendois du diocedz de Laon, [...] Ayant veu, leu et examiné attentivement le procès et les attestations de la naissance du Révérend Père frerre Anthoine Baillet, prestre religieux de l'ordre de Nostre Dame du Mont Carmel et profez du grand couvent des Perres Carmes de la place Maubertz de Paris, comme il est yssuz le sep tiesme filz malle sans aulcune interposition de fille [...] et attendu que ledit F. Anthoine Baillet est le septiesme filz malle et que le septiesme peult toucher et imposer sa main sur les pauvres affligés des escrouëlle, ainsi que le croi pieusement le vulgaire et nous ausy pareillement et que chacun l'expérimente journellement [...] après donc qu'il a visité par deulx divers fois l'église royale de Saint Marcoul de Corbenist où reposent les relicque et sacré ossement de ce grand Sainct qui est imploré principalement pour le mal des escrouelles, et que, en son dernier voyage, il a faict sa neuf vaine ainsi que les mallades et a observé de point en point et au myeulx qu'il lui a esté possible toutes ce qui est comandé de garder en la dicte neufvaine, et ausi c'est faict enregistrer au nombre des confrerre de la confrairie royalle, et, avant que toucher, oultre le procès et les attestations, il nous a faict voir son obbediance bien signée et scellée de son superieurre et datte du XVe septembre 1632 et le certificat et approbation des docteurs, bachelier, et anciens perre de son monastère comme il a tousjours vescu parmi eulx en très bon religieux et en bon odeur et réputation, [...] pour ceste cause nous lui avons permis et permettons autant que nous pouvons de toucher charitablement les malades des escrouelles en certains jours de l'année, scavoir aux jour et feste de Saint Marcoul qui est le premier jour de mai, et le septiesme jour de juillet qui est sa relation, et le second octobre sa translation, et le Vendredi, Saint et les Vendredi des Quatre Temps de l'année (Dieu veille que le tout soit a sa gloire!), ayant ainsi touché lesdict malade nous les renvoyer audit Corbenist pour ce faire enregistrer au nombre des confraire de la confrairie royalle de Saint Marcoul, érigée en ce lieu par nos rois de France dont ilz sont les premiers confrerre, pour y faire ou faire faire une neuf vaine et le tout à la gloire de Dieu et de ce glorieux sainct. En tesmoing de ce nous avons signée ces présentes et apposé le scel royal de la dite confrairie. Ce vingt quatriesme septembre mil six cent trente deulx" [N.T.].

Assim, provido deste atestado, Frei Antoine voltou a seu convento. Provavelmente, seus talentos foram ali apreciados. Os escrofulosos adquiriram o hábito de ir à Place Maubert e, para melhor atraí-los, os carmelitas puderam – após a morte de Ana da Áustria, ocorrida em 1666 – apresentar uma autêntica relíquia de São Marcoul, que receberam do legado desta princesa, como favor outrora garantido a Corbeny[619]. Temos ainda o panfleto impresso que os carmelitas distribuíram ao público, sem dúvida em torno dessa data[620]. Ele oferece a mais singular desordem. Nele, lê-se, lado a lado, receitas médicas – algumas delas realmente parecem se aproximar das concepções de caráter mágico[621] –, antífonas e orações tanto a São Marcoul quanto a São Clodoaldo – outro patrono do convento – e, após uma deferente alusão ao milagre régio, o conselho claramente dado aos escrofulosos para irem ser tocados por um "sétimo filho homem, bem constatado, sem interrupção do sexo feminino". Antoine Baillet não é nomeado, mas não se pode duvidar que este conselho se referia a ele particularmente. No cabeçalho, uma pequena gravura representando o santo.

A tradição solidamente estabelecida pelos protegidos de Corbeny se manteve no século XIX. O *septennaire* de Vovette operava diante de uma estatueta de São Marcoul, após ter realizado diante dela, junto com seu paciente, uma curta oração. Esta cerimônia e também o tratamento – um simples contato com o sinal da cruz, semelhante, pois, ao antigo gesto régio, provavelmente imitado deste, caso não se trate de uma coincidência – se renovavam diariamente durante nove dias consecutivos. Ao término deste período, o doente retirava-se munido somente de uma ordenação que lhe impunha de uma só vez algumas observações alimentares, muito bizarras, e uma assiduidade particular nas festas de São Marcoul; levava igualmente um livreto contendo o ofício do santo e uma imagem piedosa, abaixo da qual estava impressa uma oração na qual São Marcoul era evocado. Aliás, nessa época, a relação íntima que unia

---

619. Promessa de uma vértebra do santo por Ana de Áustria em 17 de abril de 1643: maço 223, n. 10 (dois documentos). Doação aos carmelitas da Place Maubert: nota do cabeçalho de um volume que contém atestados de cura; maço 223 (*renseignements*).

620. *Bibl. Nat. Estampes* Re 13, fol. 161. Cf. *Cahier* – Caractéristiques des saints dans l'art populaire, in-4º, 1867, I, p. 264, n. 3. • GASTON, J. "Les images des confréries parisiennes avant la Révolution". In: *Soc. d'iconographie parisienne*, II, 1909, n. 34.

621. Tal como a proibição de "comer todas as cabeças de animais [...] e também as de todos os peixes". As escrófulas eram consideradas como uma doença da cabeça. Não seria preciso remontar à origem desta prescrição uma ideia relacionada às práticas da magia simpática? A mesma proibição é ainda hoje imposta pela brochura que se vende aos peregrinos que vão adorar São Marcoul no hospício de Dinant: CHALON, J. *Fétiches, idoles et amulettes*, I, p. 148.

os sétimos filhos com o antigo taumaturgo de Nant e de Corbeny tornara-se muito sensível aos olhos de todos para se traduzir de maneira imperativa na linguagem. Esses curadores de escrófulas às vezes recebiam em seu batismo, de pais ou de padrinhos previdentes, nomes apropriados à sua vocação e, pensava-se, capazes de atrair sobre eles influências felizes: Luís, por exemplo, como vimos, ou, ainda mais frequentemente, Marcoul[622]. Este último deixou de ser um nome próprio para tornar-se, pouco a pouco, um tipo de nome comum. No século XIX – e, provavelmente, já bem antes – em quase todas as províncias francesas, o homem que tivera a sorte de vir ao mundo imediatamente após seis outros meninos chamar-se-ia frequentemente um "marcou"[623].

O estudo do culto de São Marcoul e da crença nos *septennaires* arrastou-nos até o tempo presente. Convém agora voltar atrás e retraçar, a partir da Renascença e da Reforma, os destinos do milagre régio, do qual São Marcoul era tido comumente – embora sem muita precisão – como um dos autores.

---

622. BENOÎT, M.A. *Procès-verbaux soc. archéolog. Eure-et-Loir,* V (1876), p. 55 é o único que menciona o costume que consistia em dar aos sétimos filhos o nome de Marcoul; mas o emprego de *marcou* como nome comum para designá-los é comprovado por numerosos testemunhos (cf. aqui p. 294, n. 622). Parece-me natural supor que o nome comum tirou sua origem do nome de batismo.

623. Cf., entre outras, as obras de Laisnel de la Salle, Jaubert, Tiffaud e Martellière citados acima, p. 282, n. 581 e o artigo de Du Menault citado na p. 287, n. 605. Não é lugar aqui para considerar a etimologia do nome *marcou*, aplicado aos curadores, oferecida em LIEBRECHT. *Zur Volkskunde*, p. 347. A palavra *marcou* possui em certos dialetos ou patuás românicos – mormente na Valônia – um outro sentido, totalmente diferente: ela designa o gato, ou melhor, o gato macho – e este significado parece ser bastante antigo. Cf. Leduchat em sua edição de H. Estienne. *Apologie pour Hérodote*. Haia, 1735, III, p. 250, n. 1; o mesmo, no *Dictionnaire étymologique*, de Ménage. Ed. de 1750 no verbete "marcou" (cita um rondó de Jean Marot). • SAINÉAN, L. *La création métaphorique en français* [...] *Le chat; Beihefte zur Zeitschr. für romanische Philologie*, I, 1905, passim (cf. o sumário). • CHALON, J. *Fétiches, idoles et amulettes*, II, p. 157. Devemos supor uma relação qualquer entre São Marcoul, os sétimos filhos e os gatos? Foi o que acreditou Leduchat: "*Marcou*, de resto, é também o nome de um gato, animal cujo pelo dá, dizem, as escrófulas. Assim, um *Marcou* cura o mal que faz um outro *Marcou*" (nota sobre H. Estienne citada mais acima). Seria necessário, pois, imaginar que a palavra, transformada em um tipo de nome comum para os curadores de escrófulas, foi, por um novo transporte de ideias, aplicada secundariamente a um animal considerado capaz de ocasionar o mal. Mas parece mesmo que esta explicação, muito engenhosa, deve ser rejeitada. Não vi em nenhum outro lugar que o gato fosse considerado possuidor de uma semelhante capacidade; e me pergunto se Leduchat não a tenha atribuído sem provas, para basear sua própria interpretação. O nome *marcou* é sem dúvida dado ao gato, como o sugere Sainéan, por um tipo de onomatopeia, que possui sua origem em uma vaga imitação do ronronar. Quanto à ideia – para a qual Sainéan parece inclinar-se (p. 79) – segundo a qual os sétimos filhos teriam tomado seu nome emprestado do gato, após tudo o que foi dito mais acima, ela não parece ter necessidade de ser discutida.

Capítulo V

O milagre real no tempo das lutas religiosas e do absolutismo

1 As realezas taumatúrgicas antes da crise

Por volta do ano de 1500 e até bem adiante no século XVI, o milagre régio, nas duas margens da Mancha, aparece-nos em plena expansão[624].

Primeiro, na França. Devemos, para esse período, dados numéricos de uma excepcional precisão a alguns livros de contas da esmolaria, que, por grande acaso, escaparam da destruição. O mais antigo remonta aos últimos

---

624. Para a Época Moderna, nós encontramos uma nova categoria de fontes para o estudo dos ritos curadores: os relatos de viagem e, acessoriamente, os guias para viajantes. São, em regra geral, documentos muito pouco seguros. Muitos deles, sem dúvida redigidos posteriormente através de notas incompletas ou de lembranças deformadas, encerram erros os mais espantosos. Alguns exemplos serão suficientes. GÖLNITZ, A *Ulysses belgico-gallicus,* in-12. Amsterdã, 1655, p. 140ss., dá uma descrição da cerimônia francesa que parece, em parte construída sobre informações de origem livresca, em parte inventada por completo; ele afirma que em todas as vezes se levam ao rei dois cetros, um encimado pela flor de lis e o outro pela mão da justiça. O Cardeal Chigi, na relação de sua legação (1664), faz o rei da França jejuar três dias antes de cada toque; ele o representa beijando os doentes (tradução RODOCANACHI, E. *Revue d'Histoire Diplomatique,* 1894, p. 271). Acrescenta-se essa curiosa incapacidade de observar exatamente, que é o defeito de certos espíritos: Hubert Thomas de Liège visitou a França, onde ele viu Francisco I tocar em Cognac, e a Inglaterra, onde Henrique VIII entregou-lhe pessoalmente os *cramp-rings* (abaixo, p. 309, n. 674). No geral, parece digno de fé e declara expressamente que os reis da Inglaterra não tocam as escrófulas: THOMA LEODIUS, H. *Annalium de vita illustrissimi principis Frederici II,* in-4°. Frankfurt, 1624, p. 98. Certas relações de viagem, porém, como obras de espíritos particularmente precisos e justos, são exceção. É o caso da que redigiu o secretário do embaixador veneziano Jerônimo Lippomano, encarregado de missão na corte da França em 1577: *Relations des ambassadeurs vénitiens.* Ed. Tommaseo (*Doc. inédits*), II. Todas as vezes que eu pude contrastá-la com outros documentos, perfeitamente seguros, encontrei uma exatidão rigorosa.

dias de Carlos VIII e o mais recente pertence ao reinado de Carlos IX, em plena luta religiosa (1569)[625]. As informações que eles fornecem no referente aos exercícios financeiros que cobrem são perfeitamente completas; no tempo ao qual chegamos, a generosidade régia não mais fazia, como outrora sob Filipe o Belo, escolhas entre os miraculados. Todos os doentes tocados, sem nenhuma distinção, tomavam parte nas generosidades do rei[626]. Eis as estatísticas anuais que é possível estabelecer: Luís XII, de 1º de outubro de 1507 a 30 de setembro de 1508, tocou somente 528 pessoas[627]; mas Francisco I, em 1528, tocou ao menos 1.326; em 1529, mais de 988; em 1530, ao menos 1.731[628]; coisa curiosa: o recorde pertence a Carlos IX: em 1529, ano da guerra civil, iluminado, porém, pelas vitórias monárquicas – o ano de Jarnac e de Moncontour –, este rei mandou distribuir, por intermédio dos cuidados de seu esmoleiro, o ilustre Jacques Amyot, as somas costumeiras a 2.092 escrofulosos, sobre cujas chagas sua jovem mão pousara[629]. Estes números são dignos de serem comparados com aqueles que nos foram revelados, para uma outra época e um outro país, as con-

---

625. Para mais detalhes, cf. abaixo o *Apêndice I*, p. 407ss.

626. Cada doente recebia, em princípio, dois soldos torneses (excepcionalmente: 1º, a 31 de outubro de 1502, 2 carolus, o que perfazia somente, segundo DIEUDONNÉ. *Monnaies royales françaises*, 1916, p. 305, 20 denários de tornês. O total de moeda dado pelo livro de esmola é, então, visivelmente falso: *Bibl. Nat. franc.* 26.108, fol. 392. 2º, a 14 de outubro de 1507: 2 soldos torneses e 6 denários: *KK* 88, fol. 209, V). Todavia, talvez sob Carlos VIII, eles não tenham recebido durante algum tempo mais do que um tornês; ao menos, é o que se poderia supor de um artigo do livro de esmolas, *KK* 77, fol. 17 (24 de outubro de 1497). Mas este artigo ("A .xx iiij xij doentes das escrófulas [...] cada um xij d. t., para ajudá-los a viver") está redigido com tanta imprecisão que não se sabe se ele se aplica às esmolas distribuídas no momento do toque, ou, então, entregues aos escrofulosos que esperavam ao bel-prazer do rei curador. A 28 de março de 1498, último dia em que Carlos VIII praticou o rito das escrófulas, os doentes receberam dois soldos torneses por cabeça, como nos reinados seguintes (*KK* 77, fol. 93).

627. Segundo *KK* 88. Em 28 de março de 1498, Carlos VIII tocara 60 pessoas: *KK* 77, fol. 93. Em Corbeny, no retorno da sagração, Luís XII tocou 80: ibid, fol. 124 V; durante o mês de outubro de 1502, 92 (e não 88, como afirma por engano DE MAULDE. *Les Origines*, p. 28): *Bibl. Nat. Franc.* 26.108, fol. 391-392.

628. Segundo *KK* 101, completado por *Bibl. Nat. Franc.* 6.732; o registro comporta muitas lacunas – sobretudo, relacionadas ao ano de 1529 – de modo que só podemos chegar às cifras mínimas. Cf. aqui, p. 407. Os tocados por Francisco I são mencionados no *Journal d'un Bourgeois de Paris*. Ed. V.-L. Bourrilly (*Collect. de textes pour servir à l'étude... de l'histoire*), p. 242 (Tours, 15 de agosto de 1526) e na *Chronique* publicado por Bourrily em apêndice na obra anterior, p. 421; cf. abaixo, p. 302, n. 649.

629. Segundo *KK* 137. Barthélemi de Faye d'Espeisse (B. Faius) em seu pequeno tratado de polêmica antiprotestante intitulado *Energumenicus*, 1571, p. 154, faz alusão ao papel desempenhado por Amyot, como esmoleiro, na cerimônia do toque – o tratado é, aliás, dedicado precisamente a Amyot.

tas de Eduardo I e Eduardo III; como outrora na Inglaterra com os Plantagenetas, os Valois na França, no século XVI, viram chegar a eles milhares de doentes.

Esses doentes, de onde vinham, assim, em grandes multidões? Sobre este ponto, os documentos do século XVI são menos explícitos que as tabuinhas de Filipe o Belo; os beneficiários do toque que aí encontramos recenseados geralmente são anônimos ou se, às vezes, seu nome é conhecido, seu lugar de origem permanece quase sempre oculto. Todavia, uma categoria especial de estrangeiros, aos quais o costume queria que se entregasse uma esmola particular "para lhes ajudar a retornar a seu país", é registrada vária vezes, pelo menos sob Henrique II – cujas contas, muito fragmentárias para permitir estatísticas anuais, foram, mais acima, deixadas em silêncio – e sob Carlos IX: trata-se dos espanhóis[630]. Outros textos testemunham a sua prontidão. O antagonismo político entre a França e a Espanha, quase constante durante todo o século, não atingiu a fé que as populações da península, assoladas pelas escrófulas, devotavam às virtudes sobrenaturais de um príncipe inimigo de seus soberanos. Aliás, a despeito da rivalidade dos governantes, as relações entre os dois países permaneceram frequentes; havia espanhóis na França; havia, sobretudo, franceses na Espanha. Essas migrações só faziam expandir, para além dos Pirineus, a fama do milagre francês. Assim que a paz era momentaneamente restabelecida, os escrofulosos, tanto os nobres quanto os humildes, atravessavam os montes e precipitavam-se em direção ao médico régio; parecem ter formado verdadeiras caravanas, conduzidas cada uma por um "capitão"[631]. Na chegada, eles recebiam grandes doações, alcançando, no caso das pessoas ilustres, até 225 ou 275 libras. Estas generosidades atestam o preço que a corte da França pagava para favorecer, fora do reino, o prestígio taumatúrgico da dinastia[632].

---

630. Henrique II: *KK* III, fol. 14, 35 V, 36, 37 V, 38 V, 39 V. Carlos IX: *KK* 137, fol. 56 V, 59 V, 63 V, 75, 88, 89, 94 (de onde é extraída a citação relativa à esmola especial concedida aos espanhóis), 97 V, 100 V, 108. Cf. o relato de viagem de Jerônimo Lippomano, p. 54; o autor diz sobre o toque "pare quasi cosa incredibile et miracolosa, ma pero tanto stimata per vera et secura in questo regno et in Spagna, dove piu che in ogni altro luogo del mondo questo maie e peculiare". Cf. tb. FAIUS. *Energumenicus*, p. 155.

631. DU CHESNE, A. *Les antiquitez et recherches de la grandeur et maiesté des Roys de France*, 1609, p. 167, menciona "[...] o grande número de tais doentes, que vêm ainda todos os anos de Espanha, para se fazer tocar por nosso piedoso e religioso rei; dos quais o capitão que lhes conduziu em 1602 trouxe a comprovação dos prelados da Espanha referente a grande número de curados pelo toque de sua majestade".

632. Sobre o grande número de franceses estabelecidos na Espanha, cf. BODIN. *République*, livro V, § 1. ed. de 1579, in-fólio. Lyon, p. 471, toda a exposição que termina assim: "de fato, a Espanha quase é povoada somente por franceses". Sobre o movimento inverso, cf. MATHOREZ,

Ao lado dos espanhóis, outros estrangeiros, cuja nacionalidade não é precisa, são mencionados entre a multidão que se apressa em torno de Henrique II em Corbeny, no retorno da sagração[633].

Mesmo além das fronteiras da França, nossos reis às vezes curavam – mormente na Itália, para onde, nesse tempo, suas ambições frequentemente os conduziriam. Em verdade, Carlos VIII, cumprindo o rito milagroso em Nápoles, e Luís XII, repetindo este gesto em Pávia ou em Gênova, operavam em cidades que eles consideravam como parte integrante de seus estados; mas eles não temiam, quando havia ocasião, praticar muito bem sua arte em solo notoriamente estrangeiro – os domínios papais, por exemplo. Francisco I – que, em dezembro de 1515, encontrava-se em Bolonha como hóspede de Leão X – mandou anunciar publicamente que ele tocaria os doentes na capela do palácio pontifical (e entre eles, estava um bispo polonês). E mesmo em Roma, na Capela São Petronilha, Carlos VIII, em 20 de janeiro de 1495, tocara aproximadamente 500 pessoas, criando assim – se acreditarmos em seu panegirista André de la Vigne – "uma extraordinária admiração" entre os italianos[634]. Em verdade, como constataremos mais tarde, essas manifestações miraculosas não passavam sem levantar algum ceticismo entre os espíritos livres da região; mas o povo, sem dúvida, e mesmo os médicos eram menos difíceis de serem convencidos[635]. Há mais. Quando Francisco I, prisioneiro após a batalha de Pávia, aportou no fim de junho de 1525 sobre solo espanhol – primeiro em Barcelona, depois em Valência – apresentaram-se a ele – escrevia, alguns dias mais tarde,

---

J. Notes sur la pénétration des Espagnols en France du XIIe au XVIIe siècle. In: *Bulletin Hispanique*, XXIV (1922), p. 41 (trata apenas dos estudantes). Pagamento de 275 libras de tornês a uma dama espanhola vinda para ser tocada: *Catal. des actes de François I*. III, n. 7.644 (21 de dezembro de 1534); a uma dama espanhola vinda para que sua filha fosse tocada, ibid. VIII, n. 31.036 (janeiro de 1539). A popularidade de milagre francês na Espanha encontrou eco em um teólogo, Luís de Granada. Cf. abaixo, p. 336, n. 749.

633. *KK* III, fol. 39 V: "Aos doentes de escrófulas espanhóis e outros estrangeiros a soma de quarenta e sete libras e dez soldos torneses, a eles outorgada pelo dito senhor esmoleiro-mor, para ajudá-los a viver e ir a São Marcoul esperar ser tocados". O toque em Corbeny ocorreu em 31 de julho de 1547. Cf. referências abaixo, p. 461.

634. Carlos VIII em Roma, a 20 de janeiro de 1495. • LA VIGNE, A. *Histoir du Voyage de Naples*. In: GODEFROY. *Histoire de Charles VIII*, fol., 1684, p. 125. • Em Nápoles, a 19 de abril, ibid., p. 145. • Luís XII em Pávia, a 19 de agosto de 1502, e em Gênova, a 1º de setembro seguinte (cf. GODEFROY. *Ceremonial françois*, I, p. 702 e 700). • Francisco I em Bolonha, a 15 de dezembro de 1515 (*Journal de Jean Barillon*. Ed. P. Vaissière (Soc. de l'hist. de France), I, p. 174. • LE GLAY. *Négociations diplomatiques entre la France et l'Autriche* (Doc. inédits), II, p. 88. • CALCAGNINI, C. *Opera*, in-fólio. Basileia, 1544. • *Epistolicarum quaestionum.*, lib. I, p. 7. Sobre um afresco do século XVII representando a cerimônia de Bolonha, cf. abaixo, p. 345.

635. Sobre os céticos, abaixo, p. 313. Sobre os médicos, p. 122, n. 185.

o presidente de Selve ao Parlamento de Paris – "tantos em tão grande número de doentes de escrófulas [...] com grande esperança de cura que, na França, nunca se viu em tão grande multidão"[636]. Vencido, o augusto curador tinha grande sucesso entre os espanhóis, tanto quanto fizera quando estes vinham lhe implorar em meio a toda a pompa das festas da sagração. O poeta Lascaris cantou este episódio em dois dísticos latinos que foram célebres em seu tempo:

> Eis, pois, que o rei com um gesto de sua mão cura as escrófulas;
> Cativo, ele não perdeu os favores dos céus.
> Por este indício, ó mais santo dos reis,
> Eu creio reconhecer que teus perseguidores são odiosos aos deuses[637].

Como convinha a um Estado mais civilizado e a uma corte esplêndida, o ritual das escrófulas conquistara gradativamente na França, de uma só vez, uma regularidade e uma solenidade novas. Luís XI, lembramo-nos, ainda tocava todas as semanas; mas, desde Carlos VIII – ao que parece, reprovado quanto a isso por Commines – a cerimônia realiza-se apenas em datas muito espaçadas[638]. Sem dúvida, o rei às vezes ainda consente, durante um percurso – como fez Francisco I quando atravessou a Champanhe em janeiro de 1530 – que alguns doentes cheguem até ele quase a cada etapa[639]; ou ele se deixa comover, estando "no campo", pelo pedido isolado de um pobre homem[640]. Mas, normalmente,

---

636. CHAMPOLLION-FIGEAC, A. *Captivité du roi François Ier* (*Doc. Inédits*), 1847, p. 253,. n. CXVI (18 de julho de 1525). Cf. GACHARD, M. *Etudes et notices historiques*, I, 1890, p. 38.

637. LASCARIS RHYNDACENI, I. *Epigrammata*, in-4º. Paris, 1544, p. 19 V: "Ergo manu admota sanat rex choeradas, estque – Captivus, superis gratus, ut ante fuit. – Iudicio tali, regum sanctissime, qui te – Arcent, inuisos suspicor esse deis". Dísticos frequentemente citados ainda no século XVII, p. ex.: DU LAURENS. *De mirabili*, p. 21-22. • DU PEYRAT. *Histoire ecclésiastique*, p. 817.

638. Commines, VI, c. VI. Ed. Maindrot (*Collection de textes pour servir à l'étude et l'ens. de l'histoire*), II, 1903, p. 41: "Quando os reis da França querem tocar os doentes de escrófulas, eles se confessam, e nosso rei jamais deixa de fazê-lo uma vez por semana. Se os outros não o fazem, eles fazem muito mal, pois sempre há muitos doentes". De Maulde (*Les origines*, p. 28) vê nesta frase uma alusão a Luís XII. Mas o livro de VI das *Mémoires* de Commines foi redigido no reinado de Carlos VIII. Aliás, o livro de esmolas de Carlos VIII (*KK* 77) só assinala um toque, a 28 de março de 1498 (fol. 93), dia que, aliás, não corresponde a nenhuma festa; pode-se acrescentar uma menção obscura, referente a 24 de outubro de 1497 (fol. 17). Cf. acima, p. 296, n. 626. Em suma, uma frequência bem baixa no exercício do poder curador.

639. *KK* 101, fol. 273 Vss.

640. *KK* 101, fol. 68, abril de 1529: "Ao acima dito esmoleiro, para entregar a soma de cinco soldos torneses a uns doentes de escrófulas que o rei curava no campo". É preciso acrescentar que as pessoas de uma categoria privilegiada frequentemente obtinham o favor de serem tocadas a parte da multidão; mas estes toques privados podiam ocorrer no mesmo dia que a cerimônia geral. Cf. p. ex., para Henrique IV, abaixo, p. 324, n. 712 (texto de Thou).

os escrofulosos, na medida em que chegavam, são agrupados pelos cuidados da esmolaria e, recebendo alguns recursos "para lhes ajudar a viver" até o dia favorável, aguardam em o séquito do rei o momento escolhido para o milagre; a menos que, para livrar a corte, incessantemente em movimento, desse cortejo embaraçante – e, segundo toda a probabilidade, extremamente desagradável de ver e de se aproximar – se preferisse, ao contrário, dar-lhes algum dinheiro para persuadi-los a se "retirar" e a só reaparecer no dia fixado[641]. Em princípio, esses dias nos quais o rei se digna em desempenhar o ofício de taumaturgo, são, naturalmente, as principais datas no ano religioso, em número, aliás, variável[642]: Candelária, Ramos, Páscoa ou um dos dias da Semana Santa, Pentecostes, Ascensão, *Corpus Christi*, Assunção, Natividade da Virgem, Natal; excepcionalmente, uma festa estranha ao calendário litúrgico: 8 de julho de 1530, Francisco I, celebrando em Roquefort, próximo a Mont-de-Marsan, seus esponsais com Eleonora da Áustria, mostrou-se a nova rainha da França em todo o esplendor do milagre hereditário[643]. Devido a esse sistema de agrupamento, são verdadeiras multidões, centenas de pessoas seguidamente, que o rei, após a triagem habitual feita pelo médico da corte[644], encontra reunidas no momento determinado. A cerimônia reveste-se, por isso, de um caráter particularmente imponente. Antes de proceder ao toque, o rei, a cada vez, comunga: sob as duas espécies, como é devido, segundo o privilégio dinástico que, do mesmo jeito que o dom de curar, parecia afirmar o caráter sagrado da monarquia francesa. Um pequeno quadro do início do século XVI nos faz sentir a aproximação que a opinião lealista estabelecia entre essas duas gloriosas prerrogativas: na esquerda, sob uma capela aberta, o rei – a quem um bispo apresenta a patena – segura o cálice; na direita, no átrio e até nos degraus da capela, os doentes aguardam[645]. Os traços

---

641. Em 26 de maio de 1530, em Angoulême, quando a corte viajava pelo sudoeste da França, o esmoleiro-mor distribuiu a 87 doentes de escrófulas 2 soldos torneses por cabeça, "a fim de afastá-los para que não retornassem antes da festa de Pentecostes": *KK* 101, fol. 360 V. Menção com o mesmo sentido, ibid., fol. 389.

642. Ou as vésperas dessas festas; às vezes, a véspera e o próprio dia.

643. *KK* 101, fol. 380 V.

644. *KK* 101, fol. 29 V, agosto de 1528: "Ao acima dito esmoleiro para entregar a mestre Claude Bourgeoys, cirurgião do rei que visitara os doentes de escrófulas, a soma de quarenta e um soldos torneses". Cf. o relato de viagem de Jerônimo Lippomano (citado acima, p. 295, n. 624), p. 545: "Prima che il re tocchi, alcuni medici e cerusichi vanno guardando minutamente le qualita del male; e se trovano alcuna persona che sia infetta d'altro male che dalle scrofole, la scacciano" (FAIUS. *Energumenicus*, p. 155).

645. Cf. abaixo *Apêndice II*, n. 3, e figura 1. Cf. o que foi dito mais acima (p. 235s.) sobre o vitral de Mont-Saint-Michel.

essenciais do rito não mudaram desde a Idade Média: contato da mão nua nas chagas ou tumores, depois o sinal da cruz. Desde o século XVI, a fórmula que o príncipe pronuncia para cada paciente é fixada, a saber: o "rei te toca e Deus te cura", que se manterá, com algumas variantes, até os últimos tempos da monarquia[646]. Sobretudo, uma liturgia, aliás muito curta, agora precede a solenidade; vimos que – pelo menos, desde Henrique II – ela refere-se inteiramente a São Marcoul, transformado em patrono do milagre régio[647]. O mesmo missal que a transmitiu a nós mostra uma bela iluminura, que apresenta a nossos olhos o espetáculo vivo de um dia de toque: Henrique II, seguido pelo esmoleiro e por alguns nobres, faz o trajeto pela multidão ajoelhada, indo de doente em doente. Sabemos que era assim mesmo que as coisas se passavam[648]. Mas não seria necessário tomar muito ao pé da letra essa pequena pintura. O traje régio – a coroa e o manto bordado com flores-de-lis, forrado com pele de arminho – é totalmente convencional: o soberano não usava, a cada cerimônia do toque, as vestimentas da sagração. A cena parece se desenrolar em uma igreja – e, frequentemente, era este o caso; porém, nem sempre. Na arquitetura de fantasia, que está ao gosto da Renascença e que o artista deleitou-se compondo, é preciso que nossa imaginação substitua a decoração por outras menos irreais e mais

---

646. Atestado pela primeira vez no relato de viagem de Jerônimo Lippomano (p. 545). Há, no século XVII, uma certa divergência nos testemunhos desta fórmula. Alguns textos dão a redação seguinte, na qual o subjuntivo parece colocar uma nuança de dúvida: "o rei te toca, Deus te cura" (ou outras expressões análogas, comportando igualmente o emprego do subjuntivo). Mas apenas encontramos semelhantes redações nos escritores de autoridade medíocre: em um obscuro hagiógrafo, Louis Texier, *Extraict et abrégé de la vie de Saint Marcoul*, 1648, p. 6; no absurdo autor do *Traité curieux de la guérison des écrouelles [...] par l'attouchement des septennaires*. Aix, 1643, p. 34. Em Menin: *Traité historique et chronologique du sacre*, 1724, p. 328, e diversos autores do mesmo nível, citados em DU PEYRAT. *Histoire ecclésiastique de la Cour*, p. 819; sobretudo, nos relatos de viagem cujo valor é, como sabemos, quase sempre ínfimo: GOELNITZ. *Ulysses belgo-gallicus*, p. 143. • NEMEIZ. *Séjour de Paris*. Frankfurt, 1717, p. 191. • Relato do Conde Gyldenstope, 1699. *Archiv für Kulturgeschichte*, 1916, p. 411. As garantias mais dignas de fé: DU LAURENS. *De mirabili*, p. 9. • FAVYN. *Histoire de Navarre*, p. 1.057. • DE L'ANCRE, p. 170. • BARBIER, p. 26. • DU PEYRAT, p. 819. Eles são unânimes em dar a fórmula com o indicativo; o mesmo para o cerimonial do século XVII. Cf. Ed. Franklin. *La vie privée* – Les médecins, p. 304. Cf. abaixo, p. 341, n. 768. Du Peyrat polemiza contrariamente com os autores que quiseram atribuir ao rei uma outra fórmula. Não pode, portanto, haver dúvida sobre o texto oficial; mas parece que se produziu certa flutuação na tradição corrente. Para Luís XV e seus sucessores, cf. abaixo, p. 376. O "e" juntando as duas partes da frase parece ter desaparecido cedo demais.

647. Não encontrei nada que concerne à liturgia das escrófulas nem no Livro de Horas de Carlos VIII (Bibl. Nat. lat. 1370), nem no de Luís XII (latim 1.412), nem, para o século seguinte, no belo Livro de Horas de Luís XIV (latim 9.476).

648. Relato de viagem de Jerônimo Lippomano, p. 545: "essendo gl'infermi accomodati per fila [...] il re li va toccando d'uno in uno [...]".

variadas: por exemplo, os pilares góticos de Notre-Dame de Paris, ao longo dos quais, em 8 de setembro de 1528, sob os olhares dos bons burgueses (um deles registrou a lembrança em seu jornal), vieram se enfileirar 205 escrofulosos[649]; ou então – pois o ato nem sempre se realizava em um edifício religioso nem mesmo em uma sala coberta – esse claustro do palácio episcopal de Amiens, no dia da Assunção em 1527, o Cardeal Wolsey contemplou Francisco I tocar aproximadamente o mesmo número de doentes[650]; ou ainda, em tempos de perturbações, uma paisagem de guerra – tal como o campo de Landes, próximo a Saint-Jean de Angély, que no Dia de Todos os Santos de 1569 viu Carlos IX trocar por um instante o papel de chefe da armada pelo de curador[651].

Na Inglaterra, temos o mesmo quadro, ao menos em suas linhas gerais. Não se pode, no que concerne ao toque das escrófulas, desenhá-lo com traços tão nítidos: faltam estatísticas; as raras menções relativas a doentes "curados" que se encontram esparsas nos livros de contas de Henrique VII ou Henrique VIII, provavelmente, só se referem a casos excepcionais; os arquivos da esmolaria que, segundo o que parece, continham o levantamento das somas distribuídas ao conjunto dos miraculados, desapareceram para sempre[652]. Não devemos duvidar de que a popularidade dos reis da Inglaterra como médicos do mal régio, no século XVI, tenha sido grande: inúmeros escritores exaltam neles esse poder; mas medir essa popularidade pelos números permanece, para nós, impossível.

Ao menos conhecemos mais exatamente o ritual do milagre, tal como era praticado sob Maria Tudor, sem dúvida já sob Henrique VIII[653] – talvez, mesmo

---

649. *KK* 101, fol. 34: "A duzentos e cinco doentes tocados pelo dito senhor na Igreja Notre--Dame de Paris no oitavo dia do dito mês a soma de vinte libras e dez soldos torneses". A *Chronique*, publicada por V.-L. BOURRILLY, em sequência à sua edição do *Journal d'un Bourgeois de Paris*, p. 421, menciona essa cerimônia ("mais de 200 doentes"). Outros exemplos do toque nas igrejas: *KK* 88, fol. 142 V (Grenoble), 147 (*Morant*?). • *K* 101, fol. 273 V, 274 e V (Joinville, Langres: *Torchastel*). Cf. relato de viagem de Jerônimo Lippomano, p. 545: "essendo gl' infermi accomodati per fila o nel cortile regale, o in qualche gran chiesa".

650. CAVENDISH, G. *The life of Cardinal Wolsey*. Ed. S.W. Singer. Chiswick, 1825, I, p. 104.

651. *KK* 137, fol. 94: nesse dia, excepcionalmente, apenas 14 doentes tocados.

652. Cf. abaixo, p. 443 e 440 n. 1.

653. A liturgia do tempo de Maria Tudor está contida no missal desta soberana, conservado atualmente na biblioteca da catedral católica de Westminster. Ela faz constantemente menção a um rei, nunca a uma rainha; portanto, não foi composta expressamente para Maria. Pode-se supor que estivesse em vigor sob Henrique VIII, ao menos no começo do reinado (antes do cisma antes que as consequências deste se desenvolvessem), e talvez até antes do próprio Henrique VIII. Foi impresso diversas vezes: principalmente SIMSON, S. *On the forms of prayer*, p. 295.
• CRAWFURD. *King's Evil*, p. 60.

desde Henrique VII[654]. A cerimônia inglesa diferia em alguns aspectos dos costumes seguidos na corte da França. Cabe aqui especificar essas divergências.

Primeiramente, uma liturgia sensivelmente mais desenvolvida acompanha, de um ponto a outro, toda a cerimônia; ela comporta essencialmente um *confiteor* pronunciado pelo rei, uma absolvição pronunciada em resposta pelo capelão e a leitura de duas passagens dos evangelhos: o versículo de São Marcos relativo aos milagres operados pelos apóstolos – a alusão é clara – e as primeiras palavras do Evangelho de São João – empregado correntemente em todas as fórmulas de bênção ou de exorcismo[655]. Como esperado, não há alusão a São Marcoul nem outro santo em particular.

Contrariamente aos costumes franceses, o soberano fica imóvel e, certamente, sentado. Um eclesiástico lhe traz cada doente, um a um. Assim, o príncipe conserva, talvez, mais dignidade; mas, na sala onde ele opera, produz-se um perpétuo vai e vem que, a julgar por certas gravuras do século XVII (época na qual as mesmas regras ainda se mantinham), apresentava o aspecto, deploravelmente pitoresco, de um desfile de "corte de milagres"[656]. Sem dúvida, o princípio era antigo: uma iluminura do século XIII já nos mostra Eduardo Confessor tocando sentado uma mulher que é levada até ele[657].

---

654. Em 1686, o impressor Henry Hills publicou "por ordem de sua majestade" (by His Majesties Command) um opúsculo in-4º de 12 páginas que continha *The Ceremonies us'd in the Time of King Henry VII for the Healing of Them that be Diseas'd with the Kings Evil* [texto reimpresso em *The Uterary museum*. Londres, 1792, p. 65]. • W. MASKELL. *Monumenta ritualia Ecclesiae Anglicanae*, 2. ed., III, p. 386. • CRAWFURD. *King's Evil*, p. 52: texto latino, obviamente; outro volume, publicado ao mesmo tempo, dava a tradução inglesa [reimpresso em CRAWFURD. Ibid., p. 132]. Assim, possuir-se-ia o serviço das escrófulas tal como estava em vigor sob Henrique VII. Mas a autenticidade deste documento deve ser considerada absolutamente certa? Eu não ousaria afirmá-lo. Ele reproduz exatamente a liturgia do tempo de Maria Tudor e de Henrique VIII (cf. a nota precedente). Isto, obviamente, não oferece nada de suspeito. Mas as condições em que foi liberado para a impressão deixa algum lugar para a dúvida. Se Jaime II mandou publicá-lo, foi porque – como veremos – ele se esforçava em reanimar o uso, para o toque, das antigas formas católicas. Haveria algo mais natural, em caso semelhante, que procurar associar-se ao último soberano antes da Reforma, o qual, ademais, era o ancestral direto dos Stuart? Pode-se perguntar se o impressor régio não utilizou simplesmente um manuscrito que dava – talvez de modo anônimo – o serviço de Henrique VIII ou de Maria atribuindo-o a Henrique VII. Enquanto não se descobrir um manuscrito que autentique o texto liberado para a publicação por H. Hills, será necessário, decerto, não acusar de falsa a atribuição tradicional proposta para este texto, mas, ao menos, evitar aceitá-la como rigorosamente segura.

655. Cf. *Decretales*, l. III, t. XLI, 2 (segundo o sínodo de Seligenstadt, de 1023): "Quidam etiam laicorum et maxime matronae habent in consuetudine ut per singulos dies audiant evangelium: "In principio erat verbum..." et ideo sancitum est in eodem concilio ut ulterius hoc non fiat, nisi suo tempore".

656. *Apêndice II*, n. 12 e 13; e figura IV.

657. *Apêndice II*, n. 1. A observação é da Srta. FARQUHAR, I, p. 5.

O vaivém era ainda mais intenso porque cada doente ia ao encontro do rei duas vezes. Em primeiro lugar, todos passavam sucessivamente diante de sua majestade, que colocava suas mãos nuas sobre as partes atingidas; depois, quando esse primeiro movimento se cumpria, os doentes retornavam, sempre um por um; o rei então fazia o tradicional sinal da cruz sobre as chagas, mas, diferente de seu rival francês, não o fazia somente com as mãos – nos dedos que traçavam o símbolo sagrado ele trazia uma moeda, uma peça de ouro; tão logo concluía o gesto, pendurava essa mesma moeda – que, previamente, fora perfurada e munida de uma fita – no pescoço de cada paciente. É nesta etapa da cerimônia que se acusa mais claramente o contraste com a França. Também na corte dos Valois, os escrofulosos recebiam alguma moeda, em princípio dois soldos torneses por cabeça; mas esta esmola, muito mais modesta que a esmola inglesa, era-lhes entregue, sem aparato, por um eclesiástico que seguia discretamente o rei. Na Inglaterra, ao contrário, o presente régio era colocado no próprio centro do rito. É preciso ver nisso o efeito de um curioso transporte de crenças – que convém descrever desde já.

Durante a Guerra das Duas Rosas, os soberanos ingleses, como se recorda, haviam contraído o hábito de atrair para si os doentes oferecendo-lhes o atrativo de um presente muito valioso, que revestia a forma – tornada tradicional rapidamente – de uma moeda de ouro, sempre a mesma: um *angel*. Embora essas moedas tenham continuado, pelo menos até Jaime I, a correr como numerário, tendeu-se cada vez mais a considerá-las menos como moedas de troca econômica do que como verdadeiras medalhas, destinadas especialmente ao toque: de modo que se empenhou em adaptar sua legenda à natureza particular desta cerimônia. Sob Maria Tudor, no lugar da velha fórmula banal que desde muito tempo inscrevia-se em seu exergo – "Oh, Cristo Redentor, salve-nos pela tua cruz" – colocaram esta, mais apropriada ao milagre régio: "Isto foi feito pelo Senhor e foi uma coisa maravilhosa diante de nossos olhos"[658]. Veremos em breve que, quando Jaime I modificou o rito, ele modificou também o aspecto da legenda do *angel*. Desde o século XVI, o público cessara de ver nesta moeda de ouro, tão estreitamente associada ao rito curador, o que ela fora em sua origem: simplesmente um dom caridoso. Doravante, ela passou a ser comumente considerada um talismã, provido de uma virtude medicinal própria.

---

658. A antiga fórmula "Per Crucem tuam salva nos Christe Redemptor": FARQUHAR, I, p. 70 (para uma variante, sob Henrique VII. Ibid. p. 71). A nova (extraída do Sl 117,23): "A Domino factum est istud, et est mirabile in oculis nostris" (Ibid., p. 96). Cabe lembrar que a obra da Srta. Farquhar colocou definitivamente um ponto-final na história numismática do rito inglês.

Se acreditarmos no veneziano Faitta – que, ao chegar à Inglaterra seguindo o Cardeal Pole, viu, em 4 de abril de 1556, Maria Tudor tocar os doentes – a rainha teria feito cada paciente prometer "jamais separar a moeda [que ela pendurou em cada pescoço], salvo em caso de extrema necessidade"[659]. Quer tenha sido isto proposto pela rainha, quer não, o próprio fato de terem lhe atribuído essas palavras prova que, a partir deste momento, não se considerava mais o *angel* como uma moeda comum. Para o reinado de Elisabete, a crença nas virtudes medicinais deste novo amuleto é claramente atestada pelo capelão da rainha, Tooker – a quem devemos o primeiro livro escrito na Inglaterra sobre o poder curador dos reis. Ele a rejeita como uma superstição vulgar[660]. Esta atitude impor-se-á, em seguida, a todos os apologistas do milagre régio. Mas, no século XVII, eles só a sustentam com dificuldade; os mais importantes autores, como os médicos Browne e Wiseman, protestam apenas formalmente contra uma ideia popular que a consciência comum impõe, então, a todos os amantes do sobrenatural[661]. Na Inglaterra, narrava-se correntemente uma historieta cujos heróis mudavam, mas cujo tema era sempre o mesmo: uma pessoa havia sido tocada pelo rei que, naturalmente, entregara-lhe o *angel* obrigatório; enquanto conservara essa garantia de saúde, ela parecera curada. Um dia, ela o perdera ou dele se desfizera; imediatamente, fora novamente acometida do antigo mal[662]. Todas as classes da sociedade compartilhavam esta opinião: o médico holandês Diemerbroeck, morto em 1674, nos conta que, um dia, ele cuidou de um oficial inglês ao serviço dos estados gerais. Esse fidalgo, antigo miraculado, carregava em seu pescoço, presa com uma fita, a moeda que, outrora, em sua adolescência, lhe foi dada pelo seu príncipe; ele recusava-se em separar-se dela, persuadido que sua cura só era mantida por ela[663].

---

659. *Calendar of State Papers* – Venice, VI. 1, n. 473, p. 436-437. Cf. acima, p. 178, n. 295.
660. TOOKER. *Charisma*, p. 105.
661. As explicações de Browne sobre este tema refletem um grande embaraço: *Adenochoiradelogia*, p. 106-108, 139, 142, 148. Cf. WISEMAN. *Severall Chirurgical Treatises*, I, p. 396. Sobre a superstição da moeda de ouro no século XVII, cf. tb. *Relation en forme de journal du voyage et séjour que le sérénissime et très puissant prince Charles II roy de la Grande Bretagne a fait en Hollande*, in-4°. Haia, 1660, p. 77.
662. Cf. BROWNE, p. 106, 148. • DOUGLAS. *Criterion*, p. 199.
663. DIEMERBROECK, I. *Opera omnia anatomica et medica*. Utrecht, 1683: *Observationes et curationes medicae centum* (obs. 85, p. 108). Esse oficial chegava a requintes até na crença comum; ele pensava, de fato, que se viesse a desfazer-se de sua moeda de ouro, nada, mesmo um segundo toque régio, poderia prevenir sua recaída; geralmente, considerava-se que um segundo toque e a reposição de uma segunda moeda de ouro – dessa vez, cuidadosamente guardada –

Em suas paróquias, as pessoas caridosas ofereciam aos pobres escrofulosos a renovação do pedaço de tecido do qual pendia o *angel*[664]. Às vezes, o governo associava-se ao prejulgamento comum: uma proclamação de 13 de maio de 1625 menciona as pessoas que "outrora curadas, dispondo das moedas de ouro [do toque] de modo diferente do previsto, tiveram, por isso, uma recaída"[665]. Como esses indivíduos mal-inspirados haviam utilizado o presente régio, não é difícil de imaginar: eles o venderam. Sabemos, com efeito, que se fazia todo um comércio desses talismãs[666]. Os doentes que, por uma razão ou por outra, estavam impedidos de ir à corte – ou que, talvez, temessem as despesas da viagem – os compravam, pensando assim alcançar – sem dúvida, com gastos reduzidos – uma parte dos benefícios milagrosos distribuídos pela mão sagrada do soberano; daí a indignação dos zelotes da realeza, pois, para estes, o alívio só podia ser obtido pelo contato direto desta augusta mão. Os sétimos filhos, tanto na Inglaterra quanto na França, imitadores fiéis dos monarcas, adquiriram o hábito de pendurar moedas no pescoço de seus pacientes (que eram, neste caso, de prata, pois seus meios não lhes permitiam igualar a munificência dos seus concorrentes régios). Eles conservaram esse costume, pelo menos em certas regiões, até o século XIX[667]. Mais tarde, veremos que, igualmente nesse

---

eram suficientes para restabelecer a cura. Cf. BROWNE. *Adenochoiradelogia*, p. 106. Moeda de ouro carregada ainda em 1732 por um velho (evidentemente, pertencente à *gentry*) que recebera de Carlos II: FARQUHAR, IV, p. 160 (segundo uma carta de T. Hearne, *Reliquiae Hearnianae*, 1857, II, p. 680).

664. Contas dos *Churchwardens* de Minchinhampton. *Archaeologia*, XXXV (1853), p. 44-52.

665. Citado em NICOLAS. *Privy Purse of Henry VIII*, p. 352: "Amongst the Conway Papers (MSS.) there is an order for a proclamation, dated 13th May 1625 [...] that for the future ail shall bring certificates from the minister etc. of the parish, for that many being healed, have disposed of their pieces of gold otherwise than was intended, and thereby fall into relapse". Tratava-se de exigir os atestados assegurando que as pessoas que se apresentavam ao rei não haviam sido tocadas uma primeira vez: cf. p. 349, n. 793.

666. BROWNE. *Adenochoiradelogia*, p. 93: "were this not true and very commonly put in practice, without all question His Majesties touching Medals would not be so frequently seen and found in Gold-Smiths shops". Cf. ibid., p. 139, a história do mercador russo, atacado pelas escrófulas, a quem uma dama inglesa traz um *angel* de Carlos I e que fica curado. Caso de empréstimo de uma *ouch-piece*. Cf. Farquhar, IV, p. 159.

667. Ao menos, na Ilha de Lewis, cf. HENDERSON, W. *Notes on the Folk-Lore of the Northern Countries of England and the Borders*. 2. ed. (*Publications of the Folk-Lore Society*, II). Londres, 1879, p. 306. • Folk-Lore, XIV (1903), p. 371, n. 1. Sob Carlos I, Boisgaudre – um aventureiro francês que, tendo nascido o último de uma série de sete filhos, tocava as escrófulas na prisão onde estava preso por dívidas – pendurava no pescoço de seus pacientes um simples pedaço de papel, no qual escrevera: "In nomine Jesu Christi, ipse sanetur": *Calendar of State Papers, Domestic, Charles I*, 7 de junho de 1632.

século, é sob a forma do amuleto monetário que sobreviveu por muito tempo na Grã-Bretanha a crença no dom taumatúrgico dos reis.

Assim, em pleno século XVI, a fé no milagre régio possuía ainda bastante vigor para fazer nascer uma superstição nova. Como a ideia de considerar os *angels* como os veículos do poder curador surgiu entre os ingleses? O emprego constante, na cerimônia do toque, dessa moeda de ouro – certamente imposta, na origem, pelas ambições das dinastias rivais e fixada depois pela tradição – provavelmente conduzira gradativamente os espíritos a imaginar que um objeto tão essencial ao rito não poderia exercer neste um papel de simples esmola. Os próprios reis, pelo menos a partir de Henrique VIII, adquirindo o hábito de ter a moeda na mão durante o sinal da cruz, haviam, voluntariamente ou não, encorajado uma conclusão parecida. Deve-se supor, entretanto, que a opinião comum apenas se inclinou tão facilmente a isso porque um outro rito, definitivamente anexado ao cerimonial monárquico em torno do fim da Idade Média, já dava o exemplo de talismãs consagrados pelos reis (falo dos anéis medicinais que, a partir de então, acreditava-se que recebiam do contato com as mãos régias uma virtude que se incorporava a sua substância). Na imaginação comum, o velho milagre do toque acabou, de alguma maneira, por se modelar no jovem milagre da Sexta-feira Santa. Não se chegou a acreditar que o próprio toque se revestia de uma eficácia particular quando também era realizado na "Boa Sexta-feira"?[668] A mais recente das manifestações do privilégio sobrenatural dos reis estava, em torno do ano de 1500, em plena popularidade e, se podemos dizer, em pleno verdor.

O sucesso do toque das escrófulas se mede pelo número de doentes que acorriam às cerimônias; o dos anéis, pelo ardor com que o público se metia a buscar os círculos de ouro ou de prata benzidos após a adoração da cruz. Este ardor – limitado ao que se pode julgar pelas correspondências ou relatos da época – parece ter sido, sob os Tudors, extremamente intenso. Nada mais característico, neste aspecto, que o exemplo de Lady Lisle. Honor Grenville esposara, em 1528, o Visconde Lisle, filho legítimo do Rei Eduardo IV; em 1533, ela seguiu seu marido até Calais, onde ele era governador; de lá, ela manteve com a Inglaterra uma troca epistolar muito ativa. O acaso de um confisco, posterior a um processo político, conservou as cartas que ela recebia. Quando as percorremos, espantamo-nos com o espaço que aí ocupam os *cramp-rings*.

---

668. Superstição atestada por Browne, p. 106-107 (que, aliás, a combate).

Lady Lisle – que talvez fosse reumática – colecionava-os com uma espécie de fervor. Sua estima pela virtude deles chegava ao ponto de considerá-los como absolutos contra as dores do parto; seus filhos, seus amigos, seus administradores esforçavam-se para obtê-los – era, evidentemente, o meio mais seguro de agradá-la. Sem dúvida, uma paixão tão forte não era comum; essa grande dama possuía – acreditamos – alguma excentricidade no espírito; no fim da vida, sua mente ficou transtornada por completo[669]. Mas, em menor escala, sua fé parece ter sido usualmente compartilhada. Os *cramp-rings* frequentemente figuram nos testamentos desta época entre os bens preciosos legados aos mais íntimos[670].

A reputação do rito da Sexta-feira Santa não se limitava às fronteiras da Inglaterra. A Escócia apreciava os anéis medicinais: o enviado inglês dava-os aos notáveis de lá para poder persuadi-los[671]; em 1543, um grande senhor escocês, Lorde Oliphaunt, que foi aprisionado pelos ingleses e, em seguida, libertado sob a promessa de servir os interesses de Henrique VIII, retornou a sua pátria carregado de *cramp-rings*[672]. No próprio continente, a glória dos anéis miraculosos era amplamente difundida. Os reis da Inglaterra pessoalmente assumiam o papel de propagandistas: Henrique VIII de sua mão oferecia aos estrangeiros

---

669. Sobre Lorde e Lady Lisle, cf. o verbete *Plantagenet (Arthur)* In: *Dictionary of Nat. Biography*. Cartas analisadas em *Letters and papers, Foreign and Domestic, Henry VIII*, XIII, I, n. 903, 930, 954, 1.022, 1.105; XIV, 1, n. 32, 791, 838, 859, 923, 1.082, 1.145; XIV, 2, n. 302. Cf. HERMENTRUDE. *Cramp-rings*. • CRAWFURD. *Cramp-rings*, p. 175 e 176. O uso dos anéis contra as dores do parto parece-me ter saído da seguinte passagem de uma carta do conde de Hertford a Lady Lisle, publicada em HERMENTRUDE. Loc. cit. e CRAWFURD, p. 175: "Hussy told me you were very desirous to have some cramp-rings against the time that you should be *brought a bedd* [...]"; o sentido usual destas últimas palavras é bem conhecido. Devo, todavia, acrescentar que o *Dict. of Nat. Biogr.* não menciona as crianças de Lady Lisle, nascidas em Calais.

670. *Wills and Inventories from the registers of the Commissary of Bury St-Edmunds*. Ed. S. Tymms (*Camden Society*). Londres, 1850, p. 41 (1463), p. 127 (1535). • MASKELL. *Monumenta ritualia*, 2. ed., III, p. 384 (1516). De fato, convém acrescentar que esses anéis são simplesmente qualificados de *cramp-rings*; não se pode, pois, estar absolutamente certo que não se tratava de anéis mágicos quaisquer, eficazes contra a "cãibra"; contudo, parece que, desde então, este termo se aplicava preferencialmente aos anéis consagrados pelos reis.

671. Thomas Magnus em Wolsey, em 20 de março de 1526: *State Papers, Henry VIII*, IV, n. CLVII, p. 449; fragmento em STEVENSON, J. *On cramp-rings*, p. 41 de *The Gentleman's Magazine Library*. Cf. um envio feito por Cromwell à Rainha Margarida da Escócia, filha de Henrique VII (14 de maio de 1537). Ibid. IV, 2, n. CCCXVII. • MERRIMAN, R.B. *Life and letters of Thomas Cromwell*, II, n. 185.

672. *Letters and Papers, Foreign and Domestic, Henry VIII*, XVIII, 1, n. 17 (7 de janeiro de 1543). Oliphaunt foi definitivamente libertado somente em 1º de julho (ibid. n. 805); mas desde janeiro o governo inglês negociava com ele e com os outros lordes prisioneiros, esperando obter seu apoio depois que voltassem à Escócia (ibid. n. 37); provavelmente, não foi para uso pessoal que, a 7 de janeiro, ele recebeu doze *cramp-rings* de ouro e 24 de prata.

distintos os círculos de metal que havia consagrado[673]. Seus próprios enviados os distribuíam nos países onde eles eram acreditados: na França[674], na corte de Carlos V[675]; em Veneza[676] e, antes do Cisma, mesmo em Roma[677].

A bem dizer, os visitantes que o rei mágico recebia, não importando quais fossem seus sentimentos secretos, não podiam fazer outra coisa do que parecer receber com reconhecimento esses maravilhosos presentes. Por outro lado, reclamando com insistência ao governo inglês os talismãs benzidos pelo rei, os diplomatas que este governo despachava às diversas cortes da Europa pensavam, talvez, tanto em adular o orgulho taumatúrgico de seu senhor quanto em servir os interesses dele através de hábeis generosidades. Os *cramp-rings*, importados de uma forma ou de outra nestas regiões, tornaram-se – como, aliás, na própria Inglaterra – um objeto de comércio; provavelmente, foi a fim de ganhar dinheiro que, no mês de junho de 1515, o genovês Antônio Spinola, agente secreto a serviço da corte de Londres, detido em Paris por seus credores, reclamava uma dúzia de *cramp-rings* a Wolsey, pois – dizia – foram-lhe solicitados por "ricos gentis-homens"[678]. Mas, vendidos um pouco em toa parte, esses

---

673. THOMA LEODUS, H. *Annalium de vita illustrissimi principis Frederici II...* Ed. de 1624, in-4°. Frankfurt, p. 182: "Discedenti autem mihi dono dedit [...] sexaginta anulos aureos contra spasmum". Segundo THOMPSON, C.J.S. *Royal cramp and other medycinable rings,* p. 7, haveria traço desta liberalidade em uma conta de 1533, de Henrique VIII.

674. *Letters and papers, Foreign and Domestic, Henry VIII,* xv, n. 480. • MERRIMAN, R.B. *Life and letters of Thomas Cromwell,* II, n. 185. • A carta de Cromwell, publicada por Merriman (30 de abril de 1536) era endereçada ao Bispo Gardiner, à época, embaixador na França. O mesmo Gardiner escrevia em 1547 para Nicolas Ridley acerca dos *cramp-rings*: "And yet, for such effect as they have wrought, when I was in France, I have been myself much honoured; and of all sorts entreated to have them, with offer of as much for them, as they were double worth" (carta citada infra, p. 315, n. 690, p. 471).

675. *Letters and papers, Foreign and Domestic, Henry VIII,* 11, 2, n. 4.228 e 4.246; xx, 1, n. 542. Mesma coisa sob Maria, quando da estada do imperador em Bruxelas, antes de sua abdicação: *Calendar of State Papers, Foreign, Mary*: 25 e 26 de abril e 11 de maio de 1555. Em contrapartida, aparentemente, o Sr. Crawfurd enganou-se ao acreditar ler em STIRLING, W. *The Cloister Life of Emperor Charles the Fifth* (Londres 1853) que o imperador possuía em seu tesouro os *cramp--rings* ingleses – encontrei aí (p. 290) apenas a menção dos anéis mágicos contra as hemorroidas.

676. *Letters and Papers, Foreign and Domestic.* Henry VIII, XVIII, 1, n. 576.

677. Livro de contas do palácio, em *Trevelyan Papers (Camden Society),* I, p. 150: "to Alexander Grey, messenger, sente the vj-th day of Aprill [1529] to Rome with letters of great importance, at which tyme the Kinges cramp rings were sent". Carta de Ana Bolena a Gardiner, em 4 de abril de 1529. • BRUNET, G. *The history of the reformation.* Ed. Pocock, V, 1865, p. 444.

678. *Letters and papers, Foreign and domestic Henry VIII,* II, i, n. 584 (15 de junho de 1515). Venda de *cramp-rings* na própria Inglaterra: THOMAS LEODIUS, H. Loc. cit., p. 98: "[Rex Angliae] anulos aureos et argenteos quibusdam ceremoniis consecrat, quos dono dat, et *vendunt aurifabri*".

anéis nem sempre eram muito caros. Benvenuto Cellini, em suas Memórias, querendo dar a ideia de anéis de baixo preço, cita "esses pequenos anéis contra a cãibra que vêm da Inglaterra e valem um *carlino* – uma pequena moeda* – ou cerca disso"[679]. Contudo, afinal, um *carlino* era ainda alguma coisa. E nós temos, através de diversos testemunhos dos quais não se pode suspeitar de insinceridade protocolar – como no caso destes diplomatas – a prova que, mesmo fora da Inglaterra, os *anelli del granchio*, talvez sem serem considerados tão preciosos quanto faziam Henrique VIII acreditar, eram mais procurados do que a frase de Benvenuto faz pensar; e isso nos meios que se poderia crer menos acessíveis a este tipo de superstição. Na Alemanha, Catarina de Schwarzburg, que foi amiga de Lutero, pedia-os a seus correspondentes[680]. O humanista inglês Linacre, médico em seu reino, em correspondência amigável com o grande Guillaume Budé, pensava certamente em agradá-lo enviando-lhe alguns desses anéis, acompanhados de uma bela carta em grego – talvez, na resposta de Budé, escrita na mesma douta língua, haja alguma ironia, mas tão sutil e tão velada que deixa os leitores indecisos[681]. Na França, ainda sob Henrique IV, se acreditarmos no que diz o médico Du Laurens, muitos particulares conservavam em seus tesouros alguns exemplares desses anéis curadores que, a essa época, os reis da Inglaterra já haviam cessado de mandar fabricar aproximadamente 50 anos[682]. Na Europa da Renascença, a fé no milagre régio, sob todos os as-

---

* Uma antiga moeda napolitana [N.T.].

679. *La vita di Benvenuto Cellini* [...]. Ed. A.J. Rusconi e A. Valeri. Roma, 1901, 1. II, c. I, p. 321: "Al ditto resposi, che l'anello che Sua Eccellenzia [le duc de Ferrare] m'aveva donato, era di valore d'un dieci scudi in circa, e che l'opera che io aveva fatta a Sua Eccellenzia valeva piu di ducento. Ma per mostrare a Sua Eccellenzia che io stimavo l'atto delia sua gentilezza, che solo mi mandassi uno anello del granchio, di quelli che vengon d'Inghilterra che vagliono un carlino in circa: quello io lo terrei per memoria di Sua Eccellenzia in sin che io vivessi [...]".

680. Fragmento de carta citado (em tradução) por Henry Cust: *Gentlemen Errant*. Londres, 1909, p. 357, n. 1. Como o Sra. Cust absteve-se de dar alguma referência, não pude encontrar a carta em questão; creio, entretanto, poder utilizá-la, pois pude verificar que as indicações da Sra. Cust são dignas de confiança. A popularidade do rito dos anéis na Alemanha atesta-se, desde o fim do século XV, por G. Hollen: *Preceptorium divinae legis*. Nuremberg, 1497, fol. 25 V, col. 1.

681. *Epistolae Guillelmi Budei,* in-4°. Paris, 1520, p. 18 (Linacre a Budé, 10 de junho de 1517); fol. 16 V (Budé a Linacre, 10 de julho). Budé escreveu sobre o tema dos anéis: "ὧν δὴ τοὺς πλείους ἤδη ταῖς τῶν φίλων καὶ συγγενῶν διενειμάμην γυναιξὶ παραδοὺς τε μεγαλοπρεπῶς καὶ ἐπομοσάμενος ἦ μὴν ἀλεξικάκους εἶναι καὶ νὴ Δία καὶ συκοφάντου γε δήγματος"; "distribuí a maior parte às mulheres de meus parentes e amigos; entreguei-os solenemente e jurei que eles protegeriam dos males e mesmo da mordida da calúnia". O envio era de um anel de ouro e 18 de prata.

682. *De mirabile,* p. 29: "Reges Angliae [...] curavere comitialem morbum, datis annulis quos epileptici pro amuleto gestarent, quales hodie dicuntur extare nonnulli in thesauris plerisque Galliae".

pectos, era ainda bem viva e, como na Idade Média, não se importava com as rivalidades nacionais.

Contudo, em torno da segunda metade do século XVI, ela sentiria o contragolpe da grande derrocada que tanto sacudia, pelo mundo ocidental, as instituições políticas e religiosas.

2 Renascença e Reforma

Em 1535, Michel Servet publicou em Lyon uma tradução, com notas adicionais, da *Geografia* de Ptolomeu; nela lemos, entre os acréscimos, estas palavras: "Relatam sobre os reis da França duas coisas memoráveis: primeiramente, que existe na Igreja de Reims um vaso eternamente cheio de crisma, enviado do céu para a coroação, com o qual todos os reis são ungidos; em segundo lugar, que o rei, somente pelo seu contato, cura as escrófulas. Vi com meus próprios olhos este rei tocar vários doentes atingidos por esta afecção. Se eles verdadeiramente tiveram a saúde restabelecida, isto eu não vi". O ceticismo, ainda que expresso discretamente, não se dissimula... Em 1541, em Lyon como sempre, surgiu uma segunda edição do mesmo livro; a última frase, suprimida, foi substituída por esta: "Eu ouvi dizer que inúmeros doentes tiveram a saúde restituída"[683]. Era uma palinódia. Este pequeno episódio bibliográfico é muito instrutivo. Vê-se nele, primeiro, qual categoria de espíritos conseguiu, durante muito tempo, recrutar os escritores suficientemente ousados para pôr em dúvida o milagre régio. Só se poderia encontrá-los entre os heterodoxos impenitentes, habituados a rejeitar muitas outras crenças que até essa época eram artigos de fé: homens que poderiam – como o próprio Servet ou, mais tarde, Vanini, que também veremos aparecer em nosso caminho – ter acabado nas fogueiras levantadas por um ou outro dos ortodoxos religiosos da época. Mas

---

683. A primeira edição: *Claudii Ptolomaei Alexandrini geographicae enarrationis libri octo*, in-fólio. Lyon: Trechsel, atlas, 6ª folha V: "De Rege Galliae duo memoranda feruntur. Primum quod sit in Remensi ecclesia vas crismati perenni redundans, ad regis coronationem coelitus missum, quo Reges omnes liniuntur. Alterum, quod Rex ipse solo contactu strumas sive scrofulas curet. Vidi ipse Regem plurimos hoc langore correptos tangentem, an sanati fuissent non vidi". A segunda edição, in-fólio. Lyon: Delaporte 1541, atlas, 6ª folha V; a última frase (após "tangentem") sob a forma "pluresque senatos [sic] passim audivi". Devo a indicação desta curiosa divergência a *Extrait d'une lettre de M. Des Maizeaux à M. De La Motte* paru dans la *Bibliothèque raisonnée des ouvrages des savans de l'Europe*, III, 2, 1729, p. 179. Sobre as duas edições de Ptolomeu – a segunda cuidadosamente expurgada – cf. BAUDRIER, J. *Michel Servet: ses relations avec les libraires et imprimeurs lyonnais* – Mélanges Emile Picot, I, 1913, p. 42 e 50. No exemplar que a *Bibl. Nat.* possui da segunda edição, falta o atlas; eu consultei o do Museu Britânico.

Servet retratara-se; é permitido supor que esse arrependimento não havia sido espontâneo – sem dúvida, foi-lhe imposto. Não foi possível, durante longos anos, em um livro impresso na França ou (acrescentemos logo) na Inglaterra, atacar abertamente uma superstição na qual o prestígio da monarquia estava interessado; no mínimo, isso constituía uma temeridade inútil, que não se cometia voluntariamente.

As mesmas reservas, como esperado, não se impunham aos escritores estrangeiros. Na Itália, houve – no século XVI e nos primeiros anos do século seguinte – um grupo de pensadores que podemos chamar de naturalistas, se por esse termo entendermos que, havendo recebido de seus predecessores a imagem de um universo caracterizado pelo maravilhoso, esforçaram-se em eliminar as influências sobrenaturais. Sem dúvida, sua concepção de natureza estava muito distante da nossa; ela nos parece hoje muito cheia de representações contrárias à experiência ou à razão. Ninguém apelou mais voluntariamente à astrologia ou à magia do que esses espíritos livres; mas esta magia ou esta astrologia que, a seus olhos, eram partes integrantes da ordem das coisas, servia-lhes precisamente para explicar uma multidão de fenômenos misteriosos dos quais a ciência do tempo não dava conta e que eles se recusavam a interpretar – segundo as doutrinas professadas até então – como as manifestações arbitrárias de vontades sobre-humanas.

Ora, quem nessa época, estando preocupado com o milagre, poderia deixar de lado este milagre patente, familiar, quase cotidiano: as curas régias? Entre os principais representantes desta escola italiana, vários e dos mais notórios (Pomponazzi, Cardan, Júlio César Vanini e, podemos acrescentar, o humanista Calcagnini) expressaram, ao menos de passagem, sua opinião sobre o tema da atualidade. Nenhum deles duvidava que houvesse curas efetivamente, mas se empenhavam em explicá-las por causas naturais (digo, em concordância com a ideia que tinham da natureza). Mais tarde, teremos a ocasião de analisar as soluções que eles propunham quando retornarmos, no fim deste estudo, ao problema que eles tiveram o mérito de enunciar. O que importa reter aqui é sua recusa em aceitar a teoria tradicional: para eles, o caráter sagrado dos reis não é uma razão suficiente para explicar o poder curador[684].

---

684. Para as informações bibliográficas relativas à escola naturalista italiana (normalmente conhecida sob o nome de escola "paduana"), cf. abaixo, p. 389ss., onde também podem ser encontradas as indicações precisas sobre a atitude diante do milagre régio. Foi em parte sob sua influência que o embaixador veneziano Contarini, enviado à corte de Henrique II, se exprimia com algum ceticismo sobre a eficácia do toque? Cf. seu relato traduzido por Armand Baschet: *La diplomatie vénitienne* – Les princes de l'Europe au XVIe siècle, 1862, p. 436.

Mas as ideias desse punhado de "libertinos" estrangeiros, de resto estranhos aos dois países diretamente interessados no dom régio, não podiam ter influência sobre a opinião comum. Mais decisiva devia ser a atitude dos reformadores religiosos. Estes não negavam o sobrenatural; muito pelo contrário, nem consideravam – ao menos, enquanto não foram perseguidos – atacar as realezas. Sem querer mencionar Lutero, pode-se dizer com justa razão do próprio Calvino que, em suas *Instituições da Religião Cristã*, "a tese da monarquia de direito divino se encontra [...] tão solidamente fundamentada 'sobre as próprias palavras da Sagrada Escritura' tanto quanto o será na obra de Bossuet"?[685] Em sua maioria, claramente conservadores em matéria política (ao menos, no princípio), tanto quanto o eram inimigos resolutos de toda interpretação puramente racional do universo, porque eles iriam, propositadamente, tomar posição contra a crença nas virtudes taumatúrgicas dos reis? Veremos que, durante muito tempo, eles a isso se acomodaram muito bem.

O exemplo da França é, em relação a isto, pouco instrutivo. Durante longos anos, não se percebe, entre os reformadores, nenhum protesto contra o toque das escrófulas; mas, como vimos, esse silêncio era – na ausência de outro motivo – induzido pela mais elementar prudência. Ela se estendia a tudo o que guardava relação com o milagre dinástico: provavelmente, não foi por esquecimento que, ainda em 1566, em sua *Apologie pour Hérodote*, Henri Estienne omitia a lista dos santos que deviam a um calembur com o nome de São Marcoul seu papel de curadores. Mas vejamos os próprios países protestantes.

Sabemos já que, na Alemanha, Lutero – aliás, sobre muitos pontos, dominado pelas representações populares antigas – admitia com candura que um remédio dado pela mão de um príncipe recebia desta circunstância uma eficácia particular. Catarina de Schwarzburg, heroína da nova fé, procurava os *cramp-rings* ingleses[686]. Na Inglaterra, os dois ritos curadores continuariam a ser praticados após o cisma; e não somente por Henrique VIII, que não se pode qualificar de soberano protestante, mas também por Eduardo VI, tão preocupado em apagar em todas as coisas o traço das "superstições" papistas. Sob o reinado deste príncipe, o ofício da Sexta-feira Santa se despojara das formas romanas; desde, ao menos, 1549, era proibido aos ingleses "rastejar" em direção

---

685. ROMIER, L. *Le royaume de Catherine de Médicis*. II, in-12, 1922, p. 222.
686. Para Lutero, cf. acima, p. 140. Para Catarina de Schwartzburg, p. 310.

à cruz[687]; todavia, o pequeno rei teólogo nunca deixou de consagrar, no dia da Paixão, os anéis medicinais; mesmo no ano de sua morte, já quase agonizante, ele ainda cumpriu o gesto ancestral "segundo a antiga ordem e antigo costume", dizem – talvez com uma nuança de desculpas – seus livros de contas[688].

A Reforma, contudo, devia com o tempo desferir ataques muito rudes às curas régias. O poder taumatúrgico dos reis decorria de seu caráter sagrado; este era criado ou confirmado por uma cerimônia, a sagração, que se incluía entre as pompas da antiga religião. O protestantismo olhava com horror os milagres que a opinião comum restava aos santos: os milagres atribuídos aos reis não lembravam aqueles demasiadamente? Ademais, São Eduardo na Inglaterra e São Marcoul na França eram os patronos titulares do toque das escrófulas: patronatos, aos olhos de alguns, bem comprometedores. Os inovadores estavam muito longe de excluir de seu universo as influências sobrenaturais, mas muitos dentre eles recusavam-se em admitir, da parte dessas forças, uma intervenção tão frequente na vida cotidiana quanto a que haviam suposto as gerações precedentes. Ouçam as razões que, segundo o relato de um espião pontifical, Jaime I da Inglaterra dava, em 1603, para justificar sua repugnância em cumprir o rito do toque: "ele disse [...] que não via como poderia curar os doentes em milagre; ora, os milagres haviam cessado e não se faziam mais"[689]. Na atmosfera maravilhosa que envolvia as monarquias ocidentais, quase tudo

---

687. O *creeping to the cross* foi proibido em 1549 pela grande ordenação que abolia tanto as práticas cultuais quanto as crenças da antiga fé. Cf. BURNET, G. *The history of the Reformation*. Ed. N. Pocock IV. Oxford, 1865, p. 244, art. 9. • WILKINS, D. *Concilia Magnae Britanniae*, in-4°, 1737, IV, p. 32. Figurava ainda, em 1536, entre as cerimônias recomendadas pela *Convocation*: BURNET. Loc. cit., p. 284.

688. Sobre as contas de Eduardo VI, que nos mostram ele consagrando os anéis, cf. abaixo, p. 418, n. 962. Não há testemunhos certos que provam que ele tenha tocado, mas não é concebível que ele mantivesse um dos dois ritos (e, ademais, é o mais estreitamente ligado às cerimônias do antigo culto, aquele que Elisabete aboliria) enquanto rejeitava o outro. Sobre sua atitude diante dos *cramp-rings*, cf. abaixo p. 316. Não sabemos qual liturgia relativa ao toque era seguida em seu reinado; podemos supor que ele modificou o costume precedente em um sentido protestante. Ignoramos igualmente se já não havia mudanças sob Henrique VIII, após o cisma. A bem dizer, isso parece pouco provável; mas não podemos dá-la como absolutamente impossível: o serviço de Henrique VIII só nos é conhecido por sua reprodução no missal de Maria Tudor (acima, p. 302 n. 653). Evidentemente, Maria o mandou copiar tal como era empregado antes da ruptura com Roma; se ele teve retoques posteriores, ela certamente não os levou em conta. Hamon L'Estrange, que escrevia em 1659 (*Alliance of Divine Offices*, p. 240), defende que Eduardo VI conservou o sinal da cruz, como, após ele, deve tê-lo feito Elisabete; mas, do que vale esse testemunho tardio? Cf. para as informações numismáticas – que igualmente nos inclinam a supor que Eduardo tocou – Farquhar, I, p. 92.

689. Texto citado abaixo, p. 320, n. 704.

podia provocar o choque entre os adeptos de uma fé depurada. Imagine-se o efeito que, em homens animados por um tipo de sobriedade religiosa, podia produzir a legenda da Santa Âmbula. Como os reformados, na medida em que tomavam uma consciência mais clara de suas próprias ideias – e, sobretudo, na ala avançada do calvinismo –, não iriam terminar por reconhecer no milagre régio uma das peças desse sistema de práticas e de crenças estranhos – segundo eles – ao verdadeiro e primitivo cristianismo e que eles rejeitavam como inovação sacrílega dos tempos idólatras? Como, em uma palavra, não veriam nele (tal como diriam claramente os não conformistas ingleses) uma "superstição" que era necessário cortar pela raiz?

Mas não foi somente por sua ação propriamente religiosa que a Reforma pôs em perigo o velho respeito pelo poder medicinal dos reis. Suas consequências políticas foram, neste ponto de vista, muito graves. Nos distúrbios que desencadeou, tanto na Inglaterra quanto na França, os privilégios da realeza se encontraram submetidos a um poderoso ataque: entre eles, o privilégio taumatúrgico. Esta crise do dom de cura teve, aliás, uma acuidade bem diferente nos dois grandes reinos, cuja história, nos séculos XVI e XVII, é conduzida por vias diferentes em todas as perspectivas. Na Inglaterra ela foi muito mais forte e mais decisiva. Comecemos, portanto, por este país.

O último dos atos pelos quais se manifestava o poder sobrenatural dos monarcas ingleses a nascer foi também o primeiro a sucumbir diante do espírito novo. A consagração dos anéis não sobreviveu ao século XVI.

Ela já estava ameaçada sob Eduardo VI. Em uma Quarta-feira de Cinzas, talvez no ano de 1547, um pregador de vanguarda, Nicolas Ridley, falando diante deste príncipe e sua corte, insurgiu-se contra um certo número de práticas que ele considerava idólatras, principalmente contra a adoração das imagens e o uso de água benta nos exorcismos; teria ousado, no mesmo momento, colocar-se abertamente contra os anéis "medicinais"? Parece, em todo caso, ter dado a seus ouvintes a impressão que os condenava, ao menos implicitamente. Os partidários de uma reforma mais moderada, herdeiros legítimos do pensamento de Henrique VIII, então se esforçavam em manter a seu lado o jovem rei; tinham todo o interesse em levar a luta para um terreno no qual a glória da monarquia podia parecer engajada. Um nos mais notórios desses moderados, o Bispo Gardiner, escreveu a Ridley uma carta de protesto[690]. Nela, o bispo fez-se defensor de tudo

---

690. Carta publicada em *The works of Nicholas Ridley* (*The Parker Society*). Cambridge, 1841, p. 495.

o que, direta ou indiretamente, o ardoroso sermonário atacara, expressamente ou por alusão, e principalmente a bênção dos *cramp-rings*, "dom de Deus", prerrogativa "hereditária dos reis deste reino". Vemos bem por esta controvérsia o que, no antigo costume mágico – mais ainda do que no toque das escrófulas –, chocava os inimigos do culto romano. Com inteira razão, eles só podiam considerar a bênção dos *cramp-rings* uma espécie de exorcismo; água-benta, com a qual se aspergiam os anéis, era, a seus olhos, uma marca certa de superstição[691]. Eduardo V, em seguida, perseguiu Gardiner; ele fez de Ridley bispo de Londres; contudo, em relação ao milagre régio – já o vimos –, ele obedeceu até o fim a recomendação do *premier – ne negligat donum curationis*. Para ele, o ponto de honra monárquico prevalecia – neste aspecto – sobre as doutrinas evangélicas.

Sob Maria Tudor, naturalmente, a cerimônia da Sexta-feira Santa continuou a ser regularmente celebrada; com alguma pompa, já o sabemos. Mas, após a ascensão de Elisabete (1558), em uma corte que tornava a ser protestante, a cerimônia deixou de ser realizada: desapareceu sem ruído, provavelmente, já no início do reinado[692]. Durante algum tempo, o público continuou a entesourar os *cramp-rings* benzidos pelos soberanos de outrora[693]; depois, pouco a pouco, deixou-se de dar valor a esses círculos de metal que não tinham nada demais, que, exteriormente, em nada se distinguiam dos anéis mais banais. Nenhum *cramp-ring* régio autêntico chegou até nós[694]; ou então, se algum foi

---

691. Foi em 1548, pouco tempo depois do sermão de Ridley, que a água benta – depois de algumas hesitações – foi definitivamente proscrita. Cf. KENNEDY, W.P.M. *Studies in Tudor History*. in-12. Londres, 1916, p. 99.

692. Nas obras de Tooker e de Clowes sobre o toque (cf. infra, p. 318), jamais se faz menção dos *cramp-rings*.

693. O historiador inglês (e católico) Richard Smith, que morreu em 1654, conservava o anel que foram benzidos por Maria Tudor (texto citado, p. 365, n. 826). A mesma coisa, sob Henrique IV, na França: certas pessoas ainda os guardavam preciosamente em seus cofres (Du Lauren, testemunho citado na p. 310, n. 682). Na literatura inglesa do século XVII – e mesmo do XVIII – ainda se encontram algumas vezes a menção aos *cramp-rings* (cf. THOMPSON, C.J.S. *Royal and other medycinable rings*, p. 9-10); mas se trata de *cramp-rings* régios ou anéis tornados eficazes contra a cãibra por outras práticas mágicas? É impossível determinar. Ao contrário, é garantido que, no tempo de Jaime II, a lembrança do rito da Sexta-feira Santa não estava perdida; entre os conselheiros do rei, parece ter sido concebido o projeto de ressuscitá-lo. Cf. abaixo, p. 366.

694. O fato que foi frequentemente assinalado (p. ex.: WATERTON. *On a remarkable incident*, p. 112-113. • THOMPSON. *Royal and other medycinable rings*, p. 10) obviamente liga-se essencialmente à ausência de todo sinal distintivo sobre os anéis consagrados pelos reis; ao contrário, as moedas destinadas ao toque – para não falar até das medalhas, desde Carlos II especialmente cunhadas para este uso – são sempre reconhecíveis pelo furo através do qual passa a fita. Mas, se a crença no poder dos *cramp-rings* se tivesse mantido até tempos suficientemente próximos aos nossos, é provável que ao menos alguns desses anéis tivessem chegado autenticados a nós.

conservado, nós o manuseamos sem o reconhecer: o segredo de suas virtudes, tornadas indiferentes para as gerações incrédulas, não nos foi transmitido. Elisabete havia realmente matado o velho rito.

Por que, sendo uma reformada muito menos fervorosa que seu irmão Eduardo, Elisabete acreditara dever romper com uma tradição que, apesar de Ridley e de seu partido, sempre se mantivera? Talvez, a reação católica, que causara prejuízos durante o reinado de Maria, tivesse tornado os espíritos mais suscetíveis. Pode-se supor também que a rainha, resoluta em salvaguardar, contra tudo e todos, o toque das escrófulas, decidiu dar algumas satisfações aos adversários das crenças antigas, sacrificando, entre os dois ritos curadores, aquele que, por não colocar o soberano na presença da multidão sofredora, importava menos ao prestígio monárquico.

Elisabete, de fato, nunca cessou de "curar" os escrofulosos[695]. Ela conservou fielmente o cerimonial tradicional, limitando-se a eliminar da liturgia uma prece na qual se tratava da Virgem e dos santos – segundo toda probabilidade – a transpor para o inglês o ritual latino dos tempos anteriores[696]. Para seu reinado, não possuímos documentos que nos deem o número exato dos doentes que a procuraram; mas tudo parece indicar que ela exerceu seu milagroso poder com pleno sucesso[697]. Mas não sem encontrar, contudo, uma forte oposição. O ceticismo discreto de certos espíritos livres – como o de Reginald Scot que, diretamente inspirado pelos filósofos italianos, foi na Inglaterra um dos primeiros adversários da crença na feitiçaria – não devia ser

---

695. Mais tarde, imaginou-se que Elisabete hesitaria antes de resolver tocar os doentes. O Dr. Crawfurd (*King's Evil*, p. 75-76) bem demonstrou que esta tradição repousa, sem dúvida, sobre uma interpretação errônea de uma passagem do *Charisma* de Tooker.

696. A liturgia do tempo de Elisabete, nós a conhecemos graças a Tooker, em *Charisma* (reprod. em SIMSON, S. *On the forms of prayer*, p. 298; trad. em CRAWFURD, *King's Evil*, p. 72). Tooker a dá em latim, mas como acreditar que era realmente usada nessa forma? O inglês era então a língua oficial da Igreja; por que o serviço do toque seria uma exceção à regra geral? Ademais, sabemos de maneira segura que – aliás, desde Jaime I – ele era celebrado efetivamente em inglês (abaixo, p. 367, n. 831). Como já supuseram Crawfurd (loc. cit., p. 71) e a Srta. Farquhar (*Royal Charities*, I, p. 97), é provável que Tooker, publicando desse serviço apenas um texto latino, quis simplesmente manter em seu livro um tipo de harmonia linguística; pois o livro inteiro está escrito em latim – uma longa citação em inglês teria sido vista como um defeito.

697. É preciso reconhecer, contudo, que as poucas cifras de doentes tocados por Elisabete que chegaram até nós são bastante modestas: 38 na Sexta-feira Santa que precedeu o aparecimento do livro de Tooker, 1597 ou 1598, por conseguinte (TOOKER. Loc. cit., apud CRAWFURD. *King's Evil*, p. 74), 9 no castelo de Kenilworth, 18 de julho de 1575 (relato contemporâneo de Laneham, apud FARQUHAR, I, p. 70, n. 1, e *Shakespeare's England*. I, Oxford, 1917, p. 102). Mas não se pode tirar nenhuma conclusão de informações tão escassas.

muito perigoso[698]. Mas dois grupos de homens influentes recusavam-se em reconhecer em sua soberana o dom do milagre: os católicos, porque ela era herética e excomungada; os protestantes radicais (os puritanos, como começaram a ser chamados), cuja posição estava definitivamente assumida (pelas razões doutrinais que já indiquei) diante de uma prática que eles tratavam, sem embaraço, como supersticiosa. Era preciso defender contra os incrédulos o velho privilégio da dinastia inglesa. Os pregadores oficiais empenharam-se nisto do alto do púlpito[699]; e, também, a partir desse momento, os escritores por intermédio dos livros. Desse reinado data a primeira obra que foi consagrada ao toque: o *Traité du charisme de la guérison* que, em 1597, publicou o "mui humilde capelão de sua majestade mui sagrada", William Tooker. Dedicada à própria rainha, é uma ode ao milagre régio – de resto, uma produção bastante mesquinha, da qual custa-se a acreditar que tenha convertido alguém[700]. 5 anos mais tarde, um dos cirurgiões da rainha, William Clowes, invejoso do exemplo dado pelo capelão, por sua vez escreveu (agora, em inglês, enquanto o homem da Igreja permanecera fiel ao latim) um tratado "proveitoso e aprovado" sobre a cura das escrófulas pelos reis e rainhas da Inglaterra[701]. O surgimento desses apologistas era um sinal dos tempos. A velha fé na virtude taumatúrgica dos reis, na Inglaterra, estava ainda longe de morrer; mas ela não era mais unanimemente compartilhada – o motivo de ela ter necessidade de apologistas.

A ascensão de Jaime I, em 1603, pouco faltou para desferir no rito um golpe mortal. É curioso que este príncipe – que, em seus escritos políticos,

---

698. *The discoverie of witchcraft*. Ed. Nicholson. Londres, 1886, L. 13, chap. IX, p. 247. A propósito do poder curador reivindicado pelos reis da França: "But if the French king use it no woorse than our Princesse doth, God will not be offended thereat: for hir maiestie onelie useth godlie and divine praier, with some aimes, and refereth the cure to God and to the physician". É digno de nota que Scot cite Pomponazzi, talvez o mais importante desses pensadores naturalistas, mencionados mais acima. A primeira edição apareceu em 1584.

699. HOWSON, J. *A sermon preached at St. Maries in Oxford the 17 Day of November, 1602, in defence of the festivities of the Church of England and namely that of her Maiesties Coronation*. 2. ed., in-4º. Oxford, 1603. Enumerando as graças concedidas por Deus aos reis, Howson exclama: "Thirdly, they have gifts of healing incurable diseases, which is miraculous and above nature, so that when Vespasian was seen to perform such a cure the people concluded he should be Emperour, as Tacitus notes". Sobre esta alusão à história romana, cf. acima, p. 70, n. 78.

700. Para o título exato, cf. acima, p. 18s. Polêmica contra os católicos, p. 90ss. (esp., p. 91-92, a história edificante de um católico que, tendo sido curado pelo toque régio, reconheceu que a excomunhão era "nullius plane [...] momenti"); contra os puritanos, p. 109. A epístola dedicatória é assinada "Sacratissimae Maiestatis vestrae – humillimus capellanus – Guilielmus Tooker".

701. Para o título exato, cf. p. 18s. É, talvez, do tempo de Elisabete que igualmente data a mais antiga gravura inglesa representando o toque: cf. abaixo, *Apêndice II*, n. 7.

mostra-se como um dos teóricos mais intransigentes do absolutismo e do direito divino dos reis[702] – pôde hesitar em praticar um rito que exprime tão perfeitamente o caráter sobre-humano do poder monárquico. Este aparente paradoxo é, todavia, facilmente explicável. Jaime fora educado na Escócia, em um ambiente rigorosamente calvinista. Em 1603, o rei ainda estava muito impregnado das lições de seus primeiros mestres; se, não obstante, tomou, desde o início de seu reinado, a defesa do episcopado, foi porque considerava a hierarquia eclesiástica como o apoio mais seguro para o poder régio. Mas seus sentimentos religiosos haviam permanecido os que lhe tinham sido ensinados: daí a repugnância em realizar um pretenso milagre no qual ele aprendera a ver somente superstição ou impostura. Ele pediu, em primeiro lugar, que fosse expressamente dispensado do rito do toque[703]. Ele cedeu, depois, às exortações de seus conselheiros ingleses, mas não sem repugnância. Um espião da corte de Roma nos deixou um relato interessante de seu primeiro toque, que ocorreu, sem dúvida, em outubro de 1603. A cerimônia foi precedida de uma prece proferida por um ministro calvinista. Em seguida, o próprio rei, que – como se sabe – não desdenhava nem a teologia nem a prática da arte oratória, tomou a palavra. Ele expôs o cruel dilema no qual ele se encontrava preso: ou praticar uma ação talvez supersticiosa, ou romper com um costume antigo, outrora instaurado com a ideia de proporcionar um benefício aos súditos do reino; ele se decidira, pois, em tentar a experiência, mas queria considerar o

---

702. Cf. abaixo, p. 332.

703. Carta de um informante anônimo ao bispo de Camerino, núncio da França (janeiro de 1604). *Arch. Vatican*, Francia Nunz, t. XLIX, fol. 22: cópia no Record Office, Roman Transcripts, Gener. Séries, t. 88, fol. 8ss. Extratos em CRAWFURD. *King's Evil*, p. 82: "E pero anco vero, che il Ré dal principio della sua entrata nel Regno d'Inghilterra desidero, e dimando queste tre cose [...] 2ª di non toccare le scrofole, non volendosi vanamente arrogare tal virtu et divinita di potere col solo tatto guarire le malatie intorno alle quali dimande fu'risposto dalli consiglieri, che non potea sua Maesta senza suo gran pericolo e del Regno fuggir quelle cose". Cf. tb. uma carta do enviado veneziano Scaramelli, *Calendar of State Papers, Venetian*, X, n. 69 (4 de junho de 1603); uma passagem do historiador Arthur Wilson, *The History of Great Britain, being the Life and Reign of James I*, 1653, p. 289 (citado por Farquhar, IV, p. 141); um relato de viagem que compôs em 1613, para a corte da Inglaterra, o Duque Jean Ernest de Saxe-Weimar, publicado em KUNDHARDT. *Am Hofe König Jacobs I von England* – Nord und Sud, p. 109 (1904), p. 132. Sobre os sentimentos religiosos de Jaime, cf. as observações muito argutas de TREVELYAN, G.M. *England under the Stuarts* (*A history of England*, Ed. C. Oman, VII), p. 79, e lembrar-se de que ele parece ter sido o primeiro soberano a recusar a consagração com o miraculoso óleo de Santo Tomás. Cf. acima, p. 233 – talvez, embora nenhum texto mencione essa interpretação, devamos supor que a antipatia de Jaime pelo rito do toque, nascida de suas convicções calvinistas, foi ainda aumentada pela repulsa que não deixaria de inspirar a esse nervoso uma necessidade tão pouco agradável.

rito que iria cumprir apenas como um tipo de prece endereçada aos céus para a cura dos doentes, prece na qual pedia aos assistentes que se juntassem a ele. Em seguida, começou a tocar os escrofulosos – "e", acrescenta maldosamente nosso informante – "durante todo esse discurso, observou-se que o rei várias vezes voltou os olhos para os sacerdotes escoceses que estavam próximos a ele, como se esperasse um sinal de aprovação, tendo precedentemente conferenciado com eles sobre esse tema"[704].

Não se sabe se desde esse momento o taumaturgo recalcitrante havia depurado o cerimonial tradicional. Em todo caso, o fez logo depois. Elisabete, como seus predecessores católicos e como o próprio Henrique VIII, traçava sobre as partes doentes o sinal da cruz (para grande escândalo, aliás, de certos súditos protestantes[705]). Jaime recusou-se a imitá-la neste aspecto. Quando os doentes, após serem tocados, tornavam a passar diante do rei, este contentava-se em pendurar ou mandar pendurar em seus pescoços a moeda de ouro, sem realizar o gesto simbólico que muito fazia lembrar a antiga fé. Na mesma época, a cruz desapareceu dos *angels* que ela ornamentara até então; e sua inscrição foi abreviada de maneira a suprimir a palavra *miracle* (*mirabile*)[706]. Graças a

---

704. Extrato de uma carta anônima de Londres, de 8 de outubro de 1603: Arch. Vatican, Inghilterra: cópia em Record Office, Roman Transcripts, General Series, t. 87; fragmentos em CRAWFURD. *King's Evil*, p. 82: "Il Re s'abbia questi giorni intricato in quello ch'haveva di fare intorno di certa usanza anticha delli Rè d'Inghilterra di sanare gl'infermi del morbo regio, et cosi essendogli presentati detti infermi nella sua antecamera, fece prima fare una predicha per un ministre calvinista sopra quel fatto, et poi lui stesso disse che si trovava per-plesso in quello ch'haveva di fare rispetto, che dell'una parte non vedeva come potessero guarire l'infermi senza miracolo, et già li miracoli erano cessati et non se facevano più: et cosi haveva paura di commettere qualche superstitione; dell'altra parte essendo quella usanza antica et in beneficio delli suoi sudditi, se risolveva di provarlo, ma solamente per via d'oratione la quale pregava a tutti volessero fare insiemi con lui; et con questo toccava alli infermi. Vederemo presto l'effeto che seguitarà. Si notava che quand' il Re faceva il suo discorso spesse volte girava l'occhi alli ministri Scozzesi che stavano appresso, com' aspettando la loro approbatione a quel che diceva, havendolo prima conferito con loro".

705. Cf. TOOKER. *Charisma*, p. 109.

706. A liturgia do tempo de Jaime I é conhecida por um *broadside* (folha impressa somente sobre a primeira face), conservada na Biblioteca da Sociedade de Antiquários de Londres e publicado por Crawfurd, p. 85. Ela é idêntica àquela de Carlos I, bem conhecida graças a sua presença no *Book of Common Prayer* de 1633, e reproduzida várias vezes: BECKETT. *A free and impartial inquiry.* • SIMSON, S. *On the forms of prayer*, p. 299. • Crawfurd, p. 85. Ela é quase idêntica à de Elisabete; mas, entre as indicações relativas aos gestos do soberano, desapareceu a que se referia ao sinal da cruz. Diversos testemunhos compilados por Crawfurd (p. 88) confirmam, no referente a esta modificação sofrida pelo rito antigo, as conclusões que o simples exame da liturgia seria suficiente para estabelecer. Há um testemunho discordante, que será citado na nota seguinte; diante da unanimidade dos outros, ele só pode ser considerado como errôneo.

estas modificações – e também, podemos crer, graças à rotina e ao tempo que o afastaram dos ensinamentos da juventude – Jaime I acabou por aceitar cumprir regularmente a função de curador, provavelmente sem acompanhá-la sempre das mesmas precauções oratórias da sua primeira tentativa. Não parece, aliás, que ele tenha sempre levado muito a sério essa função. Quando, em 1618, um embaixador turco – por um ecletismo religioso, a bem dizer, bastante divertido – pediu-lhe que tocasse seu filho acometido pelas escrófulas, o rei, dizem-nos, sem recusar ao pedido, riu pra valer[707].

Foi nos primeiros anos desse reino que Shakespeare pôs em cena seu *Macbeth*. A peça fora feita para agradar ao novo soberano; os Stuart não passavam por descendentes de Banquo? Na visão profética do quarto ato, quando surge diante dos olhos do aterrorizado Macbeth, a linhagem que deve sair de sua vítima, o último dos oito reis que desfilam ao som dos oboés é o próprio Jaime portando o triplo cedro de seus três reinos. É significativo que, nesta mesma tragédia, o poeta tenha julgado bom, como vimos, inserir um elogio ao poder taumatúrgico: "A most miraculous work in this good king"[708].

Alusão? Conselho discreto? Ou simplesmente ignorância das hesitações que o último dos descendentes de Banquo primeiramente mostrara quando se tratou de cumprir esta "tarefa miraculosa"? Como dizê-lo? Em todo caso, Shakespeare, sobre este ponto como sobre tantos outros, era o intérprete fiel da consciência popular. A massa da nação ainda não concebia que um rei fosse realmente rei sem a graça da "bênção que cura". A opinião dos fiéis da monarquia era forte o bastante para triunfar sobre os escrúpulos do próprio monarca.

Encontraram-se católicos para sustentar que Jaime fazia o sinal da cruz às escondidas (cf. abaixo, p. 366, n. 826): pura tagarelice destinada a explicar de maneira ortodoxa as curas que o rei herético supostamente passou a operar. Desaparecimento da cruz nos *angels* (ela figurava no reverso, sobre o mastro de um barco) e supressão na fórmula "A Domino factum est istud et est mirabile in oculis nostris" das palavras "et est mirabile in oculis nostris" (Farquhar, I, p. 106-107); o autor (equivocadamente, a meu ver) não parece dar importância à última modificação.

707. Carta "from Mr. Povy to Sir Dudley Carleton" citada (com uma referência inexata) em CRAWFURD. *King's Evil*, p. 84. Segundo Sir John Finett, que foi mestre de cerimônias sob Carlos I, Jaime teria feito o sinal da cruz em um menino turco; mas, sem dúvida, Sir John foi traído por suas lembranças: *Finetti Philoxenis: some choice Observations of S\`r John Finett, Knight, and Master of the Ceremonies to the two last Kings touching the Reception [...] of Forren Ambassadors*, pequeno, in-8°. Londres, 1656, p. 58. • DE L'ANCRE. *La Mescreance du sortilège*, 1622, p. 165, relata que Jaime I tocou uma vez o embaixador da França, marquês de Trenel; não sei que fundamento deve ter essa história. Ele tocou em Lincoln, a 30 de março e 1° de abril de 1617 – respectivamente, 50 e 53 doentes (NICHOLS, J. Progresses of James I, III, p. 263-264, citado por Farquhar, I, p. 109). O Príncipe Oto de Saxe o viu cumprir, em 1611, o rito curador: FEYERABEND. *Die Grenzboten*, 1904, I, p. 705.

708. Versos citados acima, p. 54, n. 48.

Carlos I tocou como seu pai, mas, tendo sido educado no anglicanismo, sem as mesmas inquietudes de consciência que este. Sob os primeiros Stuarts, as posições foram, definitivamente, fixadas. A crença no milagre régio fazia parte desse corpo de doutrinas meio religiosas e meio políticas à qual permaneciam ligados os partidários da "prerrogativa" régia e da Igreja estabelecida – ou seja, a grande maioria do país; ela era rejeitada por pequenos grupos animados de uma religiosidade ardente, que viam nela, ao mesmo tempo, uma triste herança de superstições antigas e uma das manifestações desse absolutismo régio que eles se acostumaram em detestar.

Na França, nós o vimos, os calvinistas guardaram, durante muito tempo, em relação ao poder curador atribuído aos reis, um silêncio respeitoso – ou prudente. É verdade que este silêncio nem sempre era desprovido de eloquência: o que poderia ser mais significativo, por exemplo, do que a atitude de um Ambrósio Paré, evitando, contrariamente aos usos da literatura médica de seu tempo, no capítulo Des Scrophules ou Escrouelles de seu tratado sobre cirurgia, toda a alusão ao tratamento miraculoso do mal régio?[709] Ademais, parece que algumas vezes, pelo menos depois do começo dos tumultos, o partido reformado foi além de um protesto mudo. O Padre Luís Richeome, da Companhia de Jesus, em seus Trois discours pour la religion catholique, publicados em 1597, tratando do "dom de curar as escrófulas concedido aos mui cristãos reis da França", se ergue contra "a descrença ou impudência de alguns cirurgiões franceses, de mãos más e consciência pior, e de certos glosadores de Plínio drogados pelos alimentos de Lutero que se esforçaram em diminuir e aviltar por calúnias este milagre"[710]. Não pude descobrir os sentidos dessas alusões que

---

709. Œuvres. Ed. Malgaigne, I, 1840, p. 352. Esse silêncio devia parecer ainda mais impressionante porque a literatura médica da época, herdeira da literatura medieval, frequentemente dedicava espaço ao milagre régio. Cf. para a França, TAGAULT, J. De chirurgica institutione libri quinque, in-4º, 1543, 1. I, c. XIII, p. 93. Antoine Saporta (morto em 1573) em seu tratado De tumoribus praeter naturam (citado em GURLT. Gesch. der Chirurgie, II, p. 677). Para a Inglaterra: Andrew Boorde em seu Breviary of Health surgido em 1547 (cf. Crawford, p. 59).
• Thomas Gale, em seu Institution of a chirurgian de 1563 (citado por GURLT. Gesch. der Chirurgie, III, p. 349). • BANISTER, J. em seu tratado Of tumors above nature (ibid. III, p. 369). Para os italianos, cf. acima p. 122, n. 185. Cf. tb. o que foi dito na p. 318 de Clowes, e o que será dito na p. 323 de Du Laurens; mas, para um caso análogo ao de Paré, cf. a nota seguinte.

710. Premier Discours – Des miracles, chap. XXXVI, § 4. Ed. de 1602. Rouen, in-12, p. 183. Sobre o autor, cf. BRÉMOND, H. Histoire littéraire du sentiment religieux en France, I, 1916, p. 18ss.
• BUSSON, H. Les sources et le développement du Rationalisme dans la littérature française de la Renaissance. Paris, 1922, p. 452 [Tese de doutorado]. Não sei se o médico do qual fala Richeome deve ser identificado com o "Petrus de Crescentiis, Medicus Gallus" que, segundo Le Brun (His-

visam evidentemente pessoas determinadas; ao menos está claro que elas se aplicam a autores protestantes. Mas, no conjunto, a polêmica dos reformados parece nunca ter se debruçado muito ativamente sobre isso; sem dúvida, os escritores deste campo não se empenhavam muito em atacar um dos privilégios mais populares da realeza, que a maioria deles, apesar dos dissabores, jamais deixou de ser favorável ou, ao menos, tolerante. Foi de um outro lado que veio o ataque mais significativo contra a virtude taumatúrgica, não dos reis em geral, mas de um rei em particular.

Quando Henrique III definitivamente se indispôs com a Liga, esta considerou que ele havia, por sua impiedade, se tornado indigno de exercer o poder sobrenatural atribuído a sua raça. Narrava-se que um de seus familiares, tendo sido acometido pelas escrófulas, tinha sido tocado em vão várias vezes pela mão régia. O Cônego Meurier, que escreveu, após a morte de Henrique III e contra Henrique IV, um *Traité de l'Onction*, via nesta incapacidade médica uma advertência divina dada contra o povo da França; se este aceitava um rei que não fora corretamente ungido (Henrique IV, nesse tempo, ainda era protestante e Reims estava nas mãos de seus inimigos), nunca mais os escrofulosos obteriam o benefício da cura miraculosa[711].

O Bearnês fez-se católico; ele foi ungido, de fato, não em Reims nem com o bálsamo da Santa Âmbula, mas pelo menos em Chartres, com um óleo que um anjo, dizia-se, entregara outrora a São Martinho; ele, por sua vez, tocou e – a despeito do que pudessem pensar os adeptos de Meurier – as multidões vieram

---

toire critique des pratiques superstitieuses, II, p. 120, na nota), o qual faz referência a Crusius (?) *De preeminentia,* teria negado as curas régias. Poder-se-ia igualmente pensar em Jacques Daleschamps (1513-1588), a quem devemos uma célebre edição de Plínio (consultei a impressão de Lyon, in-fólio, 1587, na qual nada encontrei sobre o que nos interessa). É fato que Daleschamps, no cap. XXXV de sua *Chirurgie Françoise* (Lyon, 1573), onde trata "das Escrófulas", silencia, tal como Paré, sobre o milagre régio; mas não me parece que ele tenha sido protestante.

711. *De sacris unctionibus,* p. 262 (o livro, datado de 1593, deve ter sido redigido a partir de 1591, pois traz uma aprovação de Jean Dadré, penitenciário de Rouen, e de Jean Boucher, pró--chanceler de Paris, de 17 de outubro desse ano). J. J. Boissardus (morto em 1602) (*De divinatone et magiicis praestigiis,* in-4º. Oppenheim, s.d., p. 86), crê que a "admirável virtude" de cura teve fim sob os filhos de Henrique II. Encontra-se ainda um eco da tradição relativa ao insucesso de Henrique III em BLONDEL, D. *Genealogiae francicae plenior assertio,* in-4º. Amsterdã, 1654, I, fol. LXX, o qual justifica o rei pelo exemplo de São Paulo, que foi, segundo ele, incapaz de curar Timóteo. De fato, Henrique III, como é devido, tocou da mesma forma que seus predecessores e, podemos crer, com o mesmo sucesso: ele atuou como curador notadamente em Chartres em 1581, 1582, 1586 (SOUCHET, J.B. *Histoire de la ville et du Diocèse de Chartres.* In: *Public. Soc. Histor. Eure-et-Loir,* VI, Chartres, 1873, p. 110, m, 128) e em Poitiers (15 de agosto de 1577. Cerf: *Du toucher des écrouelles,* p. 265).

até ele. A primeira cerimônia não ocorreu imediatamente após a sagração, mas em Paris, no domingo de Páscoa, a 10 de abril de 1594, dezoito dias após a entrada das tropas régias. Paris não havia visto um ato deste tipo desde a fuga de Henrique III em 1588; os doentes se apresentaram em grande número: eram de seiscentos a setecentos, segundo Favyn; novecentos e sessenta, segundo De Thou[712]. Em seguida, Henrique IV continuou nas quatro grandes festas (Páscoa, Pentecostes, Todos os Santos e Natal), e até mais frequentemente quando havia oportunidade, a dispensar a graça da cura aos escrofulosos, que sempre acorriam às centenas, às vezes aos milhares[713]. Ele considerava esta necessidade algo fatigante[714] – como fizeram todos os reis da França, ele realizava o toque em pé –, mas não tinha nenhuma intenção de dispensá-la. Desejoso de reconstruir a monarquia, como poderia negligenciar essa parte de sua tarefa régia? Para restabelecer solidamente a autoridade, abalada por tantos anos de luta civil, as medidas administrativas não eram suficientes; era preciso fortalecer nos corações o prestígio da dinastia e a fé na legitimidade do príncipe reinante. O milagre hereditário não era um dos melhores instrumentos deste prestígio e desta legitimidade a prova mais brilhante? Por isso, Henrique IV não se contentou em efetivamente praticar o rito maravilhoso: dele e de seu séquito partiu toda uma propaganda em favor do dom taumatúrgico.

Primeiro, pelo livro: o próprio médico do rei, André Du Laurens, publicou em 1609 e dedicaria a seu senhor um tratado sobre "o poder maravilhoso de curar as escrófulas, divinamente concedido somente aos reis mui cristãos", longa defesa cujo tema é suficientemente indicado por estes títulos de capítulos: "o poder miraculoso de curar as escrófulas, concedido aos reis da França, é sobrenatural e não vem do demônio [...]. É uma graça, dada gratuitamente

---

712. L'ESTOILE. *Mémoires, Journaux*. Ed. Brunet, IV, p. 204 (6 de abril de 1594). • THUANUS, J.A. *Historia sui temporis*, Lib. CIX, t. V. in-fólio, 1620, p. 433: "IƆLX egenis strumosis in area, ac circiter XX honestioris condicionis seorsim ab aliis in conclave". FAVYN. *Histoire de Navarre*, p. 1.555.
713. DU LAURENS, *De mirabili*, p. 5. Du Laurens declara ter visto uma vez 1.500 doentes se apresentarem (p. 6); eram, sobretudo, numerosos no Pentecostes. Na Páscoa do ano de 1608, o rei, segundo seu próprio testemunho, tocou 1.250 doentes: carta à marquesa de Verneuil, de 8 de abril (*Recueil des lettres missives de Henri IV*. Ed. Berger de Xivrey (Doc. inéd.), VII, p. 510. O médico da Basileia Thomas Platter viu, em 23 de dezembro de 1599, Henrique IV tocar no Louvre: *Souvenirs*, trad. L. Sieber, *Mém. Soc. Hist. Paris*, XXIII (1898), p. 222. Cf. tb. L'Estoille, em 6 de janeiro de 1609.
714. Cf. a carta à marquesa de Verneuil, citada na nota precedente.

por Deus"⁷¹⁵. A obra parece ter tido um grande sucesso; foi várias vezes reimpressa e traduzida⁷¹⁶. "Não se sabe", escrevia, em 1628, Gui Patin em um tipo de prefácio em versos latinos posto no cabeçalho de uma das edições novas, "o que surge com mais esplendor nesta obra, ou a glória do rei, ou a ciência do escritor". Mas ao lado do público que lê grandes livros, convinha atingir o público mais vasto que olha as imagens. O gravador P. Firens (um flamengo estabelecido na rua Saint-Jacques, no pavilhão da tipografia de Taille Douce) pôs à venda, em torno desta época, uma estampa na qual se via representada a cerimônia do toque⁷¹⁷. O rei passa ao longo das fileiras de doentes ajoelhados; seus esmoleiros o seguem; o primeiro médico segura a cabeça de cada miraculado no momento em que a mão do príncipe repousa sobre as chagas; a cena se passa a céu aberto, em meio a arquiteturas um pouco pesadas, entre uma grande demonstração do aparato militar. Abaixo da gravura, lê-se uma longa inscrição em honra dos reis em geral, "retratos vivos da divindade", e em particular do rei mui cristão e de seus milagres; ela termina deste modo: "Desculpai, portanto, Leitores, minha audácia, ela tem por defesa o apoio a um grande Rey, e por salvaguarda o ardente desejo que tenho em fazer ver as maravilhas do Grande Deus"⁷¹⁸. "O apoio a um grande Rey": penso que convém tomar essas palavras ao pé da letra. Sabemos, por outro lado, que Firens colocou diversas vezes seu buril a serviço da propaganda monarquista⁷¹⁹. Primeiro médico e gravador serviam, cada um à sua maneira, à mesma política, cujo tema era dado do alto.

---

715. Cap. IX: "Mirabilem strumas sanandi vim Regibus Galliae concessam supra naturam esse, eamque non a Daemone. Vbi Daemones morbos inferre variis modis eosdemque sanare demonstratur"; Cap. X: "Vim mirabilem strumas sanandi Galliae Regibus concessam, gratiam esse a Deo gratis datam concluditur". Para o título exato da obra, cf. acima, p. 17.

716. A bem dizer, jamais à parte, mas na reedição de 1628 das Œuvres completes (em latim) e nas quatro ou cinco edições destas mesmas obras, que se estendem de 1613 a 1646 e, talvez, 1661 [cf. o artigo de E. Turner citado aqui, p. 17, n. 3]. A poesia de Gui Patin é citada, à p. 416: "Miranda sed dum Regis haec Laurentius – Sermone docto prodit, et ortam polis – Aperire cunctis nititur potentiam – Dubium relinquit, sitne Rex illustrior – Isto libello, sit vel ipse doctior".

717. Apêndice II, n. 8, e figura III.

718. Observar igualmente, na mesma legenda, a frase seguinte – na qual a intenção de propaganda se exprime claramente – com uma alusão característica ao restabelecimento da paz interior: "É porque pensei ser meu dever grafar em cobre a dita figura, para (admirando a virtude divina agir em nosso rei) ser antes incitado a honrá-lo e a render-lhe obediência pela união da paz e concórdia que ele mantém nesse reino da França, e pelas comodidades que a nós provém disso".

719. Temos dele um retrato de Henrique IV e outro de Luís XIII, gravado por volta de 1610. Cf. BENEZET, E. *Dictionnaire des Peintres, Sculpteurs et Dessinateurs de tous les temps et de tous les pays*, II.

Assim, tanto na França quanto na Inglaterra, após as lutas do século XVI, a velha crença no dom sobrenatural dos reis havia, ao menos na aparência, triunfado mais uma vez. Ela forma um dos artigos desta fé monárquica que irá florescer na França no absolutismo de Luís XIV e que na Inglaterra, ao contrário, irá sucumbir gradativamente, mas não sem sobressaltos, em um novo drama político e religioso. É sobre esta fé em geral que convém agora dizer algo: em sua ausência, a vitalidade do poder taumatúrgico poderia parecer inexplicável.

3 Absolutismo e realeza sagrada: a última legenda do ciclo monárquico francês[720]

A maneira de agir e de sentir da maioria dos franceses, no tempo de Luís XIV, em relação ao terreno político, tem para nós algo de surpreendente e mesmo de chocante; assim como a de uma parte da opinião inglesa, sob os Stuarts. Compreendemos mal a idolatria da qual a realeza e os reis eram, então, objeto. Custa-nos não a interpretar como deplorável, como o efeito de algum tipo de baixeza servil. Esta dificuldade na qual nos encontramos em penetrar, sobre um ponto tão importante, a mentalidade de uma época (que para a tradição literária, porém, se apresenta muito familiar), deve-se, talvez, ao fato de que frequentemente só estudamos as concepções em matéria de governo através de seus grandes teóricos. O absolutismo era um tipo de religião: ora, conhecer uma religião somente pelos seus teólogos não equivale a sempre ignorar dela as fontes vivas? O método é ainda mais perigoso na matéria em questão porque, muitas vezes, esses grandes doutrinários só dão do pensamento ou da sensibilidade de seu tempo uma espécie de disfarce: sua educação clássica lhes

---

[720]. Não possuímos, infelizmente, sobre as doutrinas absolutistas – encaradas não como teoria de filosofia social própria a este ou aquele escritor, mas como a expressão de um movimento de ideias ou sentimentos comuns a toda uma época – nenhuma obra de conjunto verdadeiramente satisfatória. Não é preciso dizer que as sumárias indicações que se seguirão não têm de forma alguma a pretensão de preencher essa lacuna. Em FIGGIS. *The divine right of the kings* e em HITIER. *La doctrine de l'absolutisme* encontramos apenas considerações muito breves e de um caráter muito teórico. Cf. tb., no mesmo espírito estritamente jurídico, LEMAIRE, A. *Les lois fondamentales de la monarchie française d'après les théoriciens de l'ancien régime*. Paris, 1907 [Tese de doutorado]. O livro de Lacour-Gayet, *L'éducation politique de Louis XIV*, fornece um grande número de informações úteis, que em vão se procuraria em outros lugares; mas os problemas aí são apenas aflorados. Encontrar-se-á proveito igualmente na consulta de Henri Sée, *Les idées politiques en France au XVIIe siècle*, 1923. Para a literatura de propaganda régia, cf. a bibliografia ainda hoje adequada em *Bibliotheca Historica* de Struve, reeditada por J.G. MEUSEL, X, 1. Leipzig 1800, p. 179: *Scriptores de titulis, praerogativis, majestate et auctoritate Regum* [Franciae].

inculcara, com o gosto pelas demonstrações lógicas, uma insuperável aversão por todo o misticismo político; eles deixavam de lado ou mascaravam tudo o que, nas ideias ao seu redor, não fosse suscetível de uma análise racional. Isso é quase tão verdadeiro no referente a Bossuet, tão impregnado do aristotelismo (diretamente ou por intermédio de Santo Tomás) quanto no referente a Hobbes. Há um contraste importante entre a *Politique tirée des propres paroles de l'Écriture Sainte*, de base tão racional, e as práticas de quase adoração monárquica a que seu autor, como todo mundo em torno dele, associava-se; isso porque havia um abismo entre o soberano abstrato que esse tratado de alta ciência nos apresenta e o príncipe miraculoso, ungido em Reims com o óleo celeste, no qual Bossuet acreditava verdadeiramente, com toda sua alma de padre e de súdito fiel[721].

Portanto, não nos enganemos. Para compreender até os mais ilustres doutores da monarquia, é bom conhecer as representações coletivas, legados de eras precedentes, que ainda viviam em sua época uma vida singularmente forte; pois, retomando a comparação da qual me servi há pouco, como todos os teólogos, sua obra consistiu, sobretudo, em revestir com uma forma intelectual os sentimentos mais poderosos difundidos perto deles e dos quais eles mesmos, mais ou menos inconscientemente, estavam penetrados. Hobbes submete a fé dos súditos à decisão do príncipe; ele escreve em termos dignos dos polemistas pró-império do século XI: "embora os reis não assumam o ministério do sacerdócio, não são meros leigos que não possuem a jurisdição sacerdotal"[722]. Para bem saber a origem profunda destas ideias, não basta explicá-las pelo pessimismo social e a indiferença política que Hobbes professava; nem mesmo é bastante rememorar que esse grande filósofo era cidadão de um país cujo soberano se intitulava "supremo governador do reino em matérias espirituais ou eclesiásticas, bem como as temporais"; em verdade, é a velha concepção da realeza sagrada por trás dessas ideias. Quando Balzac afirma que "as pessoas

---

721. Aliás, talvez, as épocas mais malconhecidas sejam precisamente as que vemos através de uma tradição literária sempre viva. Uma obra de arte vive apenas quando cada geração sucessiva coloca nela um pouco de si mesma; assim, seu sentido vai sendo progressivamente deformado, às vezes chegando ao contrassenso; ela cessa de nos informar sobre o meio onde nasceu. Alimentados pela literatura antiga, os homens do século XVII compreenderam a Antiguidade apenas imperfeitamente. Estamos hoje em relação a eles um pouco na mesma situação em que se encontravam no referente aos gregos e aos romanos.

722. *De Corpore Politico*, II, VIII, 11 (ed. Molesworth, IV, p. 199): "And though kings take not upon them the ministerial priesthood, yet they are not so merely laic, as not to have sacerdotal jurisdiction".

Quadro III – Henrique IV, rei da França, toca as escrófulas

dos Príncipes, sejam quais forem, devem ser para nós invioláveis e santas" ou quando fala dos "caracteres do dedo de Deus" impressos nos reis[723], o que é assim expresso por ele não é, no fundo, sob um aspecto depurado, o mesmo sentimento que após tantas gerações continuava levando os pobres escrofulosos até o rei da França?

Em vez de consultar sem cessar esses grandes protagonistas do pensamento, o historiador encontraria, talvez, melhor proveito frequentando os autores de segunda ordem, folheando esses compêndios de direito público monárquico

---

723. *Aristippe, Discours septiesme*. 2. ed., in-12, 1658, p. 221. Sobre os conceitos políticos de Balzac, pode-se cf. DECLAREUIL, J. Les idées politiques de Guez de Balzac. In: *Revue de droit public*, 1907, p. 633.

ou esses elogios à monarquia – tratados da majestade régia, dissertações sobre a origem e autoridade dos reis, *fianégyres* das flores-de-lis – que os séculos XVI e XVII franceses produziram com tanta abundância. Não que se deva esperar desta leitura um grande prazer intelectual. Estas obras apresentam, em geral, um nível ideológico bastante baixo. Jean Ferrault, Claude d'Albon, Pierre Poisson de la Bodinière, H. Du Boys, Louis Rolland, os padres Hippolyte Raulin ou Balthasar de Riez, todos esses nomes aos quais poderíamos facilmente acrescentar outros, não possuem nenhuma qualificação para figurar com honra em uma história da filosofia social; o mesmo pode-se dizer de Charles Grassaille, de André Duchesne e de Jérôme Bignon, embora talvez mais dignos de estima, não merecem menos o esquecimento no qual caíram[724]. Mas os escritos desta natureza, pela mediocridade e frequentemente até por sua grosseria, possuem a vantagem de estarem muito próximos das concepções comuns. E se, às vezes, são suspeitos de terem sido compostos por panfletários pagos, mais interessados em ganhar seu dinheiro do que em perseguir o fio de um pensamento desinteressado, é melhor para nós que, antes de tudo, procuremos saber, na realidade vivida, o sentimento público: pois os argumentos que estes profissionais da propaganda desenvolvem com predileção são, evidentemente, os que eles esperavam ver agir sobre a massa dos leitores.

As ideias que expõem correntemente os publicitas do poder régio dos séculos XVI e XVII parecem banais a qualquer um que tenha folheado a literatura dos períodos precedentes. Elas apenas surpreendem caso se perceba nelas a longa herança medieval; na história das doutrinas políticas, como em todos os outros tipos de história, convém não tomar muito a sério o corte tradicional que, após os humanistas, normalmente praticamos no passado da Europa por volta do ano de 1500. O caráter sagrado dos reis, tantas vezes afirmado pelos escritores medievais, permanece nos tempos modernos uma verdade sempre

---

724. As obras de Ferrault, Raulin e Grassaille são citadas aqui, cf. Bibliografia, p. 17-18; a de D'Albon, p. 31, n. 16. POISSON, P. Sieur de la BODINIÈRE. *Traité de la Majesté Royale en France*, 1597. • DU BOYS. H. *De l'origine et autorité des roys*, in-12, 1604. • ROLAND, L. *De la dignité du Roy ou est montré et prouvé que sa Majesté est seule et unique en terre vrayment Sacrée de Dieu et du Ciel*, pequeno in-40, 1623. • O Rev. Padre Balthasar de Riez, pregador capuchinho: *L'incomparable piété des très chrétiens rois de France et les admirables prérogatives qu'elle a méritées à Leurs Majestés, tant pour leur royaume en général que pour leurs personnes sacrées en particulier.* 2 vols., in-4, 1672-1674. • DU CHESNE, A. *Les antiquitez et recherches de la grandeur et maiesté des Roys de France*, 1609. • BIGNON, J. *De l'excellence des rois et du royaume de France* 1610. • O mesmo autor sob o pseudônimo de Théophile Dujay: *La Grandeur de nos roys et leur souveraine puissance*, 1615.

evidente[725]. O mesmo vale, mas com vozes menos unânimes, para o caráter quase sacerdotal.

Sobre esse ponto sempre houve hesitações, mesmo entre os propagandistas mais fervorosos. E elas, parece, aumentaram cada vez mais. Grassaille, tão penetrado pela grandeza da monarquia francesa, tão acolhedor a todas as legendas que formassem um tipo de auréola maravilhosa em torno dela, acreditava, contudo, ser necessário especificar várias vezes que o rei, malgrado todos os seus privilégios eclesiásticos, no fundo, é apenas um laico[726]. Mais tarde, ao menos na França católica, depois do Concílio de Trento, a Contrarreforma, reforçando a disciplina da Igreja, estabeleceu entre sacerdotes e leigos uma distinção muito mais nítida que a anterior (donde, em muitos espíritos, uma repugnância, mais intensa do que no passado, em admitir a situação maldefinida de um rei quase sacerdote). Malgrado isso tudo, a velha noção incorporada em tantos usos e em tantos ritos conservou inúmeros adeptos, mesmo nas fileiras do clero. "A majestade dos reis da França", escreve em 1597 o bispo de Evreux, Robert Ceneau, "não pode ser chamada completamente de laica. Disso, temos diversas provas: primeiro, a unção santa que possui sua origem no próprio céu; depois, o privilégio celeste da cura das escrófulas, devido à intercessão de São Marcoul; [...] enfim, o direito de regalia, sobretudo de regalia espiritual, comportando, como se vê correntemente, o poder de conferir por direito especial os benefícios eclesiásticos"[727]. Para André Duchesne, em 1609, "nossos grandes reis [...] jamais foram considerados somente leigos, mas or-

---

725. Os textos a citar seriam incontáveis. Será suficiente lembrar que Bossuet, em sua *Politique tirée des propres paroles de l'Ecriture Sainte*, intitula o artigo II do Livro Terceiro de *L'autorité royale est sacrée*, e da 2ª proposição desse artigo de *La personne des rois est sacrée*.

726. Cf. em seu *Regalium Franciae iura omnia*, 1538, o segundo cap. do livro II. Arnoul Ruzé, em seu célebre tratado sobre o direito de regalia (*Tractatus juris regaliorum, Praefatio, Pars* III em *Opéra*, pequeno in-4°, 1534, p. 16-17) se contenta bastante timidamente em atribuir ao rei uma situação "mista" graças à qual será "considerado clérigo"; "ratione illius mixturae censentur utclerici". Em compensação, em 16 de novembro de 1500, "Lemaistre [falando] pelo procurador-geral do Rey" declarava ao parlamento de Paris, em conformidade com os princípios antigos; "Nam licet nonnulli reges coronentur tantum, alii coronentur et ungantur, ipse tamen rex Francie his consecracionem addit, adeo quod videatur non solum laicus, sed spirituais", e invocava, imediatamente, em apoio a esta tese, a regalia espiritual: *Arch. Nat.* X 1 A 4842, fol. 47 v (cf. DELACHENAL. *Histoire des avocats*, p. 204, n. 4).

727. *Gallica historia in duos dissecta tomos*, folio 1557, p. 110: "Regia enim Francorum maiestas non prorsus laica dici debet. Primum quidem ex recepta coelitus unctione sacra: deinde ex coelesti privilegio curandi a scrophulis, a beato intercessore Marculpho impetrato: quo regni Francici successores in hunc usque diem fruuntur. Tertio iure regaliae magna ex parte spirituali in conferendis (ut passim cernere est) ecclesiasticis peculiari iure beneficiis". Sobre este autor, pode-se cf. BERNARD, A. *De vita et operibus Roberti Cenalis*. Paris, 1901 [Tese de doutorado].

nados com o sacerdócio e com a realeza em conjunto"[728]. Em 1611, um padre, Claude Villete, publicou, sob o título *Les Raisons de l'office et cérémonies qui se font en l'Église catholique*, um tratado de liturgia cujo sucesso é atestado pelas numerosas reedições que se seguiram; ele aí comenta longamente os ritos da sagração; a partir de vários deles – a unção das mãos, as ofertas feitas pelo rei, sobretudo a comunhão sobre as moedas – ele conclui que o rei é "pessoa mista e eclesiástica"[729]. Ainda mais claramente, em 1645, o esmoleiro Guillaume Du Peyrat apresenta a seguinte justificativa do privilégio eucarístico reconhecido aos monarcas franceses: "A razão que se pode dar, a meu ver, é que embora os reis da França, ao contrário dos reis dos pagãos, não sejam sacerdotes [...] ainda assim é certo que participam do sacerdócio e não são leigos puros"[730]. É sempre a sagração o que, de acordo com o Padre Balthasar de Riez, escrevendo em 1672 um longo e pesado elogio da dinastia, torna as pessoas régias "sagradas e, de alguma forma, sacerdotais"[731].

O estado de espírito era o mesmo entre os propagandistas ingleses. Disto são testemunhos as palavras que o autor do *Eikon Basilikè* põe na boca do Carlos I aprisionado, a propósito da recusa que lhe fizera um capelão: "Talvez, aqueles que me recusaram semelhante coisa julgavam que eu mesmo tinha poder suficiente para cumprir meus deveres para com Deus como sacerdote [...] em verdade, eu creio que os dois ofícios, real e sacerdotal, podem cair bem à mesma pessoa, como antigamente eram reunidos sob um mesmo nome"[732].

---

728. *Les antiquitez et recherches*, p. 164. Cf. SÉE. Loc. cit., p. 38, n. 3.

729. in-4°, Paris, 1611, esp. p. 220-222. Villette conhecia o *Traité du Sacre* de Jean Golein (cf. aqui p. 448s.). Modificando a fórmula mais prudente empregada por Golein acerca da comunhão sob as duas espécies, ele escreve: "[o rei] comunga sob as duas espécies, como faz o padre, e, diz o velho autor, *a fim de que o rei da França saiba ser sua dignidade presbiterial e régia*".

730. *Histoire ecclésiastique de la Cour*, p. 728. Cf. o relato da sagração de Luís XIII. • GODEFROY. *Cérémonial*, p. 452: "ele comunga o precioso Corpo e Sangue de Nosso Senhor sob as duas espécies do pão e do vinho, após o que lhe dá a ablução como aos padres, para mostrar que sua dignidade é Régia e Presbiterial".

731. *L'incomparable piété des très chrétiens rois de France*, I, p. 12: "[...] aqui podemos e devemos dizer que a sagração de nossos reis não é necessária para assegurar-lhes seu direito à coroa da França, a qual eles obtêm pelo nascimento e pela sucessão. Mas como é uma santa cerimônia, atrai para eles graças particulares do céu, que torna suas pessoas sagradas e, de alguma maneira, sacerdotais. Assim, estão nesse ato vestidos de uma vestimenta similar a uma túnica de nossos Diáconos e de um manto régio de aparência semelhante à uma Capa, ou antiga Casula de um padre".

732. "It may be, I am esteemed by my deniers sufficient of myself to discharge my duty to God as a priest: though not to men as a prince. Inded I think both offices, regal and sacerdotal, might well become the same person, as anciently they were under one name, and the united rights of primogeniture". FIGGIS, *Divine Right*, p. 256, n. 1. O autor do *Eikon* falava seriamente. É curioso que a

A ciência das antiguidades cristãs, aliás, vinha oferecer, em apoio desta antiquíssima confusão entre os dois "ofícios", argumentos desconhecidos dos polemistas das eras anteriores. O Baixo Império, após a conversão de Constantino e mesmo após Graciano ter renunciado, em 382, ao título tradicional de sumo pontífice, não abandonara de imediato a ideia de que uma espécie de dignidade pontifical se ligava ao imperador. No século XVII, exumaram-se alguns velhos textos, ignorados na Idade Média, nos quais se exprimia esta concepção. "Longa vida ao sacerdote, ao *basileus*!", bradaram, em 451, os padres de Calcedônia, saudando Marciano. Foi esta aclamação – fixada, sem dúvida, pelo cerimonial da corte bizantina – que Daguesseau, em seu *Réquisitoire pour l'enregistrement de la Bulle contre les Maximes des Saints*, pronunciado, em 1699, diante do parlamento de Paris, transpôs ao elogio de Luís XIV, "rei e sacerdote em conjunto, são os termos do Concílio de Calcedônia"[733]. Sobretudo, a vida de Constantino, por Eusébio – impressa diversas vezes – fornecia a passagem célebre na qual se via o imperador se intitular "τών έκτός δπό Θεοῦ κκΘεσταμένος ἐπίσκοπος", o que correntemente se traduzia (com ou sem razão, pouco nos importa) como *bispo exterior*, ou ainda *bispo de fora*[734]. A partir do século XVII, tornou-se uma banalidade aplicar essas palavras ao rei da França[735]. Assim, a erudição renascente assegurava uma nova sobrevida, sob a máscara cristã, a esses vestígios do paganismo.

Nenhuma época acentuou tão claramente – e, podemos dizer, mais secamente – como o século XVII a natureza quase divina da instituição – e até da pessoa – régia: "Portanto, oh meu filho", dizia, na Inglaterra, o Rei Jaime I ao príncipe herdeiro, "antes de qualquer coisa, aprende a conhecer e a amar a Deus, para com o qual tens uma dupla obrigação: primeiro, porque o fez homem, depois, porque fez de ti um pequeno Deus, chamado a sentar-se no trono

---

mesma ideia, transformada em gracejo, se encontrasse um dia na boca de Napoleão I, prisioneiro em Santa Helena: "O senhor se confessa" – dizia ao barão Gourgaud – "Muito bem! Eu sou ungido, podeis confessar-se a mim" (GÉNÉRAL GOURGAUD. *Sainte-Hélène*, s.d., II, p. 143).

733. *Oeuvres*. Ed. PARDESSUS, 1819, I, p. 261. Sobre o texto do concílio e os outros textos análogos, cf. acima, p. 183, n. 300.

734. Eusébio, IV, 24. E.-C. Babut (*Revue Critique*, nouv. série, LXVIII, 1909, p. 261) acredita que Constantino quis dizer: bispo dos pagãos.

735. P. ex.: ROCHE-FLAVIN, B. *Treize livres des Parlemens de France*, livre XIII, cap. XLIV, § XIV, fólio. Bordeaux, 1617, p. 758: "Bispo comum da França: que é o elogio que o fragmento dos concílios atribui ao Imperador Constantino". • D'AGUESSEAU. Loc. cit., p. 261 ("bispo exterior"). Ainda no século XVIII, decreto do Conselho de 24 de maio de 1766 (ISAMBERT. *Recueil général*, XXII, p. 452): "bispo de fora".

e a reinar sobre os homens"[736]. Para o francês Jean Savaron, *président* e lugar--tenente geral na senescalia de Auvergne, os monarcas são deuses corporais[737]; para André Duchesne, "deuses na Terra"[738]. Em 13 de novembro de 1625, o bispo de Chartres, falando em nome da Assembleia do Clero, exprime-se da seguinte forma: "convém, pois, a saber que, além do universal consentimento dos povos e das nações, os profetas anunciam, os apóstolos confirmam, e os mártires confessam, que os reis são ordenados por Deus; e não somente isso, mas que eles próprios são deuses, coisa que não se pode dizer ter sido inventada pela servil adulação e complacência dos pagãos; mas a própria verdade demonstra-o tão claramente na Escritura Santa que ninguém pode negá-lo sem blasfemar, nem duvidá-lo sem sacrilégio [...]"[739]. Poderíamos citar muitos outros exemplos e até o título de um panfleto pró-absolutismo do tempo da Fronda: *L'Image du Souverain ou l'Illustre Portrait des Divinités Mortelles*[740]. "Vós sois deuses, ainda que morrais, e vossa autoridade não morre", clamava Bossuet, falando no Louvre, no Domingo de Ramos de 1662, sobre os *Devoirs des rois*[741]; ninguém, nesse dia, deve ter se surpreendido em ouvir esta expressão sair da boca de um pregador: ela nos parece, hoje, singularmente ousada e quase blasfema, mas ela era, então, perfeitamente banal.

---

736. *Basilikon Doron,* livro I. Ed. Mac Ilwain (*Harvard political classics I*), 1918, p. 12: "Therefore (my Sonne) first of all things, learne to know and love that God, whom-to ye have a double obligation; first, for that he made you a man; and next, for that he made you a little God to sit on his Throne, and rule over other men".

737. Terceiro tratado *De la souveraineté du Roy,* 1620, p. 3: "o Todo-poderoso [...] tendo-vos estabelecido seu vigário temporal de vosso reino, constituído como um Deus corporal para ser respeitado, servido, obedecido por todos os vossos súditos [...]".

738. *Les Antiquitez et recherches,* p. 124; cf. p. 171.

739. Declaração da Assembleia do Clero, trazendo a censura de dois libelos, intitulados *Misteria Politica* et *Admonition de G.G.R. Théologien au Très Chrétien Roy de France et de Navarre Louis XIII,* ambos condenando a aliança da França com as potências protestantes: *Mercure François,* XI, 1626, p. 1.072. O bispo de Chartres especifica, em seguida, seu pensamento e atenua a forma, no que ela poderia ter de muito chocante: "contudo, resulta que aqueles que são chamados deuses o são não por essência, mas por participação; não por natureza, mas por graça; não para sempre, mas por certo tempo, estando como verdadeiros lugar-tenentes de Deus Todo-poderoso, e que pela imitação da divina Majestade, representa aqui embaixo sua imagem".

740. MOREAU, C. *Bibliographie des mazarinades (Soc. de l'Hist. de France),* II, n. 1.684. Cf. outras citações características em LACOUR-GAYET. *L'éducation politique de Louis XIV,* p. 357-358. É, aliás, a essa obra que devo a indicação dos três últimos textos que foram citados. Cf. tb. DU BOYS. *De l'origine et autorité des roys,* 1604, p. 80 (a comparar com a p. 37).

741. *Sermon sur les Devoirs des Rois* (2 de abril de 1662). *Oeuvres oratoires.* Ed. Lebarq, rev. por C. Urbain e E. Levesque, IV, p. 362.

Não é penoso descobrir de quais fontes escritores e oradores haviam-na tirado. Da Bíblia, primeiramente. Considerava-se, comumente, os reis como objeto destes dois versículos do Sl 82: "Eu declarei: vós sois deuses, todos vós sois filhos do Altíssimo; contudo, morrereis como um homem qualquer". Calvino, em seu *Comentário sobre os Salmos*[742], e também Bossuet, no sermão que já citei, ambos aplicaram esse texto. Não é tudo. Os letrados dessa época, nutridos pela Santa Escritura, eram-no igualmente pela literatura antiga. Por mais que o bispo de Chartres tenha estigmatizado "a servil adulação e complacência dos pagãos", ele reconhece que eles acertaram em igualar os reis aos deuses. Antes dele, já Claude d'Albon já se apoiara no exemplo dos "antigos filósofos" para declarar que "o príncipe é mais do que homem [...] na verdade, um deus", ou, ao menos, "semideus"[743]. Ainda aqui, lembranças eruditas impuseram a esses fervorosos cristãos uma linguagem toda carregada de paganismo. Seria aqui o caso de repetir o que o grande humanista do século XII, Jean de Salisbury – que foi, ao mesmo tempo, um dos mais vigorosos campeões da supremacia do espiritual – dizia dos romanos: "Esse povo inventou as palavras das quais nos servimos para mentir a nossos senhores"[744]. Já na Idade Média, essas influências faziam-se sentir às vezes. Em torno do fim do século XII, Godofredo de Viterbo, falando ao Imperador Henrique VI, clamava: "Tu és deus, da raça dos deuses"; Godofredo era um pedante, digno rival de seu compatriota e contemporâneo Pedro d'Eboli, o qual tratava correntemente o mesmo soberano de "Júpiter Trovejante" e sua esposa de "Juno"[745].

---

742. *Opera (Corpus Reformatorum)*, XXXII, Psalm CXI, col. 160. Cf. uma passagem mais desfavorável aos reis-deuses em Hab 1,11. Os vers. 6 e 7 do Sl 82, citados acima, confundiram os comentaristas modernos; alguns viram neles uma ironia endereçada aos reis dos povos não judeus, que se qualificavam de deuses. Cf. BAETHGEN, F. *Die Psalmen* (*Hand-kommentar zum Alten Testament* de Göttingen), 1897, p. 252.

743. *De la maiesté royalle*, p. 6: "o príncipe, por sua virtude, generosidade, magnanimidade, doçura e liberalidade para com o povo, ultrapassa tanto todos os outros homens que, com justa razão, diversos dos antigos filósofos consideraram-no mais que homem, na verdade deus. E aqueles que não o fizeram chamaram-nos e julgaram-nos (em razão de suas perfeições) semideuses".

744. *Policraticus*, III, X. Ed. C.C.J. Webb, I, p. 203: "Voces, quibus mentimur dominis, dum singularitatem honore multitudinis decoramur, natio haec invenit". Trata-se aqui, como se vê, do plural majestático; mas um pouco antes, porém, Jean de Salisbury tratou das apoteoses imperiais e acrescentou (p. 202-203): "Tractum est hinc nomen quo principes uirtutum titulis et uerae fidei luce praesignes se diuos audeant nedum Gaudeant appellari, ueteri quidam consuetudine etiam in vitio et aduersus fidem catholicam obtinente".

745. VITERBO, G. *Speculum regum* – Monum. Germ., SS., XXII, p. 39, v. 196: "Nam Troianorum tu regna tenebis avorum – Filius Nam Troianorum tu regna tenebis avorum". Cf. a exposição evemerista, p. 138, v. 178ss. Cf. tb., um pouco mais tarde, em 1269, expressões análogas no

Aproximadamente um século mais tarde, Egídio Colonna chamava os reis de "semideuses"[746]; Egídio também estudara bastante os autores antigos; foi sua leitura que o levou a empregar um termo que não condiz com o conjunto de seu sistema político, mediocremente favorável ao poder temporal. Em suma, na Idade Média, semelhantes desvios são raros. É preciso reconhecer que esse abuso com o nome divino não se generalizou antes do século XVII. Naturalmente, não se deve exagerar a gravidade desses excessos verbais; o que há neles de reminiscências puramente literárias é suficiente para advertir-nos que não devem ser levados muito a sério. Contudo, não devemos diminuir demais sua importância: as palavras nunca são completamente separadas das coisas. É bem expressivo encontrar assim, constantemente empregados, nessa época de fé, expressões que as eras precedentes teriam, quase unanimemente, rejeitado como idólatras. E o que teria pensado um Gregório VII a respeito do discurso do bispo de Chartres?[747]

Por um momento, as lutas religiosas, no fim do século XVI e início do século seguinte, pareceram despertar as velhas polêmicas do *regnum* e do *sacer-*

Adhortatio redigidas por um partidário italiano dos Hohenstaufen, Pierre de Prezza, já mencionado mais acima, p. 259, n. 486: texto citado em GRAUERT. *Histor. Jahrbuch*, XIII (1892), p. 121.
• *Des magisters Petrus de Ebulo liber ad honorem Augusii*. Ed. Winckelmann. Leipzig, 1874, citações compiladas na p. 82, n. 9 (existe uma outra edição: SIRAGUSA, G.B. *Fonti per la storia d'Italia*, 1906). Aplicado assim ao imperador, o nome divino também teria algumas vezes sido aplicado a seu grande adversário, o papa? Na *Revue des sciences religieuses*, II (1922), p. 447, o Sr. Abade Jean Rivière se perguntou: "o papa é um 'deus' para Inocêncio III?" Naturalmente, ele responde com uma negativa. Mas o abade parece ignorar que o erro doutrinal muito equivocadamente atribuído a Inocêncio III figura entre as superstições que, em 1260, o "Anônimo de Passau" reprovava a seus contemporâneos: *Abhandl. der histor. Klasse der bayer. Akademie*, XIII 1 (1875), p. 245: "Peregrinacioni derogant [...] qui dicunt quod Papa sit deus terrenus, maior homine, par angelis et quod non possit peccare, et quod sedes romana aut invenit sanctum aut reddit; quod sedes romana non possit errare [...]"

746. *De regimine principum*. Veneza, 1498, 1. I, pars I, cap. IX: "quare cum regem deceat esse totum diuinum et semideum". Cf. cap. VI: "dictum est enim quod decet principem esse super hominem et totaliter diuinum".

747. Em 1615, um teólogo de Paris, Jean Filesac, fez surgir um tratado, *De idolatria politica et legitimo principis cultu commentarius*, cujo título parecia prometer uma discussão interessante. Infelizmente, essa pequena obra testemunha um pensamento extremamente indeciso. O autor parece muito pouco favorável à ideia que a unção confere ao rei um caráter sacerdotal (p. 72), mas não a combate abertamente; os súditos devem ao rei o mesmo "culto" que um filho a seu pai. A reputação de versatilidade de Vilesac era, aliás, **bem-estabelecida entre seus contemporâneos** – era chamado "Monsieur le voici, le voilà" (FÉRET, P. *La faculté de Théologie de Paris* – Epoque moderne, IV, 1906, p. 375). O emprego do nome divino aplicado aos príncipes temporais foi criticado na Idade Média; p. ex., por Carlos Magno e por Jean de Salisbury (cf. acima, p. 72, n. 83 e p. 334, n. 744).

dotium. A controvérsia entre Bellarmino e Jaime I da Inglaterra oferece um tipo de último eco dos tempos gregorianos[748]; da mesma forma, a longa discussão entre teólogos sobre o tema do tiranicídio. Mas, principalmente na França, a opinião eclesiástica, em seu conjunto, tornara-se gradativamente favorável à realeza sagrada. A Igreja inclinava-se a ver no caráter de santidade pretendido pelos reis menos uma usurpação dos privilégios do clero do que uma homenagem à religião. Em particular, nenhum católico via razões teológicas para lançar no ostracismo o milagre régio. Em 1572, um padre espanhol, guardião possessivo da doutrina ortodoxa, o bem-aventurado Luís de Granada, em sua *Introdução ao Símbolo da Fé*, várias vezes reeditada e traduzida, citava muito naturalmente, como outrora fez Bradwardine, entre os milagres de seu tempo, "a virtude que os reis da França detêm de curar um mal contagioso e incurável, o das escrófulas" e consagrava-lhe um desenvolvimento consideravelmente longo[749]. Também em 1547, o Papa Paulo III, em um tempo no qual suas diferenças com Carlos V predispunham-no a tratar amavelmente os Valois, reconhecera expressamente a autenticidade desta "virtude"; na bula de fundação da Universidade de Reims, datada de 5 de janeiro daquele ano, ele louvava "a cidade de Reims, onde os reis mui cristãos recebem, das mãos do bispo, como um benefício do céu, a unção santa e o dom de curar os doentes"[750].

Contudo, esse dom maravilhoso não foi, em todas as épocas, tratado da mesma maneira pelos escritores. No século XVI, todos os apologistas da realeza (ou quase todos), de Vincent Cigauld sob Luís XII (ou de Grassaille sob Francisco I) a Forcatel sob Henrique III, dão-lhe lugar de honra em suas obras[751]. No século XVII, ao contrário, o dom serviu de pedra de toque para

---

748. Cf. os trabalhos de J. De La Servière. "De Jacobo I Angliae rege, cum Card. Roberto Bellarmino, superpotestate cum regia tum pontificia disputante", 1900; "Une controverse au début du XVIIe siècle: Jacques Ier d'Angleterre et le cardinal Bellarmin". In: *Études*, t. 94, 95, 96, 1903.

749. Frei Luís De Granada, *Segunda Parte de la introduction del symbolo de la fe*. Saragoça, 1583 (não pude conferir a edição *princeps*. Antuérpia, 1572), p. 171, § VIII: "la virtud que los reyes de Francia tienen para sanar un mal contagioso, y incurabile, que es de los lamparones".

750. MARLOT, *Théâtre d'honneur*, p. 760, 5 de janeiro de 1547: "Civitas Remensis, in qua Christianissimi Francorum Reges sibi coelitus missum Sanctae Unctionis, et curandorum languidorum munus, a pro tempore existente Archiepiscopo Remensi suscipiunt, et Diademate coronantur".

751. É curioso que Bernard de Girard du Haillan não cite o toque, nem em seu tratado *De l'estat et succez des affaires de France* (a primeira edição é de 1570; consultei a de 1611, na qual enumera, no início do livro IV, as "prerrogativas, direitos, dignidades e privilégios" dos reis), nem, parece, em sua *Histoire générale des rois de France*, in-folio, 1576. É verdade que a monarquia, que tem as preferências dele, é uma monarquia comedida e razoável, a qual ele teoriza sem sombra de misticismo.

distinguir as duas categorias entre as quais, muito claramente, se dividia, então, a literatura política do absolutismo: a que se pode chamar de literatura filosófica e a literatura vulgar. Os escritos da segunda ordem – aqueles de nomes como Arroy, Hippolyte Raulin, Maimbourg – empregam-no consideravelmente, tendo-o como argumento eminentemente adequado para impressionar seus leitores. Os do primeiro grupo evitam citá-lo. Nem Balzac, por exemplo, em seu *Príncipe* ou em seu *Aristipo*, nem Bossuet, em nenhuma de suas obras essenciais, fazem alusão às curas régias. Ceticismo? Certamente que não. Devemos ver neste silêncio somente uma manifestação, entre muitas outras, da repugnância que esses pensadores sentiam por tudo o que não era construção estritamente racional. Mas isso não constituía, para o futuro do toque, um sintoma menos ameaçador. Sem dúvida, ainda se acreditava neste grande milagre em quase todos os meios – Bossuet, em uma carta familiar, o mencionava como uma coisa muito evidente[752] –, mas havia uma espécie de pudor em falar dele, pois se tratava de uma crença um pouco popular demais; mais tarde, ter-se-á vergonha de acreditar nele.

Foi a unção, como vimos mais acima, e especialmente o óleo miraculoso da Santa Âmbula, que Paulo III, em conformidade com uma tradição antiga, considerava como a fonte do dom de cura. Assim, esse poder, sempre um pouco suspeito em seu princípio, associava-se a um rito perfeitamente cristão. Tal ideia não mais encontrava adversários entre os partidários mais obstinados de São Marcoul – mesmo estes, sabemos, logo se deixaram levar. Entre os defensores da monarquia mais fervorosos, ninguém sequer pensava em contestar, neste aspecto, o papel atribuído à unção. Sem dúvida, para todos os teóricos desse grupo permanecia óbvio que a sagração era, como dizia Haillan, apenas "uma cerimônia cheia de reverência", a qual não dizia respeito à "essência da soberania" e na ausência dela o rei não deixava de "ser rei". Os eventos que marcaram o início do reinado de Henrique IV oferecem a ocasião para os escritores políticos proclamarem, uma vez mais, que esta doutrina passava ao estado de dogma oficial[753]. Não se admitia que a dignidade régia dependesse

---

752. Cf. acima, p. 288, n. 610.
753. DU HAILLAN, B.G. *De l'estât et succez des affaires de France*, 1611 (1. ed., 1570), p. 624: "o rei não deixa de ser rei, sem o coroamento e a sagração, que são cerimônias plenas de reverência, concernentes somente à aprovação pública, não à essência do soberano". Mesma teoria em Belleforest e De Belloy, apud WEILL, G. *Les théories sur le pouvoir royal en France pendant les guerres de religion*. Paris, 1892, p. 186 e 212 [Tese de doutorado]. Para a posição do problema no começo do reinado de Henrique IV, cf. sobretudo as decisões da Assembleia do Clero de

de uma solenidade eclesiástica. Mas, no que concerne ao poder taumatúrgico, mostrava-se, parece, menos suscetibilidade. Henrique IV foi rei muito antes de ser ungido; mas ele não tocou antes de sua sagração. Jamais foi a Corbeny, cujo acesso, no momento da coroação, estava-lhe interditado; portanto, fora a consagração pelo óleo santo, e não pela intercessão de São Marcoul, o que ele aguardara para poder curar[754]. No referente ao tema da origem do milagre régio, como sobre muitos outros aspectos, produziu-se no século XVII um tipo de reconciliação entre os defensores dos direitos da Igreja e os fiéis mais ardentes da realeza.

As antigas legendas da Santa Âmbula, as flores-de-lis ou a auriflama continuavam a circular na França. Por volta do fim do século XVI, um novo relato veio unir-se ao ciclo tradicional: a legenda, que nos interessa aqui mais particularmente, da primeira cura das escrófulas realizada por Clóvis.

A sagração, segundo a opinião mais difundida, conferia aos reis o direito de curar. Ora, Clóvis, dizia-se, havia sido o primeiro príncipe francês a receber a unção – e isto diretamente do céu. Era muito natural pensar que este monarca favorecido pelo Alto havia sido igualmente o primeiro a saber aliviar os escrofulosos. A bem dizer, uma única coisa espanta: que este mito tenha aparecido tão tarde[755]. Seria preciso, para trazê-lo à luz, a eloquência de um publicista meridional. Etienne Forcatel, de Béziers, adquiriu na história da ciência jurídica uma notoriedade bastante negativa, por ter sido preferido pelos professores de Toulouse ao grande Cujas, quando este, cujos métodos novos amedrontavam o tradicionalismo do corpo universitário, disputou uma

---

Chartres, em 1591, apud PITHOU, P. *Traitez des droitz et libériez de l'église gallicane*, p. 224, e o curioso opúsculo escrito em janeiro de 1593 por Claude Fauchet, *Pour le Couronnement du roy Henri III roy de France et de Navarre – Et que pour n'estre sacré, il ne laisse d'estre Roy et légitime Seigneur* (compilado na edição das *Oeuvres*, in-4º, 1610). Para a Inglaterra, cf. FIGGIS, *Divine right*, p. 10, n. 1. Sobre a importância atribuída pelo papado à sagração, no século XVIII, cf. um fato curioso, relativo aos Habsburgos, em BATTIFFOL. *Leçons sur la messe*. in-12, 1920, p. 243.

754. D. Oudard Bourgeois afirma que Henrique IV fizera sua novena a São Marcoul no castelo de Saint-Cloud; mas seu testemunho é suspeito. Cf. abaixo, p. 461. A opinião comum – e quase oficial – sobre o tema da origem do poder curador é claramente expressa por um cerimonial do século XVII editado por FRANKLIN. *La vie privée – Les médecins,* p. 303 (cf. abaixo, p. 341, n. 768). "A caridade de nossos reis é grande nessa cerimônia a que o céu os obrigou, entregando-lhes os privilégios superiores aos dos outros reis, *no dia de sua sagração*" (grifo meu).

755. Os embaixadores de Carlos VII junto a Pio II, no discurso citado acima (p. 142 e n. 226) exprimen-se como se eles pensassem que Clóvia já curara as escrófulas, mas eles parecem ter sido simplesmente levados por um impulso de eloquência e não estar fazendo alusão a um traço lendário específico.

cadeira na Faculdade de Direito daquela cidade. "Um tolo incapaz de ensinar", *homine insulso et ad docendum minus idoneo*, disse dele o biógrafo de Cujas, Papire Masson[756]. Em todo caso, um pensador sem originalidade e um escritor desprovido de qualquer senso de ordem e de clareza, como testemunha seu *Traité de l'empire et la philosophie des Français*, surgido pela primeira vez em 1579. Este livro tão medíocre teve, todavia, várias edições[757]. Bem mais: parece que a ele pertence a honra de ter lançado ao mundo esta historieta sobre Clóvis taumaturgo, a qual, em seguida, conseguiria tanta notoriedade. Tal qual os escritores do século XVII que a citam, não pude encontrá-la em nenhum texto anterior; é preciso admitir que ela é proveniente do cérebro inventivo de Forcatel. Ei-la, brevemente resumida[758]. Clóvis tinha um escudeiro do qual gostava muito; esse homem, chamado Lanicet – vê-se que nosso autor estava apenas mediocremente familiarizado com a onomástica merovíngia – foi acometido de escrófulas; ele tentou em vão diversos remédios, principalmente – e por duas vezes – aquele prescrito por Celso: comer uma serpente. Então, Clóvis teve um sonho: ele se viu curando Lanicet através de um simples toque; ao mesmo tempo, seu quarto parecia ser preenchido por uma resplandecente luz. Tão logo acordou e após render graças ao Senhor, ele tocou o escudeiro, cujo mal, é claro, desapareceu[759]. Assim nasceu o dom maravilhoso, que de Clóvis passou a seus filhos e a todos os seus sucessores. O que prova que esta fábula medíocre respondia a um tipo de necessidade lógica das imaginações é seu prodigioso sucesso. O cônego Meurier a reproduziu desde 1597[760]. Muito rapidamente ela se torna, para os apologistas da realeza, um lugar-comum – ou, melhor, um

---

756. Cf. SAINT-PRIX, B. *Vie de Cujas*, no apêndice de sua *Histoire du droit romain*. Paris, 1821, p. 482ss., no qual se encontra citado o comentário de Papire Masson, o qual já lembrava – a propósito da lenda da cura das escrófulas por Clóvis – DU PEYRAT. *Histoire ecclésiastique de la Cour*, p. 802. Sobre o autor, algumas referências em WEILL, G. *Les théories sur le pouvoir royal en France pendant les guerres de religion*, p. 194. GLASER, K. *Beiträge zur Geschichte der politischen Literatur Frankreichs in der zweiten Hälfte des 16. Jahrhunderts* – Zeitschrift fur französische Sprache und Literatur, XLV, 1919, p. 31, dedica-lhe somente uma menção desdenhosa.

757. Duas reedições à parte, em 1580 e 1595, sem contar as reimpressões nas obras completas: cf. o catálogo da Biblioteca Nacional.

758. *De Gallorum imperio*, p. 128.

759. Segundo Mézéray (*Histoire de France depuis Faramond jusqu'au règne de Louis le Juste*, in-folio, 1685, 1. VI, p. 9), a casa de Montmorency teria emitido a pretensão de remontar a Lanicet. André Duchesne em sua *Histoire généalogique de la maison de Montmorency*, folio, 1624, e Desormeaux, *Histoire de la maison de Montmorenci*, 2. ed., 5 vols., 1768, ignoraram ou desdenharam esta tradição, reproduzida ainda em MENIN. *Traité historique et chronologique du sacre*, 1724, p. 325.

760. *De sacris unctionibus*, p. 260.

artigo de fé[761]. Sem dúvida, os bons historiadores, um Du Peyrat, um Scipion Dupleix, a rejeitam[762]; mas, quem os escuta? Apesar das objurgações de Du Peyrat, o médico Du Laurens lhe dá lugar em seu célebre tratado sobre a cura das escrófulas, o qual, em pouco tempo, seria autoridade[763]. A historieta passa as fronteiras. Encontramo-la em 1628 em um historiador espanhol[764]. Ela se incorpora totalmente ao patrimônio lendário e sentimental da França. O autor da pequena obra intitulada *Codicilles de Louis XIII roi de France et de Navarre à son très cher fils aîné [...]*, que surgiu sob a menoridade de Luís XIV, desenvolvendo um curioso programa de festas patrióticas, propõe que se estabeleça uma "no segundo domingo após a Páscoa", para "nesse dia agradecer a Deus o dom da Santa Âmbula e da cura das escrófulas, dom que Ele concedeu a São Clóvis [sic] e a todos os reis da França"[765]. Um pouco mais tarde, Desmarets de Saint-Sorlin, compondo sua grande epopeia nacional e religiosa, *Clovis ou la France chrestienne*, não se permite esquecer um tão belo episódio – e, se ele modifica-o um pouco para tecer a dramaticidade do relato, é, no fundo, sempre a mesma historieta elaborada pela primeira vez por Etienne Forcatel[766]. O jurista de Toulouse, que provavelmente não tinha nenhum escrúpulo de erudição ou de simples honestidade, tivera o arrojo de fornecer ao público a legenda

---

761. P. ex.: [DE PRIEZAC, D.], *Vindiciae gallicae adversus Alexandrum Patricium Armacanum, theologum*, 1638, p. 61. • DE RIEZ, B. *L'incomparable piété*, I, p. 32-33 e II, p. 151. • BOURGEOIS, O. *Apologie*, p. 9. Cf. tb. DE L'ANCRE. *L'incrédulité et mescreance du sortilège*, 1622, p. 159. Entre os historiadores: MATHIEU, P. *Histoire de Louys XI*, 1610, p. 472, e, com algumas hesitações. • CHARRON. *Histoire universelle*, in-folio. Paris, 1621, cap. XCV, p. 678-679. Charron escreve, a propósito da história de Lanicet: "um de meus amigos também me assegurou tê-la lido em Reims, em um manuscrito muito antigo". Dom Marlot, *Le théâtre d'honneur*, p. 715, faz igualmente alusão a este manuscrito, cuja existência me parece mais que problemática.

762. DU PEYRAT. *Histoire ecclésiastique de la Cour*, p. 802ss. Sobre essas tentativas para persuadir Du Laurens da falsidade da legenda, p. 805. Cf. aqui, p. 44. • DUPLEIX, S. *Histoire générale de France*, II, p. 321-322. A atitude de Mézéray (passagem citada na p. 339, n. 759) é de uma dúvida polida.

763. *De mirabili*, p. 10ss. Cf. tb. MAUCLERC. *De monarchia divina*, 1622, col. 1.566.

764. BATISTA Y ROCA. "Touching for the King's Evil, la signale chez Esteban Garibay". In: *Compendio historial de las Chronicas y universal historia de todos los Reynos de Espana*, III. Barcelona, 1628, 1. XXV, c. XIX, p. 202.

765. P. 46, 4. Sobre a obra, que traz a data (certamente fictícia) de 1643, cf. LACOUR-GAYET. *Education politique*, p. 88ss. Sobre o título de santo atribuído a Clóvis, cf. SAVARON, I. *De la saincteté du roy Louys dit Clovis avec les preuves et auctoritez, et un abrégé de sa vie remplie de miracles*. 3. ed. in-4°, Lyon, 1622 – obra, aliás, na qual ele não menciona o toque.

766. No livro XXV; a criança que Clóvis cura não é mais Lanicet, mas o filho do burgúndio Genobalde. Na edição de 1673, na qual a disposição dos livros está modificada, o episódio faz parte do livro XIX.

necessária a completar o ciclo da realeza miraculosa. O sucesso dessa espécie de fraude poderia nos surpreender, caso o mesmo ciclo já não oferecesse tantos exemplos da facilidade que uma invenção individual possui em se propagar quando ela é carregada por uma corrente coletiva[767].

Porém, melhor que todas as propostas dos publicistas e mesmo que todas as legendas, o que prova o poder da realeza maravilhosa é, na França do século XVII, a popularidade do milagre régio e, na Inglaterra da mesma época, seu papel nas lutas civis.

4 O toque das escrófulas no tempo do absolutismo francês e das primeiras lutas civis inglesas

Na monarquia francesa do século XVII, o toque das escrófulas definitivamente tomou lugar entre as pompas solenes das quais se envolve o esplendor do soberano[768]. Luís XIII e Luís XIV cumprem-no regularmente nas grandes festas: Páscoa, Pentecostes, Natal ou Ano-novo, às vezes nos dias da Candelária,

---

767. A outros príncipes além de Clóvis são atribuídos, ocasionalmente, a honra de terem sido os primeiros curadores de escrófulas; Charron (*Histoire universelle*, folio, 1621, p. 679) testemunha uma tradição que reserva esse papel a Carlos Martel. O historiador espanhol Anton Beuter (*Segunda parte de la Cronica generale de España [...]*, in-4°. Valença, 1551, cap. L, fol. CXLIII) considera que o privilégio de cura foi conferido a São Luís, prisioneiro durante a cruzada do Egito, pelo mesmo anjo que, segundo lenda muito mais antiga, fê-lo reencontrar seu breviário. Essa parece ser também a teoria de Luís de Granada, na passagem citada acima, p. 336, n. 749.

768. Descrição muito precisa do toque em Du Peyrat (*Histoire ecclésiastique de la cour*, p. 819), plenamente de acordo com aquela que dera, no fim do reinado de Henrique IV, Du Laurens (*De mirabili*, p. 6). A Biblioteca Nacional possui – na cota no ms. Franc. 4.321 – um *Recueil general des cérémonies qui ont esté observées en France et comme elles se doibvent observer, qui date du XVIIe siècle* (sem dúvida, reinado de Luís XIII). Aí encontramos – p. 1 e 2 – a "Cerimônia para tocar os doentes das escrófulas". O mesmo texto foi publicado segundo o ms. 2.734 da Mazarine por Franklin (*La vie privée* – Les médecins, p. 303ss.). Johann Christian Lünig, em seu *Theatrum ceremoniale historico-politicum*, II, p. 1.015, dá uma descrição do toque francês, que não ensina nada de novo. Para Luís XIII, numerosas informações e cifras no jornal de seu médico Héroard: *Journal de Jean Héroard sur l'Enfance et la Jeunesse de Louis XIII*, ed. por Soulié e Barthélémy, II, 1868. Essa publicação, infelizmente, é apenas fragmentária – eu a completei sobre diversos aspectos pelo ms. conservado na Biblioteca Nacional (cf. as notas seguintes). Para Luís XIV, há informações úteis, mas frequentemente são imprecisas numericamente, em suas diversas memórias, principalmente no *Journal* de Dangeau e, sobretudo, nas *Mémoires* do marquês de Sourches, preboste do palácio régio e preboste-mor da França (1681-1712), cujas funções levavam-no a dedicar particular atenção ao toque: Ed. Cosnac e Bertrand. 13 vols. 1882ss. Os jornais da época encerram igualmente indicações interessantes; p. ex., nós sabemos pelo jornalista Robinet que, no Sábado de Aleluia de 1666, Luís XIV tocou 800 doentes: *Les continuateurs de Loret*. Ed. J. de Rothschild, 1881, I, p. 838. Para as informações iconográficas, cf. aqui *Apêndice II*.

Trindade, Assunção, Todos os Santos[769]. Quando a cerimônia tem lugar em Paris, o preboste-mor manda anunciá-la alguns dias antes, ao som de trompas e através de cartazes; conservamos alguns destes avisos do tempo de Luís XIV[770]; aqui, encontrar-se-á um logo abaixo, como os que frequentemente eram lidos pelos desocupados desse tempo, ao ar livre, nos muros de suas cidades. A cena se passa em lugares diferentes, segundo as necessidades do momento; em Paris, normalmente em uma grande galeria do Louvre, ou mais raramente em uma sala baixa no mesmo palácio; em outros lugares, dá-se em salas ou pátios de castelos, em parques, em claustros ou em igrejas. Como vem muita gente, a cerimônia é fatigante, sobretudo por causa do calor, levando-se em conta um rei criança, tal como Luís XIII no início de seu reinado[771]; mas o soberano, a não ser que estivesse seriamente indisposto, não poderia escapar deste dever de seu cargo; pela saúde dos súditos, ele se sacrifica. Somente em tempos de epidemia, por medo de propagar o contágio, não se recebia os doentes para que o rei não fosse atingido[772]. Mas os doentes chegavam mesmo assim: "eles me perseguem tanto. Eles dizem que os reis não morrem de peste [...], eles pensam que eu sou um rei dos baralhos", dizia o pequeno Luís XIII, que ficava colérico por causa desta "perseguição"[773]. É que o dom taumatúrgico

---

769. SAINT-SIMON. *Mémoires*. Ed. Boislisle, XXVIII, p. 368-369: Luís XIV "comungava sempre com o colar da Ordem, *rabat* e manto, cinco vezes ao ano, no Sábado de Aleluia na paróquia, nos outros dias (que eram a véspera de Pentecostes, o dia da Assunção e a missa cantada, depois, a véspera de Todos os Santos e a véspera de Natal) na capela, [...] e todas as vezes ele tocava os doentes". Na verdade, a regularidade não parece ter sido assim tão absoluta.

770. Encontramo-los na Biblioteca Nacional, em sua série dos *Registres d'affiches et publications des jurés crieurs de la Ville de Paris*. Embora essa série – F 48 a 61 – comporte 14 volumes in-fólio, indo de 1651 a 1745, somente os dois primeiros volumes encerram os cartazes relativos ao toque: em F 48, fol. 419, o que anuncia a cerimônia da Páscoa de 1655; em F 49, fol. 15, 35, 68, 101, 123, 147, 192, os que anunciam as cerimônias de Todos os Santos de 1655; o Primeiro de Janeiro, Páscoa e Todos os Santos de 1656; Primeiro de Janeiro e Páscoa de 1657; Primeiro de Janeiro de 1658. São todos redigidos com o mesmo tipo. Cf. LECOQ. *Empiriques, somnambules et rebouteurs*, p. 15. O costume de mandar publicar antecipadamente, sob responsabilidade do preboste-mor, o anúncio da cerimônia "pela cidade de Paris, ou outro lugar onde sua majestade se encontre" é assinalado por Du Peyrat, p. 819.

771. HÉROARD. *Journal*, II, p. 32: "Ele empadecia um pouco, por causa da fadiga, mas nunca quis demonstrá-lo"; p. 76: "ele se encontra enfraquecido".

772. Uma ordenação de Henrique IV, de 20 de outubro de 1603, advertindo que, em razão da "doença contagiosa" que reina em certas cidades e províncias, não haveria toque no Todos os Santos seguinte, foi publicada por J.J. Cham Pollion-Figeac, *Le palais de Fontainebleau*, folio 1866, p. 299.

773. HÉROARD, II, p. 237.

não perdera nada de sua antiga popularidade. Temos alguns números para o período de Luís XIII e – geralmente com menos precisão – para o de Luís XIV; eles se parecem com os números antigos: várias centenas, às vezes mais de mil por sessão; em 1611, para todo o ano, ao menos 2.210; em 1620, 3.125; na Páscoa de 1613, de uma só vez, 1.070[774]; em 22 de maio de 1701, dia da Trindade, 2.400[775]. Quando, por uma ou outra razão, a periodicidade era interrompida, a afluência na sessão seguinte tinha algo de assustador. Na Páscoa de 1698, Luís XIV, acometido por uma crise de gota, não pode tocar; na Páscoa seguinte, ele viu apresentarem-se perto de três mil escrofulosos[776]. Em 1715, sábado, 8 de junho, véspera de Pentecostes, um dia "de um mui grande calor", o rei, já bem perto da morte, fez pela última vez o ato curador: ele tocou aproximadamente 1.700 pessoas[777].

Como no passado, era uma multidão cosmopolita que vinha em turbas apressadas, nos dias prescritos, cobrir as cercanias dos palácios reais; não mais que outrora, a reputação do milagre francês não se limitava às fronteiras do reino. Em verdade, para falar como o Padre Maimbourg, "o império" deste rei milagroso não era limitado a nenhuma fronteira natural, "nem pelas cadeias dos Pirineus ou dos Alpes, nem pelo Reno, nem pelo oceano"; pois "a própria natureza estava a ele submetida"[778]. Uma testemunha ocular, Josué Barbier, que em junho de 1618 se encontrava junto à corte, em Saint-Germain-en-Laye, deixou-nos um quadro pitoresco de todo esse povo heterogêneo, "tanto espanhóis, portugueses, italianos, alemães, suíços e flamengos quanto franceses" que ele viu, no dia de Pentecostes, enfileirados "ao longo do caminho principal e sob as sombras do parque", aguardando o rei adolescente[779]. Os homens da Igreja acorriam como todos os outros; conhecemos, ao menos, o caso de três jesuítas portugueses que, nesse tempo, fizeram a viagem à França para serem tocados[780].

---

774. HÉROARD. *Journal*, II, p. 59, 64, 76 (e Bibl. Nac., ms. franc. 4024). • HÉROARD, ms. franc. 4026, fol. 294, 314 V, 341 V, 371 V. • HÉROARD, *Journal*, II, p. 120.

775. *Gazette de France*, 1701, p. 251.

776. DANGEAU. *Journal*. Ed. por Soulié, V, p. 348.

777. Ibid. XV, p. 432.

778. *De Galliae regum excellentia*, 1641, p. 27: "Imperium non Pyrenaeorum jugis aut Alpium, non Rheni metis et Oceani circumscriptum, sed ultra naturae fines ac terminos, in aegritudinem ipsam et morbos, a quibus nulla Reges possunt imperia vindicare, propagatum acceperunt [...] Ita Galliae Regum arbitrio subiectam esse naturam".

779. *Des miraculeux effects*, p. 25.

780. HÉROARD, ms. franc. 4026, fol. 341V0 (15 de agosto de 1620): "tocados dois jesuítas portugueses doentes". • FRANCO, A. *Synopsis annatium Societatis Jesu*, texto citado aqui,

DE PAR LE ROY,
ET MONSIEVR LE MARQVIS DE SOVCHES,
Preuoſt de l'Hoſtel de ſa Maieſté, & Grande Preuoſté de France.

ON faict à ſçauoir à tous qu'il appartiendra, que Dimanche prochain iour de Paſques, Sa Maieſté touchera les Malades des Eſcroüelles, dans les Galleries du Louure, à dix heures du matin, à ce que nul n'en pretende cauſe d'ignorance, & que ceux qui ſont attaquez dudit mal ayent à s'y trouuer, ſi bon leur ſemble. Faict à Paris, le Roy y eſtant, le vingt-ſixieſme Mars mil ſix cens cinquante-ſept. Signé, DE SOVCHES.

Leu & publié à ſon de Trompe & cry public par tous les Carrefours de cette Ville & Fauxbourgs de Paris, par moy Charles Canto Crieur Iuré de ſa Maieſté, accompagné de Jean du Bos, Jacques le Frain, & Eſtienne Chappé Jurez Trompettes dudit Seigneur, & affiché, le vingt-ſixieſme Mars, mil ſix cens cinquante-ſept. Signé, CANTO.

Cartaz anunciando que Luís XIV tocará as escrófulas na Páscoa de 1657

Às vezes, a arte se colocava a serviço desta fama universal. Quando os burgueses de Bolonha visitavam seu palácio municipal, tinham apenas que abrir os olhos para que imediatamente lhes fosse lembrado o espantoso poder que o rei da França possuía "sobre a natureza". Entre 1658 e 1662, o Cardeal Jerônimo Farnese, que governava essa cidade na qualidade de legado, mandara decorar uma galeria do velho *Palazzo* com afrescos executados segundo o gosto pomposo e teatral da escola bolonhesa: oito grandes composições, cada uma representando um episódio da história (lendária ou real) da antiga cidade. Membro de uma casa principesca cujos laços políticos bastante estreitos ligavam então à França, o Cardeal Farnese lembrou-se muito oportunamente que Francisco I, em 1515,

---

p. 401, n. 923 (as datas tornam pouco verossímil que o jesuíta mencionado por Franco – jesuíta este que morreu em 1657, sem dúvida poucos anos após ser tocado –, seja um dos dois personagens assinalados em 1620 por Héroard).

mostrara-se em seu papel de taumaturgo à população de Bolonha; sobre a parede da direita, ainda hoje se pode ver o rei – tal como pintaram Carlo Cignani e Emilio Taruffi – tocando com sua mão o pescoço de uma mulher ajoelhada, enquanto que, ao seu redor, pajens, soldados, doentes de pé ou agachados, formam grupos habilidosamente equilibrados segundo as leis da arte clássica[781].

Entre os estrangeiros que vinham assim solicitar a cura ao rei da França, os mais numerosos era sempre os espanhóis. Como para recompensar seu zelo, davam a eles a primeira fila quando os doentes eram dispostos em ordem, antes da cerimônia[782]. Por outro lado, como eles eram geralmente vistos, como nação, com pouco prestígio pela opinião francesa, o seu singular fervor era normalmente ridicularizado. Sabemo-lo bem – diziam os políticos e os protestantes sob Luís XIII – porque, nos tempos da Liga, Bellarmino, Commolet e os outros luminares da Companhia de Jesus desejavam tanto que o reino da França fosse dado à casa de Espanha: era por caridade, para tornar mais fácil a esse povo escrofuloso o acesso a seu médico titular[783]. Ou contava-se esta

---

781. Abaixo, *Apêndice II*, n. 11. Sobre o papel dos Farnese e o apoio que, a partir de 1658, lhes dará a França contra o papado, cf. C. GÉRIN. *Louis XIV et le Saint Siège*. 2 vols., 1894. Em 1667, o Cardeal Farnese foi colocado na lista dos candidatos à tiara agradáveis ao rei da França (Ibid., II, p. 185).

782. Há numerosos testemunhos, p. ex.: HÉROARD, II, p. 215, 233. • DU LAURENS, p. 8. • DE L'ANCRE, p. 166. • DU PEYRAT, p. 819. • MOREAU, R. *De manu regia*, 1623, p. 19. • Cerimonial publicado por Franklin, p. 305. Sob Luís XIII, os estrangeiros recebiam uma esmola mais significativa que a dos franceses: um quarto de escudo ao invés de dois soldos: DU PEYRAT, p. 819; cf. HÉROARD, II, p. 33. Sob Luís XIV, segundo Oroux (*Histoire ecclésiastique de la cour*, I, p. 184), o valor das esmolas em geral, pelo menos em moeda de conta, aumentara, mas ainda subsistia uma diferença entre os estrangeiros e os "naturais franceses": 30 soldos para os primeiros, 15 para os segundos. Segundo Bonaventura De Sorria, em *Abrégé de la vie de très auguste et très vertueuse princesse Marie-Thérèse d'Austriche reyne de France et de Navarre*, in-12, 1683, p. 88, essa rainha mandou estabelecer um asilo "para ali alojar todos os doentes que vinham de países distantes" a fim de serem tocados. Mas os documentos citados por Octave Noel em *Histoire de la ville de Poissy* (Paris, 1869, p. 254 e p. 306ss.) fazem parecer que o asilo de Poissy foi fundado pelos soldados do campo de Achères e "outros soldados passantes". Como para o passado, fazia-se – ao menos sob Luís XIII – aguardar, entregando-lhes uma esmola, os doentes que chegavam fora dos dias do toque: DU PEYRAT, p. 819. Espanhóis tocados por Luís XIV cujo estado de saúde impedia-o de tocar os outros doentes: SOURCHES. *Mémoires*, IX, p. 259; XI, p. 153; espanhóis e italianos tocados nas mesmas condições: Ibid. VII, p. 175.

783. A anedota encontra-se em um panfleto de André Rivet: Andreae Riveti Pictavi [...] Jesuita Vapulans, sive Castigatio Notarum Sylvestri Petra-sanctae Romani, Loyolae Sectarii, in epistolam Petri Molinaei ad Balzacum. Leiden, 1635, c. XIX, p. 388. Sobre a polêmica à qual esse pequeno livro deve seu nascimento, cf. SOMMERVOGEL, C. Bibliothèque de la Compagnie de Jésus, artigo "Pietra-Santa", VI, col. 740, n. 14. O engraçado é que Morphot, em *Princeps medicus* (Diss. academicae), p. 157, parece ter levado essa brincadeira a sério.

divertida historieta com que, em um dia de distribuição de prêmios, o Padre Maimbourg deliciou os alunos do colégio de Rouen: um grande senhor da Espanha sofria de escrófulas; ele sabia que somente o contato do rei da França lhe devolveria a saúde; mas, por orgulho, não queria confessar nem seu mal nem, sobretudo, sua fé nas virtudes de um príncipe inimigo; ele então, como se estivesse de visita, viajou para Fontainebleau onde então residia Henrique IV, dissimulava sob a couraça e as pregas da grande gola (à moda de seu país) seu pescoço deteriorado pela doença; o rei o abraçou para desejar as boas-vindas e, então, ele se curou[784]. Mas os políticos sensatos não os menosprezavam; eles se serviam dos sentimentos conhecidos dos doentes espanhóis como de um meio de propaganda. No tempo de Richelieu, viu-se um publicista do partido francês na Catalunha invocar o argumento do milagre para tentar converter seus compatriotas à causa dos Bourbons[785].

Esta glória europeia causava preocupação às dinastias rivais. Haveria homenagem maior que suas inquietudes, confirmadas pelos ásperos ataques dos escritores pagos pela causa da Áustria? Todos esses panfletários, numerosos sobretudo durante a primeira metade do século, mostravam-se extremamente preocupados com o privilégio milagroso dos reis da França – frequentemente eles reivindicam para seus senhores (Habsburgos de Viena ou de Madri) um privilégio semelhante, sem outro fundamento (como já vimos) que não fosse a lembrança de tentativas antigas, há muito caídas no descrédito, ou mesmo, de forma mais simplória, as inspirações de sua própria imaginação. De todas as maneiras, eles se esforçavam em diminuir o valor deste dom tão popular. Vejamos um exemplo bastante curioso desse estado de espírito. Em 1635, veio a lume, sob o título de *Mars Gallicus*, um opúsculo pró-espanhóis que conheceu certa celebridade; seu autor assinava *Alexander Patricius Armacanus* e não negava o milagre francês (negar um milagre! Teria sido muita audácia). Mas ele se esforçava em provar que o dom do milagre era recebido de Deus a título puramente gratuito e não provava nem a santidade nem uma superioridade qualquer da parte daquele a quem a vontade divina o concedeu. A jumenta de Balaão profetizou; diríamos por causa disto que ela devia possuir entre os

---

784. *De excellentia*, p. 31ss.

785. MARTI Y VILADAMOR, F. *Cataluna en Francia,* 1641 (cf. acima, p. 20). No cabeçalho do livro, duas dedicatórias: a Luís XIII e a Richelieu. O capítulo sobre as escrófulas é seguido de um outro sobre as legendas das flores-de-lis e da auriflama.

asnos as prerrogativas do poder supremo?[786] Teoria no fundo rigorosamente ortodoxa, mas que raramente se via desenvolvida com tanto exagero. É que sob o pseudônimo de *Armacanus* escondia-se um importante teólogo, o bispo de Ypres, Jansenius; a paixão política, neste caso, encontrava apoio em certas teorias sobre a graça e o arbítrio divino, que causariam algumas discussões mundo afora. Os fazedores de livros bem diziam, mas nem por isso os espanhóis deixariam de acorrer ao rei da França.

Em relação aos visitantes de maior prestígio, mesmo luteranos, que viajavam para Paris, não se abstraía-se de levá-los ao toque. Era uma das curiosidades da capital, um espetáculo que era preciso ver, entre uma missa cantada e uma sessão solene da Académie des Inscriptions[787].

Assim, a história do milagre régio na França do século XVII é uma história muito tranquila. Sem dúvida, havia os incrédulos. Parece até que a maioria dos protestantes estivessem decididamente entre estes. Um escritor saído dessas fileiras, o antigo pastor Josué Barbier, convertido ao catolicismo por volta do início do reinado de Luís XIII, muito desejoso, ao que parece, em utilizar essa mudança de religião em prol de seus interesses, acredito que o melhor a ser feito era consagrar ao milagre régio uma obra em tom ditirâmbico: *Les miraculeux effects de la sacrée main des roys de France très chrestiens: four la guarison des malades et conversion des hérétiques*. Nela ele claramente acusa seus ex-correligionários de não acreditarem nesses "miraculosos efeitos", seja porque atribuem as pretensas curas às "ilusões do diabo", seja porque, muito simplesmente, lhes negam a realidade[788]. Naturalmente, não significa que

---

786. *Mars Gallicus,* ed. de 1636, p. 65ss. Cf. no milagre das escrófulas a prova de que os reis da França possuíam um poder mais "sublime" do que o dos outros reis seria "fidei Christianae fides [...] evellere", ser mais tolo do que os hussitas para quem a legitimidade da autoridade dependia da virtude de seus depositários, mas que pelo menos não chegavam a exigir destes graças extraordinárias. Deus fez falar os asnos: "An forte et asinis inter asinos tribues praerogativas alicujus potestatis?" Le *Mars Gallicus*, sobre o qual se pode consultar HUBAULT, G. *De politicis in Richelium lingua latina libellis*. Paris, p. 72ss. [Saint-Cloud (1856)] [Tese de doutorado], era uma resposta ao livro de Arroy (citado acima, p. 18). Foi citado com elogio e com o ponto de vista pró-espanhol pelo ilustre médico Van Helmont, que era de Bruxelas: De virtute magna verborum ac rerum. In: *Opera omnia,* in-4°. Frankfurt, 1707, p. 762, col. 2.

787. Cf. a curiosa e pequena obra de Joachim Cristoph Nemeiz, *Séjour de Paris* (somente o título está em francês, o texto está em alemão), Frankfurt, 1717, p. 191. Nemeiz foi a Paris com os dois filhos do general sueco, Conde Stenbock, seus alunos.

788. P. 69-73 (a obra surgiu em 1618). Sobre o autor, cf. *France protestante*. 2. ed., I, col. 797.
• PANNIER, J. *L'Église réformée de Paris sous Louis XIII*. Estrasburgo, 1922, p. 501 [Tese de doutorado].

antes – e nem mesmo depois – da Revogação* a opinião reformada, em seu conjunto, fora hostil à monarquia. Existe uma literatura absolutista de origem protestante. O *Discours sur la souveraineté des roys*, publicado em 1650 pelo Pastor Moyse Amyraut e dirigido contra os revolucionários ingleses, o *Traité du pouvoir absolu des souverains*, publicado em 1685 pelo Pastor Elie Merlat, constituem a obra provavelmente sincera de súditos profundamente submissos. Mas a monarquia da qual esses fiéis servidores do rei oferecem a imagem aos leitores é uma monarquia sem lendas e sem milagres, que não possui outro apoio sentimental além do respeito à Bíblia – interpretada em um sentido favorável ao direito divino dos príncipes. É permitido perguntar se o lealismo das massas poderia manter-se a longo prazo, em todo o seu fervor cego, sem essa base maravilhosa e mística que o calvinismo lhe retirava. Moyse Amyraut tomara como tema de seu *Discours* o texto bíblico: "não tocai em meus ungidos"; mas esta expressão, tão rica de sentido para o povo crente que, no dia da sagração, via ungir seu senhor com o bálsamo celeste outrora trazido pela pomba, não soava fútil quando se endereçava a homens que, longe de reconhecer no óleo de Reims algo de sobrenatural, deviam, pela sua fé, recusar qualquer eficácia particular ao rito da unção em si, atribuindo-lhe somente – como pessoalmente ensinava Amyraut – um valor pura e secamente simbólico?[789] Neste sentido, Josué Barbier talvez não estivesse totalmente errado em estabelecer um tipo de incompatibilidade entre a religião reformada e o sentimento monárquico, ao menos tal como comumente o compreendiam, na França do século XVII, os defensores da monarquia mais exaltados.

Na própria corte, nem todo mundo tomava o milagre muito a sério. A própria cunhada de Luís XIV, a duquesa de Orléans – aliás, iniciada no protestantismo –, ousava expressar sua opinião em uma carta escrita – é preciso dizer – após a morte do Grande Rei: "acredita-se também, aqui, que o sétimo filho pode curar as escrófulas pelo toque. De minha parte, penso que seu toque tenha tanta força quanto aquele do rei da França"; evidentemente, entendamos: tão pouca força quanto[790]. Veremos mais tarde o ponto de vista de Saint-Simon, expresso durante um outro reinado e, talvez, sob a influência

---

* Trata-se do Edito de Fontainebleau, decreto assinado em 1685 pelo qual era revogado o Edito de Nantes [N.T.].

789. Cf. AMYRAUT, p. 77-78.

790. *Briefe der Prinzessin Elisabeth Charlotte von Orleans an die Raugräfin Louise*. Ed. W. Menzel (Bibliothek des Literarischen Vereins in Stuttgart, VI), 1843, p. 407; 25 de junho de 1719: "Man meint hier auch dass der 7bente sohn die Ecruellen durch anrühren könte. Ich glaube aber dass Es Eben so Viel Krafft hatt alss der König In frankreich ahnrühren".

inconsciente de um movimento de ideias novas[791]. Provavelmente, havia no *entourage* régio, sobretudo entre os livres-pensadores, outras pessoas de pouca fé que se calavam. Ninguém duvida, contudo, que a massa estivesse plenamente convencida. O afã dos doentes prova suficientemente o seu fervor. A história do milagre inglês, na mesma época, foi mais agitada.

Sob Carlos I, num primeiro momento, tudo parece lembrar em quase todos os pontos o que se passava na França. O toque ocorria em datas geralmente mais próximas do que o eram na corte dos Bourbon. Interrompia-se em tempos de epidemia ou por causa de um calor muito intenso. Os dias eram indicados antecipadamente pelas *proclamations* régias em todo o país[792]. A solenidade se desenrola segundo as formas litúrgicas adaptadas, por Elisabete e Jaime I, dos costumes da Igreja da Inglaterra. A diligência era considerável; não temos, para este reinado, números precisos – mas tudo concorre em provar que a fé e o zelo dos doentes não diminuíam em nada. Era preciso até mesmo se defender contra os excessos da afluência que arriscavam impor ao rei fatigas muito severas e, sem dúvida, uma carga inutilmente pesada a seu Tesouro. Certas pessoas, após terem sido tocadas uma primeira vez, procuravam repetir o ato, seja porque foram insuficientemente curadas pela primeira tentativa (elas alimentavam a esperança de obter um resultado melhor com um novo contato), seja porque, simplesmente, estivessem tentadas pela esmola muito significativa e, aliás, fácil de negociar como talismã que era o *angel* tradicional; para impedir este abuso, proibiu-se que as pessoas se apresentassem mais de uma vez. A fim de garantir a execução desta prescrição, todo escrofuloso desejoso de participar da cerimônia devia se munir antecipadamente de um atestado expedido pelo pastor e pelas diversas autoridades de sua paróquia, garantindo que ele ainda não havia sido tocado[793]. Sob esse reinado, o rito maravilhoso in-

---

791. Cf. aqui, p. 375.

792. Um certo número de proclamações do reinado de Carlos I (e uma de Carlos II), fixando as datas do toque, interditando o acesso dos doentes à corte durante epidemias ou regulando de alguma forma as condições da cerimônia, foram publicadas em CRAWFURD. *King's Evil*, p. 163ss. Cf. *Calendar of State Papers, Domestic, Charles I*, nas datas: 13 de maio e 18 de junho de 1625; 17 de junho de 1628; 6 de abril e 12 de agosto de 1630 (esta última, na p. 554 do volume relativo aos anos de 1629-1631); 25 de março, 13 de outubro e 8 de novembro de 1631; 20 de junho de 1632; 11 de abril de 1633; 20 de abril, 23 de setembro e 14 de dezembro de 1634; 28 de julho de 1635; 3 de setembro de 1637.

793. Exigidos pela primeira vez, ao que parece, por uma proclamação de 13 de maio de 1625, citada aqui, p. 306, n. 665 (prescrição renovada em 18 de junho de 1626: CRAWFURD. *King's Evil*, p. 164), os atestados continuarão em vigor sob os reinados seguintes. Sob Carlos II foi

corporou-se plenamente à vida religiosa regular do país; desde 1633, por uma inovação significativa, o serviço para a "cura" figurava no livro de preces – *The book of Common prayer* – que a Igreja nacional punha nas mãos de todos[794]. Em suma, todo o quadro de um milagre bem aprovisionado, transformado em uma das instituições de um Estado monárquico bem ordenado[795].

De um Estado claramente absolutista, também. Na França, a monarquia de Luís XIII e de Luís XIV se mostrava tolerante com os "sétimos varões", que, no entanto, faziam ao rei médico uma concorrência bastante dura. Sob Luís XIII, de fato, o arcebispo de Bordeaux, Henri de Sourdis, proibira a certas pessoas – provavelmente, os "sétimos" que, em sua cidade arquiepiscopal, pretendiam curar as escrófulas – de continuar a exercer sua atividade; ele fundamentava sua proibição sobre o princípio segundo o qual o "privilégio de tocar tais doentes está reservado à pessoa sagrada de nosso rei mui cristão"[796]. Mas

---

prescrito que cada paróquia manteria um registro: *Notes and Queries,* 3th series, I (1862), p. 497. A partir deste período, por consequência, eles nos chegaram muito bem conservados. Muitos, sobretudo para o reinado de Carlos II, foram assinalados ou publicados. Cf. p. ex., J. Charles Cox, *The parish registers of England (The Antiquary's Books).* Londres [1910], p. 180. • PETTIGREW. *On superstitions connected with the history [...] of medicine,* p. 138. • THISELTON-DYER. *Social Life as told by Parish Registers,* 1898, p. 79. • BARNES. *Transactions of the Cumberland [...] Antiquarian Society,* XIII, p. 352. • ANDREWS. *The Doctor,* p. 15. • *Notes and Queries,* 8th series, VIII (1895), p. 174; 10th series, VI (1906), p. 345. • FARQUHAR, III, p. 97ss. Sua abundância é uma prova a mais da popularidade do toque. Certamente, tanto na Inglaterra quanto na França, os doentes eram submetidos a um exame médico prévio; sob Carlos I, o médico do serviço distribuía aos que eram por ele admitidos senhas metálicas que lhes serviam de bilhetes de entrada: FARQUHAR, I, p. 123ss.; o mesmo, sem dúvida, sob Carlos II: FARQUHAR, II, p. 124ss.

794. *The book of common prayer,* 1633. British Museum, 3406, fol. 5. O serviço reapareceu em *Book of Common Prayer* desde a Restauração. Ed. de 1662 (Brit. Mus. C 83, e, 13). Cf. [SIMPSON]. *A collection of articles of the Church of England.* Londres, 1661, p. 223. Ele se mantém nas edições posteriores do livro, mesmo depois que os reis da Inglaterra cessaram de praticar o milagre: cf. aqui, p. 369, n. 843. Descrição de um rito inglês, sem grande interesse: LÜNIG, J.C. *Theatrum ceremoniale historico-politicum,* II, p. 1.043-1.047.

795. Como na França, ao lado das grandes cerimônias, havia o toque no privado, para as pessoas cuja posição impedia de serem misturadas com a multidão; desta maneira, parece, foi curada a filha de Lorde Poullet, do qual trataremos mais abaixo.

796. Ordem citada em BRUNET, G. *Notice sur les sculptures des monuments religieux du département de la Gironde.* In: *Rev. Archéolog.*, 1ª série, XII, 1, 1855, p. 170: "em 1679, ainda se tocava ali [na Igreja de Saint-Michel de Bordeaux] os doentes acometidos das escrófulas. Uma ordem do Arcebispo Henri de Sourdis, de 23 de agosto desse ano, proíbe esta prática porque 'este privilégio de tocar tais doentes é reservado à pessoa sagrada de nosso rei mui cristão, e, mesmo que se encontrasse alguma pessoa que tivesse esse dom, ela não poderia exercê-lo sem nossa permissão expressa por escrito'". Vê-se por esta última frase, que a proibição não era, talvez, absoluta. Quanto à data de 1679, ela é certamente resultado de um *lapsus,* pois Henri de Sourdis foi arcebispo de Bordeaux de 1629 a 18 de junho de 1645, data de sua morte. Sr. Brutails,

uma tal manifestação surge como algo absolutamente isolado. Na Inglaterra, ao contrário, Carlos I ou seus ministros declarariam uma guerra encarniçada aos concorrentes da prerrogativa régia. Tocar os escrofulosos quando não se era rei constituía crime de lesa-majestade, justiçado, se fosse preciso, com a célebre Star Chamber[797]: suscetibilidade que talvez seja o indício de um poder absoluto menos solidamente assentado que o dos Bourbon.

Concebe-se, de resto, sem dificuldade que os Stuart preferissem reservar para si o monopólio do milagre. Os doentes curados e que acreditavam terem conseguido a cura pela mão régia eram, para a monarquia, súditos garantidos. Um acaso muito raro nos conservou um documento no qual se pinta ao vivo o estado d'alma que um toque afortunado era capaz de criar. Um senhor, Lorde Poulett, tinha uma filha, pobre criança totalmente atingida pelas escrófulas; ele a enviou à corte em 1631, ela foi tocada e imediatamente havia melhorado. Um secretário de Estado, Lorde Dorchester, encarregara-se de boa vontade em apresentá-la ao rei; após o ocorrido, o pai escreveu-lhe em agradecimento; ainda temos esta carta, de um tom verdadeiramente emocionante: "o retorno de uma criança doente, agora curada, faz reviver um pai doente [...]; foi uma grande felicidade para mim que sua majestade tenha-se dignado em tocar uma pobre criança com suas mãos abençoadas; por isso, com o auxílio da bênção de Deus, ele devolveu-me uma criança, a qual eu tinha tão pouca esperança de guardar, que havia dado instruções para fazer transportar seu cadáver [...]; ela retornou sã e salva; sua saúde se recompõe dia a dia; vê-la me dá, a cada vez, a ocasião de me lembrar a graciosa bondade de sua majestade para com ela e para comigo e de render-lhe graças com toda humildade e com toda gratidão"[798]. Os sentimentos que, nesse dia, exprimia o nobre lorde, sem dúvida

---

arquivista da Gironde, fez-me saber que não parece haver aí nenhum vestígio desse texto nos arquivos de seu departamento. Não há por que espantar-se em ver os tocadores de escrófulas de Bordeaux exercer sua arte em uma capela; veremos, mais tarde, à mesma época, um charlatão da mesma espécie, o cavaleiro de Saint-Hubert, obteve da autoridade diocesana a permissão para tocar contra a raiva em uma capela de Paris.

797. Em 1632, caso de Jacques Philippe Gaudre ou Boisgaudre: *Calendar of State Papers, Domestic, Charles I*, 13 de janeiro e 7 de junho de 1632. Em 1637, processo de Richard Leverett (diante da Câmara Estrelada): GOODALL, C. *The royal College of Physicians of London*, in-4°. Londres, 1684, p. 447ss. • *Calendar of State Papers, Domestic, Charles I*, 19 setembro de 1637. • CRAWFURD. *King's Evil*, p. 95. Em 1637 igualmente, caso dos Gilbert, de Prestleigh em Somerset; cf. acima, p. 283.

798. Carta (de 30 de abril de 1631), publicada em GREEN. *On the Cure by Touch*, p. 80. Cf. *Calendar of State Papers, Domestic, Charles I*, nessa data. "Ye returne of my sicke childe with so much amendment hath much revived a sick Father [...] I am much joyed that his Majesty was

foram compartilhados por mais de um pai ou de uma mãe mais humildes, cujas vozes não chegaram até nós. O que nos importa hoje que semelhantes alegrias tenham nascido de uma ilusão? Não se pode analisar sensatamente a força do lealismo monárquico se, por preconceito, rejeita-se da história as efusões desses corações agradecidos. Lorde Poulett, embora fosse de ascendência puritana, tomou, mais tarde, o partido do rei contra o Parlamento; a lembrança do milagre antigo sem dúvida não foi a única razão, nem mesmo a principal, que determinou sua atitude, mas como acreditar que, no dia em que tomou sua decisão, ele não tenha dedicado um pensamento à pequena enferma, outrora curada contra toda esperança?

Veio, com efeito, a guerra civil. A crença no dom taumatúrgico é então um dos dogmas desta fé monarquista que os partidários do Longo Parlamento rejeitam, mas que continuava viva na alma das multidões. Em 1642, Carlos I deixara Londres, onde a burguesia e os artesãos faziam causa comum com os parlamentares. Ele estabelece, logo em seguida, seu quartel-general em Oxford. No ano seguinte, imprimiu-se e fez-se circular em Londres uma "humilde petição à excelente majestade do rei, apresentada por várias centenas desses pobres súditos afligidos por essa dolorosa enfermidade chamada mal régio". Estamos – dizem, em substância, os escrofulosos – atacados de um mal "sobrenatural", que apenas pode ser curado por esses "meios de curas sobrenaturais que são inerentes à mão de Vossa Sagrada Majestade". Não podemos nos aproximar de Vossa Majestade em Oxford, onde ela está "cercada de tantas legiões de soldados"; suplicamos a Vossa Majestade que retorne a Whitehall. Os supostos peticionários afirmam que não querem se envolver com política, "tendo bastante o que fazer, considerando nossas próprias misérias". Não se poderia levar esse requerimento a sério. Esse breve escrito, evidentemente, é somente um panfleto monarquista. Seus autores tiram a máscara quando, ao término, declaram esperar que o retorno do rei traga não apenas a cura dos doentes, mas também a "do Estado, que adoeceu desde que Vossa Alteza deixou seu palácio de Whitehall e não pode, mais do que nós, livrar-se de seus males enquanto vossa graciosa pessoa não

---

pleased to touch my poor child with his blessed hands, whereby, God's blessing accompanying that means, he hath given me a child which I had so little hope to keep, that I gave direction for her bones, doubting she would never be able to return, but she is corne safe y home and mends every day in her health; and ye sight of her gives me as often occasion to remember his Majestees gratious goodness towards her and me, and in all humilitye and thankfulness to aknowledge it". Sobre John Poulett, primeiro barão Poulett (1586-1649), cf. o *Dict. of National Biography*.

retornar para lá"⁷⁹⁹. Aliás, não era Carlos I quem se recusava em retornar para Londres; os londrinos é que se recusavam em admiti-lo, pelo menos como soberano absoluto; era sobre eles que era preciso agir. Um publicista engenhoso teve a ideia de comover a opinião da grande cidade fazendo falar os pobres escrofulosos. Certamente, ele tinha razões para escolher tocar nesse assunto. Os espetáculos aos quais se devia assistir durante o cativeiro do rei permitem supor que, de fato, as pessoas afligidas pelas escrófulas lamentavam a partida de seu médico habitual. Em fevereiro de 1647, Carlos – que os escoceses acabavam de libertar – era levado ao sul pelos comissários do Parlamento; durante a viagem os doentes acorriam até ele, trazendo com eles a moeda – de ouro, se podiam, ou, na falta desta, a de prata – que o príncipe não era mais rico o bastante para dar de sua própria bolsa e que, contudo – se quisessem o rito verdadeiramente eficaz –, acreditava-se que era necessário que o rei pendurasse no pescoço dos pacientes. Os comissários esforçavam-se em afastá-los, sob o pretexto bastante hipócrita de um possível contágio, "muitas dessas pessoas estavam, na verdade, atingidas [não de escrófulas, mas] de outras doenças perigosas e sendo, por isso, indignas de serem admitidas na presença de sua majestade"⁸⁰⁰. Quando o rei, ainda prisioneiro,

---

799. Para o título, cf. aqui, na *Bibliografia*, p. 19. Sobre a doença tratada, p. 17, de "that miraculous and supernatural evil", ele diz, p. 6: "tall maladies may have a remedy by physick but ours, which proceeding from unknowne mysterious causes claime onely that supernatural meanes of cure which is in-herent in your sacred Majesty". Na mesma página, os peticionários declaram não querer imiscuir-se com os males e iniquidades do tempo, "having enough to reflect and consider our owne miseries". Na p. 8, queixam-se de não poder aproximar-se do rei "so long as your Majestie resides at Oxford, invironed with so many legions of souldiers, who will be apt to hinder our accesse to your Court and Princely Person, which others that have formerly laboured with our Malady have so freely enjoyed at London". Na mesma página: "your palace at Whitehall, where we all wish your Majestie, as well as for the cure of our infirmitie, as for the recovery of the State, which hath languished of a tedious sicknesse since your Highnesse departure from thence, and can no more be cured of its infirmitie then wee, till your gracious returne thither."

800. *Journal of the House of Lords*, IX, p. 6: carta dos comissários encarregados de vigiar o rei, datada de 9 de fevereiro de 1647. Eles assinalam que durante a viagem do rei, tanto em Ripon quanto em Leeds, "many diseased Persons came, bringing with them Ribbons and Gold, and were only touched, without any other Ceremony". Eles enviam cópia da declaração que publicaram em Leeds em 9 de fevereiro: "Whereas divers People do daily resort unto the Court, under Pretence of having the Evil; and whereas many of them are in Truth infected with other dangerons Diseases, and are therefore altogether unfit to come into the Presence of His Majesty". Sobre o afã dos doentes que, durante a viagem, vinham até o rei, cf., tb. o testemunho citado por FARQUHAR, I, p. 119. Desde antes de ter sido aprisionado durante a guerra civil, Carlos, sem ouro, tivera de substituí-lo por prata nas esmolas do toque: Χειρεξοχη, p. 8, • WISEMAN. *A treatise of the King's Evil*, p. 247. Das passagens de Browne citadas na nota seguinte, conclui-se que as pessoas que iam encontrar Carlos durante seu cativeiro para se fazerem tocar traziam, às vezes, uma moeda de ouro e, às vezes, uma moeda de prata; quando o rei fornecia a moeda, ela era de prata.

353

foi estabelecido em Holmby, as mesmas cenas se repetiram. A Câmara dos Comuns decidiu então encerrar com aquilo. Um comitê foi designado para redigir "uma Declaração destinada a ser divulgada ao povo com o tema da Superstição do Toque"[801]. Parece que o texto dessa proclamação foi perdido, uma grande pena; adoraríamos conhecer dele a exposição dos motivos que, sem dúvida, lançaria uma luz curiosa sobre os sentimentos que um determinado partido tinha sobre o tema da realeza sagrada. Temos, aliás, razões para duvidar que essa exposição tenha tido muita ação sobre a massa. Não é sem razão que os pretensos peticionários de 1643 afirmavam que o toque era a única prerrogativa da qual a pessoa régia não poderia ser privada[802]. Quando Carlos foi executado, atribuiu-se às suas relíquias – principalmente ao lenço encharcado de seu sangue – o poder de curar, o mesmo que tinha, em vida, sua mão sagrada[803]. Um rei mártir, mesmo em país protestante, sempre tinha tendência a transformar-se em uma espécie de santo.

Os defensores da realeza, mais tarde, sustentaram que Cromwell tentara exercer o dom miraculoso, usurpando assim, em seu proveito, até os privilégios sobrenaturais da realeza[804]; mas, certamente, isso não passa de uma calúnia gratuita. Sob a República e o Protetorado, ninguém realizava o toque na Grã-Bretanha. A velha fé, todavia, não estava morta. Carlos II, no exílio, realizava o milagre hereditário, distribuindo aos doentes – por causa da penúria

---

801. *Journal of the House of Commons*, V, datado de 22 de abril de 1647. A Câmara recebeu "a letter trom the Commissionners from Holdenby of 200 *Aprilis* 1647, concerning the Resort of great Numbers of People thither, to be Touched for the Healing". Um comitê foi designado para preparar "a Declaration to be set forth to the People, concerning the Superstition of being Touched for the Healing of the King's Evil". Os comissários deveriam "take care that the Resort of People thither, to be touched for the Evil, may be prevented" e fariam publicar a Declaração no país. Cf. WHITELOCK. *Memorials of the English affairs*, fol. Londres 1732, p. 244. Não pude encontrar essa proclamação; ela não aparece na abundante coleção de Lorde Crawfurd, inventariada por Robert Steele (*A bibliography of royal proclamations, 1485-1714* (*Bibliotheca Lindesiana* V-VI)). Caso de uma criança tocada em Holmby: BROWNE. *Adenochoiradelogia*, p. 148; outros casos de pessoas tocadas pelo rei prisioneiro, mais tarde: ibid. p. 141-146. Cf. tb. ibid. p. 163 e aqui p. 363.

802. Ibid., p. 4.

803. BROWNE. *Adenochoiradelogia*, p. 109 e 150ss. De uma historieta contada na p. 150, conclui-se que as relíquias deste tipo eram conservadas e consideradas como eficazes mesmo pelos oficiais do exército parlamentar, o que não é de todo impossível. Cf. os panfletos monarquistas de 1649 e 1659 citados em *The Gentleman's Magazine*, 81 (1811), p. 125 (reproduzido em *The Gentleman's Magazine Library*. Ed. G.L. Gomme, III, 1884, p. 171). • WISEMAN. *Severail Chirurgical Treatises*, I, p. 195. • CRAWFURD. *King's Evil*, p. 101. • FARQUHAR. *Royal Charities*, II, p. 107. • BLACK, W.G. *Folk-Medicine*, p. 100.

804. BROWNE, p. 181.

de seu tesouro – moedas de prata no lugar das de ouro; eles vinham até ele, um engenhoso comerciante mantinha como negócio a organização das viagens por mar dos escrofulosos ingleses ou escoceses até as cidades dos Países Baixos onde o príncipe mantinha sua humilde corte[805]. E tem mais: atribuía-se às relíquias – se assim posso dizer – do pretendente vivo o mesmo poder que se atribuía às do rei morto: um lenço no qual havia escorrido sangue do nariz daquele rei, durante sua fuga para a Escócia, após Worcester, foi considerado capaz de curar as escrófulas[806]. É bom ter presente no espírito esses fatos quando se trata de explicar a Restauração de 1660; não se deve pensar, é claro, que o rei foi trazido de volta expressamente para aliviar os escrofulosos, mas a persistência da fé no dom taumatúrgico é um dos sintomas de um estado d'alma que o historiador destes fatos não pode negligenciar.

Também os artífices da Restauração, querendo reviver nos corações a religião monárquica, não esqueceram o prestígio do milagre. Em 30 de maio de 1660, Carlos II, que o parlamento reconheceria, mas que se encontrava ainda em terra estrangeira, em Breda, realizou uma cerimônia particularmente solene[807]: assim que voltou para a Inglaterra, ele tocou repetidas vezes, na Sala dos Banquetes do palácio de Whitehall, os doentes vindos em multidão[808]. A palavra e a pena dos defensores da realeza estimulavam o entusiasmo popular. Sancroft, pregando em Westminster em 2 de dezembro de 1660, exortava os súditos a esperar o alívio das chagas do povo e da Igreja "dessas mãos sagradas com as quais Deus compartilhou um miraculoso dom de cura"[809]. Alegoria significativa

---

805. BROWNE. *Adenochoiradelogia*, p. 156ss. *Relation en forme de journal du voyage et séjour que le sérénissime et très puissant prince Charles II roy de la Grande-Bretagne a fait en Hollande*. in-4º. Haia, 1660, p. 77.

806. FARQUHAR, II, p. 103-104, segundo os testemunhos de monarquistas da época, Blount e Pepys. Cf. CRAWFURD. *King's Evil*, p. 102 (sem referências).

807. *Relation* (citado aqui, p. 355, n. 805), p. 75 e 77.

808. PEPYS. *Diary* et *Mercurhis Politicus*, ambos 23 de junho de 1660, citados em FARQUHAR. *Royal Charities*, II, p. 109. • *Diary and Correspondance of John Evelyn*. Ed. W. BRAY. pequeno, in-8º. Londres, 1859, I, p. 357 (6 de julho de 1660). O ritual de Carlos II é o mesmo que o de seu pai. Encontramo-lo nos *Books of Common Prayer*. Cf., aqui, p. 350, n. 794; reproduzido por CRAWFURD, p. 114. Descrição bem detalhada em EVELYN. *Diary*, loc. cit.

809. S[ANCROFT], W. A sermon preached in St. Peter's Westminster on the first Sunday in Advent Londres 1660, p. 33: "therefore let us hope well of the healing of the Wounds of the Daughter of our People, since they are under the Cure of those very Hands, upon which God hath entailed a Miraculous Gift of Healing, as it were on purpose to raise up our Hopes in some Confidence, that we shall ow one day to those sacred Hands, next under God, the healing of the Church's, and the People's Evils, as well, as of the King's."

que, ainda em 1661, fundamenta um panfleto bastante verborrágico e um tanto louco, os *Ostenta Carolina* de John Bird[810]. Em 1665, veio a lume uma pequena obra anônima, consagrada, sem mais metáforas, especificamente ao toque: Χειρεοχη ou *De l'excellence et efficacité de la Main Royale*[811]. Enfim, em 1684, foi a vez de um dos médicos do rei, John Browne, cuja *Adenochoiradelogia*, há mais de 70 anos, forma na Inglaterra o exato correspondente do tratado de Du Laurens – é uma longa demonstração, com uma grande quantidade de argumentos e anedotas, em favor do poder curador do príncipe[812].

Não cabe ao historiador sondar os segredos dos corações. Nunca saberemos o que Carlos II pensava em seu íntimo a respeito do singular talento que os súditos lhe atribuíam tão prodigamente. Não nos apressemos, contudo, em proclamar ceticismo e fraude; seria não atribuir o justo valor ao poder do orgulho dinástico; ademais, uma certa imprudência moral não exclui a credulidade. Em todo caso, fossem quais fossem os sentimentos íntimos do rei, o cumprimento do milagre de cura era, talvez, aquela entre as tarefas régias que ele executou com mais consciência. Ele tocava com mais frequência que seu vizinho da França – a princípio a cada sexta-feira, salvo quando fazia muito calor. O cerimonial permaneceu o mesmo da época de seu pai e de seu avô. Só de 1665 em diante que no lugar da moeda entregue aos doentes introduziram uma medalha cunhada especialmente para esta circunstância e que não servia mais como numerário[813]. Ainda em nossos dias, nas coleções numismáticas inglesas, encontra-se com muita frequência essas belas medalhas de ouro que trazem, como os antigos *angels*, a figura de São Miguel derrotando o dragão com a legenda *Soli Deo gloria* e, no verso, um veleiro cujas velas se inflam com o vento – os miraculados as guardavam zelosamente, como amuletos. Muitas chegaram até nós porque um número ainda muito maior foi distribuído.

Podemos medir pelos números a popularidade de Carlos II "como médico". Eis alguns: de maio de 1660 – início do rito – a setembro de 1664 (pouco mais de 4 anos), aproximadamente 23.000 pessoas tocadas; de 7 de abril de

---

810. Bird parece considerar que os sucessos de Carlos II foram tais que as escrófulas, bem como o raquitismo (*reckets*), desapareceram de seu reino.

811. Dedicado ao duque de York (o futuro Jaime II). Χειρεοχη deve se traduzir por: Excelência da Mão.

812. Como o tratado de Du Laurens, o *Adenochoiradelogia* encerra um estudo puramente médico sobre as escrófulas. Somente a terceira parte, intitulada *Charisma Basilikon*, refere-se exclusivamente ao toque.

813. FARQUHAR, II, p. 134ss.

1669 a 14 de maio de 1671 (pouco mais de 2 anos), ao menos 6.666, talvez mais; de 12 de fevereiro de 1684 a primeiro de fevereiro de 1685 – aproximadamente 1 ano e praticamente no fim do reinado (Carlos II morreu em 6 de fevereiro) –, 6.610. Certamente Browne exagerava ao afirmar em 1684 que "quase a metade da nação foi tocada e curada por sua majestade sagrada desde a sua bem-aventurada restauração"[814]. Mas, sem medo de errar, podemos estimar em uns 100 mil o número dos escrofulosos que Carlos viu desfilar diante de si durante os 15 anos de seu governo[815]: multidão diversificada na qual, se dermos crédito a Browne, não faltavam os estrangeiros: alemães, holandeses, até franceses, na qual, em todo caso, também figurariam (nós o sabemos pelos documentos escritos) alguns colonos da América; da Virgínia, de New Hampshire, atravessando o oceano, vinha-se buscar a cura em Whitehall[816]. Não há

---

814. P. 105: "I do believe near half the Nation hath been Toucht and Healed by His Sacred Majesty since His Happy Restauration".

815. Os números dos doentes tocados por Carlos II nos são fornecidos por duas fontes: 1º) Por Browne, que, em um apêndice de seu *Adenochoiradelogia*, p. 197-199, dá: a) um registro mantido por Thomas Haynes, *sergeant* da capela real, que dá os primeiros números, mês a mês, de maio de 1660 a setembro de 1664; b) um registro mantido por Thomas Donkly, *keeper of his Majesties closet* (registro conservado na capela real) o qual também dá os números mês a mês, de maio de 1667 a abril de 1682). 2º) Pelos atestados, relativos às medalhas entregues, os quais serão nosso objeto no *Apêndice I*, p. 444. Esta segunda fonte é, evidentemente, mais segura; no que se refere a bom número de meses, podem-se comparar os números que ela apresenta e os de Browne – há algumas divergências, tanto em um sentido quanto no outro. A maioria deve se explicar, ao que tudo indica, seja pelos erros de cópia cometidos por Browne ou seu informante, seja muito simplesmente pelos erros de impressão: mas não há nada nelas que seja suscetível de modificar sensivelmente os totais ou alterar de algum modo a ordem de grandeza das estatísticas. As indicações que dou no texto são tomadas de: 1) Para o período de maio de 1660 a setembro de 1664, de Browne (cifra exata: 23.801); 20 para o período de 7 de abril de 1669 a 14 de maio de 1671, dos atestados, conservados no Record Office; a restrição "ao menos" 6.666 se impõe porque nossos atestados apresentam algumas lacunas (de 15 de junho a 4 de julho de 1670; de 26 de fevereiro a 19 de março de 1671) sendo impossível saber se são efeito do acaso ou se correspondem a lapsos em que o toque não se realizou. 2) Para o período de 12 de fevereiro de 1684 a 1º de fevereiro de 1685, igualmente segundo os atestados (somente uma lacuna: de 1º a 14 de janeiro de 1684). O total das cifras dadas por Browne para os dois períodos contemplados por ele (ou seja, para todo o reinado exceto dois períodos de aproximadamente 2,5 anos cada um: 1º de outubro de 1664 a 1º de maio de 1667 e 1º de maio de 1682 a 6 de fevereiro de 1685) é de 90.761 (cf. FARQUHAR, II, p. 132) – daí minha aproximação para todo o reinado: aproximadamente 100.000. Todavia, convém não esquecer que um elemento de apreciação nos escapa: segundo toda probabilidade, certos doentes, malgrado as ordens tão frequentemente renovadas, apresentavam-se várias vezes ao toque. Qual era a proporção destes reincidentes? Jamais saberemos. Sobre a movimentação nos dias do toque, cf. EVELYN, J. *Diary*, II, p. 205 (28 de março de 1684), citado em CRAWFURD. *Ring's Evil*, p. 107, n. 2.

816. CRAWFURD, p. 111-112.

Quadro IV – Carlos II, rei da Inglaterra, toca as escrófulas

dúvida, aliás, que os ingleses e escoceses fossem maioria. Em suma, nunca um rei taumaturgo conhecera tão grande sucesso. A longa interrupção o milagre no tempo do Longo Parlamento e de Cromwell não fez mais que reviver a fé comum; os doentes, há muito privados do remédio sobrenatural, se precipitariam até seu augusto curador, desde seu retorno, com uma espécie de furor; mas essa afluência não foi um fogo de palha, ela se manteve – como vimos – durante todo o reinado. A ideia da realeza maravilhosa, tratada tão desdenhosamente como superstição pela Câmara dos Comuns em 1647, estava muito longe de morrer.

Ela tinha, todavia, seus adversários, que não se desarmavam. A polêmica de Browne em sua *Adenochoiradelogia* contra os não conformistas – e até as historietas edificantes, nas quais se diverte com os não conformistas convertidos ao respeito da realeza por causa dos efeitos das curas milagrosas – prova eloquentemente que nem todo mundo compartilhava da crença popular. Em 1684, um ministro presbiteriano foi perseguido por ter falado mal do toque[817]. Entretanto, mesmo nesse partido, não se acreditava que era possível negligenciar a arma do maravilhoso. Em 1680, Monmouth, filho natural de Carlos II, considerado pelos Whigs como herdeiro designado no lugar de seu tio, o duque de York (do qual se pensava que, por sua fé católica, devia ser afastado do trono), fez, através dos condados do oeste, uma viajem triunfal. Parece que – embora fosse apenas, mesmo aos olhos de seus partidários, o futuro rei –, a partir de então, tocou os escrofulosos ao menos uma vez[818]. Quando, em 1685 – sempre em nome do Protestantismo –, ele disputou com seu tio (que se tornara Jaime II) a coroa à mão armada, cumpriu todos os atos régios: entre outros, o rito da cura. Foi uma das queixas que, mais tarde, direcionou contra ele o ato de acusação póstuma que lavraram os magistrados de Jaime II[819]. Ainda não havia verdadeiramente um rei se não houvesse milagre.

Todavia, o velho rito – que assim emitia seus derradeiros clarões – estava, na Inglaterra, próximo da morte e, na França, no mínimo, da decadência.

---

817. COBBETT'S. *Complete Collection of State Trials*, X, p. 147ss. O acusado, chamado Rosewell, condenado pelo júri sobre testemunhos pouco seguros, foi, aliás, agraciado pelo rei. O governo de Carlos II era muito menos cioso da prerrogativa miraculosa do rei do que o de Carlos I. É notável que Greatrakes (sobre o qual, cf. aqui, p. 363) nunca tenha sido perturbado. Cf. CRAWFURD. *King's Evil*, p. 120.

818. GREEN. *On the cure by Touch*, p. 86ss. Cf. *Gentleman's Magazine*, t. 81, 1811, p. 125 (reproduzido em *The Gentleman's Magazine Library*. Ed. G.I. GOMME, III. Londres, 1884, p. 171).

819. HOWELL. T.B. *State Trials*, XI, col. 1.059.

Capítulo VI

O declínio e a morte do toque

1 Como se perdeu a fé no milagre régio

O desaparecimento definitivo do toque teve por causa imediata – primeiro na Inglaterra e, em seguida, na França – as revoluções políticas; mas essas contingências só surtiram tal efeito porque a fé no caráter sobrenatural da realeza ficara – quase sem transparecer – profundamente abalada nas almas de ao menos uma parte dos dois povos. Não se poderia pretender aqui descrever verdadeiramente este obscuro trabalho dos espíritos, mas somente indicar algumas razões que contribuíram para arruinar a antiga crença.

As curas operadas pelos reis eram apenas um caso, entre tantos outros, dessas curas maravilhosas que, durante muito tempo, não encontraram céticos. Alguns fatos esclarecem bem esta mentalidade. Na França, desde Henrique II e até Henrique IV (pelo menos), há uma duradoura reputação da família Bailleul, verdadeira dinastia de endireitas que, de pai para filho, possuíam a "virtude secreta de reparar os ossos deslocados por uma queda violenta ou partidos por algum golpe recebido, de remediar as contusões dos nervos e dos membros do corpo, de recolocá-los em seu lugar quando saíam, e de devolver-lhes seu primeiro vigor". Após este talento hereditário ser mais ou menos obscuramente exercido em sua província natal, no Pays de Caux, os Bailleul apareceram na corte sob Henrique II; e lá, mesmo ocupando os mais altos cargos, Jean, abade de Joyenval e esmoleiro do rei, Nicolas, o primeiro do nome, escudeiro ordinário da escuderia régia e *gentil-homme* da Câmara, talvez também Nicolas II, que viria a ser, sob Luís XIII, presidente e superintendente das finanças, continuavam a curar as entorses e fraturas. Sem dúvida, pareciam dever seu sucesso apenas a uma técnica hábil que transmitiam de geração a geração e que não tinha nada de sobrenatural. Mas, em torno deles, certamente não eram assim julgados. Não é sem razão que o poeta Scevole de Sainthe-Marthe, que escreveu seu elogio em latim, entre esses "ilustres das Gálias", aproxima as "graças" concedidas por Deus a essa família e o "favor extraordinário e celeste" que permite aos reis mui cristãos, somente pelo "toque de suas mãos", "curar o mal sensível e incurável das escrófulas"[820]. Para a maioria dos contemporâneos, os dois poderes curadores possuíam uma mesma origem sobre-humana, e a fé que eles dedicavam tanto a um quanto a outro era a manifestação de uma mesma atitude intelectual.

Havia, aliás, médicos hereditários de todos os tipos e para todas as espécies de mal. Já encontramos várias vezes os "parentes" de São Paulo, na Itália, os "parentes" de Santa Catarina na Espanha, os de São Roque, de São Martinho e de São Huberto na França. Estes últimos, sobretudo no século XVII, tiveram um destino extremamente brilhante. Conhecemos vários deles, fidalgos ou que se pretendiam como tais – esta ilustre descendência não era por si só um título de nobreza? –, ou religiosos que faziam a glória de seus conventos. O mais célebre foi Georges Hubertus, que as cartas régias – datadas de 31 de dezembro de 1649 – reconheceram expressamente como "saído da linhagem e geração do glorioso São Huberto das Ardenas" e como capaz, em razão desta filiação, "de curar todas as pessoas mordidas por lobos e cães raivosos e por outros animais atacados pela raiva, tocando-as na cabeça sem outra aplicação de remédio nem de medicamento". O "cavaleiro de São Huberto" – assim se fazia chamar – exerceu sua arte, durante longos anos, com muito brilho e proveito. Em 1701, ainda é citado em um prospecto impresso, "no qual ele dava seu endereço aos que quisessem ser tocados". Ele contou entre seus clientes (ainda mais numerosos porque o contato de sua mão também era considerado

---

820. SAMMARTHANUS, S. *Gallorum doctrina illustrium qui nostra patrumque memoria floruerunt elogia*, 1598. Vi a edição de 1633: *Scaevolae et Abelii* Sammarthanorum. [...] *opera latina et gallica*, I, p. 155-157 (a notícia, certamente, foi ao menos modificada depois da morte de Henrique IV). Cito a tradução de Colletet: SAINTE-MARTHE, S. *Eloge des hommes illustres*, in-4°. Paris, 1644, p. 555ss. Sobre a obra, cf. HAMON, A. *De Scaevolae Sammarthani vita et latine scriptis operibus*. Paris, 1901 [Tese de doutorado]. Cf. as genealogias dos Bailleul em BLANCHARD, F. *Les présidents à mortier du Parlement de Paris*, in-folio, 1647, p. 399. • ANSELME, P. *Histoire généalogique de la maison royale de France*, II, fol., 1712, p. 1534, que não fazem, nem um nem outro – bem como o Padre Pierre Le Moine em seu *Epistre panégyrique à Mgr. le Président de Bailleul*, que seguiu o *Le ministre sans reproche*, in-4°, 1645 – alusão ao dom miraculoso. Não me parece impossível que Nicolau II – expressamente mencionado por Sainte-Marthe como alguém que participou do dom paterno – tenha, mais tarde, deixado de exercê-lo.

preventivo) com Luís XIII, Luís XIV, Gastão de Orléans, o príncipe de Conti e um príncipe de Condé que é, sem dúvida, o vencedor de Rocroy; para todos esses grandes senhores, apaixonados por montaria, as mordidas de cachorro não eram um perigo imaginário. Pela permissão especial do Arcebispo Jean François de Gondi – renovado pelos sucessores desse prelado –, o cavaleiro, quando se encontrava em Paris, efetuava o toque em uma capela na Paróquia Saint-Eustache. Mais de trinta bispos ou arcebispos lhe deram a autorização para praticar em suas dioceses. Em 8 de julho de 1665, os estados da Província da Bretanha concederam-lhe uma gratificação de 400 libras. Também lá, a opinião comum não deixou de estabelecer uma relação entre o prodigioso talento desse taumaturgo nato e as virtudes miraculosas oficialmente atribuídas aos reis. Quando odiosos céticos ousaram pôr em dúvida as curas operadas pelo cavaleiro ou seus confrades, os crentes, segundo o testemunho do Abade Le Brun – ele mesmo incrédulo – respondiam invocando o exemplo do príncipe; já que todo mundo admite a eficácia do toque régio, por que achar tão extraordinário, diziam, "que pessoas de uma certa raça curem certos males"?[821]

Da mesma forma, os Bourbon não eram, em seu próprio reino, sempre os únicos a curar as escrófulas por direito de nascença. Sem querer falar aqui propriamente dos sétimos filhos (dos quais falamos suficientemente mais acima), a França do século XVII conheceu ao menos uma família na qual se transmitia pelo sangue um dom idêntico ao que era o orgulho da dinastia. Os primogênitos da casa de Aumont – uma casa nobre da Borgonha, com terras também em Berry – eram tidos como capazes de trazer a saúde aos escrofulosos distribuindo-lhes o pão bento. Tradição "inventada", escrevia André Favyn em sua *Histoire de Navarre*; ela repugnava aos apologistas habituais da monarquia: não convinha reservar ciosamente para os reis o privilégio de curar o "mal régio"? Muitos autores importantes a mencionam, pois que ela conseguiu alguma popularidade, pelo menos regional[822].

---

821. Sobre os parentes de santos em geral, cf. aqui p. 173 n. 285 e p. 287. Sobre os de São Huberto e mais particularmente sobre Georges Huberto, bastará remeter a GAIDOZ, H. *La rage et St. Hubert*, p. 112-119, no qual encontrar-se-á uma bibliografia. Tomei as informações relativas ao prospecto de 1701 e a passagem sobre o toque régio de LE BRUN. *Histoire critique des pratiques superstitieuses*, II, p. 105 e 112. TIFFAUD. *L'exercice illégal de la médecine dans le Bas-Poitou*, 1899, p. 18, também assinala os descendentes de São Marcoul.

822. DU LAURENS. *De mirabili*, p. 21. • FAVYN, p. 1.058. • DU PEYRAT. *Histoire ecclésiastique de la Cour*, p. 794. • *Traité curieux de la guérison des écrouelles par l'attouchement des septennaires*, p. 13 e 21. • THIERS. *Traité des superstitions*, p. 443. Esses autores frequentemente retificam-se uns aos outros (cf., p. ex., DU PEYRAT. Loc. cit.), prova de que não se copiaram simplesmente.

Na Inglaterra sob Carlos II, um nobre irlandês, Valentin Greatrakes, um belo dia descobriu, por revelação divina, o talento de curar as escrófulas. Vieram a ele doentes de toda a parte. Na mesma época em que os estados bretões votavam a gratificação ao cavaleiro de São Huberto, a municipalidade de Worcester ofereceu ao tocador da Irlanda (*the Stroker*) um esplêndido banquete. Nada faltou ao sucesso de Greatrakes, nem mesmo provocar toda uma guerra travada com a pena: entre seus partidários e seus adversários trocaram-se doutos panfletos. Seus seguidores nem sempre eram personagens sem importância. Robert Boyle, membro da Sociedade Real, um dos fundadores da química moderna, proclamou, ao mesmo tempo, sua fé nele e no milagre régio[823].

Ademais, o estado de espírito dos crentes do toque reflete-se claramente nas próprias obras que tratam das virtudes taumatúrgicas dos reis. Browne, por exemplo – além de médico, contemporâneo de Newton –, parecia ainda muito penetrado por noções de uma magia primitiva. Eis a extraordinária história que ele conta sobre um estalajadeiro de Winton que, acometido de escrófulas, comprara de um farmacêutico um frasco de barro cozido cheio de uma água medicinal. No início, o estalajadeiro usou o remédio sem sucesso; mas, tendo sido benzido à distância por Carlos I, de quem os soldados do Parlamento haviam-no impedido de se aproximar, ele voltou a usar sua água e se curou. À medida que as chagas cicatrizavam e os tumores eram reabsorvidos, misteriosas excrescências apareciam na lateral do frasco, partindo o revestimento de verniz; um dia, alguém teve a infeliz ideia de raspá-las, e o mal reapareceu; cessou-se a limpeza e veio a cura definitiva. Em outras palavras – apesar de Browne não o dizer expressamente – as escrófulas passaram do homem para o vaso de barro[824]. Em verdade, a ideia do milagre régio estava relacionada a toda uma concepção do universo.

Relacionava-se o poder maravilhoso dessa casa com as relíquias dos reis magos que, transportadas de Milão para Colônia sob Frederico Barbarroxa, teriam sido momentaneamente depositadas em Aumont; e também a uma fonte sagrada, venerada no mesmo lugar. Pode-se suspeitar, quanto a isso, de algumas contaminações de crença, análogas àquela que fez de São Marcoul o patrono do milagre régio. K. Maurer (*Die bestimmten Familien zugeschriebene besondere Heilkraft* – Zeitschrift des Vereins fur Volkskunde, 1896, p. 443) estudou alguns exemplos de famílias providas hereditariamente de um poder curador, mas localizou-as na Sicília (cf. Ibid., p. 337) e nas legendas escandinavas. Thiers (loc. cit., p. 449) assinala "a casa de Coutance no Vendômois" cujos membros são considerados capazes de curar "as crianças da doença chamada *le carreau*, tocando-as".

823. Encontrar-se-á as indicações necessárias, e a bibliografia, no *Dictionary of National Biography*. Cf. tb. CRAWFURD. *King's Evil*. p. 143. • FARQUHAR, III, p. 102.

824. *Adenochoiradelogia*, p. 133ss. (com uma carta que testemunha a veracidade da historieta, endereçada a Browne pelo *warden* de Winchester-College).

Ora, não há dúvida de que, desde a Renascença e sobretudo no século XVIII, essa concepção tenha gradativamente perdido terreno. Como? Aqui não é o lugar para investigar isso. Basta lembrar que a decadência do milagre régio está intimamente ligada a esse esforço dos espíritos, ao menos na elite, para eliminar o sobrenatural e o arbitrário da ordem do mundo e, ao mesmo tempo, conceber sob uma faceta unicamente racional as instituições políticas.

Pois existe aí outro aspecto da mesma evolução intelectual. Para a velha crença cujo destino aqui nos interessa, esse segundo aspecto foi tão fatal quanto o primeiro. Os "filósofos", acostumando a opinião pública a considerar os soberanos meros representantes hereditários do Estado, desabituaram-na de buscar e achar neles o que fosse maravilhoso. Pedem-se com facilidade milagres a um chefe de direito divino, cujo poder tem suas raízes em uma espécie de mistério sublime; tais milagres não são solicitados a um funcionário público, por mais elevada que seja sua condição e por mais indispensável que possa parecer seu papel no governo.

Causas mais particulares agiram para precipitar a ruína da fé que, por longo tempo, os povos dos reinos haviam devotado às virtudes do toque régio. Essa fé foi atingida pelos efeitos das lutas civis e religiosas. Na Inglaterra, vemos que, por motivos doutrinais e por ódio à monarquia absoluta que os perseguia, os protestantes extremados foram desde muito cedo hostis ao milagre monárquico. Sobretudo – tanto na França quanto na Inglaterra –, as pretensões ao milagre sustentadas simultaneamente por uma dinastia católica e por uma dinastia protestante não deixavam de confundir os crentes das duas religiões. Até a Reforma, tanto franceses quanto ingleses podiam aceitar com tranquilidade as ambições de ambos os monarcas; mas, quando se consumou a ruptura religiosa, essa equanimidade deixou de ser conveniente. A bem dizer, os escritores anglicanos geralmente não criam muita dificuldade para admitir as curas realizadas pelos reis franceses – contentam-se em reivindicar para seu país, sem se importar com a história, o privilégio de ter sido o primeiro a possuir reis médicos[825]. Via de regra, os católicos demonstraram-se mais intransigentes. Enquanto os príncipes ingleses mantiveram o sinal da cruz, seus súditos "papistas" recusaram-se – ainda que apenas por orgulho nacional – a contestar a prerrogativa maravilhosa que tantas gerações de in-

---

825. TOOKER. *Charisma*, p. 83. • BROWNE. *Adenochaiderologia*, p. 63.

gleses acreditaram; esses católicos tiveram como último recurso atribuir ao sinal sagrado o poder de realizar por si mesmo – ainda quando feito por mãos heréticas – a obra da cura[826]. Jaime I retirou-lhes essa última escapatória. Na França – e, de modo geral, no resto do continente – os escritores católicos, não sendo detidos por nenhum escrúpulo patriótico, chegaram quase todos à solução extrema: negaram o milagre inglês[827]. Em 1593, essa é a posição do jesuíta espanhol Delrio, cujas *Disquisitionum Magicarum*, várias vezes reeditadas, tiveram autoridade durante muito tempo[828]; poucos anos mais tarde, essa também é a posição dos franceses Du Laurens e Du Peyrat[829]; para tais autores, o toque dos reis da Inglaterra não tem poder, seu pretenso privilégio é impostura ou ilusão. Admitia-se a possibilidade de um grande erro coletivo – audácia perigosa, pois a realidade do dom maravilhoso que se atribuía aos Bourbon não se baseava em provas diferentes das que os publicistas de além-Mancha invocavam em favor dos Tudor ou dos Stuart; se os ingleses se enganavam sobre a virtude da mão régia, não podia ocorrer o mesmo com os franceses? Delrio emprega nessa controvérsia um vigor crítico bem temível; não sendo francês, sentia-se mais livre. Não que ele contestasse a realidade dos prodígios realizados pela dinastia católica que reinava na França; com o zelo religioso sobrepujando o orgulho nacional, Delrio sabia expressamente que esses prodígios eram autênticos, mas, sem dúvida, o cuidado de não afirmar nada que arriscasse abalar o prestígio de nossos reis médicos não o preocupava tanto quanto preocuparia um súdito francês. Procurando explicar, sem apelo ao milagre, o renome taumatúrgico de Elisabete, ele hesita entre três soluções: uso de emplastros secretos (ou seja, fraude grosseira), influência diabólica ou, enfim, simples "ficção" – com a rainha curando ape-

---

826. No que se refere às curas operadas por Elisabete, é a teoria de Smitheus ([Richard Smith]. *Florum historiae ecclesiasticae gentis Anglorum libri septem*, 1654, in-folio, Paris, l. III, cap. 19, sectio IV, p. 230) que também faz entrar em jogo a influência de São Eduardo o Confessor; a rainha curava "non virtute própria [...] sed virtute signi Crucis et ad testandam pietatem S. Edwardi, cui succedebat in Throno Angliae". Smith – que foi vigário apostólico na Inglaterra de 1625 a 1629 – não parece admitir as curas realizadas pelos sucessores de Elisabete.
827. De L'Ancre (*L'incrédulité et mescreance du sortilège*, 1622, p. 165) é exceção. Ele admite as curas realizadas por Jaime I, mas pensa que esse rei – às escondidas, certamente – dispunha "sua mão em forma de cruz".
828. *Disquisitionum*. Ed. de 1606, p. 60ss.
829. DU LAURENS. *De mirabili*, p. 19. • DU PEYRAT. *Histoire ecclésiastique de la Cour*, p. 796-801.

nas as pessoas que não estão realmente enfermas (porque, observa Delrio, consta que ela não cura todos os que lhe são apresentados)[830]. Principalmente essa última afirmação e a hipótese a que servia de base estavam cheias de ameaças. Será possível acreditar que nenhum dos inúmeros leitores das *Disquisitionum* tivera a ideia de aplicar aquela hipótese também aos reis franceses? Em 1755, o cavaleiro de Jaucourt publicou na *Encyclopédie* o verbete *Ecrouelles*; ele certamente não acreditava no poder taumatúrgico dos reis, nem mesmo no dos reis de seu país; em seu tempo, os "filósofos" haviam abalado definitivamente a velha ideia. Não ousou, contudo, atacar de frente o privilégio reivindicado pela dinastia francesa, contentou-se com uma breve menção a esse privilégio e reservou toda a sua crítica e toda sua ironia para as pretensões dos soberanos ingleses. Evidentemente, tratava-se de simples subterfúgio, para livrar-se de uma situação delicada sem precisar ajustar contas com a autoridade; o leitor entenderia que os golpes deviam atingir igualmente a ambas as monarquias. Mas essa astúcia de enciclopedista representa o que deve ter sido em muitos espíritos uma atitude intelectual sincera: começou-se duvidando do milagre estrangeiro, cuja ortodoxia religiosa proibia admitir; pouco a pouco, a dúvida se estendeu ao milagre nacional.

2 O fim do rito inglês

Foi a Inglaterra o primeiro país onde os acontecimentos políticos puseram fim ao antigo costume do toque.

Naturalmente, Jaime II não era homem de deixar cair em desuso a mais maravilhosa das prerrogativas monárquicas. Nesse ponto, ele até fez acréscimos ao patrimônio transmitido por seus predecessores. Não poderíamos duvidar de que, em seu círculo, certas pessoas tenham acreditado no projeto de reviver o velho rito dos anéis medicinais – simples veleidade que não foi levada

---

830. Loc. cit. p. 64: "sed ea cogimur dicere, vel fictitia, si non vere aegri: vel fieri physica aliqua vi emplastrorum, aut aliorum adhibitorum: vel ex pacto tacito vel expresso cum daemone". Para a observação a respeito das pessoas apresentadas ao toque, mas não curadas, cf. p. 61; cf. aqui, p. 396-397. O ano em que apareceu a primeira edição dos *Disquisitionum* (1593) é o mesmo da conversão de Henrique IV; dificilmente se podia, então, considerar a França como regida por reis católicos. Delrio, em seu desenvolvimento sobre as escrófulas, fazia alusão a essa dificuldade? Não sei, pois não pude ver a edição anterior à de 1606, onde se encontra (p. 65) a fórmula prudente "De Franciae regibus; quorum adhuc nullus aperte haeresim professus fuit", reproduzida nas edições seguintes.

adiante[831]. Em compensação, Jaime II tocava com frequência; como seu irmão, viu se apresentarem a ele um grande número de doentes: 4.422 desde março de 1685 – aparentemente, o mês em que começou a praticar – até dezembro do mesmo ano[832]; em 28 e 30 de agosto de 1687 – pouco mais de 1 ano antes de sua queda –, no coro da Catedral de Chester, respectivamente 350 e 450 pessoas[833]. No começo de seu reinado, Jaime II aceitara a assistência de pastores anglicanos para essa cerimônia; a partir de 1686, entretanto, teve cada vez menos boa vontade de recorrer a eles, apelando de preferência aos membros do clero católico. Ao mesmo tempo, parece, ele substituiu o ritual, em vigor desde Jaime I, pela antiga liturgia que se atribuía a Henrique VII: retomou as preces em latim, a invocação à Virgem e aos santos, o sinal da cruz[834]. Esse retorno ao

---

831. A biblioteca de *Surgeon General*, em Washington, possui – em uma coleção de documentos relativos ao toque das escrófulas – uma pequena brochura in-8 de 8 páginas intitulada *The Ceremonies of blessing Cramp-Rings on Good Friday, used by the Catholick Kings of England*. Eu devo uma cópia desse documento à extrema gentileza do Tenente-coronel F.H. Garrison, que o indicara em seu artigo intitulado *A relic of the King's Evil*. Esse texto se encontra reproduzido (1º) em *The literary magazine,* 1792. (2º) Em MASKELL, W. *Monumenia ritualia.* 2. ed., III, p. 391. Maskell servira-se de um manuscrito datado de 1694, encadernado em seguida a um exemplar das *Ceremonies for the Healing of them that be Diseased with the King's Evil, used on the Time of King Henry VII*, impressas em 1686 por ordem do rei (cf. SIMSON, S. *On the forms of prayer*, p, 289). (3º) Segundo Maskell, em CRAWFURD. *Cramp-rings,* p. 184. É a tradução fiel à antiga liturgia, tal como apresentada no missal de Maria Tudor. A brochura conservada em Washington traz a data de 1694. Portanto, ela foi impressa após a queda de Jaime II (1688). Mas uma nota surgida nas *Notes and Queries,* 6th series, VIII (1883), p. 327, que assinala a existência deste mesmo opúsculo, indica que certamente é preciso considerá-lo como uma reimpressão – a primeira edição parece ter surgido em 1686. É o mesmo ano no qual o impressor régio publicava, sob ordens, a antiga liturgia das escrófulas (infra, n. 3); na qual, por outro lado, Jaime II esforçava-se cada vez mais para livrar-se da intervenção do clero anglicano na cerimônia do toque. De resto, parece que nos meios jacobitas houve o rumor de que os últimos Stuart haviam benzido os anéis – acerca de Jaime II, cf. a carta (que, aliás, nega o fato) do secretário do príncipe, citada em FARQUHAR, IV, p. 169.

832. Segundo os atestados relativos à distribuição das medalhas, conservados no Record Office. Cf. abaixo em *Apêndice I*, p. 405.

833. *The Diary of Dr. Thomas Cartwright, bishop of Chester* (Camden Society, XXII, 1843), p. 74-75.

834. Encontrar-se-ão todos os testemunhos sobre a atitude de Jaime II diligentemente compilados e judiciosamente discutidos pela Srta. Farquhar em *Royal Charities,* III, p. 103ss. A bem dizer, não conhecemos exatamente o serviço empregado por Jaime II. Sabemos somente que em 1686 o impressor do rei publicou a antiga liturgia católica – que se atribuía a Henrique VII – em dois volumes diferentes, um encerrando o texto latino (cf. aqui, p. 303, n. 654), o outro uma tradução em língua inglesa: CRAWFURD. *King's Evil,* p. 132. Por outro lado, uma carta confidencial do bispo de Carlisle datada de 3 de junho de 1686 (Ed. Magrath. *The Flemings in Oxford,* II. *Oxford Historical Society's Publications,* LXII, 1913, p. 159, citada por FARQUHAR, III, p. 104) traz as seguintes palavras: "Last week, his Majesty dismissed his Protestant Chaplains at Wind-

passado apenas contribuiu para desacreditar em uma parte do público protestante o milagre régio que, assim, parecia se confundir com as pompas de um culto abominado[835].

Guilherme de Orange, alçado ao trono pela revolução de 1688, tivera – como, outrora, Jaime I – sido educado no calvinismo; e como Jaime I, via no rito curador nada além de uma prática supersticiosa. Mais firme que seu predecessor, recusou-se a tocar e manteve sempre essa recusa[836]. Diferença entre dois temperamentos individuais, entre um homem de vontade fraca e uma alma resoluta? Sem dúvida, mas diferença também entre dois estados da consciência coletiva: a renúncia, que a opinião pública não aceitara de Jaime I, parece ter sido, um pouco menos de um século mais tarde, admitida sem muito escândalo. Em alguns meios bem pensantes, contentava-se em narrar que um doente, sobre o qual o rei – ainda que proclamando seu ceticismo – havia consentido pousar a mão, havia se curado perfeitamente[837]. Os *tories**, no entanto, não se davam por satisfeitos. Em 1702, a Rainha Ana toma o poder; a partir do ano seguinte, eles conseguiram que ela renovasse a tradição miraculosa. Ela tocou, como seus ancestrais – mas com um rito simplificado – os escrofulosos que parece terem sido numerosos[838]. "Contestar a realidade deste milagre heredi-

---

sor from attending at ye Ceremony of Healing which was performed by his Romish Priests: ye service in Latin as in Henry 7th time" – o que parece dever encerrar definitivamente a questão. Sobre o escândalo levantado pelas formas "papistas" do serviço, cf. os testemunhos da cerimônia do toque ocorrida em 1687 em Bath, compilados por GREEN. *On the cure by Touch*, p. 90-91.

835. Em 1726, Sir Richard Blackmor (*Discourses on the Gout* [...] Preface, p. lxviii), considera claramente a "superstição" do toque como uma impostura de sacerdotes papistas.

836. *Gazette de France*, n. de 23 de abril de 1689, p. 188. "De Londres, a 28 de abril de 1689. Dia 7 deste mês, o Príncipe de Orange jantou com Lorde Newport. O dia seguinte, ele devia, conforme o costume usual, realizar a cerimônia de tocar os doentes e lavar os pés de vários pobres como sempre fizeram os reis legítimos. Mas ele declarou que acreditava que essas cerimônias não estavam isentas de superstição; e ele somente deu ordem para que as esmolas fossem distribuídas aos pobres segundo o costume". Cf. tb. BLACKMORE, Sir R. *Discourses on the Gout* [...] Preface, p. lx. • RAPIN THOYRAS. *Histoire d'Angleterre*, livro V, cap. relativo a Eduardo o Confessor. Ed. em Haia, 1724, in-4, t. I, p. 446. • MACAULAY. *The history of England*, cap. XIV. Ed. Tauchnitz, I, p. 145-146. • FARQUHAR, *Royal Charities*, III, p. 118ss.

837. MACAULAY. Loc. cit.

* Membros do Partido Tory, apoiador do monarca [N.T.].

838. OLDMIXON. *The history of England during the reigns of King William and Queen Mary, Queen Anne, King George I*, in-folio. Londres, 1735 (*inspiration whig*), p. 301; o toque foi retomado desde março ou abril de 1703, ou mais tarde. Cf. FAQUHAR. *Royal Charities*, IV, p. 143. Recordou-se várias vezes que o Dr. Johnson, quando criança, foi tocado pela Rainha Ana. Cf. BOSWELL. *Life of Johnson*. Ed. Ingpen. Londres, 1907, in-4°, I, p. 12. • FARQUHAR,

tário", escrevia, ainda sob este reinado, Jeremy Collier, autor de uma célebre *Histoire ecclésiastique de la Grande-Bretagne*, "é chegar aos piores excessos do ceticismo negar o testemunho de nossos sentidos e levar a incredulidade até o ridículo"[839]. Um bom *tory* devia fazer profissão de fé na eficácia da mão régia: Swift não deixou de fazê-la[840]. Um jogo de cartas patriótico, impresso nessa época, mostrava como vinheta em seu nove de copas o seguinte: "Sua majestade a rainha tocando as escrófulas"[841]. "Sua majestade", ao que parece, cumpriu o gesto curador pela última vez em 27 de abril de 1714, um pouco mais de três meses antes de sua morte[842]: data memorável que marca o término de um rito antigo. Desde esse dia, nunca mais um rei ou uma rainha da Inglaterra, sobre o solo inglês, pendurou moedas nos pescoços dos doentes.

Com efeito, os príncipes da casa de Hannover, chamados a reinar sobre a Grã-Bretanha em 1714, jamais tentaram restabelecer em proveito próprio o milagre das escrófulas. Ainda durante longos anos, até em pleno reinado de Jorge II, o *Prayer-book* oficial continuou a apresentar o serviço litúrgico para a "cura" dos doentes pelo rei[843]; mas desde 1714 isto não passava de uma vã sobrevivência; as velhas preces não serviam mais. De onde vinha esta ausência sob a nova dinastia? Horror dos *whigs*, que a sustentavam e a aconselhavam,

---

IV, p. 145, n. 1. Um novo ritual foi posto em vigor sob este reinado: a liturgia era mais curta e o cerimonial consideravelmente simplificado; os doentes somente são apresentados ao soberano uma única vez; cada um deles recebe a moeda de ouro imediatamente após ter sido tocado. Cf. CRAWFURD. *King's Evil,* p. 146 (publica o texto do serviço). • FARQUHAR. *Royal Charities,* IV, p. 152. O *Wellcome Historical Medical Museum,* em Londres, possui um ímã proveniente da família de John Rooper, *Deputy Cofferer* da Rainha Ana, e que se acredita ter sido usado por essa soberana para o toque; a fim de evitar o contato direto com os doentes, ela teria tido em mãos este ímã ao cumprir o gesto curativo, e o teria interposto entre seus dedos e as partes afetadas. Cf. FARQUHAR, IV, p. 149ss. (com fotografia). Também devo as informações úteis à gentileza do Sr. C.J.S. Thompson, conservador do Museu. Aliás, é difícil se pronunciar sobre o valor dessa tradição. Sobre um anel ornado de um rubi que Henrique VIII carregava todos os dias, ao que parece, para se preservar do contágio, cf. FARQUHAR, p. 148.

839. *An ecclesiastical history of Great Britain.* Ed. Barnham, I. Londres, 1840, p. 532 (a primeira edição é de 1708): "King Edward the Confessor was the first that cured this distemper, and from him it has descended as an hereditary miracle upon all his successors. To dispute the matter of fact is to go to the excesses of scepticism, to deny our senses, and be incredulous even to ridiculousness".

840. *Journal to Stella,* carta XXII (28 de abril de 1711). Ed. F. Ryland, p. 172.

841. Cf. abaixo, *Apêndice II,* n. 17.

842. GREEN. *On the cure by touch,* p. 95.

843. Nas edições em língua inglesa, até 1732; nas edições em latim, até 1759. Cf. FARQUHAR. *Royal Charities,* IV, p. 153ss., cujas pesquisas anulam os trabalhos anteriores.

em relação a tudo o que lembrava a antiga monarquia de direito divino? Desejo de não chocar uma certa forma do sentimento protestante? Sem dúvida; mas parece que essas considerações, que incontestavelmente tinham sua parte de influência nas decisões tomadas pelos príncipes de Hannover, não explicam tudo. Poucos anos antes, Monmouth, que também se apoiava sobre o mais rigoroso protestantismo, tocara os doentes – não vemos seus amigos escandalizados com isso. Chamado ao trono mais ou menos pelo mesmo partido, por que Jorge I não tentou, por sua vez, curar? Talvez tivesse tentado se, do ponto de vista do direito monárquico estrito, não existisse entre Monmouth e ele, uma enorme diferença. Monmouth, filho de Carlos II e de Lucy Walter, dizia-se nascido de núpcias legítimas; ele, portanto, colocava-se como rei pelo sangue. Uma semelhante pretensão não podia ser sustentada sem ridículo por esse eleitor de Hannover, bisneto de Jaime I, o qual as necessidades da Sucessão Protestante fizeram um rei da Inglaterra. Contava-se, nos meios jacobitas, que certo fidalgo, tendo suplicado a Jorge que tocasse seu filho, foi aconselhado pelo rei – com um tom de mau-humor – que procurasse o pretendente Stuart, que vivia exilado no além-mar; o conselho – acrescentavam – foi seguido e o fidalgo, cujo filho tivera a saúde restabelecida, transformara-se em um fiel da antiga dinastia[844]. Pode ser que esta história tenha sido inventada em todas as suas partes pelo espírito de partido; mas ela não deixa de ter um tipo de verossimilhança psicológica, que assegurou seu sucesso; ela sem dúvida exprime de forma bastante exata o estado de espírito desses alemães, transplantados para a terra inglesa. Eles não eram os herdeiros legítimos da raça sagrada; não se consideravam aptos a sucedê-la no milagre hereditário. No exílio, nem Jaime II, nem, após ele, seu filho, cessaram de praticar o gesto curador. Eles tocariam na França, em Avignon, e na Itália[845]. Vinha-se até eles da Inglaterra e, segundo toda a probabilidade, das regiões vizinhas a suas residências. O partido jacobita

---

844. CHAMBERS, R. *History of the rebellion in Scotland* in 1745-1746. Ed. de 1828, in-16. Edimburgo, I, p. 183. Conta-se, igualmente, que Jorge I, solicitado por uma dama, consentiu não em tocá-la, mas em se deixar tocar por ela; não nos dizem se ela ficou curada: CRAWFURD, p. 150.

845. Jaime II em Paris e Saint-German: VOLTAIRE. *Siècle de Louis XIV*, cap. XV. Ed. GARNIER, XIV, p. 300; *Questions sur l'Encyclopédie*, verbete *Ecrouelles*. Ibid. XVIII, p. 469 (no *Dictionnaire Philosophique*). Jaime III em Paris. • FARQUHAR. *Royal Charities*, IV, p. 161 (?). Em Avignon, cf. acima, p. 372, n. 850. Nos Banhos de Lucca, FARQUHAR, p. 170. Em Roma, cf. acima n. 852. Para os documentos numismáticos, FARQUHAR, p. 161ss. Jaime II foi considerado como tendo realizado, como um santo, milagres póstumos; mas nenhuma cura de escrófulas figura na lista (cf. DU BOSQ DE BEAUMONT, G. & BERNOS, M. *La cour des Stuarts à Saint-Germain en Laye*. 2. ed., in-12. 1912, p. 239ss.). Cf. tb. FARQUAR. *Royal Charities*, III, p. 115, n. 1

sustentava cuidadosamente a velha crença. Em 1721, um polemista deste grupo fez surgir uma pretensa carta de um "fidalgo de Roma dando conta de certas curas surpreendentes recentemente ocorridas na vizinhança dessa cidade". Em forma mais velada, é sempre o mesmo tema que, pouco menos de um século antes, vimos desenvolvido na pseudopetição dos escrofulosos reclamando o retorno a Londres de Carlos I: "Acordai, Britânicos [...] considerai que vós deveis ser tidos por indignos do conhecimento que tendes desse maravilhoso Poder e dos benefícios que podeis dele retirar, se vós o desprezais e o negligenciais"[846]. Essa pequena obra deve ter tido algum sucesso, pois no campo adversário acreditou-se que era necessário respondê-la. O médico William Becket disso se encarregou. Sua *Enquête libre et impartiale sur l'antiquité et l'efficacité du toucher des écrouelles* é uma obra de espírito racionalista e sensata, de caráter moderado, em suma, uma das mais razoáveis já consagradas à velha "superstição" monárquica. Essa dignidade de tom não foi observada por todo mundo. A polêmica jacobita nem sempre se absteve das ironias um pouco pesadas e – a era vitoriana ainda não havia passado por lá – das alusões rabelaisianas: testemunha disso é o violento artículo anônimo que apareceu em 1737 em um jornal whig, o *Common Sense*[847]. A controvérsia adquiriu um vigor novo em 1747. Nesse ano, o historiador Carte, em uma *Histoire générale d'Angleterre*, introduziu em nota de rodapé uma historieta relativa a um habitante de Wells, em Somerset, que, no ano de 1716, sofrendo de escrófulas, havia sido curado em Avignon pelo "primogênito dos descendentes em linha direta de uma raça de reis que, em verdade, durante longos séculos, haviam possuído o poder de curar esse mal pelo seu toque régio"[848]. A nota não passou despercebida. A cidade de Londres retirou do pobre Carte a subscrição com que honrara sua obra e os jornais whigs ficaram, durante alguns meses, repletos de cartas de protesto[849].

A bem dizer, os adversários dos Stuart tinham, nesse momento, algumas razões para se mostrarem melindrosos. Ainda não havia 2 anos que Carlos

---

846. Para o título, cf. aqui, p. 19: "For shame, *Britons*, awake, and let not an universal Lethargy seize you; but consider that you ought to be accounted unworthy the knowledge and Benefits you may receive by this extraordinary Power, if it be despised or neglected".

847. Reproduzido em *Gentleman's Magazine*, t. 7, 1737, p. 495.

848. *A general history of England*, 1. IV, § III, p. 291, n. 4: "the eldest lineal descendant of a race of kings, who had indeed, for a long succession of ages, cured that distemper by the royal touch". Sobre a localidade onde o toque teve lugar, cf. FARQUHAR, IV, p. 167.

849. *Gentleman's Magazine*, t. 18, 1748, p. 13ss. (*The Gentleman's Magazine Library*, III, p. 165ss.). Cf. FARQUHAR. *Royal Charities*, IV, p. 167, n. 1.

Eduardo entrara triunfalmente em Edimburgo, no velho castelo real de Holyrood. Ele não se apresentava como rei, mas somente como o representante e herdeiro do verdadeiro rei que, aos olhos dos jacobitas, era seu pai, Jaime III. É curioso que, não obstante, ele tenha praticado, ao menos uma vez, o rito de cura, precisamente em Holyrood[850]. Já vimos que Monmouth, em 1680, sendo apenas um pretendente à herança e não à coroa, tinha ousado cumprir o rito régio[851]. Essas incorreções que as eras precedentes, mais acostumadas com os dogmas da religião monárquica, certamente não teriam tolerado, provam, à sua maneira, a decadência da velha fé.

Carlos Eduardo, de volta à Itália e tornado – pela morte de seu pai – o rei legítimo, continuou a cumprir o gesto miraculoso[852]. Temos dele, assim como de Jaime II e de Jaime III, medalhas cunhadas em terra estrangeira para ser penduradas nos pescoços dos doentes tocados; esses *touch-pieces* dos Stuart exilados são normalmente de prata, muito raramente de ouro; a adversidade do tempo não permitia mais o emprego do metal precioso tradicional. Após a morte de Carlos Eduardo, seu irmão Henrique, o Cardeal de York, alçado ao posto de pretendente, praticou o rito curador – seu gravador, Gioacchimo Hamerani, ainda executou para ele a medalha habitual; nela se vê, como queria a tradição, São Miguel Arcanjo derrotando o dragão e, no verso, em latim, a legenda: "Henrique IX, rei da Grã-Bretanha, da França e da Irlanda, cardeal, bispo de Tusculum"[853]. "Henrique IX" morreu em 1807. Nele se extinguiu a linhagem dos Stuart. Ao mesmo tempo, o toque das escrófulas deixou de ser praticado: o milagre régio só morreu quando morre a raça régia.

Hume escrevia, em 1755, em sua *Histoire d'Angleterre*: "a prática [do toque] foi abandonada pela primeira vez pela atual dinastia [a casa de Hannover] a qual observou que este costume não era mais capaz de impressionar o populacho e alcançara o ridículo aos olhos de todos os homens de

---

850. CHAMBERS, R. *History of the rebellion in Scotland in 1745-1746*. Ed. de 1828, I, p. 184. Jaime III já tocara na Escócia em 1716. Cf. FARQUHAR, *Royal Charities*, IV, p. 166.

851. Parece mesmo que sua irmã Maria (que jamais fora reconhecida por Carlos II) tenha tocado: CRAWFURD, p. 138.

852. Toque praticado por Carlos Eduardo em Florença, Pisa e Albano em 1770 e 1786. Cf. FARQUHAR. *Royal Charities*, IV, p. 174. A numismática do toque sob os Stuart exilados foi estudada pela Srta. Farquhar com seu cuidado habitual. IV, p. 161ss.

853. FARQUHAR, IV, p. 177 (reprodução). Parece que, talvez nos tempos das guerras da Revolução, "Henrique IX" tenha precisado recorrer às moedas de cobre ou estanho argentados. FARQUHAR. Loc. cit., p. 180.

bom-senso"[854]. Sobre o segundo ponto, concordar-se-á facilmente com Hume; mas sobre o primeiro, levado por este otimismo que era a marca comum de todos os racionalistas de seu tempo, pronto – como tantos contemporâneos seus – a acreditar no triunfo das "luzes", ele certamente se enganou. Por muito tempo, a alma popular não deveria desertar da velha crença, à qual a recusa dos Hannover não havia tirado todo o seu sustento. Sem dúvida, doravante apenas pouquíssimos doentes conseguiram obter o contato imediato de uma mão régia; no tempo de Hume, os Stuart em seu exílio ainda figuravam como taumaturgos, mas o número de ingleses que vinham encontrá-los em suas distantes residências para lhes pedir a saúde não parece ter sido muito considerável. Os fiéis do milagre deviam mais frequentemente se contentar com sucedâneos. As medalhas, cunhadas outrora para serem distribuídas nos dias do toque, fundidas em um material durável, conservaram junto ao vulgo o valor de amuletos. Em 1736, os fabriqueiros (*churchwardens*) da Paróquia de Minchinhampton, no condado de Gloucester, não cessaram de oferecer aos escrofulosos, outrora tocados por um rei, a renovação da fita que sustentava sua moeda de ouro[855]. O mesmo e por mais tempo ainda, atribuiu-se uma semelhante virtude a certas moedas, cunhadas originalmente unicamente para servir de numerário, mas às quais a efígie de Carlos I, o rei mártir, de alguma maneira conferia dignidade especial: as coroas ou meias-coroas deste príncipe, também consideradas remédio soberano contra as escrófulas, transmitiam-se de geração em geração, nas ilhas de Shetland, até 1838 e talvez até mais tarde[856]. Um poder de mesma natureza era atribuído também a certas relíquias pessoais: como aquele lenço manchado pelo sangue do cardeal de York que,

---

854. Cap. III, ed. de 1792, p. 179: "[...] the practice was first dropped by the present royal family, who observed, that it could no longer give amazement to the populace, and was attented with ridicule in the eyes of all men of understanding". Voltaire escreve em suas *Questions sur l'Encyclopédie*, verbete *Ecrouelles*. Ed. GARNIER, t. XVIII, p. 470: "quando o rei da Inglaterra, Jaime II, foi reconduzido de Rochester a Whitehall [por ocasião de sua primeira tentativa de fuga, em 12 de dezembro de 1688], propôs-se deixá-lo praticar alguns atos da realeza, como tocar as escrófulas; não se apresentou ninguém". Esta historieta é pouco verossímil e sem dúvida deve ser considerada como puramente caluniosa.

855. *Archaeologia*, XXXV, p. 452. Cf. para o porte de uma moeda sob o reinado de Jorge I, cf. FARQUHAR, IV, p. 159.

856. PETTIGREW. *On superstitions*, p. 153-154. As moedas de São Luís, nas quais se perfurava um orifício para que pudessem ser penduradas no pescoço ou no braço, foram às vezes empregadas na França como talismãs contra as doenças. Cf. LE BLANC. *Traité historique des monnoyes*, in-4º. Amsterdã, 1692, p. 176.

ainda em 1901, na Irlanda, considerava-se capaz de curar o "mal do rei"[857]. Aliás, por que falar de relíquias? Sob o reinado de Vitória, no condado de Ross, na Escócia, as moedas de ouro mais banais eram vistas como panaceias universais pelos camponeses, porque elas traziam "o retrato da rainha"[858]. É óbvio, sabia-se perfeitamente que todos esses talismãs, por mais apreciados que fossem, eram só meios indiretos de estabelecer uma relação com a pessoa régia; qualquer coisa mais direta terá valido mais. Eis o que narrava em 1901, em uma nota sobre "as sobrevivências do tempo de outrora no condado de Ross", a Srta. Sheila Macdonald: "nós tínhamos um velho pastor que sofria da escrófula; ele se queixava frequentemente de não poder se aproximar, perto o bastante para tocá-la, da finada sua graciosa majestade [a Rainha Vitória]. Estava convencido que, se tivesse conseguido isso, seu mal teria sido curado na mesma hora. 'Infelizmente, não!', dizia tristemente, 'ao invés disso, é preciso que eu me contente em ir a Lochaber em um desses dias e tentar me fazer curar pelo feiticeiro'" – era um sétimo filho[859]. Em verdade, se as circunstâncias não houvessem imposto aos ingleses uma dinastia que só podia ter sua legitimidade da escolha da nação e não de um sangue sagrado, nos perguntamos até quando a consciência popular teria exigido dos reis a prática do antigo milagre. À ascensão, em 1714, de um príncipe estrangeiro que não podia se apoiar nem sobre o direito divino nem sobre nenhuma popularidade pessoal, a Grã-Bretanha deveu a consolidação de seu regime parlamentar. Sem dúvida, ela deveu-lhe também ter, pela supressão do velho rito em que se exprimia tão perfeitamente a realeza sagrada das eras antigas, eliminado mais cedo que a França o sobrenatural da política.

3 O fim do rito francês

Na França do século XVIII, o rito curador continuou a ser praticado somente pelos reis. Conhecemos, para Luís XV, somente uma cifra – aliás, aproximada – de doentes tocados: em 29 de outubro de 1722, no dia seguinte ao de sua sagração,

---

857. FARQUHAR, IV, p. 180 (e comunicação pessoal da Srta. Farquhar).

858. MacDONALD, S. *Old-world survivals in Ross-Shire* – The Folk-Lore, XIV, 1903, p. 372.

859. Loc. cit. p. 372: "An old shepherd of ours who suffered from scrofula, or king's evil, often bewailed his inability to get within touching distance of Her late Gracious Majesty. He was convinced that by so doing his infirmity would at once be cured. 'Ach ! no' he would say mournfully 'I must just be content to try and get to Lochaber instead some day, and get the *leighiche* (healer) there to cure me'".

mais de dois mil escrofulosos se apresentariam a ele no parque de Saint-Rémi de Reims[860]. Vê-se que a antiga afluência popular não havia diminuído.

Contudo, este reinado, tão marcado de todas as maneiras pela decadência do prestígio monárquico, desferiu um golpe muito duro na antiga cerimônia. Ao menos três vezes, ela não pôde ser realizada devido à ausência do rei. Um velho costume exigia que o soberano só podia cumpri-la depois de ter comungado; ora, em 1739, Luís XV, cuja intriga com Madame de Mailly se iniciava, viu-se proibido por seu confessor de, durante a Páscoa, acessar a santa mesa; também na Páscoa de 1740 e no Natal de 1744, precisou se abster da comunhão – nas três vezes, ele não tocou. O escândalo foi grande em Paris, ao menos em 1739[861]. Essas interrupções no milagre, provocadas pela má conduta régia, arriscavam desabituar as massas de recorrer a ele. Quanto aos círculos cultos, o ceticismo era cada vez menos velado. As *Lettres Persanes*, já em 1721, tratavam "o rei mágico" com alguma irreflexão[862]. Saint-Simon, redigindo suas *Mémoires* entre 1739 e 1751, zomba da pobre princesa de Soubise; amante de Luís XIV, ela teria morrido de escrófulas. A historieta é de uma considerável ferocidade, mas provavelmente inexata: talvez, Madame de Soubise nunca tenha sido a amante do rei – e parece comprovado que ela não tenha sido acometida de escrófulas. Saint-Simon, provavelmente, retirara a matéria deste relato calunioso dos mexericos de corte, ouvidos em sua juventude; mas o contorno que lhe dá parece provar que ele havia, querendo ou não, sofrido a influência do espírito novo. Não chega ele ao ponto de falar do "milagre que se *pretende* ligado ao contato de nossos reis"?[863] Voltaire, não somente em sua *Correspondan-*

---

860. Relação impressa, publicada pela *Gazette de France*. Arquivo Nacional, K 1714, n. 20.
861. Páscoa de 1739, LUYNES. *Mémoires*. Ed. L. Dussieux e Soulié, II, 1860, p. 391. • BARBIER. *Journal*. Ed. da *Soc. de l'Hist. de France,* II, p. 224 ("isso causou grande escândalo em Versalhes e provocou muito rumor em Paris". Aliás, Barbier julga que "estamos bem o bastante com o papa para que o filho mais velho da Igreja tenha uma dispensa de fazer suas páscoas em qualquer situação, sem sacrilégio e com consciência tranquila"). • MARQUÊS DE ARGENSON. *Journal et Mémoires*. Ed. E.J.B. RATHERY (*Soc. de l'Hist. de France*), II, p. 126. Páscoa de 1740. • LUYNES, III, p. 176. Natal de 1744. • LUYNES, VI, p. 193. A indicação de P. de Nolhac (*Louis XV et Marie Leczinska*, in-12, 1902, p. 196), certamente é errônea. Cf. Luynes, II, p. 99. Louis XIV. Na Páscoa de 1678, já havia sido recusada a absolvição pelo padre de Champ, que substituiu como confessor o padre de la Chaise, que ficou doente (MARQUÊS DE SOURCHES. *Mémoires*, I, p. 209, n. 2). É muito provável que ele não tenha tocado nessa festa.
862. Cf. acima, p. 62n. 61.
863. Ed. Boislisle, XVII, p. 74-75. Saint-Simon acredita também – sem dúvida, erroneamente – que várias crianças de Madame de Soubise morreram de escrófulas. Ele escreve, depois da frase citada sobre o pretenso milagre, esta da qual não pude determinar o significado exato: "a verdade é que, quando eles [os reis] tocam os doentes, é ao sair da comunhão".

ce, mas também, mais abertamente, em suas *Questions sur l'Encyclopédie,* não se priva de ridicularizar as virtudes miraculosas da dinastia. Ele se apraz em apontar alguns fracassos retumbantes: se crermos nele, Luís XI seria incapaz de curar São Francisco de Paula; e Luís XIV, uma de suas amantes – Madame de Soubise, sem dúvida – ainda que ela tivesse sido "muito bem tocada". No *Essai sur les Mœurs* oferece como modelo para os reis da França o exemplo de Guilherme de Orange, o qual renunciara a esta "prerrogativa", e ousa escrever: "O tempo virá que a razão, que começa a fazer algum progresso na França, abolirá este costume"[864]. Este descrédito no qual caiu o rito secular é, para nós, um grave inconveniente. Ele torna particularmente difícil escrever essa história, pois os jornais do fim do século XVIII, mesmo os mais abundantes em notícias da corte, parecem ter sempre considerado como indigno relatar uma cerimônia tão vulgar.

Luís XVI, contudo, no dia seguinte à sua sagração, fiel ao velho costume, encontrou diante de si 2.400 escrofulosos[865]. Continuou ele, como seus predecessores, a tocar durante as grandes festas religiosas? É muitíssimo verossímil, mas disto não pude encontrar prova documental. Em todo caso, é certo que o milagre não se desenvolvia mais na mesma atmosfera de fé pacífica de outrora. Já sob Luís XV, ao que parece – e isso desde a sagração –, o rei, seguramente sem nisto ver malícia e acreditando com toda sinceridade seguir o costume antigo, modificara ligeiramente a fórmula tradicional que acompanhava, a cada vez, o gesto do toque: na segunda parte da frase, as palavras "Deus te cura" haviam sido substituídas por "Deus te cure"[866]. É verdade que, desde o século

---

864. *Questions sur l'Encyclopédie,* verbete *Ecrouelles* (Ed. Garnier, no *Dictionnaire philosophique,* XVIII, p. 469) onde se encontra (p. 470) a historieta sobre Francisco de Paula: "o santo não cura o rei, o rei não cura o santo". *Essai sur les Mœurs,* Introdução, XXIII (t. XI, p. 96-97) onde se lê, acerca da recusa de Guilherme III: "Se a Inglaterra aprovar alguma grande revolução que a mergulhe novamente na ignorância, então ela terá milagres todos os dias"; e cap. XLII, ibid. p. 365, de onde vem a frase citada no texto; ela não aparece na primeira versão desse capítulo surgido em *Mercure* de maio de 1746, p. 29ss.; não pude consultar a verdadeira edição *princeps,* a de 1756; a de 1761, I, p. 322, encerra nossa frase – Carta de Frederico II de 7 de julho de 1775 (historieta sobre a amante de Luís XIV). Cf. tb. as notas manuscritas conhecidas sob o nome de *Sottisier,* t. XXXII, p. 492.

865. Relação impressa, publicada pela *Gazette de France*: Arquivo Nacional, K 1714, n. 21 (38); Voltaire a Frederico II, 7 de julho de 1775. Quadro representando Luís XVI rezando diante da arca de São Marcoul: *Apêndice II,* n. 23.

866. Para Luís XV, relação citada acima, p. 375, n. 860 (p. 598). Cf. REGNAULT. *Dissertation,* p. 5. Para Luís XVI, relação citada acima, n. 26 (p. 30). • *Le Sacre et couronnement de Louis XVI roi de France et de Navarre,* in-4°, 1775, p. 79. • [ALLETZ], *Cérémonial du sacre des rois de Fran-*

XVII, alguns escritores, descrevendo a cerimônia, apresentam esta mudança; são testemunhas sem valor, viajantes redigindo apressadamente suas lembranças ou panfletistas sem autoridade e sem vínculos oficiais; todos os bons autores – e o próprio cerimonial, redigido nesse século – empregam o presente do indicativo. Du Peyrat rejeita expressamente o subjuntivo, considerando-o incorreto. Estava reservado a nossos últimos reis taumaturgos inclinar-se inconscientemente a um modo dubitativo. Nuança quase imperceptível, mas que, entretanto, pode-se considerar sintomática.

Mais instrutivo ainda é o episódio dos atestados de cura, que marca um contraste bastante vivo entre o início e o fim do século XVIII. Pouco depois da coroação de Luís XV, o marquês de Argenson, então intendente de Hainaut, descobriu em sua circunscrição um doente que, tendo sido tocado pelo rei durante a viagem de Reims, encontrava-se a três meses livre de seu mal. Imediatamente ordenou constituir, com grande empenho de investigações e atestações autênticas, o dossiê deste caso, tão lisonjeiro para o orgulho monárquico, e apressou-se em enviá-lo a Paris; pensava assim em agradar a corte, mas ficou desapontado; o secretário de Estado La Vrillière respondeu-lhe "secamente que isto era bom e que ninguém punha em dúvida o dom que tinham nossos reis de operar esses prodígios"[867]. Querer provar um dogma, não seria, para os verdadeiros crentes, o mesmo que levantar uma suspeita? 52 anos mais tarde, as coisas tinham mudado bastante. Um certo Rémy Rivière, da Paróquia de Matougues, fora tocado por Luís XVI em Reims: ele se curou. O intendente de Châlons, Rouillé d'Orfeuil, soube do fato; apressou-se em enviar para Versalhes, em 17 de novembro de 1775, um atestado "assinado pelo cirurgião do local, bem como pela cura e pelos principais habitantes". O secretário de Estado encarregado pela correspondência com a Champanhe, Bertin, respondeu-lhe, a 7 de dezembro, nestes termos:

---

ce, 1775, p. 175. Notar-se-á que, segundo a relação da sagração de Luís XV e os diversos textos relativos à sagração de Luís XVI, a ordem dos dois elementos da frase foi igualmente invertida: "Deus te cura, o rei te toca". Clausel de Coussergues (*Du sacre des rois de France,* 1825) dá uma relação da sagração de Luís XIV, que apresenta a fórmula com o subjuntivo (p. 657, cf. p. 150); mas ele não cita a fonte. Sobre os textos oficiais do século XVII, cf. acima p. 301, n. 646. Carlos X também empregou o subjuntivo, tornado tradicional; mas vê-se que erroneamente Landouzy (*Le toucher des écrouelles,* p. 11 e 30), lhe atribuiu a iniciativa.

867. *Journal et Mémoires du Marquis d'Argenson*, I, p. 47.

Eu recebi, senhor, a carta que vós me escreveis concernente à cura do chamado Rémy Rivière e a coloquei sob a vista do rei; se, futuramente, vós tiverdes conhecimento de semelhantes curas, fareis bem em informar-me a respeito[868].

Possuímos ainda outros quatro atestados que foram redigidos na mesma circunscrição e em Soissons, em novembro e dezembro de 1775, para quatro crianças que Luís XVI, tocando-as após sua sagração, havia – segundo diziam – devolvido à saúde. Não sabemos de fonte segura se esses casos foram comunicados ao ministro e ao rei, mas devemos supor que a carta de Bertin levou os intendentes – se disso tomaram conhecimento – a não os deixar guardados[869]. Não mais se podia desdenhar as provas experimentais do milagre.

Certamente, um momento veio – em 1789, segundo todas as probabilidades – no qual Luís XVI teve que renunciar ao exercício do dom maravilhoso, como a tudo o que lembrava o direito divino. Quando ocorreu, sob este rei, o último toque? Infelizmente, não pude descobri-lo. Posso apenas apontar aos pesquisadores este curioso pequeno problema; resolvendo-o, determinar-se-ia muito exatamente a data quando a velha realeza sagrada cessou de parecer tolerável à opinião coletiva[870]. Entre as relíquias do "rei mártir", não parece que alguma tenha sido considerada capaz de possuir, como antes as de Carlos I da Inglaterra, o poder de curar o mal do rei. O milagre régio parecia morto, junto com a fé monárquica.

---

868. A carta de Rouillé d'Orfeuil e a resposta de Bertin, *Arch. de la Marne*, C. 229; a primeira publicada em LEDOUABLE. *Notice sur Corbeny*, p. 211. Devo uma cópia da segunda à amabilidade do senhor arquivista do departamento.

869. Atestados publicados em CERF. *Du toucher des écrouelles*, p. 253ss. e (com duas correções) em LEDOUBLE. *Notice sur Corbeny*, p. 212; datas extremas: 26 de novembro a 3 de dezembro de 1775. Nenhum dos dois editores indica sua fonte com precisão; parece que eles consultaram os arquivos do Hospício Saint-Marcoul. No entanto, o inventário do acervo de Saint Marcoul nos arquivos hospitalares de Reims – do qual existe uma cópia nos Arch. Nat., F2 I 1555 – não indica nada parecido. As localidades habitadas pelos doentes curados ficam em Bucilly, na circunscrição de Soissons (2 casos), Condé-les-Herpy e Château-Porcien, na de Châlons.

870. Pareceria natural, em um primeiro momento, procurar a solução do enigma nos jornais da época. Nenhum dos que pude ver – a *Gazette de France* para todo o reinado, numerosas sondagens no *Mercure* e no *Journal de Paris* – menciona a solenidade do toque, mesmo para o período do reinado no qual, segundo toda probabilidade, ela ainda ocorria. Já assinalei mais acima essa espécie de pudor que existia então em falar desse rito tão propenso a chocar os espíritos "esclarecidos". Poder-se-ia pensar igualmente em consultar o *Journal* de Luís XVI; ele foi publicado no período de 1766-1778 pelo conde de Beauchamp, em 1902 (e não foi comercializado; tive em mãos o exemplar dos Arch. Nat.); não se encontra nele nenhuma menção relativa ao toque.

Contudo, procurou-se ainda uma vez ressuscitá-lo. Carlos X, em 1825, sagrou-se. Em um último esforço de esplendor, a realeza santa e quase sacerdotal demonstrou suas pompas um pouco desusadas. "Ei-lo padre e rei", exclamava Victor Hugo, descrevendo, na ode *Sacre*, a consagração do novo ungido do Senhor[871]. Devia-se igualmente retomar a tradição do toque? A corte do soberano estava dividida. O barão de Damas, então ministro de negócios estrangeiros – e animado de uma fé ardente nas virtudes da mão régia – deixou-nos, em suas *Mémoires*, um eco destas dissenções. "Vários homens de letras", diz ele, "encarregados em estudar a questão, afirmaram gravemente que este toque das escrófulas era uma velha superstição popular que era preciso evitar reviver. Nós éramos cristãos e, contudo, adotou-se esta ideia e foi decidido, apesar do clero, que o rei não iria. Mas o povo não pensava assim [...]"[872]. Esses "homens de letras" sem dúvida se reconheciam no direito de escolher, a seu bel-prazer, a herança do passado; eles amavam a Idade Média, mas moldada ao gosto da época, ou seja, edulcorada; eles desejavam reviver os costumes nos quais encontravam a poesia, mas rejeitavam tudo o que lhes parecia denotar muito fortemente a barbárie "gótica". Um historiador católico, que pensava que não era possível ser tradicionalista pela metade, ridicularizou esta suscetibilidade: "a cavalaria era deliciosa, a Santa Âmbula já era uma audácia; quanto às escrófulas, não se queria disso ouvir falar"[873]. Ademais, como escreveu posteriormente o *Ami de la Religion*, temia-se "fornecer um pretexto às zombarias da incredulidade"[874]. Todavia, um pequeno grupo ativo, que tinha em sua liderança um padre *ultra*, o Abade Desgenettes, cura das Missões Estrangeiras, e o próprio arcebispo de Reims, Mons. Latil, estava resoluto em reatar com o passado, tanto sobre este ponto quanto sobre os outros. Esses homens empreendedores parecem ter desejado forçar a mão do monarca indeciso; desdenhando as vozes dos habitantes de Corbeny, que haviam demandado a Carlos X que renovasse em sua terra a antiga peregrinação,

---

871. *Odes et Ballades,* "Ode quatrième", VII. A nota (p. 322 da edição das *Œuvres Complètes*, Hetzel e Quantin) diz: "Tu es sacerdos in aeternum secundum ordinem Melchisédech. A Igreja chama o rei de 'o bispo de fora'; na missa da sagração ele comunga sob as duas espécies".

872. *Mémoires*, II, 1923, p. 65. Encontrar-se-á no *Apêndice* do tomo II, p. 305-306, uma nota sobre o toque, redigida por Damas em 1853 após uma visita que então fizera a Mons. Gousset, arcebispo de Reims. Nós iremos utilizá-la mais adiante.

873. AUBINEAU, L. p. 14 da *Notice* citada abaixo, p. 380, n. 875. Sabe-se que L. Aubineau fez às teorias de Augustin Thierry uma crítica que não é sem valor.

874. 09/11/1825, p. 402.

reuniram em Reims, no hospício Saint-Marcoul – um hospital fundado no século XVII – todos os escrofulosos que puderam encontrar[875]. Aliás, é possível que, como indica o barão de Damas, senão o "povo" por inteiro, ao menos uma fração da opinião popular tenha voluntariamente lhes dado algum apoio; certamente, nem toda lembrança dos antigos prodígios e dos entusiasmos que outrora lhes havia acompanhado tinha se extinguido entre os humildes. Até o último momento, Carlos se deixou persuadir com muita dificuldade; um dia, ele prescreveu que se dispensasse a pobre gente reunida à espera do rito curador; depois, voltou atrás. Em 31 de maio de 1825, ele se dirigiu ao hospício. A ordem de dispensa dispersara as filas dos doentes – eles não eram mais do que 120 a 130, aproximadamente. O rei, "primeiro médico de seu reino" – como disse um publicista da época –, tocou-os, sem muito aparato, pronunciando a fórmula que se tornara tradicional: "O rei te toca, Deus te *cure*", e dizendo-lhes palavras benévolas[876]. Mais tarde, como se fizera para Luís XVI, as religiosas de Saint-Marcoul mandaram redigir alguns atestados de cura – sobre os quais falaremos depois[877]. Em suma,

---

875. Sobre o papel do Abade Desgenettes, cf. AUBINEAU, L. *Notice sur M. Desgenettes*, in-18, 1860, p. 13-15 [reimpr. na *Notice biographique*, org. pelo Abade G. Desfoissés, no cabeçalho das *Oeuvres inédites de M. Charles-Eléonore Dufriche Desgenettes*, in-18 [1860], p. LXVI-LVII]. Cf. tb. CAHIER. *Caractéristiques des saints*, 1867, I, p. 264. • Petição dos habitantes de Corbeny publicada por S.A. *L'hermite de Corbeny ou le sacre et le couronnement de Sa Majesté Charles X roi de France et de Navarre*. Laon, 1825, p. 167. • LEDOUBLE. *Notice sur Corbeny*, p. 245.

876. Os relatos contemporâneos mais completos da cerimônia do hospício de Saint-Marcoul se encontram em *l'Ami de la Religion*, 4 de junho e sobretudo 9 novembro de 1825 e em MIEL, F.M. *Histoire du sacre de Charles X*, 1825, p. 308ss. (onde se lê na p. 312: "um dos doentes dizia após a visita do rei que sua majestade era o primeiro médico de seu reino"). Cf. tb., para a data de 2 de junho, o *Constitutionnel*, o *Drapeau Blanc*, o *Quotidienne* e os dois opúsculos seguintes: *Précis de la cérémonie du sacre et du couronnement de S.M. Charles X* (in-12. Avinhão, 1825, p. 78) e *Promenade à Reims ou journal des fêtes et cérémonies du sacre. [...] par un témoin oculaire* (in-12, 1825, p. 165). • CERF. *Du toucher*, p. 281. Sobre o hospital Saint-Marcoul (cujos dois belos edifícios, que datam do século XVII, semidestruídos pelo bombardeio, abrigam hoje a Ambulance Américaine): JADART, H. *L'hôpital Saint-Marcoul de Reims* – Travaux Acad. Reims, CXI (1901-1902). Procurou-se, em Reims, aproveitar do evento para reviver o culto de São Marcoul; reimprimiu-se um *Petit Office* do santo que havia desparecido anteriormente, em 1773 (Biblioth. de la Ville de Reims, R. 170 bis). Quanto à fórmula pronunciada pelo rei, o *Constitutionnel* escreve que ele tocou "sem pronunciar uma única vez a fórmula do antigo costume: 'O rei te toca, Deus te cure'". Mas, parece que, segundo a unanimidade de outros testemunhos, tem-se aí um erro, já revelado por *l'Ami de la Religion*, 4 de junho de 1825, p. 104, n. 1. Sobre o número dos doentes, as fontes dão indicações ligeiramente diferentes: 120 segundo o barão de Damas, 121 segundo F.M. Miel, aproximadamente 130 segundo *l'Ami de la Religion* de 9 de novembro (p. 403), 130 segundo Cerf (p. 283).

877. Cf. abaixo, p. 399, n. 916.

esta ressurreição de um rito arcaico, que a filosofia do século precedente ridicularizara, parece ter sido considerada bastante despropositada por quase todos os partidos – com exceção daqueles ultraexaltados. Chateaubriand, na véspera da sagração – consequentemente, antes de Carlos X ter interrompido sua decisão – escrevia, se acreditarmos nas *Mémoires d'Outre-Tombe*, os motivos seguintes: "não há mais mão virtuosa o suficiente para curar as escrófulas"[878]. Após a cerimônia, o *Quotidienne* e o *Drapeau Blanc* não se mostraram muito mais calorosos do que o *Constitutionnel**. "Se o rei", lê-se no *Quotidienne*, "cumprindo o dever imposto por um antigo costume, se aproximou desses desafortunados para curá-los, seu espírito justo o fez sentir que, se não podia levar o remédio para as chagas do corpo, podia ao menos aliviar as aflições da alma"[879]. À esquerda, ridicularizava-se o taumaturgo:

> Oiseau, ce roi miraculeuz
> Va guérir tous les scrofuleux**

cantava – aliás, bastante banalmente – Béranger no *Sacre de Charles le Simple*[880].

Não é preciso dizer que Carlos X – infiel, sobre este aspecto, ao exemplo de seus ancestrais – nunca tocou nas grandes festas. Desde 31 de março de 1825, nenhum rei na Europa pousou sua mão sobre as chagas dos escrofulosos.

Nada melhor para sentir o declínio definitivo da antiga religião monárquica do que esta última tentativa, tão tímida e tão mediocremente acolhida, para devolver à realeza o esplendor do milagre. O toque das escrófulas desapareceu na França mais tarde do que na Inglaterra; mas, diferente do que se passou no além-Mancha, entre nós ele deixou de ser praticado quando a fé que sustentara o rito durante tão longo tempo havia ela própria quase perecido e estava bem perto de perecer completamente. Sem dúvida, as vozes de alguns crentes tardios ainda se fariam ouvir algumas vezes. Em 1865, um clérigo de Reims, o Abade Cerf, autor de uma memória inestimável sobre a história do toque,

---

878. Edição de 1860, IV, p. 306.

* Trata-se dos nomes de três jornais do período. Os dois primeiros eram monarquistas, e o último era liberal [N.T.].

879. 2 de junho, *Correspondance particulière de Reims*. No mesmo número, há o *Extrait d'une autre lettre de Reims*, com o mesmo tom. Compara as palavras que Miel (loc. cit., p. 312) atribui ao próprio Carlos X: "o rei teria dito ao deixar os doentes: 'meus caros amigos, eu vos trouxe palavras de consolação, desejo muito vivamente que vos cureis'".

** Pássaros, esse rei miraculoso / Vai curar todos os escrofulosos.

880. *Œuvres*. Ed. de 1847, 11, p. 143.

escrevia: "começando este trabalho, eu acreditava, mais levemente, na prerrogativa dos reis da França de curar as escrófulas. Eu não terminara minhas pesquisas e esta prerrogativa era para mim uma verdade incontestável"[881]. Eis aí um dos últimos testemunhos de uma convicção que aliás se tornara de todo platônica, pois no tempo presente ela não mais se arriscava em ser posta à prova dos fatos. Às sobrevivências populares da antiga crença que ainda se podia encontrar no Reino Unido no século XIX, eu só posso comparar, no referente à França, a marca régia – a flor de lis – a qual os sétimos filhos, como se viu, haviam herdado dos reis; mas quem entre os clientes do *marcou* de Vovette, ou de tantos outros *marcoux*, pensava no laço que a consciência popular havia outrora obscuramente estabelecido entre o poder do "sétimo" e o privilégio da mão régia? Entre os nossos contemporâneos não acreditam em nenhuma manifestação miraculosa: para eles, a questão está completamente resolvida. Outros não rejeitaram o milagre, mas não pensam mais que o poder político ou mesmo uma filiação régia pudessem conferir graças sobrenaturais. Neste sentido, Gregório VII trinfou.

---

881. *Du toucher,* p. 280. No mesmo sentido, pode-se ver ainda PADRE MARQUIGNY. *L'attouchement du roi de France guérissait-il des écrouelles?* – Études, 1868 e ABADE LEDOUBLE. *Notice sur Corbeny*, 1883, p. 215. Em 1853, Mons. Gousset, arcebispo de Reims, exprimia ao barão de Damas sua fé no toque, mas ele não considerava os efeitos como inteiramente miraculosos: DAMAS. *Mémoires,* p. 305; aqui, p. 399, n. 918.

LIVRO TERCEIRO

A INTERPRETAÇÃO CRÍTICA DO MILAGRE RÉGIO

Capítulo único

1 As primeiras tentativas de interpretação racionalista

Seguimos aqui, ao menos até onde os textos nos permitiam, as vicissitudes seculares do milagre régio. No decorrer desta pesquisa, nos esforçamos para iluminar as representações coletivas e as ambições individuais que, misturando-se umas às outras em um tipo de complexo psicológico, levaram os reis da França e da Inglaterra a reivindicar o poder taumatúrgico e os povos assim lhes reconheceram. Assim, em um certo sentido, explicamos o milagre em suas origens e em seu longo sucesso. Contudo, a explicação ainda permanece incompleta; na história do dom maravilhoso, um ponto continua obscuro. As multidões que outrora acreditaram na realidade das curas operadas pelo intermédio do toque ou dos anéis medicinais viam nelas um fato de ordem experimental, "uma verdade clara como o sol", exclamava Browne[882]. Se a fé desses incontáveis fiéis era apenas ilusão, como compreender que ela não sucumbiu ante a experiência? Em outros termos, os reis curaram? Se sim, por quais procedimentos? Se a resposta, ao contrário, deve ser negativa, como, durante tantos anos, foi possível persuadir-se de que eles curavam? Naturalmente, a própria questão não se colocaria se admitíssemos a possibilidade de apelar às causas sobrenaturais; mas, como já foi dito, quem hoje, para o caso particular com que nos ocupamos, consideraria invocá-las? Ora, evidentemente, não basta rejeitar, sem cerimônia, a interpretação antiga, que recusa a razão; é necessário buscar substituí-la por uma interpretação nova, que a razão possa aceitar: tarefa delicada, da qual, no entanto, querer esquivar-se

---

882. *Charisma*, p. 2: "I shall presume, with hopes to offer, that there is no Christian so void of Religion and Devotion, as to deny the Gift of Healing: A Truth as clear as the Sun, continued and maintained by a continual Line of Christian Kings and Governors, fed and nourished with the same Christian Milk".

configuraria uma covardia intelectual. Ademais, a importância do problema ultrapassa a história das ideias monárquicas. Estamos na presença de um tipo de experiência crucial, a qual diz respeito a toda a psicologia do milagre.

As curas régias formam um dos fenômenos pretensamente sobrenaturais dos mais conhecidos, mais fáceis de estudar e – se é possível falar assim – um dos mais garantidos que o passado oferece. Renan adorava relatar que nunca milagre algum teve lugar diante da Academia das Ciências; ao menos, o milagre régio foi observado por inúmeros médicos, que não eram de todo desprovidos de, ao menos, um vislumbre de método científico. Quanto às multidões, elas nele acreditaram com toda sua paixão. Temos, portanto, sobre ele um grande número de testemunhos, de proveniência extremamente variada. Sobretudo, qual outra manifestação desse gênero podemos citar que tenha se desenvolvido, tanto em continuidade quanto em regularidade, durante quase oito séculos de história? "O único milagre que permaneceu perpétuo na religião dos cristãos e na casa de França", escrevia já em 1610 um bom católico e zeloso monarquista, o historiógrafo Pierre Mathieu[883]. Ora, por uma preciosa sorte, ocorre que esse milagre, perfeitamente notório e admiravelmente contínuo, é um daqueles que hoje ninguém mais acredita: de modo que, estudando-o à luz dos métodos críticos, o historiador não corre o risco de chocar as almas piedosas – raro privilégio que convém aproveitar. Aliás, estamos livres para, em seguida, tentar transportar para outros fatos da mesma espécie as conclusões às quais este estudo pôde chegar.

Não é de hoje que a necessidade de dar às curas, por longo tempo atribuídas aos reis pela alma popular, uma explicação fundamentada na razão impôs-se aos espíritos cujo conjunto de sua filosofia inclinava-se a negar o sobrenatural. Se o historiador experimenta hoje uma semelhante necessidade, quantos pensadores de outrora, para quem o milagre régio era de alguma forma uma experiência diária, não devem ter sentido o mesmo com ainda mais força?

O caso dos *cramp-rings*, a bem dizer, nunca foi muito discutido. Em boa parte, isso ocorreu porque pararam de ser fabricados cedo demais para que o pensamento livre dos tempos modernos tenha tido a ocasião de se preocupar com eles. Todavia, o francês De l'Ancre, escrevendo em 1622 um pequeno tratado contra os "sortilégios", fez-lhes uma menção; sem dúvida, em seu meio

---

883. [MATTHIEU]. *Histoire de Louys XI roy de France*, folio, 1610, p. 472. A expressão de "milagre perpétuo" foi repetida em DU PEYRAT. *Histoire ecclésiastique de la cour*, p. 818. • RIEZ, B. *L'incomparable piété des tres-chretiens rois de France*, II, 1672, p. 151.

ainda não havia se perdido completamente o hábito – atestado 13 anos antes por Du Laurens – de entesourá-los como talismãs. Ele não nega sua virtude, mas se recusa a ver nela algo de miraculoso. Não é certo que sua incredulidade tenha sido uma atitude filosófica; mas o orgulho nacional o impedia de admitir como autêntico um milagre inglês. Para ele, esses "anéis de cura" retiravam sua eficácia de algum remédio secreto e mais ou menos mágico ("pé de alce" ou "raiz de peônia") que os reis da Inglaterra introduziam sub-repticiamente no metal[884]. Em suma, a pretensa consagração seria somente um embuste. Encontraremos, em breve, acerca do milagre das escrófulas, mais de uma explicação do mesmo tipo. A interpretação do toque, diferentemente daquela dos anéis medicinais, foi frequentemente discutida.

Foi – como já o vimos – entre os primeiros "libertinos" italianos que a questão foi primeiramente debatida. Após estes, alguns teólogos protestantes da Alemanha – Peucer desde o fim do século XVI, Morhof e Zentgraff no século seguinte – apropriaram-se dela com um espírito, em resumo, análogo; pois se não pretendiam, como seus predecessores, negar todo o sobrenatural, também não estavam mais propensos do que estes a atribuir graças miraculosas ao rei católico da França, nem mesmo à dinastia anglicana. Parece que o enigma das curas régias transformou-se, no século XVII, em matéria comum para as dissertações públicas que de tempos em tempos vinham animar a vida morna das universidades alemãs – pelo menos os opúsculos de Morhof, de Zentgraff e, sem dúvida, também de Trinkhusius (do qual, infelizmente, conheço apenas o título) nasceram de teses sustentadas diante de uma assembleia acadêmica em Rostock, em Wittemberg e em Iena[885]. Até aqui, como podemos notar, as discussões desenvolviam-se fora dos dois reinos diretamente interessados na taumaturgia régia. Na França e na Inglaterra os céticos estavam reduzidos à política do silêncio. Não foi o que ocorreu na Inglaterra do século XVIII, quando os reis haviam deixado de pretender curar. Já mencionei a polêmica na qual, a este respeito, se envolveram whigs e jacobitas. O debate tinha somente um interesse político. O célebre *Ensaio acerca dos Milagres* publicado em 1749 por Hume restituiu ao debate sua dignidade filosófica ou teológica. Não que nessas

---

884. *L'incrédulité et mescreance du sortilege*, p. 164: "pois, se em seu anel de cura houver pé de alce ou raiz de peônia, por que se atribuirá a esse milagre o que pode acontecer por um agente natural?"
885. Para as obras de Morhof, Zentgraff, Trinkhusius, cf. aqui a Bibliografia; para Peucer, cf. aqui, p. 392, n. 900.

páginas, tão fortes e tão plenas, se encontre alguma alusão aos pretensos privilégios da mão régia; Hume aí fala de maneira puramente teórica e não se atém ao exame crítico dos fatos. Sua opinião sobre este ponto específico precisa ser buscada em sua *História da Inglaterra*; ela é, como era de se esperar e como já vimos, resolutamente cética, com essa nuança de desdém que a "superstição" inspirava facilmente nos homens do século XVIII. Mas o *Ensaio*, reconduzindo a atenção sobre toda uma ordem de problemas, conferiu aos milagres em geral um tipo de atualidade intelectual, na qual o velho rito monárquico teve sua parte. Em 1754, um ministro anglicano, John Douglas, fez publicar, sob o título de *Criterion*, uma refutação ao *Ensaio*, na qual se coloca resolutamente sobre o terreno histórico. Este pequeno tratado, repleto de observações judiciosas e sutis, merece – independente do que se possa pensar de suas conclusões – ocupar um lugar distinto na história dos métodos críticos. Ele não se apresenta como uma defesa sem distinção de todos os fenômenos normalmente qualificados de sobrenaturais. Douglas aplica-se – como ele mesmo diz em seu subtítulo – a refutar "as pretensões" dos que querem "comparar os poderes miraculosos relatados no Novo Testamento com os que se diz terem subsistido nos últimos tempos; e a mostrar a grande e fundamental diferença que, do ponto de vista dos testemunhos, existe entre essas duas espécies de milagre: de onde concluir-se-á que os primeiros devem ser verdadeiros e os segundos falsos". Em suma, trata-se de salvar os milagres evangélicos repudiando toda ligação entre eles e outras manifestações mais recentes, às quais a opinião esclarecida da época definitivamente negou em dar crédito: entre esses falsos prodígios do tempo ao presente figuram, ao lado das curas que se operam sobre o túmulo do Diácono Paris, "as curas da escrófula pelo toque régio". Eram, para um homem do século XVIII, os dois exemplos mais familiares de uma ação que o vulgo considerava como miraculosa[886].

Ora, todos esses escritores, os mais antigos pensadores naturalistas da Itália – Calcagnini ou Pomponazzi, Zentgraff e Douglas – possuem, em relação ao

---

886. Para o título completo do livro de Douglas – de onde é tirada a citação acima – cf. a Bibliografia, supra, p. 20. A obra é dedicada a um cético anônimo, que não é outro senão Adam Smith. A interpretação sobrenatural do milagre régio é rejeitada, como em Hume, em termos depreciativos: "This solution might, perhaps, pass current in the Age of *Polydor Virgil*, in that of M. *Tooker*, or in that of Mr. *Wiseman*, but one who would account for them so, at this Time of Day, would be exposed, and deservedly so, to universal Ridicule" (p. 200). Quanto aos milagres do Diácono Paris, Hume, em seu *Essay*, também fizera alusão; é praticamente o único exemplo concreto que ele menciona.

poder taumatúrgico dos reis, uma posição comum. Por razões diferentes, eles estão de acordo em lhe negar uma origem sobrenatural; mas eles não o negam em si mesmo, não contestam de forma categórica que os reis efetivamente não operavam as curas. Atitude bastante embaraçosa para eles mesmos, pois ela os força a atribuir a essas curas, as quais eles admitem a realidade, a esses "jogos surpreendentes das coisas"[887], como diz Peucer, e as explicações de ordem natural (ou supostamente natural), que eles não encontram sem um grande esforço. Por que adotaram esta posição? Não teria sido mais cômodo concluir simplesmente pela inexistência do dom curador? Seu espírito crítico, ainda insuficientemente aguçado, certamente não era capaz de uma semelhante audácia. Que os escrofulosos em grande número tenham se livrado de seu mal pelos reis, era o que afirmava unanimemente a opinião pública. Para rejeitar como irreal um fato proclamado por uma multidão de testemunhos ou pretensos testemunhos, seria preciso uma ousadia que somente um conhecimento sério dos resultados obtidos podia dar e justificar. Ora, a psicologia dos testemunhos é, ainda em nossos dias, uma ciência muito jovem. No tempo de Pomponazzi ou mesmo de Douglas, ela estava no limbo. Apesar das aparências, a atitude intelectual mais simples e talvez mais sensata era aceitar o fato tido como provado pela experiência comum, sem tentar procurar para ele causas diferentes das que a imaginação popular lhe atribuía. Não conseguimos mais dar conta, atualmente, da dificuldade na qual certos espíritos, mesmo relativamente emancipados, foram outrora lançados pela impossibilidade existente de rejeitar deliberadamente como falsas as afirmações de renome universal. Pelo menos, quando se opunham a Wyclif os prodígios realizados pelos supostos santos – que comprometeram, a seus olhos, sua participação nas riquezas da Igreja – ele podia responder remontando a origem desses prodígios aos demônios, capazes, como se sabe, de simular as graças divinas[888]. Igualmente, o jesuíta Delrio insinuava que o diabo podia ter alguma participação nas curas operadas pela Rainha Elisabete, se é que essas curas tinham alguma realidade[889]. E os protestantes franceses, segundo o testemunho de Josué Barbier, prefeririam antes considerar seu rei como um cúmplice do maligno do que lhe reconhecer o dom do milagre[890]. Mas era um recurso do qual mesmo os teó-

---

887. "Mirifica eventuum ludibria", cf. aqui p. 392, n. 900.
888. *De papa*, c. 6: *English works of Wyclif...* Ed. F.D. Matthew. *Early English Texts*, 1880, p. 469. Cf. MANNING, B.L. *The people's faith in the time of Wyclif*, p. 82, n. 5, n. III.
889. *Disquisitionum*, p. 64. Cf. acima p. 366, n. 830.
890. Cf. acima, p. 347.

logos reformados não gostavam de abusar[891] e que escapava irrevogavelmente aos filósofos naturalistas.

As primeiras explicações do toque dadas pelos pensadores italianos da Renascença são, a nossos olhos, muito singulares e, falando claro, geralmente completamente absurdas. Antes de tudo, temos dificuldade em compreender que elas tenham representado qualquer progresso para a explicação do milagre. Isso porque, entre esses homens e nós, passaram quase todas as ciências físicas e naturais. Mas é preciso ser justo com esses precursores[892]. O progresso, como já assinalei, estava em fazer entrar na disciplina das leis da natureza – mesmo inexatamente conhecidas – um fenômeno considerado até aí como alheio à ordem natural do mundo. O acanhamento desses esforços incertos era o dos primeiros passos da infância. Aliás, a própria diversidade das interpretações propostas denuncia as hesitações de seus autores.

O astrônomo florentino Junctinus – que foi capelão do duque de Anjou – quarto filho de Catarina de Médici, buscava – dizem – a razão das curas régias em não se sabe qual misteriosa influência dos astros[893]; esta imaginação, por mais bizarra que possa nos parecer, era bem ao gosto da época – porém, parece ter tido somente um sucesso medíocre. Cardan acredita em um tipo de impostura: os reis da França, segundo ele, alimentavam-se de aromas provenientes de uma virtude medicinal que se comunica a suas pessoas[894]. Calcagnini supõe uma fraude de uma outra ordem: ele narra que, em Bolonha, teriam surpreendido Francisco I quando umedecia seu polegar com saliva; é na saliva dos capetíngios que residiria seu poder curativo, sem dúvida

---

891. Peucer parece afastar claramente a hipótese demoníaca; texto citado abaixo, p. 392, n. 900.

892. Sobre a escola naturalista italiana, encontrar-se-ão dados úteis em CHARBONNEL, J.R. *La pensée italienne au XVIe siècle et le courant libertin*, 1919. Cf. tb. BUSSON, H. *Les sources et le développement du rationalisme dans la littérature française de la Renaissance (1533-1601)*, 1922, p. 29ss. e 231ss.

893. A opinião de Junctinus é citada por MORHOF. *Princeps Medicus* (*Dissertationes Academicae*), p. 147. De Junctinus, conheço somente um *Speculum Astrologiae*, 2 vol. in-4°. Lyon 1581, no qual não encontrei nada que diga respeito ao milagre régio.

894. Passagem do *Contradicentium medicorum libri duo*, citado inúmeras vezes, sobretudo em: DELRIO. *Disquisitionum*. Ed. de 1624, p. 27 (a indicação está ausente na edição de 1606). • DU PEYRAT. *Histoire ecclésiastique de la Cour*, p. 797. • REIES, G.A. *Elysius jucundarum*, p. 275 (mas não pude encontrar por falta de índices apropriados). Segundo Delrio (loc. cit.), Cardan havia sido "dignum scutica Ioann" (*Brodaei*, lib. 8 miscellan. c. 10). A única edição das *Miscellaneorum* de Jean Brodeau que possui a Biblioteca Nacional (Basileia, 1555) tem somente seis livros.

como uma qualidade psicológica própria de sua raça[895]. Vê-se aparecer aqui uma ideia que quase inevitavelmente chegava ao espírito dos homens da época: a de um poder curador se transmitindo pelo sangue. Havia, então, na Europa tanto os charlatães que se pretendiam capazes de aliviar esse ou aquele mal por vocação familiar! Como tivemos a ocasião de apontar mais acima, já o canonista italiano Felino Sandei – morto em 1503 – recusara-se (para grande escândalo de um dos mais antigos apologistas dos Valois, Jacques Bonaud de Sauset) a reconhecer o privilégio taumatúrgico dos monarcas franceses como miraculoso: ele lhe apontava a origem na "força da parentela"[896]. O mais ilustre representante da escola filosófica de Pádua, Pierre Pomponazzi, retoma a mesma hipótese depurando-a definitivamente de todo apelo ao maravilhoso. "Assim como tal erva, tal pedra, tal animal [...] encontra-se possuidor da virtude de curar uma doença determinada [...], também tal homem pode, por um atributo pessoal, possuir uma virtude deste tipo"; no caso dos reis da França, este atributo, ao ver de Pomponazzi, não é a prerrogativa de um indivíduo isolado, mas de uma raça inteira; ele aproxima, com bastante irreverência, esses grandes príncipes aos "parentes de São Paulo", feiticeiros italianos que, como se sabe, se passavam por médicos de mordidas venenosas. Ele não põe em dúvida o talento nem de uns nem de outros; essas predisposições hereditárias são, em seu sistema, absolutamente naturais, tal como as

---

895. CALCAGNINI, C. *Opera*. Basileia, fol., 1544, *Epistolicarum quaestionum*, liber I, p. 7; carta a seu sobrinho, Thomas Calcagnini: "Quod Bononiae videris Franciscum Galliarum regem saliua tantum pollice in decussem allita strumis mederi, id quod gentilitium et peculiare Gallorum regibus praedicant: non est quod mireris, aut ulla te rapiat superstitio. Nam et saliuae humanae, ieiunae praesertim, ad multas maximasque aegritudines remedium inest". Calcagnini (1479-1541) não pertence ao mesmo grupo que Pomponazzi, p. ex. – ou Cardan – nem à mesma geração, mas certamente era um livre-espírito. Ele tomou partido pelo sistema de Copérnico; Erasmo falou dele com elogios. Cf. sobre ele: TIRABOSCHI. *Storia della letteratura italiana*, VII, 3, Módena, 1792, p. 870ss. Quanto à ideia do poder curativo da saliva, era uma muito antiga noção popular; cf. MENSIGNAC, C. *Recherches ethnographiques sur la salive et le crachat* (Extrait des bulletins de la Soc. anthropologique de Bordeaux et du Sud-Ouest, ano de 1890, tomo VI). Bordeaux, 1892. • MARIGNAN. *Études sur la civilisation française*, II – Le culte des saints sous les Mérovingiens, p. 190. Na Inglaterra, os sétimos filhos às vezes molhavam, antes de tocar, seus dedos com saliva: *Folk-Lore*, 1895, p. 205. Sobre a ideia de uma impostura régia, cf. a hipótese feita por Delrio sobre os "emplastros" secretos dos reis da Inglaterra: acima, p. 365.

896. Texto de Sandei citado acima (p. 145, n. 232). Jacques Bonaud de Sausset, obra e passagem indicadas na Bibliografia, p. 17. O milagre régio é igualmente considerado como o efeito de uma "virtude hereditária" pelo italiano Leonard Vairo, o qual não é um racionalista. Cf. VAIRUS, L. *De fascino libri tres*, 1583, lib. I, c. XI, p. 48.

propriedades farmacêuticas das espécies minerais ou vegetais[897]. Pelo menos em linhas gerais, essa também é a opinião de Júlio César Vanini[898]. Mas neste já trespassa – misturada à teoria da hereditariedade, que também é comum a Pomponazzi – uma explicação de um gênero diferente, que encontraremos depois em Beckett e em Douglas[899]. Segundo esses autores, as curas teriam sido efeito da "imaginação"; eles não pretendiam, com isso, qualificá-las como imaginárias, ou seja, irreais; pensavam que os doentes, com o espírito perturbado pela solenidade da cerimônia, pela pompa régia e, antes de tudo, pela esperança de recuperar a saúde, encontravam-se sujeitos a um abalo nervoso capaz de, por si só, ocasionar a cura. O toque teria sido, em suma, um tipo de psicoterapia e os reis, sem o saber, outros Charcot[900].

---

897. POMPONATII, P. *Mantuani* [...] *de naturalium effectuum causis*. Ed. de Basileia [1567], cap. IV, p. 43: "Secundo modo hoc contingere posset, quoniam quemadmodum dictum est in suppositionibus, sicuti contingit aliquam esse herbam, vel lapidem, vel animal, aut aliud, quod proprietatem sanandi aliquam aegritudinem habeat [...] ita contingit aliquem hominem ex proprietate individuali habere talem virtutem". E p. 48, na enumeração dos exemplos: "Reges Gallorum nonne dicuntur strumas curasse". Sobre Pomponazzi e sua atitude diante do sobrenatural, cf. uma página penetrante de BLANCHET, L. *Campanella*, 1922, p. 208-209. É curioso constatar que Campanella, querendo dar-se ares de defender contra Pomponazzi os milagres – nos quais, no fundo, ele mesmo parece não ter acreditado – tenha também escolhido, entre outros exemplos, o milagre régio: *De sensu rerum*, IV, c. 4, in-4°. Frankfurt, 1620, p. 270-271. Cf. BLANCHET, p. 218.

898. VANINI, J.C. [...] *De admirandis Naturae Reginae Deaeque Mortalium Arcanis*. Paris, 1616, p. 433 e 441. A passagem é, aliás, bastante obscura (sem dúvida por prudência) e entremeada de elogios aos reis da França.

899. Douglas também reserva um espaço à coincidência: "in those Instances when Benefit was received, the Concurrence of the Cure with the Touch might have been quite accidental, while adequate Causes operated and brought about the Effect" (p. 202). Entre os autores contemporâneos, H. Ebstein (*Der Könige*, p. 1.106) pensa que o toque era, na realidade, um tipo de massagem, eficaz como tal – não julguei ser necessário discutir essa teoria.

900. Peucer inclina-se a considerar a crença no dom taumatúrgico como uma superstição, mas não se pronuncia entre as diferentes hipóteses presentes em seu tempo para explicar as curas: *De incantationibus*, no *Commentarius de praecipuis divinationum generibus*. Ed. de 1591, pequeno in-8°. Zerbst, p. 192: "Regibus Francicis aiunt familiare esse, strumis mederi aut sputi illitione, aut, absque hac, solo contactu, cum pronunciatione paucorum et solennium verborum: quam medicationem ut fieri, sine diabolicis incantationibus manifestis, facile assentior: sic, vel ingenita vi aliqua, constare, quae a maioribus propagetur cum seminum natura, ut morbi propagantur, et sirailitudines corporum ac morum, vel singulari munere divino, quod consecratione regno ceu dedicatis [sic] contingatin certo communicatum loco, et abesse superstitionis omnis inanem persuasionem, quaeque chan sanciunt mirifica eventuum ludibria, non facile crediderim: etsi, de re non satis explorata, nihil temere afirmo". Quanto às dissertações de Morhof e de Zentgraff, elas possuem apenas o valor de compilações. Sob este título, elas são muito preciosas; mas, para a reflexão, elas não visam, absolutamente, à originalidade. A atitude de Morhof é bastante difícil de precisar; ele parece considerar o poder taumatúrgico dos reis como uma graça sobrenatural con-

Ninguém mais acredita, hoje, na influência psicológica dos astros, no poder medicinal da saliva, na força comunicativa de um alimento aromatizado, nas virtudes inatas transmitidas pela descendência familiar. Mas a explicação psicoterápica do milagre régio parece ainda ter alguns adeptos; não mais, é verdade, sob as mesmas formas simplistas de outrora (quem hoje diria, tal como Beckett, que o sangue, posto em movimento pela imaginação, vinha forçar os canais obstruídos das glândulas?), mas sob a veste emprestada das doutrinas neurológicas mais sutis e mais ilusórias. Por isso, é bom dizer algo sobre isto.

Sem dúvida, convém aqui pôr à parte os anéis medicinais. Aplicada a essa manifestação do dom taumatúrgico, a hipótese de Vanini e de Douglas não está desprovida de toda probabilidade. É possível considerá-la como apta a explicar, senão todos os casos, ao menos um certo número deles. Lembremos quais afecções os círculos de ouro ou de prata consagrados na Sexta-feira Santa supostamente curavam: a epilepsia, a "cãibra", ou seja, todos os tipos de espasmos ou dores musculares. Claramente, nem a epilepsia nem – no grupo bastante maldeterminado das "dores" – o reumatismo ou a gota, por exemplo, são passíveis de um tratamento psiquiátrico. Mas como perder de vista o que, outrora, era a medicina, mesmo a erudita? Como esquecer o que tem sido, em todos os tempos, a medicina popular? Tanto de uma quanto de outra, não se poderia esperar muita precisão nas definições clínicas ou diagnósticos muito seguros. No tempo em que os reis da Inglaterra benziam os *cramp-rings*, certamente se confundiam facilmente sob o nome de epilepsia – ou sob qualquer um de seus sinônimos: mal comicial, mal-de-são-joão, e assim por diante – ao lado de problemas propriamente epiléticos, outras tantas desordens nervosas, tais como crises convulsivas, tremores, contraturas, que eram de origem puramente emotiva ou que a neurologia moderna classificaria no grupo de fenômenos nascidos da sugestão ou da autossugestão, por ela designados pelo nome de "pitiáticos": acidentes que um choque psíquico ou a influência sugestiva de um talismã são perfeitamente capazes de fazer desaparecer[901]. Igualmente,

---

cedida por Deus (p. 155), mas a conclusão é de um tom ligeiramente cético (p. 157). Zentgraff simplesmente tem por objeto demonstrar que uma explicação de ordem natural é possível; entre as que foram propostas antes dele, não se vê obrigado em escolher. Parece inclinado à ideia de impostura (os reis molhando as mãos com um bálsamo especial), mas sem insistir; e conclui com prudência "Ita constat Pharaonis Magorum serpentes, quos Moses miraculose produxit, per causas naturales productos esse, etsi de modo productionis nondum sit res plane expedita" (p. B², V).

901. Sobre os problemas de origem emotiva ou psiquiátrica, cf. principalmente BABINSKI, J. *Démembrement de l'hystérie traditionnelle, Pithiatisme – Semaine médicale*, XXIX, 1909, p. 3ss. É uma confusão clínica do mesmo gênero que, segundo M. Gaidoz, explica ao menos um certo

entre as dores havia provavelmente aquelas de natureza neuropática, sobre as quais a "imaginação" – no sentido empregado pelos autores antigos – podia perfeitamente ter agido. Entre os portadores de anéis, alguns, segundo o que parece, deveram sua cura – ou talvez apenas a atenuação de seus males – à fé robusta que haviam devotado ao amuleto régio. Mas voltemos à forma mais antiga, a mais notável e mais conhecida do milagre: o toque das escrófulas.

Várias vezes os partidários do caráter sobrenatural da realeza protestaram, no século XVII, contra a ideia de que as curas – que eles atribuíam à mão sagrada dos reis – podiam ser o efeito da imaginação. O argumento que normalmente davam era que frequentemente se viam curar crianças muito jovens, incapazes de sofrer alguma sugestão, porque eram incapazes de compreender; esta observação tem seu valor, afinal, por que negar as curas de crianças em tenra idade se admitiam as dos adultos que, de outra forma, não são comprovadas?[902] Mas o principal motivo que deve nos impedir de aceitar a interpretação psíquica do milagre régio é de outra ordem. Há aproximadamente 50 anos, ela talvez não encontrasse, entre os neurologistas e os psiquiatras, mais do que alguns contraditores – pois, seguindo Charcot e sua escola, costumava-se conferir a certos problemas nervosos, qualificados de "histéricos", o poder de produzir chagas ou edemas. Nem é preciso dizer que as lesões às quais se atribuía essa origem eram consideradas passíveis de ceder, através de reversão, ante a influência de um outro abalo da mesma natureza. O que de mais simples existiria, caso se aceite essa teoria, do que supor que ao menos certa quantidade de tumores ou feridas supostamente escrofulosos apresentados ao toque régio tinha o caráter "histérico"? Mas essas concepções são atualmente quase unanimemente rejeitadas. Os estudos mais bem conduzidos demonstraram que os fenômenos orgânicos outrora atribuídos à ação histérica devem – em todos os casos, passíveis de observação precisa – ser relacionados seja à simulação,

---

número das curas aparentes da raiva, observadas entre os peregrinos de São Huberto. "As convulsões e os furores da raiva assemelham-se àqueles de diversas doenças nervosas e mentais" (*La rage et Saint Hubert*, p. 103).

902. P. ex., WISEMAN. *Severall Chirurgical Treatises*, I, p. 396. • HEYLIN em sua réplica a Fuller, citada abaixo (p. 399, n. 918). • LE BRUN. *Histoire critique des pratiques superstitieuses*, II, p. 121. É curioso constatar que, em 1853, Mons. Gousset, arcebispo de Reims, acreditando tardiamente no milagre régio, pensava que "em nossos dias, as crianças são mais facilmente curadas" porque não se pode ser curado sem ter fé (opiniões relatadas pelo barão de Damas: *Mémoires*, II, p. 306).

seja a afecções que nada possuem de nervosas[903]. Resta perguntar-se se a sugestão pode levar à cura da escrófula propriamente dita, ou seja, da adenite tuberculosa, ou das adenites em geral. Desconfiando, obviamente, da minha própria incompetência, acreditei dever colocar esta questão a vários médicos e psicólogos; suas respostas variaram na forma, segundo seus temperamentos individuais; no conteúdo, elas foram semelhantes e se resumem mais exatamente por esta colocação feita por um deles: sustentar uma semelhante tese seria defender uma "heresia psicológica".

2 Como se acreditou no milagre régio

Em suma, os pensadores da Renascença e seus sucessores imediatos jamais conseguiram dar ao milagre régio uma explicação satisfatória. Seu erro foi colocar o problema de forma errada. Eles tinham da história das sociedades humanas um conhecimento muito insuficiente para mensurar a força dessas ilusões coletivas; hoje, apreciamos melhor essa surpreendente potência. É sempre a mesma velha história que Fontenelle contou tão belamente. Dizia-se que um dente todo de ouro aparecera na boca de um rapaz, na Silésia; os eruditos encontraram mil razões para explicar esse prodígio – em seguida, descobriu-se uma folha de ouro habilmente aplicada sobre um dente bastante comum. Evitemos imitar esses doutores mal-avisados: antes de pesquisar como os reis curavam, não esqueçamos de perguntar se eles, de fato, curavam. Um rápido olhar lançado ao dossiê clínico das dinastias miraculosas não tardará a nos esclarecer sobre este ponto. Os "príncipes médicos" não eram impostores, mas, tal como o rapaz silesiano não tinha um dente de ouro, eles nunca devolveram a saúde a alguém. O verdadeiro problema será, portanto, compreender como – já que não curavam – se pôde acreditar em seu poder taumatúrgico. Ainda neste aspecto, o dossiê clínico nos informará[904].

Em primeiro lugar, salta aos olhos que a eficácia da mão régia sofria, pelo menos, eclipses. Sabemos por numerosos exemplos que muitos doentes faziam-se

---

903. Cf. Principalmente: DÉJERINE. Seméiologie du système nerveux, 1904, p. 1.110ss. • BABINSKI, J. Démembrement de l'hystérie traditionnelle. In: Semaine médicale, 1909. • BABINSKI, J. & FROMENT, J. Hystérie, Pithiatisme et troubles nerveux d'ordre réflexe en Neurologie de guerre. 2. ed., 1918, p. 73ss.
904. Essa facilidade em aceitar como real uma ação miraculosa, mesmo desmentida de forma persistente pela experiência, encontra-se, aliás, em todos os "primitivos" e pode até ser considerada como um dos traços essenciais da mentalidade dita "primitiva". Sobre isso, cf., entre outros, um exemplo curioso em LÉVY-BRUHL, L. La mentalité primitive, 1922, p. 343 [Ilhas Fiji].

tocar várias vezes: prova evidente de que a primeira tentativa não fora suficiente. Sob os últimos Stuart, um eclesiástico apresentou-se duas vezes a Carlos II e três a Jaime II[905]. Browne não hesitava em reconhecer: certas pessoas "apenas foram curadas no segundo toque, não tendo obtido esse benefício na primeira vez"[906]. Uma superstição se formou na Inglaterra segundo a qual o contato régio só era verdadeiramente seguido do efeito esperado se fosse repetido – ela só pôde nascer porque o primeiro toque permanecia, frequentemente, vão[907]. Em Beauce, no século XIX, também os clientes do *marcou* de Vovette, quando não eram aliviados no primeiro apelo, multiplicavam suas visitas ao rústico médico[908]. Nem os reis, nem os sétimos filhos tiveram sucesso a cada vez.

Há mais. Que os reis nunca haviam curado alguém, era algo que, nos bons tempos da fé monárquica, os crentes da França ou da Inglaterra não teriam admitido de jeito algum; mas a maioria entre eles não apresentava dificuldade em confessar que os reis não curavam todo mundo, mesmo tentando várias vezes. Douglas ressaltava justamente: "nunca se pretendeu que o toque régio fosse benéfico em todas as ocasiões em que era usado"[909]. Já em 1593, o jesuíta Delrio utilizava como argumento, para atacar o milagre inglês, as confissões de Tooker sobre este tema[910]: pois ele pretendia arruinar as pretensões de uma princesa herética. Para passar de uma leve impressão a uma conclusão tão grave, era preciso ter os olhos abertos pela paixão religiosa. Normalmente, como demonstram os exemplos do próprio Tooker – e, depois dele, Browne – se era mais condescendente. Ouçamos a resposta de Josué Barbier às duidas de seus antigos correligionários protestantes: "Vós ainda dizeis para obscurecer esta virtude miraculosa, que, dos escrofulosos que são tocados, bem poucos se curam [...]. Mas, quando se concorda convosco que o número dos que são curados é bem menor dos que permanecem doentes, não segue daí, porém,

---

905. CRAWFURD, p. 109.

906. *Adenochoiradelogia*, p. 106: "Others again having been healed upon His second Touch, which could not receive the same benefit the first time". Sabe-se que na Inglaterra, desde Carlos I, exigia-se dos doentes um atestado que provasse que eles ainda não haviam sido tocados.

907. Cf. Browne (p. 91), que, obviamente, combate essa crença.

908. *Gazette des Hôpitaux*, 1854, p. 498.

909. *Criterion*, p. 201-202: "it never was pretended that the Royal Touch was beneficial in every Instance when tried". Cf. nas *Mémoires* do barão de Damas no tomo II, a notícia sobre o toque, p. 305: "Nem todos são curados".

910. *Disquisitionum*, p. 61 (cf. acima, p. 365). • TOOKER. *Charisma*, p. 106. Cf. tb. BROWNE. *Anedochoiradelogia*, p. III.

que a cura destes não seja miraculosa e admirável, tal como a cura do primeiro que entrava no tanque de Betesda, após o movimento da água pelo ministério do anjo que descia uma vez por ano para isso. E ainda que os apóstolos não curassem todos os enfermos, não deixavam de agir milagrosamente sobre os que eram curados". Seguem outros exemplos extraídos das Escrituras Sagradas: "Naamã, o sírio", único "limpo" por Eliseu, embora houvesse em seu tempo, segundo a própria palavra de Jesus, "muitos leprosos em Israel"; Lázaro, o único dentre todos os mortos que foi ressuscitado pelo Cristo; a hemorroíssa, única curada por ter tocado a borda da túnica do Salvador, enquanto que "tantos outros tocaram-no e não receberam nenhum fruto"[911]. Também na Inglaterra, um teólogo de alta ciência e de um perfeito lealismo, Georges Bull, escrevia: "Diz-se que certas pessoas, após terem tateado este remédio soberano, retornam sem que se tenha efetuado nenhuma cura nelas. [...] Deus não deu este poder a nossa linhagem régia de maneira tão absoluta que não retenha as rédeas em suas próprias mãos, para afrouxá-las ou apertá-las a seu bel-prazer". Afinal, os próprios apóstolos não receberam do Cristo o dom de aliviar as doenças, "de maneira que sempre estivesse à sua disposição, mas somente para ser dispensado por eles segundo o que o Doador julgava bom"[912]. Atualmente, fazemos uma ideia do milagre facilmente intransigente. Parece que, a partir do momento em que um indivíduo desfruta de um poder sobrenatural, é preciso que seja capaz de exercê-lo a todo tempo. Nas eras da fé – quando as manifestações desta ordem faziam parte do contexto familiar da existência – pensava-se com mais simplicidade acerca deste tema; não exigiam dos taumaturgos, mortos ou vivos, santos ou reis, uma eficácia sempre constante.

De qualquer modo, o doente a quem o milagre faltara era bastante mal-educado para queixar-se e os defensores da realeza não tinham dificuldade

---

911. *Les miraculeux effects*, p. 70-73. Citações bíblicas: Naamã o Sírio: Lc 4,27; piscina probática de Betesda: Jo 5,4.

912. *Some important points of primitive christianity maintained and defended in several sermons* [...] Oxford, 1816, p. 136: "And yet they say some of those diseased persons return from that sovereign remedy *re infecta*, without any cure done upon them [...] God hath not given this gift of healing so absolutely to our royal line, but he still keeps the reins of it in his own hand, to let them loose, or restrain them, as he pleaseth". E p. 134, o desenvolvimento sobre São Paulo e os apóstolos que haviam recebido do Cristo o dom de curar "as not to be at their own absolute disposal, but to be dispensed by them, as the Giver should think fit". Cf. tb. o que diz Regnault em *Dissertation historique*, 1722, p. 3: "Eu sei bem que nem todos os doentes são curados: também confessamos que nossos reis não possuem mais poder do que os profetas e os apóstolos, os quais não curavam todos os doentes que imploravam seu socorro".

em lhe responder. Replicava-se-lhe, por exemplo – como querem Browne na Inglaterra[913] e o cônego Regnault na França –, que a fé lhe havia faltado, esta fé que, como a descrevia Regnault, "sempre tem sido uma disposição para as curas miraculosas"[914]. Ou bem concluía-se por um erro de diagnóstico. Sob Carlos VIII, um pobre diabo chamado João Escart fez-se tocar pelo soberano em Toulouse: ele não se curou. Mais tarde, São Francisco de Paula o livraria de seu mal, aconselhando-lhe práticas piedosas e caldo de ervas. No processo de canonização do santo, o depoimento de Jean foi recolhido; parece que ele mesmo admitiu que, se solicitara em vão a seu príncipe, foi porque não estava acometido da afecção necessária[915]. Afinal, o mal régio era aquele que o rei aliviava.

Assim, a "mão sagrada" dos "príncipes médicos" não era sempre bem-sucedida. É lastimável que, de ordinário, não possamos estabelecer a relação numérica entre os fracassos e os sucessos. Os atestados estabelecidos após a sagração de Luís XVI foram feitos completamente ao acaso, sem um plano de conjunto. Depois de Carlos X, foi feito um esforço um pouco mais bem coordenado. As freiras do hospício de Saint-Marcoul, bem-intencionadas, mas talvez imprudentes, imaginaram conseguir acompanhar os doentes e reunir algumas informações sobre seus destinos. Havia aproximadamente de 120 a 130 pessoas tocadas. Ao todo, coletaram-se oito casos de cura; três deles somente eram conhecidos graças a um testemunho bem pouco seguro. A cifra é tão frágil que temos dificuldade em crer que corresponda à proporção habitual. Sem dúvida, o erro das religiosas foi, sobretudo, terem se apressado demais. Os cinco primeiros casos, os únicos seguros, foram constatados nos três meses e meio que se seguiram à cerimônia; passado esse tempo, não parece ter continuado a pesquisa. Era necessário perseverar. Continuando a observar os miraculados de 31 de maio de 1825, ter-se-ia relatado, ao que tudo indica, novas curas entre

---

913. *Adenochoiradelogia*, p. 111: "Thus every unbelieving Man may rest satisfied, that without he brings Faith enough with him, and in him, that His Majesty hath Virtue enough in His Touch to Heal him, his expectation will not be answered".

914. *Dissertation*, p. 4. Cf. as proposições de Mons. Gousset, arcebispo de Reims, relatadas pelo barão de Damas (*Mémoires*, II, p. 306): "Essas curas devem ser consideradas como graças privilegiadas [...] que dependem, ao mesmo tempo, da fé do rei que toca e da fé do doente que é tocado". É a mesma explicação que os fiéis de São Huberto das Ardênias davam – e dariam, sem dúvida, ainda hoje – para explicar que certos doentes, apesar da peregrinação feita no túmulo do santo, sucumbem à raiva (GAIDOZ. *La rage et Saint Hubert*, p. 88).

915. *AA. SS. aprilis*, I, p. 155, n. 36.

eles[916]. Sobre este aspecto, a paciência era a regra muito sensata dos séculos verdadeiramente crentes. Não imaginemos que nunca tenha se exigido do toque um sucesso imediato. Não se esperava, de modo algum, ver as chagas cicatrizarem bruscamente ou os tumores desincharem sob o contato miraculoso. Os hagiógrafos atribuíam um triunfo súbito desse tipo a Eduardo o Confessor. Mais perto de nós, contava-se de Carlos I um feito semelhante: uma jovem cujo olho esquerdo, atacado pela escrófula, cessara de ver, ao ser tocada, recobrara a visão no mesmo momento, apesar de ter sido de forma ainda imperfeita[917]. Na vida cotidiana, não se exigia uma tal prontidão. Que o alívio ocorresse em algum tempo – e mesmo em um tempo bastante longo – após o cumprimento do rito, era o bastante para dar-se por satisfeito. O historiador inglês Fuller, que não era mais um partidário muito morno da realeza taumatúrgica, via no poder curador dos soberanos apenas um milagre "parcial": "pois um milagre completo opera perfeitamente sobre todo o campo, ao passo que essa cura geralmente só procede gradualmente e pouco a pouco"[918]. Mas Fuller era, no

916. Cinco casos de cura foram constatados por um auto, datado de 8 de outubro de 1825, estabelecido sob uma dupla forma: primeiro, comprovação das religiosas do Hospício de São Marcoul; depois, comprovação de um médico, o Dr. Noel (*Ami de la religion*, 09/11/1825 [reproduzida em CERF. *Du toucher des écrouelles*, p. 246. Em 1867, uma religiosa – que, de resto, só ingressou no hospício em 1826 – testemunhou três outros casos que ela conhecera: MARQUIGNY. *L'attouchement du roi de France guérissait-il des écrouelles?*, p. 389, n. 1. As cinco curas observadas em 1825 são todas concernentes a crianças. Ora, os adultos também foram tocados. As freiras puderam acompanhá-los? Isso seria mais um motivo para não considerar a estatística como correspondente à proporção usual. Em 1853, o barão de Damas, que conhecia somente esses cinco casos, escrevia: "a superiora do hospício crê que houve um número maior, mas que negligenciaram de constatá-lo". Não sei de onde L. Aubineau (*Notice sur M. Desgenettes*, p. 15) tirou que "os onze primeiros doentes tocados pelo rei foram curados".

917. Para Eduardo o Confessor, textos citados acima, p. 145, n. 234. Para Carlos I, fragmento do jornal de Oudert, citado em WALFORD, E. *Old and new London*, III. Londres, s.d., p. 352.

918. Em sua *Church History of Britain*, surgida em 1655, Fuller se exprimiu com alguma tepidez acerca do tema do milagre (isto nos tempos de Cromwell): "Others ascribe it to the power of fancy and an exalted imagination" (fol. 145). Foi sobre esse ponto – como sobre muitos outros – violentamente atacado por HEYLIN, P. *Examen historicum or a discovery and examination of the mistakes [...] in some modem histories*. Pequeno, in-8°. Londres, 1659. Fuller, em uma réplica intitulada *The appeal of injured Innocence* (in-4°. Londres, 1659) respondeu nestes termos: "though I conceive fancy may much conduce, in *Adultis*, thereunto, yet I believe it *partly Miraculous*... I say *partly*, because a complete Miracle is done presently and perfectly, whereas this *cure* is generally advanced by Degree and some Dayes interposed". Já em 1610, T. Morton – anglicano e bom monarquista, mas de uma tendência que classificaríamos hoje de *Low Church* – em sua obra intitulada *A catholike appeale for protestants* (in-4°. Londres, p. 428), recusava-se a considerar as curas régias como propriamente miraculosas: 1°) porque não eram instantâneas; 2°) porque frequentemente o toque era seguido de um tratamento médico. Segundo o barão de Damas (*Mémoires*, II, p. 306), Mons. Gousset, arcebispo de Reims, tampouco considerava as curas como

mínimo, um semicético. Os verdadeiros fiéis mostravam-se menos melindrosos. Os peregrinos de Corbeny não evitavam endereçar suas ações de graças a São Marcoul quando haviam sido curados somente um certo tempo após sua "viagem". Os escrofulosos tocados pelo príncipe se considerariam como objeto de um milagre se a cura viesse, não importando em qual momento. Sob Luís XV, o marquês de Argenson acreditava estar agradando ao assinalar, a quem era de direito, um resultado obtido ao fim de três meses. O médico de Elisabete, William Clowes, relatou com admiração a história de um doente que foi livrado de seus males cinco meses após ter sido tocado pela rainha[919]. Lemos a mais comovente carta que escreveu, na alegria de seu coração paternal, um senhor inglês, Lorde Poulett, cuja filha fora tocada e, acreditava ele, curada por Carlos I: "sua saúde", disse sobre a pequena miraculada, "melhora dia a dia". Portanto, essa saúde tão cara não estava ainda, nesse momento, plenamente restabelecida. Pode-se supor, se assim quisermos, que a criança acabou por curar-se completamente. Mas, tomando a melhor das hipóteses, neste caso como em tantos outros, a influência do augusto toque apenas se fez sentir, segundo a observação de Fuller, "gradualmente e pouco a pouco". Comumente, esta ação sobrenatural era somente, quando ocorria, uma ação retardatária.

Também às vezes, certamente, o efeito produzido permanecia somente parcial. Parece que se aceitava sem murmúrios os semissucessos, que não eram, em verdade, mais que sucessos aparentes. A 25 de março de 1669, dois médicos de Auray, na Bretanha, lavraram sem pestanejar um atestado de cura a um homem que, acometido de várias úlceras escrofulosas, fez-se tocar pelo rei; em seguida, por acréscimo de precaução, fora em peregrinação a São Marcoul de Corbeny – em seguida a isto, todas suas úlceras tinham desaparecido, exceto uma[920]. A ciência moderna diria em semelhante caso: certas manifestações do mal cederam, mas não o mal em si; ele está sempre ali, pronto a se manifestar em outros pontos. Ademais, havia as recaídas, com as quais ninguém parece ter se surpreendido ou escandalizado muito. Em 1654, uma mulher, de nome Jeanne Bugain, foi tocada por Luís XIV no dia seguinte à sua sagração; ela "recebeu o alívio", mas, depois, a doença retornou e só sucumbiu definitivamente

---

constituindo, no sentido estrito da palavra, um milagre; mas por uma razão diferente, porque não há nada "contrário às lei gerais que governam o mundo" no fato das escrófulas encontrarem-se curadas. O barão de Damas, informado pelo arcebispo, bem sabia, aliás, que "as curas não são instantâneas" (Ibid., mesma página).
919. Texto citado em CRAWFURD. *King's Evil*, p. 77.
920. Arquivos de Reims, fundo de Saint-Rémi, maço 223, rens., n. 7.

depois de uma peregrinação a Corbeny. Um atestado, lavrado pelo padre da aldeia, constatou esses fatos[921]. O padre camponês que o redigiu certamente não imaginava que se pôde tirar dele conclusões desrespeitosas para o monarca. Uma fé sólida não se abala facilmente. Já mencionei mais acima Christophe Lovel de Wells, em Somerset, que, tendo ido encontrar o pretendente Stuart a Avignon em 1716, tinha sido – diziam – curado por ele. Esse belo triunfo criou um grande entusiasmo nos meios jacobitas e foi a causa primária das desventuras do historiador Carte; ora, parece bem-averiguado que o pobre Lovel teve uma recaída, partiu cheio de fé para uma segunda viagem que devia levá-lo até seu príncipe e morreu no percurso[922]. Enfim, convém levar em conta as recidivas de um gênero diferente, que a medicina de outrora era praticamente incapaz de descortinar. Sabemos hoje que o mal a que nossos pais davam o nome de alporcas era frequentemente uma adenite tuberculosa, ou seja, uma das localizações possíveis de uma afecção de natureza bacilar que é capaz de atingir muitos órgãos; ocorria que, cedendo a adenite, a tuberculose resistia e tomava uma outra forma, geralmente mais grave. A 27 de janeiro de 1657, lia-se no *Compêndio dos Anais da Companhia de Jesus em Portugal*, publicado em 1726 pelo Padre Antônio Franco, que morreu em Coimbra "o escolástico Miguel Martim. Enviado à França para obter a cura de suas escrófulas pelo toque do rei mui cristão, retornou curado para Portugal, mas sucumbiu a um outro mal, vítima de um lento definhamento"[923].

Em suma, apenas uma parte dos doentes recobrava a saúde – alguns incompletamente ou momentaneamente – e a maioria das curas eram efetuadas somente quando um tempo considerável já havia decorrido depois do rito curador. Ora, lembremos o que era o mal sobre o qual o poder miraculoso dos reis da França e da Inglaterra supostamente se estendia. Os médicos, no tempo em que os reis exerciam este maravilhoso talento, não tinham a sua disposição nem uma terminologia bem rigorosa, nem métodos de diagnóstico bem seguros.

---

921. Arquivos de Reims, fundo de Saint-Rémi, maço 223, n. 11 (29/04/1658).

922. Crawfurd, p. 157. Nossas informações sobre o fim de Lovel provêm unicamente de uma carta endereçada ao *General Evening Post*, a 13/01/1747, por um correspondente de Bristol que assina *Amicus Veritatis* (Ed. *Gentleman's Magazine Library*, III, p. 167); testemunho por si só pouco seguro, mas o que tende a provar sua veracidade é que não parece ter sido desmentido do lado *tory*. Sobre o caso Carte, cf. acima, p. 371.

923. FRANCO, F. *Synopsis Annalium Societatis Jesu in Lusitania*. Augsburg, in-4º, 1726, p. 319: "[...] Michael Martinus, scholasticus, a longo morbo probatus est. Ad sanandas strumas in Galliam missus, ut a Rege Christianissimo manu contingeretur, salvus in Lusitaniam rediit, sed alio malo lentae tabis consumptus".

Conclui-se claramente da leitura dos tratados antigos – como o de Richard Wiseman – que frequentemente se incluía sob o nome de escrófulas um considerável número de lesões diversas, dentre as quais se encontrava algumas benignas; estas, após um tempo às vezes bastante curto, desapareciam naturalmente[924]. Mas deixemos essas falsas escrófulas e consideremos só a verdadeira, de origem tuberculosa, que sempre constituiu a grande maioria dos casos apresentados ao toque régio. A escrófula não é uma doença que se cura facilmente; ela é passível de recidivar durante muito tempo, às vezes quase indefinidamente; mas é, entre todas, uma doença capaz de dar facilmente a ilusão da cura – pois suas manifestações, tumores, fístulas, supurações, frequentemente desapareciam de uma forma espontânea, pronta a reaparecer mais tarde sobre o mesmo local ou em outros. Se uma remissão transitória desse tipo ou mesmo uma verdadeira cura (pois a coisa, bem compreendida, não é impossível, embora mais rara) ocorresse algum tempo depois do toque, eis que a crença no poder taumatúrgico estava justificada. Os fiéis súditos do rei da França ou do rei da Inglaterra, como vimos, não exigiam mais do que isso. Sem dúvida, não se sonharia em bradar o milagre se não se estivesse antecipadamente habituado a esperar dos reis precisamente um milagre. Mas – é necessário lembrar? – tudo levava os espíritos a esta espera. A ideia da realeza santa, legado das eras quase primitivas, fortificada pelo rito da unção e por todo o desenvolvimento da legenda monárquica – ademais, habilmente explorada por alguns políticos audaciosos, ainda mais hábeis em usá-la porque frequentemente eles mesmos compartilhavam do preconceito comum – dominava a consciência popular. Ora, não se tinha santos sem proezas miraculosas; não havia pessoas ou coisas sagradas sem poder sobrenatural; e, de resto, no mundo maravilhoso onde pensavam viver nossos ancestrais, qual era o fenômeno que não foi prontamente explicado por causas que ultrapassavam a ordem normal do universo? Certos soberanos, na França

---

924. CRAWFURD, p. 122-123; cf. sobre essas confusões, EBSTEIN. *Die Heilkrajt*, p. 1.104, n. 2. Abcesso dentário tido como um caso de *king's evil* e, por isso, confiado aos cuidados da sétima filha que, naturalmente, fracassou (FULCHER, A.G. *The Folk-Lore*, VII, 1896, p. 295-296. Pode-se ressaltar que o mal régio era tido, pelo menos entre o povo, como muito difícil de reconhecer: é o que prova o singular procedimento para o diagnóstico, indicado por uma pequena coletânea de receitas médicas do século XVII, publicada por *The Folk-Lore*, XXIII, 1912, p. 494. Convém, aliás, acrescentar que ocasionalmente outro tratamento podia juntar-se ao toque. Assim foi, ao menos, o caso dos cinco pequenos doentes "curados" por Carlos X; o atestado do Dr. Noel, na data de 8 de outubro de 1825, diz: "Eu certifico [...] que somente foi empregado para a cura o tratamento habitualmente em uso". Cf. CERF. *Du toucher des écrouelles*, p. 246). Em semelhante circunstância, a quem atribuir a cura? Ao rei? Ou ao "tratamento habitual"? Acima, p. 399, n. 918, as observações de Morton.

capetíngia e na Inglaterra normanda, imaginaram um dia (ou seus conselheiros imaginaram por eles), a fim de fortalecer seu prestígio um pouco frágil, exercer o papel de taumaturgos. Eles mesmos, estando convencidos da santidade que lhe conferiam sua função e sua raça, provavelmente julgaram ser muito simples reivindicar um poder parecido. Percebeu-se que um mal temido às vezes cedia ou parecia ceder depois do contato de suas mãos, quase unanimemente consideradas sagradas. Como não ver aí uma relação de causa e efeito, e o prodígio previsto? O que criou a fé no milagre foi a ideia de que devia existir ali um milagre. O que lhe permitiu viver foi isso também e, ao mesmo tempo, à medida que os séculos passavam, o testemunho acumulado das gerações que haviam acreditado, cujos dizeres – ao que parecia, fundados sobre a experiência – não eram colocados em dúvida. Quanto aos casos – bastante numerosos, ao que parece – em que o mal resistia ao toque desses augustos dedos, muito rapidamente eram esquecidos. Tal é o feliz otimismo das almas crentes.

Assim, é difícil ver na fé no milagre régio outra coisa que não seja o resultado de um erro coletivo: erro mais inofensivo, de resto, que a maioria daqueles dos quais o passado da humanidade está repleto. Sob Guilherme de Orange, o médico inglês Carr já constatava que, seja qual fosse o pensamento sobre a eficácia do toque régio, ele tinha ao menos uma vantagem: a de não ser nocivo[925] – o que já é uma grande superioridade sobre um bom número de remédios que a antiga farmacopeia propunha aos escrofulosos. A possibilidade de poder recorrer a este tratamento maravilhoso, que universalmente era tido como eficaz, deve ter algumas vezes impedido os doentes de usar meios mais perigosos. Deste ponto de vista – puramente negativo – tem-se certamente o direto de imaginar que mais de um pobre homem deveu ao príncipe sua cura.

---

925. CARR, R. *Epistolae medicinales*, p. 154: "Verbo itaque expediam quod sentio: Contactus regius potest esse (si olim luit), proficuus; solet su-binde esse irritus, nequit unquam esse nocivus". Cf. CRAWFURD. *King's Evil*, p. 78. Principalmente EBSTEIN. *Die Heilkraft*, p. 1.106.

Apêndices

Apêndice I – O milagre régio nas contas francesas e inglesas

Os ritos curadores obrigavam os reis a certas despesas. Por isso, as contas francesas e inglesas devem ser consultadas. Mas os documentos deste gênero são extremamente difíceis de interpretar; não poderíamos nos contentar em catar neles alguns detalhes ao acaso. Para explorá-los com proveito, é preciso explorá-los com método. Em particular, quando os olhamos mais de perto, percebemos que, muito ricos em dados para certos períodos, para outros eles não dão quase nada, ou mesmo nada. Estes caprichos aparentes necessitam ser explicados. A isto me esforçarei no estudo crítico que se seguirá.

Começo pela França.

1 O toque das escrófulas nas contas francesas

Convém lembrar, em primeiro lugar, um fato de ordem geral que os historiadores frequentemente possuem a ocasião de deplorar: dos arquivos financeiros da monarquia francesa não temos mais do que pouca coisa. As causas desta penúria são múltiplas; pode-se discutir sobre algumas delas, mas a principal é bem conhecida: na noite de 26 para 27 de outubro de 1737, um incêndio consumiu, na Île de la Cité, o corpo do edifício central localizado no recinto do paço onde se encontrava conservada a maior parte do acervo da Câmara de Contas. Quase tudo o que ainda subsistia da antiga contabilidade administrativa desapareceu no desastre[926]. Podemos utilizar somente raros fragmentos que escaparam, por acaso, da destruição.

---

926. Para mais detalhes, cf. LANGLOIS, C.-V. *Registres perdus des archives de la Chambre des Comptes de Paris* – Notices et extraits, XL, p. 1. • TILLEMONT, L. *Vie de Saint Louis* (Ed. da Soc. de l'Histoire de France, V, p. 301), que tinha visto uma conta de despesas do casamento de Luís IX, na qual "há vinte libras para os doentes que vieram encontrá-lo em Sens", mas esses doentes eram os escrofulosos vindos para serem tocados?

As primeiras contas que nos fornecem algumas indicações sobre o rito das escrófulas remontam ao reinado de Filipe o Belo. Nesse tempo, nem todos os doentes tocados recebiam esmola, mas somente os estrangeiros, e com eles também havia, entre os franceses, os que vinham de regiões muito distantes do lugar de estada do rei[927]. O dinheiro lhes era restituído, seja pelo próprio esmoler, seja por um subalterno qualquer, criado ou porteiro; e era antecipadamente descontado da caixa do palácio. Ora, possuímos ainda, por sorte, um certo número de tabuinhas de cera nas quais – sob São Luís, Filipe III e Filipe IV – os funcionários encarregados de gerir essa caixa inscreviam o detalhe de suas operações[928]. As mais antigas não registram nenhuma menção de doações feitas aos escrofulosos: não, segundo toda probabilidade, que os escrofulosos fossem, por princípio, excluídos das generosidades reais. Nossas tabuinhas assinalam repetidamente – às vezes, sem nenhum outro detalhe além de um nome masculino – somas distribuídas a título de esmola; algumas delas podem ter sido entregues a pessoas que vieram ser tocadas. Se nada o indica, é que a destinação específica desse gênero de despesas não interessava ao caixa: pouco lhe importava que o pagamento tenha sido feito a um doente de escrófulas ou a um pobre homem qualquer, era uma esmola – eis tudo o que lhe era necessário saber. Chegou um momento no qual, para a felicidade dos historiadores, um contador mais curioso ficou encarregado dos fundos. Entre 31 de janeiro de 1304 e 18 de janeiro de 1307, a caixa do palácio passou das mãos de Jean de Saint-Just para as de Renaud de Roye. Temos algumas tabuinhas deste último personagem, em dois grupos, indo respectivamente de 18 de janeiro a 28 de junho de 1307 e de 1º de julho de 1308 a 30 de dezembro do mesmo ano[929]. Vê-se aí anotados um número bem considerável de pagamentos em benefício de indivíduos "sofrendo do mal régio": e isto com um cuidado bem notável, pois que, a cada vez, o nome e o lugar de origem de cada beneficiário são meti-

---

927. É o que se conclui com evidência das indicações de origem dadas pelas tabuletas de Renaud de Roye: todas elas se relacionam seja a países estrangeiros, seja – no reino – a regiões afastadas. Cf. supra, p. 109ss. Se fosse admitido que todos os doentes tocados recebiam uma esmola, seria preciso concluir que o milagre régio era popular apenas no estrangeiro, ou, ao menos, fora das regiões onde a autoridade do rei se fazia sentir mais diretamente; conclusão – para não dizer mais – extremamente improvável.

928. Documentos publicados nos tomos XXI e XXII do *Recueil des Historiens de France* e estudados em SERRES, B. *Recherches sur divers services publics*, I, 1895, p. 140-160; II, 1904, p. 69-76.

929. Documentos publicados em *Histor. de France*, XXII, p. 545-555 e 555-565. Para as tabuinhas de 1307, utilizei a cópia antiga contida no manuscrito latino 9.026 da Biblioteca Nacional, mais completo, sobre certos pontos, do que a edição. Cf. acima, p. 407, n. 932. Sobre Renaud de Roye, cf. BORRELLI. Loc. cit., II, p. 75. Sobre nossas tabuinhas, cf. ibid., p. 72-73.

culosamente registrados por escrito[930]. Devemos a um empregado burocrático rigoroso alguns dos dados mais precisos que possuímos sobre o milagre régio.

Façamos um salto de quase dois séculos. De Filipe o Belo a Carlos VIII, não temos mais nenhum documento contábil que se relacione ao poder curador. É provável que, desde uma época bastante antiga, a administração dos fundos destinados às doações feitas em favor dos escrofulosos – e, mais geralmente, às esmolas – parou de pertencer ao caixa do palácio. As contas do palácio, do tempo de Carlos VI, já não encerram nenhuma menção deste tipo[931]; o esmoler já tinha sua caixa especial, que ele mesmo geria ou o fazia por intermédio de um técnico colocado sob suas ordens. Tinha também, sem nenhuma dúvida, seus livros. Mas maioria deles se perdeu. Os únicos, parece, que foram conservados do período anterior a Carlos VIII – os registros classificados KK 9 e KK 66 nos Arquivos Nacionais, que datam dos reinados de João II, Carlos V e Carlos VI, de uma parte, e de Luís XI, de outra – concernem – o primeiro exclusivamente, o segundo majoritariamente – a ofertas feitas aos estabelecimentos religiosos ou na ocasião de solenidades religiosas; eles não nos interessam aqui[932]. É preciso chegar ao ano de 1485 para encontrar livros de esmolas propriamente ditos. Eis a lista que se pode compor; antes de mais nada, devo advertir que, como minha verificação limitou-se aos Arquivos Nacionais e à Biblioteca Nacional, não pode ser considerada exaustiva; as indicações de dados classificados sem outra especificação se referem todos aos Arquivos Nacionais.

1) Fragmento de registro: despesas, parte de setembro de 1485; K 111, fol. 49 a 53[933].

---

930. Há uma exceção: *Hist. de France*. Loc. cit., 554b: "Thomas Jolis, patiens morbum regium". O lugar de origem foi omitido.

931. Cf. as contas publicadas ou analisadas em D'ARCQ, L.D. *Comptes de l'hôtel des rois de France aux XIVe et XVe siècles* (Soc. de l'Hist. de France), 2 vols., 1865.

932. O manuscrito français 11709 da Biblioteca Nacional encerra (fol. 147 a 159) um fragmento de regulamento para a esmolaria, datado do século XIV. Aí não encontramos qualquer menção ao toque.

933. KK 111 é um registro artificial, formado de fragmentos diversos colocados sob a mesma encadernação; ele provém – como o indica uma menção colocada na mesma encadernação – da coleção de A. Monteil, embora tenha sido omitido no inventário dessa coleção, que encerra o *Tableau Méthodique des fonds*, de 1871, col. 686. Todos os fragmentos que o compõem encontram-se inventariados acima (pois são todos pedaços isolados de livros de esmolas), à exceção do último (fol. 54), que parece ser a última folha de um registro de contas, provavelmente também proveniente da esmolaria, que foi transmitido à Câmara de Contas, em dezembro de 1489 (menção de uma soma de 20 libras pagas em 14 de dezembro de 1489 a um funcionário da Câmara "encarregado de receber e pagar as pequenas necessidades daquela câmara". Os re-

2) Fragmento de registro: despesas, parte de março e de abril de 1487; KK 111, fol. 41 a 48.

3) Registro: 1º de outubro de 1497 a 30 de setembro de 1498; KK 77.

4) Conta de despesas que parece não ter feito parte de um registro: outubro de 1502: Biblioteca Nacional Francesa, 26.108, fol. 391-392.

5) Registro: 1º de outubro de 1506 a 30 de setembro de 1507; K 88.

6) Registro indo de 19 de maio de 1528 a 31 de dezembro de 1530; a maior parte conservada nos Arquivos Nacionais KK 101; mas o volume apresenta numerosas lacunas, todas referentes às despesas; os fol. 15 a 22 (maio, junho e parte de julho de 1528) formam hoje as folhas 62 a 69 do manuscrito francês 6.762 da Biblioteca Nacional; os fol. 47 a 62 (parte de dezembro de 1528, janeiro, fevereiro, parte de março de 1529) as folhas 70 a 85 do mesmo manuscrito, os fol. 71 a 94 (parte de abril, maio e parte de junho de 1529), 171 a 186 (parte de agosto e de setembro de 1529), 227 a 258 (novembro e parte de dezembro de 1529), 275 a 296 (parte de janeiro e de fevereiro de 1530), 331 a 354 (parte de abril e de maio de 1530), 403 a 434 (parte de agosto, setembro e parte de outubro de 1530) parecem definitivamente perdidos.

7) Fragmento de registro: despesas, parte de julho de 1547 (o ano não está indicado, mas se conclui de um certo número de artigos concernentes à viagem de sagração): KK 113, fol. 33 a 40.

8) Fragmento de registro: despesas, parte de abril, maio, junho, julho, parte de agosto de 1548: KK 111, fol. 17 a 32.

9) Fragmento de registro do ano financeiro indo de 1º de janeiro a 31 de dezembro de 1549: receitas completas, despesas de janeiro e de uma parte de fevereiro: KK 111, fol. 1 a 16.

10) Registro: 1º de janeiro a 31 de dezembro de 1569: KK 137 (em mau estado).

Em todos esses registros, fragmentos de registros ou documentos contábeis, à exceção do n. 2, revelam-se menções relativas ao toque, quase sempre puramente numéricas; somente excepcionalmente os nomes dos doentes são indicados.

---

gistros de esmolas, na parte consagrada às despesas, não estão dispostos seguindo uma ordem estritamente cronológica para cada mês. Aí encontramos primeiro as ofertas, depois as esmolas propriamente ditas; cada um desses dois capítulos, por outro lado, observa a ordem das datas.

A partir de 31 de dezembro de 1539 e até o fim da monarquia francesa, não pude encontrar nenhum registro de esmolas[934].

2 As contas inglesas

A antiga realeza inglesa nos deixou ótimos arquivos financeiros; ao lado deles, nossos fundos parisienses parecem bem mesquinhos. É porque lá não houve desastre semelhante ao incêndio do palácio. Na presença de tantas riquezas, um francês sente de uma só vez uma viva admiração e um pouco de apreensão: como se guiar entre todos esses tesouros? A história administrativa da Inglaterra é muito malconhecida; não que ela não possa ser escrita, mas durante muito tempo ela não seduziu ninguém. Os episódios brilhantes da vida parlamentar atraíam todos os olhares; os eruditos não direcionaram de bom grado seus olhares ao obscuro trabalho dos escritórios; no entanto, de um tempo pra cá, uma nova geração de trabalhadores colocou-se valentemente no trabalho[935] – um dia, seremos devedores de seus esforços em penetrar o segredo de muitas das transformações constitucionais e sociais que hoje nós dificilmente adivinhamos. Mas sua tarefa está longe do fim. Em particular, o estudo dos documentos financeiros – todo esse trabalho de classificação, de comparação, de discussão, que parece tão ingrato e cujos resultados são tão importantes – ainda se encontra no início. Apesar desses documentos difíceis, eu estava constrangido a utilizá-los aqui, pois encerram um grande número de dados fundamentais para o conhecimento dos ritos curadores; sobretudo, tive de me prender a uma categoria especial deles: as contas do palácio real. Servindo-me delas, não pude me abster de fazer-lhes a crítica. Nenhuma obra anterior à minha fornecia-me esclarecimentos suficientes[936]. Fiz o meu melhor, mas não dissimulo que uma pesquisa deste

---

934. A estante O1 750 dos Arquivos Nacionais encerra documentos relativos à Grande Esmolaria (reinado de Luís XVI); aí não se encontram contas, nem nada que seja do interesse da história do toque. Oroux, sob Luís XVI, ainda parece ter visto registros de esmola do tempo de Luís XIV, nos quais havia menções relativas ao toque: *Histoire ecclésiastique de la cour*, I, p. 184, n. q.

935. Penso aqui, sobretudo, nos belos trabalhos do Prof. T.F. Tout; cf. aqui, p. 409, n. 936.

936. Devo muito, obviamente, ao livro de T.F. Tout, *Chapters in the administrative history of medieval England: the Wardrobe, the Chamber and the Small Seals* (Public. of the Univ. of Manchester: historical Series, XXXIV). 2 vol., 1920. Infelizmente, essa obra notável cobre somente uma parte muito insignificante do período que eu era obrigado a considerar; e os problemas que trata não são necessariamente os que se colocavam diante de mim. Cf. tb. NEWTON, A.P. The King's Chamber under the early Tudors. In: *Engl. Historical Review*, 1917. A bibliografia da

tipo comporta, nas condições sob as quais eu a empreendi, riscos de erros. Para chegar a reconstituir, com alguma certeza, os métodos seguidos por um administrador no estabelecimento de sua contabilidade, seria necessário esmiuçar, entre dois limites cronológicos cuidadosamente escolhidos, todos os materiais disponíveis; seria necessário – em outros termos – limitar-se a um período relativamente curto e estudá-lo a fundo. Fui, ao contrário, obrigado a considerar um lapso de tempo extremamente longo e apenas pude fazer sondagens, bastante numerosas, aliás, mas forçosamente insuficientes. Encontrar-se-á no que se segue alguns fatos positivos; eles serão úteis, em todo o caso, e sua interpretação é apenas conjectural. Eu mencionei em nota a nomenclatura exata dos documentos que acessei – julgar-se-á, assim, a base sobre a qual se apoiam minhas hipóteses[937].

Até o reinado de Eduardo I, exclusivamente, os documentos contábeis chegados até nós são pouco numerosos – e eles não ensinam nada sobre o tema que nos interessa[938]. A partir de Eduardo I, pelo contrário, a administração –

---

história financeira inglesa é fornecida, ao menos no que concerne à Idade Média, em GROSS, C. *The sources and literature of English history*. 2. ed. Londres, 1915. Um grande número de contas foi utilizado pelo Dr. Crawfurd e pela Srta. Farquhar em suas pesquisas sobre os ritos curadores, mas sem estudo sistemático. Hilary Jenkinson teve a gentileza de me fazer chegar, para o presente Apêndice, vários dados e sobretudo várias retificações das quais tirei grande proveito; mas, insisto em dizer que não se poderia tê-lo por responsável dos erros que eu tenha, provavelmente, cometido. Se eu tivesse desejado evitar toda probabilidade de erros, teria renunciado a escrever este pequeno trabalho, o qual eu encontrei dificuldades em redigir longe de Londres; preciso confessar que, várias vezes, tive a tentação de renunciar a ele? No fim das contas, preferi antes me expor às censuras – sem dúvida, muito bem fundamentadas – do que utilizar documentos sem tentar criticá-los. Creio ter lançado, apesar de tudo, alguma luz em uma questão muito obscura; e poder-se-ia perdoar minha temeridade em favor do pequeno número de indicações úteis que pude fornecer.

937. As citações abaixo são feitas em conformidade com as regas indicadas na Bibliografia, supra, p. 24s. O número entre colchetes indica o ano do reinado; para restabelecer em nosso calendário os anos do reinado, utilizar-se-á com proveito a pequena brochura de J.E.W. Wallis, *English regnal years and titles* (Society for promoting Christian knowledge, Helps for Students of History, n. 40). Londres, 1921. Marquei com asteriscos os documentos que nada me forneceram sobre o toque das escrófulas. Devido ao tempo, tive que limitar minhas análises ao que me ofereciam o Record Office, os manuscritos do Museu Britânico e as coletâneas impressas. Significa resignar-me antecipadamente a não ser completo. Os dois grandes depósitos londrinos contêm a grande maioria dos arquivos financeiros da antiga monarquia inglesa; mas ainda poderiam encontrar-se informações em outras coleções públicas ou privadas. O recenseamento das contas do palácio não foi feito. O Sr. Tout diz claramente (Capítulo I, p. 48): "The wide dispersion of the existing wardrobe accounts makes it very difficult to examine them very systematically".

938. Consultei sem resultados duas contas de despesas de Henrique III: E.A. *349, 23 e *349, 29.

mais bem organizada, mais exata e mais abundante em papelada – conservou cuidadosamente seus dossiês. Então começa verdadeiramente, em todo o seu esplendor, a admirável série dos *Exchequer Accounts* do Record Office de Londres. De certa maneira, ela é duplicada pelas coleções do Museu Britânico, onde foi parar um bom número de documentos extraviados, em diferentes épocas, do acervo oficial. Convém estudar separadamente as informações que os arquivos financeiros da antiga realeza inglesa podem nos fornecer, de uma parte, sobre o toque das escrófulas, de outra, sobre os anéis curadores.

I – O toque das escrófulas nas contas inglesas

Os doentes "marcados" ou "benzidos" pelo rei recebiam, cada um, uma pequena soma. Coloquemo-nos sob o reinado de Eduardo I. A distribuição das doações fazia-se sob os cuidados do esmoler. Três tipos de documentos diferentes permitem-nos encontrar traços desses pagamentos feitos nessa ocasião. Eis a lista:

1º) As "listas" do esmoler: simples mementos indicando para um período determinado – frequentemente anual – as somas desembolsadas por este personagem; as despesas aí surgem dia a dia, ou semana a semana, excepcionalmente em quinzenas[939].

2º) A conta recapitulativa estabelecida para cada ano financeiro, ou seja, para cada "ano de reinado", pelo guardião de Garderobe (*custos garderobe*[940]). Chamava-se assim o funcionário encarregado da gestão financeira do palácio real. Esse nome, Garderobe, presta-se a algum equívoco, porque, ao que parece, servia para designar às vezes um único ofício do palácio, a seção encarregada do serviço de vestimentas, joias e outros objetos análogos, e outras vezes – em geral com a adição do epíteto "grande": *Magna Gardaroba*, a "Grande Garderobe" – o palácio como um todo (alhures chamado de *Hospicium*). As relações entre a "Garderobe" propriamente dita e a "Grande Garderobe" são, aliás, obscuras; e absolutamente não tenho a pretensão de resolver aqui, nem mesmo de colocar com precisão este problema complicado; mas quis assinalar

---

939. Consultei E.A. 35º, 23 [5]; 351, 15 [12]; 352, 18 [17]; *353,16 [21]; *361, 21 [30].

940. Consultei R.O. Chancery Miscellanea, IV, 1 [6, somente a partir de 3 de janeiro]; *IV, 3X14]; IV, 4 [18]; Exch. Treasury of Receipt, Misc. Books *202 [22-23]; Brit. Mus., Add. mss. 7965 [25]; 35291 [28]; 8835 [32]. Add. mss. *35.292, que é um diário de caixa (*Jornale Garderobe de receptis* et *exitibus eiusdem*) – anos 31-33 – não me forneceu nada, não mais do que Add. mss. *37.655 [34], que é de uma natureza análoga.

uma ambiguidade dos termos que, às vezes, tornou as pesquisas nas contas régias bastante penosas[941].

3°) A conta, igualmente anual, do controlador da Garderobe (*contrarotulator Garderobe*)[942]. Esse documento chamado controle (*contrarotulamentum*) tinha, segundo o que parece, como finalidade permitir uma verificação de gestão. Pode-se supor que o lista e controle – estabelecidos sobre o mesmo modelo, mas, aparentemente (ao menos em princípio) independentes um do outro – deviam ser comparados pelos verificadores de contas. Tive a ocasião de olhar, para o 28° ano do reinado de Eduardo I, as somas inscritas, de uma parte pelo guardião, de outra pelo controlador, no artigo do toque; achei-as semelhantes. Mas o caso se apresentou esta única vez; de ordinário, tanto um quanto outro dos dois documentos foram perdidos. De resto, pouco importa, porque sem dúvida eles quase sempre se repetiam mais ou menos exatamente. Graças ao procedimento de dupla contabilidade, provavelmente inventado por administradores desconfiados, podemos hoje – quando a conta anual do escrevente da Garderobe se perdeu – supri-la pela do controlador, ou reciprocamente.

Todas essas contas, aos olhos do historiador do milagre régio, possuem uma grave falha; elas apenas fornecem cifras, nunca nomes. Sabemos por elas que, em tal dia ou tal semana, Eduardo I tocou tantos doentes; já é muito – porém, gostaríamos de termos mais. De onde vinham essas pobres pessoas que imploravam ao rei sua cura? As contas do palácio de Filipe o Belo diziam-no; as de Eduardo I sempre se calam. Entretanto, são preciosas. Sobre os reinados seguintes, nós estamos muito menos informados. A culpa é de uma série de modificações nas práticas administrativas. Vejamos o que se passou.

Desde Eduardo II, as listas do esmoler desapareceram bruscamente e para sempre[943]. Por que isto? Sobre este tema, podemos somente arriscar uma conjuntura. Não é provável que os esmoleres tenham deixado de anotar suas despesas; gradativamente, contudo, eles certamente se habituaram a manter em

---

941. É em consequência dessa ambiguidade que fui levado a consultar um certo número de contas da garderobe, no sentido estreito da palavra, que, obviamente, não me deram nada. Para Eduardo III, E.A. *384, 1 [2 e 3]; *388, 9 [11 e 12], ambos provenientes do controlador. Para Ricardo II, *Archaeologia*, LXII, 2, 1911, p. 503 [16-17]. Para Eduardo IV, Brit. Mus. Harleian, *4.780. Para Ricardo III, *Archaeologia*, I, 1770, p. 361.

942. Consultei o *Liber quotidianus contrarotulatoris garderobe...*, publicado pela *Society of Antiquaries of London*, in-4°. Londres, 1787 [28; a comparar com Brit. Mus. Add., mss. 35.291, citado na nota 940 da p. 411]. • Brit. Mus. Add., mss. *7.966 A [29].

943. Todavia, existe ainda, entre os Exchequer Accounts, uma conta de esmolas de Eduardo III: E.A. *394, 1 (onde eu não encontrei nada).

seu próprio poder as contas. Sabemos que por longo tempo existiu um fundo da Esmolaria absolutamente distinto. No decorrer do tempo, a seção antiga desse fundo perdeu-se completamente, em parte devido a um incêndio, em parte em seguidas desordens ou por dilapidações[944]. Ocorreu o mesmo – indiquemos de imediato – a outro acervo, do qual também poderíamos esperar extrair informações úteis: o da capela real[945].

Restam os levantamentos recapitulativos estabelecidos, para cada exercício[946], seja pelo guardião da Garderobe, seja pelo controlador. Infelizmente, a partir de meados do reinado de Eduardo II, eles deixaram de ser mantidos, naquilo que nos concerne, com a mesma minúcia que antes[947]. Adquiriu-se o hábito de não mais detalhar cronologicamente as somas entregues aos escrofulosos tocados pelo rei; doravante, contentavam-se com uma menção global, especificando que uma soma de tantas libras, soldos ou denários, fora, durante o exercício considerado – ou, excepcionalmente, durante um período separado desse exercício – entregue pelo esmoler a tantos doentes "benzidos", à razão de tanto por doente. Nenhuma outra especificação[948]. Tal foi a prática constantemente seguida durante a segunda metade do reinado de Eduardo II e, parece, o reinado inteiro de Eduardo III[949].

---

944. Cf. *Second Report of the royal commission on public records*, II. In-folio. Londres, 1914, 2ª parte, p. 172. O depósito da *Royal Almonry* não contém, atualmente, documentos anteriores a 1723.

945. Cf. a obra citada na nota precedente, p. 69.

946. A partir de Eduardo III, ou mais tarde, o exercício para de coincidir exatamente com o ano do reinado; sua duração frequentemente varia, sintoma certo da desordem que se introduziu na administração financeira.

947. A conta do décimo ano de Eduardo II (8 de julho de 1316 a 7 de julho de 1317), que só conheço pela descrição de STAPLETON, T. *Archaeologia*, XXVI, 1.836, p. 319ss., parece ter sido organizada de acordo com a forma antiga.

948. Ex.: Brit. Mus., Add. mss. 9.951, Controle (?) de Eduardo II, para o ano 14 do reinado (8 de julho de 1320 a 7 de julho de 1321), fol. 3 V: "Eidem [elemosinario] pro denariis per ipsum solutis lxxix infirmis benedictis ab ipso rege per diversas vices infra annum presentem predictum; videlicet cuilibet pauperi j d: vj s. vij d".

949. Consultei para Eduardo II (além do artigo da *Archaeologia* indicado na nota 950, aqui): E.A. *376, 7 [9; controle, interessante tanto pela brevidade do período que cobre – de 31 de janeiro a 9 de junho – quanto pelo caráter sumário das diversas indicações que contém]. • Brit. Mus. Add. mss. 17.362 [13; conta da garderobe]; 9.951 [14: controle ?]; além – por engano – de uma conta das despesas pessoais do controlador E.A. *376, 13 [8 e 9]. Para Eduardo III: Brit. Mus., Cotton Nero C VIII [anos 8 a 11: controle]. E.A. 388, 5 [11-12: controle]. • R.O. Treasury of Receipt. Misc. Books, 203 [12-14: conta da garderobe]. • E.A. *396, n [43: controle]. Além de, para Eduardo II, Brit. Mus., Add. mss. *36, 763, rolo de despesas, de 8 de julho a 9 de outubro de 1323. Em suma, um tipo de livro de caixa do palácio, estabelecido diariamente, mas, a cada dia, indica somente os desembolsos, ofício por ofício (compreendido aí a esmolaria), sem que seu objeto preciso seja especificado.

A partir de Ricardo II, os levantamentos de fim de exercício cessam totalmente de nos fornecer algo sobre o toque das escrófulas[950]. Teriam os soberanos ingleses bruscamente renunciado a seu poder taumatúrgico? Certamente que não. Sabemos que eles continuariam, como no passado, a se colocarem como médicos miraculosos. Provavelmente, esse silêncio súbito deve se explicar por uma modesta reforma burocrática. Nas contas ou nos controles da garderobe, a seção relativa às despesas era então dividida em duas partes: uma destinava-se às despesas correntes, por ordem cronológica; a outra continha uma série de capítulos que davam, ofício por ofício, o detalhe (as *particule*) das despesas que não entravam no quadro precedente. Esta disposição, bastante clara, não era nova; mas ela fixou-se, nesse momento, de uma forma definitiva. Nas mais antigas contas desse tipo, sob os reinados precedentes, as doações entregues aos doentes "benzidos" pelo rei sempre figuravam – em bloco, como já vimos – na segunda parte, no capítulo (*titulus*) da Esmolaria; eram consideradas, portanto, como despesas extraordinárias. Sob Ricardo II, o artigo concernente ao toque desapareceu para sempre do *titulus* da Esmolaria. Foi, ao que tudo indica, porque a partir de então se decidiu incluir no número das despesas normais esses pagamentos; devem ter sido passados para a primeira parte, organizada em forma de jornal. Por infelicidade, esse jornal era redigido sem muita precisão. Contentava-se em ali indicar o que tinha, a cada dia ou semana, desembolsado cada ofício, sem especificar o objeto exato desses desembolsos – tanto para a copa, cozinha etc. quanto para a esmolaria[951]. O esmoler pagara uma soma determinada, mas a quem e por quê? Esses detalhes não interessavam. Assim, as despesas empenhadas para o serviço do toque encontravam-se, por esse sistema, dissimuladas na massa das outras

---

950. Eis a lista de contas que vi para os reinados seguintes aos de Eduardo III: RICHARD II, Brit. Mus., Add. mss. *35.115 [16: controle]. • E.A. *403, 10 [19: controle]. Henrique IV: E.A. *404, 10 [2: rolo; guarda da garderobe]. • Brit. Mus., Harleian *319 [8: controle; *Archaeological Journal*, IV, 1847, p. 78]. Henrique V: E.A. *406, 21 [1: tesoureiro do palácio]. Henrique VI: E.A. *409, 9 [20-21: controle]. Eduardo IV: E.A. *412, 2 [6-7: guarda da grande garderobe]. Os *Enrolled Accounts* do Tesouro não forneceram nada; as despesas do palácio são ali indicadas de forma absolutamente sumária; consultei *Exch. Enrolled Accounts, Wardrobe and Household*, *5.

951. Nada fará compreender melhor essa disposição do que um exemplo. Eis, totalmente feito ao acaso, um dia da conta da garderobe, ano 6 de Eduardo IV. Estamos em 7 de outubro de 1466; o rei encontra-se em Greenwich: "Dispensa: xxvij s. vj d. Buttillaria: cxv s. j. d. ob. Garderoba: xxxj s. xj d. ob. Coquina: vj l. xij s. iij d. Pullieria: lxj s. viij d. Scuttillaria: vj s. vj d. ob. Salsaria: ij s iiij d. Aula et camera: xviij s. ix d. Stabulum: xxix s. ix d. ob. Vadia: lxxvj s. x d. ob. Elemosina: iiij s. Summa: XXV l. vj s. ix d. ob." E.A. 412, 2, fol. 5 V.

generosidades principescas. Durante quase um século, procuraríamos em vão um traço do milagre régio nas contas.

Sob Henrique VII e Henrique VIII, vemo-lo reaparecer. Não que, nessa época – e nem mais tarde – os registros anuais do escrevente da garderobe ou do controlador nos fornecessem mais informações do que no passado[952]; mas possuímos para esses dois reinados alguns jornais de despesas da corte, nos quais frequentemente se encontram assinaladas as somas entregues aos "doentes curados" pelo rei[953]. Esses pagamentos não parecem ser feitos pelo esmoler; no referente a um deles, sob Henrique VIII, conhecemos o nome do funcionário que adiantou o dinheiro e, em seguida, mandou reembolsar: era o primeiro fidalgo da *Privy Chamber*[954]. Por outro lado, as menções ao toque são, nesses registros, muito raras. Pode-se perguntar se elas cobrem o conjunto dos casos nos quais uma despesa deste tipo tenha sido contemplada. Eu acreditaria de bom grado que um certo número – talvez a maioria – das somas restituídas aos doentes passavam ainda pelas mãos do esmoler; este funcionário certamente as considerava junto a seus dispêndios gerais, dos quais não temos mais os detalhes.

---

952. Consultei para Henrique VII o controle do ano 8: E.A. *413, 9. Para Henrique VIII, o controle dos anos 13 e 14: E.A. *419, 6; a conta do guarda da grande garderobe, Brit. Mus. Add. mss. *35.182 [23-24]. Para Eduardo VI, o controle E.A. *426, 6 [2 e 3]. Para Eduardo VI [6] e Maria [I] a conta do palácio, Brit. Mus. Add. mss. *35.184. Para Elisabete a conta *E.A. *421, 11 [2] e o controle E.A. *421, 8 [1-3]. Cf., para Henrique VIII, as indicações dadas pela Srta. Farquhar, *Royal Charities*, I, p. 7, n. 3.

953. Para Henrique VII, E.A. 415, 3 [15-17]. • Brit. Mus., Add. mss. 21.480 [20-21]. • BENTLEY, S. *Excerpta histórica*. Londres, 1831 (fragmentos de livros de pagamento segundo os extratos feitos a partir dos originais por C. Ord; os cadernos de C. Ord estão no Brit. Mus., Add. mss. 7.099). Para Henrique VIII, NICOLAS, N.H. *The privy purse expenses of King Henry the Eighth from november MDXXIX to december MDXXXII*. Londres, 1827 (livro de Bryan Tuke, tesoureiro da Câmara, hoje Brit. Mus., Add. mss. 20.030). Cf. tb. diversos extratos de livros semelhantes, para Henrique VIII, Eduardo VI e Maria nos *Trevelyan Papers*, I e II (*Camden Society*). Londres, 1857 e 1863. Cf. Farquhar, I, p. 82, n. 1. Não se encontra menção alguma de pagamentos para o toque, mas a indicação de numerosos reembolsos feitos ao esmoleiro, para despesas não especificadas, em *Boke of Payments* de Henrique VII [21-24], e Henrique VIII, R.O. *Treasury of the Exchequer* Mise. Books *214. Nada mais sobre o toque no livro de pagamentos de Henrique VIII. Brit. Mus. Add. mss. *2.182 [1-8]. Em vão, consultei igualmente o livro de caixa de Eduardo VI [2 e 3], E.A. *426, 6 e um borrador do tempo de Elisabete, E.A. *429, 11. As contas da época dos Tudor foram analisadas com muito cuidado pela Srta. Farquhar; cf. esp. os dados que ela apresenta, I, p. 79, 81, 88 n. 3, 91 n. 4.

954. NICOLAS. *Privy Purse Expenses*, p. 249 (31 de agosto de 1549). Trata-se de *master Hennage*, que nós sabemos ser o *Chief Gentleman of the Privy Chamber*.

Passemos ao século XVII. Não é mais às contas do palácio que, doravante, devemos nos endereçar[955]; documentos financeiros de uma outra ordem irão nos informar. Os reis ingleses tinham, em torno do século XV, adquirido o hábito de entregar aos doentes tocados não uma soma variável, nem uma soma fixa em quaisquer moedas, mas sempre a mesma moeda de ouro, um angel[956]. Gradativamente, o *angel* deixou de ser uma moeda como as outras; ele passou a ser cunhado somente para servir ao rito curador. Sob Carlos II, foi substituída por uma medalha que nada mais tinha de unidade monetária: o *touch-piece*. Angels e *touch-pieces* eram, no século XVII, fabricados na oficina da Torre de Londres; sobre este tema, nós temos um certo número de mandatos endereçados por diversas autoridades governamentais aos guardiões deste estabelecimento – também temos contas que nos fornecem algumas informações sobre as quantidades produzidas[957]. Esses dados estatísticos são interessantes: do número de moedas ou medalhas saídas da oficina – ao menos a partir do momento quando o *angel* passou a ser destinado apenas ao milagre régio – podemos tirar algumas conclusões sobre o número dos doentes tocados. Mas, por este método específico, não obtemos indicações muito precisas, no máximo, uma ordem de grandeza; pois não sabemos, de uma forma clara, durante qual lapso de tempo as moedas ou medalhas fabricadas em um dado momento foram distribuídas. Ou melhor, normalmente não o sabemos; mas para o reinado de Carlos II e o início do de Jaime II, estamos mais bem-informados. Sob esses príncipes, o sistema de contabilidade em vigor para a confecção de medalhas para o toque era o seguinte[958]. O funcionário encarregado das finanças da corte, chamado então de guardião da Bolsa Privada (*Keeper of the Privy Purse*) tratava diretamente com as oficinas; ele comprava delas, em enormes quantidades, as medalhas e delas ia se desfazendo conforme a necessidade; para cada compra, a soma necessária era-lhe fornecida, a título de adiantamento, pela Tesouraria, mas ele devia, depois de tudo, justificar junto à administração financeira central o uso desta soma. Naturalmente, não se contentavam em

---

955. Consultei por desencargo de consciência, mas naturalmente em vão, dois controles de Carlos II, R.O. Lord Steward's Dept *I, 3 e 10.

956. Sobre a história numismática do toque, cf. aqui p. 116s. e 356.

957. Esses documentos foram estudados, com um maior cuidado, por FARQUHAR, II e III.

958. Parece ter sido estabelecido por uma série de decisões do *Treasury Board* nos primeiros meses de 1668, notadamente a 2 de março. Cf. FARQUHAR, II, p. 143ss., esp. p. 149, embaixo; o método transparece muito claramente, p. ex., da conta de Baptist May, *Keeper of the Privy Purse*, de 12 fevereiro de 1668 a 25 de março de 1673; R.O. Pipe Office, Declared Accounts 2.795.

exigir dele a fatura da oficina; era a prestação de contas de suas distribuições que lhe exigiam. Antes de lhe enviarem uma nova soma destinada a uma nova cunhagem, desejavam assegurar que ele tinha empregado completamente e corretamente a primeira. Era preciso, pois, para períodos determinados, um atestado informando o número de doentes tocados diariamente: uma cifra, por definição, igual àquela das medalhas distribuídas. Esses papéis, assinados cada um pelos dois médicos do serviço, referendados pelo funcionário eclesiástico a quem pertencia, nessa época, o cuidado de regular a cerimônia, o "Clérigo do Gabinete" (*Clerk of the Closet*), sendo apresentados, no devido tempo, às autoridades encarregadas de verificar as contas. Eram excelentes documentos justificativos; hoje, são de uma admirável precisão para a história dos documentos. Infelizmente, eles estão muito malconservados; sem dúvida, como tinham só um interesse temporário, ninguém se preocupava em encher com eles os dossiês. Cinco deles, caídos nas mãos de um colecionador (não se sabe quando nem como), vieram parar na biblioteca do cirurgião-chefe do Exército Americano, em Washington[959]. Mas nem todos os atestados deste tipo deixaram o Record Office; tive a boa sorte de ter em mãos, em um maço neste acervo, extraviados entre os *Livros de Miscelâneas* do fundo de Exchequer[960], quinze deles. Sem dúvida, pesquisas mais aprofundadas permitiriam descobrir ainda outros destes. Para o momento, o que foi redigido em dezembro de 1685 – sendo N. Duresme o *Clerk of the Closet* – deve ser considerado como o mais recente dos documentos financeiros relativos ao milagre régio[961].

II – Os anéis medicinais nas contas inglesas

Sobre os anéis medicinais, as contas nos informam de forma muito mais exata e contínua do que sobre o toque das escrófulas. O rito da Sexta-feira Santa, que foi suficientemente descrito mais acima, exigia a cada ano um pagamento em espécie, que, naturalmente, era necessário registrar. Essa despesa

---

959. Textos editados ou analisados por GARRISON, F.H. *A relic of the King's Evil.* Cf. FARQUHAR, II, p. 130 (*fac-símile*) e, para uma retificação no texto de GARRISON, III, p. 117-118.
960. Exchequer of Receipt, Miscellaneous Books, E. 407, 85 (1). Fui conduzido a este maço uma indicação contida em uma nota de G. Fother-Gill, *Notes and Queries*, 10th series, IV (1905), p. 335. Esses documentos vão de abril de 1669 a dezembro de 1685. Sobre as cifras que eles contêm, cf. aqui, p. 356s. n. 1 e p. 367.
961. É claro, se fizermos abstração dos documentos relativos à fabricação dos *touchpieces*, que são encontrados até os últimos dias do rito. Cf. FARQUHAR, IV, p. 159.

ocorria somente, por definição, uma vez ao ano: certamente, é o que explica ela ter sido sempre inscrita não na primeira parte das contas anuais – redigidas, lembremos, na forma cronológica – mas na segunda, no capítulo dos desembolsos excepcionais da Esmolaria. Tal foi, de Eduardo III a Eduardo IV, a prática constantemente seguida[962]; esta história, no conjunto tão simples, comporta apenas um ponto delicado que merece reter nossa atenção um pouco mais de tempo.

Durante os reinados de Eduardo III, Ricardo II, Henrique IV e no de Henrique V pelo menos em 1413, o artigo do capítulo das esmolas relativo aos *cramp-rings* foi redigido sob uma forma sempre igual, que está em perfeita conformidade com o que sabemos da essência do rito; dois pagamentos sucessivos e de igual valor são indicados: o primeiro se refere às moedas levadas, primeiro, pelo rei até o altar, e, em seguida, retiradas para serem fundidas e transformadas em anéis; o segundo se refere à oferta definitiva considerada como "resgate" da primeira[963]. A partir do ano de 1442 (foi a primeira menção que levantei

---

962. Encontrar-se-á acima (nas notas das p. 411-415) a indicação das contas do palácio que analisei. Eis, reinado por reinado, a lista das que me forneceram alguma coisa sobre o rito dos anéis. Notar-se-á que, de Eduardo III a Eduardo VI, só não foram enumeradas as referentes ao reinado de Eduardo V, o qual – tendo sido muito curto e, assim, não incluindo nem uma única Sexta-feira Santa – não poderia figurar nela, e o de Ricardo III – que incluiu apenas duas. Cf. acima, p. 170 e n. 282. As datas entre colchetes são das sextas-feiras santas nas quais os anéis foram consagrados. Eduardo III: Cotton Nero, C. VIII, fol. 202 [14 de abril de 1335], fol. 205 [29 de março de 1336], fol. 206 V [18 de abril de 1337] [os dois primeiros artigos reproduzidos em STEVENSON. *On cramp-rings*, p. 49]. *Gentleman's Library Magazine*, p. 40 [os três, em CRAWFURD, p. 169-170). • E.A. 388, 5 [10 de abril de 1338]. • R.O. Treasury of Receipt. Misc. Books, 203, fol. 150 [26 de março de 1339], e fol. 153 [14 de abril de 1340]. • E.A. 396, II, fol. 12 [30 de março de 1369]. • "Account Book of John of Ypres" [12 de abril de 1370], reproduzido em CRAWFURD, p. 170. Ricardo II: Brit. Mus. Add. mss. 35.115, fol. 33 V [4 de abril de 1393]. • E.A. 403, 10, fol. 36 [31 de março de 1396] (reproduzido em CRAWFURD, p. 170). Henrique IV: Brit. Mus. Harleian 319, fol. 39 [25 de março de 1407] (reproduzido *British Archaeological Journal*, IV, 1847, p. 78). Henrique V: E.A. 406, 21, fol. 37 [21 de abril de 1413]. Henrique VI: E.A. 409, 9, fol. 32 [30 de março de 1442]. Eduardo IV: E.A. 412, 2, fol. 31 [27 de março de 1467] (para o 15 de abril de 1468, citação sem referências em CRAWFURD, p. 171). Henrique VII: E.A. 413, 9, fol. 31 [5 de abril de 1493]. Henrique VIII: Brit. Mus. Add. mss. 35.182, fol. 31 V [2 de abril de 1533]. Eduardo VI: E.A. 426, I, fol. 19 [8 de abril de 1547]. • Brit. Mus. Add. mss. 35.184, fol. 31 V [31 de março de 1553]. Comparando esta lista com aquelas das contas analisadas, poderemos perceber que, sem razão aparente, algumas contas da garderobe não mencionam as despesas relacionadas ao rito dos anéis: novo exemplo dessas anomalias a que o historiador que utiliza os documentos administrativos da Idade Média deve, de antemão, se resignar.

963. Ex.: reinado de Eduardo III, 14 de abril de 1335: "In oblacionibus domini regis ad crucem de Gneyth, die Paraceues, in capella sua infra manerium de Clipstone, in precio duorum florenciorum de florentia, xiiij die aprilis, vj s. viij d.; et in denariis quos posuit pro dictis florenciis reasumptis pro anulis inde faciendis, ibidem, eodem die, vj s. Summa xij s. vjjj d." Brit. Mus.

para o reinado de Henrique VI), a redação modifica: "oferendas do senhor rei, feitas à adoração da cruz na Sexta-feira Santa, em ouro e em prata, para delas fazer-se os anéis medicinais, 25 xelins"[964], ou a partir de Henrique VIII: "para as oferendas do senhor rei feitas em adoração à cruz na Sexta-feira Santa e para o resgate, os anéis medicinais devendo ser feitos, ouro e prata, 25 xelins"[965]. Se esse estilo é obscuro, é porque os contadores continuavam a usar expressões antigas que poderiam fazer crer que as velhas práticas do resgate e da fabricação dos anéis com as moedas ofertadas sobre o altar ainda subsistiam. O que se passara, na realidade, pode ser deduzido, com certeza, da redução do duplo pagamento primitivo – que, desde pelo menos 1369, era invariavelmente de duas vezes 25 xelins[966] – para um pagamento único, igual à metade da soma global outrora desembolsada. Os reis não se tornaram menos numerosos; eles fazem sempre o mesmo presente em sua capela, pois outrora esta guardava de fato apenas a segunda oferenda: 25 xelins, portanto. A primeira oferenda antes era retomada para servir à fabricação dos anéis; foi esta que desapareceu. Por quê? Textos estranhos à contabilidade – a *Défense des droits de la maison de Lancastre*, de Fortescue, um cerimonial de Henrique VIII – dão a explicação necessária[967]: os anéis eram doravante levados já prontos à Sexta-feira Santa. O metal destinado à sua confecção era retirado, bem antes da festa, do Tesouro

---

Cotton Nero C. VIII, fol. 202, publicado em: STEVENSON. *On cramp-rings*, p. 49 (*Gentleman's Magazine Library*, p. 40). CRAWFURD, p. 169. Reinado de Henrique V, 21 de abril de 1413: "In oblacionibus domini regis factis adorando crucem in die Parasceues in ecclesia fratrum de Langley, videlicet in tribus nobilibus auri et quinque solidis argenti XXVs. In denariis solutis decano Capelle pro eisdem denariis reassumptis pro anulis medicinalibus inde faciendis XXVs." • E.A. 406, 2i, fol. 19. Notar-se-á, no texto relativo a Eduardo III, uma ligeira diferença de valor entre os dois lançamentos sucessivos; ela se explica facilmente: a necessidade de operar o primeiro lançamento em espécies preciosas levou ao emprego de moedas estrangeiras, cujo valor não pôde ser transformado em uma soma redonda de moeda nacional.

964. Henrique VI, 30 de março de 1442: "In oblacionibus domini Regis factis ad orandam crucem die Parasceues in Auro et argento pro Anulis medicinalibus inde fiendis XXVs." • E.A. 409, 9, fol. 32 V. Fórmulas análogas: E.A. 412, 2, fol. 31 (Eduardo IV); 413, 9, fol. 31 (Henrique VII).

965. Henrique VIII, 29 de março de 1532: "In oblacionibus domini Regis factis in adorando crucem die Parasche[ues] et pro redempeione, anulis medicinalibus inde fiendis, aurum et argentum, infra tempus huius compoti XXVs." Add. mss. 35.182, fol. 31 V. A fórmula de E.A. 426, I, fol. 18 (Eduardo VI, 8 de abril de 1547) também é muito mal-executada: "In oblacionibus domini Regis secundum antiquam consuetudinem et ordinem pro adhorando crusem die Parascheues et pro rede[m]ptione Anulorum Medicinalium inde fiendum [sic] aurum et argentum, infra tempus huius computi XXXVs. (*erreur probable pour* XXVs.)". Ela é repetida quase textualmente por Add. Mss. 35.184, fol. 31 V (Eduardo VI: 31 de março de 1553).

966. E.A. 396, 11, fol. 12.

967. Cf. supra p. 176.

Real. A despesa correspondente a esse fornecimento de ourivesaria não tinha mais por que figurar no capítulo das esmolas; é preciso buscar entre as contas especiais relativas às joias reais, onde, com efeito – pelo menos desde Eduardo IV –, ela é às vezes encontrada[968].

Em suma, os arquivos financeiros da antiga monarquia inglesa apenas nos oferecem, sobre os ritos curadores e mais particularmente sobre o toque das escrófulas, dados fragmentários e frequentemente imprecisos. Os arquivos franceses, bem mais pobres, dão-nos, de certo ponto de vista, mais informações. São surpresas comuns nesse gênero de fontes, tão enganadoras quanto preciosas. Imaginemos que, em uma série de documentos de um determinado tipo, venha a se introduzir a mais ligeira mudança na disposição dos escritos, em um momento ou em outro: essa modificação, no primeiro momento insignificante, bastará para ocultar aos olhos do historiador toda uma categoria de informações de importância capital. Estamos à mercê dos caprichos de um funcionário subalterno, rompendo com a rotina de seus predecessores. Por isso, só muito raramente é permitido retirar argumentos do silêncio aparente de uma conta.

Apêndice II – O dossiê iconográfico

Reuni abaixo algumas indicações sumárias que pude encontrar sobre esses monumentos figurativos referentes ao milagre régio. Um erudito tão bem-informado como o Sr. Salomon Reinach declarava em 1908, a propósito do n. 3 da minha lista, não ter "jamais encontrado" outro quadro que representasse o mesmo tema (*Rev. archéologique*, 4ª série, XII (1908), p. 124, n. 1). Ver-se-á que fui feliz o bastante por ampliar em proporções notáveis o dossiê iconográfico do toque e dos ritos curadores em geral. Mesmo assim, ele continua, contudo, mediocremente rico. Sem dúvida, pesquisadores mais felizes do que eu pode-

---

968. Para Eduardo IV, Privy Seal Account, citado em CRAWFURD. *Cramp-rings*, p. 171. Cf. *Liber Niger Domus Regis* dans *A collection of ordinances and regulations for the government of the Royal Household* (Soc. of the Antiquaries), in-4°. Londres, 1790, p. 23 (pagamento à "jewel-house"). Henrique VII: CAMPBELL, W. *Materials for a history of the reign of Henry VII* (Rolls Series), II, p. 142. Henrique VIII: livro de pagamento do palácio, Brit. Mus. Add. mss. 2.181, ano 2, a 19 de abril [1511]. • *Letters and Papers, Foreign and Domestic*, Henry VIII, XV, n. 862; XVIII, 1, n. 436; 2, n. 231, p. 125 e 127. Sob Henrique VIII, a partir de 1542 ou mais tarde, as despesas ocasionadas pelo rito dos anéis medicinais eram registradas no fundo *Augmentations*, que alimentava seus ganhos dos estabelecimentos religiosos confiscados (sobre esse fundo, cf. GASQUET, F.A. *Henry VIII and the English monasteries*, II. 6. ed., 1895, p. 9). Maria Tudor: [NICHOLS, J.]. *Illustrations of the manners and expences of antient times in England*, in-4°. Londres, 1797, *New Year's Gifts presented to Queen Mary*, p. 27.

rão um dia dar-lhe mais amplidão, ao menos no que é referente aos dois ou três últimos séculos das monarquias taumatúrgicas. Para a Idade Média, não acredito haver grande coisa a mais para encontrar. Também o Dr. Conde Durrieu e o Sr. Henry Martin, solicitados por mim, fizeram-me saber que não conheciam outras iluminuras, relativas ao toque das escrófulas, além das que serão vistas aqui recenseadas. Para a época moderna, o Sr. Jules Robiquet, conservador do Museu Carnavalet, e o Sr. Charles Mortet, administrador da Biblioteca Sainte-Geneviève, asseguraram-me que as coleções confiadas a seus cuidados não incluem nenhuma representação do toque das escrófulas.

Para a classificação, adotei, no interior de cada subdivisão, a ordem cronológica. Os números marcados com um asterisco correspondem às obras que conheço apenas pelas menções de outras anteriores, seja porque desapareceram, seja porque não as pude encontrar.

Para cada obra, indiquei as reproduções que dela foram feitas; em seguida, os estudos dos quais foi objeto. Acrescentei, quando possível, uma curta discussão crítica. Uma descrição propriamente dita – que, para ser verdadeiramente útil, deve sempre ser razoavelmente longa – constituiria repetição do que foi dito mais acima no texto; forneci uma apenas em dois casos: quando ela era necessária à discussão; quando a obra não havia sido publicada ou reproduzida em nenhuma obra impressa, ou mesmo aqui. Quanto às reproduções, eu era – devido a motivos fáceis de compreender – obrigado a me limitar. Minha escolha foi guiada pelas razões seguintes: coloquei sob os olhos do leitor duas gravuras que dão a imagem, uma de um rito francês do toque, a outra do rito inglês (n. 8 e 13); um quadro de altar que traz luz à associação, típica da França, do rei curador e de São Marcoul (n. 16); enfim, este belo pequeno quadro do século XVI no qual cujo autor desconhecido aproximou engenhosamente os dois aspectos mais significativos da realeza sagrada: a quase assimilação com a dignidade sacerdotal (pelo rito da comunhão) e o poder taumatúrgico (n. 3). Eu gostaria de ter acrescentado a estes documentos característicos o afresco de Saint-Riquier (n. 20), que simboliza tão alegremente o papel de intercessor do milagre régio atribuído a São Marcoul; mas, não podendo fotografá-lo eu mesmo, quando fui estudá-lo no local, não consegui, depois, achar dele uma chapa ou prova.

Tenho prazer em agradecer aqui todas as pessoas que me ajudaram, de todas as maneiras, a reunir estes documentos tão dispersos: Sr. Conde Durrieu; Sr. Henry Martin; Sr. Salomon Reinach; Sr. Jules Robiquet; Sr. Charles Mortet;

Sr. Henri Girard; o Sr. arcipreste de Saint-Wulfran de Abbeville; Sr. François Paillart, o impressor muito conhecido; o Sr. Paul Gout, o arquiteto-chefe dos *Monuments Historiques*; o Sr. Hocquet, arquivista da cidade de Tournai; Sr. Guglielmo Pacchioni da *Reale Pinacoteca* de Turim; os professores Martinotti e Ducati de Bolonha; Srta. Helen Farquhar.

1 O toque das escrófulas

1) *Eduardo o Confessor toca a mulher escrofulosa*. Iluminura do século XIII no manuscrito Ee III 59 da Biblioteca de Cambridge, contendo o poema intitulado *La estoire de Seint Aedward le rei*, p. 38.

• Reprodução: CRAWFURD, *King's Evil*, junto à p. 18. • BARFOED, C. *Haands-Paalaeggelse*, p. 52 (segundo Crawfurd).

• Estudado: LUARD, H.R. *Lives of Edward the Confessor (Rolls Series)*. Londres, 1858, p. 12, n. XXXVII; cf. acima, p. 55n. 50 e 304.

2) * *Um rei da França toca as escrófulas*. Segundo medalhão superior do vitral da sagração, na Capela Saint-Michel de Circuit, Igreja Abacial de Monte Saint-Michel, executado em 1488 sobre a ordem do Abade André Laure.

Esse vitral, hoje destruído, só é conhecido pelas descrições antigas, principalmente por ABADE PIGEON. *Nouveau guide historique et descriptif du Mont Saint-Michel*. Avranches, 1864 [reprod. por GOUT, P. *Le Mont Saint-Michel*, II, in-4°, p. 556-557]. Citei mais acima (p. 145) um fragmento desta descrição; agora reproduzo-a por completo: "O segundo medalhão [superior] nos representa o rei que, após ter comungado sob as duas espécies, dirigiu-se a um parque onde se encontra reunido um número considerável de doentes que ele toca um após o outro com sua mão direita, da fronte ao queixo e de uma face à outra, dizendo estas palavras consagradas: 'Deus te cura, o rei te toca!' Em um ângulo do quadro está uma gaiola onde voam vários pássaros, símbolo da liberdade que o novo rei veio trazer aos prisioneiros e daquela a qual ele fará desfrutar seus súditos [...]".

A fórmula "Deus te cura, o rei te toca" certamente não figurava sobre o vitral. O Abade Pigeon, tanto quanto pude ver, somente a mencionou para provar sua própria erudição, mas é preciso reconhecer que seu texto, sobre este ponto, é pouco claro.

• *Estudado*: acima, p. 144s.

3) *Um rei da França comunga sob as duas espécies e prepara-se para tocar as escrófulas*. Quadro do século XVI; no século XVIII, encontrava-se no Palais Durazzo, em Gênova, via Balbi (cf. RATTI. *Guido di Genova*, 1780, I, p. 209). Adquirido em 1824 pelo rei da Sardenha; hoje na Pinacoteca Real de Turim, n. 194.

• *Reprodução*: Reale Galleria illustrata, IV, p. 153. • RICHER, P. *L'art et la médecine*, in-4°, s.d., p. 296. • HOLLAENDER, E. *Die Medizin in der klassischen Malerei*. Grande, in-8°. Stuttgart, 1903, p. 265. • REINACH, S. *Répertoire de peintures du moyen-âge et de la Renaissance*, IV, 1918, p. 663. • MARTINOTTI. *Re Taumaturghi*, p. 135; aqui, figura 1.

• *Estudado*: HOLLAENDER, E. *Die Medizin in der klassischen Malerei*... • REINACH, S. *Revue archéologique*, 4ª série, XII (1908), p. 124, n. 1. Cf. aqui, p. 300s. Devo um grande número de informações preciosas – utilizadas mais acima e na discussão que irá se seguir – a uma carta do Sr. Guglielmo Pacchioni, conservador da Pinacoteca Real.

Qual é exatamente o tema deste quadro? Para poder determiná-lo, convém, em primeiro lugar, descrever a obra com algumas palavras.

À esquerda, em uma capela que se abra para a direita, um rei da França, barbudo, vestido com o manto de flor de lis, coroa na cabeça, o cetro e a mão de justiça postos a seu lado, está ajoelhado diante de um tipo de mesa de mármore, que deve ser um altar. Ele segura, com as duas mãos, ao que parece, um cálice coberto com uma tampa; diante dele um bispo ajoelhado segura, igualmente com suas duas mãos, um objeto no qual eu acredito reconhecer, sem nenhuma dúvida, uma patena vazia; em volta do altar, um outro bispo e um religioso encontram-se de joelhos, um outro religioso e três leigos (entre eles, um pajem segurando a cauda das vestimentas do primeiro bispo e um personagem com um objeto que talvez possa ser um elmo com um coroa acima) estão de pé. À direita, em um átrio para o qual se abre a capela e que é cercado por um muro ameado aberto com uma porta monumental, dois doentes providos de muletas (um de joelhos, o outro de pé), uma mulher trazendo uma pequena criança em seus braços, dois outros personagens – um deles, junta as mãos – e, perto da porta, guardas. Além do muro, uma paisagem com uma cidade para a qual se dirige um cortejo a cavalo.

Todo mundo, parece, está de acordo em reconhecer nesses personagens da direita – exceto os guardas – escrofulosos esperando para serem tocados. Quanto à cena da esquerda, Sr. Hollander e Sr. S. Reinach a interpretam como a representação da unção régia. Creio que é preciso ver aí antes a comunhão do rei sob as duas espécies, segundo o privilégio de sua dinastia. A presença da patena não deixa lugar para a dúvida; o rei acaba de comungar com a hóstia e vai comungar com o vinho do cálice. Em seguida, ele tocará os doentes. Esta comunhão é a da sagração? A vestimenta régia, em um primeiro momento, poderia convidar a crer nisso; mas sabe-se que essa vestimenta é somente, na arte da época, um procedimento convencional destinado a indicar que o personagem representado é um rei – e um rei da França. Segundo toda a probabilidade, o artista simplesmente quis aproximar uma da outra essas duas prerrogativas da monarquia francesa: a comunhão semelhante à dos padres e o milagre de cura. Uma ideia análoga, parece, já inspirara o autor do vitral do Monte Saint--Michel; mas aí, sendo a sagração o tema de todos os vitrais, a comunhão representada era sem dúvida a que ocorria no decorrer desta cerimônia.

Resta a questão da autoria. O quadro, não assinado, foi sucessivamente atribuído a Alberto Durer (RATTI. *Guido di Genova...*), da Escola de Colônia, a Lucas de Leyde e a Bernard Van Orley; esta última opinião recebeu de sua adoção pelo cicerone de Burckhardt (tradução francesa, II, p. 637) e pelo catálogo da Pinacoteca – devido a Baudi di Vesme – um valor quase oficial. Ela se depara, entretanto, com uma dificuldade: como Van Orley, pintor preferido de Margarida da Áustria e de Maria da Hungria, poderia ter sido levado a consagrar uma de suas obras à glória do milagre francês? (Cf. sobre sua carreira.) É provável que nosso quadro seja devido a algum artista dos Países Baixos submetido às influências italianas. Não se pode ir além – ao que parece – desta afirmação um pouco vaga.

4) *Um rei da França toca um escrofuloso*. Gravura em madeira, in: DEGRASSALIUS [GRASSAILLE]. *Regalium Franciae iura*, 1538, p. 62.

5) *Henrique II toca as escrófulas*. Iluminura do Livro das Horas de Henrique II, Bibl. Nat., latim 1429, fol. 106 V.

• *Reprodução*: BASTARD, *Peintures et ornements des manuscrits*, VIII (em cores). *Livre d'heures de Henri II, reproduction des 17 miniatures du ms. latin 1429 de la Bibliothèque Nationale* [1906], figura XVII. • LANDOUZY. *Le toucher*, fora do texto. • CRAWFURD. *King's Evil*, p. 58 (foto revertida). • FARQUHAR. *Royal charities* I, p. 43.

• *Estudado*: sobre o conjunto do manuscrito. Cf., entre outros: DELISLE, L. *Annuaire-Bulletin de la Soc. de Histoire de France*, 1900. • *Exposition des primitifs français [...]. Catalogue*, 1904. • *Manuscrits à peintures*, n. 205 sobre a iluminura. • Aqui, p. 316.

6) *Maria Tudor toca um jovem escrofuloso*. Iluminura do missal da rainha, Biblioteca da Catedral [católica] de Westminster.
- *Reprodução:* CRAWFURD, *King's Evil*, p. 68.
- *Estudado:* para o missal, cf. uma comunicação de Sir Henry Ellis em *Proceedings of the Society of Antiquaries of London*. 1ª série, II (1853), p. 292-294.
- SIMSON, S. *On the forms of prayer*, p. 285-287.

7) **A Rainha Elisabete toca as escrófulas*. Gravura executada pelo cinzelador flamengo Joos de Hondt, provavelmente durante sua estadia na Inglaterra (1583-1594).

Conheço este documento apenas pela menção que dele faz TOOKER. *Charisma, epistola dedicatoria*, p. [10]: "[...] cum nuper in *Tabulis Geographicis & Hydrographicis* depictam vidimus, et exaratam salutiferae hujusce sanationis historiam, et quasi consecratam memoriam oculis contemplati sumus", com a nota marginal: "Iodocus Flandr. in descript. sive tab. orbis terr". Cf. DELRIO. *Disquisitionum*. Ed. de 1606, p. 61, enumeração das provas dadas por Tooker em apoio do suposto poder exercido por Elisabete: "Probat etiam quia quidam Judocus Hundius eam curationem pictam in lucem dedit". Não encontrei nada de semelhante nos diversos atlas de J. de Hondt que pude consultar: *Theatrum imperii Magnae Britanniae [...] opus nuper à Iohanne Spedo [...] nunc vero a Philemone* HOLLANDO [...] *donatum*, in-folio. Amsterdã, 1616, "ex officina Judoci hondii". • *Thrésor des Chartes*. Haia, s.d. • BERTIUS, P. *La géographie raccourcie, avec de belles cartes* [...] por Judocus Hondius. Amsterdã, 1618. Cf. tb. suas diferentes edições da obra de Mercator.

Sobre a estadia de J. de Hondt na Inglaterra, cf. *Bryan's Dictionary of Painters and Engravers*. Ed. de G.C. Williamson. • *Dictionary of National Biography*, verbetes em seu nome.

8) "Representação ao natural, como rei mui cristão Henrique III, rei da França e de Navarra toca as escrófulas". Gravura a buril de P. Firens, s.d. Dele conheço os seguintes exemplares: 1) Bibl. Nat. Estampes, coll. Hennin, XIV, fol. 5; 2) Bibl. Nat. Impressos, coll. Cangé, Lb^{35} 23^b, fol. 19 (*avant la lettre*); 3) Bibl. Nat. Impressos, coll. Cangé, Lb^{35} 23^b, fol. 21; 4) Montagem sobre onglete, no frontispício de *Discours des Escrouelles, dans un exemplaire des Œuvres de Me. André Du Laurens* [...] *recueillies et traduites en françois par Me. Théophile* Gelée. In-folio. Paris, 1613; 5) Bibl. Nat. Impressos, T^{25} 40 B (*avant*

la lettre); 6) Montagem sobre onglete no frontispício de um exemplar de LAU-RENTIUS, A. *De mirabili strumas sanandi vi* [...], in-8°. Paris: British Museum, 1609, 1.187 a 2 (*avant la lettre*); 7) Montagem sobre onglete no frontispício de um exemplar de LAURENTIUS, A. *De mirabili strumas sanandi vi...* No frontispício de um outro exemplar da mesma obra, mesma biblioteca (*avant la lettre*).

• *Reprodução:* HUGO, A. *France historique et monumentale*, V, in-4°, 1843, figura I (muito medíocre). • *Nouvelle iconographie de la Salpêtrière*, IV (1891), figura XV.• FRANKLIN, A. *La vie privée d'autrefois* – Les médecins, p. 15 (parcialmente). • LANDOUZY. *Le toucher*, p. 2. • CRAWFURD. *King's Evil*, p. 78. • MARTINOTTI. *Re taumaturghi*, p. 136. • ROSHEM. *Les escrouelles*, p. IX (extremamente reduzido). • Aqui, figura III.

• *Estudado:* aqui, p. 324s. O fato desta estampa figurar no início de um certo número de exemplares do tratado de Du Laurens sobre a cura das escrófulas – ou de sua tradução – fez crer frequentemente que ela fora gravada para servir de frontispício deste tratado, e nomeadamente (devido ao caso dos dois exemplares do British Museum) da Edição Princeps de 1609; mas é visível que nesses dois exemplares – como no da tradução de 1613 conservado na Biblioteca Nacional – a estampa foi posteriormente montada sobre onglete. De resto, medindo (sem a legenda) 0,40 por 0,305m, ela possui grandes dimensões para ter sido destinada a servir de frontispício a um volume pequeno in-8°, como a edição de 1609; enfim, conhecemos numerosos exemplares desta edição que não a apresentam.

9) *Um rei toca uma mulher escrofulosa.* Gravura a buril, na p. 1 de FAROUL, S. *De la dignité des roys de France*, 1633.

• *Reprodução:* LANDOUZY. *Le toucher*, p. 20.

10) Um rei, com os traços de Luís XIII, toca as escrófulas, na presença de São Marcoul. Gravura a buril, na página do título de BOURGEOIS, O. *Apologie*, 1638.

• *Reprodução:* LANDOUZY. *Le toucher*, p. 18.

• *Estudado:* aqui, p. 275n. 562.

11) *Francisco I em Bolonha, a 15 de dezembro de 1515, toca as escrófulas.* Afresco executado por Carlo Cignani e Emilio Taruffi, a mando do Cardeal

Jerônimo Farnese, legado em Bolonha de 1658 a 1662. Bolonha: Palazzo Comunale, Sala Farnese. Em um rótulo, lê-se estas palavras: "Franciscus primus Galliarum rex Bononiae quam plurimos scrofulis laborantes sanat".

• *Reprodução:* MARTINOTTI, G. *Re thaumaturghi dans L'illustrazione medica italiana* IV, 1922, p. 134.

• *Estudado:* MARTINOTTI, G. *Re thaumaturghi dans L'illustrazione medica italiana...*, p. 364 [daqui utilizei informações gentilmente transmitidas pelo Prof. Ducati; algumas extraídas de MUZZI, S. *Annali della città di Bologna dalla sua origine al 1796*, VIII. Bolonha, 1846, p. 12ss.].

12) *Carlos II toca as escrófulas.* Gravura a buril por F.H. Van Houe, frontispício de uma folha impressa (somente sobre uma face) ou *broadside*, representando o ritual do toque. Londres: Dorman Newman, 1679.

• *Reprodução:* LANDOUZY. *Le toucher*, p. 25. • CRAWFURD. *King's Evil*, for do texto. • HOLLÄNDER, E. *Wunder, Wundergeburt und Wundergestalt in Einblattdrucken des fünfzehnten bis achtzehnten Jahrhunderts*, in-4°. Stuttgart, 1921, p. 265.

Assinalado: aqui, p. 303 n. 654.

13) *Carlos II toca as escrófulas.* Gravura a buril por Robert White, frontispício de BROWNE, J. *Charisma Basilikon*, formando a 3ª parte de seu *Adenochoiradelogia*. Londres, 1684.

• *Reprodução:* LANDOUZY. *Le toucher*, p. 27. • *Home Counties Magazine*, XIV, 1912, p. 118. • CRAWFURD. *King's Evil*, p. 114. • FARQUHAR. *Royal Charities*, II, fora do texto. • Aqui, figura IV.

Assinalada: aqui, p. 303 n. 654.

14) *Luís XIV, na presença de São Marcoul, toca as escrófulas.* Quadro por Jean Jouvenet, na Igreja – antigamente, abacial – de Saint-Riquier (Somme), Capela Saint-Marcoul: assinado "Jouvenet, p. 1.690".

• *Reprodução: La picardie historique et monumentale* (Soc. des Antiquaires de Picardie: fondation E. Soyez), IV, 1907-1911. Monografia de *Saint-Riquier*, por G. Durand, figura LV.

• *Estudado:* DURAND, G. *La picardie...*, p. 337-338. Cf. p. 230. • Aqui, p. 273s. Sobre o autor, a obra essencial continua sendo LEROY, F.M. *Histoire de Jouvenet*, 1860. Cf. LÉVI, P.-M. *La peinture française de la mort de Lebrun à la mort de Watteau*, s.d. Paris [Tese de doutorado].

15) *Luís XIV na presença de São Marcoul toca as escrófulas*. Quadro não assinado do século XVII, coro da Igreja de Saint-Wulfran, em Abbeville.

Assinalado: *La Picardie historique et monumentale*, III, p. 39. Cf. aqui p. 273s. O Sr. arcipreste de Abbeville consentiu, pelo intermédio de F. Paillait, em me fornecer informações muito úteis.

O quadro encontra-se em um estado de conservação medíocre. Luís XIV – cujos traços estão caracterizados com pouquíssima clareza – com manto de gola de arminho e usando colar, voltado para a direita, inclina-se para tocar a fronte de um doente ajoelhado. À sua direita, São Marcoul com o báculo na mão. Ao lado do doente tocado, um outro personagem de joelhos. No fundo, à direita, sob uma arcada aberta, diversos personagens (doentes e guardas?) bastante indistintos.

16) *Um rei da França e São Marcoul curam os escrofulosos*. Quadro do altar, da segunda metade do século XVII. Igreja de Saint-Brice, em Tournai.

• *Reprodução:* aqui, Quadro II.

• *Estudado:* aqui, p. 273s. Devo preciosas informações ao arquivista Hocquet. A tradição local comumente atribui este quadro a Michel Bouillon, que manteve uma escola em Tournai de 1630 a 1677. Os arquivos de Saint-Brice não fornecem indicação alguma sobre isso.

17) **A Rainha Ana toca um menino*. Vinheta do nove de copas em um baralho com imagens patrióticas, indicado por seu proprietário: G.W.L. no *Gentleman's Magazine*, 1814, I, p. 128. Cf. GOMME, C.G.L. *The Gentleman's Magazine Library*, IX, p. 160). O nove de copas é descrito nestes termos: "The nine of hearts, 'Her Majesty touching for the evil'. Her right hand is placed on the head of a little boy, who is kneeling before her".

Assinalado: aqui, p. 369.

18) *Baixo-relevo supostamente representando um rei tocando as escrófulas*. Fragmento de baixo-relevo descoberto em La Condamine (Principado de Mônaco), no Museu de Mônaco (moldagem no museu de Saint-Germain em Laye).

• *Reprodução: Rev. Archéologique*, 4ª série, XII (1908), p. 121. • ESPÉRANDIEU, E. *Recueil général des bas-reliefs de la Gaule* (Doc. inédito), II, n. 1684.

• *Estudado:* REINACH, S. Sculptures inédites ou peu connues. In: *Rev. Archéologique...* p. 118ss. • ESPÉRANDIEU, E. *Recueil général des bas-reliefs de la Gaule...*

O baixo-relevo parece ser da Idade Média (século XIII?), mas é difícil de interpretá-lo. A solução segundo a qual ele representa um rei – o personagem central está, de fato, com uma coroa – tocando as escrófulas foi proposta somente como conjectura por M.S. Reinach e, segundo ele, por Espérandieu. Ademais, o "rei" do baixo-relevo não toca verdadeiramente os homens postos diante dele; a representação de cenas como o toque parece em pouca conformidade com os hábitos da iconografia medieval.

2 A consagração dos anéis medicinais

19) *Maria Tudor, em prece, prepara-se para consagrar os anéis.*
• *Reprodução:* CRAWFURD. *Cramp-rings*, p. 178.
• *Estudado:* aqui, p. 176n. e 178.

3 São Marcoul e os reis da França[969]

20) *São Marcoul concede a um rei da França o poder de curar as escrófulas.* Afresco executado provavelmente pouco depois de 1521, a mando de Dom Felipe Wallois, tesoureiro da Abadia de Saint-Riquier: tesouraria da Igreja Saint-Riquier (Somme), parede oeste.

• *Reprodução: La picardie historique et monumentale*, IV. Saint-Riquier, pl. XXXII (com o conjunto da decoração da parede).

• *Estudado:* DURAND, G. *La picardie...*, p. 305. Aqui, p. 272.

21) *São Marcoul concede a um rei da França o poder de curar as escrófulas.* Gravura por H. Hébert; conhecida somente pela descrição de GUÉNÉBAULT, L.J. *Dictionnaire Iconographique des Figures, Légendes et Actes des Saints.* Apud MIGNE. *Encyclopédie théologique*, 1ª série, XLV, col. 388. Aqui o santo está

---

969. Cf. tb. aqui, nossos 24 e 27s..

representado tocando o maxilar inferior de um rei ajoelhado próximo a ele. Guénebault vira esta gravura na Biblioteca Mazarine, "portifólio n. 4.778 (38), fol. 58, n. 8". A 15 de novembro de 1860, esse portfólio – com toda uma coleção de estampas – foi transferido para o Gabinete de Estampas da Biblioteca Nacional. Como nenhum estado detalhado das peças depositadas foi feito até este momento, foi-me impossível de encontrar a gravura de Hébert no Gabinete de Estampas, e ela não figura na Coleção dos Santos.

• *Estudado*: aqui, p. 274.

22) *São Marcoul estende sua mão direita sobre a cabeça de um rei ajoelhado.* Medalha pia, sem dúvida do fim do século XVII ou do início do XVIII, proveniente de Arras. Legenda: S. Marco. No verso, São Livino, que era venerado na Igreja de Sainte-Croix de Arras ao mesmo tempo que São Marcoul. Coleção Dancoisne.

• *Reprodução*: DANCOISNE, J. Les médailles religieuses du Pas-de-Calais. In: *Mémoires Académie Arras*, 2ª série, XI (1879), figura XVII, n. 130.

• *Estudado*: ibid, p. 123. • Aqui, p. 274.

23) *Um rei da França adora a São Marcoul.* Gravura em talha-doce sobre uma "bandeirola" da peregrinação de Grez-Doiceau (Brabante), s.d. (século XVIII). Coleção Van Heurck, em Anvers.

• *Reprodução:* SCHÉPERS, C.J. "Le pèlerinage de Saint-Marcoul à Grez-Doiceau (canton de Wavre)"..., p. 180 (copiado, talvez, de um outro exemplar que não o da coleção Van Heurck). • VAN HEURCK, E.H. *Les drapelets de pèlerinage en Belgique et dans les pays voisins*, 1922, p. 157.

• *Estudado:* VAN HEURCK, E.H. *Les drapelets de pèlerinage en Belgique et dans les pays voisins...*, p. 288.

O mesmo motivo é ainda reproduzido sob duas outras formas na Igreja de Grez-Doiceau: "uma outra estatueta mostra São Marcoul dando, para que o beije, um objeto redondo a um rei ajoelhado diante dele; um quadro muito maldesenhado representa, no primeiro plano, o mesmo tema com – a distância – peregrinos se aproximando da Igreja de Grez" (VAN HEURCK, E.H. *Les drapelets de pèlerinage en Belgique et dans les pays voisins...*, p. 158). Ignoro a data dessas duas obras de arte que Van Heurck não indica – a não ser que, talvez (o que seria muito compreensível), não tenha podido precisá-la. Cf. SCHÉPERS, C.J. "Le pèlerinage de Saint-Marcoul à Grez-Doiceau (canton de Wavre)"..., p. 181.

24) *Luís XVI, após sua sagração, faz suas devoções diante da arca de São Marcoul.* Quadro do altar do fim do século XVIII, não assinado, Igreja de Saint-Jacques (segunda capela lateral à esquerda), em Compiègne.

No centro do quadro, o rei – com um manto azul de flor de lis, gola de arminho – está de joelhos, mãos unidas, ao pé do altar situado à direita; sobre o altar, a arca, que tem uma estatueta do santo em cima. À direita do altar, um cardeal; à esquerda, um padre paramentado carregando um livro. Atrás do rei, dois senhores com a fita, dois eclesiásticos e dois guardas. Ao fundo, atrás de uma balaustrada, uma multidão com aspecto popular (doentes?). A cena se passa em uma igreja de estilo gótico. Abaixo, à esquerda, em um rótulo quadrado, a inscrição: "Luís XVI após sua sagração – rende graças a Deus diante da arca de São Marcoul antes – de tocar os doentes – em XI de Junho de 1773".

A obra é de uma execução muito medíocre.

Apêndice III – Os primórdios da unção régia e da sagração

Abaixo, encontrar-se-ão reunidas algumas indicações destinadas a justificar as afirmações dadas por mim anteriormente, por necessidade tipográfica, sem o seu aparato probatório (livro I, cap. II, p. 68ss.). Obviamente, considero somente os países da Europa Ocidental onde, inicialmente, a unção régia introduziu-se: Espanha, reino franco, Inglaterra, talvez, os países célticos; teria, igualmente, uma palavra a dizer sobre Bizâncio. Não acompanhei a propagação muito tardia do rito em outros estados europeus. Assinalo, a título de exemplo que, para Navarra e para a Escócia, a unção foi autorizada por bula papal respectivamente em 1257 e 1329: BARONIUS-RAYNALDI. Ed. de Theiner, XXII, p. 14, n. 57; XXIV, p. 422, n. 79. Na Escócia, p. 512. Lá, o privilégio fora solicitado muito antes de ser outorgado; o canonista Henrique de Susa, geralmente conhecido pelo sobrenome de *Hostiensis*, escrevia em sua *Summa Aurea*, composta entre 1250 e 1261, livro I, c. XV, in-fólio. Lyon, fólio 41 V: "si quis de novo ungi velit, consuetudo obtinuit quod a papa petatur, sicut fecit Rex Aragonum[970] et quotidie instat Rex Scotiae". Cf. acima, p. 191, n. 317.

Todas as vezes em que os fatos não se prestarem à discussão, limitar-me-ei às referências brevíssimas.

---

970. O primeiro dos reis de Aragão que obtivera a unção parece ter sido Pedro II, que a recebeu do próprio Papa Inocêncio III em 11 de novembro de 1204. Cf. BLANCAS, G. *Covonaciones de los serenissimos reyes de Aragon*. Saragoça, 1641, p. 1ss.

1 Reino visigótico da Espanha

A história da unção régia entre os visigodos da Espanha foi exposta por Dom Marius Férotin: *Le liber ordinum en usage dans l'église wisigothique et mozarabe d'Espagne* (*Montimenta ecclesia liturgica*, V), in-4°, 1904. Apêndicie II, col. 498-505. Emprestei muito desse excelente trabalho.

O primeiro rei visigodo cuja unção está seguramente atestada é Wamba, em setembro de 672 (JULIEN DE TOLÈDE. *Liber de historia Galliae*, col. 3 e 4. • MIGNE. *P.L.* t. 196, col. 765-766). Mas o autor contemporâneo que relata esta cerimônia considera-a visivelmente como tradicional. Depois de Wamba, os exemplos da continuidade do rito são frequentes.

Em suma, a introdução do rito é, certamente, anterior a Wamba. Mas se pode determinar a data? Dom Férotin não pensa que os textos o permitam. Seria tentador atribuir ao primeiro rei católico que reinara sobre os visigodos, Recaredo (586-601), a iniciativa de uma tal reforma. SCHÜCKING. *Regierungsantritt*, p. 74 chamou a atenção para uma passagem da *História dos godos* de Isidoro de Sevilha em que, a propósito da ascensão desse príncipe, lê-se: "regno est coronatus" (*Monum. German.* AA, XI, p. 288). Mas é difícil de retirar desse texto uma informação precisa. O que seria necessário entender por "regno est coronatus"? Designariam uma coroação propriamente dita, isto é, uma entrega solene da coroa, efetuada no meio de um cerimonial eclesiástico, exemplo de Bizâncio cujos costumes foram, de fato, imitados em mais de um aspecto pela realeza visigótica? Inclinar-se-ia acreditar, se a descrição detalhada que Juliano de Toledo dá das solenidades da ascensão de Wamba não nos forçasse a admitir que os visigodos conheceram a unção régia, não a coroação? Então, como o Sr. Schücking sugere, a própria unção que Isidoro de Sevilha pretendeu assim recordar? Mas adotar esta suposição seria reconhecer que a frase considerada teria somente um sentido metafórico. Uma vez que se aceite essa possibilidade, evidentemente, deve-se ir até o fim. Isidoro considerava a coroa como o emblema real por excelência; isso é o que ela era a partir de então em Bizâncio, é desta maneira, sobretudo, que a Bíblia a apresentava (cf. abaixo, p. 440). Pode ser até mesmo que os reis visigodos, sem a receber, em sua ascensão, no curso de uma cerimônia religiosa, utilizassem-na, às vezes, como insígnia de sua dignidade[971]. Isidoro não teria empregado a expressão *coronatus*

---

971. Sobre o uso da coroa no reino visigodo, cf. DAHN, F. *Die Könige der Germanen*, IV, 1885. Leipzig, p. 530-531.

simplesmente como imagem, e ouso assim dizer, como lugar-comum literário, do mesmo modo que atualmente, sem nenhuma alusão a um rito determinado, nós dizemos naturalmente, em estilo nobre, que um "rei subiu ao trono"? Em suma, apesar que se deva ter por certo que a unção régia introduziu-se na Espanha antes de 672, nossos textos não nos permitem absolutamente determinar a data precisa de sua aparição.

Quanto ao Concílio de Toledo, de 638, citado erroneamente em EICHMANN. *Festschrift G. von Hertling dargebr.*, p. 263, as suas decisões não abordam ao menos uma menção à unção, nem à consagração régia qualquer que seja. Cf. MANSI. *Concilia*. Ed. de 1764, X, col. 659ss. No entanto, faz uma alusão claríssima à unção régia no cap. 1 no concílio ocorrido nessa mesma cidade em 681. • MANSI. *Concilia*... XI, col. 1028. Quando a invasão muçulmana arruinara a velha realeza visigótica, a nova dinastia cristã de Oviedo parece ter, ao menos a partir de 886, restabelecido a tradição da unção (FÉROTIN, col. 505. Cf. BARRAU-DIHIGO, L. *Recherches sur l'histoire politique du royaume asturien*. Paris, 1921, p. 222, n. 2 [Tese de doutorado]). Sobrevivência do rito autóctone? Ou, ao contrário, esse último, estando supostamente esquecido, era uma imitação das novas tradições francas? Os textos não permitem decidir sobre estas duas hipóteses.

2 Reino franco

Para as numerosas testemunhas relativas à unção de Pepino, em 751, será suficiente remeter a BÖHMER-MÜLBACHER. *Die Regesten des Kaiserreichs*, 2. ed., p. 32. No que concerne à data, cf. TANGLE, M. Die Epoche Pippins. In: *Neues Archiv*, XXXIX, 1914, p. 259-277.

Sabe-se que Pepino fez-se ungir uma segunda vez, em 28 de julho de 754 pelo papa; cf. BÖHMER-MÜLBACHER. *Die Regesten des Kaiserreichs...*, p. 38. Sobre a data, cf.: CASPAR, E. *Pippin und die römische Kirche*. Berlim, 1914, p. 13, n. 2. Pepino foi, realmente, o primeiro dos reis francos a receber a unção? Acreditava-se, até agora, quase unanimemente nisso. Recentemente, Dom Germain Morin, em um artigo intitulado *Un recueil gallican inédit de bénédictions épiscopales* (In: *Revue Bénédictine*, XXIX, 1912, p. 188), levantou uma dúvida. Dom Germain Morin descobriu em um manuscrito de Munique do século IX um ritual de sagração que ele considera, com razão, eu penso, como o mais antigo que se conhece no país franco (cf. acima, p. 81, n. 104); mas como esse manuscrito, repito, é do século IX, malcompreendo como se pode sustentar o argumento para lançar a suspeita sobre a "opinião comumente reconhecida", segundo a qual "a unção dos reis através do óleo santo [...] era desconhecida na Gália" à época merovíngia (p. 188, n. 3). A menos que haja novas descobertas, a "opinião comumente reconhecida" não parece dever ser abandonada.

3 Unção imperial

A história da unção imperial – no império do Ocidente reestabelecido por Carlos Magno – foi perfeitamente esclarecida em POUPARDIN, R. *L'onction impériale* – Le Moyen-Age, 1905, p. 113-126. A esse importante trabalho, somente posso trazer um complemento em um detalhe de pouca relevância.

Carlos Magno fora ungido como rei, talvez isso tenha ocorrido em duas ocasiões (BÖHMER-MÜLBACHER, p. 38 e 57); mas a maior parte dos textos mostra que ele não o foi, novamente, como imperador (p. 165); o Papa Leão III limitou-se a coroá-lo. Entretanto, alguns autores, de diversas épocas, fazem eco de uma tradição contrária, segundo a qual o príncipe franco recebera, nessa ocasião, ao mesmo tempo em que a coroa, a unção. Na verdade, todos esses testemunhos levam a apenas um, o do cronista bizantino Théophane (*Chronographia*, a. 6.289. Ed. de C. de Boor, I, 1883, p. 473). Foi Teófanes, de fato, que incontestavelmente voltou não apenas ao bizantino Constantin Manassès no século XII (*Histor. de France*, V, p. 398), mas também ao autor da célebre carta do Imperador Luís II a Basílio, o Macedônio, escrita em 871 ou 879 (PERTZ, S.S. *Chronicon Salernitanum*, III, p. 523). O Sr. Poupardin, geralmente tão exato, não parece ter visto esta relação de dependência que liga esse último texto ao de Teófanes, relativo à unção de Carlos Magno. No entanto, ela é evidente. Com efeito, na verdade, não há nenhuma dúvida que a carta não tenha sido regida por Anastácio, chamado de "Bibliotecário", ora, Anastácio não poderia ignorar a obra de Teófanes, porque ele a traduzira em latim em sua *Chronographia tripartita*; nessa obra, encontra-se ademais a passagem de Teófanes relativa à unção de Carlos Magno reproduzida muito perfeitamente (THÉOPHANE. Ed. de Boor, II, p. 315)[972]. Foi da *Chronographia tripartita* que esse detalhe passou para *Chronicon Casinense* (MURATORI. *Scriptores*, II,

---

972. Eu não conheço o trabalho de Preobrazenskij sobre Teófanes (em russo), conheço-o somente através de BROOKS, E.W. *Byzant. Zeitschrift*, XXII, 1913, p. 154-155. O autor considera como interpolações as passagens que não são comuns aos manuscritos gregos da *Chronographia* e à tradução latina de Anastácio; essa dúvida, então, não deveria ser estendida à passagem relativa à unção.

p. 364 e) em má compilação colocada sob o nome do próprio Anastácio, mas, na realidade, devia a Pedro Diácono (primeira metade do século XII). Resta saber qual crédito dar ao testemunho – único – de Teófanes? Escrevia no início do século IX, próximo aos eventos no tempo, mas longe deles no espaço; seus dizeres não poderiam prevalecer contra os ensinamentos precisos fornecidos por fontes francas e romanas; muito possivelmente, produziu-se em seu espírito ou no dos seus informantes uma confusão entre a consagração imperial dada a Carlo Magno pela coração (e as aclamações rituais) de uma parte e, de outra, a unção que recebeu, no mesmo dia do papa, mas na condição de rei, o filho primogênito do novo imperador, chamado de Carlos como o seu pai (BÖHMER-MÜLBACHER, p. 165). Ademais, parece que em Bizâncio fizeram zombaria do rito dos óleos santos, pouco familiar aos orientais; Teófanes conta que o papa ungiu Carlos Magno da cabeça aos pés: "χρίσας ἐλακίω ἀπό κεφαλήςέως ποόων", – asserção repetida em seguida por todos os textos derivados dele, à exceção da carta de Luís II que, escrita para justificar o título imperial tomado pelos francos, não poderia evidentemente dar espaço a um detalhe destinado a ridicularizar ao maior dos príncipes (cf. acima, p. 74).

O primeiro soberano ungido como imperador foi Luís, o Piedoso, que recebeu em 816, em Reims, do Papa Estêvão IV, em uma mesma solenidade, simultaneamente, a consagração pelos óleos santos e a coroa (BÖHMER-MÜLBACHER, p. 265). O ritual da unção parece ter, a partir de então, sido parte integrante do cerimonial de sagração imperial.

4 Inglaterra

Algumas vezes, acreditou-se que a unção anglo-saxã fosse mais antiga do que o rito franco, chegou-se até mesmo apresentá-la como uma importação vinda da ilha vizinha: tal é ainda a teoria de H. Brunner, *Deutsche Rechtsgeschichte*, II, p. 19. Argumentava-se com base no ritual de sagração contido no pontifical dito de Egbert (In: *Publications of the Surtees Society*, XXVII, 1853. Cf. DOM CABROL. *L'Angleterre chrétienne avant les normands*. 2. ed., in-12°, 1909, no verbete do mesmo autor no *Dictionnaire d'Archéologie Chrétienne*). Não parece, no entanto, que esse documento autorize semelhante conclusão. Sua data é incerta. O manuscrito conservado (Bibl. Nat. ms. latino 18.575) não é anterior ao século X. Na verdade, o texto testemunha um estado litúrgico mais antigo que o manuscrito, mas a atribuição ao arcebispo de York Egbert (? 732-766) é desprovida de qualquer prova séria. Ela tem como único fundamento a presença no cabeçalho do manuscrito de um fragmento do penitencial (certamente autêntico) composto por Egbert; não é preciso dizer que duas outras obras, de autores diferentes, poderiam muito bem ter sido copiadas uma em seguida da outra. Quanto à menção, atribuindo expressamente o pontifical a Egbert, que se lê no fólio 3 do manuscrito (p. XI-XII), ela é da mão de Nicolas Clément, autor do *Catálogo* de 1682, ou seja, não se poderia atribuí-la nenhum valor probatório. Ademais, o serviço da *Coronatio regis* parece, muito bem, não ter feito parte do fundo original da compilação (cf. Dom Cabrol no *Dictionnaire...*, col. 2213). Enfim, ainda que se pudesse considerar Egbert o autor do pontifical e, mais especificamente, da *Coronatio*, não se pode esquecer que esse prelado morreu 15 anos após a primeira unção.

Na verdade, o primeiro príncipe inglês que se pode afirmar que tivera sido ungido é Egbert (a sinonímia com o arcebispo de York é, obviamente, um acaso sem relevância), que era filho do rei de Mércia, Offa, e foi associado ao trono em vida de seu pai; a cerimônia realizou-se no Concílio de Chelsea (*Cealchythe*) de 787 na presença de legados pontificais. Cf. *Two of the Saxon chronicles parallel.* Ed. de C. Plummer, in-12°. Oxford, 1892, I, p. 53-54 e as notas correspondentes do t. II. • HADDAN, A.W. & STUBBS, W. *Councils and ecclesiastical documents relating to Great-Britain and Ireland*, III. Oxford, 1878, p. 444ss.). Sem dúvida, os nossos textos não empregam a palavra unção: Egbert, dizem as crônicas, foi consagrado rei (*to cyninge gehalgod*). Mas esse termo é o mesmo que comumente servia para designar a ordenação do bispo, o qual, no ritual anglo-saxão incluía a utilização dos santos óleos. Ademais, as decisões conciliares, conhecidas por um relatório dos legados ao Papa Adriano II (HADDAN & STUBBS, p. 447. • *Monum. Germaniae,* Ep., IV, p. 19, n. 3), testemunham uma tendência claríssima de submeter a "eleição" régia às mesmas condições de legitimação que o acesso ao sacerdócio: "nós ordenamos", é dito literalmente, "que não se elege como rei uma pessoa que tenha nascido de um adultério ou de um incesto; do mesmo modo que, atualmente, segundo os cânones, nenhuma criança oriunda do adultério pode chegar ao sacerdócio, assim como aquela que não tenha sido concebida do legítimo matrimônio não poderia ser ungida do Senhor, rei de todo reino e herdeiro de toda pátria"[973]. Essa compa-

---

[973]. C. XII. *Monum.*, p. 23-24: "Duodecimo sermone sanximus, ut in ordinatione regum nulrus permittat pravorum praevalere assensum, sed legitime reges a sacerdotibus et senioribus populi eligantur, et non de adulterio vel incaestu procreati: quia sicut nostris temporibus ad sacerdotium secundum canones adulter pervenire non potest, sic nec christus Domini esse valet, et rex totius regni, et heres patrie, qui ex legitimo non fuerit connubio generatus". As mesmas decisões

ração das duas dignidades, corretas para as regras disciplinares, não se traduziu ao mesmo tempo no cerimonial? Enfim, observamos a expressão "ungido do Senhor", que será repetida ainda uma vez (cf. acima, p. 78). Em outros casos ela pode ter sido empregada em um sentido puramente metafórico; tal parece, por exemplo, ter sido sua acepção em numerosos textos bizantinos (cf. acima, p. 436). Mas aqui, quando colocada em paralelo com *gehalgod* da crônica, como não imaginar que se deva dar uma interpretação mais concreta e vê-la como uma alusão precisa ao rito da unção?

Ora, na história do Concílio de Chelsea, tudo convida a considerar a possibilidade de uma influência franca. As relações de Offa com seu poderoso vizinho do continente são bem conhecidas, porém há mais; durante a sua missão inglesa de 786-787, os legados pontificais, que presidiram o concílio, foram acompanhados por um abade franco, chamado Wigbod, que tivera expressamente delegado "o excelentíssimo Rei Carlos" (HADDAN & STUBBS, p. 447-448. • *Monum. Germ.*, p. 20). Enfim, uma outra instituição, como a unção, às vezes, bíblica e, às vezes, franca, o dízimo, foi sancionada pelas decisões conciliares (col. XVII). Não se pode duvidar, diante desses fatos, que a forma de consagração aplicada ao Rei Egbert não tenha sido diretamente inspirada pelo exemplo carolíngio, que, como se sabe, era cerca de 36 anos anterior.

Aqui, é conveniente notar uma analogia bastante curiosa. Aproximadamente, no mesmo momento em que aparecia no Estado franco o rito da unção, a chancelaria real, talvez, já sob Pepino, em todo caso já no de seus filhos Carlos e Carlomano, preocupava-se a exprimir a seu modo o caráter religioso de que se revestia a monarquia, introduzindo na intitulação estas famosas palavras: *gratia Dei*. Alguns eruditos acreditavam ver no emprego desta fórmula um empréstimo feito pelos príncipes carolíngios, ou pelos seus clérigos, junto aos costumes anglo-saxões. Erroneamente, ao que tudo indica. As pesquisas recentes demonstraram que as duas palavras em questão não são encontradas nos diplomas anglo-saxões – muito particularmente naqueles de Offa de Mércia – só vários anos depois de que os notários francos terem-nas adotado; a iniciativa origina-se no continente (SCHMITZ, K. *Ursprung und Geschichte der Devotionsformeln*. Stuttgart, 1916, p. 174-177). Tanto nas pequenas quanto

---

foram tomadas precedentemente por um concílio ocorrido na presença de um dos prelados pontificais no reio da Nortúmbria. Os atos dos dois concílios sobrepõem-se ponto sobre ponto, mas na Nortúmbria a ocasião não se pretendia, sem dúvida, a unção régia, bem como não parece que tenha ocorrido.

nas grandes coisas – a realeza visigótica tendo sido, em seguida a sua rápida derrocada, privada de irradiação –, deve-se atribuir aos carolíngios a honra de fornecer à Europa Ocidental o modelo de uma realeza cristãmente consagrada.

Não há como duvidar de que, a partir da unção de Egbert, em 787, o rito, inaugurado por ele, tenha-se expandido e consolidado em todos os países anglo-saxões. O pontifical, dito de Egbert, é o mais antigo texto conhecido que nos fornece a liturgia da sagração inglesa; cf. tb. os outros textos citados abaixo, p. 441. • STUBBS, W. *Histoire constitutionnelle de l'Angleterre*. Trad. de Petit-Dutaillis, I, p. 186ss. É conveniente, no entanto, observar que Edgar, rei da Nortúmbria e da Mércia desde 957 e de toda a Inglaterra desde 959, só se fez ungir – e coroar – em 973: atraso surpreendente cujos motivos escapam-nos (as razões inventadas, mais tarde, pela legenda eclesiástica são sem valor: cf. *Two of the Saxon Chronicles Parallel*. Ed. de Plummer, II, p. 160-161), mas é necessário reter como prova que, naqueles tempos, poder-se-ia ser rei pelo direito de hereditariedade ou por eleição, sem ter recebido a unção. Cf. abaixo, p. 441, o atraso provocado também por Carlos, o Calvo, para sua sagração e, p. 442, para a recusa de Henrique I da Alemanha.

Para a unção do herdeiro em vida do pai, da qual Offa e Egbert oferecem, desde a origem do rito um exemplo bem claro, cf. um outro caso assinalado em minha edição de Osbert de Clare, *Analecta Bollandiana*, 1923, p. 71, n. 1.

5 Países celtas

Já indiquei, acima (p. 77) como a corrente de ideias favorável a imitar o Antigo Testamento, que desenvolvera na Gália a influência irlandesa, facilitou no Estado franco a introdução da unção régia. Pode-se perguntar, às vezes, se os países celtas, particularmente a Irlanda, não teriam fornecido tanto à Gália franca quanto à Grã-Bretanha anglo-saxã um exemplo mais concreto: o próprio rito da unção régia não teria sido praticado, desde época muito antiga, pelas igrejas dessas regiões? Infelizmente, é impossível pronunciar-se com certeza, os textos invocados não são conclusivos.

Gildas, que escreveu no VI século seu *De excidio et conquestu Britanniae*, emprega no cap. 21 (*Mon. Germ. A A.*, XIII, p. 37), a propósito dos desastres sofridos pela Grã-Bretanha depois da partida das legiões romanas, a expressão "*ungebantur reges non per deum*". Alusão a um rio bem determinado? Ou apenas reminiscência puramente verbal de uma expressão bíblica? Como sabê-lo? Gildas é o menos preciso dos historiadores.

Deve-se ao abade de Iona Adaman (morto em 704) uma vida de São Columba na qual vemos (III, c. V. Ed. de J.-T. Fowler, in-12º. Oxford, 1894)[974] o santo, após um sonho, ordenar um rei; mas o rito descrito não compreende apenas a imposição das mãos e da bênção, a palavra unção não é pronunciada.

Enfim, uma coleção canônica irlandesa, *Hibemensis* (WASSERSCHLEBEN, H. *Die irische Kanonensammlung*. 2. ed. Leipzig, 1895. Sobre a bibliografia, cf.: SÄGMÜLLER. *Lehrbuch des katholischen Kirchenrechts*, 3. ed., I, p. 152) no l. XXV, cap. 1, *De ordinatione regis*, cita os textos bíblicos relativos à unção. A *Hibemensis* data possivelmente do século VIII, sua influência sobre a Igreja franca foi grande. Por infelicidade, não possuímos uma edição satisfatória capaz de distinguir o texto original das interpolações de períodos posteriores (sobre a edição *Wasserschleben*, cf. S. Hellman em sua edição de SCOTTUS, S. *Liber de rectoribus*, p. 141. • FOURNIER, P. *Revue Celtique*, 1909, p. 225, n. 3). Além disso, mesmo supondo primitiva a passagem relativa à "ordenação" régia, dever-se-ia ainda hesitar em tirar uma conclusão segura a respeito dos ritos realmente praticados no meio em que a *Hibemensis* nasceu: de uma citação bíblica, como ousar induzir a existência de uma instituição que essa citação poderia justificar? Sublinha-se que o chefe bretão Nominoë sendo, sob Carlos, o Calvo, proclamado rei, tão logo se fez ungir. Cf. FLACH, J. *Les origines de l'ancienne France*, IV, p. 189, n. 3. Mas se trata, evidentemente, de uma imitação do costume franco, aliás interessante, porque prova que, na Gália desse período, só era rei verdadeiramente perfeito aquele que recebera a unção.

Em suma, à exceção de descobertas documentais imprevistas, o problema parece destinado a permanecer rebelde a qualquer solução, quer seja negativa, quer seja positiva. Se os cristãos celtas conheceram, antes da Gália franca, da Inglaterra ou da própria Espanha, a unção dos reis, guardaram muito bem seu segredo.

6 A coroação: união, numa mesma cerimônia, da entrega da coroa e da unção

Já indiquei, anteriormente (p. 77), como o rito de coroação propriamente dito foi, no Ocidente, uma importação bizantina. Carlos Magno recebeu a coroa do papa, à imitação dos imperadores orientais que a recebiam do patriarca

---

974. Sobre uma redação abreviada desta vida, a qual, durante muito tempo, acreditou-se anterior à de Adaman e que não é, na realidade, nada mais do que um resumo mesmo do abade de Iona, cf. BRÜNING, G. *Adamnans Vita Columbae* – Zeitschr. für cel-tische Philologie, XI, 1916.

de Constantinopla. Luís o Piedoso foi, no curso de uma mesma solenidade, o primeiro a ser ungido e coroado (BÖHMER-MÜLBACHER, p. 165 e 265). Sobre o diadema e a coroa em Bizâncio, cf.: EBERSOLT, J. *Mélanges d'histoire et d'archéologie byzantines*, p. 19ss., esp. p. 67. Para o costume romano é suficiente apenas mencionar os verbetes *Corona* e *Diadema* dos *Dictionnaires* de Daremberg e Saglio e de Pauly-Wissowa. Cf. tb. HASTINGS, J. *Encyclopaedia of Religion and Ethics*, no verbete *Crown*.

A bem dizer, a coroa ou o diadema, como emblemas régios, não tivessem sido desconhecidos das realezas bárbaras. Para os visigodos, cf. acima, p. 342. Entre os reis francos, Clóvis, segundo o testemunho de Gregório de Tours (*Hist. Franc*, II, 38; cf. acima, p. 72), ter-se-ia mostrado aos seus súditos, na cidade de Tours, ornado com o diadema. Seus sucessores paramentaram-se, às vezes, com a mesma insígnia? Em suas moedas, portam-na frequentemente, mas como ver nessas medíocres efígies outra coisa além de imitações mal-elaboradas dos tipos monetários imperiais? Os outros documentos, históricos ou arqueológicos, são de interpretação difícil: cf. SCHÜCKING, W. *Der Regierungsantritt*, p. 131. Somente um fato é certo: mesmo que se devesse admitir que os reis francos, antes de Carlos Magno, usaram algumas vezes o diadema, jamais o receberam, tal como qualquer outra insígnia, no curso de uma cerimônia religiosa, caracterizando sua ascensão. Todavia, é importante observar que a generalização do emprego da coroa como emblema do poder político supremo foi facilitada, do mesmo modo que o da unção, pelos precedentes bíblicos; não porque a Bíblia fornecesse precisamente, como no caso dos santos óleos, o modelo de uma solenidade de coroação, mas o Antigo Testamento menciona, em diversas ocasiões, o recebimento da coroa como insígnia ou símbolo da realeza (textos em VIGOUROUX. *Dictionnaire de la Bible*, verbete *Couronne*). Enfim, tão logo que a coroação, propriamente dita, tenha sido introduzida no Ocidente, concebeu-se a ideia de dar à coroa régia um sentido místico, comparando-a à "coroa de glória" que, seja de forma metafórica ou concreta, as Sagradas Escrituras atribuem, em diversos lugares, aos eleitos: cf. a prece (atestada, inicialmente, para a sagração de Carlos o Calvo), citada acima, p. 81 n. 104.

A coroação de Luís o Piedoso fora somente uma coroação imperial. Mas, rapidamente, a coroa tomou o seu lugar, ao lado da unção, nos ritos da ascensão régia. Em 838, sem cerimonial religiosos, Luís o Piedoso entregara uma "coroa real" ao seu filho Carlos, futuro Carlos o Calvo (SIMSON, B. *Jahrbücher des fränkischen Reichs unter Ludwig dem Frommen*, II, p. 180). Quando, em 848, decidiu fazer-se consagrar pelo arcebispo de Sens, aquele não recebeu somente a unção; o prelado entregou-lhe uma coroa também – gesto novo – um cetro (referências abaixo, p. 441s.). A sagração, constituída pela união da coroação ou, de uma forma geral, a entrega das insígnias régias, com a unção estava criada.

Do mesmo modo para a Inglaterra – aqui não me ocuparei de outros países europeus (para a Alemanha, todavia, cf. abaixo o n. 7) – esta mesma união de dois gestos essenciais opera-se rapidamente. O mais antigo *ordo* anglo-saxão, aquele do pseudo-Egbert (acima, p. 435s., que deve datar, aproximadamente, do século IX, já demonstra os bispos entregando ao rei um *galeum*, que deve ser uma coroa (p. 103 da ed. da *Surtees Society*). O *ordo*, dito de Ethelred (WICKHAM, J. *Three Coronation Orders, Bradshaw Soc.*, XIX, p. 57) e o Bendicionário de Robert de Jumièges (WILSON. *Bradshaw Society*, XXIV, p. 144) mencionam expressamente a coroa; do mesmo modo, a descrição da sagração do Rei Edgar em 973: Vita. S. Oswaldi. In: RAINE. *The historians of the church of York* (*Rolls Series*), I, p. 437-438. Esses quatro textos testemunham igualmente a utilização do cetro. Assim, os ritos francos e anglo-saxões desenvolveram-se paralelamente, não sem, pode-se acreditar, ter ocorrido influências recíprocas.

7 Persistência do rito da unção; sua interrupção na Alemanha

Parece ter sido da natureza do rito da unção régia, uma vez introduzido na prática monárquica de determinado país, de se perpetuar quase indefinidamente. Na verdade, parece ter gozado de uma bela continuidade na Espanha visigótica (acima, p. 432) e na Inglaterra anglo-saxã (acima, p. 438) e normanda. A mesma coisa no que concerne aos estados saídos do Império Carolíngio, para a França Ocidental, ou simplesmente a França. Em 6 de junho de 848, em Orléans, Carlos o Calvo recebeu do arcebispo de Sens, Ganelon, a unção, o "diadema" e o cetro (LEVILLAIN. *Le sacre de Charles le Chauve à Orléans* – Biblioth. de l'Ecole des Chartes, 1903, p. 31. • LOT, F. & HALPHEN, L. *Le règne de Charles le Chauve*, 1909, p. 192ss.). Sagração tardia: Carlos era rei fazia muito tempo; em 838, não havia, como visto (p. 470), recebido de seu pai – sem nenhuma cerimônia eclesiástica – uma cora real[975]; mas acreditou serem indispensáveis a seu prestígio a unção e a entrega da coroa

---

975. Da mesma forma, o rei inglês Edgar, que somente foi sagrado ao cabo de 16 anos de reinado (cf. acima, p. 441), portou a coroa muito antes da coroação propriamente dita. A *Vita Oswaldi* (apud RAINE, J. *The historians of the Church of York*, Rolls Series, I, p. 437) mostra-nos ele entrando na igreja, no dia da cerimônia, coroa sobre a cabeça, depositando, em seguida, a insígnia no altar e fazendo-se, enfim, coroar, uma vez que recebera a unção, pelo arcebispo de Dunstan.

e do cetro pelas mãos de um prelado no curso de uma cerimônia religiosa. Seus sucessores, tanto quanto ele, não pensaram que poderiam dispensar esse ritual. A unção – com a coroação – parece, igualmente, ter sido praticada na Itália (cf. MAYER, E. *Italienische Verfassungsgeschichte*, II, p. 166ss.), na Lorena (PARISOT, R. *Le royaume de Lorraine sous les Carolingiens*, 1899, p. 678) e mesmo nos pequenos reinos da Provença e da Borgonha (POUPARDIN, R. *Le royaume de Provence*, 1901, p. 112, n. 8; 457, n. 4. • *Le royaume de Bourgogne*, 1907, p. 66 n. 2). Mas na França Oriental, ou, se assim se prefere usar um termo cômodo, mas anacrônico, na Alemanha, a história da sagração dos reis não oferece a mesma simplicidade.

No que concerne a Luís o Germânico, seus filhos e Arnulfo, nenhum documento menciona a consagração religiosa (cf. WAITZ, G. *Verfassungsgeschichte*. 4. ed., VI, p. 208 e n. 4. • STUTZ, U. *Der Erzbischof von Mainz und die deutsche Königswahl*. Weimar 1910, p. 5, n. 3). Silêncio fortuito? Não se ousa negar, pois nossas fontes estão longe de ser excelentes. No entanto, esse unânime silêncio dos textos sobre isso dá no que pensar; no mínimo, comprova a indiferença dos analistas por esse gênero de cerimônia. Parece que, nesta época, os ritos eclesiásticos da ascensão do soberano tiveram menos importância na Germânia do que na Gália; e se deve mesmo perguntar seriamente se os reis até Arnulfo, inclusive ele, alguma vez recorreram a ela.

Sob Luís, a Criança, os testemunhos são ambíguos. Cf. STUTZ, U. *Der Erzbischof von Mainz und die deutsche Königswahl...* • BÖHMER-MÜHLBACHER, p. 796.

Chegamos, enfim, a Henrique I. A respeito dele, os testemunhos são precisos. Ele recusou quando o arcebispo de Mainz oferece-lhe a unção e a coroa (textos – e opiniões de certo número de historiadores modernos – em WAITZ, G. *Jahrbücher des deutschen Reichs unter König Heinrich I.* 3. ed. *Excurs* 10. Cf. BÖHMER-OTTENTHAL. *Die Regesten des Kaiserreichs unter den Herrschern aus dem sächsischen Hause*, p. 4). O escândalo provocado por essa decisão em alguns meios eclesiásticos reflete-se em uma passagem curiosa da *Vita Udalrici* (PERTZ, SS., IV, p. 38), na qual vê-se o Apóstolo São Pedro aparecer a São Ulrico, bispo de Augsburg, portando duas espadas; uma com punho, outra sem. Dirige-se nestes termos ao prelado: "Die regi Heinrico, ille ensis qui est sine capulo significat regem qui sine benedictione pontificali regnum tenebit; capulatus autem, qui benedictione divina tenebit gubernacula". Por que Henrique I obstinou-se em reinar assim "sem a bênção dos pontífices"? Indiquei, anteriormente (p. 79) que sigo a opinião mais generalizada entre os historiadores. Parece-me que tal recusa tinha somente um motivo: o medo de parecer dever a dignidade régia à mão apenas do clero. É importante observar que a este propósito que, ao que tudo indica, a influência episcopal foi bastante frágil na corte de Henrique I (HAUCK, A. *Kirchengeschichte Deutschlands*. 3. ed., III, p. 17, n. 3). No entanto, um sentimento tão vivo dos perigos que a proeminência eclesiástica poderia acarretar à realeza parece surpreendente para um soberano do século X, muito antes da reforma gregoriana: o que originou a solução ousada proposta pelo Sr. J. Krüger: *Grundsätze und Anschauungen bei den Erhebungen der deutschen Könige in der Zeit von 911-1056* (*Untersuchungen zur deutschen Staats-und Rechtsgesch.*, h. 110), p. 42ss. Esse erudito tacha pura e simplesmente de "phantastisch" (fantástico) o testemunho do cronista Widukind, que é sobre a conduta de Henrique I, a nossa principal fonte; mas o que fazer no caso da *Vita Udalrici*, apenas posterior a Widukind e da qual não há nenhuma razão para acreditar inspirada por ele? Ademais, é realmente muito cômodo chamar de mentirosos os textos que não se enquadram em nossas teorias. Enfim, a surpresa do Sr. Krüger diante das inquietudes de Henrique I é, sem dúvida, excessiva; eu tive ocasião, anteriormente (p. 78s. e 209), de lembrar que os escritores da Igreja não esperaram Gregório VII antes de tirar da unção régia o partido mais favorável às pretensões deles.

Oto I fez-se coroar, em sua ascensão em 936, ungir e coroar (BÖHMER-OTTENTHAL, p. 34. • KÖPKE-DUMMLER. *Jahrbücher der deutschen Geschichte*: Otto der Grosse, I, p. 27ss.). Todos os seus sucessores seguiram seu exemplo.

8 Império Bizantino

Eu não pretendo examinar, aqui, em conjunto, a história da sagração bizantina. Dedicar-me-ei somente a um dos elementos desta cerimônia: a unção. É importante, na verdade, a qualquer um que estude a sagração nas monarquias ocidentais determinar a época em que a unção imperial foi introduzida em Bizâncio; isso por duas razões. Se devemos reconhecer, neste aspecto, a anterioridade da utilização oriental, seríamos forçosamente levados a questionar se os primeiros ungidos do Senhor, na Espanha ou na Gália franca, não fizeram simplesmente uma imitação do exemplo vindo de lá. Além disso, conforme esse rito bíblico tenha aparecido mais ou, então, menos tarde em um país onde as tradições do culto monárquico estavam tão solidamente assentadas, as conclusões que se pode tirar da história comparada do ritual da ascensão régia, nos diferentes estados europeus, encontrar-se-ão forçosamente modificadas em maior ou menor grau.

Incialmente, eis o que é fora de dúvida: caso se deixe de lado a sagração de Beaudoin de Flandre, em 1204, que, obviamente, tendo seguido o rito latino, não deve ser aqui levada em conta, o primeiro documento seguro a relatar expressamente uma unção imperial é a descrição que Vorge fornece da coroação de Miguel IX Paleólogo por Georges Pacchymère: Miguel IX foi coroado em 20 de maio de 1295; Georges Pacchymère escrevia por volta de 1310: *De Andronico Paleologo*, MIGNE, P.G., t. 144, col. 216. Nicéforo Grégoras apresenta Teodoro Lascaris como tendo recebido a unção em 1254 [*Byzantinae Historiae*, lib. III, cap. II; *P.G.*, t. 148, col. 181); mas Nicéforo escrevia por volta de 1359; a sua narrativa pode ter sido influenciada pelo costume seguido em seu tempo e não prova nada sobre um acontecimento ocorrido mais de um século antes dele. O Imperador João VI Cantacuzeno, em seu *Quatro livros de história*, representando a coroação de Andrônico III Paleólogo, ocorrida em 1325, refere-se igualmente à unção; ele escrevia entre 1355 e 1383 (*Histor.* lib. I, cap. XLI, *P.G.*, p. 153, col. 276ss.).

Então, no início do século XIV, os imperadores recebiam incontestavelmente a marca com os óleos santos; o rito deveria durar até o fim do império. Mas quando começara exatamente? Aqui, a controvérsia tem livre-curso.

Numerosos textos, muito anteriores ao século XIV, empregam as palavras unção e ungir (χρίσμα, χρίειν) para designar a criação de um imperador ou outorgam ao próprio imperador o título de ungido do Senhor (χριστός Κυρίου). Todo o problema reside em saber se eles devem ser tomados em seu sentido literal ou, ao contrário, puramente metafórico, essas imagens tendo sido tomadas de empréstimo ao vocabulário bíblico. A primeira solução – sentido literal – foi adotada por W. Sickel: *Das byzantinische Krönungsrecht bis zum 10. Jahrhundert; Byzantinische Zeitschrift*, VII, 1898, p. 524 e, sobretudo, 547ss., n. 80 a 83. De resto, é importante observar, imediatamente, que o testemunho mais antigo, invocado por Sickel, remonta apenas à segunda metade do século IX; trata-se de uma carta do célebre Patriarca Fócio ao Imperador Basílio I, na qual se vê o prelado lembrar ao imperador sua sagração nestes termos: "a unção e a imposição das mãos monárquicas": χρίςμα καί χειρο θεσίαν βασιλείας" (Ep. I, 10; *P.G.*, t. 102, col. 765). A ascensão de Basílio ocorre em 867; havia então mais de um século que Pepino, o primeiro entre os reis francos, tivera sido ungido, mais de dois haviam decorrido desde as primeiras unções visigóticas. De qualquer forma, não se poderia utilizar como argumento o documento produzido por Sickel para concluir um empréstimo, sobre este ponto, pelos monarcas ocidentais dos costumes orientais. Opõem-se a Sickel, os eruditos que, nas expressões empregadas na carta de Fócio ou em textos análogos, veem apenas umas simples metáforas: J.J. Reiske, em sua edição do *De Cerimoniis de Constantin Porphyrogénète (Corpus SS. historiae Byzantinae)* II, p. 351; sobretudo BRIGHTMAN. Byzantine imperial coronations. In: *Journal of Theological Studies*, II, 1901, p. 383. • EBERSOLT, J. *Mélanges d'histoire et d'archéologie byzantines* (extr. da Rev. d'Hist. des Religions, LXXVI), 1917, p. 22-23 e 27[976]. As razões deles me parecem muito fortes. No mesmo texto de Fócio, a palavra χειροθεσίαν, evidentemente, pode ser considerada somente uma imagem – jamais alguma imposição de mãos figurou no ritual da sagração imperial; por que as duas palavras, χρίσμα e χειροθεσίαν, estando ligadas estritamente uma à outra no mesmo membro da frase, atribuir à primeira um sentido concreto enquanto se atribuiria à segunda apenas um valor simbólico? Há mais! O célebre Livro das cerimônias, composto pelo Imperador Constantino Porfirogênito (945-59), apresenta uma descrição detalhada da sagração; nela, a unção não aparece. Também um eucológio do começo do século XII traz a liturgia da sagração, novamente, nada de unção (BRITHMAN, p. 378). Esse duplo silêncio seria inexplicável se não se pudesse explicá-lo, sem muitas dificuldades, pelo fato de que o rito em questão não era ainda praticado, nem no século X, nem mesmo no início do século XII. Mas parece ter sido praticado desde o fim do século XII[977] – portanto, independentemente do que tenha dito o Sr. Ebersolt (EBERSOLT, J. *Mélanges d'histoire et d'archéologie byzantines...*, p. 27), antes da conquista latina de 1204.

É difícil não ver uma alusão a um ato concreto nas palavras com as quais Nicetas Acominatos, que escrevia por volta de 1210, retrata a sagração de Aleixo III Ângelo em 1195 (*De Alexio Isaacii Angeli fratre*, lib. I, P.G., t. 139, col. 829) "ὅπως κκτὰ τό ἔθιμον ἐς βασιθλέα χρισθή κκί περιβαλείται τά τοῦ κράτους

---

976. É importante indicar que o artigo de W. Fischer, *Eine Kaiser-krönung in Byzantion*; *Zeitschr. für allg. Geschichte*, IV (1887), é apenas uma paráfrase, sem interesse, da descrição de João de Cantacuzeno citada acima.

977. Sickel (loc. cit., p. 547, n. 80) invoca para provar a antiguidade da unção em Bizâncio um texto armênio do século X (*Histoire d'Arménie* de Jean Katholikos, c. 17. Trad. Saint-Martin, p. 125), no qual se vê o rei da Armênia simultaneamente ungido e coroado; a Armênia pôde, segundo ele, imitar este rito apenas de Bizâncio. Eu sou demasiadamente ignorante acerca das coisas orientais para poder discutir o sentido do texto, tomado por ele próprio, ou examinar se verdadeiramente a unção armênia poderia ser apenas uma imitação do costume bizantino. Parece-me, em todo caso, difícil nada opor ao silêncio de Porfirogênito.

σύμβολα": "a fim de que, segundo o costume, fosse feito basileu pela unção e recebesse os símbolos do poder supremo". Unção e entrega das insígnias não seriam os dois traços fundamentais de uma cerimônia semelhante em sua essência às sagrações ocidentais? Sobretudo um texto, cujo Sr. Brightman não me parece ter dado uma interpretação suficientemente precisa, prova a meu ver, sem contestação possível, que, aproximadamente em 1200, a unção imperial entrara nos costumes bizantinos. Trata-se de um comentário sobre o 12º cânone do Concílio de Ancira, composto próximo a esta data por Teodoro Balsamon (P.G., t. 137, col. 1.156). Balsamon relata que, em 969, o Imperador João Tzimisces, tendo assassinado o seu predecessor, Nicéforo Focas, viu-se proibido de entrar na "grande igreja" pelo Patriarca Poliúto, posteriormente, ali, foi admitido por um decreto sinodal cujo nosso autor propõe a seguinte análise (cf. para a tradução acima, p. 193):

> Είπε γαρ μετά άγίας συνόδου, έν τή γενομένη τηνικαῦτα πράξει,τή έν τῶ χαρτοφυλακείῶ άποειμένη, ώς, έπεί τό χοίσμα βαπτίσματος τά πρό τούτου άμαρτήματα άπαλείφε οία καί δσα άνώσι, πάντως καί τό χρίσμα τῆς βασιλείας τόν πρό ταυτης γεγονότκ φόνον ποῦ Τζιμισκή έξήλειΨεν.

É difícil de saber se Balsamon reproduziu exatamente os termos da decisão sinodal; ademais, isso pouco importa, mesmo que se admita que a palavra χρίομα encontrava-se no texto "conservado nos arquivos", nada impede de atribuí-la o sentido metafórico que lhe era habitual no século X. Mas continuemos a leitura do comentário de Balsamon. É necessário observar que muitos retiram deste decreto a conclusão que, do mesmo modo, os pecados dos bispos são apagados pela unção e pela consagração "διά τοῦ χρίσματος τής άρχιερωσύνης". Qual é, aqui ainda, o valor de χρίσμα? Completamente simbólico evidentemente; no rito oriental, jamais, os bispos foram ungidos. Continuemos a nossa leitura. Vejamos que, na verdade, Balsamon explica muito claramente sua metáfora: "Em lugar do óleo com o qual, segundo a Antiga Lei, eram ungidos os reis e os sumos sacerdotes [os que sustentam essa opinião] dizem que, para os bispos, hoje, é suficiente o Evangelho pousado [no dia de sua consagração] como um jugo sobre a nuca dele e a impressão dada pela imposição das mãos sob a invocação do Espírito Santo"...[978]. "Aos bispos, hoje é

---

978. Άντί δε τοῦ χριομένουυέλαίου καί τοίς άρχιερεῦσι, κατά τόν παλαιόν... νόμου, είπον άρκείν τοίς άρχιεοεῦσιι τοῦ έπικείμενον ζυγόν τόν Εὐαγγελίου τω τραχήλῶ αὐτῶν, καί δι έπικλήσεως τοῦ άγίου πνεύματόα τοῦ χειροτονοῦντος...

suficiente": não está em questão os reis no segundo membro da frase. Por quê? É pouco provável que este silêncio seja o resultado de um esquecimento. Se o nosso glosador não indicou qual era no presente o equivalente litúrgico na unção régia, prescrito pela Bíblia, é, muito provavelmente, que não tinha havido um equivalente; os bispos do seu tempo – assimilados aos grandes sacerdotes da Antiga Lei (a palavra grega ἀρχιερεῦσι é a mesma) – não recebiam, diferentemente dos seus predecessores hebreus, a consagração pelos óleos santos; os imperadores, ao contrário, ao que tudo indica, eram ungidos, à semelhança de Davi e Salomão.

Resta perguntar por que a unção demorou tanto tempo para se introduzir em Bizâncio. O Mons. Duchesne (*Liber Pontificalis*, II, p. 38 n. 35) muito corretamente observou que o ritual de sagração oriental, em muito tempo, rejeitando a utilização dos óleos santos, não fez mais do que se conformar a um hábito generalizado na Igreja do Oriente, onde a unção não era usada no cerimonial das ordenações sacerdotais ou episcopais. É necessário acrescentar, eu creio, como já o indiquei, que a monarquia bizantina, sagrada desde as origens romanas, apoiada nas sobrevivências do culto imperial, não sentiu tão cedo, como as realezas bárbaras do Ocidente, a necessidade de se santificar através de um rito imitado da Bíblia. A influência do exemplo ocidental, mais tarde, fez-se sentir. Provavelmente, tomou emprestado a unção monárquica; certamente, não foi de Bizâncio que os reis visigóticos ou Pepino a receberam.

Apêndice IV – Análise e extrato do *Tratado da Sagração* de Jean Golein

O pequeno tratado sobre a sagração dos reis da França que o carmelita Jean Golein inseriu em sua tradução do *Rational des divins offices* de Guilherme Durand, executado por ele para o Rei Carlos V em 1372, assim o indica o prefácio (Bibl. nat., franc. 437 fol. 2 v° col. 1), fornece um testemunho importante sobre as ideais presentes no círculo do "sábio e piedoso" rei; em uma de suas partes, ao menos – aquela que trata do toque das escrófulas – apresenta-se como a própria expressão do soberano. Talvez critiquem-me por não tê-lo publicado por inteiro. Mas eu não poderia sobrecarregar indefinidamente os *Apêndices* demasiadamente estendidos. Além disso, é necessário admitir que o longo desenvolvimento que Jean Golein dedicou à própria "ordenança" da sagração não nos ensina, sobre a cerimônia, nada que não saibamos, parece, por outros textos, notadamente pelo *ordo* publicado pela *Bradshaw Society*[979]. Quanto ao comentário simbólico, simultaneamente sutil e difuso, que se encontra aqui acompanhado da descrição detalhada do ritual, não traz grande coisa de nova às tendências de espírito, bem conhecidas, do meio intelectual no qual se encontrava Carlos V. Toda a reflexão feita, portanto, limito-me a reproduzir apenas extratos, ligados por breves análises. Sublinhar-se-á que, afora as indicações preciosas sobre o milagre régio, sobre o ciclo legendário da dinastia francesa e sobre a teoria de sucessão em linha masculina, tal como formulada então na corte dos Valois, nosso tratado menciona uma curiosa tradição relativa a Turpin; informação de ordem iconográfica sobre as "imagens" dos reis da França, a indicação do verdadeiro significado de uma estátua na Catedral de Sens, até aqui malcompreendida, uma divertida etimologia da palavra capelão (cf. abaixo, 452ss.). Enfim, tomado à parte, a propósito da cura das escrófulas, as expressões empregadas por Raoul de Presle, no seu prólogo de sua tradução da *Cidade de Deus*, Jean Golein permite-nos ratificar para essa obra a data – cerca de 1376 – proposta por Léopold Delisle em suas *Recherches sur la librairie de Charles V*; deve-se, doravante, ter por certo que esse trabalho célebre foi terminado antes de 1372.

A tradução do *Rational* foi impressa em 1503 por Vérard[980]. Ela parece ter tido, nessa forma, algum sucesso. Claude Villete que publicou, em 1611, um tratado litúrgico, editado por diversas edições, lera-o e se inspirou para a sua exposição da sagração[981]. Mas a versão de Vérard é muito falha. Quanto aos manuscritos, há vários, notadamente, Bibl. Nat. franc, 176 (século XIV), Arsenal 2001 e 2002 (século XV), mas para o estabelecimento do texto apenas um é suficiente. Trata-se daquele da Biblioteca Nacional que, hoje, está catalogado sob o n. 437 do fundo francês. Foi executado especialmente por Carlos V e traz ainda em sua última folha o *ex-libris* autógrafo do rei, datado de 1374;

---

979. *The Coronation Book of Charles V of France.* Ed. E.S. Dewick, 1899 (*Bradshaw Soc*, XVI).
980. *Le racional des divins offices.* Paris, 1503.
981. *Les raisons de l'office et ceremonies qui se font en l'Église catholique, apostolique et romaine, ensemble les raisons des ceremonies du sacre de nos Roys de France, et les douze Marques uniques de leur Royauté Céleste, par dessus tous les Roys du Monde*, in-4°, 1611. "As razões do ofício e das cerimônias que se realizam na Igreja Católica Apostólica Romana junto às razões das cerimônias de sagração de nossos reis da França e os dozes atributos únicos de sua celeste realeza, acima de todos os reis do mundo." "Ian Goulain" é expressamente citado na dedicatória (à rainha-mãe). Para a sagração, cf. p. 204-240; para a referência a Jean Golein, esp., p. 213.

a passagem sobre a sagração ocupa nele os fólios 43 v° a 55 v°[982]. Eu o segui fielmente, corrigindo apenas dois erros evidentes, os quais assinalo à medida que aparecem.

Esse manuscrito apresenta uma particularidade curiosa. Na passagem sobre a sagração, apenas nela, nota-se, na margem, certo número de anotações, com uma belíssima caligrafia, contemporânea ao manuscrito, mas que não pode ser do copista. Não se trata de correções do autor, porque, em um lugar, o glosador contradiz o próprio texto (abaixo, p. 452s.; cf. acima, p. 224s.); são retificações de um leitor atento. Esse leitor seria o próprio rei? Pode-se estar tentado de o supor, mas nada permite transformar a hipótese em certeza. A escrita, de resto, bastante impessoal, não parece ser a de Carlos V, poderia ser de um secretário ao qual o monarca ditara suas observações. Mas como provar semelhante coisa? Ler-se-ão, abaixo, alguns desses escólios marginais colocados entre os sinais < >.

[Da sagração do rei da França e da rainha[983]]

Preâmbulo; grandeza da sagração; regra de sucessão ao trono da França por Carlos Magno; detalhe da sagração de Carlos V [fol. 43 v°-44]. "Mas por isso tratamos um pouco da consagração dos príncipes, que não deve aqui ser esquecida, em reverência a meu mui temido e soberano senhor, o qual foi consagrado rei da França pelo arcebispo de Reims, Mons. João de Craon, no dia da Santíssima Trindade, Tan mil ccc lxiiij[984].

Porque, como os imperadores de Roma e de Constantinopla são ungidos, e também alguns reis como o rei de Jerusalém, o da Espanha, o da Inglaterra e o da Hungria; e alguns outros reis não; este nosso Carlos VI[985], à maneira dos seus predecessores, foi coroado e sagrado em Reims não com o óleo preparado por mão de bispo ou de boticário, mas com o santo líquido celestial da Santa

---

982. Mas em função de um erro de numeração, o fólio 56 segue diretamente o 54. O tratado está ornado com iluminuras: unção do rei (44 v°), da rainha (50) e bênção da auriflama.

983. Rubrica copiada da edição impressa; ela não está presente no manuscrito.

984. Ms. ccc lx; de fato, em de 19 maio de 1364, Domingo da Santíssima Trindade. Essa primeira frase, construída incorretamente, termina abruptamente; é encontrada tal e qual – com a variação: "a bendita Santa Trindade" – no manuscrito francês 176, que vem da biblioteca do duque de Berry (fol. 26).

985. [Sic]. Cf. mais à frente p. 450s. Mais à frente ainda, p. 456ss. Jean Golein chama seu rei "Carlos, o Quinto".

Âmbula, o qual está conservado e guardado em Saint-Rémi de Reims e foi trazido do céu pelas mãos de anjos para ungir os nobres e digno reis da França para que eles fossem mais nobremente e mais santamente ungidos do que os reis da velha e da nova lei. Por isso, o rei da França é chamado o mais nobre; o cristianíssimo, o defensor da fé e da Igreja, não reconhece estar nenhum soberano temporal acima dele.

Com essa dignidade, o Imperador Carlos Magno, ante o conselho da Igreja e os reis cristãos que tinham vindo em socorro da fé católica e em defesa de Roma, dispôs, em seguida à batalha e à vitória maravilhosa que tiveram contra os sarracenos, por acordo geral a posição tanto dos prelados da Igreja quanto dos nobres reis seculares e dos senadores de Roma, ele que era patrício e imperador. Com o papa, instruíram que a eleição deste seria feita pelos cardeais; que a eleição do imperador seria feita pelos nobres da Alemanha; e que o reino da França continuaria sendo dos reis da França descendentes da santa e sagrada linhagem por herdeiro masculino, a fim de que essa bênção continuasse em transfusão de um a outro.

Por isso, também a rainha é sagrada. Assim, com meu dito soberano senhor, foi consagrada madame Joana de Bourbon, filha de nobre príncipe, o duque de Bourbon, que era descendente daquela santa linhagem. Ela era prima de meu soberano senhor; mas, por licença da Igreja, desposou-a. Por ele receber a santa consagração e pertencer a uma estirpe abençoada diretamente por Deus, conclui-se que é maior dignidade ser rei da França do que imperador ou qualquer outra realeza: o que bem reconhecem as crônicas e outras gestas".

Segue a história de vários imperadores romanos que foram "de pobre maneira eleitos".

[fol. 44] "O imperador de Roma, que dever ser sagrado e ungido pelo papa; mas, nesse caso, o óleo e o bálsamo são de confecção muito diferente daquela da Santa Âmbula. Pois esta Deus enviou toda consagrada; o vaso, ou seja, a Âmbula, é de uma matéria da qual ninguém jamais viu semelhante e a qual não se poderia copiar; e ninguém saberia perfumar com aroma mais delicioso o líquido que nele está contido. Com ele foi ungido o sábio, o piedoso e bom Rei Carlos VI, assim nomeado, como se disse antes, no dia da festa da Trindade, por eleição da santa devoção. Assim, como Deus disse a seu filho na unção do batismo: *Hic est filius meus dilectus in quo michi complacui*[986], e o Espírito Santo

---

986. 2Pd 1,17.

desceu em forma de pomba, o que o ungiu *oleo leticie pre participibus suis*[987] e assim como o filho em carne humana recebeu aquela santa consagração, assim também o citado senhor recebeu em verdadeira fé da Santíssima Trindade a santa sagração, e por tal graça que contra ele ou contra seu reino não tiveram nem poder nem razão seus inimigos ingleses e outros; quando ele retornava, vieram ao seu encontro vários importantes prisioneiros, capturados na batalha de Cocherel; tinham tentado impedir a citada sagração[988], mas aconteceu bem diferente do que imaginaram. Em agradecimento àquela abençoada Trindade, nosso bom rei fez, em sua volta a Paris, várias belas esmolas aos pobres religiosos mendicantes e a vários outros pobres, pois sentiu bem a graça piedosa da unção, que foi feita conforme preceitua o pontifical do arcebispo de Reims e da qual, em seguida, será declarado o significado".

Aqui, em seguida, é descrito o significado da sagração dos reis da França.

Descrições da sagração com explicações sobre o sentido simbólico – a "significância ministerial – dos diferentes ritos. Notem-se as particularidades seguintes:

Cura das escrófulas [fol. 46-46 V]: uma vez terminada a cerimônia, a Santa Âmbula será reconduzida "à Igreja de Saint-Denis ou à Capela de São Nicolau"[989].

Saint-Denis representa a fé que esse santo trouxe para a França, o que de fé jurada se deve atribuir àquela âmbula. A Capela de São Nicolau representa o óleo milagroso[990] que sempre emanou dos santos membros de São Nicolau, como este santo óleo está também nesta ampola pelo divino milagre e santa ordenança, é igualmente santa. Porque, quando o rei é ungido e consagrado, assim como os ungidos com o óleo que flui dos membros de São Nicolau são curados, assim também os atacados da doença das escrófulas, se tocados pela mão do rei ungido com aquela âmbula, ficam imediatamente curados e sãos. Se alguém que não seja rei verdadeiro e que haja sido indevidamente ungido

---

987. Sl 45(48): "oleo laetitiae prae consortibus suis".
988. Esse detalhe curioso não parece ter sido mencionado pelos cronistas.
989. A Igreja de Saint-Denis, construída no século X pelos cônegos, do lado de fora das muralhas da época; cf. MARLOT. *Histoire de Reims*, II, p. 689. A Capela de Saint-Nicolas no Hôtel-Dieu, cf. The *Coronation Book*. Ed. Dewick, col. 7. • GODEFROY. *Ceremonial*, p. 247.
990. Eu não encontrei nada sobre essa tradição.

ousar tocar os doentes, sem demora, provará o mal-de-são-remígio, assim como outrora essa moléstia apareceu[991].

A estátua de Constantino em Sens. Comentário do juramento da sagração através do qual o rei promete proteger a Igreja: [fol. 47] "e isso representa os juramentos que os reis de Israel faziam aos sacerdotes e que Alexandre fez na história narrada antes[992], e tal como fez também Constantino na Igreja de Sens, como consta na fachada daquela igreja, onde, em letras de ouro ao lado de sua imagem, está escrito este seu juramento: *"Regnantis veri cupiens verus cultor haberi – Juro rem cleri libertatesque tueri"*[993].

Comparação entre as vestimentas régias e a veste litúrgica [fol. 47]: "a cota... feita à maneira de uma túnica de subdiácono <e com uma dalmática>. E com ela, uma sobrecota por cima... <saco à moda de uma casula, de um lado, e de um mantelete, do outro, sendo cortado em quadrado>".

Origem das flores de lis. Após a enumeração e explicação das vestimentas régias, todas ornadas de flores de lis [fol. 48]: "Eis por que traz todos esses paramentos o abade de Saint-Denis; porque Saint-Denis deu aos reis da França as armas de flores de lis <não, porque Deus enviou-as por milagre a Montjoie[994]>".

A sagração "limpa" os pecados do rei [fol. 48]. "Quando o rei se despe, isso significa que dali em diante deixa o estado mundano e assume o da religião régia; e, se o rei o assume com a devida devoção, julgo que está de seus pecados tão limpo quanto aquele que entra novamente em religião aprovada; como diz São Bernardo no livro *de precepto et dispensacione*, próximo ao fim: que, assim como no batismo os pecados são perdoados, assim também

---

991. O mal-de-são-remígio é a peste. cf. SEGANGES, L.B. *Les saints patrons des corporations* II, p. 303. Ignoro a anedota à qual Jean Golein faz alusão; cf. acima, p. 224s.

992. Acima (fol. 47, col. 1), Jean Golein já fez alusão a um juramento prestado por Alexandre o Grande ao sumo sacerdote de Jerusalém.

993. Trata-se da estátua que foi, mais tarde, considerada como representando Filipe de Valois. Considero, em outro lugar, publicar uma nota sobre ela.

994. No próprio texto de Jean Golein, mais à frente, p. 455, a origem das flores-de-lis é atribuída ao eremita Joyenval; cf. acima, p. 225.

à entrada na religião; e o original de São Bernardo começa *Audire vult* etc.[995] Então, se se persevera na intenção de viver em penitência a Deus, os pecados são perdoados, tanto mais àquele que assume a posição na qual há tantas diferentes ansiedades e penas".

Etimologia da palavra capelão [fol. 48 V]: "por aquela vitoriosa fé os nobres reis da França tinham outrora por ordem e costume usar nas batalhas a capa do Mons. São Martinho, a qual era de lã, e os padres guardavam-na como relíquia de grande devoção; pelo que se deixou de chamá-lo padres e tiveram o nome capelães, por sua reverência à dita capa de lã; e esta palavra composta de capa e lã; por isso se diz capelão.

Os ilustres nobres, insígnia régia; respeito devido ao Santo Crisma [fol. 49 v°]. Depois da entrega das insígnias: "Depois, juntam-se e abençoam-se as luvas; e então o arcebispo coloca-se nas mãos ungidas, para proteger de outro contato o Santo Crisma. Alguns dizem que se devem enxugar com algodão os lugares ungidos e, em seguida, colocar as luvas nas mãos. Porque o rei da França é mais especialmente ungido nas mãos do que os outros reis, retratam-no a utilizar luvas[996]. Quando São Luís esteve na prisão dos sarracenos no além-mar e lhe pediram que escolhesse quando queria lavar as suas mãos, se antes ou depois de comer, escolheu lavá-las depois, e, depois que as lavava, colocava umas luvas em reconhecimento ao Santo Crisma ou santa unção a que devia reverência. Por motivo similar, após a unção da cabeça, o arcebispo coloca nele o barrete e deve usá-lo sempre, como sinal de que recebeu na cabeça a santa unção de mais digna santidade. A fim de que a tenha sempre na memória, deve suar o barrete a vida toda, e sua cabeça não o deve conhecer navalha; ele é nazireu santo, consagrado a Deus". Do mesmo modo, a camisa utilizada no dia da sagração será "queimada".

---

995. *De praecepto et dispensatione*, XVII, 54 (MIGNE. P.L., t. 182, col. 889): "Audire et hoc vultis a me, unde inter caetera paenitentiae instituta monasterialis disciplina meruerit hanc praerogativam, ut secundum baptisma nuncupetur".
996. Havia ocasião de verificar, detalhadamente, a exatidão desta regra iconográfica; à primeira vista, ela não me parece ter sido, geralmente, muito rigorosamente aplicada.

A partir do fólio 50, col. 2, há a descrição da sagração da rainha, em seguida:

Comunhão de dois soberanos [fol. 51]: "O rei e a rainha devem descer de seu tablado, vir humildemente ao altar e tomar a mão do arcebispo o corpo e o sangue de Nosso Senhor; nisso é demonstrada a dignidade régia e sacerdotal, pois, à exceção dos padres, não se dá ninguém mais o sangue separadamente".

Enfim, **Bênçao do estandarte régio** [fol. 51 V]. "Segue a bênção do estandarte régio: *"Inclina, Domine, aurem tuam ad fireces..."* Essa bênção deve ser feita sobre o estandarte régio em Reims[997] e, depois, sobre a auriflama na igreja do Mons. Saint-Denis da França, quando o rei deseja ir a uma batalha".

Segue a história das origens da auriflama. O imperador de Constantinopla, Manuel, atacado pelos sarracenos, viu em sonho um cavaleiro, armado dos pés à cabeça, que estava, a cavalo, aos pés de sua cama, com uma lança em sua mão "completamente reluzente, como se fosse dourada", da qual saía um "facho de fogo"; após acordar, um anjo aparece-lhe e o revela que esse cavaleiro seria aquele que libertaria seu império dos sarracenos. Manuel, então, lembrou-se dos traços de Carlos Magno em seu sonho, e escreve-lhe para pedir socorro. Descrição do recebimento da auriflama por Carlos Magno em Saint-Denis.

Legenda sobre Turpin [fol. 52 V]. "Algumas histórias relatam que o primeiro a ter levado o referido estandarte contra os infiéis em companhia de Carlos Magnos foi Turpin, o qual, por 9 anos, fora monge de Jumièges, na abadia onde se alojam os debilitados, depois fora feito arcebispo de Reims e fizera muitas preces pela fé contra os inimigos de Jesus Cristo, e, como aparece em várias histórias, seu corpo jaz em Leschans, vizinha a Arle le Blanc, na Provença, e, embora esteja sob o vento e a chuva em uma tumba de pedra, está ainda com sua pele natural e com seu corpo inteiro; isso eu vi claramente"[998].

---

997. I. é, a bandeira com flores-de-lis; a iluminura do mesmo fólio, todavia, representa a bênção da auriflama. O texto da bênção está em MARTENE. *De antiquis ecclesiae ritibus*, III, p. 221. • DEWICK. *Coronation Book*, p. 50 (no qual está a iluminura, pl. 38, mostra a auriflama).

998. Na verdade, Turpin fora simplesmente enterrado em Reims, em sua catedral (FLODOARD. *Historia Remensis ecclesie*, II, 17. • *Monumenta, S.S.*, XIII, p. 465). Mas como a legenda contentar--se-ia que ele tivesse recebido uma sepultura tão banal? Mostrava-se seu túmulo em mais de um local: na Igreja de Saint-Romain de Blaye, ao lado de Rolando e de Olivier, segundo a *Canção de Rolando* (v. 3.961). Em Viena, segundo a alegada carta do Papa Calisto II, que serve de prefácio a célebre *Historia Karoli Magni et Rotholandi*, a qual se fez circular sob o nome do próprio Turpin (o pseudo-Turpin). Ed. F. Castets (*Publicat. de la Soc. pour l'Étude des langues romanes*, VII), p. 65. Jean Golein é, em meu conhecimento, o único que lhe indica expressamente como lugar de repouso o velho cemitério romano de Aliscamps, mas já a *Karlamagnussaga* (trad. alemã, *Ro-*

Origem celeste das duas bandeiras Régias [fol. 52 V]: "Essas duas bandeiras da França foram dadas, uma a das três flores de lis, pelo santo eremita de Joyenval, e a outra pela revelação de anjos em uma maravilhosa visão e clara aparição e por nobre vitória aprovada e demonstrada".

A exposição sobre as duas bandeiras continua longamente.

Os reis não levam as auriflamas à guerra [fol. 53]: "Quando os reis da França vão para a batalha, fazem uma cópia da auriflama que Carlos Magno trouxe de Constantinopla, mandam benzê-la e levam-na consigo, deixando a de Carlos Magno e, depois da vitória, trazem-na novamente ao Mons. Saint-Denis".

Anedota sobre as origens da águia romana (falsamente atribuída a Plínio) [fol. 53]: o Imperador Augusto "estava o imperador sentado em um jardim, 'uma águia que voava sobre ele deixou cair de suas garras uma galinha muito branca, que trazia no bico um ramo de louro carregado de sementes'; essa foi a origem da coroa de louros "com que eram coroados os vencedores que tinham realizado um grande feito em batalha, especialmente os imperadores" e da águia nas armas dos imperadores e no 'estandarte imperial'[999]; vê-se ainda, no tempo do autor, essa águia ainda pode ser vista no estandarte vermelho da "comunidade de Roma"; a ele se acrescentaram (de um canto ao canto oposto) quatro letras "S.P.Q.R", que uns interpretam como "o sinal do povo romano" e outros como "Senatus Populusque Romanus".

França e império [fol. 53]: "Assim querem alguns dizer que aquela bandeira dada pela visão do imperador de Constantinopla a Carlos Magno prognosticava que esse se tornaria imperador do povo romano, tal qual foi depois, sendo chamado patrício e imperador; e aquela insígnia imperial foi deixada na França como sinal de império perpétuo por sucessão de herdeiro masculino, e não por eleição como no império de Roma e da Alemanha. Assim, é coisa muito certa que o imperador da França, ungido com tão preciso unguento trazido do céu, seja mais digno e gere filhos que tenham a sucessão como herança paternal e ordenada por Deus".

---

manische Studien, hgg. v. Ed. BÖHMER, III, p. 348) colocava ali as tumbas dos doze pares; era natural reunir aos seus companheiros de armas o valente prelado, morto, dizia-se em Roncesvales.

999. Essa tradição não foi mencionada em GRAF, A. *Roma nella memoria e nelle immaginazioni del Medio Evo*, II. Turim, 1883, nas páginas (453ss.) em que se dedica à águia.

Uma vez enfatizada a origem celeste das duas bandeiras e do óleo com o qual os reis são ungidos, trata-se de extrair dessas premissas as conclusões necessárias.

Conclusões: a cura das escrófulas, a sucessão em linha masculina, a atitude de Carlos V em relação ao poder taumatúrgico [fol. 53 e 54 V°]: "Pelo que se mostram duas conclusões: que o Estado régio da França é de grande dignidade, porque o rei é ungido com a santa unção trazida do céu, medida que cura da prodigiosa doença chamada escrófula – não que com isso se deva entender que a pessoa seja dita santa ou fautora de milagres; mas por causa do digno Estado régio, tem essa prerrogativa sobre todos os outros reis, sejam eles quais forem.

E devemos entender que, por se ter sagrado na Ordem de Padre, pode consagrar como ministro o corpo de Jesus Cristo, pronunciando as palavras da consagração; mas com isso não se quer dizer que seja padre santo ou fautor de milagres, pois um padre que estivesse em pecado poderia consagrar pela autoridade e caráter assumidos na consagração – como também não digo que o rei tem tal caráter por causa da unção, porque tem tal dignidade por causa da consagração e da linhagem sagrada, com a qual Nosso Senhor quis dar-lhe a virtude contra aquela feia doença das escrófulas. E, assim como diz o apóstolo (*ie. ad Thi. v° c°*): '*Qui bene presunt presbiteri dupplici honore digni habentur*'[1000]; 'os padres que bem presidem ou que têm boa presidência devem ter dupla honra', uma pela autoridade do sacerdócio, que é dignidade espiritual, e a outra pela bondade que deve estar neles, e esta é pessoal, assim também a autoridade régia sobre a qual está baseada a virtude de curar as escrófulas é mais originada da autoridade espiritual da santa unção do que da pessoal, ainda que a bondade pessoal seja aí bem digna de comparar à bondade sacerdotal. Por isso, não se deve dizer que o rei seja nem santo nem fautor de milagres, nem tampouco o padre; porque um usurário ou notório pecador que fosse padre poderia consagrar pela dignidade sacerdotal, e não se diria que ele faz milagres como santo. O mesmo vale para a nobre dignidade régia; e o sabe bem a grande prudência do soberano senhor que me faz traduzir esta consagração, a saber, o sábio e piedoso Rei Carlos V, o qual não quer que o pintem nem como santo nem como fautor de milagres, porque prefere o mérito diante de Deus à adulação no

---

1000. 1Tm 5,17.

mundo. Entretanto, não pretende que a condição régia seja menos valorizada do que o quer a razão, de acordo com o Apóstolo São Paulo que diz: "*Quamdiu quidem ego sum gencium apostolus ministerium meum ego honorificabo etc.*"[1001] 'Enquanto for apóstolo de Deus, honrarei meu ministério e ofício'. E o apóstolo chamava-se homem de pouca valia e não santo, e atribuía a Deus e à sua glória os milagres que os santos faziam".

Da mesma forma, Cristo disse a João Batista (Lc 7,28) que não haveria ninguém maior do que João entre os nascidos de mulher, mas que mesmo o menor do Reino dos Céus era ainda maior:

"Assim, não se mantenha que seja do consentimento do rei que se lhe diga 'Fazeis milagres em vossa vida', pois lhe daríamos uma glória vã, à qual não dá importância; essa, dá toda a Deus, por quem reina e reinará, para honra dele e para humilhação de seus inimigos. Desse modo, manifesta-se a primeira conclusão".

A segunda resulta do fato de que a rainha jamais é ungida e de que, no final de sua sagração, não se abençoa nem o estandarte das flores de lis nem a auriflama. Vejamos aqui [fol. 54]: "Jamais uma mulher recebeu nem a ordem sacerdotal nem a unção régia, e jamais uma mulher foi encarregada de curar a citada doença. Por isso, manifesta que mulheres não podem nem devem herdar na França, o que seria um erro para o reino. Porque, por via de sucessão carnal, o primeiro rei ungido dispôs que a unção da Santa Âmbula não pertencesse à mulher. *Ergo* não pertence à mulher por sucessão ou por eleição, pois Carlos Magno, a quem foi dada a auriflama e a ordenação da eleição do papa, do imperador e do rei da França, ordenou com a Igreja, lá onde estava o papa, o santo colégio de Roma, diversos prelados, reis, duques e outros príncipes cristãos, por acordo de todos, que o reino da França fosse mantido por sucessão de herdeiro masculino o mais próximo da linhagem, pois todo homem razoável pode concluir que à mulher não pertence a dignidade de tal unção receber e de tais armas governar; pois isso, à semelhança da Santíssima Trindade, parece mais ordenação divina do que humana; porque, pela insígnia das flores de lis – que é régia e soberana –, pode ser entendido o Pai que tem toda a sabedoria; pois as outras pessoas, ainda que tenham igualdade com a pessoa do Pai quanto à divindade, também têm comparativamente – porque o filho assumiu humanidade – alguma inferioridade, do que está escrito no símbolo da fé

1001. Rm 11,13.

que *Filius est equalis Patri secundum divinitatem, minor Patre secundum humanitatem*[1002]; assim, podem-se comparar as três flores de lis à soberana soberania; das quais, ainda que tudo permaneça, separam-se misteriosamente na unção, que significa o Espírito Santo; também sob a forma de pomba, ele quis trazer a citada âmbula e assim apareceu no batismo de Jesus Cristo, sobre o qual a Igreja canta: *In specie columbe Spiritus Sanctus visus est*; a auriflama vermelha significa o filho sob a forma humana, erguido na cruz tingida com seu precioso sangue e pintada de vermelho. Do que fica assaz evidente que essa dignidade pertence melhor a homem do que a mulher; e que o rei da Inglaterra, Eduardo, o qual sustentou por longo tempo aquele erro, dizendo que por causa de sua mãe tinha algum direito ao trono da França, não estava bem-informado sobre seu feito; ou, se o estava, a cobiça iludiu-o, e seu pecado, colocá-lo-á sob julgamento de Deus, negou-o. A esse julgamento envia-o meu citado soberano senhor, o Rei Carlos V, o qual não atribui a si os milagres que Deus faz em seu reino, mas à bondade e à graça de Deus, que por sua misericórdia dá-lhe conhecimento e entendimento para dizer o que Davi dizia no saltério com grande devoção: *Tu es Deus solus qui facis mirabilia magna et qui facis mirabilia magna solus*[1003]. E, se alguns não estão acostumados aos termos da teologia, atribuem à criatura aquilo que deve ser atribuído ao Criador, isso não é surpresa, porque muito se diz: 'este santo faz milagre e aquele cura de tal enfermidade'. Mas é pela virtude de Deus que está neles e não por seus méritos, segundo o que diz São Bernardo no quarto livro ao Papa Eugênio: *virtus vero tn sanctis manens ipsa facit opera*[1004].

Não tenho esta matéria tão ajustada que possa contradizer meu mestre Raoul de Praesles, o qual diz em seu prólogo à *Cidade de Deus* que meu citado senhor faz milagres em sua vida e que lhe foi atribuído esse poder de curar as escrófulas[1005]. Mas eu o fiz a fim de que os que virão depois nos tempos futuros,

---

1002. Símbolo dito de Atanásio (DENZINGER, H. *Enchiridion Symbolorum*. 12. ed. Friburgo in B., in-12, 1913, p. 19): "aequalis Patri secundum divinitatem, minor Patre secundum humanitatem".
1003. Sl 86(85),10: "Quoniam magnus es tu, et faciens mirabilia: tu es Deus solus". Sl 71,18: "Benedictus Dominus Deus Israel, qui facit mirabilia solus". Sl. 135,4: "Qui facit mirabiila magna solus".
1004. Jean Golein parece designar aqui o quarto livro do tratado *De Consideratione*, endereçado, por São Bernardo, ao Papa Eugênio III. Mas a citação indicada não pode ser encontrada no texto, e eu não pude, ademais, encontrá-la nas obras de São Bernardo.
1005. Acima, p. 137, n. 217.

menos sutis e menos exercitados em ciência ou prudência do que meu antes citado senhor, não vejam aí a oportunidade de vanglória ou de apresentarem-se como santos e fazendo milagres. E, por isso, não foi sem motivo gravado nos cunhos das moedas: *Christus vincit, Christus regnat, Christus imperat*[1006]. E disso Deus deu a graça a meu citado senhor, que pôs seu sutil engenho a estudar, tanto que entende os termos de teologia para sua salvação e honra de Deus, e das outras ciências, tanto que ele está próximo do governo de seu reino, como transparece nitidamente. Por isso, Gervais fez o livro *De ociis imperialibus* para avisar aos nobres[1007].

Apêndice V – A peregrinação dos reis da França a Corbeny depois da sagração e o transporte do relicário de São Marcoul para Reims

Eu agrupo, aqui, algumas referências relativas às devoções dos reis da França a São Marcoul, depois da sagração, com as quais não quis obstruir, anteriormente, minhas observações.

Sobre a sagração de São Luís, cf. LENAIN DE TILLEMONT. *Vie de Saint Louis* (Soc. de l'Hist. de France), I, p. 429ss. Sobre fidelidade dos parisienses durante a minoridade, cf. JOINVILLE, c. XVI. É certo que São Luís, em diversas ocasiões, passou em Corbeny, o que não tem nada de surpreendente, porque esse burgo estava situado em uma rota, sem dúvida, muito frequentada (um antigo caminho romano); deve-se supor que não deixou de fazer suas preces nesse santo lugar, cada vez que por ali esteve. A mais antiga dessas passagens, atestada por um documento, é de 28 de maio de 1248 (*Histor. de France*, XXI p. 275 j. Para as outras, cf. p. 399 c, 400 b, 402 a e g. • LENAIN DE TILLEMONT IV, p. 70 e VI, p. 276, no qual, novembro deve ser corrigido para dezembro; IV, p. 126 e 388; V, p. 22). Ora, em 1248, havia, certamente, muito tempo que o piedoso rei, conforme a tradição ancestral, tocava as escrófulas. CERF. *Du toucher*, p. 236. • LEDOUBLE. *Notice sur Corbeny*, p. 193, que reconheceram a impossibilidade da peregrinação imediatamente após a sagração, afirmando que Luís encontrava-se em Corbeny em 1299 (Cerf especifica: em 1º de dezembro de 1299). Eu não encontrei traço deste fato nem em Lenain de Tillemont, nem em

---

1006. Divisa retirada das laudes da Páscoa, na qual figurava, que, desde São Luís, na maioria das moedas de ouro francesas. Cf. FROEHNER, G. *Annuaire de la Soc. Française de Numismatique*, 1889, p. 45. Jean Golein já a citou anteriormente, fol. 45, col. 2.

1007. Trata-se da *Otia imperialia* de Gervais de Tilbury, composta para o Imperador Oto IV.

Mansiones et Itinera organizada pelos editores da *Histor. de France*, no t. XXI. São Luís não poderia ser considerado o iniciador do costume da viagem a Corbeny, porque o traço característico desse costume é, exatamente, que as devoções a São Marcoul deveriam começar imediatamente após a sagração.

O itinerário de Filipe o Belo, após a sua sagração, é conhecido através das tabuinhas do tesoureiro do Paço; *Histor. de France*, XXII, p. 492-493. Luís X: o registro da chancelaria, *Arch. Nat.* J J 52, fol. 118 v°, n. 229, compreende um ato desse príncipe, entregue, no mês de agosto de 1315 (o mês da sagração), em um lugar denominado *Corberiacum*; os autores do *Itinéraire*, publicado no t. XXI em *Historiens de France*, p. 465, propõem a correção *Corberiacum* (Corbeny), o que é verossímil; deve-se encontrar uma outra cópia desse ato – confirmação da fundação de um hospital em Saint-Jus *in Angelo* por João de Clermont, senhor de Charolais e Jeanne condessa de Soissons, sua esposa – no registro colocado, outrora, sob o n. 51 *Trésor de Chartres* e conservado hoje em Petrogrado, uma vez que esse registro é uma duplicata do n. 52 (cf. em última análise FRANÇOIS-DELABORDE, H. *Catalogue des actes de Philippe-Auguste*, p. lxv). Eu, naturalmente, não pude vê-lo.

Filipe VI, certamente, não passou em Corbeny após sua sagração. Cf. VIARD, J. *Itinéraire de Philippe VI de Valois* – Bibliothèque de l'Ec. des Chartres, 1913, p. 89, com as adições, 1923, p. 168.

O itinerário de João o Bom, estabelecido pelo Sr. E. Petit: *Séjours de Jean II. Bullet. historique et philologique*, 1896, p. 587, dá para 30 de setembro de 1350 (o rei tivera sido sagrado no dia 26), *Cormisiacum*. É necessário ler *Corbeniacum*. Na verdade, encontra-se nos arquivos de Saint-Remi, maço 190, n. 2, um extrato autêntico, feito sob a ordem dos "senhores" [da (Câmara de Contas) *Chmabre des Comptes*], em 28 de novembro de 1355, da conta do Paço do período de Natal de 1350, que foi assim redigido: "de gisto habitatorum villarum de Corbeniaco et de Craonne xxv[a] octobris ceci pro uno gisto quod rex cepit de iure suo apud Corbeniacum supradictum adreditum sacri, die xxx[a] septembris precedentis, computatum per Renerum Coranci ij xxiij 1. x s. v d. p.".

A passagem de Carlos V não está atestada por documentos seguros, pode-se inferi-la, com alguma verossimilhança, do conjunto do seu itinerário; assim o concluiu o Sr. Delachenal, *Histoire de Chartes V*, II, 1916, p. 97.

A de Carlos VI é certa: PETIT, E. *Séjours de Charles VI* – Bullet. historique et philologique, 1893, p. 409. Cf. D'ARCQU, D. *Comptes de l'Hôtel des rois de France aux XIVe XVe siècles (Soc. de l'Hist. de France)*, p. 6 e 64. Assim como a de Carlos VII, atestada por diversos testemunhos: cf. acima, p. 270, n. 555. • VIRIVILLE, V. *Histoire de Charles VII*, II, 1863, p. 102. • BEAUCOURT. *Histoire de Charles VII*, II, 1882, p. 234. E também para Luís XI (Cartas), *Lettres*. Ed. de Dupont (*Soc. de l'Hist. de France*), XI, p. 4.

De Carlos VIII a Francisco II, a passagem de cada rei é conhecida por testemunhos seguros, os quais se confirmam uns pelos outros. Limitar-me-ei de indicar GODEFROY. *Ceremonial*, I, p. 208, 234, 265, 293, 311. Cf. para Luís XII, acima, p. 271, n. 558 . Para Henrique II, p. 297, n. 630.

Sobre as passagens de Carlos IX e de Henrique III, eu não encontrei nada, mas não há nenhuma razão para supor que esses príncipes tenham interrompido a velha tradição.

É certo que Henrique IV – sagrado em Chartres – não fez a peregrinação de Corbeny. Oudard Bourgeois, *Apologie*, p. 62, afirmou que fez a sua novena ao santo no Castelo de Saint-Cloud, antes de entrar em Paris. Eu não conheço o texto que respalda essa informação; Dom Oudart Bourgeois, sempre preocupado em vangloriar-se da glória do seu santo, é um informante muito suspeito.

Para Luís XIII, cf. GODEFROY. *Ceremonial*, I, p. 417. Certificado notarial para atestar que o rei começou a sua novena (29 de outubro de 1610) nos arquivos de Saint-Remi, maços 190, n. 5.

Transporte do relicário de São Marcoul para Reims na ocasião da sagração de LUÍS XIV: ato notarial de 17 de junho de 1654, maço 190, n. 14 (o rei foi impedido de entrar em Corbeny "graças aos negócios urgentes e da ruína e da desolação do burgo"); a carta de salvaguarda de 3 de julho de 1654 (em uma colação de 10 de julho do mesmo ano), n. 15 ("ao qual lugar nós iríamos fazer nossa visita e devoção se não tivéssemos sido impedidos pela presente guerra"). Sobre as devastações feitas pelos soldados em Corbeny em 1642 e 1653: cf. o mesmo maço, n. 8, 9 e 13.

Mesmo transporte sob Luís XV: DIEUDONNÉ, H. La châsse de Saint Marcoul au sacre de Louis XV. In: *Revue de Champagne*, 1911, p. 84. Cf. acima, p. 374, n. 859.

Sob LUÍS XVI, cf. LEBER. *Des cérémonies du sacre*, 1825, p. 447. Cf. acima, p. 376, n. 864. Du Tillet, em suas *Mémoires et recherches*, in-4º (Paris, 1578, p. 147ss.), e, segundo ele, mas não fielmente, Godefroy (*Ceremonial*, I, p. 1), publicaram a tradução de um *ordo* da sagração que teria servido a Filipe Augusto em 1170. O Sr. H. Schreuer, seguindo diversos outros historiadores, dos quais A. Luchaire negou essa atribuição. O Sr. Buchner defendeu-a contra

461

ele (bibliografia acerca dessa controvérsia: *Revue historique*, CVIII, p. 136). O *ordo* menciona a peregrinação a Corbeny (DU TILLET, p. 156; GODEFROY, p. 11). Então, seria indispensável tomarmos partido nessa discussão, se não sobressaísse claramente da edição de Du Tillet – mutilada por Godefroy – que a frase relativa à peregrinação é uma interpolação devida ao próprio Du Tillet, o qual acreditou ser bom acrescentar ao texto que tinha diante dos seus olhos uma exposição sobre o toque, na qual se refere a Filipe o Belo – para 1179, o anacronismo é um pouco gritante! De resto, não é o único exemplo de uma glosa desta forma inserida pelo bom escrivão no mesmo *ordo*; p. 155, lê-se uma observação sobre o duque de Berry, filho de João II. As conclusões negativas do Sr. Schreuer não me parecem corretas. Mas para poder fazer sobre a data do *ordo*, falsamente atribuída a Filipe Augusto, um julgamento positivo, seria necessário ter em mãos outra coisa para além de uma tradução retocada.

Adições e retificações

I – O republicanismo primitivo dos povos germânicos

P. 64ss. – Talvez, reprovem-me de ter, em toda esta exposição, um pouco desdenhosamente, deixado passar em silêncio uma teoria, outrora, célebre: a do republicanismo primitivo dos germanos. Ninguém ignora, com efeito, que toda uma escola de historiadores, alemães em sua maioria, viu na realeza germânica uma instituição tardia, nascida, ao menos entre os germanos do Ocidente, da grande perturbação das invasões. Mas essa concepção, realmente, vale a pena ser discutida detalhadamente? Na qualidade de que ela procura apoiar-se sobre textos e que não reflete somente sedutoras miragens da *Aufklärung* ou dos romancistas, repousa, em suma, sobre um duplo mal-entendido. Inicialmente, a terminologia dos escritores latinos foi interpretada sem crítica; quando descreviam a sociedade germânica, reservavam naturalmente o nome de *rex* para os agrupamentos maiores – para eles, os chefes dos pequenos grupos eram apenas príncipes. Ao se transpor para o francês ou para o alemão, sem explicação prévia, chegaremos simplesmente a um contrassenso. Na visão do vocabulário sociológico comum, *principes* como *reges* são evidentemente reis, ou seja, monarcas providos de um prestígio hereditário. Emprego propositadamente a palavra hereditária, porque foi ao seu propósito que os partidários desse republicanismo retrospectivo cometeram a sua segunda confusão. De fato, a eleição desempenhava certamente um papel na designação dos *principes* e mesmo dos *reges*, eles estão inclinados em ver tanto em uns como nos outros, mais especialmente nos primeiros, como magistrados puramente eletivos e, ouso dizer, presidentes de pequenas repúblicas. É esquecer que, ao lado da legitimidade pessoal, pode existir uma legitimidade familiar; há hereditariedade se a escolha do povo é exercida apenas no interior de uma família, sempre a mesma, dotada de uma virtude transmitida pelo sangue; tal parece bem ter sido a regra normal entre os antigos germânicos. Isso me permite de indicar simplesmente sobre essas questões o belo capítulo de BRÜNNER, H. *Königtum und Furstenturn*, no tomo I de sua *Deutsche Rechtsgeschichte* [2. ed., 1906, p. 164-175]. [Cf. tb. *Grundzüge der deutschen Rechtsgeschichte*. 7. ed. 1921, p. 14-15], e para me desculpar por ter sido tão breve um tão grave problema, citar, por fim, a opinião expressa recentemente por um historiador, sobre o qual não sou suspeito de uma muito cega complacência, a do Sr. Alfons Dopsch: "*Heute kann wohl kaum mehr ein Zweifel darüber obwalten, dass das Königtum bei den Germanen von allem Anfang an vorhanden ist*" (*Wirtschaftliche und soziale Grundlagen der europäischen Kulturentwicklung*, t. II, 1920, p. 23).

II – Os reis francos considerados sacerdotes

Ao texto de Fortunato, citado acima, p. 75, é necessário acrescentar a carta que os bispos reunidos no Concílio de Orléans, de 511, endereçaram a Clóvis para comunicá-lo suas decisões: "Quia tanta ad religionis catholicae cultum gloriosae fidei cura vos excitat, ut *sacerdotalis mentis affecfum* sacerdotes de rebus necessariis tracturos iu unum collegi iusseritis...." (*Concilia aevi merovingici* – Monum. Germ., Concilia I, p. 2). Infelizmente, o texto não é completamente claro. Todos os manuscritos dão *affectum*, o que surpreendeu o editor; provavelmente seja preciso supor a existência de uma má grafia para *affectu*. Essa interpretação sendo admitida, toda a ambiguidade desaparece; é o espírito de Clóvis que os Padres do Concílio pretenderam qualificar de sacerdotal. Aqui, a aproximação ao estilo dos concílios orientais (cf. acima, p. 183, n. 300) é demasiadamente forte; aliás, quão é interessante para o historiador ver o episcopado das Gálias transportar, em favor do conquistador franco, uma terminologia verdadeiramente imperial!

III – Iconografia da legenda das flores-de-lis

P. 226 e n. 399. – 1º) Tapeçaria de Carlos o Temerário: substituir a referência dada nas *Mémoires* de Jean de Haynin, por esta: *Mémoires de Jean, sire de Haynin et de Louvignies*. Ed. D.D. Brouwers (*Soc. des Bibliophiles liégeois*). Liège, 1906, II, p. 25.

2º) Obras não indicadas acima. A popularidade da legenda na Alemanha do século XV traduz-se nas duas obras seguintes: *Triunfo do Imperador Maximiliano*, gravada por H. BURGMAIR, ed. de 1796, pl. 105. Nela, Clóvis foi representado com escudo bipartido, tendo à direita três sapos, à esquerda três flores-de-lis. • Estátua de Clóvis, na *Hofkirche d'Innsbrück* (conjunto escultural do túmulo de Maximiliano). O rei franco foi representado com o mesmo escudo bipartido, mas em sentido inverso, as flores-de-lis estão à direita (cf. ZIMMETER, K. *Führer durch die Hofkirche*, pl. junto à p. 6). A estátua foi executada com base nos desenhos de Christophe Amberger.

IV – A sagração dos duques da Normandia

P. 189, n. 312. – As indicações dadas acima sobre os manuscritos que nos transmitiram o ritual dessa cerimônia são completamente errados e devem ser retificados como se verá; devo ter podido reconhecer e corrigir os meus erros à gentileza do Sr. Henri Labrosse, diretor das *Bibliothèques et Archives Historiques de la Ville de Rouen*.

Chéruel e Delachenal conheceram o ritual ducal normando apenas através de cópias do século XVII, e, cada um, ao que parece, por uma cópia diferente: o primeiro por aquela que compreende o manuscrito conservado nos *Archives Municipales de Rouen* sob a cota A/38; o segundo por aquela do manuscrito S I do mesmo depósito. No entanto, existe desse texto uma transcrição muito mais antiga. Pode ser lida no fol. 181 do célebre *Bendicionário* de Robert de Jumièges, conservado na *Bibliothèque de Rouen* sob a cota Y 7, e publicado em 1903 pelo Sr. H.A. Wilson (*The Benedictional of Archbischop Robert* – Bradshaw Soc., XXIV). O próprio bendicionário foi redigido na Inglaterra, provavelmente em Winchester, por volta do final do século X, e levado para a Normandia, em Jumièges, em 1052, pelo arcebispo de Canterbury, Robert, exilado logo em seguida do triunfo do seu inimigo, o conde de Godwin. Mas nos fol. 181 a 183 apresentam uma caligrafia diferente do conjunto da do manuscrito, notadamente, mais recente. Sem dúvida, é necessário datá-los de acordo com o Sr. Omont (*Catalogue général des ms. des Bibliothèques des Départements*), Rouen, n. 369), do século XII. O Sr. Wilson acredita que eles sejam do fim do século XIII (cf. tb. p. 157, n. 4); mas o Sr. Labrosse, após exame pessoal do manuscrito, fez-me saber que esta data é, certamente, demasiadamente adiantada. O texto dado pela edição de Wilson está de acordo àquela de Martene, que não indicou a sua fonte.

O Sr. Wilson (p. 196), ademais, mostrou muito bem que o redator do *Offlcium ad ducem constituendum* simplesmente extraiu a matéria de sua liturgia da *Consecratio regis* anglo-saxã contida na parte antiga do bendicionário

(p. 140ss. da edição). Compôs, em suma, o ritual da sagração ducal com extratos da sagração régia: 1º) juramento do rei; 2º) fórmulas litúrgicas relativas à entrega do anel e à entrega do gládio; 3º) bênção, que encerra o ritual ducal, mas no ritual régio coloca-se antes da entronização. É instrutivo de ver assim o cerimonial de ascensão de um grande feudatário calcar-se sobre os ritos de ascensão régia, mas esta cópia, na verdade, é somente abreviada; a unção, em particular, continua um ato puramente monárquico.

V – Milagre póstumo do Rei Jaime II

P. 370, n. 844 – o Sr. Matton publicou no *Bulletin de la soc. académique de Laon*, XV, 1865, p. 14-22 o auto, datado de 28 de setembro de 1703, de uma cura milagrosa obtida pela intercessão de Jaime II; uma jovem, hospitalizada no Hôtel-Dieu de Fère-en-Tardenois, no qual foi considerada como portadora do "mal-caduco", teria sido curada após ter feito uma novena ao piedoso rei. Além disso, deduz-se, muito claramente, do auto que sob o nome de "mal-caduco" classificavam-se distúrbios nervosos oriundos de um trauma; persistiam havia 9 anos.

VI – *Gratia gratis data*

Inúmeros textos citados acima (notadamente aqueles de Félix Fabri, p. 150, de Bento XIV, p. 278 n. 568, de Du Laurens, p. 324) qualificam o dom de cura, concedido por Deus a diversos príncipes, de *gratia gratis* data ou *donum gratis datum*. Reproduzindo e, às vezes, traduzindo esses textos, deixei de sublinhar que são inteligíveis apenas se forem apresentados como parte de uma teoria teológica familiar, outrora, a todas as inteligências cultivadas, mas, atualmente, menos universalmente conhecida: a distinção entre a *gratia gratis data* e a *gratia gratum faciens*. A primeira dessas graças não modifica o ser íntimo daquele que a recebe; ela o torna simplesmente capaz de, mediante certos atos, cooperar para a saúde de outros homens. A segunda é de uma ordem um pouco mais elevada; ela torna agradável aos olhos de Deus a pessoa que é dela objeto; "une-a a Deus", segundo as próprias palavras de Santo Tomás de Aquino (*Summa theol.* Ia, IIae, qu. CXI, a. I). O dom do milagre é um exemplo clássico de *gratia gratis data*; as curas régias eram apenas uma forma particular de milagre; daí, as expressões destacadas acima.

VII – Os sétimos filhos ou filhas, a flor de lis e São Marcoul

Livro II, cap. IV, § 3. – Acrescentar ao que foi dito sobre os poderes dos sétimos filhos, as seguintes informações, as quais eu distribuo por regiões e países:

Hungria: "Segundo uma antiga crença difundida em Folso-Boldogfalva (Udvarhely), o sétimo filho de uma mãe, se for piedoso, não blasfemar e aos 7 anos tiver a unha do polegar da mão direita besuntada com óleo de papoula, tem o dom de descobri tesouros escondidos olhando através de sua unha, tornada transparente". *Revue des Traditions Populaires*, XIII, 1898, p. 120-121. (Sublinha-se a obsessão do n. 7: sétimo filho, 7 anos.)

França. Bretanha: "Correspondência entre o intendente e os senhores Breteuil e Malesherbes para a execução das ordens do rei, determinando fiscalizar um Sr. Fouquet, da Paróquia de Lecousse, próximo a Fougères, que pretende curar milagrosamente as escrófulas, por ser o sétimo varão de sua família e ter no queixo uma espécie de flor de lis". *Inventaire sommaire des Archives Départementales, Ille et-Vilaine*, C206; cf. *Rev. des trad. Popul.*, XXI, 1906, p. 405.

Região de Dol-Bretagne: os sétimos filhos ou filhas trazem sobre uma parte qualquer do corpo a flor de lis e tocam as escrófulas durante as Têmporas. "Se as escrófulas são fatais, não se passa uma semana depois do toque sem que chegue à morte". *Rev. des trad. Popul.*, VIII, 1893, p. 374.

Regiões de Nantes e da Vendée: O sétimo filho tem uma flor de lis embaixo da língua ou no braço e cura todas as espécies de doença. *Rev. des Trad. Popul.*, XV, 1900, p. 591.

Baixa Normandia: Os sétimos filhos ou filhas "tocam a tumefação" (*Carreau*) nos abdomens de crianças. *Rev. des Trad. Popul.*, XXIV, 1909, p. 65.

Loir-et-Cher: "O mais jovem de sete meninos, em uma família em que só há meninos, tem o dom de curar os humores frios [as escrófulas]. São chamados de 'Marcou'". *Rev. des Trad. Popul.*, XV, 1900, p. 123. Cf. tb. p. 381, na qual se vê que Marcou cura algumas outras doenças.

Berry: Informam-me de que, em uma aldeia de Berry, um sétimo filho exercia muito recentemente – e, talvez, ainda exerça – seu poder miraculoso. Ao que parece, tocava para curar todas as espécies de enfermidade, mas apenas na noite de Quinta ou Sexta-feira santas (reconhece-se aí essa característica especialmente favorável às curas que, como já indiquei, distingue a sexta-feira, particularmente, da Sexta-feira Santa). Uma clientela numerosa o procurava; não era composta somente de pobres: dizem-me que, em uma destas noites, "podia-se ver à sua porta, além de muitas carruagens, um automóvel".

Enfim, devo assinalar que o **F. Duine**, *Rev. des Trad. Popul.*, XIV (1899), p. 448, dá a propósito dos sétimos filhos a seguinte referência, a qual não pude utilizar: L. Morel, na sua edição de *Macbeth* (texto inglês. Paris: Hachette, 1888, p. 226).

VIII – Adições e retificações diversas

P. 132s. – A etimologia do nome Davi, dada pelo Frei Guilherme de Sauqueville, é visivelmente emprestada de SAINT JÉRÔME. *De nominibus hebraicis*. • MIGNE. P.L., t. 23, col. 857.

P. 134, n. 211 – Bibliografia de Tolomeo de Lucca: parece tratar-se dos escritos políticos de Tolomeo em BAUERMANN, J. *Studien zur politischen Publizistik in der Zeit Heinrichs VII und Ludwigs des Bayern*. Breslau *[Auszug einer Breslauer Diss.]*. Mas conheço desta obra apenas a curtíssima resenha realizada por Buchner: *Histor. Jahrbuch*, XLI, 1921, p. 336-337.

P. 152 – Na tradução do texto de Álvaro Pais, 1. 2, substituir as palavras "o Rei Sancho" por: "o ilustre rei Dom Sancho".

P. 259 – Culto a São Marcoul. Acrescentar Blois, Igreja de São Nicolau (*Revue des Traditions Populaires*, XV, 1900, p. 123).

P. 200, n. 338 – Sobre a história da comunhão sob as duas espécies, pode-se ver agora o resumo colocado por G. Constant no começo de sua obra intitulada *Concession à l'Allemagne de la communion sous les deux espèces* (*Biblioth.*

des Ecoles de Rome et d'Athènes, fasc. 128), 1923, p. 1ss. Para indicações muito breves sobre a comunhão imperial e régia, cf. p. 7, n. 1 e 6. O Sr. Constant parece acreditar, certamente sem razão, que os reis da França, desde a bula de Clemente VI, só no dia de sua sagração usaram o cálice; sobre a concessão da comunhão *sub utraque* a Maximiliano II, p. 153.

P. 317, n. 377 – Sobre as falsificações de Hincmar, faltou indicar também LESNE, E. *La lettre interpolée d'Hadrien Ier à Tilpin et à l1église de Reims au IXe siècle* – Le Moyen Age, 1913, p. 325 e 389.

P. 266 e n. 537 – Errei ao situar na Alsácia as localidades de Saales, Bourg e Bruche; tendo sido anexadas pela Alemanha em 1871, fazem parte hoje da província do Bas-Rhin; mas, na realidade, no Antigo Regime, integravam a Lorena ducal.

P. 339, linha 14 – Não encontrei em Celso a passagem a qual Forcatel faz alusão. É provável que as referências desse inventivo jurisconsulto não devam ser aceitas como artigo de fé.

P. 341, n. 767 – Alguns números dos enfermos tocados, relativos a Luís XIII, são dados segundo a *Gazette de France dans la Revue des Traditions Populaires*, XVII, 1902, p. 417.

P. 350 – Atitude da realeza francesa para com os sétimos filhos. Relacionar às medidas tomadas pelo arcebispo de Bordeaux a correspondência setecentista assinalada acima, p. 467. Encontrei a indicação muito tarde para poder, em tempo, conseguir uma cópia.

P. 397 – Falando de Georges Bull, de quem cito um sermão, eu decerto teria feito bem se indicasse a época exata na qual viveu esse teólogo, que teve reputação europeia, mas cujo nome, hoje, está bastante esquecido. A edição que utilizei e que será indicada em nota é de 1816, o que poderia induzir ao erro; G. Bull nasceu em 1634, morreu em 1710, os seus sermões só foram publicados após a sua morte.

P. 427 – *Carlos II tocando as escrófulas*. Encontrar-se-á uma resenha da edição da *History of England* de Macaulay, realizada sob os cuidados de C.H. Firth (t. IV, V e VI); conforme a resenha, uma das ilustrações dessa edição mostra "Carlos II tocando as escrófulas". Eu não pude ver esta obra; trata-se, segundo ao que tudo indica, de uma reprodução de uma das obras classificadas acima sob os n. 12 e 13. Ademais, convém acrescentar às reproduções do n. 13 indicadas acima, a que C. Barfoed colocou em sua *Haands-Paalaeggelse*, junto à p. 72.

P. 447s. – *Diadema e coroa*. Segundo o Sr. J. Maurice [*Bulletin de la soc. nationale des Antiquaires*, 1921, p. 233), a "coroa articulada com cabochões e pingentes", em oposição ao diadema "dos reis do Oriente" e de Diocleciano, foi introduzida no Império Romano por Constantino o Grande, em uma imitação aos reis de Israel; ela se teria tornando a insígnia dos imperadores, por oposição ao diadema, que permanecera a insígnia dos césares. Dela derivaria a coroa dos reis da França.

P. 447s. – Sobre Jean Golein, haveria bons motivos para citar a bibliografia dada por MOLINIER, A. *Les sources de l'histoire de France*, IV, n. 3.344. Note que a referência a A. Thomas, Mél. *[d'archéologie et d'histoire] de l'école de Rome...* II, 455 é sem motivo.

Índice alfabético dos nomes próprios e dos principais termos

O presente índice compreende, em princípio, todos os nomes próprios, de pessoas ou de lugares, citados ao longo desta obra. Todavia, deixaram-se de lado: 1º) Alguns nomes de lugares que aparecem frequentemente, uma vez que remeter às páginas em que aparecem muitas vezes não teria a menor utilidade: Inglaterra, Europa, França, Gália, Grã-Bretanha, Mancha. 2º) Os nomes de autores de obras citadas, como referência, nas notas ou na bibliografia no título do volume, assim como os nomes de pessoas ou de lugar que figuram nos títulos dessas mesmas obras, obviamente, os autores mencionados nas notas encontram lugar no índice quando as suas opiniões foram discutidas ou, ao menos, expostas com certo detalhe.

Os nomes relativos às grandes dinastias, inglesa ou francesa, tais como merovíngios, carolíngios, capetíngios, a casa de Valois, os Bourbons, Tudors, Stuarts foram considerados apenas para as passagens – e se for o caso – nas quais a história da dinastia em questão recebe algum esclarecimento (p. ex., os capetíngios para a passagem relativa à sua ascensão); as páginas em que esses nomes são simplesmente citados não foram consideradas.

Para os nomes próprios de pessoas, a remissão deverá ser procurada: 1º) caso se trate de uma pessoa anterior ao século XVI, pelo primeiro nome; 2º) caso se trate de uma pessoa de uma data mais recente, pelo sobrenome.

Os nomes de lugares que designam os habitantes de uma região/país ou de uma cidade devem ser procurados pelo nome da região/país ou da própria cidade; por exemplo, não entrada para bordelense, mas sim uma entrada para Bordeaux, sem entrada para escocês, mas sim para Escócia.

As formas latinas, inglesas ou francesas antigas de nomes foram retiradas somente nos casos em que a sua tradução poderia apresentar alguma dificuldade.

Quanto aos nomes ligados ao tema deste livro, eu sistematicamente excluí aqueles tais como escrófulas, anéis medicinais, milagre, realeza etc.; portanto, que se aplicam aos temas tratados ao longo de todo este livro. Pode ser necessário, para se informar sobre esses temas, lê-lo de ponta a ponta, ou, ao menos, em grande parte; o índice geral oferece a orientação necessária. Feita esta primeira eliminação, tive, para a escolha das remissões, apenas uma outra regra, aquela de se mostrar aquilo que poderia ser útil ao maior número de leitores. Um semelhante trabalho comporta, em grande parte, grande arbitrariedade. Eu penso que não seja necessário temê-la. O horror do risco e da responsabilidade não é, em erudição mais que alhures, um sentimento bem recomendável.

As *Adições* e *retificações* foram apenas parcialmente indexadas.

Aarão (sumo sacerdote) 80
Abbeville, Somme
  Igreja de Saint-Pierre 259
  Igreja de Saint-Wulfran 274, 428
Abbon de Fleury (escritor) 87
Aberdeen, Escócia
  bispos 145n. 235
Abraão 74
Abraxas
  fórmula mágica 166
Absolvição
  dada por Carlos Magno, na *Canção de Rolando* 202
  para leigos 202n. 342
Achères, Seine-et-Oise (cantão Saint-Germain-en-Laye)
  campo 345n. 782
Acquapendente, Fabrício de (médico) 122n. 185
Adágio da flor de lis 222
Adalard (abade de Corbie) 73n. 87
Adalbéron (arcebispo de Reims) 87
Adaman (abade de Iona) 439
Adam de la Halle (poeta) 240-241
Adriano (imperador)
  cura milagrosa operada por ele 72
Adriano (santo) 262n. 520, 267n. 549

Adriano II (papa) 196n. 332, 436
Aeneas Piccolomini; cf. Pio II
Afonso XI (rei de Castela) 152
Agnes (irmã franciscana, de Bordeaux)
  tocada por Filipe o Belo 111n. 159
Agnes de Elbeuf (enferma)
  tocada por Filipe o Belo 110
Agostinho (santo) 158, 191
Agrippa, Cornelius (escritor) 283-284
Água
  benta
    superstições 84n. 113
    uso proibido na Inglaterra 314n. 688
  do batismo, superstições 84n. 113
  função da água no ritual do toque 96-98
  santificada pela imersão de relíquias 264
Águia
  legenda relativa à águia romana 455
Ailred de Rievaulx (hagiógrafo) 55, 60n. 57, 160
Aisne (rio) 252, 256, 259, 268, 289
Aix-la-Chapelle
  Alemanha, Prússia, Província Renânia 230
  capítulo 196n. 330

Alamanos (povo germânico) 226n. 399
Albano (Itália, província de Roma)
    372n. 852
Albert Dürer 424
Albon, Claude de (escritor) 31, 329, 334
Albrechtstal 150-151
Aleixo III Ângelo (imperador) 445
Alemanha
    citação 68, 79, 129, 189, 239, 241,
        242n. 448, 284, 455
    concepção de realeza 64-71, 91,
        182, 463
    poder de cura dos príncipes 149-151
    popularidade
        dos anéis medicinais 310
        do toque francês 343
        do toque inglês 112, 357
    republicanismo pretendido como
        primitivo 463
    sétimo filho 281, 283
    sinal régio 241-242, 244
    sucessão régia 210
    unção régia e coroação 441-444
    cf. tb. Império Romano, governado
        pelos soberanos alemães
Alexandre (rei da Ibéria) 243n. 453
Alexandre IV (papa) 191, 194n. 327
Alexandria (Egito) 71
Aligre, Charles de (abade de Saint-
    Riquier) 274
Alpes 113, 343
Alsácia 150, 266, 469
Álvaro Pais (escritor) 143, 147, 151-152
Amberger, Christophe (pintor) 465
Ambrósio (santo) 196
Âmbula (santa) 45, 85n. 116, 136,
    138n. 219, 195n. 329, 216-221,
    225, 228, 233-234, 315, 323,
    337-338-449-451, 457
Amenófis IV (faraó) 75
Amiano Marcelino (escritor) 67
Amiens, Somme
    catedral 161n. 261, 162n. 264
    diocese 260
    Igreja de Saint-Firmin 262
    palácio episcopal 302
Amyot, Jacques (escritor) 296n. 629
Amyraut, Moyse (pastor) 348
Ana (rainha da Inglaterra) 175, 368, 428
Ana da Áustria (rainha da França)
    262, 293
Anagni (Itália, província de Roma)
    atentado 114
Anastácio (imperador) 72n. 83
Anastácio o Bibliotecário 434-435
Âncora
    marca familiar dos selêucidas 243,
        287n. 608
Ancyre (Ásia Menor; atualmente, Ankara)
    concílio 193, 446
Andelys, Os 266n. 540
Andrea di Barberino (escritor) 239
André de la Vigne (escritor) 298
André Laure (abade de
    Mont-Saint-Michel) 145, 422
Andrônico III Paleólogo (imperador) 444
Anéis mágicos 163-173, 367n. 831
Anel
    no cerimonial de ascensão dos duques
        da Aquitânia e da Normandia 189, 466
Angel (moeda inglesa) 117-118, 304-307,
    320, 349, 356, 416
Anger, Maine-et-Loire 261
    capítulo 262
    catedral 261n. 510
    diocese 266n. 541
    Igreja de Saint-Michel du Tertre
        261n. 510
Anglo-saxões
    concepção da realeza 64, 70
    genealogias reais 65, 65n. 67
    unção e cerimonial de sagração 77,
        80, 435-437, 440, 441n. 975
Angoulème, Charente 300n. 641
Anjou
    casa de 133, 155, 266

473

Anônimo de Passau (escritor) 335n. 745
Anônimo de York (escritor) 90, 100, 129, 185, 207, 210
Anseau Choquart (enviado de Carlos V) 138
Anselmo de Liége (escritor) 184
Antiguidade Clássica
  poder de cura dos reis 68n. 74
Antônio (santo) 126
Antuérpia (Bélgica) 109n. 153, 262
  Museu Plantin 226n. 399
Aquitânia (duques)
  cerimonial da ascensão deles 189
  citação 102n. 108, 232
Árabes (médicos) 118
Arábia
  poder de cura de algumas famílias 68n. 75, 90-91
Aragão
  poder de cura dos reis 153-155
  unção régia 190n. 313, 431n. 970
Arald (pai do Rei Olaf) 68
Archelange, Jura (cantão Roche-fort-sur-Nenon) 261
Ardênias 260, 265n. 532, 361, 398n. 914
Argenson (marquês de) 377, 400
Argentille (mulher de Haveloc o Dinamarquês) 246n. 457
Argonne 260
Argumento *ex silentio*
  seu valor em certos casos 47
Armacanus (Alexander Patricius) 346
  cf. tb. Jansenius
Armênia
  unção régia 445n. 977
Arnaud de Villeneuve (médico) 40n. 20, 121
Arnulfo (rei da Alemanha) 442
Arras
  bispos 205
  Igreja de Sainte-Croix 261n. 512, 274, 430
  Pas-de-Calais 307, 308n. 669

Arroy, Bésian (escritor) 148, 337
Artois 110
Ascensão
  adições e retificações 465
  em Delfinado 189n. 312
  feudatários 189
  junto aos
    grandes na França 211
    merovíngios 70, 71n. 79
  cf. tb. Anel; Bandeira; Coroa; Esporas; Gládio; Unção; Cetro; Vestimentas
Ases (nome divino) 65
Astúrias (província espanhola) 113n. 164
Atalarico (rei dos ostrogodos) 66
Atanásio (símbolo de) 458n. 1002
Attrapa
  fórmula mágica 166
Aubineau, Léon (escritor) 379n. 873
Aubry (cura de Saint-Jacques de Reims) 277
Augsburgo (Baviera, Alemanha)
  bispo de 442
Augusto (imperador) 197, 455
Augusto (título imperial romano) 72, 72n. 83, 73
Aumont, talvez Jura
  cantão Poligny 363n. 822
  casa de 362
Auriflama 227-228, 338, 449n. 982, 454, 454n. 997, 455, 457
Áustria
  duques da ou casa da; cf. Habsburgo
Áustria
  imperador da
    privilégio eucarístico 199
Auvergne 202, 266, 333
Auxerre, Yonne 266n. 543
Auxerrois 266
Auxiliadores (os Quatorze)
  grupo de quatorze santos invocados contra enfermidades, especialmente na Alemanha 267

Avignon, Vaucluse 121, 370, 370n. 845, 371, 401
Avitus (santo, bispo de Vienne) 65n. 67
Avranches, Mancha (bispo)
  martirológio 256n. 478

Babilonius (suposto nome de um monge de St-Cyprien de Poitiers) 232n. 413
Babut, E.-C. (erudito)
  opinião citada 332n. 734
Baedorf (erudito)
  opinião discutida 256n. 477
Baillet, Antônio
  sétimo filho 268n. 550, 291
Bailleul, Jean de 360
Bailleul, Nicolas I de 360
Bailleul, Nicolas II de 360, 361n. 820
Baixo Império 332
Balaão (personagem bíblico) 42, 346
Bale (Suíça)
  concílio 207n. 356
Balham (Ardenas)
  cantão Asfeld 260
Baligant, Emir (sarraceno)
  na Canção de Rolando 202
Baltasar (rei mago); cf. Bastasar
Balzac, Jean-Louis Guez de (escritor) 327, 337
Bandeira
  cerimonial de ascensão dos duques da Aquitânia e das igrejas 226n. 401
  cidade de Roma 455
  Normandia 189
  ornadas com flores de lis 226n. 400, 455, 457
  cf. tb. Auriflama
Banou-Sinan (família árabe) 91n. 123
Banquo (personagem de Macbeth) 321
Batismo; cf. Água
Barbier, Josué (escritor) 343, 347, 389, 396

Barcelona (Espanha) 153, 298
Barrois 266
Barthélemi de Roye (camareiro da França) 222, 223n. 393
Bartolomeu Inglês (escritor) 224
Basílio I o Macedônio (imperador) 434, 444
Bastasar (forma do nome do rei mago Baltasar) 165
Bath (Inglaterra, Condado de Somerset) 367n. 834
Batiffol (erutido)
  opinião discutida 72n. 82
Baudoyn comte de Flandre (romance de aventuras) 237n. 431
Bayeux (Calvados, Normandia) 251, 256n. 475
  diocese 266n. 540
  martirológio 256n. 476
Bearnês, O 323
Beauce 286, 396
Beaudoin de Flandre (imperador) 444
Beauvais, Oise (bispo) 206
Beckett, William (médico) 371, 392-393
Bedford (duque de) 226
Bégon (personagem da canção *Garin le Lorrain*) 96n. 125
Bellarmino (cardeal) 336, 345
Bênção pelo rei 99, 202-204
Benoît de Peterborough (suposto autor de uma crônica) 214n. 369
Bento (santo) 126
Bento XIV (papa) 278
Béranger (escritor) 381
Berengário do Friul (imperador) 81
Berks (conde de; Inglaterra) 164
Bernard de Gourdon (médico) 119, 147
Bernardino de Siena (santo) 165
Bernardo (santo) 186n. 305, 192, 452, 458
Berry 226n. 402, 266, 281, 362

475

Berry, Jean (duque de) 449n. 984, 462
Bersabeia (localidade bíblica) 233
Bertin (secretário de Estado) 377-378
Bertrade de Montfort (rainha da França) 43
Betsaida (localidade bíblica) 397
Beuter, Anton (escritor) 341n. 767
Beuve de Hantone (personagem de romances nos quais seu nome serve de título) 237-239, 246
Béziers, Hérault 338
Bialon (comuna) 240
Bignon, Jérôme (escritor) 148, 329
Bigorre 111
Biógrafo, O (autor anônimo de uma vida de São Eduardo o Confessor) 55, 57, 97
Bird, John (escritor) 356
Bisaccia (Campania, Itália)
  bispo de 28, 33
Biscaia (província espanhola) 282, 284, 287
Bispo de fora, ou dos pagãos (termo aplicado ao Imperador Constantino e, por transposição, aos reis da França) 183n. 300, 332, 379n. 871
Bizâncio
  canonizações imperiais 70n. 78
  caráter sacerdotal do imperador 80n. 103, 183n. 299, 196
  citação 71-72, 435
  comunhão do imperador 201
  coroação 78, 439-440
  imperador
    assimilado a um diácono ou a um δεποτάτος 197
    mencionado na legenda da auriflama 227, 454
  unção imperial 73-74, 193, 431, 443-447, 449
  patriarcas 77
  religião imperial 71-74
  sínodo 183n. 300

Björn (chefe normando) 251n. 466
Blackmor, Sir Richard (médico) 368n. 835
Blathon, Jacquemart (pedreiro) 261n. 509
Blaye (Gironda)
  Igreja Saint-Romain 454n. 998
Boêmia
  reis da 191, 194n. 327
Böhmer, H. (erudito)
  opinião discutida 248n. 460
Bois; cf. Carroças
Boisgaudre; cf. Gaudre
Boissonnade (erudito)
  opinião discutida 202n. 342
Bonaud de Sauset, Jacques (escritor) 391
Bonifácio VIII (papa) 113, 209
Bononia Crassa 113n. 166
Book of common prayer 350, 355n. 808, 369
Bordeaux (Gironda) 109, 111
  arcebispo de 350
  Igreja Saint-Michel 350n. 796
Borgonha 111, 261, 261n. 515, 362
  duques de 200n. 338
  reino, unção régia 441
  sétimo filho 282n. 581
Bósforo 72
Bossuet 286, 288n. 610, 313, 327, 330n. 725, 334, 337
Boucher, Jean (pró-chanceler de Paris) 323n. 711
Bouillon, Michel (pintor) 274, 428
Bourg (comuna) 266n. 537, 469
Bourgeois, Oudard (prior de Corbeny) 258n. 485, 274, 276, 278, 290-292, 338n. 754, 461
Bourges
  arcebispos de 187
  diocese de 266n. 544
  duque lendário de 237

"o rei de" 240
   cf. tb. Carlos VII
Bourgin, G. (erudito)
   opinião discutida 43n. 43
Bourg-le-Namur (localidade de
   Dau-phiné não identificada) 266n. 547
Bouvines, Nord (cantão) 203, 222n. 390
Boyle, Robert (douto) 363
Brabante 260, 275, 277
   duque de 229
Bradwardine, cf. Thomas Bradwardine
Breda (Holanda) 355
Bretanha 111, 266
   estados da província 362, 400
   sétimo filho 467
Bristol (Inglaterra) 401n. 922
Brodeau, Jean (escritor) 390n. 894
Browne, John (médico) 305, 356-359,
   363, 385, 396, 398
Bruche (comuna) 266n. 537, 469
Bruxelas (Bélgica)
   Igreja Notre-Dame de Sablon 262
   Palácio 226n. 399, 309n. 675
Büchner, M. (erudito)
   opinião discutida 461-462
Bucilly (cantão) 378n. 869
Budé, Guillaume 310
Bueil (cantão) 261
Bugain, Jeanne (enferma tocada por
   Luís XIV) 400
Bull, Georges (teólogo) 397, 469
Burgmair, H. (cinzelador) 464
Burgondes
   citação 340n. 766
   concepção da realeza 67
Bus (localidade não identificada)
   266n. 534

Cabeleira
   apresentar cabeleiras longas entre os
      germânicos 70n. 77
   característica mágica da cabeleira
      longa 69-70
   reis da França 219n. 381
Cadmus (herói grego) 243
Câimbra
   cura através dos anéis mágicos; cf. Anel;
      Epilepsia
Calcagnini, Celio (escritor) 312, 388,
   390
Calcagnini, Thomas 391n. 895
Calcedônia (cidade da Bitínia)
   concílio 183n. 300, 332
Calembours
   sua função no culto aos santos
      255n. 473
Calisto II (papa) 454n. 998
Calvinismo 315, 322
Calvino 313, 334
Câmara dos Comuns; cf. Parlamento
Câmara dos Lordes; cf. Parlamento
Câmara Estrelada 351, 351n. 797
Camareiro 263
Camerino (Marche, Itália)
   bispo de 319n. 703
Campanella (filósofo) 392n. 897
Canção de gesta
   patriotismo e lealismo vassálico
      235n. 421
   teorias sobre a origem 243-245
Canção de Rolando 202-203, 227,
   235n. 421, 454n. 998
Canonizações
   imperiais em Bizâncio 70n. 78
   régias 70n. 77, 236
Canterbury (Inglaterra) 231n. 412
Capelão (*Chapelain*)
   etmologia da palavra 453
Capetíngios
   ascensão da dinastia 86-89, 156
Cardan, Jerônimo (escritor) 312, 390
Carduc (chanceler da França) 187

477

Carentoir (cantão) 259
Cariulphe (santo) 258
Carlisle (Cumberland, Inglaterra)
  Carlomano (rei dos francos) 82, 437
  Thomas Smith (bispo de) 367n. 834
Carlos 80, 126, 227
  cf. tb. Carlos Magno
Carlos I (rei da Inglaterra) 283, 285, 306n. 667, 321n. 707, 322, 331, 349-354, 359n. 817, 363, 371, 373, 378, 396n. 906, 399-400
Carlos I de Anjou (rei de Nápoles) 134-135, 155, 240-241
Carlos II (rei da Inglaterra) 139, 172, 214n. 370, 305n. 663, 316n. 694, 349n. 792, 349n. 793, 354-359, 363, 370, 396, 416, 416n. 955, 427, 470
Carlos II (rei de Nápoles) 135n. 212
Carlos III O Simples (rei da França) 252, 258, 268n. 550, 290
Carlos IV (imperador) 197
Carlos V (rei da França) 131, 136-141, 166, 192, 197-198, 200n. 338, 204, 213-216, 227, 227n. 405, 234, 247, 257n. 483, 407, 447-451, 460
Carlos VI (rei da França) 97, 206, 211, 460
Carlos VII (rei da França) 101, 141, 144, 206, 228, 228n. 406, 240, 241n. 445, 269, 338n. 754, 461
Carlos VIII (rei da França) 101, 257n. 483, 270-272, 296, 298-299, 398, 407, 461
  seu Livro das Horas 301n. 647
Carlos IX (rei da França) 296, 302, 461
Carlos X (rei da França) 376n. 866, 379-381, 398, 402n. 924
Carlos da França (irmão de Luís XI) 189n. 312
Carlos de Taranto (príncipe angevino) 134
Carlos de Viana (infante de Aragão e de Navarra) 153

Carlos Eduardo (pretendente à coroa inglesa) 371-372
Carlos Magno
  atitude em relação à antiga religião imperial 72, 335n. 745
  citação 79, 86, 126
  legenda 202-203, 226n. 400, 227, 230, 231n. 412, 235n. 421, 237, 449-450, 454-457
  sobrenomeado David 77n. 96
  tratado de rei e sacerdote 81
  unção e coroação 75, 77, 434-435, 437-439
Carlos Martel 70, 76, 341n. 767
Carlos o Calvo (rei da França, da Lorena e imperador) 78-79, 80, 81n. 104, 82n. 107, 217, 438-441
Carlos o Calvo (romance de aventuras) 191, 213, 237n. 432
Carlos o Gordo (imperador) 87
Carlos o Temerário (duque da Borgonha) 226n. 399, 464
Carlos V (imperador) 242, 309, 336
Carnarvon (País de Gales) 107n. 148
Carolíngios
  ascensão da dinastia 76-77
  emprego à época carolíngia da antiga terminologia imperial romana 71-73
  legenda carolíngia, influência sobre as ideias monárquicas 203
  literatura da época carolíngia 46
  queda da dinastia 86
  teorias políticas da época carolíngia 47-48, 73n. 84
Carr, Richard (médico) 403
Carreau (tumefação abdominal)
  enfermidade curada pelos membros da família de Coutance 363n. 822
  para os sétimos filhos ou filhas 289n. 613, 467
Carroças
  atreladas aos bois 69n. 76
Carta caída do céu 255

Carte, Thomas (escritor) 279n. 571, 371, 401
Castela
  poder de cura dos reis 151-152, 155
Castelli, P. (Cristoforo di) (viajante) 243n. 453
Catalunha
  deputados e revolta 153
  influência francesa 154, 346
  sétimo filho 281, 284, 286, 289-290
Catarina de Alexandria (santa)
  emblema 287
  pais 173, 287-288, 290n. 616, 361
Catarina de Médici (rainha da França) 390
Catarina de Schwarzburg (dama alemã) 310, 313
Catnerarius 242
  cf. tb. Kammerer
Cauchie (erudito)
  opinião discutida 126n. 190
Caudat (rei lendário) 224n. 394
Caux (Pays de) 360
Cecile 198n. 334
  cf. tb. Sicília
Celibato dos padres 248
Cellini, Benvenuto 310
Celso (médico) 339, 469
Célticos (país)
  rito (pagão) de ascensão real 233
  unção régia 431, 437-439
Ceneau, Robert (escritor) 276n. 563
Cerf (abade e erudito) 381
Ceriziers, René de (escritor) 288
Cetro
  no cerimonial de ascensão régia 78, 440
Chalons-sur-Marne
  intendente e genelaridade 378, 378n. 869

Champ (confessor de Luís XIV)
  interinidade 375n. 861
Champagne 110, 266, 299, 377
Charcot (médico) 392, 394
Charlieu, Loire 266n. 546
Charron, Pierre (escritor) 340n. 761, 341n. 767
Chartres (Eure-et-Loir) 269, 323n. 711, 323, 461
  bispo de 82, 129n. 198, 258, 333-335, 337n. 753
Chateaubriand 381
Château-Porcien, Ardenas 378n. 869
Chelsea (Middiesex, Inglaterra)
  Concílio de 78, 436-437
Chester (Inglaterra)
  catedral 367
  condado 105
Chevage (imposto feudal)
  pago pelos reis da Inglaterra ao relicário de Santo Tomás em Canterbury e pelo reis da França a Saint-Denis 232n. 413
Chiara (mulher bolonhesa tocada por Filipe o Belo) 113
Chiflet, Jean-Jacques (erudito) 218
Chigi (cardeal) 295n. 624
Childeberto I (rei dos francos) 75, 251, 276, 278
Childerico (rei dos francos)
  túmulo 262n. 524
China
  concepção da realeza 66
Chronique de la Pucelle 269-270
Cigault, Vincent (escritor) 336
Cignani, Carlo (pintor) 345, 426
Cisma (grande) 144, 204n. 347, 204, 207-208
Clara (santa) 255
Clara de Bononia Crassa 113n. 166
  cf. Chiara

479

Clément (escritor) 130
Clément, Nicolas (autor do Catálogo da Biblioteca do Rei) 436
Clemente V (papa) 212
Clemente VI (papa) 199, 200n. 338, 469
Clermont [en-Beauvaisis] 286, 291
Clermont-Ferrand (Puy-de-Dôme) 266n. 545
diocese
Clipstone (Nottinghamshire, Inglaterra) castelo 418n. 963
Clodoaldo (são) 293
Clodomiro (rei dos francos) 70n. 77
Clowes William (médico) 318, 400
Cluny (Saône-et-Loire)
abadia 261
Clotário I (rei dos francos) 45, 48
Clotilde (santa) 223, 278n. 568
Clóvis (rei dos francos)
batismo 65n. 67, 76, 76n. 94, 135, 135n. 213, 136, 137n. 215, 217-219, 228n. 406, 234
chamado santo 340n. 765
citação 48, 64, 71, 76, 271
consulado 71-73
espírito qualificado de sacerdotal 464
função na legenda das flores-de-lis 223-225, 226n. 399, 228n. 407, 464
legenda a auriflama 228, 228n. 407
passa como o primeiro rei que curou as escrófulas 44, 53, 276-278, 338-341
traz diadema 440
Cocherel (comuna)
batalha 451
Coeffeteau (escritor) 47
Cognac, Charente 294n. 624
Coimbra (Portugal) 401
Colheitas
influência dos reis sobre as 67-69
Collier, Jérémie (escritor) 369
Colombano (santo)
sua regra 96n. 125

Colônia (Alemanha) 260, 262, 363n. 822
Escola de (pintura) 424
Commines, P. de (escritor) 299
Commolet (jesuíta) 345
Compiègne (Oise)
Igreja St-Jacques 260n. 506, 431
Comunhão
do sacerdote e do imperador em Bizâncio 197, 201
dos reis da França antes do toque 145, 300, 374, 375n. 863, 423-424
dos soberanos sob as duas espécies 199-201, 331, 331n. 729, 331n. 730, 379n. 871, 422-424, 454, 468
superstições relativas à hóstia, ao vinho da comunhão, à patena 84
Condat (comuna Libourne, Gironda) 108
Condé (príncipe de, dito o Grande Conde) 362
Condé-les-Herpy (cantão) 378n. 869
Condom, Gers 108
Conflans-Sainte-Honorine (cantão) 222-223
Conflat (rei lendário) 223
Confrarias em honra de Marcoul 261-268, 290-293
Conrado I (rei da Alemanha)
ungido 79n. 102
Conrado II (imperador) 191
Constança (Alemanha)
Concílio de 197
Constantin Manassès (escritor bizantino) 434
Constantino I (imperador) 77, 126, 183n. 300, 197, 332, 452, 470
Constantino VII Porfirogênito (imperador) 445, 445n. 977
Constantinopla; cf. Bizâncio
Contarini (embaixador veneziano) 312n. 684
Conti (príncipe de) 362

Contas régias, inglesas e francesas 97-119, 159, 295-303, 313, 405-420
Contrarreforma 203n. 343, 330
  cf. tb. Trento, Concílio de
Copérnico 391n. 895
Coraixita (família árabe) 91
Corbenist 291-293
  cf. tb. Corbeny
Corbeny (cantão)
  aldeia e priorado 50, 214, 252-294, 298, 338, 379, 400, 459-462
Corbie (Somme)
  abadia de 73n. 87, 97
Corbigny 269
  cf. tb. Corbeny
Corné (comuna) 266n. 541
Cornouailles (província inglesa) 167n. 278
Coroa
  imperial e real 77-78, 220n. 382, 432-435, 439-441, 441n. 975, 444, 470
  função no cerimonial de ascensão dos duques da Aquitânia e da Normandia 189
Cotentin 251
Cottenchy (cantão) 260
Coutance (casa de) 363n. 823
Coutances (Mancha) 261
  bispos 252
  catedral 254, 256
  diocese 250
  livros litúrgicos 256
  martirológio 256n. 478
Craonne (Aisne) 252, 253n. 468, 267, 460
Crawfurd (historiador da medicina) 35, 53, 57, 57n. 54
Crescentes (brasão de Clóvis antes de sua conversão) 223, 225
Crescentiis, Petrus de (médico não identificado) 322n. 710

Crisma
  sentido da palavra 186n. 306
  superstições relativas ao 85, 85n. 116, 221n. 386
  uso na unção régia 194
Cristianíssimo (título atribuído aos reis da França) 138, 138n. 218, 450
"Cristo do Senhor" (expressão aplicada aos reis) 53, 64, 78, 88, 436-437, 444
Cristóvão (santo) 267
Croce di sangue 239
Cromwell, Olivier 354, 359, 399n. 917
Cromwell, Thomas (ministro de Henrique VIII) 308n. 671, 309n. 674
Cruz (símbolo dos sétimos filhos) 287
"Cruz régia" 238
Cujas (jurisconsulto) 338
Cusé (provavelmente Cusset) 266n. 545
Cysoing
  abadia de 260

Dadré, Jean (penitenciário de Rouen) 323n. 711
Dagoberto I (rei dos francos) 70, 227
Daguesseau (chanceler) 332
Daleschamps, Jacques (médico) 323n. 711
Damas (barão de) 379-380
Dammartin-[Les-Cuiseaux] (cantão) 266n. 546
Dante 113
Danúbio (região) 66
Delaborde, H. François (erudito)
  citação 35
  opinião discutida 49-52
Delachenal, R. (erudito)
  citação 140-141
Delfim (título conservado pela tradição para o rei, antes de sua sagração) 213
  cf. tb. Delfinado
Delfinado 266
  cerimonial de ascensão do Delfim 189n. 312

481

Davi (rei judeu) 76, 77n. 96, 133, 447, 468
Delisle, Léopold (erudito)
opinião discutida 448
Delos (ilha grega) 243
Delrio (escritor) 365-366, 389, 396
Denis (santo) 224-225, 226n. 402, 452, 455
cf. tb. Saint-Denis (abadia)
Dente do Cristo (relíquia conservada no Mosteiro de Saint-Médard de Soissons) 40-41, 43
Δεποτάτος (oficial eclesiástico)
imperador bizantino assimilado a um 197
Des droiz de la couronne de France (escrito político do tempo de Carlos VI) 228n. 406, 228n. 407, 241n. 445
Desgenettes (abade) 379
Desmarets de Saint-Sorlin (escritor) 340
Diabo
sua função nos milagres 324, 347, 365, 389
Diácono
assimilação do imperador
alemão a um 197
bizantino a um 197
Diadema; cf. Coroa
Diemand, A. (erudito)
opiniões discutidas 196n. 330, 245n. 455
Diemerbroeck (médico) 305
Dieudonné (personagem de romance) 237
Dinamarca (concepção da realeza) 67, 67n. 72
poder de cura emprestado aos reis 149
superstição relativa aos sacerdotes 83
Dinant (Namur, Bélgica) 260, 293n. 621
Diocleciano (imperador) 470

Dízimo 77n. 96, 437
Djebaïl (Síria, outrora Byblos) 119n. 176
Dole (Jura)
dieta em 67n. 72
Domard (santo) 258
Dominique de Jesus (escritor) 287
Donegal (Irlanda)
conde de 282n. 584
Donkly, Thomas (guardião) 357n. 815
Dorchester (lorde, secretário de Estado) 351
Douglas, John (escritor) 388-389, 392-393, 396
Douzinel, Louis (peregrino de Corbeny) 265n. 533
Dover (Kent, Inglaterra) 108n. 151
Dreux (Eure-et-Loir) 266n. 539
Du Boys, H. (escritor) 329
Duchesne, André (escritor) 329-330, 333
Duelo
entre soberanos 28
Du Haillan, Bernard de Girard (escritor) 337, 337n. 753
Du Laurens, André (médico e escritor) 44, 44n. 33, 276, 310, 324, 340, 356, 356n. 812, 365, 387, 426
Dunstan (santo, arcebispo de Canterbury) 441n. 975
Du Peyrat, Guillaume (esmoler e escritor) 35, 44, 47, 200n. 338, 276, 301n. 646, 331, 340, 365, 377
Dupleix, Scipion (escritor) 44, 340
Du Plessis-Mornay (escritor) 47
Duresme, N. (balconista) 417
Du Tillet (escritor) 461-462

Ebersolt, J. (erudito)
opinião discutida 440
Ebstein, W. (historiador da medicina)
opiniões discutidas 68n. 74, 392n. 899
Edgar (rei anglo-saxão) 438, 441, 441n. 975

Edimburgo (Escócia)
 castelo de Holyrood 372
Eduardo o Confessor (santo, rei anglo-saxão) 54-60, 68n. 74, 90, 96-97, 127, 145, 160-163, 180, 256n. 474, 303, 314, 365n. 826, 369n. 839, 399, 422
Eduardo o Mártir (santo, rei anglo-saxão) 78n. 100
Eduardo I (rei da Inglaterra) 31, 101-110, 116, 158, 162, 171, 233, 297, 410-412
Eduardo II (rei da Inglaterra) 100-110, 116, 159, 159n. 257, 161, 170-172, 180, 229-232, 412-413
Eduardo III (rei da Inglaterra) 27-29, 99-110, 112n. 161, 116-117, 121, 144, 146n. 236, 170, 174, 247, 297, 412n. 941, 413, 413n. 946, 414n. 950, 418, 418n. 963, 458
Eduardo IV (rei da Inglaterra) 115, 118, 215, 307, 412n. 941, 414n. 950, 418, 420n. 968
Eduardo V (rei da Inglaterra) 170, 418n. 962
Eduardo VI (rei da Inglaterra) 313-317, 415n. 952, 415n. 953, 418n. 962, 419n. 965
Egbert (rei da Mércia) 435-438
Egbert (arcebispo de York)
 pontifical atribuído 436, 438, 441
Egídio Colonna (escritor) 209, 234, 335
Egito
 citação 75, 341n. 767
 concepção de realeza 67
 ritual de ascensão régia 76n. 93
Eikon Basilikè 331
Elbeuf (Seine-inférieure) 110
Eleonora da Áustria (rainha da França) 300
Elie (precentor de Limoges) 189n. 312
Elisabete (rainha da Inglaterra) 174-175, 215, 305, 314n. 688, 316-318, 320, 349, 365n. 826, 366, 400, 415n. 952, 415n. 953, 425
Eliseu (profeta) 397
Elphinstone (bispo de Aberdeen) 145n. 235
Encyclopédie 366
Enguerran de Marigny 213
Entradas solenes pelo reino 71n. 79
Epilepsia
 caráter demoníaco 164, 178
 chamada mal-de-são-joão 162n. 265, 393
 cura pelos
  "pais de São Martinho" 167, 173
  reis da Dinamarca 148
  reis da Inglaterra 158-180, 393-394
  reis magos 166
 ritos de cura diversos 168, 172
Erasmo 391n. 895
Erps (Brabante, Bélgica) 260
Escandinávia 66
 concepção da realeza 64, 66-69
 famílias dotadas de um poder de cura hereditário 363n. 822
Escócia
 calvinismo 319
 citação 242, 355
 embaixador 145
 popularidade
  dos anéis medicinais 308
  do toque inglês, na idade média 105, 108, 111
 rei lendário 237
 ritual de ascensão 233
 sétimo filho 281, 284n. 593, 285n. 600
 superstições relativas às moedas 373
 unção régia 190n. 313, 431
Escudo
 elevação sobre o 71n. 79
Espada
 função no cerimonial de ascensão; cf. Gládio
 símbolo familiar 287n. 608

Espanha
  caráter endêmico das escrófulas 40
  citação 76, 151, 239, 287, 361
  legendas relativas à origem do toque das escrófulas 340, 341n. 767
  popularidade do milagre francês 104, 111n. 159, 113, 155, 297-298, 343-346
  unção régia 76, 431-433, 441, 443-444, 447, 449
Espartas 287n. 608
  cf. tb. Σπαρτοί
Espérandieu, E. (erudito)
  opinião discutida 429
Espirituais (franciscanos) 114
Esporas
  no cerimonial de ascensão dos duques da Aquitânia 189
Estandarte; cf. Bandeira
Estêvão III (papa) 82
Estêvão IV (papa) 78, 435
Estienne, Henri (escritor) 254, 313
Estouteville
  cardeal de 206n. 353
Esturia 113n. 164
  cf. tb. Astúrias
Ethelred
  ordo de 441
Etienne de Blois (rei da Inglaterra) 55, 60n. 59
Etienne de Conty (escritor) 97-99, 138n. 219, 141, 224
Etienne de Marcel 140
Eugênio III (papa) 458
Eusébio (escritor) 183n. 300, 332
Evreux (Eure) 330
  bispo de; cf. Ceneau, Robert

Face
  afecções da... confundidas com as escrófulas 39-40
Faitta (secretário do Cardeal Pôle) 177n. 293, 178-180, 305

Falaise (Calvados) 262, 275n. 562
Falstaff (personagem de Shakespeare) 247
Faremoutiers (Seine-et-Marne)
  abadia de 286
Faroul, S. (deão de Mantes) 258n. 484, 258n. 485
Farquhar, Miss Helen 35, 304n. 658
Fauchet (presidente, escritor) 225, 338n. 753
Favyn (escritor) 324, 362
Felino Sandei (canonista) 144, 391
Félix Fabri (escritor) 150-152, 241
Fère-en-Tardinois (Aisne)
  Hôtel-Dieu 466
Ferrare (Emília, Itália)
  duque de 310n. 679
Ferrault, Jean (escritor) 329
Fiacre (são) 130n. 200, 270
Fierabras (herói lendário cujo nome serve de título a uma epopeia) 69n. 76
Fiji (ilhas, Oceania) 395n. 904
Filesac, Jean (teólogo) 193, 335n. 747
Filipa (rainha da Inglaterra) 173-175
Filipe (rei lendário da Hungria) 237
Filipe I (rei da França) 42-44, 46, 49, 51, 53, 68n. 74, 226, 231n. 412
Filipe Augusto (rei da França) 127n. 194, 203, 222, 236, 247, 461-462
Filipe III (rei da França) 406
Filipe IV o Belo (rei da França) 29, 98, 100-101, 104, 109-114, 119, 130-132, 141, 144, 147, 157, 204, 207, 209, 211, 213, 234, 257n. 483, 268, 296-297, 406-407, 412, 460, 462
Filipe V (rei da França) 132
Filipe VI de Valois (rei da França) 28-29, 109, 199, 200n. 338, 247, 268, 452n. 993, 560
Filippe (escritor) 222
Finett, Sir John (mestre de cerimônia) 321n. 707

Firens (cinzelador) 325, 425
Fismes (Marne)
  Igreja Sainte-Macre, concílio 79
Flandre
  atitude em relação ao toque francês 120-121, 343
  culto de São Marcoul 260
  popularidade do toque inglês 109, 111
  sétimo filho 282n. 583
  zombarias aos olhos franceses 225
Fleuranges (autor de *Memórias*) 270
Florença (Itália) 372n. 852, 418n. 963
  Igreja de Santa Maria Novella 134
Florent (personagem de romance) 237
Florent et Octavian (romance de aventuras) 237n. 426, 246n. 457
Floresta Negra (rei da, personagem de uma obra profética) 242n. 448
Fócio (patriarca de Constantinopla) 445
Fontainebleau (Seine-et-Marne) 44, 346
Fontenelle (escritor) 395
Forcatel, Etienne (escritor) 276, 336, 338-340
Fortunato (poeta) 46, 75, 75n. 92, 183, 464
Fournier, Paul (erudito)
  opinião citada 132n. 205
Framberge (advogado no parlamento) 206
Francisco (irmão da Ordem dos Pregadores, bispo da Biscaia) 27-29, 145, 247
Francisco de Paula (santo) 376, 398
Francisco I (rei da França) 118, 155, 211, 270, 295n. 624, 296, 298-302, 336, 344, 390, 426
Francisco II (rei da França) 461
Franco, Antônio (escritor) 401
Frankfurt (Alemanha)
  sínodo 82
Frazer, Sir James (escritor)
  opinião discutida 44n. 33, 62-63, 68

Frederico (imperador, personagem de uma obra profética) 242n. 448
Frederico (sábio, eleitor da Saxônia) 149
Frederico Barbarossa (imperador)
  citação 211, 363n. 822
  censura da titulação imperial bizantina 73n. 85
  sua sagração 186n. 306, 210
  trata outros soberanos de "reis das províncias" 188
Frederico o Pacífico (margrave de Misnie) 241-242
Frederico II (imperador) 113, 241
Frederico III (imperador) 199
Frédérone (rainha da França) 252
Froissart 213, 226n. 400
Fulbert (bispo de Chartres) 82
Fuller, Thomas (escritor) 399-400

Gales (País de) 105, 158
Galicanismo 142, 208
Galicano
  rito 76
Gand (Bélgica) 109
Gando (localidade próxima a Perúgia, não identificada) 113n. 164, 113n. 166
Ganelão (arcebispo de Sens) 441
Ganelão (personagem épico) 202-203
Garda (localidade das Astúrias, não identificada) 113n. 164
Garderobe (termo para designar tanto o Paço real inglês quanto um dos serviços do Paço) 411-420
Gardiner (bispo de Winchester) 309n. 674, 315-316
Garin le Lorrain (canção de gesta) 96n. 125, 235
Gasconha 108
  duque de 235n. 421
Gaspar (rei mago); cf. Jasper
Gaudre, Jacques-Philippe (sétimo filho) 306n. 667, 351n. 797

Gelásio I (papa) 80n. 103
Genobalde (personagem de *Clovis ou la France chrestienne*) 340n. 766
Geoffroi de Beaulieu (escritor) 98, 130-131
Geoffroi de Vendôme (escritor) 186n. 305
Georges Pacchymère (escritor bizantino) 444
Geórgia (símbolo régio) 243
Gerbert (arcebispo de Reims) 86
Gerhoh de Reichersperg (escritor) 211
Gervais de Tilbury (escritor) 459, 459n. 1007
Gesta Berengarii 81n. 104, 81n. 105
Giblet (nome francês da cidade síria de Djebaïl)
  senhores de 119n. 176
Gifford (delegado do arcebispo de Reims) 264-265
Gilbert, Richard (sétimo filho) 283-284, 351n. 797
Gilbert, William (pai de um "sétimo filho") 283-284, 351n. 797
Gilberto o Inglês (médico) 119
Gildas (escritor) 438
Gilette la Châtelaine (enferma tocada por Filipe o Belo) 110
Giovanni Andrea (canonista) 142, 144
Giovanni de Verona (enfermo tocado por Filipe o Belo) 113
Girard Gobaille (bispo eleito de Paris) 142
Giraud de Cambrie (escritor) 127n. 194, 222
Gisors (Eure) 266n. 539
Gissey-sur-Ouche (cantão) 261
Gládio
  no cerimonial de ascensão dos duques da Aquitânia e da Normandia 466
Glossário latim-francês da Bibl. de St-Germain des Prés 130n. 200

Gloucester (Inglaterra) 373
Gneyth
  cruz de 158
Godefroy, Théodore (escritor) 461
Godofredo de Viterbo (escritor) 334
Godos
  concepção da realeza 65-66
  uso dos cabelos 70n. 77
  cf. tb. Ostrogodos; Visigodos
Godwin (conde anglo-saxão) 465
Gölnitz, Abraham (escritor) 295n. 624
Gondi, Jean-François de (arcebispo de Paris) 362
Gontrão (rei dos francos) 45-46, 48, 68n. 75, 88
Gota
  cura pelos anéis mágicos 164
Gotha (Turíngia, Alemanha) 150
Gourgaud (general-barão) 332n. 732
Gousset (arcebispo de Reims) 379n. 872, 382n. 881, 394n. 902, 398n. 914, 399n. 918
Graal
  ciclo do 202n. 342
Graciano (imperador) 183n. 300, 332
Grandes crônicas 213
Grassaille, Charles (escritor) 329-330, 336
Gratia
  gratis data ou *gratum faciens* 466
Gratia Dei (fórmula empregada pelos reis francos e anglo-saxões) 437
Grauert (erudito)
  opinião discutida 135n. 212
Greatrakes, Valentin (curandeiro irlandês) 359n. 817, 363
Grécia (concepção da realeza nos tempos homéricos) 182
Greenwich (Kent, Inglaterra) 414n. 951
Gregoriana, reforma 47, 56, 90, 123-146, 181-208, 336, 443

Gregório (irmão agostiniano tocado por Filipe o Belo) 113
Gregório de Tours (escritor) 45-48, 65n. 65, 72, 72n. 83
Gregório VII (santo, papa) 56, 84, 123-126, 182, 196, 202n. 342, 335, 382, 443
Grenoble, Isère 266n. 547, 302n. 649
Grez-Doiceau (Brabante, Bélgica) 262, 264n. 529, 265n. 532, 267, 275, 277, 430
Grimm (erudito)
opinião discutida 69n. 76
Grimoaldo (prefeito do palácio) 70
Grisy (cantão) 266n. 539
Guerra das Duas Rosas
influência sobre o toque 114-118, 304, 306
Guerra dos Cem Anos
citação 90n. 120, 108-109
negociações preparatórias 27-28
Gui de Chauliac (médico) 120
Guias para os viajantes
valor histórico 295n. 624
Guibert de Nogent (escritor) 41, 41n. 27, 42, 42n. 28, 43, 43n. 30, 57, 57n. 54, 98n. 129, 126-127, 131, 146
Gui d'Ibelin (cruzado) 203n. 343
Gui d'Osnabrück (escritor) 185, 207, 209
Guilhelm (enfermo tocado por Filipe o Belo) 111
Guilherme Coquillart (cônego de Reims e poeta) 272
Guilherme de Malmesbury (cronista) 55-57, 59, 90, 127
Guilherme de Nogaret 114, 131, 144
Guilherme de Plaisians 114, 132n. 205
Guilherme de Saint-Pathus (escritor) 130, 159
Guilherme de Sauqueville (pregador) 132, 133n. 210, 468

Guilherme Durand (liturgista) 138, 140, 183n. 300, 189n. 312, 194s., 195n. 329, 196, 447
Guilherme Guiart (escritor) 132, 147, 227n. 403
Guilherme O Bretão (escritor) 203
Guilherme Ockham (filósofo) 137n. 216, 143, 143n. 228, 215
Guilherme I o Conquistador (rei da Inglaterra) 59
Guilherme III ou Guilherme de Orange (rei da Inglaterra) 368, 376, 403
Guillebert de Metz (escritor) 137n. 217
Guillelmus de Alba 111n. 160
Guingamp (Côtes-du-Nord) 111, 111n. 159
Gutierrez (médico) 153, 153n. 248

Habsburgo
polêmicas inspiradas por eles 346
sagração 338n. 753
símbolo familiar 241s.
suposto poder de cura 149-151, 155, 346
Hagen (personagem lendário) 242
Hainaut 266
conde de 174
intendente de 377
Halfdan o Negro (rei da Noruega) 67
Hamerani, Gioacchimo (cinzelador) 372
Hans (cantão) 110
Haroldo (rei da Inglaterra) 58
Hasting (chefe normando) 252n. 466
Hauban (cantão) 111
Hauréau (erudito) 52
H. de Jubileto
cf. tb. Hugo (senhor de Giblet na Síria) 119n. 176
Hébert, H. (cinzelador) 274, 429-430
Hebreus 77, 81n. 104
cf. tb. Israel

Heimskringla (saga irlandesa) 67, 67n. 73, 68
Helgaud (escritor) 48-49, 51, 131
Hendinos (nome dos reis burgúndios) 67n. 73
Hennage (primeiro gentil-homem da Câmara na Inglaterra) 415n. 954
Henrique (rei da França) 49, 187n. 307
Henrique de Mondeville, médico 120
Henrique de Susa (canonista) 194n. 328, 431
Henrique Payot (camponês) 101
Henrique I (rei da Alemanha)
  recusa da unção 79, 210, 438, 442, 443
Henrique I Beauclerc (rei da Inglaterra) 55-60, 88-90, 91n. 124, 97, 100, 129n. 198, 146, 156, 172
Henrique II (rei da França) 271n. 558, 273, 297, 301, 312n. 684, 360, 424, 461
  seu Livro das Horas 273, 301, 424
Henrique II Plantageneta (rei da Inglaterra) 52-53, 55, 56, 60, 64, 127, 229, 247
Henrique III (imperador) 126n. 190, 184, 336
Henrique III (rei da França) 255n. 473, 323-324, 461
Henrique III (rei da Inglaterra) 127, 161, 187, 410n. 938
Henrique IV (imperador) 125, 185, 189
Henrique IV (rei da Inglaterra) 232, 232n. 413, 414n. 950, 418
Henrique IV o Grande (rei da França) 35, 44, 139, 200, 200n. 338, 214n. 371, 220, 269, 299n. 640, 310, 316n. 693, 323-324, 325n. 719, 337-338, 341n. 768, 342n. 772, 346, 360, 366n. 830, 461
Henrique V (imperador) 185n. 303, 189
Henrique V (rei da Inglaterra) 159, 205, 414n. 950, 418, 418n. 962, 419n. 964

Henrique VI (imperador) 247, 334
Henrique VI (rei da Inglaterra) 115, 176-177, 199, 211, 216, 225, 414n. 950, 418n. 962, 419, 419n. 964
Henrique VII (rei da Inglaterra) 99, 100, 116-118, 162, 302-303, 308n. 671, 367, 415, 415n. 952, 415n. 953, 418n. 962, 420n. 968
Henrique VII de Luxemburgo (imperador) 212
Henrique VIII (rei da Inglaterra) 99, 116-117, 162, 176-177, 180, 295n. 624, 302, 307-308, 315, 320, 369n. 838, 415, 415n. 952, 415n. 953, 418n. 962, 419, 419n. 965, 420n. 968
Hereford (Inglaterra)
  bispo de 230
Hermann (bispo de Metz) 125
Herpin (duque lendário de Bourges) 237
Hertford (conde de) 308n. 669
Heylin, Pierre (escritor) 399n. 918
Hibernensis (coleção canônica irlandesa) 439
Hills, Henry (impressor) 303n. 654
Hincmar (arcebispo de Reims)
  citação 47, 80, 233, 469
  emprego da antiga terminologia imperial romana 73
  função na formação da legenda da Santa Âmbula 217-220
  teorias políticas 79-81, 75n. 107, 184, 209, 219
Hincmar (bispo de Laon) 217
Histeria
  invocada para explicar o milagre real 394-395
História da Rainha Sebilla (romance de aventuras) 239
Hobbes 327
Hohenstaufen
  citação 130, 143, 188, 210, 241, 335n. 745

488

emprego da antiga terminologia
   imperial romana 73n. 88
Holdenby 354n. 801
   cf. tb. Holmby
Holinshed (escritor) 54
Holanda
   popularidade do toque inglês 359
Hollaender, Eugen (erudito)
   opinião discutida 423
Holmby (Inglaterra) 354
Hondt, Joos de (cinzelador) 425
Honorius Augustodunensis (escritor)
   182, 185
Honório (imperador) 126
Hormisdas (papa) 218n. 377
Hostiensis; cf. Henrique de Susa
Houe, F.H. van (cinzelador) 427
Howson, John (pregador) 318n. 699
Huberto, Georges (dito cavalheiro de
   Saint-Hubert) 351n. 796, 361,
   362n. 821, 363
Huberto Walter (arcebispo de
   Canterbury) 119n. 176
Huberto de Brétigny (santo) 163n. 265
Huberto de Liège (santo) 163n. 265,
   299n. 603, 398n. 914
   cf. tb. São Huberto (Luxemburgo,
   Bélgica)
   "país de São Huberto" 173, 361
Hugo (personagem de romance) 237,
   238n. 436
Hugo (senhor de Giblet na Síria)
   119n. 176
Hugo, Victor 379
Hugo Capeto (rei da França) 86-88
Hugo de Fleury (escritor) 129n. 198
Hugo de Saint-Victor (escritor) 209
Hume, David 372-373, 387
Hussey, Law (erudito) 35
Hussitas
   doutrinas 199, 347n. 786
Hyères, Var 285

Ibéria (reino do Cáucaso)
   símbolo régio 243, 243n. 453
Icterícia
   cura pelos reis da Hungria 149,
   149n. 240
   cf. tb. *Morbus regius*
Igrejas
   superstições relativas às 84s.
Île-de-France 111, 222, 266
Ilhas de Saint-Marcouf (Mancha)
   256n. 476
Imperador da França (termo para
   designar o rei da França) 455
Império Romano
   governado pelos soberanos alemães
   112, 126, 129, 133, 143, 188, 210,
   241, 450, 455
Innsbrück (Áustria)
   Hofkirche 465
Inocêncio II (papa) 187
Inocêncio III (papa) 190n. 313,
   194-195, 195n. 329, 209, 335n. 745,
   431n. 970
Insígnias da sagração 446
   cf. tb. Anel; Bandeira; Coroa;
   Esporas; Gládio; Cetro
Intestinos, inflamações dos
   cura pelos sétimos filhos 290n. 616
Irlanda
   citação 363, 372-374
   influência do direito canônico
   irlandês 77, 438
   rito de ascensão régia 233
   sétimo filho 167n. 277, 283
   unção régia 438
Isabel da Baviera (rainha da França) 240
Isaías (profeta) 243n. 453, 245
Isidoro de Sevilha (escritor) 432
Islã
   citação 225
   hereditariedade e poder de cura no
   direito monárquico 90-92

Islândia 68
Israel 75, 452, 458n. 1003, 470
Itália
　bispos 82
　citação 76, 129, 133, 134, 210, 239, 241, 287, 312, 361, 372, 388
　poder de cura dos príncipes 155
　popularidade
　　dos anéis medicinais 310
　　do toque francês 29, 104, 113, 297-299, 343-345
　reino ostrogodo de 72n. 82
　unção régia 441
Ive de Chartres (escritor) 129n. 198, 190
Ive de Saint-Denis (escritor) 132

Jacobitas 370-372, 387
Jacques de Vitry (escritor) 84
Jaime I (rei da Inglaterra) 233, 242, 304, 314, 317n. 696, 318-321, 332, 336, 349, 365, 367-368, 370
Jaime II (rei da Inglaterra) 175n. 288, 178n. 294, 214n. 370, 303n. 654, 316n. 693, 356n. 811, 359, 366-367, 367n. 831, 367n. 834, 370, 370n. 845, 372, 373n. 854, 396, 416, 466
Jaime III (pretendente à coroa da Inglaterra) 372
Jaime III (rei da Escócia) 145n. 235
Jansenius (bispo de Ypres) 347
Japão 71
Jarnac (Charente)
　batalha 296
Jaro (localidade não identificada) Diocese de Clermont 266n. 545
Jasper (forma do nome do rei mago Gaspar) 165
Jaucourt, O cavalheiro de (escritor) 366
Jean Batiffol 240, 241n. 445
Jean de Jandun (escritor) 209n. 359
Jean de Mirfield (médico) 121, 122n. 186

Jean de Paris (escritor) 211
Jean de Saint-Just (caixa do Paço) 406
Jean de Saint-Victor (escritor) 213
Jean de Salisbury (escritor) 209, 334, 335n. 747
Jean D'ypres ou Yperman (médico) 120-121, 147
Jean Ernest (duque de Saxe-Weimar) 90n. 120, 319n. 703
Jean Golein (escritor) 138, 138n. 219, 139-141, 147n. 237, 175n. 289, 192, 198n. 335, 199n. 336, 201, 204, 216, 221n. 385, 224-225, 225n. 395, 227, 227n. 405, 234, 285, 331n. 729, 447-449, 470
Jean Jouvenel des Ursins (escritor) 206-207
Jean le Moine (cardeal) 204
Jean Mirk (pregador) 162
Jeanne de La Tour (enferma tocada por Filipe o Belo) 110
Jean Pillon (cônego de Mantes) 258
Jean Simon (bispo de Paris) 142
Jean Tristan (personagem de romance) 237
Jehan André 142n. 227
　cf. tb. Giovanni Andrea
Jerusalém
　rei lendário 238
　reis, unção régia 449
　sumos sacerdotes 452, 452n. 992
Joana d'Arc 164, 213, 214, 235
Joana de Bourbon (rainha da França) 450
João André 144
　cf. tb. Giovanni Andrea
João Batista (santo) 457
　cura a epilepsia 162n. 265
João Chartier (escritor) 270
João Corbechon (escritor) 224
João de Avranches (liturgista) 158
João de Clermont (nascido de Charolais) 460

490

João de Craon (arcebispo de Reims) 449
João Escart (enfermo tocado por Carlos VIII) 398
João Frederico (eleitor da Saxônia) 241, 242
João Evangelista (santo)
cura a epilepsia 162n. 265
Evangelho 303, 303n. 655
legenda de seu encontro com Eduardo o Confessor e a iconografia dessa legenda 160-162
João o Constante (eleitor da Saxônia) 149
João II (duque do Brabante) 229
João II o Bom (rei da França) 199, 221, 268, 407, 460, 462
João VI Cantacuzeno (imperador) 444
João VIII (papa) 79n. 101
João XXII (papa) 230-231
John Flete (escritor) 161n. 261
John Fortescue (escritor) 115, 116n. 170, 118, 174-175, 175n. 289, 177, 216, 419
John Lydgate (escritor) 225
John of Gaddesden (médico) 94, 121, 122
John of Ypres (funcionário de Garderobe, Inglaterra) 418n. 962
Joigny, Yonne 266n. 543
Joinville (escritor) 203n. 343
Joinville (Haute-Marne) 302n. 649
Jordanes (escritor) 65, 65n. 66, 66, 67n. 73
Jordão (rio) 219n. 381
Jorge I (rei da Inglaterra) 370, 370n. 855
Jorge II (rei da Inglaterra) 369
José de Arimateia (discípulo de Cristo) 54n. 46, 160
Journal du Siège (de Orléans) 270
Jouvenet, Jean (pintor) 274, 427
Joyenval (comuna)
abadia de 222-225, 360, 452n. 994, 455

Jubileto 119n. 176
cf. tb. Giblet
Judeus 81
cf. tb. Hebreus; Israel
Junctinus, Franciscus (astrônomo) 390
Juno 334
Júpiter 223, 334
Jurques (cantão) 266n. 540
Justiniano (imperador) 72

Kammerer, Philippe (escritor) 242
Kenilworth (Warwickshire, Inglaterra) 317n. 697
Kern, Fritz (erudito)
opinião discutida 231n. 411
König vom Schwarzwalde 242n. 448
cf. tb. Floresta Negra (rei da)
Krammer, Mário (erudito)
opinião citada 135n. 212
Krüger, J. (erudito)
opinião discutida 443
Kudrun (heroína de um poema cujo nome serve de título) 239, 242

La Chaise (confessor de Luís XIV) 375n. 861
La Condamine (Principado de Mônaco) 428
Lambertini (Cardeal Prosper); cf. Bento XIV
Lança
função no rito de ascensão junto aos merovíngios 71n. 79
marca familiar em Tebas 243-244, 287n. 608
Lancastre (Inglaterra)
duque de 232
casa de 232
L'Ancre (escritor) 386
Landes, Les (cantão) 302
Lanfrank (médico) 121n. 183

491

Langley (Inglaterra) (não identificado; o número de localidades relativas a esse nome é considerável)
  Igreja dos "irmãos" 419n. 963
Langres (Haute-Marne) 101, 302n. 649
  diocese 101n. 136, 266n. 543
Languedoc 111
Lanicet (escudeiro de Clóvis) 45, 339, 340n. 761
Laon (Aisne) 43
  Abadia de Saint-Vincent 254n. 471
  bispos de 206, 218n. 377
  catedral de 257n. 478
  diocese de 257, 291
  livros litúrgicos 256
Laonnois 253
Lascaris, Jean (poeta) 299
Latil (arcebispo de Reims) 379
Laurent, Marcel (arqueólogo)
  opinião discutida 219n. 381
Lausanne (Suíça) 112
Laval, Mayenne 266n. 541
La Vrillière (secretário de Estado) 377
Lebeuf (abade, erudito) 110
Le Brun, Pierre (escritor) 362
Leduchat (erudito)
  opinião discutida 294n. 623
Leeds (West Riding, Inglaterra) 353n. 800
Lefèvre de Saint-Rémi (escritor) 270
Lefranc, Abel (erudito)
  opinião sobre o *De Pignoribus*, de Guibert de Nogent 40n. 21
Legg, Wickham (erudito)
  opinião discutida 183n. 299
Legitimidade dinástica ou familiar 66, 88, 91-92, 91n. 124, 463
Lemaistre (advogado) 330n. 726
Leão
  emblema dos Welfs 222n. 390
  respeito dos leões pelo sangue dos reis 28-29, 246-247

Leão o Grande (santo, papa) 183n. 300, 230
Leão I (imperador) 75n. 92, 183n. 300
Leão III (papa) 77, 227, 434
Leão X (papa) 298
Leonardo de Noblat (santo) 287
Leopardo
  emblema real inglês 222
Leopoldo II (imperador) 200n. 338
Lepra; cf. *Morbus regius*
Leschans 454
L'Estrange, Hamon (escritor) 314n. 688
Leverett, Richard (sétimo filho) 351n. 797
Levison, W. (erudito)
  opinião discutida 256n. 474
Lewis (ilha de, Escócia) 306n. 667
Líbano (Síria) 282
Libourne (Gironda) 108
Libri Carolini 73
Liége (Bélgica)
  bispos 126n. 190, 184
  País de 266
Liesse (cantão)
  Nossa Senhora de Liesse 261
Liga, A Santa 269, 323
Lilienfein, H. (erudito)
  opinião discutida 73n. 84
Limoges (Haute-Vienne) 189
  concílio 235
  precentor 189n. 312
Linacre, Thomas (humanista e médico) 310
Lincoln (Inglaterra) 321n. 707
  bispo 127, 187
Lion de Bourges (personagem de romance cujo nome serve de título) 237, 237n. 433
Lippomano, Jerônimo (veneziano) 295n. 624

Lis (flores de)
  legenda concernente à sua origem 45, 138n. 219, 221-225, 227, 382, 452, 455, 464
  símbolo
    dos sétimos filhos 287-289, 382, 467
    régio 240-241, 242, 288-289
Lisle (visconde) 307-308
Lisle, Honor Grenville 307
Livino (santo) 430
Lô (santo) 251
Lochaber (distrito escocês, condado de Inverness) 374, 374n. 859
Loing (rio) 111
Loire (rio) 111
Lombardia 111n. 159, 113
Londres 63, 161, 229, 352, 371, 410n. 936, 410n. 937
  bispo 316
  Capela de Saint-John 161
  cidade 371
  Palácio de Whitehall 352, 355, 373n. 854
Longpont (Aisne) 113n. 164
Lorena
  popularidade
    de São Marcoul 267, 468
    do toque francês 112
  reino 80, 217
  unção régia 441
Lot, Ferdinand (erudito) 244
Lotário (imperador) 112
Lotário (rei da França) 91n. 124, 253n. 468
Louis de Poissy (nome para designar Luís IX) 268n. 550
Louvaina (Brabante, Bélgica) 262n. 522
Louvet, Elie (sétimo filho) 291
Louviers (Eure) 266n. 540
Lovel, Christophe (enfermo tocado por Jaime III) 401

Lucas de Leyde (pintor) 424
Lucca (Toscana, Itália) 40n. 20, 133
Luchaire, Achille (erudito) opiniões discutidas 52n. 42, 186, 186n. 306
  opinião citada 129n. 198
Lucius (rei lendário da Grã-Bretanha) 54, 54n. 46
Ludlow (Shropshire, Inglaterra)
  igreja 161n. 261
Luís (nome dado aos sétimos filhos) 288n. 611, 294
Luís de Granada (teólogo) 298n. 632, 336, 341n. 767
Luís do Além-Mar (rei da França) 253
Luís o Alemão (rei da Alemanha) 442
Luís o Gago (rei da França) 81n. 104
Luís o Infante (rei da Alemanha) 442
Luís o Piedoso (imperador) 78, 126, 435, 440
  legenda 237
Luís II (imperador) 434-435
Luís V (rei da França) 86
Luís VI (rei da França) 42-43, 47, 49, 100, 131, 185, 220, 226n. 402, 231n. 411, 248
Luís VII (rei da França) 186-187, 234
Luís VIII (rei da França) 228n. 408, 234
Luís IX (santo, rei da França) 31, 43-44, 98, 100, 130, 131n. 203, 134, 159, 234, 237, 257, 263, 268, 341n. 767, 373n. 856, 405n. 926, 406, 453, 459, 459n. 1006
Luís X (rei da França) 98, 213, 268-269, 460
Luís XI (rei da França) 85n. 116, 100, 141, 145, 153, 189n. 312, 206, 228n. 407, 271, 299, 376, 407, 461
Luís XII (rei da França) 118, 271, 296, 298, 336, 461
  seu Livro das Horas 301n. 647
Luís XIII (rei da França) 200n. 338, 255n. 473, 263n. 526, 271n. 558,

493

274, 325n. 719, 350, 360, 362, 426, 461
Codicilles de Louis XIII 340
Luís XIV (rei da França) 31, 35, 62, 262n. 524, 268, 271, 274, 277n. 565, 326, 332, 340-348, 350, 376, 376n. 864, 400, 409n. 934, 427-428, 461
  seu Livro das Horas 301n. 647
Luís XV (rei da França) 268n. 550, 269, 271n. 558, 301n. 646, 374-377, 400, 461
Luís XVI (rei da França) 269, 271n. 558, 376-380, 398, 409n. 934, 431, 461
Lunéville (Meurthe-et-Moselle) 266n. 538
Lupton, Thomas (escritor) 284
Lusitania 401n. 923
  cf. tb. Portugal
Lutero 149-150, 310, 313, 322
Luvas
  na sagração dos reis da França 198n. 336, 453-454
Luxemburgo (condessa) 230
Lydgate; cf. John Lydgate
Lyndwood; cf. William Lyndwood
Lyon (Rhône) 311
  diocese 266n. 546
  região lionesa 266, 266n. 546

Macaire (personagem de romance cujo nome serve de título) 237
Macbeth (personagem de Shakespeare e de peça que traz seu nome) 54, 321
MacDonald, Sheila (escritora) 374
Macduff (personagem de Macbeth) 54
Macedônios
  concepção da realeza 65n. 66
Madri (Espanha) 155, 346
Magister militum (título utilizado por Teodorico) 72n. 83
Mailly, Madame de (amante de Luís XV) 375

Maimbourg (escritor) 337, 343, 346
Maine 266
Maintenon (Eure-et-Loir) 266n. 539
Mainz (Hesse, Alemanha)
  arcebispos 79, 442
Maiorca, Reino de 98, 111
Malcolm (personagem de Macbeth) 54
Mal-de-são-remígio 216, 452
Malta 173
Manahbiria (faraó) 75
Manassé I (arcebispo de Reims) 202
Manegold de Lautenbach (escritor) 124
Manfredo (rei da Sicília) 210n. 361
Mantes (Seine-et-Oise) 236n. 423, 258, 291
  Igreja de Notre-Dame 258
Mântua (Lombardia, Itália) 142n. 226
Manuel (imperador) 454
Mar Negro 66n. 70
Marca corporal 287-289
Marche (condado) 111n. 159
Marciano (imperador) 75n. 92, 332
Marcos (santo, evangelista)
  Evangelho 303
Marcou
  nome comum para designar os gatos 294n. 623
  os sétimos filhos 293
Marcoul (santo) 50, 130n. 200, 214-215, 250-294, 301, 303, 313-314, 330, 337-338, 362n. 821, 380n. 876, 400, 421, 426-429, 431, 459-461, 467
  pais de São Marcoul 362n. 821
Marcoul (personagem de ficção medieval) 279n. 571
Margarida (rainha da Escócia) 308n. 671
Margarida da Áustria (regente dos Países Baixos) 424
Maria de Garda (mulher austríaca tocada por Filipe o Belo) 113n. 164
Margarida de Hans (enferma tocada por Filipe o Belo) 110

Margarida de York (duquesa da Borgonha) 226n. 399
Maria (mãe de Jesus) 229-233, 261, 317, 367
Maria (mulher de Guilherme III, rainha da Inglaterra) 174
Maria (filha de Lucy Walter e, talvez, de Carlos II) 372n. 851
Maria da Hungria (regente dos Países Baixos) 424
Maria de Hispania (enferma tocada por Filipe o Belo) 113n. 166
Maria Teresa (rainha da França) 345n. 782
Maria Tudor (rainha da Inglaterra) 170-171, 174, 175, 175n. 288, 176, 177n. 293, 178, 178n. 294, 180, 302-305, 309n. 675, 314n. 688, 316-317, 367n. 831, 415n. 952, 415n. 953, 420n. 968, 425, 429
Marlot, Dom (escritor) 278, 340n. 761
Marly, Floresta de (Seine-et-Oise) 222
Marsílio de Pádua (escritor) 209n. 359
Martial d'Auvergne (escritor) 270
Martim, Miguel (jesuíta português) 401
Martinho de Tours (santo)
  bálsamo milagroso 85n. 116, 324
  capa 453
  citação 83, 126
  "pais de São Martinho" 173, 361
Martinho IV (papa) 134n. 211
Marti y Viladamor, Francisco (escritor) 346n. 785
Masson, Papire (escritor) 339
Mathieu, Pierre (cronista) 27, 44, 44n. 33, 386
Mathieu, Paris (escritor) 228
Matougues (cantão) 377
Maximiliano I (imperador) 212n. 364, 464
Maximiliano II (imperador) 200n. 338, 469

May, Baptist 416n. 958
Mazarin 269
Medalhas
  cunhadas para o toque na Inglaterra 356, 357n. 815, 372-373, 416-417
  de piedade 261, 264, 274, 430
Médicos de Auray 266n. 542, 277n. 565, 400
Melquior (rei mago) 166
Melquisedec 74, 74n. 90, 75, 379n. 871
Menault (escritor) 289
Mende, Lozère (bispo) 140
Menneville (cantão) 277n. 565
Mércia (reis da); cf. Edgar; Egbert, Offa
Mércios; cf. Confrarias em honra de Marcoul; Reis dos mércios
Mercuriale, Girolamo (médico) 122n. 185
Mercúrio 223
Merlat, Elie (pastor) 348
Meroveu (rei franco)
  legenda relativa ao seu nascimento 69n. 76
Merovíngios
  atitudes em relação ao império e à religião imperial 72
  caráter sagrado da raça 69, 69n. 76, 71
  cerimonial de ascensão 71n. 79, 76
Mesa-redonda (romance da) 160
  cf. tb. Graal
Metais
  proibição de tocar os 264
Metz, Mosela 112, 217
  apelos 112, 125
  cf. tb. Hermann
Meurier, H. (escritor) 323, 339
Mézéray (escritor) 339n. 759, 340n. 762
Micados 71
Miguel (santo) 356, 372
  confraria 242n. 448
Miguel IX Paleólogo (imperador) 444

Milão (Itália) 113, 363n. 822
　arcebispo 79n. 101
　duque 145
　Pataria 249n. 460
Minchinhampton (condado de Gloucester, Inglaterra) 306n. 664, 373
Mistério de São Remígio 128n. 197
Mizauld, Antoine (escritor) 284
Moedas
　divisa sobre as moedas francesas 459, 459n. 1006
　função das moedas no ritual inglês de toque 98, 304-306
　talismãs contra a doença
　　na França 375n. 860
　　na Inglaterra 373-375
　cf. tb. Angel
Mogk, E. (erudito)
　opinião discutida 65n. 66
Monceau-Imbrechies (Hainaut, Bélgica) 260
Moncontour (Viena)
　batalha 296
Monmouth (duque de) 359, 370, 372
Mont-de-Marsan (Landes) 300
Montdidier (Somme) 259
Mont-Dison (comuna) 260
Montecatini (Toscana, Itália)
　batalha 134
Monteil, A. (erudito)
　sua coleção 407n. 933
Montesquieu 27, 62
Montjoie
　nome comum 222
　volta sobre o Conflans-Sainte-Honorine 222-223, 223n. 392, 224
Montjoie-Saint-Denis (grito de guerra) 223
Montmorency (Seine-et-Oise)
　casa de 339n. 759
Montpellier, Hérault 111, 285

Montreuil-sur-Mer (Pas-de-Calais) 110
Mont-Saint-Michel (cantão)
　igreja abacial 145, 300n. 645, 422, 424
Morant (localidade não identificada) 302n. 649
Morbus regius (nome dado tanto à lepra quanto à icterícia) 69n. 75, 149
Mordidas venenosas, cura pelos "pais de São Paulo"; cf. Paulo (santo)
Morhof, Daniel-Georges (escritor) 35, 387, 392n. 900
Morin, Dom Germain (erudito)
　opinião discutida 433
Morton, T. (teólogo) 399n. 918, 402n. 924
Moutiers [-en-Retz] (cantão) 259
Mühlberg (Saxônia, Alemanha)
　batalha 242
Munster (Alemanha)
　bispo 186n. 306

Naamã O Sírio (personagem bíblico) 397
Namur (Bélgica)
　Convento dos Irmãos Pregadores 260
Nant (atualmente São Marcouf) 250-255, 258, 263
　abade de; cf. Marcoul (santo)
Nantes
　edito de 35n. 18
　Loire-inférieure 111
Nanteuil (deformação do nome Nant) 267
Napoleão I 332n. 732
Nápoles (Itália) 298
　província eclesiástica 27
　reino e reis 134n. 211, 155
Nassigny (cantão) 266n. 544
Natal
　liturgia de 168, 197, 245
Navarra 111n. 159, 113, 153, 155
　unção régia 190n. 313

Názir (termo do Antigo Testamento para designar as pessoas especialmente consagradas a Deus) 221n. 386
cf. tb. Nazireu
Nazireu 221n. 386, 453
cf. Názir
Nemeiz, Joachim-Christoph (escritor) 347n. 787
Nemours (Seine-et-Marne) 111
Nertus (deusa germânica) 69n. 76
Neufchâtel-sur-Aisne 277n. 565
Nêustria 58, 255
Nevers (Nièvre)
diocese de 266n. 543
New-Hampshire (colônia inglesa na América) 357
Newport (lorde) 368n. 836
Newton 363
Nicéforo Focas (imperador) 446
Nicetas Acominatos (escritor bizantino) 445
Nicolas de Clamanges (escritor) 205, 207, 209
Nicolas de Larisvilla (escritor) 141n. 225
Nicolas de Stratton (dominicano) 229-230
Nicolas Tedeschi (canonista) 208
Nicolau (santo) 133n. 210, 451
Nicolau I (papa) 80n. 103, 218
Nicopolis ou Nikopol (Bulgária)
batalha 98n. 129
Niello 239, 239n. 439
Nivernais 266
Noel (médico) 399n. 916, 402n. 924
Nogaret; cf. Guilherme de Nogaret
Nogent-sous-Coucy (comuna)
biblioteca 40n. 21
Nolhac (erudito)
opinião discutida 375n. 861
Nominoë (rei dos Bretões) 439

Normandas
invasões 251
Normandia
Bocage Normand 289n. 613
citação 58-59, 110, 232, 257, 266
duques 199, 200n. 338, 214n. 369, 465
cerimonial de sua ascensão 189
Northlew (Devon, Inglaterra) 165n. 271
Nortúmbria (reino) 437n. 973
cf. tb. Edgar
Noruega
reino 67-68
Nossa Senhora; cf. Maria (mãe de Jesus)
Notitia Sœculi (escrito político alemão do século XIII) 234n. 416

Oceania 63
Ockham; cf. Guilherme Ockham
Offa (rei da Mércia) 436-438
Oise (rio) 222
Okehampton (Devon, Inglaterra) 165n. 271
Olaf (santo, rei da Noruega) 68
Óleos, Santos
superstições 85
cf. tb. Crisma
Oliphaunt (lorde, senhor escocês) 308
Olivier (advogado no Parlamento) 142
Olivier (personagem épico) 69n. 76, 459n. 998
Olhos
afecções confundidas com as escrófulas 39-40
Ordálio
regra relativa às testemunhas 248, 248n. 460
"O rei está morto, viva o rei" 211, 212n. 364
Orléans, Gaston (duque de) 362
Orléans, Elisabeth-Charlotte (duquesa de) 285n. 598, 348

Orléans (Loiret) 441
　Abadia de Saint-Aignan, abaciado régio 207
　concílio 464
　sé 226n. 400
Orley, Bernard van (pintor) 424
Osbert de Clare (hagiógrafo) 55, 57, 60n. 57, 162n. 263, 256n. 474, 438
Ostrogodos (povo germânico)
　religião imperial no reino ostrogodo da Itália 72n. 82
Otaviano (personagem de romance) 237, 246n. 457
Othon de Freising (escritor) 186n. 306
Othonet (personagem de romance) 237
Oto (príncipe da Saxônia) 321n. 707
Oto I (imperador) 91n. 124, 443
Oto IV (imperador) 222n. 390, 459n. 1007
Oualos (tribo do Senegal) 68
Oudert (autor de um diário sobre o reinado de Carlos I) 399n. 917
Ouen (santo) 255
Oviedo (Astúrias, Espanha) 433
Oxford, Inglaterra 352, 353n. 799

Pacífico (oceano) 62
Padres
　superstições relativas às suas virtudes mágicas 83-84
Pádua (Itália)
　escola paduana 312, 387, 390
Países Baixos 109, 225, 275, 355, 424
Paixão de Cristo
　virtudes mágicas atribuídas a tudo o que a concerne 165-166
Palatine (Princesa); cf. Orléans, Elisabeth-Charlotte (duquesa de)
Palestina 161
Panormitain, O; cf. Nicolas Tedeschi
Panseux de secret 281
Paré, Ambroise (médico) 322

Paris 63, 111, 224, 225n. 395, 266n. 539, 324, 342, 347, 370n. 845, 375, 375n. 861, 451
　Abadia de St-Victor 223n. 393, 254n. 471
　arcebispo 362
　bispos 186
　catedral 302
　Convento das Carmelitas da Place Maubert 262, 275n. 562, 286, 291-293
　fidelidade dos parisienses a São Luís 268
　Louvre 333, 342
　palácio 405, 409
　parlamento 205-206, 299, 330n. 726, 332
　Paróquia de St-Eustache 362
　Rua St-Jacques 325
Paris (diácono) 388, 388n. 886
Parise la Duchesse (romance de aventuras) 238n. 436
Parlamento inglês 352-355, 359, 363
Parma (Itália) 113
Passau (Baviera, Alemanha); cf. Anônimo de Passau
Patin, Gui (médico) 325
Patrimônio de São de Pedro 114
Patriotismo 235
Paulin (arcebispo de Aquileia) 82n. 106
Paulo (santo, apóstolo) 323n. 711
　Epístola aos hebreus 209-210
　Epístola aos Romanos 457n. 1001
　1ª Epístola a Timóteo 456n. 1000
　"pais de São Paulo" 145n. 232, 173, 288-289, 361, 391
Paulo III (papa) 336-337
Pávia (Lombardia, Itália) 298
　batalha 155, 298
Payne, F. (historiador de medicina)
　opinião discutida 119n. 176
"Pedra do Destino" ou "de Scone" 233

Pedro (santo, apóstolo) 79, 82, 83, 202n. 342, 252n. 467, 442
Pedro d'Eboli (escritor) 334
Pedro de Croisay, pleiteante 206n. 353
Pedro de Damião (santo) 190
Pedro de Natalibus, hagiógrafo 45
Pedro de Prezza (escritor) 210n. 361, 335n. 745
Pedro Diácono (escritor) 435
Pedro II (rei de Aragão) 190n. 313, 431n. 970
Pelópidas 243n. 451
Peônia (província da Macedônia)
  raiz de peônia" (remédio mágico) 387, 387n. 884
Pepino (rei dos francos) 48, 76-77, 87, 184, 246n. 458, 433, 437, 444, 447
Percey-le-Petit (cantão) 101n. 136
Perúgia (Úmbria, Itália) 113-114
Peste
  chamada de mal-de-são-remígio 216, 452, 452n. 991
  curada
    pelos "pais de São Roque" 173
    por diversos santos 261, 267n. 549
    por Henrique II da Inglaterra 52-53, 55
Peste Negra 117
Peucer, Gaspard (escritor) 387, 387n. 885, 389, 390n. 891, 392n. 900
Picardia 27n. 13, 107n. 149, 253, 263
Piemonte 266n. 547
Pierre Beschebien (bispo de Chartres) 258
Pierre de Blois (escritor) 52-53, 64, 83, 85, 127, 157, 191, 215
Pierre de Chartres (eleito arcebispo de Bourges) 187
Pierre Masuyer (bispo de Arras) 205
Pigeon (abade, erudito) 146, 422
Pio II (papa) 142n. 226, 143-144, 147, 228, 228n. 406, 338n. 755

Pio IV (papa) 200n. 338
Pirineus 113, 297, 343
Pirro (rei de Épiro) 68n. 75
Pisa (Toscana, Itália) 134, 372n. 852
Pithiviers, Loiret 266n. 539
Plaisance (Emília, Itália) 113n. 164
Plaisians; cf. Guilherme de Plaisians
Platter, Félix (médico) 285n. 599
Platter, Thomas (médico) 282n. 581, 324n. 713
Plessis-les-Tours (comuna) 85n. 116
Plínio o Antigo 322
Plutarco 203
Poblet (Catalunha, Espanha)
  abadia 131n. 203, 154
Poisson, Pierre (senhor da Bodinière, escritor) 329
Poissy (Seine-et-Oise)
  asilo 345n. 782
Poitiers (Vienne) 110
  Abadia de St-Cyprien 229, 232n. 413
  batalha 139
  conde 214n. 369
  Igreja de São Gregório 241n. 413
  Igreja St-Georges 229, 232n. 413
Poitou 108n. 151, 232, 281
Pole (cardeal) 178n. 295, 305
Polidoro Vergilio (escritor) 162, 388n. 886
Polinésia 63
Polônia
  bispo polonês 298
Pomba
  iconografia 219-220
Pomponazzi (escritor) 312, 318n. 698, 388-389, 391, 391n. 895, 392, 392n. 897
Ponthieu (condado) 27n. 13, 108n. 151
Pontifex maximus
  abandono desse título pelos imperadores cristãos 183n. 300

499

Pontoise, S.-et-Oise (erro de interpretação para Ponthieu) 27n. 13
Pontyus 27n. 13
cf. tb. Ponthieu
Portugal
  popularidade do toque francês 343, 343n. 780, 401
  sétimo filho 281
Possuídos
  cura pelos reis de Castela 152-153
Poulett, John (lorde) 351-352, 352n. 798, 400
Preboste o Grande 342, 342n. 770
Púrpura, adoração da
  no reinado ostrogodo da Itália 72n. 82
Poyntynge, Henri 283n. 590
Prestleigh (Somerset, Inglaterra) 283s., 351n. 797
Primicerii (magistrado romano no reino ostrogodo da Itália) 72n. 82
Primiscrinii (magistrado romano no reino ostrogodo da Itália) 72n. 82
Primitivos, povos
  concepção da realeza 31, 61-64, 69, 69n. 75
Primogenitura nas dinastias reais 66, 90-91
Príncipe Negro, O 232
Proclamação, registros de 342n. 770
Procópio (escritor) 66, 66n. 70
Provença 285, 454
  reino, unção régia 442
Ptolomeu (geógrafo da Antiguidade) 311
Puritanos 318

Quaestio in utramque partem (panfleto do tempo de Filipe o Belo) 131, 132n. 205, 137, 144, 157
Quitéria (santa) 290

Racour (Liège, Bélgica) 260
Raiva
  cura miraculosa
    pelos "pais de São Huberto" 173, 361, 363
    pelos sétimos filhos 283-285
    por certas famílias árabes 91
    por Santa Quitéria 290
    por São Huberto de Brétigny 163n. 265
    por São Hubert de Liège 163n. 265
Rajna, Pio (erudito)
  opinião discutida 244-245
Raoul de Presles (escritor) 131, 137, 141, 223n. 393, 224, 227, 227n. 403, 283n. 588, 448
Rathier de Verona (escritor) 209
Raulin, Hippolyte (escritor) 329, 337
Reali di Francia (romance de aventura) 239, 244
Recaredo (rei visigodo) 432
Reforma Protestante
  acusa as rivalidades nacionais 147
  citação 178
  influência sobre o milagre régio 214, 311-313, 348, 364-366
Regalia espiritual
  direito de 204-205
Reges criniti (termo para designar os reis merovíngios) 70
Regnault (cônego de Saint-Symphorien de Reims e escritor) 288, 398
Regnault, Nicolle (enferma tocada por Luís XIV) 277
Reinado, começo de
  como calcular 211-212
Reims (Marne) 76, 78-79, 85n. 116, 136, 141, 198, 213-214, 217-220, 235, 268-269, 277, 311, 323, 327, 340n. 761, 348, 377, 435, 450, 454

Abadia de São Remígio 217,
  250n. 461, 252, 256, 261, 269, 271,
  375, 450, 461
  arcebispos 202, 205-206, 219-220,
    228n. 409, 264, 336, 379, 379n. 872,
    394n. 902, 398n. 914, 399n. 918,
    449, 451
  Capela de São Nicolau 451, 451n. 989
  capítulo catedral 136, 271-272, 277
  catedral 257, 454n. 998
  capítulo St-Symphorien; cf. Regnault
    (cônego...)
  confraria 262n. 524
  estátua 257n. 479
  Hospital de São Marcoul 262n. 524,
    378n. 869, 380, 398
  Hôtel-Dieu 451n. 989
  Igreja de St-Denis 277, 451, 451n. 989
  Igreja de St-Jacques 277
  livros litúrgicos 256, 261
  universidade 336
Reinach (Salomon), erudito: opiniões
  discutidas 62, 423, 429
Reis dos mércios 263n. 527, 268n.
  550, 293n. 621
Reis Magos 166, 363n. 822
Religião imperial
  em Roma 71-73
  no reino ostrogodo da Itália 72n. 82
Remígio (santo) 47, 76, 135n. 213,
  136, 216-220, 234-235, 452
Remineront (Vosges) 266n. 538
Renan 235, 235n. 422, 386
Renaud de Roye (contador do Paço sob
  Filipe o Belo) 110n. 155, 406,
  406n. 927
Renevus Coranci (funcionário do Paço
  na França) 460
Rhône (rio) 112
Ricaro (arcebispo de Canterbury)
  128n. 196

Ricardo, Fratre (nome erroneamente
  atribuído ao bispo de Bisaccia,
  Francisco) 27n. 12
Ricardo o Belo (personagem de
  romance cujo nome serve de título
  237-238
Ricardo I Coração de Leão (rei da
  Inglaterra) 214n. 369
Ricardo II (rei da Inglaterra) 121, 232,
  412n. 941, 414, 414n. 950, 418,
  418n. 962
Ricardo III (rei da Inglaterra) 170,
  412n. 941, 418n. 962
Richelieu (cardeal de) 346, 346n. 785
Richeome (escritor) 322
Richer (escritor) 87
Richier (poeta) 221, 234
Ridley, Nicolas (ministro protestante)
  309n. 674, 315-317
Riez, Balthasar de (escritor) 329, 331
Ripon (West Riding, Inglaterra)
  353n. 800
Rivière, Jean (erudito) 335n. 745
Rivière, Rémy (enfermo tocado por
  Luís XIV) 377
Robert Blondel (escritor) 228n. 407
Robert de Jumièges (arcebispo de
  Canterbury) 441, 465
Robertet, Jean (representante da
  Grande Câmara) 263n. 527
Robert Grossetête (bispo) 127, 187-188,
  190-192
Robert Sainceriaux (poeta) 234
Roberto de Anjour (rei de Nápoles) 27,
  27n. 12, 133, 234
Roberto I (arcebispo de Rouen) 78n. 100
Roberto I (rei da França) 251n. 463
Roberto II o Piedoso (rei da França)
  48-51, 82, 86-90, 91n. 124, 96,
  131, 172
Rochester (Kent, Inglaterra) 373n. 854

Rocroy (Ardenas)
    batalha 362
Roger (médico)
    glosadores 120
Rolando (personagem épico) 202, 454
Rolando de Parma (médico)
    glosadores 120
Rolland, Louis (escritor) 329
Romagne 113n. 164
Roma 73, 77, 114, 138, 143, 196n. 330, 236-237, 309, 319, 334, 370n. 845, 371, 449-450, 455, 457
Romanos (reis dos) 194n. 328, 195, 212, 212n. 364
Romantismo 92
Romorantin (Loir-et-Cher) 101n. 136
Roncevaux
    batalha 454n. 998
Rooper, John (*Deputy Cofferer* da Rainha Ana) 369n. 839
Roque (santo)
    invocado contra a peste 262n. 520, 267, 267n. 549
    "pais de São Roque" 173, 361
Roquefort (Landes) 300
Rosewell (ministro) 359n. 817
Ross (condado de, Escócia) 374
Rostock (Mecklembourg, Alemanha) 387
Roue (emblema de Santa Catarina e símbolo familiar de seus "pais") 287
Rouen
    Seine-inférieure 189, 214n. 369, 255, 258, 258n. 484, 346
    arcebispos 251-252, 255
    cf. tb. João de Avranches
Rouillé d'Orfeuil (intendente de Châlons) 377, 378n. 868
Roussillon 284n. 593, 287n. 606, 290
Rozoy-en-Brie (Seine-et-Marne) 266n. 539

Rubis
    da coroa imperial alemã 233n. 415
Rue (Somme) 260
Rufin (canonista) 188
Russé (comuna) 259
Rússia 306n. 666
Ruzé, Arnoul (canonista) 208n. 358, 330n. 726

Saales (Bas-Rhin) 266n. 537, 469
Saboia 112
Sacra (termo aplicado às letras imperiais ou régias) 83n. 108
Sacramento
    a unção régia é um sacramento 190-193, 230
Sacrament-rings 165n. 271, 167n. 278
Sagração; cf. Coroa; Unção; Cetro, Jean Golein
Sainéan, L. (erudito)
    opinião discutida 294n. 623
Saint-Amand
    sacramentário 75
Saint-Clément (cantão) 266n. 538
Saint-Cloud (cantão) 338n. 754, 461
Saint-Denis (abadia) 224, 226-227, 231n. 412, 451, 454
    citação 236n. 423
    cf. tb. Denis (santo)
Saint-Dié, Val de 266n. 538
Saint-Gall (Suíça) 168-169, 172
Saint-Germain en Laye (Seine-et-Oise) 343, 370n. 845
Saint-Gilles (duque lendário) 237
São Huberto (Luxemburgo, Bélgica)
    peregrinação 265n. 532, 394n. 901
Saint-Jean d'Angély
    (Charente-Inférieure) 302
Saint-Jus 460
Saint-Marcouf (cantão) 251, 256n. 476
    (cf. tb. Nant)

Saint-Marcouf (comuna) 256n. 476
Saint-Marcoul (nome dado a Corbeny) 263
Saint Maur des Fossés (abadia) 252n. 467
Saint Pierre des Fossés 252n. 467
  cf. tb. Saint-Maur-des-Fossés
Saint-Riquier (cantão)
  abadia, igreja abacial 257n. 479, 260, 272-274, 289, 421, 427, 429
Saint-Simon (duque) 348, 375
Saint-Thomas (cantão) 260
Saint-Valery-sur-Somme
  abadia 259
Saint-Wandrille (cantão)
  abadia 256n. 475
Sainte-Beuve, Jacques de (escritor) 286
Sainte-Macre; cf. Fismes
Sainthe-Marthe, Scevole de (escritor) 361
Sainte-Menehould (Marne) 110
Salem
  Melquisedec 74
Saliva
  poder mágico 390, 391n. 895
Salomão (rei dos judeus) 76, 160, 447
Saludadors (nome dos sétimos filhos)
  bruxos espanhóis 173, 290n. 616
  Catalunha 289
Samuel (personagem bíblico) 191, 194
Sancerre (Cher) 266n. 543
Sancho (duque de Gasgonha) 235n. 421
Sancho II (rei de Castela) 152
Sancroft (arcebispo de Canterbury) 355
Sansão (personagem bíblico) 70
Santos médicos
  poder específico sobre certas doenças 49-51
  popularidade de seu culto no fim da Idade Média
São Huberto (Luxemburgo, Bélgica)
  peregrinação 265n. 532, 394n. 901

São Miguel, Ordem de 145-146, 273
São Pedro 77, 210
  capítulo de São Pedro 195, 196n. 330, 196n. 332
  Igreja Sancta Maria in Turri 195
  imperador 450
  palácio de Latrão 227
  senado 450
Sapos
  brasão de Clóvis antes da conversão 225-226
Sarracenos 227, 237, 450, 453-454
Saul (rei dos judeus) 191, 194
Saumur (Marne-et-Loire) 260n. 507
  Igreja de São Pedro 259
Savaron, Jean (escritor) 333, 340n. 765
Savigny [-le-Vieux] (cantão)
  santos da abadia 130
Saxe-Weimar (duque) 90n. 120, 319n. 703
Saxões (imperadores)
  emprego por eles da antiga terminologia imperial romana 73n. 88
Saxo Grammaticus (escritor) 67n. 72
Saxônia
  eleitores 149, 242
  príncipe 321n. 707
  cf. tb. Henrique da Saxônia
Scaramelli (enviado veneziano) 90n. 120, 319n. 703
Schröder, Richard (erudito)
  opinião discutida 242n. 448
Schücking, W. (erudito)
  opinião discutida 432
Sciarra Colonna 114
Scone (Condado de Perth, Escócia) 233
Scot, Reginald (escritor) 317
Scotia (princesa lendária) 233n. 415
Sebastião (santo) 262n. 520, 267, 267n. 549
Sébastien de Soto (médico) 153

503

Σπαρτοί (guerreiros tebanos) 243, 287n. 608
Selêucidas 243-244, 287n. 608
Seleuco (rei da Síria) 253
Seleuco IV (rei da Síria) 253
Selo
  da confraria de São Marcoul de Corbeny 263, 267-268
  de Filipe Augusto 222
Selve (presidente)
Sena (rio) 222, 264n. 528
Senegal 68
Senlis (Oise) 87
Sens (Yonne) 86, 405n. 926
  arcebispo 219, 440-441
  bailiado 101n. 136
  catedral 448, 452
  pontifical 227n. 405
Serapeu 72
Serpente (símbolo familiar dos "pais de São Paulo") 287
Servet, Michel (escritor) 311-312
Sete (poder mágico do número); cf. Sétimo filho; Sétima filha
Setes (nome dos sétimos filhos na Catalunha) 289
  cf. tb. Catalunha, sétimo filho
Sétima filha 281, 283n. 587, 284n. 593, 289n. 613, 402n. 924, 467
Sétimo filho 167n. 277, 281-284, 306, 348, 350, 362, 382, 391n. 895, 396, 467
Sévigné, Madame de 285
Sexta-feira
  importância mágica atribuída à sexta-feira 166n. 277, 307
  rito régio inglês da Sexta-feira Santa 158-180, 307-311, 313, 315-317
Shakespeare 54, 247, 321
Shetland (ilhas) 373
Sicília
  família dotada de poder de cura hereditário 363n. 822

reis 191, 198n. 334, 240-241
  cf. tb. Manfred
Sickel, W. (erudito)
  opinião discutida 444-445
Sigebert de Gembloux (escritor) 249n. 460
Sigismundo (imperador) 197
Silésia 395
Silly (Hainaut, Bélgica) 260
Smith, Adam (escritor) 388n. 886
Smith, Richard (escritor) 316n. 693, 365n. 826
Sinal da cruz 96, 96n. 125, 131, 320
Sinal régio 236-246, 289
Síria 75
Sixto IV (papa) 142n. 226
Sl 43 158
Sl 82 334
Snurre Storleson (escritor) 68
Sobrevivência
  sentido nas ciências sociais 32
Soissons, Aisne (condessa) 460
  generalidade 378
  Igreja de Notre-Dame 262
  Mosteiro de Saint Médard 40
Somerset (condado, Inglaterra) 282n. 583
Somme (rio) 108n. 151
Somzée (Namur, Bélgica) 260
Songe du Verger 137, 215, 224-225, 276
Soubise (princesa) 375-376
Sourches (marquês; variante de Sourches) 341n. 768
Sourdis, Henriur de (arcebispo de Bordeaux) 350
Souterraine, La (Creuse) 111n. 159
Spinola, Antônio (agente inglês) 309
Stenbock (conde) 347n. 787
Strasbourg 36
  regra excluindo a sucessão em linha feminina

    na França 175n. 289, 448, 457-458
    na Inglaterra 174-175
Subdiácono
    assimilação do imperador a um
    195-196
Suécia
    concepção da realeza 67
Suevos (povo germânico)
    uso dos cabelos 70n. 77
Suger (abade de Saint-Denis) 185
Suíça
    popularidade do toque francês 343
Swift, J. (escritor) 369
Sydney, Sir Philipp (escritor) 247

Tácito 64, 69n. 76, 318n. 699
Taku (príncipe sírio) 75
Tapeçaria
    representação da invenção das flores-de-lis 225, 464
Tara (Meath, Irlanda) 233
Tarascon (Bouches-du-Rhône) 113
Taruffi, Emilio (pintor) 345, 426
Tebas (Grécia) 243, 287n. 608
Tell el-Amarna (Egito) 75
Templários 111
Teodorico (rei dos ostrogodos) 72n. 82, 72n. 83
Teodoro Balsamon (canonista) 193, 446
Teodoro Lascaris (imperador) 444
Teodoro I (imperador) 126n. 191
Teodósio II (imperador) 75n. 92
Teófanes (escritor bizantino) 434-435
Terra Santa 229
Testamento, Antigo
    influência sobre a concepção da realeza sagrada 74-77, 80-81
Thiers, Jean-Baptiste (escritor) 166-167, 173, 286
Thomas, Antoine (erudito) 240
Thomas, Huberto (escritor) 270, 295n. 624

Thomas Becket (santo) 128n. 196, 190
    óleo miraculoso na sagração dos reis ingleses 229-233, 319n. 703
    relicário 231n. 412
Thomas Bradwardine (arcebispo de Canterbury) 99, 103-104, 112, 144, 147n. 238, 174, 336
Thomas de Biville (sacerdote normando) 130
Thomas de Montaigu (barão francês) 253
Thou, Jacques-Auguste de (escritor) 324
Thule (nome provável para designar a Península Escandinava) 66, 66n. 70
Thurston (erudito)
    opinião discutida 183n. 299
Timóteo (discípulo de São Paulo) 323n. 711
Tirnovo (Bulgária)
    arcebispo 194
Toledo (Espanha)
    concílios 433
Tolomeo de Lucca (escritor) 133-136, 155, 216, 228n. 409, 276, 468
Tomás de Aquino (santo)
    De regimine principum 135, 276
    influência sobre Bossuet 327
    opinião sobre o milagre 126n. 192
Tomás de Lancaster (príncipe inglês) 108
Tonga (ilhas, Polinésia) 63, 68
Tooker, William (escritor) 54, 216, 305, 317n. 695, 317n. 696, 318, 388n. 886, 396
Torcello (Vêneto, Itália)
    bispos 133
Torchastel (localidade da região de Langres, não identificada) 302n. 649
Tory (partido) 368-369
Toscana
    popularidade do toque francês 113
    vicariato imperial 134n. 211

Touca
dos reis da França 221n. 386, 453
Touchou 281
Touch-Pieces; cf. Medalhas, cunhadas para o toque na Inglaterra
Toulousain 111
Toulouse (Haute-Garonne) 111, 111n. 159, 340
universidade 339
Touraine 261
Tournai (Hainaut, Bélgica)
Igreja de Saint-Brice 255n. 473, 257n. 479, 261, 262n. 524, 274, 428
Tours (Indre-et-Loire) 254n. 471
abadia régia 207
Trenel (marquês)
embaixador da França 321n. 707
Trento (Tirol, Itália)
Concílio de 183, 193, 320
Trinkhusius (escritor) 387
Troyes (Aube) 261
Igreja de Santa Etienne 261n. 513
Tuke, Bryan (tesoureiro da Câmara do rei da Inglaterra) 415n. 953
Turcos 227n. 403
Turold (suposto autor da *Canção de Rolando*) 202n. 342
Turpin (arcebispo de Reims) 202, 230, 448, 454
Historia Karoli Magni colada sob seu nome 454n. 998
Turquia
embaixador 321
cf. tb. Turcos
Tusculum (título cardinalício) 372
Tweed (rio da Grã-Bretanha) 108

Ulm (Wurtemberg, Alemanha) 151
Ulrico (santo, bispo de Augsburg) 442
Úmbria 113

Unção
nas cerimônias
cristãs 75-76, 140, 446-447
hebraicas 75, 447
no Egito 76n. 93
Unção imperial
em Bizâncio 74, 443-447
no Ocidente 181-201, 209-213, 434-435
Unção régia 53, 74-83, 85, 87, 90, 124, 127-128, 136, 140, 174-176, 179, 181-236, 245n. 455, 269, 272-278, 331, 337-338, 431, 444, 447-459
Upton, Nicolas (escritor) 226n. 400
Urbano II (papa) 220
Urbano V (papa) 138
Urbino (Marches, Itália) 113-114
Usbeck (personagem das *Cartas Persas*) 62

Vacandard (abade, erudito) 256n. 474
Vairo, Léonard (escritor) 391n. 896
Valdes, Jacques (escritor) 160
Val de Villé; cf. Albrechtstal
Valência (Espanha) 298
Valenciennes
Igreja Santa Elisabeth 260
Valentiniano I (imperador) 196
Valéria (santa) 189n. 312
Valois, Noël (erudito)
opinião citada 138n. 219
Valônia 282n. 582, 294n. 623
Van Helmont (médico) 347n. 786
Vannes (Morbihan)
diocese 259
Vanini, Jules-César (escritor) 311-312, 392-393
Vassalidade
sentimento de lealismo 234-235
Vauclerc (cantão) 136

506

Vendômois 363n. 822
Veneza (Itália) 27-29, 33, 113, 145, 247, 309
   embaixadores venezianos; cf. Contarini, Lippomano, Scaramelli
Vérard (impressor) 448
Verona (Itália) 113
   bispo; cf. Rathier
Versalhes (Seine-et-Oise) 375n. 861, 377
Vespasiano (imperador)
   cura milagrosa realizada por ele 42, 71, 318n. 698
Vestimentas
   na sagração
      dos reis da França 192, 198, 331n. 731, 452
      sagração imperial 195
Vexin (conde) 226
Vézeronce (cantão)
   batalha 70n. 77
Viagens, relatos de
   valor histórico 295n. 624
Viena (Áustria) 346
Viena (Isère) 454n. 998
Villette, Claude (escritor) 331, 448
Vincent de Beauvais (escritor) 257
Virgem, A; cf. Maria (mãe de Jesus)
Virgílio 251
Virgínia (colônia inglesa na América) 357
Visigodos (reino)
   citação 437-438
   unção régia 76, 432-433, 441, 443-444, 447
   utilização da coroa 432, 439
Vitória (rainha da Inglaterra) 174-175, 374
Vivien (porteiro do Paço sob Filipe o Belo) 110
Voltaire 278, 373n. 854, 375
Voltairiano
   espírito 92

Vorly (cantão) 266n. 544
Vovette (comuna) 286, 288, 293, 382, 396

Wace (escritor) 251n. 466
Valdemar (rei da Dinamarca) 67n. 72
Wallois, Filipe (tesoureiro da Abadia de São Riquier) 272, 429
Walter, Lucy (amante de Carlos II) 370
Wamba (rei visigodo) 432
Washington (Estados Unidos da América) 417
Waterton (erudito) 35
Wazon (bispo de Liège) 126n. 190, 184
Welfs (dinastia alemã) 222
Wells (Somerset, Inglaterra) 371, 401
   bispo 283
Werden, J. van (pintor) 226n. 399
Wesembeek (Bélgica, Brabante) 260
Westminster (Middlesex, Inglaterra)
   abadia 55, 161n. 261, 163-165, 233, 355
   Câmara Marcolf 279n. 571
   catedral católica 302n. 653
Whigs 359, 369-371, 387
White, Robert (cinzelador) 427
Widukind (escritor) 443
Wigbod (abade franco) 437
William Lyndwood (canonista) 205, 208
Winchester (Hampshire, Inglaterra) 363n. 824, 465
   bispo; cf. Gardiner
   diocese 229n. 410
Windsor (Berks, Inglaterra)
   castelo 173, 225, 367n. 834
Winton (Hampshire, Inglaterra) 363
Wipon (escritor) 191
Wiseman, Richard (médico) 305, 388n. 886, 402
Wittemberg (Saxônia, Alemanha)
   universidade 387

507

Wolfdietrich (personagem de um poema cujo nome serve de título) 239, 242n. 450
Wolsey (cardeal) 302, 309
Wondelgem (Flandre-Orientale, Bélgica) 260, 262n. 520
Worcester (Inglaterra) batalha 355, 363
Worms (Palatinat, Alemanha) concordata 188
Wotan (deus germânico) 65
Wyclif 204, 389

Χειρεοχη (escrito realista inglês) 356
Xoguns 71

York (Inglaterra)
arcebispo de; cf. Egbert (arcebispo de York)
casa de 174, 232
duque 356n. 811, 359; cf. tb. Jaime II
ordenação 159, 170
cf. tb. Anônimo de York
Ypres (Flandes Ocidental, Bélgica) 120

Zellick (Brabante, Bélgica) 260
Zentgraff, Jean-Joachim (escritor) 35, 387-388, 392n. 900

Índice geral

Sumário, 7
Índice das ilustrações, 9
Prefácio, 11
Bibliografia, 15
    I – Obras gerais sobre a realeza, 16
    II – O poder curativo dos reis: bibliografias, 17
    III – O toque das escrófulas: obras anteriores ao século XIX, 17
        1 Obras francesas, 17
        2 Obras inglesas, 18
        3 Obras compostas por autores que não sejam ingleses nem franceses, 20
    IV – O toque das escrófulas: obras posteriores a 1800, 21
        1 Generalidades, 21
        2 Obras relativas ao rito francês, 22
        3 Obras relativas ao rito inglês, 22
    V – Os anéis curadores, 23
    VI – São Marcoul e a peregrinação de Corbeny, 23
    VII – O "sinal régio", 24
    VIII – Nota relativa às citações de documentos manuscritos e à cronologia, 25
Introdução, 27

Livro primeiro
As origens

Capítulo I – Os primórdios do toque das escrófulas, 39
    1 As escrófulas, 39
    2 Os primórdios do rito francês, 40
    3 Os primórdios do rito inglês, 52
Capítulo II – As origens do poder curativo dos reis: a realeza sagrada nos primeiros séculos da Idade Média, 61
    1 A evolução da realeza sagrada: a sagração, 61
    2 O poder curativo do sagrado, 83
    3 A política dinástica dos primeiros Capetíngios e de Henrique I Beauclerc, 86

Livro segundo
Grandeza e vicissitudes das realezas taumatúrgicas

Capítulo I – O toque das escrófulas e sua popularidade até o fim do século XV, 95
    1 Os ritos francês e inglês, 95
    2 A popularidade do toque, 102
    3 O toque das escrófulas na literatura médica da Idade Média, 118
    4 O toque das escrófulas diante da opinião dos eclesiásticos, 123
    5 O toque das escrófulas e as rivalidades nacionais: tentativas de imitação, 146

Capítulo II – O segundo milagre da realeza inglesa: os anéis medicinais, 158
    1 O rito dos anéis no século XIV, 158
    2 As explicações lendárias, 160
    3 As origens mágicas do rito dos anéis, 163
    4 A conquista de uma fórmula mágica pela realeza milagrosa, 169

Capítulo III – A realeza maravilhosa e sagrada: das origens do toque das escrófulas à Renascença, 181
    1 A realeza sacerdotal, 181
    2 O problema da unção, 209
    3 As legendas, o ciclo monárquico francês, o óleo milagroso na sagração inglesa, 217
    4 As superstições, o sinal régio, os reis e os leões, 236
    5 Conclusões, 247

Capítulo IV – Algumas confusões de crenças: São Marcoul, os reis da França e os sétimos filhos, 250
    1 São Marcoul, sua lenda e seu culto, 250
    2 São Marcoul e o poder taumatúrgico dos reis da França, 268
    3 Os sétimos filhos, os reis da França e São Marcoul, 281

Capítulo V – O milagre real no tempo das lutas religiosas e do absolutismo, 295
    1 As realezas taumatúrgicas antes da crise, 295
    2 Renascença e Reforma, 311
    3 Absolutismo e realeza sagrada: a última legenda do ciclo monárquico francês, 326
    4 O toque das escrófulas no tempo do absolutismo francês e das primeiras lutas civis inglesas, 341

Capítulo VI – O declínio e a morte do toque, 360
    1 Como se perdeu a fé no milagre régio, 360
    2 O fim do rito inglês, 366
    3 O fim do rito francês, 374

Livro terceiro
A interpretação crítica do milagre régio

Capítulo único, 385
    1 As primeiras tentativas de interpretação racionalista, 385
    2 Como se acreditou no milagre régio, 395

Apêndices, 405
    Apêndice I – O milagre régio nas contas francesas e inglesas, 405
        1 O toque das escrófulas nas contas francesas, 405
        2 As contas inglesas, 409
            I – O toque das escrófulas nas contas inglesas, 411
            II – Os anéis medicinais nas contas inglesas, 417
    Apêndice II – O dossiê iconográfico, 420
        1 O toque das escrófulas, 422
        2 A consagração dos anéis medicinais, 429
        3 São Marcoul e os reis da França, 429
    Apêndice III – Os primórdios da unção régia e da sagração, 431
        1 Reino visigótico da Espanha, 432
        2 Reino franco, 433
        3 Unção imperial, 434
        4 Inglaterra, 435
        5 Países celtas, 438
        6 A coroação: união, numa mesma cerimônia, da entrega da coroa e da unção, 439
        7 Persistência do rito da unção; sua interrupção na Alemanha, 441
        8 Império Bizantino, 443
    Apêndice IV – Análise e extrato do *Tratado da Sagração* de Jean Golein, 447
    Apêndice V – A peregrinação dos reis da França a Corbeny depois da sagração e o transporte do relicário de São Marcoul para Reims, 459

Adições e retificações, 463
    I – O republicanismo primitivo dos povos germânicos, 463
    II – Os reis francos considerados sacerdotes, 464
    III – Iconografia da legenda das flores-de-lis, 464
    IV – A sagração dos duques da Normandia, 465
    V – Milagre póstumo do Rei Jaime II, 466
    VI – *Gratia gratis data*, 466
    VII – Os sétimos filhos ou filhas, a flor de lis e São Marcoul, 467
    VIII – Adições e retificações diversas, 468

Índice alfabético dos nomes próprios e dos principais termos, 471

CULTURAL
Administração
Antropologia
Biografias
Comunicação
Dinâmicas e Jogos
Ecologia e Meio Ambiente
Educação e Pedagogia
Filosofia
História
Letras e Literatura
Obras de referência
Política
Psicologia
Saúde e Nutrição
Serviço Social e Trabalho
Sociologia

CATEQUÉTICO PASTORAL
Catequese
Geral
Crisma
Primeira Eucaristia

Pastoral
Geral
Sacramental
Familiar
Social
Ensino Religioso Escolar

TEOLÓGICO ESPIRITUAL
Biografias
Devocionários
Espiritualidade e Mística
Espiritualidade Mariana
Franciscanismo
Autoconhecimento
Liturgia
Obras de referência
Sagrada Escritura e Livros Apócrifos

Teologia
Bíblica
Histórica
Prática
Sistemática

REVISTAS
Concilium
Estudos Bíblicos
Grande Sinal
REB (Revista Eclesiástica Brasileira)

VOZES NOBILIS
Uma linha editorial especial, com importantes autores, alto valor agregado e qualidade superior.

PRODUTOS SAZONAIS
Folhinha do Sagrado Coração de Jesus
Calendário de mesa do Sagrado Coração de Jesus
Agenda do Sagrado Coração de Jesus
Almanaque Santo Antônio
Agendinha
Diário Vozes
Meditações para o dia a dia
Encontro diário com Deus
Guia Litúrgico

VOZES DE BOLSO
Obras clássicas de Ciências Humanas em formato de bolso.

CADASTRE-SE
www.vozes.com.br

EDITORA VOZES LTDA.
Rua Frei Luís, 100 – Centro – Cep 25689-900 – Petrópolis, RJ
Tel.: (24) 2233-9000 – Fax: (24) 2231-4676 – E-mail: vendas@vozes.com.br

UNIDADES NO BRASIL: Belo Horizonte, MG – Brasília, DF – Campinas, SP – Cuiabá, MT
Curitiba, PR – Fortaleza, CE – Goiânia, GO – Juiz de Fora, MG
Manaus, AM – Petrópolis, RJ – Porto Alegre, RS – Recife, PE – Rio de Janeiro, RJ
Salvador, BA – São Paulo, SP